〔宋〕馬端臨 著
上海師範大學古籍研究所
華東師範大學古籍研究所 點校

文獻通考

第十册 經籍

中華書局

唐志：六十九家，九十二部，七百九十一卷。陸善經以下不著録三十九家，三百七十一卷。

宋三朝志：五十一部，三百七十一卷。

宋兩朝志：二十部，一百四十三卷。

宋四朝志：二十四部，一百九十七卷。

宋中興志：九十六家，一百一十八部，八百五十七卷。

曾子二卷

鼂氏曰：曾子者，魯曾參也。舊稱曾參所撰，其大孝篇中乃有樂正子春事，當是其門人所纂爾。漢藝文志，曾子十八篇。隋志，曾子二卷，目一卷。唐志，曾子二卷。今此書亦二卷，凡十篇，蓋唐本也。視漢亡八篇，視隋亡目一篇。考其書，俱已見於大戴禮〔五〕。世人久不讀之，文字謬誤爲甚。乃以大戴禮參校之，其所是正者，至於千有餘字云。

高氏子略曰〔六〕：曾子者〔七〕，曾參與其弟子公明儀〔八〕、樂正子春、單居離、曾元、曾華之徒，講論孝行之道，天地事物之原，凡十篇。自修身至於天圓，已見於大戴禮，篇爲四十九，爲五十八〔九〕。他又雜見於小戴禮，略無少異。是固後人掇拾以爲之者歟？劉中壘父子奏漢七略，已不能致辨於斯，況他人乎？然董仲舒對策已引其書，有曰：「尊其所聞則高明，行其所知則光大。」則書固在董氏之先乎？又其言曰：「君子愛日，及時而成。難者不避，易者不從。旦就業，夕自省，可謂守業。年三十、四十無藝，則無藝矣。五十不以善聞，則無聞矣。」質諸「吾日三省吾身」，何其辭費邪？

周氏涉筆曰：曾子一書，議道褊迫又過於荀卿，蓋戰國時爲其學者所論也。孔子言「七十而從心所欲，不踰矩」，正指聖境妙處。此書遽謂「七十而未壞，雖有後過，亦可以免〔一○〕。」七十而壞與否，已不置論，而何以爲過？何以爲免？聖門家法無此語也。

陳氏曰：凡十篇，具大戴禮，後人從其中録出別行，慈湖楊簡注。

子思子七卷

鼂氏曰：魯孔伋子思撰。載孟軻問：「牧民之道何先？」子思子曰：「先利之。」孟軻曰：「君子之教民者，亦仁義而已，何必曰利？」子思曰：「仁義者，固所以利之也。上不仁則下不得其所，上不義則下樂爲詐〔一一〕，此爲不利大矣。故易曰：『利者，義之和也。』又曰：『利用安身，以崇德也。』此皆利之大者也。」温公采之，著於通鑑。夫利者有二，有一己之私利，有衆人之公利。子思所取，公利也，其所引援易之言是也。孟子所鄙，私利也，亦易所謂「小人不見利不勸」之利也。言雖相反而意則同，不當以優劣論也。

楊倞注荀子二十卷

鼂氏曰：趙荀況撰。漢劉向校定，除其重復，著三十二篇，爲十二卷，題曰新書。稱：卿，趙人，名況。當齊宣王、威王之時，聚天下賢士稷下。是時荀卿爲秀才，年十五，始來遊學。至齊襄王時，荀卿最爲老師。後適楚，相春申君以爲蘭陵令。已而歸趙。按威王死，其子嗣立，是爲宣王。楚考烈王初，黃歇始相。年表自齊宣王元年至楚考烈王元年，凡八十一年，則荀卿去楚時近百歲矣。楊倞唐人，始爲之注，且更新書爲荀子，易其篇第，析爲二十卷。其書以性爲惡，以禮爲僞，非諫諍，傲災祥，尚强霸之道。論學術，則以子思、孟軻爲「飾邪說，文姦言」，與墨翟、惠施同詆焉。論人物，則以平原、信陵爲輔拂，與伊尹、比干同稱焉。其指往往不能醇粹，故後儒多疵之云。

昌黎韓氏曰：荀氏書，考其辭，時若不粹；要其歸，與孔子異者鮮矣。抑猶在軻、雄之間乎？孔子刪詩，筆削春秋，合於道者著之，離於道者黜去，故詩、春秋無疵。余故削荀氏之不合者，附於聖人之籍，亦孔子之志歟！孟子，醇乎醇者也。荀與揚，大醇而小疵。

東坡蘇氏曰：昔者常怪李斯事荀卿，既而焚滅其書，大變古先聖王之法，於其師之道不啻若寇讎。及今觀荀卿之書，然後知李斯之所以事秦者，皆出於荀卿，而不足怪也。荀卿者，喜爲異說而不讓，敢爲高論而不顧者。其言，愚人之所驚，小人之所喜也。子思、孟軻，世之所謂賢人君子也，荀卿獨曰：亂天下者，子思、孟軻也。天下之人如此其衆也，仁人義士如此其多也，荀卿獨曰：人性惡，桀、紂，性也；堯、舜，僞也。由是觀之，意其爲人，必也剛愎不遜，而自許太過。彼李斯者，又特甚者耳。今夫小人之爲不善，猶必有所顧忌，是以夏、商之亡，桀、紂之殘暴，而先王之法度、禮樂、刑政，猶未至於絶滅而不可考者，是桀、紂猶有所存而不敢盡廢也。彼李斯者，獨能奮而不顧，焚燒夫子之六經，烹滅三代之諸侯，破壞周公之井田，此亦必有所恃者矣。彼見其師歷詆天下之賢人，自是其愚，以爲古先聖王皆無足法者。不知荀卿特以快一時之論，而荀卿亦不知其禍之至於此也。其父殺人報仇，其子必且行劫。荀卿明王道，述禮樂，而李斯以其學亂天下，其高談異論有以激之也。孔、孟之論未嘗異也，而天下卒無有及者。苟天下果無有及者，則尚安以求異爲哉！程子曰：荀卿才高，其過多。揚雄才短，其過少。韓子稱其大醇，非也。若二子，可謂大駁矣。且「性惡」一句，大本已失。

朱子語録曰：荀子儘有好處，勝似揚子，然亦難看。看來荀卿亦是剛明底人，只是粗。

陳氏曰：漢志作孫卿子者，避宣帝諱也。至楊倞始復改爲荀卿〔一二〕，分爲二十卷而注釋之。淳熙中，錢佃耕道用元豐監本參校，刊之江西漕司〔一三〕，其同異著之篇末，凡二百二十六條，視他本最爲完善。

董子一卷

鼂氏曰：周董無心撰，皇朝吴祕注。無心在戰國時著書闢墨子。

賈誼新書十卷

崇文總目：漢賈誼撰〔一四〕。本七十二篇，劉向删定爲五十八篇。隋、唐皆九卷，今别本或爲十卷。

鼂氏曰：誼著事勢、連語、雜事凡五十八篇。考之漢書，誼之著書未嘗散軼，然與班固所載時時不同。固既云「掇其切於世者」〔一五〕，容有潤益刊削，無足怪也。獨其説經多異義，而詩尤甚，以騶虞爲天子之囿官，以靈臺爲神靈之臺〔一六〕，與毛氏殊不同，學者不可不知也。

高氏子略曰：皮日休讀賈誼新書，嘆其心切，其憤深，其辭隱而麗，其藻傷而雅。惟蘇公軾以爲非才之難，所以自用者實難。惜乎賈生，王者之佐，而不能自用其才。觀其過湘，作賦以吊屈原，紆鬱憤悶，有遠舉之志，其後卒以自傷哭泣，至於夭絶，是亦不善處窮者矣。夫謀之一不見用，安知終不復用？嗚呼！此東坡以志量才識論誼者，非誼所及也。

朱子語録曰：賈誼新書除了漢書中所載，餘亦難得粹者，看得來只是賈誼一雜記稿耳〔一七〕，中間事事有些箇。問新書。曰：此賈誼平日記録稿草也，其中細碎俱有。治安策中所言多在焉。

陳氏曰：漢志五十八篇。今書首載過秦，書末爲弔湘賦〔一八〕，餘皆録漢書語，且略節誼本傳於第十一卷中，其非漢書所有者〔一九〕，輒淺駁不足觀，決非誼本書也。

揚子法言十三卷

鼂氏曰：漢揚雄撰，晉祠部郎中李軌注。雄好古學，見諸子各以其知，舛駁不與聖人同，是非頗謬於經，故人時有問雄者，常用法言應之〔二〇〕，譔此以象論語，號曰法言。每篇復爲序贊，以發其大意。然雄之學，自得者少，其言務擬聖人，靳靳然若影之守形，既鮮所發明，又往往違其本指，正古人所謂畫者謹毛而失貌者也。

程子曰：揚子，無自得者也，故其言蔓衍而不斷，優柔而不決。其論則曰：「人之性，善惡混。」蓋雄規矩窄狹，道即性也，言性已錯，更何所得！

陳氏曰：凡十三篇。篇各有序，本在卷末，如班固叙傳然，今本分冠篇首，自宋咸始。李軌注本，歷景祐、嘉祐、治平三降詔，更監學、館閣兩制校定，然後板行〔二〕，與建寧四注本不同。

溫公集注法言十三卷

鼂氏曰：溫公集晉李軌、唐柳宗元、國朝宋咸、吴祕注。公自言：「少好此書，歷年已多。今輒采諸家所長，附以己意，名集注。李祠部注本及音義最爲精詳，宋、吴亦據李本，而文多異同。今參以漢書，取其通者以爲定本。先審其音，乃解其義」云。

太玄經十卷

鼂氏曰：漢揚雄子雲撰。雄作此書，當時已誚其艱深，其後字讀多異。予嘗以諸家本參校，不同者疏於其上，且發策以問諸生云：揚雄準易作太玄經，其自序稱玄盛矣，而諸儒或以爲猶吴、楚僭王，當誅絶之罪，或以爲度越老子之書。大抵譽之者過其實，毁之者失其真，皆未可信。然譬夫聽訟，曾未究其意，烏能決其曲直哉！今欲論玄之得失，必先窺其奥，然後可得而議也。夫玄雖準易，然托始高辛、太初二曆而爲之。故玄有方、州、部、家凡四重，而爲一首九贊，通七百二十九贊有奇，分主晝夜，以應三百六旬有六日之度。首準一卦，始於中，準中孚，而終於養，準頤。二十四氣、七十二候，與夫二十八宿，錯居其間，先後之序蓋不可得而少差也。夫易卦之直日，起於漢儒之學，舍四正卦，取六十卦之爻三百六十各直一日，此玄之所準者也。然易之卦直日，其亦如玄之首有序乎？抑無也？若亦有之，則雄之爲玄不亦善乎？不然，則玄之序亦贅矣。自復、姤而爲乾、坤，十有二卦皆以陰陽之消長分居十二月，謂之辟卦，固有序矣，其餘一月而四卦之序云何耳〔三〕？如中孚、頤，何以爲一日之卦也？曰公、卿、大夫、侯者，何謂也？其所謂屯正於丑，間時而左行，蒙正於寅，間時而右行者，其旨可得而聞歟？又一陽一陰者，玄相錯之法也，然養爲陽而中不爲陰；水、火、木、金、土者，玄相傳之法也，然狩爲金而羨不爲土，其自相戾類如此，豈得無説哉！

朱子語録曰：揚子爲人思沉，會去思索，如陰陽消長之妙，他直是去推求。然太玄亦拙底工夫。蓋天地間只有一箇奇偶，奇陽偶陰，春少陽，夏太陽，秋少陰，冬太陰，自二而四，自四而八，只恁地推去，都走不得。揚子却添作三，事事要作三截，又且有氣無朔，有日星無歲月，恐不是道理。其學本似老氏，如清静淵默等語，皆是老氏意思。

陳氏曰：按漢志，揚雄所敘三十八篇，太玄十九。本傳，三方、九州、二十七部、八十一家、七百二十九贊，分爲三卷，有首、衝、錯、測、摛、瑩、數、文、捝、圖、告十一篇，皆以解剥玄體，蓋與本經三卷共爲十四。今志云十九，未詳。初，宋、陸二家各依舊本解釋，范望折中長短，或加新意，既成此注，乃以玄首一篇加經贊之上，玄測一篇附贊之下，爲九篇，列爲四卷，首、測二序載之第一卷之首，蓋猶王弼離合古易之類也。卷首有陸績述玄一篇。

水心葉氏曰：太玄雖名幽深，然既〔三〕「枝葉扶疎，獨説十餘萬言」，侯芭又受其辭，則是雄所以作之意，固嘗曉然號於人〔四〕，使皆可識，不爲甚難明也。至宋衷、陸績、范望，乃皆創立注釋，若昔未嘗聞知者。如首名以節氣起止，贊義以五行勝尅，最爲此書要會，不知自雄及芭親相傳授已如此邪，或舊語果零落，而衷、績等方以意自爲參測也？以位當卦，以卦當日，出於漢人。若夫節候晷刻推其五行所寄，而吉凶禍福生之〔二五〕，至玄而益詳，蓋農工小人所教以避就趨舍者，雄爲孔氏之學，其書將經緯大道，奈何俛首效之？且未有求其小而能得其大者也，惜乎其未講矣。

范氏注太玄經解十卷

鼂氏曰：吴范望叔明注。其序云〔二六〕：「子雲著玄，桓譚以爲絶倫，張衡以擬五經。自侯芭受業之後，希有傳者。建安中，宋衷、陸績解釋之，文字繁猥〔二七〕。今以陸爲本，録宋所長，訓理其義，爲十卷。」且以首分居本經之上〔二八〕，以測散處贊辭之下，其前又有陸績序，以子雲爲聖人云。

説玄一卷

鼂氏曰：唐王涯廣津撰。涯始以貞元丙子，終於元和己丑，二十六年間〔二九〕，注太玄爲六卷。今不之見，獨此書行於世。凡五篇：明宗一，立例二，揲法三，占法四，辯首五。

巽岩李氏曰：自晉范望而後，爲玄學者無聞，而涯獨能名家，諸儒共宗之。涯别有經註六卷行於世，此特其大略耳。揲法所稱：「並芀之後，便都數之，不中分」，蓋誤也。若爾，則終不成七、八之數。當云又中分其餘而三數之，但不復掛一。然本多如此，今姑仍其舊，使觀者自擇焉。

宋惟幹太玄解十卷

鼂氏曰：皇朝宋惟幹注。惟幹嘗得太玄古本於昭應，咸平中知滑臺，取宋衷、陸績、范望三家訓解，别爲之注，仍作太玄宗旨兩篇附於後。其學蓋師濟東田告。司馬温公所謂「小宋」者也。

徐庸注太玄經解十卷

鼂氏曰：皇朝徐庸注。庸，慶曆間人也。以范望解指義不的，因王涯、林氏諸解重爲之注，取王涯説玄附於後，自爲玄頤，通名之爲太玄性總。其自序云爾。又多改其文字，如以「杚」爲「仡」，以「毑」爲「危」，以「壯凡」爲「札乃」，以「孿」爲「䜌」，以「稚」爲「推」之類。其所謂林氏者，瑀也。賈文元嘗闢瑀之姦妄於朝。

章氏太玄經注十四卷　疏三十卷

鼂氏曰：皇朝章詧撰。嘉祐中，成都帥蔣堂獻其書於朝〔三〇〕，詔書褒寵，賜號「冲退處士」。實録，詧字隱之，雙流人，通經術，善屬文，性恬淡，屏居林泉，以養生治氣爲事。

巽岩李氏曰：其説以范望爲宗，望所否者輒改正之。大抵玄之吉凶專在晝夜，而子雲之辭或奇奥難曉，諸家往往迷悮，指凶爲吉，違背經義。詧獨以晝夜訂其辭，於吉凶無所差，比諸家誠最優焉。詧，成都人，字隱之，博通五經，尤長於易與太玄。王素、趙抃守蜀，皆賓禮之，賜「冲退」，素所請也。詧將死，其鄉人夢詧以小童自隨，投謁告别，曰：「此間囂塵，非修行地，吾歸閬苑矣。」詧蓋明術數、得道者云。

陳漸演玄十卷

鼂氏曰：皇朝陳漸撰。漸，堯佐之族子也，國史有傳。凡十四篇。漸謂史以揚雄非聖人而作經，猶吴、楚僭王。按子雲法言、解嘲，止云太玄，然則經非其自稱，弟子侯芭之徒尊之耳。

太玄淵旨一卷

鼂氏曰：右皇朝張揆撰。

太玄經疏十八卷

鼂氏曰：皇朝郭元亨撰。元亨謂雄之作玄，傳之侯芭，後獨有張衡、桓譚、張華見而稱嘆。吴郡鄒伯岐求本不能得。宋衷爲訓，陸績爲解，范叔明、王涯亦注之，皆未明白。元亨在蜀，自淳化末迄於祥符八年，僅三十年，撰成今疏。又云太玄潤色於君平，未知何所據而言然。

巽岩李氏曰：其疏專主范望，雖講論極詳，然於望本注無所增益也。元亨自謂得師於蜀，而不著其師之名氏。蜀人蓋多玄學，疑嚴、揚所傳固自不絶，但潛伏退避，非遇其人則鮮有顯者耳。元亨之本末亦未詳。

太玄發隱三篇

巽岩李氏曰：章詧撰。詧有太玄講疏四十九卷，其説甚備。發隱之作蓋在講疏以前，其大略可見矣。下篇所稱王莽旦筮，遇於之一、五、七〔三〕，乃宋衷、陸績舊註，本寓言也，而詧謂宋、陸皆居漢世，去揚雄未遠，必得之傳聞，故因用之。要恐非實耳，然亦不害，學者觀其意焉可也。

温公集注太玄經十卷

鼂氏曰：司馬光君實集漢宋衷解詁〔三〕、吴陸績釋文、晉范望解贊、唐王涯注經及首、測、宋惟幹通注、陳漸演玄、吴祕音義七家爲此書〔三〕。自慶曆至元豐，凡三十年始成。其直云宋者，衷也；小宋者，惟幹也。惟幹、漸、祕皆國朝人。

温公説玄曰：班固稱諸儒或譏揚雄非聖人而作經，猶春秋吴、楚之君僭號稱王。余亦私怪雄不贊易而别爲玄。易之道，其於天人之藴備矣，而雄豈有以加之，乃更爲一書〔三四〕，且不知其焉所用之，故亦不謂雄宜爲玄也。及長學易，苦其幽奥難知，以爲玄者，賢人之書，校於易，其義必淺，其文必易。夫登喬山者必踐於坱埤，適滄海者必沿於江、漢，故願先從事於玄以漸進於易，庶幾乎其可跂而望也。於是求之積年，始得觀之。初則溟涬漫漶，略不可入。乃研精易慮，屏人事而細讀之數十過，參以首尾，稍得窺其梗概。然後喟然置書嘆曰：嗚呼，揚子雲真大儒者邪！孔子没後，知聖人之道者，非子雲而誰？孟、荀殆不足擬，況其餘乎！觀玄之書，明則極於人，幽則盡於神，大則包宇宙，細則入毛髮，合天地人之道以爲一。究其根本，示人所出，胎育萬物，而兼爲之母，若地履之而不可窮也，若海挹之而不可竭也。蓋天下之道雖有善者，蔑以易此矣〔三五〕。考之於渾元之初而玄已生，察之於當今而玄非不行，窮之於天地之季而玄不可亡，叩之以萬物之情而不漏，測之以鬼神之狀而不違，概之以六經之言而不悖。藉使聖人復生，視玄必釋然而笑，以爲得己之心矣。乃知玄者以贊易也，非别爲書以與易角逐也，何歆、固知之之淺，而過之之深也！

陳氏曰：集取宋衷以下七家之説而斷之以己意。

太玄釋文一卷

陳氏曰：相傳自侯芭、虞翻、宋衷、陸績互相增損，非後人所作也。吴祕嘗作音義，豈即此邪？

玄解四卷　玄曆一卷

陳氏曰：右丞襄陵許翰崧老撰。所解十一篇，通温公注爲十卷，倣韓康伯注繫辭合王弼爲全書之例也。大抵玄首如象，贊如爻，測如象，文如文言，攡、瑩、掜、告如繫辭，數如説卦，衝如序卦，錯如雜卦之類。其於易也，規規然擬之勤矣。太玄曆者，亦翰所傳，云温公手録，不著何人作。

易玄星紀圖一卷

鼂氏曰：從父詹事公撰。以温公玄曆及邵康節太玄準易圖合而譜之，以見揚雄以首準卦非出私意，蓋有星候爲之機括，且辯正古今諸儒之失，如羨不當準臨，夷不當準大壯之類。凡此難與諸家口舌争，觀譜則彼自屈矣。此譜之所以作也〔三六〕。

校勘記

〔一〕游心於六經之中　「游心」，漢書卷三〇藝文志作「游文」。

〔二〕已試之效者也　「之」下原有「而」字，據元本、明弘治單刻本及漢書卷三〇藝文志删。

〔三〕五十三家　「家」原作「卷」，據漢書卷三〇藝文志改。

〔四〕三十八篇　「篇」原作「家」，據漢書卷三〇藝文志改。

〔五〕俱已見於大戴禮　「俱」，元本、明弘治本作「也」，屬上讀。郡齋讀書志卷一〇無此字。

〔六〕高氏子略曰　「子略」二字原脱，據元本、明弘治本補。

〔七〕曾子者　三字原脱，據元本、明弘治本、高似孫子略卷一補。
〔八〕曾參與其弟子公明儀　「其弟子」三字原脱，據元本、明弘治本、子略卷一補。
〔九〕爲五十八　據清阮元注曾子，叙録引子略「爲」作「至」，義切。然子略今存各本皆作「爲」。
〔一〇〕七十而未壞雖有後過亦可以免　今漢魏叢書本、雅雨堂叢書本等大戴禮記曾子立事篇「未壞」作「無德」，「後過」作「微過」，「免」作「勉」，應是。
〔一一〕上不仁則下不得其所上不義則下樂爲詐　兩「下」字原無，據郡齋讀書志卷一〇補。
〔一二〕至楊倞始復改爲荀卿　「卿」字原脱，據直齋書録解題卷九補。
〔一三〕刊之江西漕司　「刊之」二字原脱，據直齋書録解題卷九補。
〔一四〕漢賈誼撰　「撰」原作「傳」，據明弘治本及郡齋讀書志卷一〇改。
〔一五〕固既云掇其切於世者　「既」原作「紀」，據郡齋讀書志卷一〇改。
〔一六〕以靈臺爲神靈之臺　後一「臺」字原作「靈」，據郡齋讀書志卷一〇改。
〔一七〕看得來只是賈誼一雜記稿耳　朱子語類卷一三五「看」下無「得」字。
〔一八〕書末爲弔湘賦　「書」，直齋書録解題卷九作「論」，屬上讀。
〔一九〕其非漢書所有者　「者」原作「書」，據直齋書録解題卷九改。
〔二〇〕常用法言應之　漢書卷八七下揚雄傳下及郡齋讀書志卷一〇無「言」字。
〔二一〕然後板行　「板行」，直齋書録解題卷九作「頒行」。
〔二二〕其餘一月而四卦之序云何耳　「耳」，郡齋讀書志卷一〇作「且」，屬下讀。

〔二三〕然既　葉適習學記言卷四四「既」下有「稱」字。

〔二四〕固嘗曉然號於人　葉適習學記言卷四四「號」下有「令」字。

〔二五〕而吉凶禍福生之　「生之」，葉適習學記言卷四四作「死生」。

〔二六〕其序云　「序」原作「字」，據元本、明弘治本及郡齋讀書志卷一〇改。

〔二七〕文字繁隈　「隈」，郡齋讀書志卷一〇作「猥」。

〔二八〕且以首分居本經之上　「且」原作「耳」，屬上讀，據郡齋讀書志卷一〇改。

〔二九〕涯始以貞元丙子終於元和己丑二十六年間　按貞元丙子至元和己丑共十四年，此云「二十六年間」，顯誤。

〔三〇〕成都帥蔣堂獻其書於朝　「蔣堂」原作「蔣棠」，據郡齋讀書志卷一〇及宋史卷二九八蔣堂傳改。

〔三一〕遇於之一五七　按太玄無「於」首，此處顯誤。

〔三二〕司馬光君實集漢宋衷解詁　「詁」原作「話」，據明弘治本及郡齋讀書志卷一〇改。

〔三三〕吴祕音義七家爲此書　「音」原作「章」，據郡齋讀書志卷一〇及本卷太玄釋文條引陳氏語改。

〔三四〕乃更爲一書　「乃更」二字原倒，據司馬光傳家集卷六七説玄乙正。

〔三五〕蔑以易此矣　「以」原作「不」，據司馬光傳家集卷六七説玄改。

〔三六〕此譜之所以作也　「之」原作「元」，據郡齋讀書志卷一〇改。

卷二百九　經籍考三十六

子 儒家

新序十卷

崇文總目：漢劉向撰。成帝時典校祕書，因採載戰國、秦、漢間事爲三十卷上之，其二十卷今亡。

鼂氏曰：當成帝時與校書〔一〕，因採傳記、行事、百家之言，删取正辭美義可勸戒者，爲新序、説苑，共五十篇。新序，陽朔元年上，世傳本多亡闕，皇朝曾鞏子固在館中日，校正其訛舛，而綴緝其放逸，久之，新序始復全。自秦之後，綴文之士有補於世者，稱向與揚雄爲最。雄之言莫不步趨孔孟，向之言不皆概諸聖，故議者多謂雄優於向，考其行事則反是。何哉？今觀其書，蓋向雖雜博，而自得者多；雄雖精深，而自得者少故也。然則向之書可遵而行，殆過於雄矣，學者其可易之哉！

南豐曾氏序略曰：劉向所集次新序三十篇、目録一篇〔二〕，隋、唐之世尚爲全書，今可見者十篇而已。漢興，六藝皆得於散絶殘脱之餘，世復無明先王之道以一之者，諸儒苟見傳記百家之言，皆悦而向之，故先王之道爲衆説之所蔽，闇而不明，鬱而不發，而怪奇可喜之論，各師異見，皆自名家者，誕慢於中國，一切不異於周之末世。天下學者知折衷於聖人而能純於道德之美者，揚雄氏而止耳。如向之徒，皆不免乎爲衆説之所蔽，而不知有所折衷者也。蓋向之序此書，於今爲最近古，雖不能無失，然遠至舜、禹，而次及於周、秦以來，古人之嘉言善行亦往往而在也，要在慎取之而已。故臣惜其不可見者，而校其可見者特詳焉。所以攻其失者，豈好辯哉，不得已也！

高氏子略曰：向以區區宗臣，老於文學，窮經之苦，崛出諸儒。先秦古書甫脱燼劫，一入向筆，采擷不遺。至其正紀綱，迪教化，辯邪正，黜異端，以爲漢規鑒者，盡在此書，號説苑、新序之旨也〔三〕。

説苑二十卷

崇文總目：漢劉向撰。向成帝時典祕書，採傳記百家之言，掇其正辭美義可爲勸戒者，以類相從，爲説苑二十篇。今存者五卷，餘皆亡。

鼂氏曰：劉向撰。以君道、臣術、建本、立節、貴德、復恩〔四〕、政理、尊賢、正諫、法誡〔五〕、善説、奉使、權謀、至公、指武〔六〕、談叢、雜言、辯物、修文爲目，鴻嘉四年上之〔七〕。闕第二十卷。曾子固校書，自謂得十五篇於士大夫家，與崇文舊書五篇合爲二十篇，又叙之。然止是析十九卷，作修文上、下篇。

南豐曾氏序略曰：向采傳記百家所載行事之迹，以爲此書奏之，欲以爲法戒〔八〕。然其所取往往不當於理，故不得而不論也〔九〕。夫學者之於道，非知其大略之難也，知其精微之際固難矣。向之學博矣，其著書及建言，尤欲有爲於世，意其枉己而爲之者有矣，何其徇物者多而自爲者少也！蓋古之聖賢，非不欲有爲也，然而曰「求之有道，得之有命」。令向知出此，安於行止，以彼其志，能擇其所學以盡乎精微，則其所至未可量也。讀其書，知考而擇之可也。然向數困於讒而不改其操，與患失之者異矣。

陳氏曰：序言：「臣向所校中書説苑雜事，除去與新序復重者，其餘淺薄不中義理，别集以爲百家後，令以類相從〔一〇〕，更以造新事，凡二十篇，七百八十四章，號曰説苑。」按漢志，劉向所序六十七篇，謂新序、説苑、世説、列女傳頌圖也。今本南豐曾鞏序言，崇文總目存者五篇，從士大夫得十五篇，與舊爲二十篇。未知即當時篇章否。新苑之名亦不同。

續説苑十卷

崇文總目：唐劉貺撰。以劉向著説苑二十篇時，漢史未行，故漢事頗缺，貺因采其所遺亡，凡十篇云。

鹽鐵論十卷

鼂氏曰：漢桓寬撰。按班固曰，所謂鹽鐵議者，起始元中徵文學賢良，問以治亂，皆對願罷郡國鹽鐵、酒榷、均輸，務本抑末〔一一〕，毋與天下争利，然後教化可興。御史大夫桑弘羊以爲此乃所以安邊境〔一二〕，制四夷，國家大業，不可廢也。當時相詰難，頗有其議文。至宣帝時，汝南桓寬次公治公羊春秋，舉爲郎，至廬江太守丞，博通善屬文，推衍鹽鐵之議，增廣條目，極其論難，著數萬言，亦欲以究治亂，成一家之法焉。凡六十篇〔一三〕。

高氏子略曰：漢制近古〔一四〕，莫古乎議。國有大事，詔公卿、列侯、二千石、博士、議郎雜議，是以廟議、匈奴議、捐朱厓，而石渠論經亦有議，皆所謂「詢謀僉同」者也。班氏一贊專美乎此。然觀一時論議，其所問對，非不伸異見，騁異辭，亦無有犖然大過人者。

陳氏曰：本始元年召問文學、賢良，對願罷鹽鐵、榷酤、均輸，與御史大夫弘羊相詰難，於是罷榷酤，而鹽鐵卒不變。故昭紀贊曰：「議鹽鐵而罷榷酤」也。及宣帝時，寬推衍增廣，著數萬言，凡十六篇。其末曰雜論，班書取以爲論贊，其言：「桑大夫據當世，合時變，上權利之略〔一五〕，雖非正法，鉅儒宿學不能自解，博物通達之士也。」嗚呼，世之小人何嘗無才！以熙寧日録言之，王安石之辯，雖曰儒者，其實桑大夫之流也。霍光號知時務，與民更始，而鹽鐵之議，乃俾先朝首事之臣與諸儒論議，反復不厭，或是或非，一切付之公論，而或行或否，未嘗容心焉。以不學無術之人，而暗合乎孟莊子父臣父政之義，曾謂元祐諸賢而慮不及此乎！

潛夫論十卷

鼂氏曰：後漢王符節信撰。在和安之世〔一六〕，耿介不同於俗，遂不得進，隱居著書三十六篇，以譏當時失得，不欲彰顯其名，故號曰潛夫。范曄取其貴忠、浮侈〔一七〕、實貢〔一八〕、愛日、述赦等五篇，以爲足以觀見當時風政，頗潤益其文。後韓愈亦贊其述赦旨意甚明云。

申鑒五卷

陳氏曰：漢黄門侍郎潁川荀悦仲豫撰。獻帝頗好文學，政在曹氏，恭己而已。悦志在獻替，而謀無所用，乃作此書五篇奏之。其曰：「教化之廢，推中人而墮於小人之域；教化之行，引中人而納於君子之塗。」此古今名言也。

中論二篇

鼂氏曰：後漢徐幹偉長撰。幹，鄴下七子之一也。曾子固嘗序其書，略曰：「始見館閣中論二十篇，以爲盡於此。及觀貞觀政要，太宗稱嘗見幹中論復三年喪篇，而今書闕此篇，因考之魏志，見文帝稱幹著中論二十餘篇，於是知館閣本非全書也。」幹篤行體道，不耽世榮，魏太祖特旌命之，辭疾不就，後以爲上艾長，又以疾不行。蓋漢承秦滅學之後，百氏雜家與聖人之道並傳，學者罕能自得於治心養性之方，去就語默之際，況於魏之濁世哉！幹獨能考論六藝，其所得於內，又能信而充之，逡巡濁世，有去就顯晦之大節，可不謂賢乎！今此本亦止二十篇，中分爲上、下兩卷。按崇文總目七卷，不知何人合之。李獻民云別本有復三年、制役二篇，乃知子固時尚未亡，特不見之爾。

陳氏曰：唐志六卷，今本二十篇。有序而無名氏，蓋同時人所作。

孔叢子七卷

鼂氏曰：楚孔鮒撰。鮒字子魚，孔子八世孫也，仕陳勝爲博士，以言不見用，託目疾而退，論集其先仲尼、子思、子上、子高、子順之言及己之行事，名之曰孔叢子，凡二十一篇。叢之爲言，聚也。邯鄲書目云：「一名盤盂，取事雜也。至漢孔臧，又以其所著賦與書謂之連叢，附於卷末，十一篇。嘉祐中宋咸爲之注。」按漢志無孔叢子，而儒家有孔臧十篇，雜家有孔甲盤盂書二十六篇。其注謂：「孔甲，黃帝史，或曰夏帝，疑皆非。」今此書一名盤盂，獨治篇又云鮒或稱孔甲，連叢又出孔臧，意者孔叢子即漢志孔甲盤盂書，而亡六篇；連叢即漢志孔臧書，而其子孫或續之也。

陳氏曰：孔氏子孫雜記其先世系、言行之書也。小爾雅一篇亦出於此。中興書目稱漢孔鮒撰，一名盤盂。按孔光傳，孔子八世孫鮒，魏相順之子，爲陳涉博士，死陳下，則固不得爲漢人。而其書記鮒之没，第七卷號連叢子者，又記太常臧而下數世，迄於延光三年季彦之卒，則又安得以鮒撰。按儒林傳所載爲博士者又曰孔甲，顔注曰：「將名鮒而字甲也。」今考此書，稱子魚名鮒，陳人，或謂之子鮒，或稱孔甲，然則顔監未嘗見此書邪？藝文志有孔甲盤盂二十六篇，本注謂黃帝史，或曰夏帝孔甲，似皆非也。其書蓋田蚡所學者，其與孔鮒初不相涉也。中興書目乃曰「一名盤盂」，不知何據，豈以漢志所謂孔甲〔一九〕，即陳王博士之孔甲邪？

高氏子略曰：漢藝文志無孔叢子，而孔甲盤盂二十六篇出於雜家，而又益以連叢。其獨治篇稱孔鮒一名甲。世因曰孔叢子、盤盂者，其事雜也。漢書注又以孔甲爲黃帝之史或夏帝時人，篇第又不同，若非今孔叢子也。記問篇載子思與孔子問答，如此，則孔子時子思其已長矣。然孔子家語後序及孔子世家皆言子思年止六十二，孟子以子思在魯穆公時固常師之，是爲的然矣。按孔子没於哀公十六年，後十六年哀公卒，又悼公立三十七年，元公立二十一年。穆公既立，距孔子之没七十年矣。當是時，子思猶未生，則問答之事安得有之邪？此又出於後人綴集之言，何其無所據若此！

朱子語録：漢卿問：「孔子順許多話却好。」曰：「出於孔叢子，不知是否。只孔叢子説話多類東漢人，其文氣軟弱，全不似西漢文字。兼西漢初若有此等話，何故略不見於賈誼、董仲舒所述，恰限到東漢方突出來。皆不可曉。」

家訓七卷

鼂氏曰：北齊顏之推撰。之推本梁人，所著凡二十篇。述立身治家之法，辯正時俗之謬，以訓子孫。

陳氏曰：古今家訓以此爲祖，然其書頗崇尚釋氏云。

文中子十卷

鼂氏曰：右隋王通之門人共集其師之語爲是書。通行事於史無考，獨隋唐通録稱其有穢行，爲史臣所削。今觀中説，其迹往往僭聖人，模擬竄竊，有深可怪笑者。獨貞觀時諸將相，若房、杜、李、魏、二温、王、陳，皆其門人。予嘗以此爲疑，及見李德林、關朗、薛道衡事，然後知其皆妄也。通生於開皇四年，而德林卒以十一年，通適八歲，固未有門人。通仁壽四年嘗一到長安，時德林卒已九載矣〔二〇〕，其書乃有「子在長安，德林請見」，歸，「援琴鼓蕩之什，門人皆沾襟」。關朗在太和中見魏孝文，自太和丁巳，至通生之年甲辰，蓋一百七年矣，而其書有問禮於關子明。隋書薛道衡傳稱道衡仁壽中出爲襄州總管，至煬帝即位召還。本紀仁壽二年九月，襄州總管周摇卒。道衡之出，當在此年矣。通仁壽四年始到長安，是年高祖崩，蓋仁壽末也。又隋書稱「道衡子收，初生即出繼族父孺〔三〕，養於孺宅，至於長成，不識本生」。其書有「内史薛公見子於長安，語子收曰：『汝往事之。』」用此三事推焉，則以房、杜輩爲門人，抑又可知矣。

程子曰：王通，隱德君子也。當時有少言語，後來爲人傅會，不可謂全書。其粹處殆非荀、楊所及。若續經之類，皆非其作。

王氏揮麈録曰：文中子，隋末大儒。歐陽文忠公、宋景文修唐書，房、杜傳中略不及其姓名。或云其書阮逸僞作，未必有其人。然唐李習之嘗有讀文中子，而劉禹錫作王華卿墓誌序，載其家世行事甚詳，云「門多偉人」，則與書所言合矣，何疑之有？又皮日休有文中子碑，見於文粹。

龍川陳氏類次文中子引曰：講道河、汾，門人咸有記焉。其高弟若董常、程元、仇璋，蓋常參取之矣。薛收、姚義始綴而名之曰中説。凡一百餘紙，無篇目卷第，藏王氏家。文中子亞弟凝，晚始以授福郊、福畤。遂次爲十篇，各舉其端二字以冠篇首，又爲之序篇焉，惟阮逸所著本有之。至龔鼎臣得唐本於齊州李冠家，則以甲乙冠篇，而分篇始末皆不同，又本文多與逸異。然則分篇、叙篇，未必皆福郊、福畤之舊也。昔者孔氏之遺言，蓋集而爲論語，其一多論學，其二多論政，其三多論禮樂。自記載之書，未嘗不以類相從也。此書類次無條目，故讀者多厭倦。余以暇日，參取阮氏、龔氏本，正其本文，以類相從，次爲十六篇，其無條目可尋與凡可略者，往往不録，以爲王氏正書。蓋文中子没於隋大業十三年五月，是歲十一月唐公入關，其後攀龍附鳳，以翼成三百載之基業者，大略嘗往來河、汾矣。雖受經未必盡如所傳，而講論不可謂無也。然智不足以盡知其道，而師友之義未成，故朝論有所不及，不然，諸公豈遂忘其師者哉？及陸龜蒙、司空圖、皮日休諸人，始知好其書。至本朝阮氏、龔氏，遂各以其所得本爲之訓義，考其始末，皆不足以知之也。

又曰：以中説方論語，以董常比顔子，與門人言而名朝之執政者，與老儒老將言而斥之無婉辭，此讀中説者之所同病也。今按阮氏本則曰：「嚴子陵釣於湍石，爾朱榮控勒天下，故君子不貴得位。」龔氏本則曰：「嚴子陵釣於湍石，民到於今稱之；爾朱榮控勒天下，死之日，民無得而稱焉。」故模倣論語者，門人弟子之過也。龔氏本曰：「出而不聲，隱而不没，用之則成，舍之則全。」阮氏本則因董常而言：「終之日，吾與爾有矣。」故比方顔子之迹，往往多過〔三〕。内史薛公使遺書於子，子再拜而受之。推此心以往，其肯退而名楊素諸公哉？薛公謂子曰：「吾文章可謂淫溺矣。」子離席而拜曰：「敢賀丈人之知過也。」謂其斥劉炫、賀若弼而不婉者，過矣。至於以佛爲聖人，以無至無迹爲道，以五典潛五禮，錯爲至治，此皆撰集中説者抄入之，將以張大其師，而不知反以爲累。然仲淹之學，如日星炳然，豈累不累之足云乎？姑以明予類次之意如此。

又曰：魏徵、杜淹之於文中子，蓋嘗有師友之義矣。如房、杜，直往來耳。故嘗事文中子於河、汾者，一切抄之曰門人弟子，其家子弟見諸公之盛也，又從而實之。夫文中子之道，豈待諸公而後重哉？可謂不知其師其父者也。

朱子曰：王仲淹生乎百世之下，讀古聖賢之書而粗識其用，則於道之未嘗亡者，蓋有意焉，而於「明德新民」之學，亦不可謂無其志矣。然未嘗深探其本而盡力於其實，以求必得夫「至善」者而止之，顧乃挾其窺覘想像之彷彿，而謂聖之所以聖，賢之所以賢，與其所以修身，所以治人，以及夫天下國家者，舉皆不越乎此。是以見隋文而陳十二策〔二三〕，則既不自量其力之不足以爲伊、周，又不知其君之不可以爲湯、武。且不待其招而往，不待其問而告，則以輕其道以求售焉。及其不遇而歸，其年蓋亦未爲晚也。若能於此反之於身，以益求其所未至，使「明德」之方、「新民」之具，皆足以得其「至善」而止之，則異時得君行道，安知其卒不逮於古人？政使不幸終無所遇，至於甚不得已而筆之於書，則必有以發經言之餘蘊，而開後學於無窮。顧乃不知出此，而不勝其好名欲速之心，汲汲乎日以著書立言爲己任，則其用心爲已外矣。及其無以自託，乃復摭拾兩漢以來文字言語之陋，功名事業之卑，而求其天資之偶合，與其竊取而近似者，依倣六經，次第采輯，因以牽挽其人，强而躋之二帝、三王之列。今其遺編雖不可見，然考之中説，而得其規模之大略。則彼之贊易，是豈足以知先天後天之相爲體用？而高、文、武、宣之制〔二四〕，是豈有精一執中之傳？曹、劉、顔、謝之詩，是豈有物則秉彝之訓？叔孫通、公孫述、曹褒、荀勉之禮樂，又孰與伯夷、后夔、周公之懿？至於宋、魏以來，一南一北，校功度德，蓋未有以相君臣也。則其天命人心之向背，統緒繼承之偏正，亦何足論，而欲攘臂其間，奪彼予此，以自列於孔子之春秋哉？蓋既不自知其學之不足以爲周、孔，不知兩漢之不足爲三王，而獨以是區區者〔二五〕，比而效之於形似影響之間，傲然自謂足以承千聖而紹百王矣，而不知其適以是而自納於吳、楚僭王之誅，使夫後世知道之君子，雖或有取於其言，而終不能無恨於此，是亦可悲也已。至於假卜筮，象論語，而强引唐初文武名臣以爲弟子，是乃福郊、福畤之所爲，而非仲淹之雅意。然推原本始，乃其平日好高自大之心有以啓之，則亦不得爲無罪矣。或曰：「然則仲淹之學，固不得爲孟子之倫矣。其視荀、楊、韓氏，亦有可得而優劣者邪？」曰：「荀卿之學，雜於申、商；子雲之學，本於黄、老，而其著書之意，蓋亦姑託空言以自見耳。非如仲淹之學，頗近於正，而粗有可用之實也。至於退之原道諸篇，則於道之大原，若有非荀、楊、仲淹之所及者。然考其平生意鄉之所在，終不免於文士浮華放浪之習，時俗富貴利達之求，而其覽觀古今之變，將以措諸事業者，恐亦未若仲淹之致懇惻而有條理也。是以予於仲淹，獨深惜之，而有所不假於三子，是亦春秋責備賢者之遺意也，可勝嘆哉！」

朱子語録：問：「董子、文中子如何」。曰：「仲舒本領純正，班固所謂『醇儒』，極是。行於天下國家事業，恐未必如仲淹。仲淹識見高明，如説治體處極高了，但於本領處欠〔二六〕。如古人『明德、新民、止至善』處，皆不理會。要之〔二七〕，文中子論治體處，高似仲舒，而本領不及；爽似仲舒，而純不及。」又曰：「文中子有志於天下，亦識得三代制度，較之房、魏諸公，又有些本領，只本原上工夫都不理會。若究其議論本原，只自莊、老中來。」

陳氏曰：唐志五卷。今本第十卷有文中子世家、房魏論禮樂事、書關子明事及王氏家書雜録。舊傳以此爲前後序，非也。又有龔鼎臣注，自甲至癸爲十卷，而所謂前後序者，在十卷之外，亦頗有所删取。李格非跋云，龔自謂明道間得唐本於齊州李冠，比阮本改正二百餘處。

帝範一卷

鼂氏曰：唐太宗撰。凡十二篇，今存者六篇。貞觀末，著此書以賜高宗，且曰：「修身治國，備在其中。一旦不諱，更無所言矣。」其末頗以汰侈自咎，以戒高宗，俾勿效己。殊不知閨門之内，慙德甚多，豈特汰侈而已，武后之立，實有自來。不能身教，多言何益？悲夫！

臣範二卷

鼂氏曰：唐則天皇后武氏撰。「範」或作「軌」。武氏稱制時，嘗詔天下學者習之，尋廢。本十篇，今缺其下五篇。

法語二十卷

鼂氏曰：南唐劉鶚撰。甲戌歲，擢南唐進士第，實開寶七年也。著書凡八十一篇，言治國立身之道。徐鉉爲之序。

聱隅子歔欷瑣微論十卷

鼂氏曰：皇朝黄晞撰。聱隅子，晞自號也。其叙略曰：「聱隅者，枿物之名；歔欷者，兼嘆之聲；瑣微者，述之之謂，故以名其書。」晞，蜀人，本朝仁宗時〔二八〕。

山東野録七卷

陳氏曰：殿中丞臨淄賈同公疏撰。本名罔，真宗御筆改之。蓋祥符祀汾陰時所放經明行修進士也。

續家訓八卷

鼂氏曰：皇朝董政公撰〔二九〕。續顔氏之書。

家範十卷

鼂氏曰：皇朝司馬光君實纂。取經史所載聖賢修身齊家之法，凡十九門，編類訓子孫。

後溪劉氏後序曰：温公家範十有二卷。其自序，首易家人，明以大經大訓。凡後世上自公卿，下至匹夫匹婦，一言一行與經訓合者，莫不纂集，以垂法於將來。於是既總述治家之要，又門分而事别之，由祖若父若母，由子若女若孫，由諸父若兄若弟若姑姊妹，由夫若妻，由舅姑若婦，由妾若乳母，終焉。門有其事，事有其法。嗚呼，可謂備矣。公以其所躬行者，合之於古人之所躬行；以古人之所躬行，合之於六經與前哲之所嘗言。其書反復詳重，可謂至深至切矣。或曰：「聖人議道自己而制法以人，謂其可以通行也。公佩服仁義，周旋道德，蓋左準繩右規矩者也。今其爲書，嚴矣哉！其所采録文〔三〇〕，有人所甚難者。夫行不貴苟難，嚮使公裁而歸諸中，不亦善乎？」余曰：「今夫子事父母，下氣怡聲，問疾痛痾癢，而敬扶持之，抑搔之，徐行後長者，凡若此類，豈有難哉？而人猶忽之。則夫表出其所甚難，固以愧夫人之忽乎其所甚易者也。且匹夫匹婦未必一一知經，而或者乃能苦節危行，至有殺身以全大義立大倫，凜然如嚴霜烈日，此又豈有驅而率之者乎？觀古人之事，愧其所甚難，則必能勉行其所甚易，蹈其常，履其變，充而至之可也。」

古今家戒

太常少卿長沙孫景修集。潁濱序略曰：轍少而讀書，見父母之戒其子者，諄諄乎惟恐不盡也。嗚呼，此父母之心也。故父母之於子，人倫之極，雖其不賢，及其爲子言也，必忠且盡，况其賢者乎！太常少卿長沙孫公景修，少孤而教於母，母賢，能就其業。既老，而念母之心不忘，爲賢母録以致其意。既又集古今家戒，得四十九人，以示轍曰：「古有爲是書者，而其文不完。吾病焉，是以爲此。合衆父母之心，以遺天下之人，庶幾有益乎！」轍讀之而嘆曰：「雖有悍子忿鬬於市，莫之能止也，聞父之聲則斂手而退，市人之過之者，亦莫不泣也。慈孝之心，人皆有之，特患無以發之耳。今是書也，要將以發之歟。雖廣之天下，可也。自周公以來至於今，父戒四十五，母戒若干，公又將益廣之未止也。」

潛虚一卷

鼂氏曰：皇朝司馬光君實撰。光擬太玄撰此書，以五行爲本，五五相乘爲二十五〔三一〕，兩之得五十。首有氣、體、性、名、行、變、解七圖，然其辭有闕者，蓋未成也。其手寫稿草一通，今在子建侄房〔三二〕。

朱子書張氏所刻潛虚圖後曰：范仲彪炳文家多藏司馬文正公遺墨，嘗示予潛虚别本，則其所闕之文甚多。問之，云温公晚注此書，未竟而薨，故所傳止此。嘗以手稿屬鼂景迂補之，而鼂謝不敢也。近見泉州所刻，乃無一字之闕，始復驚疑，然讀至數行，乃釋然曰，此贋本也！

潛虚發微論一卷

陳氏曰：言萬物皆祖於虚。玄以準易，虚以準玄。

信書三卷

陳氏曰：監察御史張敦實撰。凡九篇。

巽岩李氏曰：文軫撰。軫，綿州巴西縣人。登元豐二年進士第，爲朝散大夫以老。其書大抵祖周易而倣太玄，略與潛虚相似。規模制造，雖不免乎屋下架屋之譏，然軫之用心亦勤矣。其數本三統、五行，三其五而成十五式，每式八變，十五其八，一百二十斷。易有「象曰」，玄有「測曰」，潛虚有「解」，而此書乃無之，疑注所引「信曰」等語，則象、測、解之類也。十五式、一百二十斷，皆宜有「信曰」，而今所見，獨「勉成」、「地靈」、「憂苦」、「首疾」、「豐和」、「天英」六式之十二斷。又終篇不載揲法，恐此本未爲全書。且其間尚多差誤，不可强正，姑列於後，以待考之。

弟子記一卷

　　鼂氏曰：皇朝劉敞原甫撰。記其門人答問之言。楊慥、王安石之徒書名，王深甫、歐陽永叔之徒書字〔三〕。

校勘記

〔一〕當成帝時與校書　「與」，袁本郡齋讀書志及崇文總目卷三皆作「典」，應是。

〔二〕劉向所集次新序三十篇目録一篇　「序」原作「書」，「目」字原脱，據曾鞏元豐類稿卷一一新序目録序及今本新序曾鞏序改、補。

〔三〕號説苑新序之旨也　「號」，百川學海本子略卷四作「兹」。

〔四〕復恩　「恩」原作「思」，據郡齋讀書志卷一〇及説苑復恩篇改。

〔五〕法誡　郡齋讀書志卷一〇同。按今本説苑無「法誡」篇名，依其篇次，是爲「敬慎」，郡齋等係避孝宗諱。

〔六〕指武　「武」原作「式」，據郡齋讀書志卷一〇及説苑指武篇改。

〔七〕鴻嘉四年上之　「鴻」原作「陽」，據郡齋讀書志卷一〇改。

〔八〕欲以爲法戒　「欲」原作「故」，據元豐類稿卷一一説苑目録序及説苑曾鞏序改。

〔九〕故不得而不論也　下一「不」字原無，據元豐類稿卷一一説苑目録序及説苑曾鞏序補。

〔一〇〕令以類相從　「令」，武英殿聚珍版叢書本直齋書録解題作「今」。

〔一一〕務本抑末　「本」字原脱，郡齋讀書志卷一〇亦脱，今據漢書卷六六車千秋傳贊補。

〔一二〕御史大夫桑弘羊以爲此乃所以安邊境　「桑」字原脱，據孫猛郡齋讀書志校證卷一〇補。

〔一三〕凡六十篇　「六十」原倒，據元本及郡齋讀書志卷一〇乙正。

〔一四〕漢制近古　「制」原作「志」，據高似孫子略卷四改。

〔一五〕上權利之略　「權」，直齋書録解題卷九及漢書卷六六車千秋傳皆作「權」。

〔一六〕在和安之世　「和安」二字原倒，據郡齋讀書志卷一〇乙正。

〔一七〕浮侈　「侈」原作「僞」，據後漢書卷四九王符傳及潛夫論改。

〔一八〕實貢　二字原作「真實」，據後漢書卷四九王符傳及潛夫論改。

〔一九〕豈以漢志所謂孔甲　「志」字原無，據直齋書録解題卷九補。

〔二〇〕時德林卒已九載矣　按開皇十一年至仁壽四年，當爲十三年，此云「九載」，誤。

〔二一〕初生即出繼族父孺　「孺」原作「儒」，據郡齋讀書志卷一〇及隋書卷五七、北史卷三六薛道衡傳改。下「養於孺宅」句同改。

〔二二〕往往多過　「多過」，龍川文集卷一四作「過多」。

〔二三〕是以見隋文而陳十二策　朱文公文集卷六七王氏續經説「見」上有「一」字。

〔二四〕而高文武宣之制　「宣」原作「皇」，據朱文公文集卷六七王氏續經説改。

〔二五〕而獨以是區區者　「獨」，朱文公文集卷六七作「徒欲」。

〔二六〕但於本領處欠　「欠」字原脱，據朱子語類卷一三七補。

〔二七〕要之　「之」原作「知」，據朱子語類卷一三七改。

〔二八〕晞蜀人本朝仁宗時　郡齋讀書志卷一〇無此八字，乃抄自直齋書録解題卷一〇聱隅子條。又「晞，蜀人」，檢讀書附志謂晞閩人，宋史卷四五八黄晞傳及澠水燕談卷四皆説晞建安人，則云「蜀人」者誤。

〔二九〕皇朝董政公撰　按郡齋讀書志卷一〇「政公」作「正功」，宋史卷二〇三藝文二作「正工」，直齋書録解題卷一〇又作「李正公」。

〔三〇〕其所采録文　元本同。明弘治本「文」作「又」，屬下讀。

〔三一〕五五相乘爲二十五　「五五」原作「五行」，據郡齋讀書志卷一〇改。

〔三二〕今在子建侄房　「子建」，郡齋讀書志卷一〇作「子健」。按鼂子健名亦見張栻南軒集卷一三多稼亭記。

〔三三〕歐陽永叔之徒書字　「陽」字原脱，據郡齋讀書志卷一〇補。

卷二百十　經籍考三十七

子　儒家

周子通書一卷　太極圖說一卷

朱子序曰：通書者，濂溪夫子之所作也。夫子自少即以學行有聞於世，而莫或知其師傳之所自，獨以河南兩程夫子嘗受學焉，而得孔、孟不傳之正統，則其淵源固可概見。然所以指夫仲尼、顏子之樂，而發其「吟風弄月」之趣者，亦不可得而悉聞矣。所著之書，又多放失。獨此一篇，本號易通，與太極圖說並出程氏，以傳於世，而其爲說實相表裏。大抵推一理、二氣、五行之分合，以紀綱道體之精微；決道義、文辭、禄利之取舍，以振起俗學之卑陋。至論所以入德之方、經世之具，又皆親切簡要，不爲空言。顧其宏綱大用，既非秦、漢以來諸儒所及，而其條理之密、意味之深，又非今世學者所能驟而窺也。是以程子既没而傳者鮮焉，其知之者，不過以爲用意高遠而已。

又曰：通書文雖高簡，而體實淵慤。且其所論，不出乎陰陽變化、修己治人之事，未嘗遽談無物之先、文字之外也。周子留下太極圖，若無通書，却教人如何曉得？故太極圖得通書而始明。

朱子既爲太極圖説，則録以寄廣漢張敬夫：以書來曰：「先生所與門人講論問答之言，見於書者詳矣。其於西銘蓋屢言之，至此圖則未嘗一言及也。謂其必有微意，是則固然。然所謂微意者，果何謂邪？」熹竊以爲此圖立象盡意，剖析幽微，周子蓋不得已而作也。觀其手授之意，蓋以爲惟程子爲能當之，至程子而不言，則疑其未有能受之者爾〔一〕。夫既未能默識於言意之表，則馳心空妙，入耳出口，其弊必有不勝言者。

鼂氏曰：茂叔師事鶴林寺僧壽涯，以其學傳二程，遂大顯於世。此其所著書也。

濂溪遺文遺事一卷

陳氏曰：侍講朱熹集次，刊於南康〔二〕。

正蒙書十卷

鼂氏曰：皇朝張載子厚撰。張舜民嘗乞追贈載於朝，云：「横渠先生張載著書萬餘言，名曰正蒙。陰陽變化之端，仁義道德之理，死生性命之分，治亂國家之經，罔不究通。方之前人，其孟軻、揚雄之流乎！」此書是也。初無篇次，其後門人蘇昞等區別成十七篇，又爲前後序。又有胡安國所傳，編爲一卷，末有行狀一卷〔三〕。

藍田吕氏曰：先生晚自崇文移疾西歸，終日危坐一室，左右簡編，俯而讀，仰而思，有得則識之，或中夜起坐，取燭以書。其志道精思，未始須臾息，亦未嘗須臾忘也。熙寧九年秋，集所立言，謂之正蒙，出示門人曰：「此書予歷年致思之所得，其言殆與前聖合，大要發端示人而已。其觸類廣之，則吾將有待於學者。」

朱子語録曰：正蒙有差，分曉底看。或問：「正蒙中説得有病處，還是他命辭不出有差？還是見得差？」曰：「他是見得差。如曰『繼之者善也』，方是『善惡混』云云。『成之者性』，是到得聖人處，方是成得性，所以説『知禮成性而道義出』。似這處，都見差了。」

西銘集解一卷

陳氏曰：張載作訂頑、砭愚二銘，後更曰東、西銘，其西銘即訂頑也。大抵發理一分殊之旨。有趙師俠者，集吕大臨、胡安國、張九成、朱熹四家説爲一篇，刻之興化軍。又有户部侍郎王夢龍，集通書、西銘解爲三卷。

龜山楊氏曰：西銘理一而分殊。知其理一，所以爲仁；知其分殊，所以爲義。所謂分殊，猶孟子言「親親而仁民，仁民而愛物」。其分不同，故所施不能無差等耳。或曰：「如是則體用果離而爲二矣。」曰：「用未嘗離體也。以人觀之，四支百骸，具於一身者體，至其用處，則首不可以加屨，足不可以納冠，蓋即體而言，分已在其中矣。」

程氏遺書二十五卷　附録一卷　外書十三卷

陳氏曰：朱熹集録二程門人李籲端伯而下諸家所聞見問答之語，附録行狀、哀詞、祭文之屬八篇。其年譜，朱公所撰述也。外書則又二十五篇之所遺者。

朱子答張敬夫書曰：明道之言，發明極致，通透灑落，善開發人。伊川之言，即事明理，質慤精深，尤耐咀嚼。然明道之言一見便好，久看愈好，所以賢愚皆獲其益。伊川之書乍看未好，久看方好，故非久於玩索者，不能知其味。又答吕伯恭書曰：遺書節本已寫出，愚意所删去者，亦須用草紙抄出，逐段略注删去之意，方見不草草處。若只暗地删却，久遠却惑人。記論語者只爲不曾如此，留下家語，至今作病痛也。

河南師説十卷

陳氏曰：尚書潁川韓元吉無咎，以河南雅言、伊川雜説及諸家語録，釐爲十卷，以尹和靖所編爲卷首，不如遺書之詳訂也。

皇極經世書十二卷

鼂氏曰：皇朝邵雍堯夫撰。雍隱居博學，尤精於易，世謂其能窮作易之本原，前知來物。其始學之時，睡不施枕者三十年。此書以元經會，以運經世〔四〕，起於堯即位之二十一年甲辰，終於周顯德六年己未，編年紀興亡治亂之事，以符其學。後又有繫述叙篇〔五〕，其子伯温解。

陳氏曰：其學出於李之才挺之，之才受之穆脩伯長，脩受之种放明逸，放受之陳摶，蓋數學也。曰元、會、運、世，以元經會，以運經世，自帝堯至於五代，天下離合，治亂興廢，得失邪正之迹，以人事而驗天時〔六〕。以陰、陽、剛、柔窮聲、音、律、吕，以窮萬物之數。末二卷論所以爲書之意，窮日、月、星、辰、飛、走、動、植之數，以盡天地萬物之理；述皇、帝、王、霸之事，以明大中至正之道。書謂之皇極經世，篇謂之觀物，凡六十二篇。其子伯温爲之叙系，具載先天、後天、變卦、反對諸圖，又爲易學辯惑一篇，叙傳授本末真僞。然世之能明其學者蓋鮮焉。

朱子語録曰：康節其初想只是看得「太極生兩儀，兩儀生四象」。心只管在上面轉，久之便透，想得一舉眼便成四片。其法，四之外又有四焉。凡物才過到二之半時，便煩惱了，蓋已漸趨之於衰也。謂如見花方蓓蕾，則知其將盛；既開，則知其將衰，其理不過如此。謂如今日戌時，從此推上去，至未有天地之始；從此推下去，至人物消盡之時。蓋理在數内，數在理内。康節是他見得一個盛衰消長之理，故能知之。若只説他知得甚事，如歐陽叔弼定謚之類，此知康節之淺陋者也。程先生有一柬，説先天圖甚有理，可試往聽他説看。觀其意，甚不把當事。然自有易以來，只有康節説一箇物事如此齊整。如揚子雲太玄，便零星補凑得可笑！若不補，又却欠四分之一，補得來，又却多四分之三。如潛虚之數用五，只似如今算位一般，其直一畫則五也，下横一畫則爲六，横二畫則爲七，蓋亦補凑之書也。

又曰：易是卜筮之書，皇極經世是推步之書。經世以十二辟卦管十二會，綳定時節，却就中推吉凶消長，堯時正是乾卦九五。其書與易自不相干。只是加一倍推將去〔七〕。問：「伯温解經世書如何？」先生曰：「他也只是説將去，那裏面精微曲折，也未必曉得。當時康節只説與王某，不曾説與伯温。」

又曰：康節之學，骨髓在皇極經世，其花草便是詩。

觀物外篇六卷

鼂氏曰：右邵雍之没，門人記其平生之言，合二卷。雖以次筆授，不能無小失，然足以發明成書爲多，故以外篇名之。或分爲六卷。

陳氏曰：康節門人太常寺簿張崏子望記其言，雖十纔一二，而足以發明成書。

觀物内篇二卷

陳氏曰：康節之子右奉直大夫伯温撰。即經世書之第十一、十二卷也。張氏曰：「先生觀物有内、外篇。内篇，先生所著之書也；外篇，門人所記先生之言也。内篇理深而數略，外篇數詳而理顯。學先天者，當自外篇始。」先生詩云：「若無揚子天人學，安有莊周内、外篇。」以此知外篇亦先生之文，門人蓋編集之耳。

又曰〔八〕：皇極經世者，康節之易，先天之嗣也〔九〕。觀物篇立言廣大，措意精微，如繫辭。然稽之以理既無不通，參之以數亦無不合。

漁樵問對一卷

鼂氏曰：皇朝邵雍撰〔一〇〕。設爲問答，以論陰陽化育之端，性命道德之奥云。邵氏言其祖之書也，當考。

程氏雜説十卷

鼂氏曰：皇朝程頤正叔門人雜記其師之言。

信聞紀一卷 經學理窟一卷〔一一〕

鼂氏曰：皇朝張載撰。雜記經傳之義，辯釋老之失。

近思録十四卷

陳氏曰：朱熹、吕祖謙取周、程氏之書關於大體而切於日用者六百十九條，取「切問近思」之義，以教後學。

趙氏跋曰：朱子、吕子相與講明伊、洛之學，取其言之簡而要者，集爲是書，要使學者知所趣向。譬如洛居天下之中，行者四面而至，苟不惑其塗路，則千里雖遠，行無不至矣。然其間亦有平居師友相問答之際，盡意傾吐，義已切至而語不暇擇者。學者得其意，玩其辭可也。不然，徒高遠其言，詭異其行，俾世之人咸共指目曰道學云云者，則甚非朱、吕所以爲書之意也。

答邇英聖問一卷

兩朝國史志：慶曆四年三月，仁宗於邇英閣出御書十有三軸，凡三十五事：一曰遵祖宗之訓，二曰奉真考之業，三曰念祖宗艱難，四曰思祖宗愛民，五曰守信義，六曰不巧詐，七曰親碩學，八曰精六藝，九曰慎言語，十曰待耆老，十一曰崇静退，十二曰求忠正，十三曰懼貴驕，十四曰招勇將，十五曰尚儒術，十六曰議釋老，十七曰重良臣，十八曰廣視聽，十九曰功無迹，二十曰戒喜怒，二十一曰明巧媚，二十二曰杜希旨，二十三曰從民欲，二十四曰慎滿盈，二十五曰傷暴露兵，二十六曰哀鰥寡〔三〕，二十七曰訪屠釣，二十八曰講遠圖，二十九曰絶朋比，三十曰斥諂佞，三十一曰察小忠，三十二曰鑒迎合，三十三曰罪己爲民，三十四曰損躬撫軍，三十五曰求善補過。又出危竿諭一篇，述居高慎危之意，顧丁度等曰：「朕觀書之暇，取臣僚上言及進對事目可施於政治者，書以分賜卿等。」度暨曾公亮、楊安國、王洙等既拜賜，因請注釋其義。是月，丁度等上答邇英聖問一卷。上覽之終篇，指其中體大者六事，付中書、樞密院，令奉行之。答聖問者，即所釋前所賜三十五事也。

帝學十卷〔一三〕

鼂氏曰：皇朝范祖禹淳夫纂自古賢君迨於祖宗務學事迹爲一篇，以勸講。淳夫，元祐時在講筵八年。詰旦當講，前一夕，正衣冠，儼然如在上前，命子弟侍坐，先按講其說。平時語若不出諸口，及當講，開列古議，仍參之時事，以爲勸戒，其音琅然，聞者興起。東坡常曰〔一四〕：「淳夫講書，言簡義明，粲然成文章，爲今講官第一。」

陳氏曰：其所編集，上自三皇、五帝，迄於本朝神宗。凡聖學事實皆具焉。

儒言一卷

鼂氏曰：從父詹事公撰。其書蓋辯正王安石之學違僻者。

元城語録三卷

陳氏曰：右朝散郎維揚馬永卿大年撰。永卿初仕亳州永城主簿，從寓公劉安世器之學，記其所聞之語。

劉先生談録一卷

陳氏曰：知秀州韓瓘德全撰。瓘，億之曾孫，緬之孫。官二浙，道睢陽，往來必見劉元城，記其所談二十一則。

道護録一卷

陳氏曰：胡珵德輝所録劉元城語，凡十九則。以上三書皆刻章貢。末又有邵伯温、吕本中所記數事附焉。

節孝先生語一卷

陳氏曰：江端禮季恭所録山陽徐積仲車語。

龜山語録五卷

陳氏曰：延平陳淵幾叟、羅從彦仲素、建安胡大原伯逢所録楊時中立語，及其子迥稿録，共四卷。末卷爲附録、墓誌、遺事，順昌廖德明子晦所集也。

庭闈稿録一卷

陳氏曰：即楊迥所録，當政和八年，其父亡恙時也。

龜山别録二卷

陳氏曰：不知何人所録。

尹和靖語録四卷

陳氏曰：馮忠恕、祁寬居之〔一五〕、吕堅中崇實所録尹焞彦明語。

胡氏傳家録五卷

陳氏曰：曾幾吉父、徐時動舜鄰、楊訓子中所記胡安國康侯問答之語，及其子寧和仲所録家庭之訓。

無垢語録十四卷　言行編　遺文共一卷

陳氏曰：張九成子韶之甥于恕所編心傳録，及其門人郎曄所記日新録〔一六〕。近時徐鹿卿德夫教授南安，復裒其言行，繫以歲月，及遺文三十篇，附於末。

師友雜志一卷　雜説一卷

陳氏曰：吕本中撰。

胡子知言一卷

陳氏曰：五峰胡宏仁仲撰。文定公安國之季子，張南軒從之遊〔一七〕。

朱子語録有曰：因與諸子論湖湘學者崇尚胡子知言，曰：「知言固有好處，然亦大有差失，如論性，却曰『不可以善惡辨，不可以是非分』。既無善惡，又無是非，則是告子『湍水』之説爾。如曰『好惡性也，君子好惡以道，小人好惡以己』。則是以好惡説性，而道在性外矣。不知此理却從何而出？」問：「所謂『探視聽言動無息之際可以會情』，此猶告子『生之謂性』之意否？」曰：「此語亦有病。下文謂『道義明著，孰知其爲此心，物欲引誘，孰知其爲人欲』，便以道義對物欲，却似性中本無道義，逐旋於此處攙入兩端，則是性亦不可以善言矣。如曰『性也者，天地鬼神之奥也』，善不足以名之，况惡乎？孟子説性善云者，嘆美之辭，不與惡對。其所謂『天地鬼神之奥』，言語亦大故誇逞。

某嘗謂聖賢言語自是平易，如孟子尚自有些險處，孔子則直是平實。」東萊云：「知言勝似正蒙。」先生曰：「蓋後出者巧也。」

忘筌書一卷

陳氏曰：浦城潘植子醇撰。多言易，亦涉異端，凡五十一篇。此書載鳴道集爲九十二篇，附見者又十有三，而館閣書目又稱七十七篇，皆未詳。

諸儒鳴道集七十二卷

陳氏曰：不知何人所集。涑水、濂溪、明道、伊川、横渠、元城、上蔡、無垢，以及江民表、劉子翬、潘子醇凡十一家，其去取不可曉。

兼山遺學六卷

陳氏曰：河南郭雍録其父忠孝之遺書。前二卷爲易著卦，次爲九圖，又次説春秋，又次爲性説三篇，末卷問答、雜説。忠孝父子世系、出處本末，次詳見易類〔一八〕。

玉泉講學一卷

陳氏曰：沙隨程迥可久所記喻樗子才語。樗本末見語孟類。

周簡惠聖傳録一卷

陳氏曰：參政荆溪周葵惇義撰。自堯、舜至孔、孟聖傳正統，爲絶句詩二十章，而各著其説，自爲一家，然無高論。

南軒語録十二卷

陳氏曰：蔣邁所記張栻敬夫語。

睎顏録一卷

陳氏曰：張栻取經傳中凡言及顏子者，録爲一編。

晦庵語録四十六卷

陳氏曰：著作佐郎陵陽李道傳貫之，裒晦翁門人廖德明子晦而下三十二家，刻之九江。

晦庵續録四十六卷

陳氏曰：李太史之弟樞密性傳成之，又得黄榦直卿而下四十一家，及前録所無者併刻之。

吕氏讀書記七卷

陳氏曰：吕祖謙撰。乾道癸巳、淳熙乙未，家居日閲之書，隨意手筆，或數字，或全篇。蓋偶有所感發，或以備遺忘者。

閫範十卷

陳氏曰：吕祖謙撰。集經、史、子、傳發明人倫之道見於父子、兄弟之間者爲一篇。時教授嚴州，張南軒守郡，實爲之序。

先聖大訓六卷

陳氏曰：龍圖閣學士慈溪楊簡敬仲撰。取禮記、家語、左傳、國語而下諸書凡稱孔子之言，皆類爲此編。然聖人之旨意未易識也。「喪欲速貧，死欲速朽」，自門弟子已不能知其有爲而言，况於百氏所記，其間淺陋依托，可勝道哉！多聞闕疑，庶乎其弗畔也。

己易一卷

陳氏曰：楊簡撰。

慈湖遺書三卷

陳氏曰：楊簡撰。前二卷雜説，末一卷遺文。慈湖之學，專主乎「心之精神是謂聖」一語。其誨人，惟欲發明本心而有所覺。然稱學者之覺，亦頗輕於印可。蓋其用功偏於上達，受人之欺而不疑。竊嘗謂誠、明一理，焉有誠而不明者乎？當淳熙中，象山陸九淵之學盛行於江西，朱侍講不然之。朱公於前輩不肯張無垢，於同流不肯陸象山，爲其本原未純故也。象山之後，一傳而慈湖，遂如此。甚矣，道之不明，賢者過之也。

明倫集十卷

陳氏曰：高安塗近止撰〔一九〕。取經傳言行之要，以孝爲本，推而廣之，爲十篇。塗有子登科，得初品官致仕。

心經法語一卷

陳氏曰：參知政事建安真德秀希元撰。集聖賢論心格言。

三先生謚議一卷

陳氏曰：嘉定中，魏了翁華父爲潼川憲，奏請賜周、程謚。寶慶守李大謙集而刻之，併及諸郡祠堂記文。

言子三卷

陳氏曰：言偃，吴人，相傳所居在常熟縣。慶元間，邑宰孫應時季和始爲立祠，求朱晦翁爲記。近新昌王爚伯晦復裒論語諸書所載問答爲此書〔二〇〕。邑中至今有言氏，亦買田教養之。

校勘記

〔一〕至程子而不言則疑其未有能受之者爾　朱文公文集卷三一答張敬夫（壬辰冬）此二句作「程子之秘而不示，疑亦未有能受之者爾」。

〔二〕刊於南康　「刊」字原脱，據直齋書録解題卷九補。

〔三〕又爲前後序又有胡安國所傳編爲一卷末有行狀一卷　郡齋讀書志卷一〇無此二十二字。今按直齋書録解題卷九正蒙下云：「范育、吕大臨、蘇昞爲前後序，皆其門人也。又有待制胡安國所傳，末有行狀一卷。」此處蓋馬氏録直齋語。

〔四〕此書以元經會以運經世　郡齋讀書志卷一同。據皇極經世，「以元經會」下應有「以會經運」一句。盧文弨群書拾補亦云。

〔五〕後又有繫述叙篇　「有」原作「看」，據元本、明弘治本、郡齋讀書志卷一改。

〔六〕以人事而驗天時　直齋書録解題卷九此句作「以天時而驗人事」。

〔七〕只是加一倍推將去　朱子語類卷一〇〇此八字爲小字注文。

〔八〕又曰　此二字爲直齋書録解題卷九所有，且以下一節文字與上節相連屬。按直齋書録解題此條或即清四庫館臣據文獻通考所輯，而將「又曰」二字亦誤輯入。

〔九〕先天之嗣也　「嗣」原作「説」，據元本、明弘治本、直齋書録解題卷九改。

〔一〇〕皇朝邵雍撰　按此書作者，歷來著録頗爲分歧。四庫全書總目卷九一子部儒家類存目云：「漁樵問對一卷，舊本題宋邵雍撰，晁公武讀書志又作張子，劉安上集中亦載之，三人時代相接，未詳孰是。」

〔一一〕經學理窟一卷　按郡齋讀書志卷一〇作「理窟一卷」，不附信聞紀下，載云：「右題曰金華先生，未詳何人，蓋爲二程、張氏之學者。」盧文弨群書拾補以馬氏將經學理窟繫於張載信聞紀下爲誤。

〔一二〕二十六曰哀鰥寡　按續資治通鑑長編卷一四七慶曆四年三月己卯條，此句「寡」下有「民」字，與上句駢。

〔一三〕帝學十卷　郡齋讀書志卷一〇同。按直齋書録解題卷九及宋史卷二〇五藝文四俱作「八卷」。

〔一四〕東坡常曰　「常」，郡齋讀書志卷一〇作「嘗」。按「常」是「嘗」之假借。

〔一五〕祁寬居之　「祁寬」原作「祈寬」，據元本改。宋史卷二〇五藝文四尹焞語録條有「尹焞門人馮忠恕、祁寬、吕堅中記」之文可證。

〔一六〕及其門人郎曄所記日新録　直齋書録解題卷九作「郎昱」，宋元學案卷四〇横浦學案作「郎煜」。

〔一七〕文定公安國之季子張南軒從之遊　「公安國之」、「張」五字原無，據元本、明弘治本及直齋書録解題卷九補。

〔一八〕次詳見易類　直齋書録解題卷九無「次」字，應是。

〔一九〕高安塗近止撰　「止」，直齋書録解題卷九同。按宋史卷二〇五藝文四及四庫全書總目卷九五子部儒家類存目俱作「正」。

〔二〇〕復裒論語諸書所載問答爲此書　「諸」字原無，據直齋書録解題卷九補。

卷二百十一　經籍考三十八

子道家

漢藝文志曰：道者秉要執本〔一〕，清虚以自守，卑弱以自持，此君人南面之術也。合於堯之克讓，易之謙謙，一謙而四益，此其所長也。及放者爲之，則欲絶去禮學，兼棄仁義，曰獨任清虚可以爲法〔二〕。

隋經籍志曰：自黄帝而下，聖哲之士，所言道者，傳之其人，世無師説。漢時，曹參始薦蓋公能言黄、老，文帝宗之。自是相傳，道學衆矣。下士爲之，不推其本，苟以異俗爲高，狂狷爲尚，迂誕譎怪，而失其真。

漢志：三十七家，九百九十三篇。

隋志：七十八部，合五百二十五卷。

唐志：七十七家，八十四部，一千有四卷〔三〕。

宋三朝志：四十三部，二百五十卷。

宋兩朝志：八部，十五卷。

宋四朝志：九部，三十二卷。

宋中興志：四十七家，五十二部，一百八十七卷。

鬻子一卷

鼂氏曰：楚鬻熊撰。按漢志云：「爲周師，自文王以下問焉。周封爲楚祖。」凡二十二篇。今存者十四篇。唐逢行珪注，永徽中上於朝。叙稱見文王時，行年九十，而書載周公封康叔事，蓋著書時百餘歲矣。

石林葉氏曰：世傳鬻子一卷，出祖無擇家。漢藝文志本二十二篇，載之道家。鬻熊，文王所師，不知何以名道家。而小說家亦別出十九卷，亦莫知孰是，又何以名小說。今一卷，止十四篇，本唐永徽中逢行珪所獻。其文大略，古人著書不應爾。庾仲容子抄云六篇〔四〕，馬總意林亦然，其所載辭略，與行珪先後差不倫，恐行珪書或有附益云。

巽岩李氏曰：藝文志二十六篇〔五〕，今十四篇，崇文總目以爲其八篇亡，特存此十四篇耳。某謂劉向父子及班固所著録者，或有他本，此蓋後世所依託也。熊既年九十始遇文王，胡乃尚説三監、曲阜時，何邪？又文多殘闕，卷第與目篇皆錯亂，甚者幾不可曉，而注尤謬誤。然不敢以意删定，姑存之以俟考。

高氏子略曰：魏相奏記載霍光曰：「文王見鬻子，年九十餘，文王曰：『噫！老矣。』鬻子曰：『君若使臣捕虎逐麋，臣已老矣；若使坐策國事，臣年尚少。』文王善之，遂以爲師。」今觀其書，則曰：「發政施仁謂之道，上下相親謂之和，不求而得謂之信，除天下之害謂之仁。」其所以啓文王者決矣。其與太公之遇文王有相合者。太公之言曰：「君有六守：仁、義、忠、信、勇、謀。」又曰：「鷙鳥將擊，卑飛翩翼；虎狼將擊，弭耳俯伏；聖人將動，必有愚色。」尤決於啓文王者矣。非二公之言殊相經緯？然其書辭意大略淆雜，若大誥、洛誥之所以爲書者，是亦漢儒之所綴輯者乎？太公又曰：「天下非一人之天下，天下之天下也。」奇矣！藝文志叙鬻子名熊，著書二十二篇。今一卷六篇。唐貞元間柳伯存嘗言，子書起於鬻熊。此語亦佳，因録之。永徽中，逢行珪爲之序曰：「漢志所載六篇，此本凡十四篇，予家所傳乃十有二篇。」

陳氏曰：漢志云二十二篇，今書十五篇，陸佃農師所校。唐鄭縣尉逢行珪注，止十四篇，蓋中間以二章合而爲一，故視陸本又少一篇。此書甲乙篇次，皆不可曉，二本前後亦不同。姑兩存之。

老子道德經二卷

鼂氏曰：李耳撰。以周平王四十二年授關尹喜〔六〕，凡五千七百四十有八言，八十一章，言道德之旨。予嘗學焉，通其大旨而悲之。蓋不幸居亂世憂懼者所爲之書乎？不然，何其求全之甚也！古之君子應世也，或知或愚，或勇或怯，惟其當之爲貴，初不滯於一曲也。至於成敗生死，則以爲有命，非人力所能及，不用智於其間以求全，特隨其所遇而處之以道耳。是以臨禍福得喪，而未嘗有憂懼之心焉。今耳之書則不然，畏明之易暗，故守以昏；畏寵之必失，故不辭辱；畏剛之折，則致柔；畏直之挫，則致曲；畏厚亡也，則不敢多藏；畏盈溢也，則不如其已；既貴矣，畏其咎，故退，功成矣，畏其去，故不居。凡所以知雄守雌，知白守黑，以懦弱謙下爲道者，其意蓋曰，不如是，則將不免於咎矣。由此觀之，豈非所謂求全也哉？嗟夫！人惟有意於求全，故中懷憂懼，先事以謀，而有所不敢爲；有所不敢爲，則其蔽大矣。此老子之學，所以雖深約博大，不免卒列於百家，而不爲天下達道歟？以諸家本參校，其不同者近二百字，互有得失，乙者五字，注者五十五字，塗者三十八字。其間徽宗御注最異。諸本云：「天下柔弱莫過於水，而攻堅强者莫之能勝，以其無能易之。」而御注作：「天下莫柔弱於水，而攻堅强者莫之能先，以其無以易之也。」諸本云：「恬淡爲上，勝而不美，而美之者，是樂殺人者，不可得志於天下矣。吉事尚左，凶事尚右。偏將軍處左，上將軍處右，言以喪禮處之。」御注作：「恬淡爲上，故不美也。若美，必樂之。樂之者，是樂殺人也。夫樂殺人也，不可得志於天下者。故吉事尚左，凶事尚右。偏將軍處左，上將軍處右，言居上則以喪禮處之。」其不同如此。

朱子語録曰：老子之術，須自家占得十分穩便，方肯做；纔有一毫於己不便，便不肯做。老子術冲嗇，不肯役精神。問：「先儒論老子，多爲之出脱，云老子乃矯時之説。以某觀之，不是矯時，只是不見實理，故不知禮樂刑政之所出，而欲去之。」曰：「使渠識得『寂然不動，感而遂通天下之故』，自不應如此。他本不知下一節，欲占一箇徑言之，然上節無實見，故亦不脱灑。」「老子之學，只要退步柔伏，不與你争，纔有一毫主張計較思慮之心，這氣便粗了。故曰『致虚極，守静篤』；又曰：『專氣致柔，能如嬰兒乎？』又曰：『知其雄，守其雌，爲天下谿；知其白，守其黑，爲天下谷。』所謂谿，所謂谷，只是低下處。讓爾在高處，他只要在卑下處，全不與爾争。他這工夫極難。常見畫本老子便是這般氣象，笑嘻嘻地，便是箇退步占便宜底人。雖未必肖他，然亦是他氣象也。只是他放出無狀來，便不可當。如曰『以正治國，以奇用兵，以無事取天下』，他取天下便是用此道。如子房之術，全是如此。嶢關之戰，啗秦將以利，與之連和，即回兵殺之；與項羽約和，已講解了，即勸高祖追之。漢家始終治天下全是得此術，至武帝盡發出來。便郎當子房閑時不做聲氣〔七〕，莫教他説一話，更不可當。少年也任俠殺人，後來因黄石公教得來較細，只是都使人不疑他，此其所以乖也。」「老子説話，只是欲退步占姦，不要與事物接。如『治人事天莫若嗇』，迫而後動，不得已而後起，皆是這意思。故爲其學者多流於術數，如申、韓之徒是也。其後則兵家亦祖其説，如陰符經之類是也。」

陳氏曰：昔人言謚曰「聃」，故世稱老聃。然「聃」之爲訓，耳漫無輪也，似不得爲謚。

河上公注老子二卷

鼂氏曰：太史公言河上丈人通老子，再傳而至蓋公。蓋公即齊相曹參師也。而晉葛洪曰〔八〕：「河上公者，莫知其姓名，漢孝文時居河之濱。侍郎裴楷言其通老子，孝文詣問之，即授素書、道經章句〔九〕。」兩説不同，當從太史公也。其書頗言吐故納新、按摩導引之術，近神仙家。劉子元稱其非真，殆以此歟？傅奕謂「常善救人，故無棄人；常善救物，故無棄物」四句，古本無有，獨得於公耳。

老子指歸十三卷

鼂氏曰：漢嚴遵君平撰，谷神子注。其章句頗與諸本不同，如以「曲則全」章末十七字爲後章首之類。按唐志有嚴遵指歸四十卷，馮廓注指歸十三卷。此本卷數與廓注同〔一〇〕，題谷神子而不顯名姓，疑即廓也。

老子略論一卷

鼂氏曰：魏王弼撰。凡十有八章。景迂云，弼有得於老子，而無得於易，注易資於老子，而老子論無資於易，則其淺深之效可見矣。

陳氏曰：魏晉之世，玄學盛行，弼之談玄，冠於流輩，故其注易亦多玄義。鼂以道言弼注易亦假老子之旨。世所行老子，分道德經爲上、下卷。此本道德經且無章目，當是古本。

明皇老子注二卷　疏一卷

鼂氏曰：唐玄宗撰。天寶中，加號玄邁道德經〔一一〕，世不稱焉。又頗增其詞，如「而貴食母」作「兒貴求合於母」之類〔一二〕。「貴食母」者，嬰兒未孩之義。諸侯之子，以大夫妻爲食母，增之贅矣。

三十家注老子八卷

鼂氏曰：唐蜀郡岷山道士張君相集河上公、嚴遵、王弼、何晏、郭象、鍾會、孫登、羊祜、羅什、盧裕、劉仁會、顧歡、陶隱居、松靈仙人、裴處思〔一三〕、杜弼節解、張憑、張嗣、臧元静、大孟、小孟、竇略、宋文明、褚糅、劉進喜、蔡子晃、成玄英、車惠弼等注。君相稱三十家，而列其名止二十有九，蓋君相自以爲一家言，並數之耳。君相，不知何時人，而謂成玄英爲「皇朝道士」，則唐天寶後人也。以「絶學無憂」一句，附「絶聖棄知」章末，以「唯之與阿」別爲一章，與諸本不同。

道德經傳四卷

崇文總目：唐陸希聲撰。傳疏道、德二經義。

道德經廣聖義三十卷

崇文總目：唐杜光庭撰。以明皇注疏演其義。

道德經疏二卷

崇文總目：不著撰人名氏，集河上公、葛仙翁、鄭思遠、唐睿宗、明皇諸家注，序其自疏。

道德經疏義節解上下各二卷〔一四〕

崇文總目：僞蜀喬諷撰。諷仕僞蜀爲諫議大夫、知制誥。奉詔以唐明皇注疏、杜光庭義綴其要，附以己意解釋之。

道德經小解二卷

崇文總目：不著撰人名氏。注解道德經義。

道德經譜二卷

崇文總目：道士扶小明撰。不詳何代人。以道德經章句略爲義訓。

老子道德經論著二卷〔一五〕

鼂氏曰：皇朝司馬光撰。光意謂：「太史公曰『老子著書，言道德之意』，後人以其篇首之文，名上篇曰道，下篇曰德〔一六〕。夫道德連體，不可偏舉，故廢道經、德經之名，而曰道德論。」墓誌載其目。「無名天地之始，有名萬物之母。常無欲以觀其妙，常有欲以觀其徼」，皆於「無」與「有」下斷句，不與先儒同。

王介甫注老子二卷　王雱注二卷　吕惠卿注二卷　陸佃注二卷　劉仲平注二卷

鼂氏曰：王介甫平生最喜老子，故解釋最所致意。首章皆斷「有」、「無」作一讀，與温公同。後其子雱及其徒吕惠卿、陸佃、劉仲平皆有老子注。

吕氏老子注二卷

鼂氏曰：皇朝吕大臨撰。其意以老氏之學，合「有」「無」謂之玄，以爲道之所由出，蓋至於命矣。其言道體，非獨智之見，孰能臻此？求之終篇，繆於聖人者蓋寡〔一七〕，但不當以聖智仁義爲可絶棄耳。

蘇子由注老子二卷

鼂氏曰：皇朝蘇轍子由注。子由謫官筠州，頗與學浮屠者游，而有所得焉，於是解老子。嘗曰：「中庸云：『喜怒哀樂未發，謂之中；發而皆中節，謂之和。致中、和，天地位焉，萬物育焉。』此蓋佛法也。六祖謂：不思善，不思惡，則喜怒哀樂之未發也。蓋中者，佛法之異名，而和者，六度萬行之總目。致中極和而天地萬物生於其間，非佛法何以當之？天下無二道，而所以治人則異。古之聖人，忠信行道而不毀世法，以此耳。故解老子，亦時有與佛法合者。」其自序云耳。其解「是謂襲明」，以爲釋氏傳燈之類。

陳氏曰：東坡跋曰：「使戰國有此書，則無商鞅、韓非；使漢初有此書，則孔、老爲一；使晉、宋間有此書，則佛、老不爲二。」

朱子雜學辯曰：蘇侍郎晚著此書，合吾儒於老子，以爲未足，又並釋氏而彌縫之，可謂舛矣。然其自許甚高，至謂當世無一人可與語此者，而其兄東坡公亦以爲不意晚年見此奇特。以予觀之，其可謂無忌憚者歟，因與之辯。而或者謂：「蘇氏兄弟以文義贊佛乘，蓋未得其所謂，如傳燈録解之屬，其失又有甚焉，不但此書爲可辯也。」應之曰：「予之所病，病其學儒之失而流於異端，不病其學佛未至而溺於文義也，其不得已而論，此豈好辯哉？誠懼其亂吾學之傳，而失人心之正爾。若求諸彼而不得其說，則予又何暇知焉？」

御注老子二卷

鼂氏曰：徽宗御撰。或曰鄭居中視草，未詳。

劉巨濟注老子二卷

鼂氏曰：皇朝劉涇巨濟注。涇，蜀人，篤志於學，文詞奇偉。早登蘇子瞻之門，晚受知蔡京，除太學博士。

老子解二卷

陳氏曰：葉夢得撰。其説曰：「孔子稱竊比於我老、彭，孟子闢楊、墨而不及老氏。老氏之書，孔、孟所不廢也。」所解「生之徒十有三，死之徒十有三」，以爲四支九竅，本韓非子解老之説。

易老通言十卷

陳氏曰：程大昌撰。其序言，名爲訓老而實該六經〔一八〕，故曰易老通言，易在而六經皆在矣。蓋以易爲六經之首也。

李暹注文子十二卷

鼂氏曰：右李暹注。其傳曰姓辛，葵邱濮上人〔一九〕，號曰計然，范蠡師事之。本受業於老子，録其遺言，爲十二篇云。按劉向録文子九篇而已。唐志録暹注，與今篇次同，豈暹析之歟？顔籀以其「與孔子並時而稱周平王問，疑依託者」，然三代之書，經秦火幸而存者，其錯亂參差類如此。爾雅，周公作也，而有「張仲孝友」；列子，鄭穆公時人，而有「子陽餽粟」是也。李暹師事僧般若流支，蓋元魏人也。

河東柳氏辯文子曰：文子書十二篇，其傳曰老子弟子。唐有徐靈府注，又有李暹注訓，或謂其書録老子遺言。其辭有若可取，其旨意皆本老子。然考其書，考即考字。蓋駁書也。其渾而類者少，竊取他書以合之者多。凡孟子輩數家，皆見剽竊，嶢然而出其類。童曰：「嶢音堯，山高貌，或作嶤。」其意緒文辭，叉牙相抵而不合。不知人之增益之歟？或者衆爲聚斂以成其書歟？然觀其往往有可立者，又頗惜之，閔其爲之也勞。今刊去謬惡亂雜者，取其似是者，又頗爲發其意，藏於家。

高氏子略曰：天寶中，以文子爲通玄真經。柳子厚爲刊去謬亂，頗發其意。子厚所刊之書，世不可見矣。今觀其言，曰：「神者智之淵，神清則智明；智者心之府，智公則心平。」又曰：「上學以神聽之，中學以心聽之，下學以耳聽之。」又曰：「貴則觀其所齊〔二〇〕，富則觀其所欲，貧則觀其所愛〔二一〕。」又曰：「人性欲平，嗜欲害之。」此亦學之一臠也。

周氏涉筆曰：文子一書，誠如柳子厚所云駁書也。然不獨其文聚斂而成，亦黄、老、名、法、儒、墨諸家，各以其説入之，氣脉皆不相應。其稱平王者，往往是楚平王，序者以爲周平王時人，非也。

陳氏曰：按漢志有文子九篇〔二二〕。老子弟子，與孔子同時，而稱周平王問，似依託者也。又按史記貨殖傳徐廣注：「計然，范蠡師，名研。」裴駰曰：「計然，葵邱濮上人，姓辛，字文子。」默希子引以爲據。然自班固時已疑其依託，況未必當時本書乎？至以文子爲計然之字，尤不可考信。

墨希子注文子十二卷〔二三〕

鼂氏曰：墨希子者，唐徐靈府自號也。靈府謂文子周平王時人。

朱玄注文子十二卷

鼂氏曰：唐朱玄注。缺符言一篇〔二四〕，或取默希注補焉〔二五〕。

張湛注列子八卷

鼂氏曰：鄭列禦寇撰。劉向校定八篇，云：「繆公時人，學本於黄帝、老子，清虚無爲，務崇不競，其寓言與莊周類。」晉張湛注。唐號冲靈真經〔二六〕。景德中，加「至德」之號。力命篇言壽夭不存於葆養，窮達不繫於智力，皆天之命。楊朱篇言耳目之欲而不恤生之危，縱酒色之娛而不顧名之醜，是之謂制命於内。劉向以「二義乖背，不似一家之言」。予以道家之學，本謂世衰道喪，物僞滋起，或騁智力以圖利，不知張毅之走高門，竟以病殞；或背天真以徇名，不知伯夷之在首陽，因以餒終。是以兩皆排擯，欲使好利者不巧詐以干命，好名者不矯妄以失性矣，非不同也。雖然，儒者之道則異乎是，雖知壽夭窮達非人力也，必修身以俟焉，以爲立巖墻之下而死者，非正命也。知耳目之於聲色有性焉，以爲其樂也外而不易吾内。嗚呼，以此自爲，則爲愛己，以此教人，則爲愛人。儒者之道，所以萬世而無弊歟？

河東柳氏辯列子曰：劉向古稱博極群書，然其録列子，獨曰鄭穆公時人。穆公在孔子前幾百歲，列子書言鄭國，皆云子産、鄧析，不知向何以言之如此。史記鄭繻公二十四年，楚悼王四年，圍鄭，鄭殺其相駟子陽。子陽正與列子同時。是歲，周安王三年，秦惠王、韓烈侯、趙武侯二年，魏文侯二十七年，燕釐公五年，釐，古文僖字。齊康公七年，宋悼公六年，魯穆公十年，不知向言魯穆公時遂誤爲鄭耶？不然，何乖錯至如是？其後張湛徒知怪列子書言穆公後事，亦不能推知其時。然其書亦多增竄，非其實。要之，莊周爲放依其辭，放，方往切。其稱夏棘、狙公、紀渻子、渻，音省。季咸等皆出列子，不可盡紀。雖不概於孔子道，然其虚泊寥廓，居亂世，遠於利，禍不得逮於身，而其心不窮。易之「遁世無悶」者，其近是歟？余故取焉。其文辭類莊子，而尤質厚，少爲作，好文者可廢耶？其楊朱、力命，列子篇名。疑其楊子書。其言魏牟、孔穿皆出列子後，不可信。然觀其辭，亦足通知古之多異術也，讀焉者慎取之而已矣。

石林葉氏曰：列子天瑞、黄帝兩篇，皆其至理之極，盡言之而不隱，故與佛書直相表裏，所謂莊語者也。自周穆王以後，始漸縱弛，談譎縱横，惟其所欲言，蓋慮後人淺狹，難與直言正理，則設爲詭辭以激之。劉向弗悟，遂以爲不似一家之書。張湛微知之，至於逐事爲注，則又多迷失。然能知其近佛，是時佛經到中國者尚未多，亦不易得矣。要之，讀老氏、莊、列三書，皆不可正以言求。其間自有莊語，有荒唐之辭。如佛氏至唐禪宗，自作一種語，自與諸經不類，亦此意也。

容齋洪氏隨筆曰：列子書事，簡勁宏妙，多出莊子之右。其言惠盎見宋康王説勇有力一段語，宛轉四反，非數百言曲而暢之不能了，而潔净粹白如此，後人筆力，渠可復到耶！

朱子語録曰：列子平淡疏曠。孟子、莊子文章皆好，列子便有迂僻處，左氏亦然，皆好高而少事實。因言列子語，佛氏多用之。莊子全寫列子，又變得峻奇。列子語温純，柳子厚常稱之。

高氏子略曰：太史公史殊不傳列子。如莊周所載許由、務光之事，漢去古未遠也，許由、務光往往可稽，遷猶疑之，所謂禦寇之説，獨見於寓言耳，遷於此詎得不致疑耶？周之末篇，叙墨翟、禽滑釐、慎到、田駢、關尹之徒，以及於周，而禦寇獨不在其列，豈禦寇者，其亦所謂鴻蒙、列缺者歟？然則是書與莊子合者十七章，其間尤有淺近迂僻者，特出於後人會萃而成之耳。至於「西方之人，有聖者焉，不言而自信，不化而自行」，此故有及於佛，而世尤疑之。夫天毒之國紀於山海，竺乾之師聞於柱史〔二七〕，此楊文公之文也，佛之爲教，已見於是，何待於此時乎？然其可疑可怪者，不在此也。

列子釋文二卷

鼂氏曰：唐殷敬順撰。敬順嘗爲當塗丞。

郭象注莊子十卷

鼂氏曰：莊周撰，郭象注。周爲蒙漆園吏。按漢書志本五十二篇，晉向秀、郭象合爲三十三篇：內篇八，外篇十五，雜篇十一。唐世號南華真經。自孔子没，天下之道術日散，老聃始著書垂世，而虚無自然之論起。周又從而羽翼之，掊擊百世之聖人，殫殘天下之聖法而不忌，其言可謂反道矣。自荀卿、揚雄以來，諸儒莫不闢之，而放者猶自謂游方之外〔二八〕，尊其學以自肆。於是乎禮教大壞，戎狄亂華，而天下横流，兩晉之禍是已。自熙寧、元豐之後，學者用意過中，見其書末篇論天下之道術，雖老聃與其身皆列之爲一家而不及孔子，莫不以爲陽訿孔子而陰尊焉，遂引而内之，殊不察其言之指歸宗老氏邪，宗孔氏邪？既曰宗老氏矣，詎有陰助孔子之理也邪？至其論道術而有是言，蓋不得已耳。夫盗之暴也，又何嘗不知主人之爲主人邪？顧可以其智及此，遂以爲尊我，開關揖而進之乎？竊懼夫禍之過乎兩晉也。

東坡蘇氏莊子祠堂記曰：謹按史記，莊子「與梁惠王、齊宣王同時。其學無所不窺，然要本歸於老子之言。故其著書十餘萬言，大抵率寓言也。作漁父、盗蹠、胠篋，以詆訾孔子之徒，以明老子之術」。此知莊子之粗者。余以爲莊子蓋助孔子者，要不可以爲法耳。楚公子微服出亡，而門者難之，其僕操箠而罵曰：「隸也不力！」門者出之。事固有倒行而逆施者，以僕爲不愛公子則不可，以爲事公子之法亦不可。故莊子之言皆實予而文不予，陽擠而陰助之。其正言蓋無幾，至於詆訾孔子，未嘗不微見其意。其論天下道術，自墨翟、禽滑釐、彭蒙、慎到、田駢、關尹、老聃之徒，以至於其身，皆以爲一家，而孔子不與，其尊之也至矣。然余嘗疑盜蹠、漁父則若真詆孔子者，至於讓王、説劍，皆淺漏不入於道。反覆觀之，得其寓言之意〔二九〕。終曰：「陽子居西遊於秦，遇老子，老子曰：『而睢睢，而盱盱，而誰與居。太白若辱，盛德若不足。』陽子居蹴然變容。其往也，舍者將迎，其家公執席，妻執巾櫛，舍者避席，煬者避竈。其反也，舍者與之争席矣。」去其讓王、説劍、漁父、盜蹠四篇，以合於列禦寇之篇，曰：「列禦寇之齊，中道而反，曰：『吾驚焉，吾食於十漿而五漿先餽。』」然後悟而笑曰，是固一章也。莊子之言未終，而昧者勦之，以入其言，余不可以不辯。凡分章名篇，皆出於世俗，非莊子之本意。

朱子語録曰：莊、列亦似曾點底意思，他也不是專學老子，吾儒書他都看來，不知如何被他晫見這箇物事，便放浪去了。今禪學也是恁地。列、莊本楊朱之學，故其書多引其語。莊子説：「子之於親也，命也，不可解於心。」至臣之於君，則曰：「義也，無所逃於天地之間。」是他看得那君臣之義，却似是逃不得，不奈何，須着臣伏他。更無一箇自然相胥爲一體處，可怪！故孟子以爲無君，此類是也。又莊子比列子見較高，氣較豪，他是事事識得，又却蹴踏了，以爲不足爲。列子却有規矩。問：「莊子、孟子同時，何不曾相遇？又不聞相道及？」先生曰：「莊子當時也無人宗之，他只是在僻處自說。孟子平生足迹只在齊、魯、滕、大梁之間，不曾過大梁之南。莊子自是楚人，想見聲聞止於梁而止。然當時南方亦多異端，如陳良之類是也。」

陳氏曰：按晉郭象傳，向秀解莊子，未竟而卒，頗有別本遷流。象竊以爲己注，乃自注秋水、至樂二篇，又易馬蹄一篇，其餘點定文句而已。其後秀義別出，故今有向、郭二莊，其義一也。然向義今不傳，但時見陸氏釋文。

莊子音義三卷

陳氏曰：唐陸德明撰。即經典釋文二十六至二十八卷。

成玄英莊子疏三十三卷

鼂氏曰：唐道士成玄英撰。本郭象注，爲之疏義。玄英字子實，陝州人，隱居東海。貞觀五年召至京師，加號西華法師。永徽中，流郁州，不知坐何事。書成，道士元慶邀文學賈鼎就授大義〔三〇〕。序云：周字子休，師長桑公子。內篇理深，故別立篇目。外篇、雜篇，其題取篇首二字而已〔三一〕。

文如海莊子疏十卷

鼂氏曰：唐文如海撰。如海，明皇時道士也。以郭象注放乎自然而絕學習，失莊生之旨，因再爲之解。凡九萬餘言。

呂吉甫注莊子十卷

鼂氏曰：皇朝吕惠卿撰。吉甫，惠卿字也。元豐七年，先表進内篇，餘續成之〔三二〕。

王元澤注莊子十卷

鼂氏曰：皇朝王雱字元澤撰。

東坡廣成子解一卷

鼂氏曰：皇朝蘇軾撰。取莊子中「黄帝問道於廣成子」一章爲之解。景迂嘗難之。其序略曰：「某晚玷先生薦賢中，安敢與先生異論？然先生許我不苟同，翰墨具在。」

鶡冠子八卷

鼂氏曰：班固載：「鶡冠子，楚人。居深山，以鶡羽爲冠。」著書一篇，因以名之。至唐韓愈稱愛其博選、學問篇，而柳宗元以其多取賈誼鵩賦，非斥之。按四庫書目，鶡冠子三十六篇，與愈合，已非漢志之舊。今書乃八卷，前三卷十三篇，與今所傳墨子書同。中三卷十九篇，愈所稱兩篇皆在〔三三〕，宗元非之者，篇名世兵亦在。後兩卷有十九論〔三四〕，多稱引漢以後事，皆後人雜亂附益之。今削去前後五卷，止存十九篇，庶得其真。其詞雜黄、老刑名，意皆淺鄙，宗元之評蓋不誣。

昌黎韓愈讀鶡冠子曰：鶡冠子十九篇，其詞雜黄、老刑名。其博選篇「四稽五至」之説當矣。使其人遇時，援其道而施於國家，功德豈少哉？學問篇稱「賤生於無所用，中流失船，一壺千金」者，余三讀其詞而悲之。文字脱謬，爲之正三十有五字，乙者三，滅者二十有二，注十有二字云。

河東柳氏辯鶡冠子曰：余讀賈誼鵩賦，嘉其詞，而學者以爲盡出鶡冠子。鶡冠子十九篇，論三才變通、古今治亂之道，其世兵篇頭與鵩賦相亂。余往來京師，求鶡冠子，無所見，至長沙始得其書。讀之，盡鄙淺言也，惟誼所引用爲美，餘無可者。吾意好事者僞爲其書，反用鵩賦以文飾之，非誼有取之，決也。太史公伯夷列傳稱：「賈子曰：貪夫徇財，烈士徇名，夸者死權。」不稱鶡冠子。遷號爲博極群書，假令當時有其書，遷豈不見耶？假令真有鶡冠子書，亦必不取鵩賦以充入之者，何以知其然邪？曰不類。

高氏子略曰：列仙傳曰：「鶡冠子，楚人，隱居著書，言道家事。」則蓋出於黃、老矣〔三五〕。其書有曰：「小人事其君，務蔽其明，塞其聰，乘其威，以灼熱天下。天高不難追，有福不可請，有禍不可違。」其言如此，是蓋未能忘情於斯世者。

周氏涉筆曰：韓文讀鶡冠子，僅表出首篇「四稽五至」，末章「一壺千金」，蓋此外文勢闕，自不足録。柳子厚則斷然以爲非矣。按王鈇篇所載，全用楚制，又似非賈誼後所爲。先王比閭起教，鄉遂達才，道廣法寬，尊上帥下，君師之義然也。今自五長、里有司、扁長、鄉師、縣嗇夫、郡大夫遞相傳告，以及柱國、令尹。然動輒有誅，柱國滅門，令尹斬首，舉國上下，相持如束濕，而三事六官，亦皆非所取，通與編氓用三尺法，此何典也？處士山林談道可也，乃妄論王政何哉？

陳氏曰：陸佃解。今書十九篇，韓吏部稱十有六篇，故陸謂其非全。韓公頗道其書，而柳以盡鄙淺言。自今考之，柳説爲長。

崇文總目：今書十五篇，述三才變通、古今治亂之道。唐世嘗辯此書後出，非古所謂鶡冠子者。

亢倉子二卷

鼂氏曰：唐柳宗元曰：「太史公爲莊周列傳，稱其爲書，畏累、亢倉子，皆空言無事實。今世有亢倉子書，其首篇出莊子，而益以庸言。蓋周所云者尚不能有事實，又況取其語而益之者？其爲空言尤也。劉向、班固録書無亢倉子，而今之爲術者，乃始爲之傳注，以教於世，不亦惑乎！」按唐天寶元年，詔號亢倉子爲洞靈真經，然求之不獲。襄陽處士王士元謂「莊子作庚桑子，太史公、列子作亢倉子〔三六〕，其實一也。」取諸子文義類者，補其亡。今此書乃士元補亡者，宗元不知其故而遽詆之，可見其鋭於譏議也。其書多作古文奇字，豈内不足者，必假外飾歟？何璨註。

高氏子略曰：開元、天寶間，天子方鄉道家者流之説，尊表老氏、莊、列，又以亢桑子號洞靈真經，既不知其人之仙否，又不識其書之可經，一旦表而出之，固未始有此書也。處士王褒乃趨世好，迎上意〔三七〕，撰而獻之。今讀其篇，往往采諸列子、文子，又采吕氏春秋、新序、説苑，又時采諸戴氏禮，源流不一，往往論殊而辭異，可謂雜而不純，濫而不實者矣。

周氏涉筆曰：庚桑楚固寓言，然所居以忘言化俗，以醇和感天。今所著切切用誅罰政術，蓋全未識庚桑者。其稱「危代以文章取士，剪巧綺濫益至」，正指唐事。又補賊廣引俟赦，率是獄案文書。又一鄉、一縣、一州，被青紫章服，皆近制。既爲唐人短淺者無書，不煩子厚掊擊也。惟農道一書可讀，自合孤行。

陳氏曰：首篇所載，與莊子庚桑楚同。「亢倉」者，「庚桑」聲之變也。崇文總目凡九篇。

關尹子九卷

陳氏曰：周關令尹喜，蓋與老子同時，啟老子著書言道德者。按漢志有關尹子九篇，而隋、唐及國史志皆不著録，意其書亡久矣。徐藏子禮得之於永嘉孫定〔三八〕，首載劉向校定序，末有葛洪後序。未知孫定從何傳授，殆皆依託也。序亦不類向文。

素書一卷

鼂氏曰：題黄石公著。凡一千三百六十六言。其書言治國治家治身之道，龐雜無統，蓋采諸書以成之者也。

陳氏曰：後人傅會依託以爲之者。

無盡居士注素書一卷

鼂氏曰：皇朝張商英注。商英稱：素書凡六篇。按漢書，黄石公圯上授子房，世人多以三略爲是，蓋誤也。晉亂，有盜發子房冢，玉枕中獲此書。商英之言，世未有信之者。

七賢注陰符經一卷〔三九〕 李筌注陰符經一卷

鼂氏曰：唐少室山人布衣李筌注〔四〇〕。云：「陰符經者，黄帝之書。或曰受之廣成子，或曰受之玄女，或曰黄帝與風后、玉女論陰陽六甲，退而自著其事。陰者暗也，符者合也。天機暗合於事機，故曰『陰符』。」皇朝黄庭堅魯直嘗跋其後，云：「陰符出於李筌。熟讀其文，知非黄帝書也。蓋欲其文奇古，反詭譎不經，蓋糅雜兵家語，又妄説太公、范蠡、鬼谷、張良、諸葛亮，訓註尤可笑。惜不經柳子厚一掊擊也。」

朱子語録：閭邱主簿進黄帝陰符經傳。先生説：「握奇經等文字，恐非黄帝作，唐李筌爲之。聖賢言語自平正，却無蹺欹如許。」

崇文總目：自太公而下，注傳尤多。今集諸家之説合爲一書，若太公、范蠡、鬼谷子、諸葛亮、張良、李淳風〔四一〕、李筌、李合〔四二〕、李鑒、李鋭、楊晟凡十一家，自淳風以下皆唐人。又有「傳曰」者，不詳何代人。太公之書，世遠不傳，張良本傳不云著書，一説疑後人假托云。又有陰符經叙一卷，不詳何代人叙，集太公以後爲陰符經注者凡六家，并以惠光嗣等傳附之。

陰符機一卷

崇文總目：唐李靖撰。以謂陰符者，應機制變之書，破演其説，爲陰符機。又有勢滋及論合三篇。

陰符經太無傳一卷　陰符經辯合論一卷

崇文總目：唐張果傳。或曰果於道藏得此傳，不詳何代人所作，因編次而正之。今别爲古字，蓋當時道書所得之本也。

陰符經正義一卷

崇文總目：唐韋洪撰。

陰符經要義一卷　陰符經小解一卷

崇文總目：題云玄解先生撰，不詳何代人。

天機子一卷

鼂氏曰：不著撰人。凡二十五篇。或曰一名陰符二十四機，諸葛亮撰。予觀其詞旨，殆李筌所爲爾，托之孔明也。載道藏中。

陰符元機一卷

崇文總目：唐李筌撰。自號少室山達觀子。筌好神仙，嘗於嵩山虎口岩石壁得黃石陰符本〔四三〕，題云「魏道士寇謙之傳諸名山」。筌雖略抄記，而未曉其義。後入秦驪山，逢老母傳授。

陳氏曰：即陰符經也。監察御史新安朱安國註。此書出於李筌，云得於驪山老母。舊志列於道家，安國以爲兵書之祖。要之非古書也。

無能子三卷

鼂氏曰：不著撰人。唐光啓三年，天子在褒，寓三輔景氏舍，成書三十篇，述老、莊自然之旨，總目録之道家。

陳氏曰：唐志云光啓間隱民，蓋其自叙。

四子治國樞要四卷

鼂氏曰：唐范乾九集。四子謂莊子、文子、列子、亢倉子。其意以爲黃、老之道，内足以修身，外足以治國者。分爲二十門。

玄真子外篇三卷

陳氏曰：唐隱士金華張志和撰。唐玄真十二卷，今纔三卷，非全書也。既曰外篇，則必有内篇矣。志和事迹詳見余所集碑傳。

莊子十論一卷

陳氏曰：題李士表撰。未詳何人。

校勘記

〔一〕道者秉要執本　「道者」，漢書卷三〇藝文志作「道家者流」。

〔二〕曰獨任清虚可以爲法　「法」，漢書卷三〇藝文志作「治」。

〔三〕唐志七十七家八十四部一千有四卷　按新唐書卷五九藝文三云：「右道家類一百七十三家，七十四部，一千二百四十卷。失姓名三家，玄宗以下不著録一百五十八家，一千三百三十八卷。」與此書所録之數迥異，且二書之數皆與新唐書實際著録之數不符。

〔四〕庚仲容子抄云六篇　「庚仲容」原作「廖仲容」，據新唐書卷五九藝文三、直齋書録解題卷一〇及本書卷二一四子抄條改。

〔五〕藝文志二十六篇　按「二十六篇」之數疑誤。據下文云「崇文總目以爲其八篇亡，特存此十四篇」，則其數當爲二十二篇，與漢書藝文志合。新唐書藝文三著録作一卷，無篇數。

〔六〕以周平王四十二年授關尹喜　玉海卷五三老子條引郡齋讀書志「關」下有「令」字，直齋書録解題卷九亦有「令」字。

〔七〕便郎當子房閑時不做聲氣　「郎」，朱子語類卷一二五作「即」。

〔八〕而晉葛洪曰　郡齋讀書志卷一一同。孫猛郡齋讀書志校證謂：「按以下所引當出太極左仙公葛玄老子道德經序。葛玄乃洪從祖父，事具抱朴子内篇卷四金丹篇。」

〔九〕即授素書道經章句　按袁本郡齋讀書志及葛玄老子道德經序「道」下有「德」字，「句」下有「二卷」二字。

〔一〇〕此本卷數與廓注同　「同」字原脱，據郡齋讀書志卷一一補。

〔一一〕加號玄邁道德經　按新唐書卷五九藝文三玄宗道德經疏條下注云：「天寶中加號玄通道德經，世不稱之。」

〔一二〕如而貴食母作兒貴求合於母之類　「合」，郡齋讀書志卷一一作「食」。

〔一三〕裴處思　「思」，郡齋讀書志卷一一作「恩」。

〔一四〕道德經疏義節解　「義」字原脱，據崇文總目卷三及宋史卷二〇五藝文四補。

〔一五〕老子道德經論著二卷　按郡齋讀書志卷一一作道德論述要，直齋書録解題卷九作老子道德論述要。下文所引司馬光語，則無「經」字。

〔一六〕下篇曰德　按自「太史公曰」至此句三十字，非郡齋讀書志原文，係馬端臨據直齋書録解題採入。

〔一七〕繆於聖人者蓋寡　「繆」原訛作「膠」，據郡齋讀書志卷一一改。

〔一八〕其序言名爲訓老而實該六經　「名」原作「多」，「六經」二字原脱，據直齋書録解題卷九改、補。

〔一九〕葵邱濮上人　「濮」原訛作「灘」，據郡齋讀書志卷一一及史記卷一二九貨殖列傳裴駰集解、司馬貞索隱改。下文所引陳氏語同改。

〔二〇〕貴則觀其所齊　「齊」，高似孫子略卷二作「舉」。

〔二一〕貧則觀其所愛　「愛」，高似孫子略卷二作「受」。

〔二二〕按漢志有文子九篇　「漢」字原脱，據直齋書録解題卷九補。

〔二三〕墨希子注文子十二卷　宋史卷二〇五藝文四同。按袁本郡齋讀書志、直齋書録解題卷九及本書下條，「墨」皆作「默」。

〔二四〕缺符言一篇　「符」原作「府」，據郡齋讀書志卷一一及文子符言篇改。

〔二五〕或取默希注補焉　「希」字原脱，據郡齋讀書志卷一一及直齋書録解題卷九補。

〔二六〕唐號冲靈真經　衢本郡齋讀書志同，袁本「靈」作「虚」。按新唐書卷五九藝文三王士元亢倉子條下注云：「天寶元年，詔號列子爲冲虚真經。」則此處「靈」當是「虚」之誤。

〔二七〕竺乾之師聞於柱史　「聞」原作「間」，據高似孫子略卷二改。

〔二八〕而放者猶自謂游方之外　「自謂」二字原倒，據郡齋讀書志卷一一乙正。

〔二九〕得其寓言之意　「意」字原脱，據東坡全集卷三二莊子祠堂記補。

〔三〇〕道士元慶邀文學賈鼎就授大義　「道士元慶」，郡齋讀書志卷一一作「道士王元慶」。按新唐書卷五九藝文三道士成玄英莊子疏條下注作「道王元慶」。道王元慶係唐高祖第十六子，新、舊唐書皆有傳，據此，則「道士」當是「道王」之誤。又「邀」，上引新唐書藝文三作「遣」。

〔三一〕其題取篇首二字而已　「首」原作「目」，據郡齋讀書志卷一一改。

〔三二〕元豐七年先表進内篇餘續成之　郡齋讀書志無此十三字，蓋據直齋書録解題卷九莊子義條採入。

〔三三〕愈所稱兩篇皆在　「篇」原作「卷」，據郡齋讀書志卷一一及上文「至唐韓愈稱愛其博選、學問篇」句改。

〔三四〕後兩卷有十九論　「論」，郡齋讀書志卷一一作「篇」。

〔三五〕則蓋出於黄老矣　「蓋」原作「盡」，據高似孫子略卷三改。

〔三六〕太史公列子作亢倉子　按孫猛郡齋讀書志校證云：「劉肅大唐新語卷九著述引王源（當係『王士源』之誤）序云：『莊子謂之庚桑子，史記作亢桑子，列子作亢倉子，其實一也。』據此，新唐志『太史公』下實脱『作亢桑子』四字，書録解題及讀書志諸本皆沿其誤。」

〔三七〕迎上意　「迎」原作「迫」，據高似孫子略卷三改。

〔三八〕徐藏子禮得之於永嘉孫定　直齋書録解題卷九同，盧校本改「藏」作「蒧」，四庫全書總目卷四六亦作「蒧」。

〔三九〕七賢注陰符經一卷　「七」原作「士」，據元本、慎本、明弘治本及郡齋讀書志卷一一改。

〔四〇〕唐少室山人布衣李筌注　郡齋讀書志卷一一同。按王重民敦煌古籍叙録謂，鼂公武混唐之李筌、李荃二人爲一人。著陰符經疏之李筌嘗歷任内外諸軍職，非布衣。

〔四一〕李淳風　三字原脱，據新唐書卷五九藝文三之集注陰符經條及下文「自淳風以下皆唐人」句補。

〔四二〕李合　新唐書卷五九藝文三之集注陰符經條注文作「李洽」。

〔四三〕得黄石陰符本　「黄石」，新唐書卷五九藝文三李筌驪山母傳陰符玄義條注作「黄帝」。

卷二百十二　經籍考三十九

子　法家　名家　墨家　從横家

漢藝文志：法家者流，出於理官，信賞必罰，以輔禮制。易曰：「先王以明罰敕法」，此其所長也。及刻者爲之，則無教化，去仁恩，專任刑法而欲以致治，至於殘害至親，傷恩薄厚〔一〕。

漢志：十家，二百一十七篇。

隋志：六部，合七十二卷。

唐志：十五家，十五部，一百六十六卷。尹知章以下不著録三家，三十五卷〔二〕。

宋三朝志：七部，六十七卷。

宋兩朝志：三部，二十六篇。

宋中興志：四家，四部，五十卷。

管子二十四卷

鼂氏曰：劉向所定，凡八十六篇〔三〕，今亡十篇。世稱齊管仲撰。杜佑指略序云：「唐房玄齡注。其書載管仲將没，對桓公之語，疑後人續之。而注頗淺陋，恐非玄齡，或云尹知章也。」管仲九合諸侯，以尊王室，而三歸、反坫，僭擬邦君，是以孔子許其仁，而陋其不知禮，議者以故謂仲但知治人而不知治己〔四〕。予讀仲書，見其謹政令，通商賈，均力役，盡地利，既爲富强，又頗以禮義廉耻化其國俗。如心術、白心之篇，亦嘗側聞正心誠意之道。其能一正天下〔五〕，致君爲五伯之盛，宜矣。其以泰侈聞者，蓋非不知之，罪在於志意易滿，不能躬行而已。孔子云爾者，大抵古人多以不行禮爲不知禮，陳司敗譏昭公之言亦如此。然則其爲書固無不善也，後之欲治者庶幾之，猶可以制四夷而安中國，學者何可忽哉！因爲是正其文字而辯其音訓云。

東坡蘇氏曰：嘗讀周官、司馬法，得軍旅什伍之數。其後讀管夷吾書，又得管子所以變周之制。蓋王者之兵出於不得已，而非以求勝敵也，故其爲法，要以不可敗而已。至於桓、文，非決勝無以定霸，故其法在必勝。繁而曲者，所以爲不可敗也；簡而直者，所以爲必勝也。

水心葉氏曰：管子非一人之筆，亦非一時之書，莫知誰所爲。以其言毛嬙、西施、吴王好劍推之，當是春秋末年。又「持滿定傾，不爲人客」等，亦種、蠡所遵用也。其時固有師傳，而漢初學者講習尤著，賈誼、鼂錯以爲經本，故司馬遷謂「讀管氏書，詳哉其言之也」。篇目次第，最爲整比，乃漢世行書。至成、哀間，向、歆論定群籍，古文大盛，學者雖疑信未明，而管氏、申、韓由此稍絀矣。然自昔相承，直云此是齊桓、管仲相與謀議唯諾之辭。余每惜晉人集諸葛亮事，而今不存。使管子施設果傳於世，士之淺心既不能至周、孔之津涯，隨其才分亦足與立，則管仲所親嘗經紀者，豈不足爲之標指哉？惟夫山林處士，妄意窺測，借以自名，王術始變；而後世信之，轉相疏剔，幽蹊曲徑，遂與道絶。而此書方爲申、韓之先驅，鞅、斯之初覺，民罹其禍，而不蒙其福也。哀哉！

又曰：管氏書獨鹽筴爲後人所遵〔六〕，言其利者無不祖管仲，使之蒙垢萬世，甚可恨也！左傳載晏子言「海之鹽蜃，祈望守之」，以爲衰微之苛斂，陳氏因爲厚施，謀取齊，而齊卒以此亡。然則管仲所得〔七〕，齊以之伯，則晏子安得非之？孔子以小器卑管仲，責其大者可也；使其果猥瑣爲市人不肯爲之術，孔子亦不暇責矣。故管子之尤謬妄者，無甚於輕重諸篇。

高氏子略曰：先王之制，其盛極於周。后稷、公劉、太王、王季、文、武、成、康、周公之所以制周者〔八〕，非一人之力，一日之勤，經營之難，積累之素，况又有出於唐、虞、夏、商之舊者。及其衰也，一夫之謀，一時之利，足以銷靡破鑿，變徙剗蝕，而迄無餘脉。吁，一何易耶！九合之力，一霸之圖，於齊何有也？使天下一於兵而忘其爲農，天下一於利而忘其爲義。孰非利也，而乃攻之以貪，騁之以詐；孰非兵也，而乃趨之以便，行之以巧。一切先王之所以經制天下者，烟散風靡，無一可傳。嗚呼，仲其不仁也哉！而况井田既壞，概量既立，而商鞅之毒益滋矣。封建既隳，詩、書既燎，而李斯之禍益慘矣。緊誰之咎耶？漢、唐之君，貪功苟利，兵窮而用之無法，民削而誅之無度，又有出於管仲、鞅、斯之所不爲者。豈無一士之智，一議之精，區區有心於復古而卒不可復行？蓋三代之法甚壞而掃地久矣。壞三代之法，其一出於管仲乎！

周氏涉筆曰：管子一書，雜説所叢。予嘗愛其統理道理名法處過於餘子，然他篇自語道論法，如内業、法禁諸篇，又偏駮不相麗。雖然，觀物必於其聚，文子、淮南徒聚衆詞，雖成一家，無所收采，管子聚其意者也。粹羽錯色，純玉間聲，時有可味者焉。

陳氏曰：按漢志，管子八十六篇，列於道家。隋、唐志著之法家之首。今篇數與漢志合，而卷視隋、唐爲多。管子似非法家，而世皆稱管、商，豈以其操術用心之同故邪〔九〕？然以爲道家則不類。今從隋、唐志。

崇文總目曰：唐國子博士尹知章注。按吴兢書目，凡書三十卷。自存十九卷，自形勢解篇而下十一卷已亡〔一〇〕。又有管氏指略二卷，唐杜佑撰，采管氏章句之要，共爲十篇。

商子五卷

鼂氏曰：秦公孫鞅撰。鞅，衛之庶孽，好刑名之學。秦孝公委以政，遂致富强，後以反誅。鞅封於商，故以名。其書本二十九篇，今亡者三篇。太史公既論鞅刻薄少恩，又讀鞅開塞書，謂與其行事相類，卒受惡名，有以也。索隱曰：「開謂刑嚴峻則政化開，塞謂布恩惠則政化塞。」今考其書，司馬貞蓋未嘗見之，妄爲之説耳。開塞乃其第七篇，謂道塞久矣，今欲開之，必刑九而賞一。刑用於將過，則大邪不生；賞施於告姦，則細過不失。大邪不生，細過不失，則國治矣。由此觀之，鞅之術無他，特恃告訐而止耳。故其治不告姦者與降敵同罰〔一一〕，告姦者與殺敵同賞。此秦俗所以日壞，至於父子相夷，而鞅不能自脱也。太史公之言，信不誣矣。

周氏涉筆曰：商鞅書亦多附會後事，擬取他辭，非本所論著也。其精確切要處，史記列傳包括已盡，今所存大抵汎濫淫辭，無足觀者。蓋「有地不憂貧，有民不憂弱」，凡此等語，殆無幾也。此書專以誘耕督戰爲根本。今云：「使商無得糴，農無得糶，農無糶則窳惰之農勉，商無糴則多歲不加樂。」夫積而不糶，不耕者誠困矣，力田者何利哉？暴露如邱山，不時焚燒，無所用之。管子謂「積多而食寡，則民不力」，不知當時何以爲餘粟地也。「貴酒肉之價，重其租，令十倍其樸，則商估少而農不酣」。然則酒肉之用廢矣。凡史記所不載，往往爲書者所附合，而未嘗通行者也。秦方興時，朝廷官爵豈有以貨財取者？而賣權者以求貨，下官者以冀遷，豈孝公前事耶？

陳氏曰：漢志二十九篇。今二十八篇，又亡其一。

慎子一卷

陳氏曰：趙人慎到撰。漢志四十二篇。先於申、韓，申、韓稱之〔一二〕。唐志十卷，滕輔注。今麻沙刻本纔五篇，固非全書也。按莊周、荀卿皆稱田駢〔一三〕、慎到。到，趙人〔一四〕；駢，齊人，見於史記列傳。今中興館閣書目乃曰瀏陽人。瀏陽在今潭州，吴時始置縣，與趙南北了不相涉，蓋據書坊所稱，不知何謂也。崇文總目言三十七篇。

周氏涉筆曰：稷下能言者如慎到，最爲屏去繆悠，剪削枝葉，本道而附於情，主法而責於上，非田駢、尹文之徒所能及。五篇雖簡約，而明白純正，統本貫末。如云〔一五〕：「天下無一貴，則理無由通，故立天子以爲天下。」「君不擇其下，爲下易，莫不容，故多下，多下之謂大上。」「人不得其以自爲也，則上不取用焉，化而使之爲我，則莫可得而用矣。」自古論王政者，能及此鮮矣。又云：「君舍法而以身治，則誅賞予奪從君心出。」「法雖不善，猶愈於無法。」今通指慎子爲刑名家，亦未然也。孟子言王政不合，慎子述名法不用，而騶忌一説遇合，不知何所明也。

韓子二十卷

鼂氏曰：韓非撰。非，韓之諸公子也。喜刑名法術之學，作孤憤、五蠹、説林、説難十餘萬言。秦王見其書，嘆曰：「得此人，與之游，死不恨矣！」急攻韓，得非。後用李斯之毀〔一六〕，下吏使自殺。書凡五十五篇。其極刻覈無誠悃，謂夫婦父子舉不足相信，而有解老、喻老篇，故太史公以爲大要皆原於道德之意。夫老子之言高矣，世皆怪其流裔何至於是。殊不知老子之書，有「將欲歙之，必固張之；將欲弱之，必固强之；將欲廢之，必固興之；將欲奪之，必固與之」及「欲上人者，必以其言下之；欲先人者，必以其身後之」之言，乃詐也。此所以一傳而爲非歟。

高氏子略曰：今讀其書，往往尚法以神其用，薄仁義，厲刑名，背詩、書，課名實，心術辭旨，皆商鞅、李斯治秦之法，而非又欲凌跨之。此始皇之所投合，而李斯之所忌者。非迄坐是爲斯所殺，而秦即以亡，固不待始皇之用其言也。説難一篇，殊爲切於事情者，惟其切切於求售，是以先爲之説，而後説於人，亦庶幾萬一焉耳。太史公以其説之難也，固嘗悲之。太史公之所以悲之者，抑亦有所感慨焉而後發歟？嗚呼，士不遇，視時以趨，使其盡遇，固無足道，而况説難、孤憤之作，有如非之不遇者乎！揚雄氏曰：「秦之士賤而拘。」信哉！

右法家。

漢藝文志：名家者流，蓋出於禮官。古者名位不同，禮亦異數。孔子曰：「必也正名乎！名不正則言不順，言不順則事不成。」此其所長也。及謷者爲之，謷者訐也，音工釣反。則苟鉤鈲析亂而已。鈲，破也，音普革反，又音普狄反。

漢志：七家，三十六篇。

隋志：四部，七卷。

唐志：十二家，十二部，五十五卷。

宋三朝志：五部，一十八卷。

尹文子二卷〔一七〕

鼂氏曰：周尹文撰。仲長氏所定。序稱尹文齊宣王時居稷下，學於公孫龍，龍稱之。而前漢藝文志叙此書在龍書上。顏師古謂嘗説齊宣王，在龍之前。史記云公孫龍客於平原君。君相趙惠文王，文王元年，齊宣没已四十餘歲矣〔一八〕。則知文非學於龍者也。今觀其書，雖專言刑名，然亦宗六藝，數稱仲尼，其叛道者蓋鮮。豈若龍之不宗賢聖，好怪妄言哉！李獻臣云：「仲長氏，統也。熙伯，繆襲字也。」傳稱統卒於獻帝遜位之年，而此云「黄初末到京師」，豈史之誤乎？此本富順李氏家藏書，謬誤殆不可讀，因爲是正其甚者，疑則闕焉。

高氏子略曰：班固藝文志名家者流，録尹文子。其書言大道，又言名分，又曰仁義禮樂，又言法術權勢，大略則學老氏而雜申、韓也。其曰：「民不畏死，由過於刑罰者也。刑罰中則民畏死，畏死則知生之可樂，知生之可樂，故可以死懼之。」此有希於老氏者也。又有不變之法，理衆之法，平準之法，此有合於申、韓。然則其學雜矣，其識淆矣，非純乎道者也。仲長統爲之序，以子學於公孫龍。按龍客於平原君，趙惠文王時人也。齊宣王死，下距趙王之立四十餘年矣，則子之先於公孫龍爲甚明，非學乎此者也。鼂氏嘗稱其「宗六藝，數稱仲尼。」熟考其書，未見所以稱仲尼、宗六藝者，僅稱誅少正卯一事耳。嗚呼，士之生於春秋、戰國之間，其所以薰蒸染習，變幻捭闔，求騁於一時，而圖其所大欲者，往往一律而同歸。其能屹立中流，一掃群異，學必孔氏，言必六經者，孟子一人而已。

容齋洪氏隨筆曰：尹文子文僅五千言，議論亦非純本黄、老者，詳味其言，頗流而入於兼愛。莊子末，序天下之治方術者，曰：「不累於俗，不飾於物，不苟於人，不忮於衆。願天下之安寧，以活民命，人我之養，畢足而止，以此白心。古之道術有在於是者。宋鈃、尹文聞其風而悅之，作爲華山之冠以自表。雖天下不取，强聒而不舍者也。其爲人太多，其自爲太少。」蓋亦盡其學云。荀卿非十二子有宋鈃〔一九〕，而文不預。又別一書曰尹子，五卷，共十九篇。其言論膚淺，多及釋氏，蓋晉、宋時細人所作〔二〇〕，非此之謂也。

周氏涉筆曰：尹文子，稷下能言者，劉向謂其學本莊、老。其書先自道以至名，自名以至法，以名爲根，以法爲柄。芟截文義，操制深實，必謂聖人無用於救時，而治亂不係於賢不肖。蓋所謂尊主權，聚民食，以富貴貧賤斡動宇宙，其爲法則然。蓋申、商、韓非所共行也。老子曰：「以正治國，以奇用兵，以無事取天下。」無事云者，翕張與奪，老氏所持術也。尹文子說之，以爲用名法權術，而矯抑殘暴之情，則已無事焉，已無事則得天下。然則猶未識老氏所謂道也。

陳氏曰：漢志齊宣王時，先公孫龍。今本稱仲長氏撰定，魏黄初末得於繆熙伯。又言與宋鈃、田駢同學於公孫龍〔二〕，則不然也。龍書稱尹文，乃借文對齊宣王語以難孔穿，其人當在龍先，班志言之是矣。仲長氏，即統也邪？熙伯名襲。

鄧析子二卷

崇文總目：鄧析子，戰國時人。漢志二篇。初，析著書四篇，劉歆有目有一篇〔三〕，凡五，歆復校爲二篇。

鼂氏曰：鄧析二篇，文字訛缺，或以「繩」爲「澠」，以「巧」爲「功」，頗爲是正其謬，且撮其旨意而論之。曰：先王之世，道德修明，以仁爲本，以義爲輔。誥命謨訓則著之書，諷頌箴規則寓之詩，禮、樂以彰善，春秋以懲惡，其始雖若不同而其歸則合。猶天地之位殊而育物之化均，寒暑之氣異而成歲之功一，豈非出於道德而然邪！自文、武既没，王者不作，道德晦昧於天下，而仁義幾於熄。百家之説蜂起，各求自附於聖人，而不見夫道之大全，以其私知臆説，嘩世而惑衆。故九流皆出於晚周，其書各有所長而不能無所失，其長蓋或有見於聖人，而所失蓋各奮其私知，故明者審取舍之而已。然則析之書，豈可盡廢哉？左傳曰：「駟歂殺析而用其竹刑。」班固録析書於名家之首，則析之學，蓋兼名、法家也。今其大旨訐而刻，真其言，無可疑者。而其間時勦取他書，頗駮雜不倫，豈後人附益之與？

高氏子略曰：劉向曰，非子產殺鄧析，推春秋驗之。按左氏魯定公八年，鄭駟歂嗣子太叔爲政，明年，殺鄧析而用其竹刑，君子謂歂於是爲不忠。考其行事，固莫能詳，觀其立言，其曰「天於人無厚，君於民無厚」，又曰「勢者君之輿，威者君之策」，其意義蓋有出於申、韓之學者矣。班固藝文志乃列之名家。列子固嘗言其「操兩奇之說，設無窮之辭，數難子產之法，而子產誅之。」蓋既與左氏異矣〔二三〕。荀子又言其「不法先王，不是禮義，察而不惠，辯而無用」，則亦流於申、韓矣。夫傳者乃曰歂殺鄧析是爲不忠，鄭以衰弱。夫鄭之所以爲國者，有若裨諶草創之，世叔討論之，東里子產潤色之，庶幾於古矣。子產之告太叔曰：「有德者能以寬服人，其次莫如猛。」子產，惠人也，固已不純乎德，他何足論哉！不只竹刑之施，而民懼且駭。嗚呼！春秋以來，列國棋錯，不以利勝，則以威行，與其民揉轥於爭抗侵凌之威〔二四〕，豈復知所謂仁漸義摩者？其民苦矣！固有惠而不知爲政者，豈不賢於以薄爲度，以威爲神乎？析之見殺，雖歂之過，亦鄭之福也。

公孫龍子三卷

陳氏曰：趙人公孫龍，爲「白馬非馬」、「堅白」之辯者也。其爲說淺陋迂僻，不知何以惑當時之聽。漢志十四篇，今書六篇。首叙孔穿事，文意重復。

人物志三卷

鼂氏曰：魏邯鄲劉劭孔才撰，僞凉燉煌劉昞注〔二五〕。以人之材器志尚不同，當以「九徵」、「八觀」審察而任使之。凡十六篇。劭，郄慮所薦。慮，譖殺孔融者，不知在劭書爲何等，而劭受其知也。

陳氏曰：梁史無劉昞，中興書目云爾。鼂氏云僞涼人也。

廣人物志十卷

陳氏曰：唐鄉貢進士京兆杜周士撰。叙武德至貞元選舉薦進人物事實，凡五十五科。

右名家。

漢藝文志曰：墨家者流，蓋出於清廟之守。茅屋采椽，是以貴儉；養三老、五更，是以兼愛；選士大射，是以尚賢；宗祀嚴父，是以右鬼；謂信鬼神也。順四時而行，是以非命；蘇林曰：「非有命者，言儒者執有命，而反勸人修德積善，政教與行相反，故譏之也。」如淳曰：「言無吉凶之命，但有賢不肖、善惡。」以孝視天下，是以上同。如淳曰：「言皆同，可以治也。」師古曰：「墨子有節用、兼愛、上賢、明鬼神、非命、上同等諸篇，故志歷序其本意也。視讀曰示。」此其所長也。及蔽者爲之，見儉之利，因以非禮；推兼愛之意，而不知別親疏。

隋志：三部，一十七卷。唐志同。

宋志：只墨子一部。

墨子十五卷

鼂氏曰：宋墨翟撰。戰國時爲宋大夫，著書七十一篇，以貴儉、兼愛、尊賢、右鬼、非命、上同爲說。荀、孟皆非之，韓愈獨謂「辯生於末學，非二師之道本然也」。昌黎韓氏讀墨子曰：儒譏墨以上同、兼愛、上賢、明鬼。上或皆作尚。而孔子畏大人，居是邦不非其大夫，春秋譏專臣，不上同哉？孔子汎愛親仁，以博施濟衆爲聖，不兼愛哉？孔子賢賢，以四科進褒弟子，疾没世而名不稱，不上賢哉？孔子祭如在，譏祭如不祭者，曰我祭則受福，不明鬼哉？儒、墨同是堯、舜，同非桀、紂，同修身正心以治天下國家，奚不相悦如是哉？余以爲辯生於末學，各務售其師之説，非二師之道本然也。孔子必用墨子，墨子必用孔子，不相用不足爲孔、墨。

高氏子略曰：韓非子謂墨子死，有相里氏之墨，相芬氏之墨，鄧陵氏之墨。孔、墨之後，儒分爲八，墨離爲三，其爲説異矣。墨子稱堯曰「采椽不斲，茅茨不剪」，稱周曰「嚴父配天，宗祀文王」，又引「若保赤子，發罪惟均」，出於康誥、泰誓篇，固若依於經、據於禮者。孟子方排之不遺一力，蓋聞之夫子曰：「惡似而非者。惡莠，恐其亂苗也；惡鄭聲，恐其亂雅也；惡紫，恐其亂朱也；惡鄉原，恐其亂德也。」墨之爲書，一切如莊周，如申、商，如韓非、惠施之徒，雖不闢可也；惟其言近乎僞，行近乎誣，使天下後世人盡信其説，其害有不可勝言者，是以不可不加闢也。

巽岩李氏曰：墨子十五卷，所傳本甚古，然多脱誤，或次第混亂，章句顛倒，往往斷爛不可復讀。反覆尋究，稍加是正，使相聯屬，十厘得一二。當其合處，猶符節也。乃知古書訛謬，正坐學者弗習耳，博觀深考，尚庶幾識其純全云。

陳氏曰：漢志七十一篇，館閣書目有十五卷六十一篇者，多訛脱，不相聯屬。又二本，止存十三篇者，當是此本也。方楊、墨之盛，獨一孟軻誦言非之，諄諄焉惟恐不勝。今楊朱書不傳，列子僅存其餘，墨氏書傳於世者，亦止於此。孟子越百世益光明，遂能上配孔子，與論語並行。異端之學，安能抗吾道哉！

按：自夫子没而異端起，老、莊、楊、墨、蘇、張、申、商之徒，各以其知舛馳，至孟子始辭而闢之。然觀七篇之書，所以距楊、墨者甚至，而闊略於餘子，何也？蓋老、莊、申、商、蘇、張之學，大概俱欲掊擊聖人，鄙堯，笑舜，陋禹，而自以其説勝。老、莊之蔑棄仁義禮法，生於憤世嫉邪，其語雖高虚可聽，而實不可行，料當時亦無人宗尚其説，故鄒書略不及之。蘇、張之功利，申、商之刑名，大抵皆枉尋直尺，媚時取寵，雖可以自售，而鄉黨自好、少知義者亦羞稱之。故孟子於二家之説，雖斥絶之而猶未數數然者，正以其與吾儒旨趣，本自冰炭薰蕕，遊於聖門之徒，未有不知其非者，固毋俟於辯析也。獨楊朱、墨翟之言，未嘗不本仁祖義，尚賢尊德，而擇之不精，語之不詳，其流弊遂至於無父無君，正孔子所謂「似是而非」，明道先生所謂「淫聲美色，易以惑人」者，不容不深鋤而力辯之。高氏子略之言得之矣，而其説猶未暢，愚故備而言之。韓文公謂「儒、墨同是堯、舜，同非桀、紂」，以爲其二家本相爲用，而咎末學之辯。嗚呼，孰知惟其似同而實異者，正所當辯乎！

隨巢子　胡非子

洪氏容齋隨筆曰：漢書藝文志，墨家者流，有隨巢子六篇，胡非子三篇，皆云墨翟弟子也。二書今不復存。馬總意林所述〔二六〕，各有一卷。隨巢之言曰：「大聖之行，兼愛萬民，疏而不絶，賢者欣之，不肖者憐之。賢而不欣，是賤德也，不肖不憐，是忍人也。」又有「鬼神賢於聖人」之論。其於兼愛、明鬼，爲墨之徒可知。胡非之言曰：「勇有五等：負長劍，赴榛薄，折兕豹，搏熊羆，此獵徒之勇也；負長劍，赴深淵，折蛟龍，搏黿鼉，此漁人之勇也；登高危之上，鵠立四望，顔色不變，此陶岳之勇也；剽必刺，視必殺，此五刑之勇也；齊威公以魯爲南境，魯憂之，曹劌匹夫之士，一怒而劫萬乘之師，存千乘之國，此君子之勇也。」其説亦卑陋，無過人處。

石林葉氏曰：吾嘗從趙全僉得隨巢子一卷，其間乃載唐太宗造明堂事。初不曉名書之意，因讀班固藝文志，墨家有隨巢子六篇，注言墨翟弟子，乃知後人因公輸之事假此名耳。

晏子春秋十二卷

鼂氏曰：齊晏嬰也。嬰相景公，此書著其行事及諫諍之言。

陳氏曰：漢志八篇，但曰晏子。隋、唐七卷，始號晏子春秋。今卷數不同，未知果本書否。

柳氏辯晏子春秋曰：司馬遷讀晏子春秋，高之，而莫知其所以爲書。或曰晏子爲之而人接焉，或曰晏子之後爲之，皆非也。吾疑其墨子之徒有齊人者爲之。墨好儉，晏子以儉名於世，故墨子之徒尊著其事，以增高爲己術者。且其旨多尚同、兼愛、非樂、節用、非厚葬久喪者，是皆出墨子。又非孔子，好言鬼事，非儒、明鬼，又出墨子。其言問棗及古冶子等，尤怪誕。晏子春秋曰：「公孫棲〔二七〕、田開彊、古冶子事景公，勇而無禮，晏子言於公，餽之二桃，曰，三子計功而食之云。公孫棲、田開彊曰：『吾勇不若子，功不逮子，取桃不讓，是貪也；然而不死，無勇也。』皆反其桃，契領而死。古冶子曰：『二子死之，吾獨生，不仁。』亦契領而死。」又往往言墨子聞其道而稱之，此甚顯白者。自劉向、歆，班彪、固父子，皆録之儒家中。甚矣，數子之不詳也！蓋非齊人不能具其事，非墨子之徒則其言不若是。後之録諸子書者，宜列之墨家。非晏子爲墨也，爲是書者，墨之道也。

崇文總目：晏子八篇，今亡。此書蓋後人採嬰行事爲之，以爲嬰撰則非也。

右墨家。

漢藝文志：從横者流，蓋出於行人之官。孔子曰：「誦詩三百，使於四方，不能專對，雖多，亦奚以爲？」又曰：「使乎！使乎！」言其當權事制宜，受命而不受辭，此其所長也。及邪人爲之，則上詐諼而棄其信。諼，詐言也。

漢志：十二家，一百七篇。

隋志：二部，合六卷。

唐志：四部，十五卷。

宋中興志：三家，三部，四十六卷。

鬼谷子三卷

鼂氏曰：鬼谷先生撰。按史記，戰國時隱居潁川陽城之鬼谷，因以自號。長於養性治身，蘇秦、張儀師之。叙謂此書即授二子者，言捭闔之術，凡十三章。本經、持樞、中經三篇，梁陶弘景注。隋志以爲蘇秦書，唐志以爲尹知章注，未知孰是。陸龜蒙詩謂鬼谷先生名訓〔二八〕，不詳所從出。柳子厚嘗曰云云，見後段。來鵠亦曰：「鬼谷子昔教人詭紿激訐〔二九〕、揣測憸滑之術，審備於章旨，六國時得之者，惟儀、秦而已。如捭闔、飛箝，實今之常態。」是知漸漓之後，不讀鬼谷子書者，其行事皆得自然符契也。昔倉頡作文字，鬼爲之哭。不知鬼谷作是書，鬼何爲耶？世人欲知鬼谷子者，觀二子之言略盡矣。故掇其大要著之篇。

柳氏辯鬼谷子曰：元冀好讀古書，然甚賢鬼谷子，爲其指要幾千言。鬼谷子要爲無取，漢時劉向、班固録書無鬼谷子。鬼谷子後出，而險盭峭薄，盭音戾。恐其妄言，亂世難信，學者宜其不道。而世之言縱横者〔三〇〕，時葆其書。尤者，晚乃益出七術，鬼谷子下篇有陰符七術，謂盛神法五龍、養志法靈龜、實意法騰蛇〔三一〕、分威法伏熊〔三二〕、散勢法鷙鳥、轉圜法猛獸、損兑法靈蓍七章是也。怪謬異甚，不可考校。其言益奇，而道益陿，張云：陿音恰，隘也。使人狂狙失守，狙，子余反。而易於陷墜。幸矣，人之葆之者少。今元子又文之以指要，嗚呼，其爲好術也過矣。

高氏子略曰：鬼谷子書，其智謀、其數術、其變譎、其辭談，蓋出於戰國諸人之表。夫一闔一闢，易之神也；一翕一張，老氏之幾也。鬼谷之術，往往有得於闔闢翕張之外，神而明之，益至於自放潰裂而不可禦。予嘗觀於陰符矣，窮天之用，賊人之私，而陰謀詭祕，有金匱韜略之所不可該者，而鬼谷盡得而泄之，其亦一代之雄乎！按劉向、班固録書無鬼谷子，隋志始有之，列於縱横家。唐志以爲蘇秦之書，然蘇秦所記，以爲周時有豪士隱者，居鬼谷，自號鬼谷先生，無鄉里俗姓名字〔三三〕。今考其言，有曰：「世無常責〔三四〕，事無常師。」又曰：「人動我靜，人言我聽。知性則寡累，知命則不憂。」凡此之類，其爲辭亦卓然矣。至若盛神、養志諸篇，所謂中稽道德之祖，散入神明之頣者，不亦幾乎？郭璞登樓賦有曰：「揖首陽之二老，招鬼谷之隱士。」又游仙詩曰：「青溪千餘仞，中有一道士。借問此何誰？云是鬼谷子。」可謂慨想其人矣。徐廣曰：「潁川陽城有鬼谷。」注其書者，樂臺〔三五〕、皇甫謐、陶弘景、尹知章。

戰國策十三卷

崇文總目：漢護左都水使者、光禄大夫劉向録。舊號或曰國策，或曰國事，或曰短長，或曰事語，或曰長書，或曰修書。向以戰國時游士輔所用之國，爲之策謀，宜爲戰國策。凡十二國，三十三篇，繼春秋以後，記楚、漢之興，總二百五十年事。今篇卷亡缺，第二至十、三十一至三闕。又有後漢高誘注，本二十卷，今缺第一、第五、第十一至二十，止存八卷。

鼂氏曰：漢劉向校定三十三篇。東、西周各一，秦五，齊六，楚、趙、魏各四，韓、燕各三，宋、衛、中山各一。舊有五號，向以爲皆戰國時游士策謀，改定今名。其事則上繼春秋，下記漢、楚之起，凡二百四、五十年之間。崇文總目多缺，至皇朝曾鞏校書，訪之士大夫家，其書始復完。漢高誘注，今止十篇，餘逸。歷代以其記諸國事，載於史類。予謂其紀事不皆實録，難盡信，蓋出於學縱横者所著，當附于此。

南豐曾氏序曰：向叙此書，言周之先，明教化，修法度，所以大治。其後謀詐用而仁義之道塞，所以大亂。其説既美矣。卒以謂此書，戰國之謀士，度時君之所能行，不得不然，則可謂惑於流俗，而不篤於自信者也。夫孔、孟之時，去周之初已數百歲，其舊法已亡，舊俗已熄久矣。二子乃獨明先王之道，以爲不可改者，豈將强天下之主以後世之所不可爲哉？亦將因其所遇之時，所遭之變，而爲當世之法，使不失乎先王之意而已。二帝、三王之治，其變固殊，其法固異，而其爲國家天下之意，本末先後，未嘗不同也。二子之道，如是而已。蓋法者，所以適變也，不必盡同；道者，所以立本也，不可不一，此理之不易者也。故二子者守此，豈好爲異論哉？能勿苟而已矣。可謂不惑乎流俗，而篤於自信者也。戰國之游士則不然，不知道之可信，而樂於説之易合。其設心注意，偷爲一切之計而已。故論詐之便而諱其敗，言戰之善而蔽其患。其相率而爲之者，莫不有利焉而不勝其害也，有得焉而不勝其失也。卒至蘇秦、商鞅、孫臏、吴起、李斯之徒，以亡其身，而諸侯及秦用之者，亦滅其國。其爲世之大禍明矣，而俗猶莫之悟也。惟先王之道，因時適變，爲法不同，而考之無疵，用之無弊。故古之聖賢，未有以此而易彼也。或曰：「邪説之害正也，宜放而絶之，則此書之不泯，其可乎？」對曰：「君子之禁邪説也，固將明其説於天下，使當世之人，皆知其説之不可從，然後以禁則齊；使後世之人，皆知其説之不可爲，然後以戒則明，豈必滅其籍哉？放而絶之，莫善於是。是以孟子之書，有爲神農之言者，有爲墨子之言者，皆著而非之。至於此書之作，則上繼春秋，下至楚、漢之起，二百四、五十年之間，載其行事，固不得而廢也。」此書有高誘注者二十一篇，或曰二十二篇。崇文總目存者八篇，今存者十篇云。

容齋洪氏隨筆曰：劉向叙戰國策，言其書錯亂相揉莒，本字多脱誤爲半字，以「趙」爲「肖」，以「齊」爲「立」，如此類者多。余按今傳於世者，大抵不可讀，其韓非子、新序、説苑、韓詩外傳、高士傳、史記索隱、太平御覽、北堂書鈔、藝文類聚諸書所引用者〔三六〕，多今本所無。向博極群書，但擇焉不精，不止於文字脱誤而已。惟太史公史記所采之事九十有三，則明白光艷，悉可稽考，視向爲有間矣！

高氏子略曰：班固稱太史公取戰國策、楚漢春秋、陸賈新語作史記。三書者，一經太史公采擇，後之人遂以爲天下奇書，予惑焉。每讀此書，見其叢脞少倫，同異錯出，事或著於秦、齊，又復見於楚、趙，言辭謀議，如出一人之口，雖劉向校定，卒不可正其淆駁，會其統歸，故是書之汩，有不可得而辯者。况於楚漢春秋、陸賈新語乎？二書紀載，殊無奇耳，然則太史公獨何有取於此？夫載戰國、楚、漢之事，舍三書他無可考者，太史公所以加之采擇者在此乎？柳子厚嘗謂：「左氏國語，其閎深傑異，固世之所耽嗜而不已也，而其説多誣淫，不概於聖。余懼世之學者，惑其文采而淪於是非，作非國語。」昔讀是書，殊以子厚言之或過矣〔三七〕。反覆戰國策而後三嘆，非國語之作，其用意切且深也。予遂效此，盡取戰國策與史記同異，又與説苑、新序雜見者，各彙正之，名曰戰國策考。

水心葉氏曰：春秋以後，接秦之興，無本書可考。司馬遷史記，雜取諸書及野語流傳，會聚之所成也。故戰國一節，不敢使與左傳同，便爲成書，直加據定。而戰國策本遷所憑依，粗有諸國事，讀者以歲月驗其先後，因之以知得失，或庶幾焉。且其設權立計，有繫當時利害之大者，學者將以觀事變，固不宜略，然十纔一二耳。其餘纖碎反覆，徒競錐刀之細，市井小人之所羞稱，所謂不足以掛牙頰也，又烏在其皆可喜而可觀哉！夫習於猥陋淺妄之夸説，使與道德禮義相亂，其爲學者心術之巨蠹甚矣！

鮑氏校定戰國策十卷

陳氏曰：尚書郎括蒼鮑彪注。以西周正統所在，易爲卷首。其注凡四易藁乃定。

右從横家。

校勘記

〔一〕傷恩薄厚　「薄厚」二字原倒，據漢書卷三〇藝文志乙正。按師古曰：「薄厚者，變厚爲薄。」正與「傷恩」相承。

〔二〕尹知章以下不著録三家三十五卷　「録」字原無，兩「三」字原皆作「二」，據新唐書卷五九藝文三補、改。

〔三〕劉向所定凡八十六篇　「八」原作「九」，郡齋讀書志同。今據别録管子叙録、漢書卷三〇藝文志、玉海卷五三藝文門諸子類之管子條改。

〔四〕議者以故謂仲但知治人而不知治己　「議」原作「義」。按孫猛郡齋讀書志校證卷一一謂藝芸書舍刊衢本亦作「義」，孫氏據宛委本改，今從改。

〔五〕其能一正天下　「正」，郡齋讀書志卷一一作「匡」，按此處係馬端臨避宋太祖諱改。

〔六〕管氏書獨鹽筴爲後人所遵　「筴」，習學記言卷四六輕重篇作「鐵」。

〔七〕然則管仲所得　「得」，習學記言卷四六輕重篇作「行」。

〔八〕周公之所以制周者　「制」原作「創」，據元本、慎本及高似孫子略卷三改。

〔九〕豈以其操術用心之同故邪　「操」原作「標」，據直齋書録解題卷一〇改。

〔一〇〕自形勢解篇而下十一卷已亡　「形」原作「列」，按玉海卷五三藝文門諸子類之管子條注云：「吴氏西齋書目三十卷，此自形勢解亡。」今本管子無「列勢解」，其第四十六篇爲形勢解。今改。

〔一一〕故其治不告姦者與降敵同罰　「治」，郡齋讀書志卷一一作「法」。

〔一二〕先於申韓申韓稱之　「申韓」二字原不重，據漢書卷三〇藝文志之慎子條補。

〔一三〕田駢　原作「曰駢」，據元本、慎本、明弘治本及直齋書録解題卷一〇改。

〔一四〕到趙人　「到」字原無，據直齋書録解題卷一〇補。

〔一五〕如云　「如」原作「加」，據元本、慎本改。

〔一六〕後用李斯之毁　「後」原作「復」，據元本、慎本及郡齋讀書志卷一一改。

〔一七〕尹文子二卷　「文」字原脱，據郡齋讀書志卷一一及漢書卷三〇藝文志、新唐書卷五九藝文三、宋史卷二〇五藝文四補。

〔一八〕文王元年齊宣没已四十餘歲矣　按「四十餘歲」當作「四歲」，孫猛郡齋讀書志校證卷一一有考。下引高氏子略「齊宣王死下距趙王之立四十餘年矣」句同誤。

〔一九〕荀卿非十二子有宋鈃　「宋鈃」原作「宏鈃」，據元本、慎本及容齋續筆卷一四尹文子條改。

〔二〇〕蓋晉宋時細人所作　「細人」，容齋續筆卷一四尹文子條作「衲人」。

〔二一〕又言與宋鈃田駢同學於公孫龍　「又」上原有「伯」字，據直齋書録解題卷一〇删。按尹文子仲長氏序，「與宋鈃、田駢」云云非繆熙伯語。

〔二二〕劉歆有目有一篇　文淵閣四庫全書本崇文總目卷三引文獻通考，「目」下無「有」字。
〔二三〕蓋既與左氏異矣　「既」，高似孫子略卷三作「又」。
〔二四〕與其民揉轜於争抗侵凌之威　「威」，高似孫子略卷三作「域」。
〔二五〕僞涼墩煌劉昞注　「劉昞」原作「劉昺」，據郡齋讀書志卷一一、直齋書録解題卷一〇改。下文「梁史無劉昞」句同改。
〔二六〕馬總意林所述　「意」原作「義」，據元本、慎本、明弘治本及容齋三筆卷一五改。
〔二七〕公孫棲　「棲」，晏子春秋卷二内篇諫下作「接」，柳宗元集卷四辯晏子春秋作「捷」。
〔二八〕陸龜蒙詩謂鬼谷先生名訓　「訓」，郡齋讀書志卷一一作「詡」。
〔二九〕鬼谷子昔教人詭紿激訐　「激」，郡齋讀書志卷一一作「激」。
〔三〇〕而世之言縱横者　「世」原作「出」，據柳宗元集卷四辯鬼谷子改。
〔三一〕實意法騰蛇　「實」原作「寶」，據柳宗元集卷四辯鬼谷子改。
〔三二〕分威法伏熊　「伏熊」原作「仗能」，據元本、慎本及柳宗元集卷四辯鬼谷子改。
〔三三〕無鄉里俗姓名字　「俗」，高似孫子略卷三作「族」。
〔三四〕世無常責　「世」字原脱，據高似孫子略卷三補。
〔三五〕樂臺　按注鬼谷子者，史記蘇秦列傳司馬貞索引、宋王應麟玉海、鄭樵通志藝文略、高似孫子略、陳振孫直齋書録解題皆作「樂壹」，惟新、舊唐書藝文志作「樂臺」。
〔三六〕藝文類聚諸書所引用者　「聚」原作「序」，據容齋四筆卷一改。
〔三七〕殊以子厚言之或過矣　「殊」下原衍「是」字，據高似孫子略卷三删。

卷二百十三　經籍考四十

子雜家

漢藝文志：雜家者流，蓋出於議官。兼儒、墨，合名、法，知國體之有此，見王治之無不貫，此其所長也。及蕩者爲之，則漫羨而無所歸心。

漢志：二十家，四百三篇。

隋志：九十七部，合二千七百二十卷。

唐志：六十四家，七十五部，一千一百三卷。失姓名六家。虞世南以下不著録三十四家，八百十六卷。

宋三朝志：七十部，七百三十三卷。

宋兩朝志：十二部，七十卷。

宋四朝志：一十七部，九十五卷。

宋中興志：一百十九家，一百四十九部，一千七百六卷。

范子計然十五卷

高氏子略曰：計然遨遊海澤，自稱「漁父」。范蠡有請曰：「先生有陰德，願令越社稷長保血食。」計然曰：「越王鳥喙，不可以同利。」蠡之智其有決於此乎？此編卷十有二，往往極陰陽之變，窮曆數之微。其言之妙者，有曰：「聖人之變，如水隨形。」蠡之所以俟時而動，以見幾而作者，其亦有得乎此。計然，濮上人，姓辛名文子，其先晉國公子也。

容齋洪氏隨筆曰：漢書貨殖傳：「越王句踐困於會稽之上，乃用范蠡、計然，遂報彊吴。」孟康注曰：「姓計名然，越臣也。」蔡謨曰：「計然者，范蠡所著書篇名耳，非人也。謂之『計然』者，所計而然也。群書所稱句踐之賢佐，種、蠡爲首，豈復聞有姓計名然者乎？若有此人，越但用半策，便以致霸，是功重於范蠡，而書籍不見其名，史遷不述其傳乎？」顔師古曰：「蔡説謬矣。古今人表，計然列在第四等，一名計研。班固賓戲『研、桑心計於無垠』，即謂此耳。計然者，濮上人也，嘗南遊越，范蠡卑身事之，其書則有萬物録，事見皇覽及晉中經簿。又吴越春秋及越絶書，並作計倪。此則『倪』、『研』及『然』，聲皆相近，實一人耳。何云書籍不見哉？」予按唐貞元中馬總意林一書，抄類諸子百餘家，有范子十二卷，云：「計然者，葵邱濮上人〔一〕，姓辛字文子，其先晉國之公子也。爲人有内無外，狀貌似不及人。少而明，學陰陽，見微知著。其志沉沉，不肯自顯，天下莫知，故稱曰計然。時遨遊海澤，號曰『漁父』。范蠡請其見越王，計然曰：『越王爲人鳥喙，不可與同利也。』」據此則計然姓名出處，皎然可見。裴駰注史記，亦知引范子。北史蕭大圜云：「留侯追踪於松子，陶朱成術於辛文」，正用此事。曹子建表引文子，李善注以爲計然。師古蓋未能盡也。而文子十二卷，李暹注，其序以謂范子所稱計然。但其書一切以老子爲宗，略無與范蠡謀議之事。意林所編文子，正與此同。所謂范子，乃别是一書，亦十二卷，馬總只載其叙計然及他三事，云「餘並陰陽曆數，故不取」，則與文子了不同，李暹之説誤也。唐藝文志，范子計然十五卷，注云：「范蠡問，計然答。」列於農家。其是矣，而今不存。

呂氏春秋二十六卷〔一〕

鼂氏曰：秦呂不韋撰，後漢高誘註。按史記不韋傳云〔三〕：不韋相秦，招致辯士〔四〕，厚遇之，使人人著所聞，集論以爲八覽、六論、十二記，二十餘萬言，以爲備天地萬物古今之事，號曰呂氏春秋。暴之咸陽市門，懸千金其上，有能增損一字者予之，時人無增損者。高誘以爲非不能也，畏其勢耳。昔張侯論爲世所貴，崔浩五經注學者尚之，二人之勢，猶能使其書傳如此，况不韋權位之盛，學者安敢牾其意而有所更易乎？誘之言是也。然十二記者，本周公書，後儒寘於禮記，善矣。而目之爲「呂令」者，誤也。

高氏子略曰：淮南王尚志謀〔五〕，募奇士，廬館一開，天下雋絶馳騁之流，無不雷奮雲集，蜂議横起，瓌詭作新，可謂一時傑出之作矣。及觀呂氏春秋，則淮南王書殆出於此者乎！不韋相秦，蓋始皇之初也，始皇不好士，不韋則徠英茂，聚畯豪，簪履充庭，至以千計。始皇甚惡書也，不韋乃極簡册，攻筆墨，采精録異，成一家言。吁，不韋何爲若此者也，不亦異乎？春秋之言曰：「十里之間，耳不能聞；帷墻之外，目不能見；三畝之間，心不能知。而欲東至開悟，南撫多鸜，西服壽靡，北懷靡耳，何以得哉！」四極國名。此所以譏始皇也，始皇顧不察哉！韋以此書暴之咸陽門，曰「有能損益一字者予千金」，卒無一敢易者，是亦愚黔之甚矣。秦之士其賤若此，可不哀哉！雖然，是不特人可愚也，雖始皇亦爲之愚矣。異時亡秦者，又皆屠沽負販，無一知書之人，嗚呼！

陳氏曰：十二記者，即今禮記之月令也。

淮南子二十一卷

鼂氏曰：漢劉安撰。淮南厲王長子也。襲封，招致諸儒方士講論道德，總統仁義，著内書二十一篇，號曰鴻烈。鴻，大也；烈，明也。以爲大明道之言也。避父諱，以「長」爲「修」。後漢許慎注。慎自名注曰：「記上」。今存原道、俶真、天文、地形、時則、覽冥〔六〕、精神、本經、主術、繆稱、齊俗、道應、氾論、詮言、兵略〔七〕、説山、説林等十七篇。李氏書目亦云第七、第十九亡。崇文目則云存者十八篇。蓋李氏亡二篇，崇文亡三篇。家本又少其一，俟求善本是正之。

容齋洪氏隨筆曰：淮南王安，招致賓客方術之士，作爲内書二十一篇，外書甚衆；又有中篇八卷，言神仙黄白之術。漢書藝文志，淮南内二十一篇〔八〕，淮南外三十三篇，列於雜家。今所存者二十一卷，蓋内篇也。壽春有八公山，正安所延致客之處，傳記不見姓名，而高誘序以爲蘇飛、李尚、左吴、田由〔九〕、雷被、毛被、伍被、晉昌等八人，然惟左吴、雷被、伍被見於史。雷被者，蓋爲安所斥，而亡之長安上書者，疑不得爲賓客之賢者也。

高氏子略曰：少愛讀楚辭淮南小山篇，聳峻瓌磊〔一〇〕，他人制作不可企攀者。又慕其離騷有傳，窈窕多思致，每曰：「淮南，天下奇才也。」又讀其書二十篇，篇中文章，無所不有，如與莊、列、吕氏春秋、韓非子諸篇相經緯表裏。何其意之雜出，文之沿複也？淮南之奇，出於離騷；淮南之放，得於莊、列；淮南之議論，錯於不韋之流；其精好者，又如玉杯、繁露之書，是又非獨出於淮南。所謂蘇飛、李尚、左吴、田由、雷被、毛被、伍被、大山、小山諸人，各以才智辯謀，出奇馳雋，所以其書駁然不一。雖然，淮南一時所延，蓋又非止蘇飛之流也。當是時，孝武皇帝雋鋭好奇，蓋又有甚於淮南。内篇一陳，與帝心合，内少君，下王母，聘方士，搜蓬萊，神仙譎怪，日日作新，其有感於淮南所謂崑崙增城、璇室懸圃，弱水流沙者乎！武帝雖不仙〔二〕，猶享多壽，王何爲者，卒不克終，士之誤人，一至於此。然其文字殊多新特，士之厭常玩俗者，往往愛其書，况其推測物理，探索陰陽，大有卓然出人意表者。惟揚雄氏曰：「淮南説之用，不如太史公之用。太史公之用，聖人將有取焉。淮南，鮮取焉耳。」悲夫！

周氏涉筆曰：淮南子多本文子，因而出入儒、墨、名、法諸家，雖章分事彙，欲成其篇，而本末愈不相應，且并其事自相舛錯，如云：「武王伐紂，載尸而行，海内未定，故不爲三年之喪。」又云：「天下未定，海内未輯，武王欲昭文王之令德，使夷狄各以其賄來貢。遼遠未能至，故治三年之喪，殯兩楹，以俟遠方。」當諸子放言之時，不自相考，幾無一可信者。又謂武王用太公之計，爲三年喪，以不蕃人類。又甚矣！

陳氏曰：按唐志，又有高誘注。今本既題許慎注〔三〕，而詳序文即是高誘，不可曉也。序言自誘之少，從同縣盧君受其句讀。盧君者，植也，與之同縣，則誘乃涿郡人。又言建安十年辟司空掾，東郡濮陽令，十七年遷監河東，則誘乃漢末人，其出處略可見。

子華子十卷

鼂氏曰：其傳曰：「子華子，程氏，名本，晉人也。劉向校定其書。」按莊子稱「子華子見韓昭侯」，陸德明以爲魏人，既不合，又藝文志不録子華子書。觀其文辭，近世依托爲之者也。其書有「子華子爲趙簡子不悦」，又有「秦襄公方啟西戎，子華子觀政於秦」。夫秦襄之卒在春秋前，而趙簡子與孔子同時，相去幾二百年，其牴牾類如此。且多用字説，謬誤淺陋，殆元豐以後舉子所爲耳。

朱子曰：會稽官書版本有子華子者，云是程本字子華者所作，孔子所與傾蓋而語者。好奇之士多喜稱之〔三〕。以予觀之，其詞故爲艱澀而理實淺近，其體務爲高古而氣實輕浮，其理多取佛老醫卜之言，其語多用左傳、班史中字，其粉飾塗澤、俯仰態度，但如近年後生巧於模擬變撰者所爲，不惟決非先秦古書，亦非百十年前文字也。原其所以，祇因家語等書，有孔子與程子傾蓋而語一事，而不見其所語者爲何説，故好事者妄意此人既爲先聖所予，必是當時賢者，可以假托聲勢，眩惑世人，遂爲造此書以傳會之，正如麻衣道者本無言語，秪因小説有陳希夷問錢若水骨法一事，遂爲南康軍戴師愈者僞造正易心法之書以托之也。麻衣易予亦嘗辯之矣。然戴生朴陋，予嘗識之，其書鄙俚不足惑人。此子華子者，計必一能文之士所作，其言精麗過麻衣易遠甚。如論河圖之二與四抱九而上躋，六與八蹈一而下沉，五居其中，據三持七，巧亦甚矣。唯其巧甚，所以知其非古書也。又以洛書爲河圖，亦仍劉牧之謬，尤足以見其爲近世之作。或云王銍性之、姚寬令威多作贋書，二人皆居越中，恐出其手，然又恐非其所能及。如子華子者，今亦未暇詳論其言之得失，但觀其書數篇，與前後三序，皆一手文字。其前一篇，托爲劉向而殊不類向他書。後二篇乃無名氏歲月，而皆托爲之號，類若世之匿名書者。至其首篇「風輪」、「水樞」之云，正是並緣釋氏之說。其卒章「宗君」、「三祥」、「蒲璧」等事，皆剽剥他書，傅會爲說。其自序出處，又與孔叢子載子順事略相似。孔叢亦僞書也。又言有大造於趙宗者，即指程嬰而言。以左傳考之，趙朔既死，其家內亂，朔之諸弟或放或死，而朔之妻乃晉君之女，故武從其母，畜於公宮，安得所謂大夫屠岸賈者興兵以滅趙氏，而嬰與杵臼以死衛之云哉？且其曰「有大造」者，又用呂相絶秦語，其不足信明甚。而近歲以來，老成該洽之士亦或信之，固已可怪，至引其說以自證其姓氏之所從出，則又誣其祖矣。大抵學不知本而眩於多愛，又每務欲出於衆人之所不知者以爲博，是以其弊必至於此，可不戒哉！

周氏涉筆曰：子華子所著。劉向序者，文字淺陋不類向，其云「善持論，聚徒著書」，「更題其書」，皆非當時事辭。大抵十卷者，編緝見意，鳩聚衆語，老、莊、荀、孟、國語、素問、韓非、楚詞俱被剽拾，殆似百家衣葆，其實近時文字。又多解字義，蓋古文屢降，至漢世，今文猶未專行。吾嘗疑其三經後此書方出，故信字説而主老、莊，又論：「治古之時，積美於躬，弗憂於無聞，如擊考鼓鐘，其傳以四達，驛如也。今則不然，荒飆怒號而獨秀者先隕，霜露霄零而朱草交槁。媾市之徒，又從而媒孽以髡搖之。萌意於方寸，未有毫分也，而觸機阱；展布其四體，未有以爲容也，而得拲梏。抱其一概之操，泯泯默默而願有以試也，而漫漫之長夜特未旦也。疾雷破山，澍雨如注，鷄鳴於塒，而失其所以爲司晨也。人壽幾何，而期有以待也？」吾反覆其言而悲之。嗟夫！斯人也，是書也，毋乃黨禁不開，善類塗地，無所叫號之時乎！

陳氏曰：考前世史志及諸家書目，並無此書，蓋假托也。館閣書目辯之當矣。家語有孔子遇程子傾蓋事，而莊子亦載子華子見昭僖侯一則，此其姓字之所從出。昭僖與孔子不同時，然莊子固寓言，而家語亦未可考信。班固古今人表亦無之。使果有其人，遇合於夫子，班固豈應見遺也？其文不古，然亦有可觀者，當出近世能言之流，爲此以玩世耳。

風俗通義十卷

鼂氏曰：漢應劭撰。劭字仲遠，奉之子。篤學，博覽多聞。靈帝時舉孝廉，仕至泰山太守。撰風俗通，以辯物名號，釋時嫌疑〔一四〕。文雖不典，世服其洽聞。自序云：「風者，天氣有寒暖，地形有陰陽，泉水有美惡，草木有剛柔。俗者，含血之類，象而生之。千里不同風，百里不同俗。」

陳氏曰：唐志二十卷，今惟存十卷，餘略見庾仲容子鈔〔一五〕。

校勘記

〔一〕葵邱濮上人　「葵邱」原作「蔡邱」，據史記卷一二九貨殖列傳裴駰集解引范子及容齋續筆卷一六計然意林條改。

〔二〕呂氏春秋二十六卷　「六」字原脱，據新唐書卷五九藝文三、宋史卷二〇五藝文四及直齋書録解題卷一〇補。

〔三〕按史記不韋傳云　「傳」原作「撰」，據郡齋讀書志卷一一改。

〔四〕招致辯士　「招」字原脱，據史記卷八五吕不韋傳及郡齋讀書志卷一二補。

〔五〕淮南王尚志謀　「志」，高似孫子略卷四作「奇」。

〔六〕覽冥　「冥」原作「宜」，郡齋讀書志卷一二同。按淮南子第六篇爲覽冥訓，高誘注云「覽觀幽冥變化之端」云云，今據改。

〔七〕兵略　「兵」原作「邱」，郡齋讀書志卷一二同。按淮南子第十五篇爲兵略訓，高誘注云「兵，防也，防亂之萌」云云，今據改。

〔八〕淮南内二十一篇　「内」字原脱，據漢書卷三〇藝文志及容齋續筆卷七補。

〔九〕田由　原作「田申」，據淮南子高誘序、容齋續筆卷七及高似孫子略卷四改。下子略引文同改。

〔一〇〕聳峻瓌磊　「聳」原作「聱」，據高似孫子略卷四改。

〔一一〕武帝雖不仙　「帝」字原脱，據高似孫子略卷四補。

〔一二〕今本既題許慎注　「既」原作「記」，據直齋書録解題卷一〇改。又「注」，解題作「記上」。

〔一三〕好奇之士多喜稱之　「稱」原作「補」，據元本、慎本改。

〔一四〕釋時嫌疑　郡齋讀書志卷一二「時」下有「俗」字。

〔一五〕餘略見庾仲容子鈔　「庾」原作「廖」，據新唐書卷五九藝文三、宋史卷二〇五藝文四及直齋書録解題卷一〇改。按庾仲容，梁書卷五〇、南史卷三五皆有傳。

卷二百十四　經籍考四十一

子雜家

論衡三十卷

鼂氏曰：後漢王充仲任撰。充好論説，始如詭異，終有實理〔一〕。以俗儒守文，多失其真，乃閉門潛思，户牖墻壁各置刀筆，著論衡八十五篇，釋物類同異，正時俗嫌疑。後蔡邕得之，祕玩以爲談助云。世謂漢文章温厚爾雅，及其東也已衰。觀此書與潛夫論、風俗通義之類，比西京諸書驟不及遠甚，乃知世人之言不誣。

高氏子略曰：書八十五篇，二十餘萬言。其爲言皆叙天證，敷人事，析物類，道古今，大略如仲舒玉杯、繁露，而其文詳，詳則禮義莫能覈而精，辭莫能肅而括，幾於蕪且雜矣。漢承滅學之後，文、景、武、宣以來，所以崇厲表章者，非一日之力矣。故學者向風承意，日趨於大雅多聞之習，凡所撰録，日益而歲有加，至後漢盛矣，往往規度如一律，體裁如一家，是足以雋美於一時，而不足以準的於來世。何則？事之鮮純，言之少擇也。劉向新序、説苑奇矣，亦復少探索之功，闕詮定之密，其叙事有與史背者不一。二書尚爾，况他書乎？袁崧後漢書云：「充作論衡，中土未有傳者，蔡邕入吴始見之，以爲談助。」談助之言，可以了此書矣。客有難充書煩重者，曰：「石多玉寡，寡者爲珍；龍少魚衆，少者爲神乎？」充曰：「文衆可以勝寡矣。人無一引吾百篇，人無一字吾萬言，爲可貴矣。」予所謂乏精覈而少肅括者，正此謂歟！

陳氏曰：充，肅宗時人。仕爲州從事治中。初作此書，北方初未有得之者。王朗嘗詣蔡伯喈，搜求至隱處，果得論衡，捉取數卷將去，伯喈曰：「惟我與爾共，勿廣也。」然自今觀之，亦未爲奇。

仲長子昌言二卷

崇文總目：後漢仲長統撰。按本傳，統論説古今及時俗行事，著論名昌言〔二〕，凡三十四篇，十餘萬言。隋、唐書目十卷，今所存十五篇，分爲三卷，餘皆亡。

傅子五卷

崇文總目：晉傅休奕撰。集經史治國之説，評斷得失，各爲區例。本傳載內、外、中篇，凡四篇亡録〔三〕，合一百四十篇，今亡一百一十七。

公侯政術十卷

崇文總目：魯人初撰。蓋魯人名初，不著其姓，未詳何代人。

正訓十卷

崇文總目：不著撰人名氏。按唐志有正訓二十卷，辛德源撰。而此題云陸機撰，又止十卷。據隋以前書録，皆無陸機正訓之目，晉史機傳亦不言嘗有此書。而德源所著，今世已亡，疑是其遺書。

抱朴子外篇十卷

鼂氏曰：晉葛稚川撰。自號抱朴子，博聞深洽，江左絶倫，著書甚富。言黄白之事，名曰内篇，其餘外篇。晉書，内、外通有一百一十六篇，今世所傳者，四十篇而已。外篇頗言君臣理國用刑之道，故附於雜家云。

女誡一卷

陳氏曰：漢曹世叔妻班昭撰。固之妹也。俗號女孝經〔四〕。

蔣子萬機論二卷

陳氏曰：魏太尉平阿蔣濟子通撰。按館閣書目十卷，五十五篇，今惟十五篇，疑非全書也。

孫子十卷

陳氏曰：晉孫綽興公撰，恐依托。唐志及中興書目並無之。從程文簡家借録。

劉子五卷

陳氏曰：劉晝孔昭撰。播州録事參軍袁孝政爲序。凡五十五篇。按唐志十卷，劉勰撰。今序云：「晝傷己不遇，天下陵遲，播遷江表，故作此書。時人莫知，謂爲劉勰，或曰劉歆、劉孝標作。」孝政之言云爾，終不知晝爲何代人。其書近出，傳記無稱，莫詳其始末，不知何以知其名晝字孔昭也？

鼂氏曰：唐袁政注〔五〕。言修心治身之道，而辭頗俗薄。

金樓子十卷

鼂氏曰：梁元帝繹撰〔六〕。書十篇，論歷代興亡之迹〔七〕，箴戒、立言、志怪、雜説、自叙、著書、聚書，通曰「金樓子」者，在藩時自號。

陳氏曰：雜記古今聞見，末一卷爲自序。

瑞應圖十卷

陳氏曰：不著名氏。按唐志有孫柔之瑞應圖記、熊理瑞應圖譜各三卷，顧野王符瑞圖十卷，又祥瑞圖十卷。今此書名與孫、熊同，而卷數與顧合，意其野王書也。其間亦多援孫氏以爲注。中興書目有符瑞圖二卷，定著爲野王。又有瑞應圖十卷，稱不知作者，載天地瑞應諸物，以類分門。今書正爾，未知果野王否？又云或題王伯齡〔八〕。至李淑書目，又直以爲孫柔之矣。又恐李氏書别一家也。

子鈔三十卷

陳氏曰：梁尚書左丞潁川庾仲容子仲撰。所取諸子之書百有五家，其間頗有與今世見行書不同者，而亡者多矣。

意林三卷

鼂氏曰：唐馬總會元撰。初，梁庾仲容取諸家書、術數、雜記凡一百七家，抄其要語，爲三十卷，總以其繁略失中，增損成三軸。前有戴叔倫、柳伯存兩序〔九〕。

高氏子略曰：子鈔百十有七家，仲容所取，或數句，或一二百言，是有以契其意，入其用，而他人不可共享者也。馬總意林一遵庾目，多者十餘句，少者一二言，比子鈔更爲取之嚴，録之精且約也。戴叔倫序其書曰：「上以防守教之失，中以補比事之缺，下以佐屬文之緒。有疏通廣博、潔净符信之要，無僻放拘刻、譤蔽邪蕩之患。」亦足以發其機，寫其志矣。孔子曰：「雖小道亦有可觀。」是於諸子未嘗廢也。聖人既遠，承學易殊，義向之少純，言議之多詭，則百氏之爲家，不能盡叶乎一，亦理之所必然也。當篇籍散缺，人所未見之時，而乃先識其名，又得其語，斯足以廣聞見，助發揮，何止嘗鼎臠，咬鷄蹠也。陸機賦曰：「傾群言之瀝液，漱六藝之芳潤。」唐常展日月如合璧賦云〔一〇〕：「獵英華於百氏，漱芳潤於六籍。」語自此來。是庶幾焉。

容齋洪氏隨筆曰：唐世未知尊孟子，故意林亦列其書，而有差不同者，如伊尹不以一介與人，亦不取一介於人之類。其他所引書，如胡非子、隨巢子、纏子、王孫子、公孫尼子、阮子正部〔一一〕、姚信士緯、殷興通語、牟子、周生烈子、秦菁子、梅子、任奕子、魏朗子、唐滂子、鄒子、孫氏成敗志、蔣子、譙子、鍾子、張儼默記、裴氏新書〔一二〕、袁淮正書〔一三〕、袁子正論、蘇子、陸子、張顯析言、于子〔一四〕、顧子、諸葛子、陳子要言、符子諸書，今皆不傳於世，亦有不知其名者。

陳氏曰：總後仕至尚書僕射，嘗副裴晉公平淮西者也。

長短經十卷

鼂氏曰：唐趙蕤撰。北夢瑣言云：蕤，梓州鹽亭人。博學韜鈐，長於經世。夫婦俱有隱操，不應辟召。論王霸機權正變之術。第十卷載陰謀，家本缺。今存者六十四篇。

炙轂子雜録注解五卷

鼂氏曰：唐王叡撰。二儀實録、古今注載事物之始，樂府題解載樂府所由起〔一五〕。叡輯纂數家之言，正誤補遺，劉允併歸一篇〔一六〕。

事始三卷

鼂氏曰：唐劉孝孫等撰。太宗命諸王府官以事名類，推原初始，凡二十六門，以教始學諸王〔一七〕。易大傳自始作八卦，至網罟、耒耨、臼杵之微，皆記其本起。檀弓所述，亦皆物之始也。然則事始之書，當係之儒。今以其所取不一，故附於雜家。

陳氏曰：唐吴王諮議弘文館學士南陽劉存撰〔一八〕。

理道要訣十卷

陳氏曰：唐宰相杜佑君卿撰。凡三十三篇，皆設問答之辭。末二卷記古今異制，蓋於通典中撮要，以便人主觀覽。

造化權輿六卷

陳氏曰：唐豐王府法曹趙自勔撰。天寶七年表上。陸農師著埤雅頗采用之，其孫務觀嘗兩爲跋〔一九〕。余求之久不獲，己亥歲，從吴門天慶觀道藏中借録〔二〇〕。

刊誤二卷〔二一〕

陳氏曰：唐國子祭酒李涪撰〔二三〕。

資暇集三卷

陳氏曰：唐李匡文濟翁撰〔二三〕。

兼明書二卷

陳氏曰：唐國子太學博士邱光庭撰。

蘇氏演義十卷

陳氏曰：唐光啓進士武功蘇鶚德祥撰。此數書者，皆考究書傳，訂正名物，辨證訛謬，有益見聞。尤梁谿以家藏本刻之當塗。

仲蒙子三卷〔二四〕

陳氏曰：唐校書郎長樂林慎思虔中撰。

致理書十卷

鼂氏曰：唐朱朴撰。乾寧中，爲國子毛詩博士，論述時務五十篇上之。詞如近時策斷之類，迂緩不切，與馬周所建明不啻霄壤矣。昭宗善其言，用太宗擢周故事，拔爲相，徒以益亂，可嘆也。

兩同書二卷

崇文總目：唐羅隱撰。采孔、老二書，著爲内、外十篇。以老子修身之説爲内，孔子治世之道爲外，會其旨而同元。

鼂氏曰：唐羅隱撰。隱謂老子養生，孔子訓世，因本之著内、外篇各五。其曰兩同書者，取「兩者同出而異名」之言也。

陳氏曰：不著名氏。中興書目云唐吴筠撰。唐藝文志同，但入小説類。采孔、老爲内、外十篇，名祝融子兩同書。祝融者，謂鬻子，爲諸子之首也。

宋齊邱化書六卷〔二五〕

鼂氏曰：僞唐宋齊邱子嵩撰。張耒文潛嘗題其後，云：「齊邱之意〔二六〕，特犬鼠之雄耳，蓋不足道。其爲化書，雖皆淺機小數，亦微有以見於黄、老之所謂道德，其能成功，有以也。吾嘗論黄、老之道德本於清浄無爲，遣去情累，而其末多流而爲智術刑名，何哉？仁義生於恩，恩生於人情，聖人節情而不遣者也。無情之至，至於無親，無親則忍矣，此刑名之所以用也。文章頗高簡，有可喜者。其言曰：『君子有奇志，天下不親。』雖聖人出，斯言不廢。」

格言五卷

鼂氏曰：僞唐韓熙載叔言撰。熙載以經濟自任，乃著書二十六篇，論古今王伯之道，以干李煜。首言陽九百六之數及五運迭興事，其駁雜如此。有門人舒雅序。

中華古今注三卷

陳氏曰：後唐太學博士馬縞撰。蓋推廣崔豹之書也〔二七〕。

續事始五卷

鼂氏曰：僞蜀馮鑑廣孝孫所著。

事原録三十卷

鼂氏曰：皇朝朱繪撰。其書事始之類也。

物類相感志十卷

鼂氏曰：皇朝僧贊寧撰。采經籍傳記物類相感者志之。分天、地、人、物四門。贊寧，吴人，以博物稱於世，柳如京、徐騎省與之游，或就質疑事。楊文公、歐陽文忠公亦皆知其名。

陳氏曰：贊寧，國初名釋也。

耄智餘書三卷

陳氏曰：太子少保致仕澶淵鼂迥德遠撰。迥善養生，兼通釋、老書，年至八十四，子孫多聞人。

昭德新編一卷

陳氏曰：鼂迥撰。「昭德」者，京師居第坊名也。鼂氏子孫皆以爲稱。

宋景文筆録三卷

鼂氏曰：皇朝宋祁撰。皆故事異聞、嘉言奥語，可爲談助。不知何人所編，每章冠以「公曰」。景文，乃祁謚也。

中興藝文志：筆録三卷，皇朝紹聖中，宋肇次其祖庠遺語，凡一百七十條。

按：二筆録卷數同，祁、庠又兄弟也，然則一書邪？二書邪？當考。

近事會元五卷

陳氏曰：李上友撰。自唐武德至周顯德，雜事細務皆記之。

徽言三卷

陳氏曰：司馬光手抄諸子書，題其末曰：「余此書類舉人抄書，然舉子所抄獵其辭，余所抄覈其意；舉人志科名，余志道德。」其序書〔二八〕「迂叟年六十八〔二九〕」，蓋公在相位時也。方機務填委，且將屬疾，而好學不厭，克勤小物如此。所抄自國語而下六書，其目三百一十有二，小楷端重〔三〇〕，無一筆不謹，百世之下，使人肅然起敬。真迹藏邵康節家，其諸孫迈守漢嘉〔三一〕，從邵氏借刻，携其版歸越，今在其群從述尊古家。

泣岐書三卷

陳氏曰：蜀人龍昌期撰〔三二〕，稱「上昭文相公」。有後序，言求薦進之意。

天保正名論八卷

陳氏曰：龍昌期撰。其學迂僻，專非周公，妄人也。

事物紀原二十卷

陳氏曰：不著名氏。中興書目十卷，開封高承撰，元豐中人。凡二百七十事。今此書多十卷，且數百事，是後人廣之耳。

孔氏雜說記一卷

聞者。

鼂氏曰：皇朝孔平仲撰〔三〕。論載籍中前言往行，及國家故實、賢哲文章，亦時記其所見

鼂氏客語一卷

陳氏曰：鼂説之以道撰。

王氏雜説十卷

鼂氏曰：皇朝王安石介甫撰。蔡京爲安石傳，其略曰：「自先王澤竭，國異家殊。由漢迄唐，源流浸深。宋興，文物盛矣，然不知道德性命之理。安石奮乎百世之下，追堯、舜、三代，通乎晝夜陰陽所不能測而入於神。初著雜説數萬言，世謂其言與孟軻相上下，於是天下之士，始原道德之意，窺性命之端云。」所謂雜説，即此書也。以京之夸至如此，且不知所謂「通乎晝夜陰陽所不能測而入於神」者爲何等語，故著之。

汲世論一卷

鼂氏曰：右未詳何人所著。多稱元祐間事，且喜論兵，疑吕氏書也。凡十門。

馭臣鑒古二十卷

鼂氏曰：右皇朝鄧綰撰。元豐中爲中丞，獻之朝。未幾，坐操心頗僻，賦性姦回，論事薦人，不循分守，貶。

廣川家學三十卷

陳氏曰：中書舍人董弅令升撰。述其父逌之學。

蘇文定公遺言

蘇轍子由撰。周平園序略曰：「文定公晚居許昌，造深矣。避禍謝客，縱有門人，亦罕與言。其聞緒論者，子孫而止耳。然諸子宦游，惟長孫將作監丞仲滋諱籀，年十有四，才識卓然，侍左右者九年，記遺言百餘條，未嘗增損一語。既老，以授其子郎中君詡，郎中復以授其子道州史君森。予嘗與道州同僚，故請題其後。昔人疑黄樓賦非出公手，東坡蓋親爲之辯，今公自謂此賦學兩都，晚年不復作此工夫之文。至和陶、擬古九首，則明言坡代作，識者當自得之。又云讀書須學爲文，餘事作詩。然公詩自工。謂儲光羲高處似陶淵明，平處似王摩詰，而以韓子蒼比之，子蒼由是知名。公素不作長短句，今漁家傲一篇，雖用禪語，而句法極高，乃知公非不能詞，直不爲耳。此皆學者所宜知也。」

石林家訓一卷

陳氏曰：葉夢得少藴撰。

石林過庭録二十七卷

陳氏曰：葉夢得與諸子講説者，其中子模編輯之。

程氏廣訓六卷

陳氏曰：中書舍人三衢程俱致道撰。

藝苑雌黄二十卷

陳氏曰：建安嚴有翼撰。大抵辯正訛謬，故曰「雌黄」。其目子史、傳注、詩詞、時序、名數、聲畫、器用、地理、動植、神怪、雜事，卷爲二十，條凡四百條，硯岡居士唐稷序之。有翼常分教泉、荆二郡〔三四〕。

湘素雜説十卷〔三五〕

鼂氏曰：皇朝黄朝英撰。所記二百事。朝英，建州人，紹聖後舉子也，爲王安石之學者。以「贈之以芍藥」爲男淫女，「貽我握椒」爲女淫男，鄙褻不典〔三六〕，前輩嘗以是爲嗤笑，朝英特愛重之，以爲得詩人深意，其他可知矣。

陳氏曰：陳與者爲之序，言甲辰六試吏部不利，蓋政、宣中士子也。其書亦辯正名物，而學頗迂僻。

程氏演繁露曰：此書辯正世傳名物音義，多有歸宿，而時有闕疑者。至釋宋子京刈麥詩，以四月爲麥秋，而曰「按北史蘇綽傳『麥秋在野』，其名遠矣」，是未嘗讀月令也。以此知博記之難。

聖賢眼目一卷

陳氏曰：曲阿洪興祖慶善撰〔三七〕。摘取經、子數十條，以己見發明之。

義林一卷

陳氏曰：眉山程敦厚子山撰。其上世，東坡外家也。子山爲人凶險，附秦檜至右史，後坐讁死。

演繁露十四卷　續十卷

陳氏曰：程大昌泰之撰。初在館中見繁露書，以爲非，説見春秋類。又引古今注「冕旒綴玉，下垂如繁露然〔三八〕」，蓋與玉杯、竹林同爲托物名篇，可想見也。今曰演繁露者，意古之繁露，與爾雅、釋名、廣雅、刊誤正俗之類云耳。

考古編十卷　續編十卷

陳氏曰：程大昌撰。上自詩、書，下及史傳，世俗雜事，有可考見者，皆筆之。

楚澤叢語八卷

陳氏曰：右迪功郎李蓍吉光撰〔三九〕，不知何人。作其書，專闢孟子，紹興中撰進。大意以爲王氏之學出於孟子。然王氏信有罪矣，孟氏何與焉？此論殆得於景迂之微意。

容齋隨筆　續筆　三筆　四筆各十六卷　五筆十卷

陳氏曰：翰林學士番易洪邁景盧撰。每編皆有小序。五筆未成書。

朱子語録曰：洪景盧隨筆中，辯得數種僞書皆是。但首卷載歐帖事却非，實世間僞書。如西京雜記，顔師古已辯之矣。

續顔氏家訓八卷

陳氏曰：左朝請大夫李正公撰。皆用顔氏篇目而增廣之。

習學記言五十卷

陳氏曰：閣學士龍泉葉適正則撰。自六經、諸史子以及文鑑，皆有論説，大抵務爲新奇，無所蹈襲。其文刻峭精工，而義理未得爲純明正大也。自孔子之外，古今百家隨其淺深，咸有遺論，無得免者。而獨於近世所傳子華子篤信推崇之，以爲真與孔子同時，可與六經並考，而不悟其爲僞也。且既曰「其書甚古，而文與今人相近」，則亦知之矣。遠自七略及隋、唐、國史諸志，李邯鄲諸家書目，皆未之有，豈不足以驗其非古，出於近世好事能文者之所爲，而反謂孟、荀以來無道之者，蓋望而棄之也，不亦惑乎！

準齋雜説一卷

陳氏曰：錢塘吴如愚撰。

灌畦暇語一卷

陳氏曰：不知作者。雜取史傳事，略述己意。

忘筌書二卷

陳氏曰：潘植子醇撰。新安所刻本凡八十二篇，與館閣書目、諸儒鳴道集及余家寫本篇數皆不同。本已見儒家，而館目置之雜家者，以其多用釋、老之説故也。今亦别録於此。

袁氏世範三卷

陳氏曰：樂清令三衢袁采君載撰。

校勘記

〔一〕終有實理　「實理」，後漢書卷四七王充傳作「理實」。
〔二〕著論名昌言　「名」原作「多」，據後漢書卷四九仲長統傳改。
〔三〕凡四篇亡録　按晉書卷四七傅玄傳此句作「凡有四部六録」，應是。
〔四〕俗號女孝經　按女孝經與女誡實爲兩書。四庫全書總目卷九五儒家類存目一云：女孝經一卷，唐鄭氏撰。章首皆假班大家以立言，陳振孫書録解題直以爲班昭所撰，誤之甚矣。
〔五〕唐袁政注　按上文引陳氏云「袁孝政爲序」，此處或誤奪「孝」字。
〔六〕梁元帝繹撰　「繹撰」二字原倒，據清汪士鐘刊衢本郡齋讀書志卷一二乙正。
〔七〕論歷代興亡之迹　「代」原作「古」，據郡齋讀書志卷一二改。
〔八〕又云或題王伯齡　「伯」，直齋書録解題卷一〇作「昌」。
〔九〕前有戴叔倫柳伯存兩序　「柳伯存」原作「楊伯存」，今改。武英殿聚珍本意林有貞元丁卯柳伯存序，該序亦載於全唐文卷三七二。新唐書卷二〇二有柳并傳，云「柳并，字伯存」。
〔一〇〕唐常展日月如合璧賦云　按文苑英華卷三載此賦，題韋展撰。據新唐書卷七四宰相世系表上，韋展官少府監主簿。此處「常」當是「韋」之訛。
〔一一〕阮子正部　「正」原作「生」，元本、慎本作「王」，據容齋續筆卷一六及意林卷四改。
〔一二〕裴氏新書　「新書」，容齋續筆卷一六作「新言」。

〔一三〕袁淮正書　「淮」原作「準」，據元本、慎本及容齋續筆卷一六改。

〔一四〕于子　「于」，盧文弨群書拾補云當是「千」字之誤。

〔一五〕樂府題解載樂府所由起　「載」字原脱，據郡齋讀書志卷二補。

〔一六〕劉允併歸一篇　「劉允」，郡齋讀書志卷二作「削冗」，黄丕烈疑通考作「劉允」乃「形近致誤」。

〔一七〕以教始學諸王　「王」原作「生」，據孫猛郡齋讀書志校證卷二改。按郡齋讀書志之續古逸叢書影印南宋刊袁本、宛委别藏本、汪士鐘刻改本等作「王」。按鄭樵通志卷六七藝文略六録事始三卷，云：「唐劉孝孫、房德懋撰，皆爲王府官以教諸王始學。」

〔一八〕唐吴王諮議弘文館學士南陽劉存撰　按岑仲勉唐史餘瀋卷一考證，「劉存」當是「劉孝孫」之誤。

〔一九〕其孫務觀嘗兩爲跋　「嘗兩」二字原倒，據直齋書録解題卷一〇乙正。

〔二〇〕從吴門天慶觀道藏中借録　「從」字原脱，據直齋書録解題卷一〇補。

〔二一〕刊誤二卷　「誤」原作「語」，據直齋書録解題卷一〇及新唐書卷五九藝文三改。

〔二二〕唐國子祭酒李涪撰　「李涪」原作「李諳」，據直齋書録解題卷一〇及新唐書卷五九藝文三改。按全唐文卷七六四、崇文總目卷三亦皆作「李涪」。

〔二三〕唐李匡文濟翁撰　此條本書兩見，一入雜家，引直齋書録解題作「李匡文」，一入小説家，引郡齋讀書志作「李匡乂」。按資暇集撰者之名，還有作「李匡乂」者。

〔二四〕伸蒙子三卷　「伸」原作「仲」，形近而訛，據新唐書卷五九藝文三、宋史卷二〇五藝文四改。按四庫全書總目卷九一亦作「伸蒙子」。

〔二五〕宋齊邱化書六卷　郡齋讀書志卷一二、直齋書録解題卷一〇同。按化書係譚峭撰，宋齊邱據爲己有，宋碧虚子陳景元於跋文中辨之已悉。四庫全書總目卷一一七、崇文總目卷三錢侗按、郡齋讀書志校證卷一二化書條下亦皆有所辨。

〔二六〕齊邱之意　「意」，藝芸書舍刊衢本郡齋讀書志作「志」，袁本郡齋讀書志及張右史文集卷四七書宋齊邱化書皆作「智」。

〔二七〕蓋推廣崔豹之書也　「推」原作「惟」，「崔豹」原作「雀豹」，據元本、慎本、明弘治單刻本及直齋書録解題卷一〇改。

〔二八〕其序書　直齋書録解題卷一〇無「序」字。

〔二九〕迂叟年六十八　「年」原作「言」，據直齋書録解題卷一〇改。

〔三〇〕小楷端重　「重」字原無，據直齋書録解題卷一〇補。

〔三一〕其諸孫迈守漢嘉　「迈」，直齋書録解題卷一〇作「遵」。

〔三二〕蜀人龍昌期撰　「撰」字原脱，據元本、慎本及直齋書録解題卷一〇補。

〔三三〕皇朝孔平仲撰　「孔平仲」原作「孔武仲」，據直齋書録解題卷一〇、宋史卷二〇六藝文五改。

〔三四〕有翼常分教泉荆二郡　「常」，直齋書録解題卷一〇作「嘗」。

〔三五〕湘素雜説十卷　郡齋讀書志卷一三、直齋書録解題卷一〇「湘」皆作「緗」，「説」皆作「記」。按寶顔堂秘笈本、文淵閣四庫全書本皆題「靖康緗素雜記」。

〔三六〕鄙褻不典　此句及下文「以爲得詩人深意」句皆非郡齋讀書志語，係自直齋書録解題采入。

〔三七〕曲阿洪興祖慶善撰　「曲阿」原作「曲河」，據直齋書録解題卷一〇改。按秦置曲阿縣，唐天寶元年改爲丹陽。宋史卷四三三洪興祖傳稱興祖「鎮江丹陽人」。

〔三八〕下垂如繁露然　「垂」原作「重」，據直齋書録解題卷一〇及文淵閣四庫全書本古今注卷下「綴珠垂下，重如繁露」句改。

〔三九〕右迪功郎李著吉光撰　「吉光」，直齋書録解題卷一〇作「吉先」。

卷二百十五　經籍考四十二

子小説家

漢藝文志：小説家者流〔一〕，其源蓋出於稗官，稗，傍卦切，音粺。草似穀而實細也。如淳曰〔二〕：「稗音鍛家排〔三〕。九章『細米爲粺』。街談巷説，其細碎之言也。昔王者欲知閭巷之風俗，故立稗官使稱説之。今世亦謂偶語爲稗〔四〕。」顔師古又曰：「稗音稊稗之稗，不與鍛排同也。稗官，小官名，漢名臣奏唐林請省置吏，公卿大夫至都官、稗官各減十三，是也。」街談巷語，道聽塗説者之所造也。孔子有曰：「雖小道，必有可觀者焉，致遠恐泥，是以君子弗爲也。」然亦弗之滅也。閭里小智之所及，亦使綴而不忘。如或一言可采，此亦芻蕘狂夫之議也。

漢志：十五家，一千三百八十篇。

隋志：二十五部，合一百五十九卷。〔五〕

唐志：三十九家，四十一部，三百八卷。失姓名二家，李恕以下不著録七十八家，三百二十七卷。

宋三朝志：一百四十六部，一千一百五十二卷。

宋兩朝志：四十六部，一百一十三卷。

宋四朝志：四十六部，四百一十二卷。

宋中興志：二百三十二家，二百六十部，一千九百三十五卷。

燕丹子三卷

中興藝文志：丹，燕王喜太子。此書載太子丹與荆軻事。

周氏涉筆曰：燕丹、荆軻事既卓佹，傳記所載亦甚崛奇。今觀燕丹子三篇，與史記所載皆相合，似是史記事本也。然烏頭白，馬生角，機橋不發，史記則以怪誕削之；進金擲鼃，膾千里馬肝，截美人手，史記則以過當削之；聽琴姬，得隱語，史記則以徵所聞削之。司馬遷不獨文字雄深，至於識見高明，超出戰國以後。其書芟削百家誣謬，亦豈可勝計哉！今世祇謂太史公好奇，亦未然也。又如許由、伊尹、范蠡，亦多疑辭。惟信孔氏門人傳録太過，如五帝本紀、孔子世家，其間秕妄居多，是亦未能充其類也。

鼂氏曰：不題撰人。

神異經一卷

陳氏曰：稱東方朔撰，張茂先傳。

十洲記一卷

鼂氏曰：漢東方朔撰。班固贊言：「朔之談諧〔六〕，逢占射覆，其事浮淺，童兒牧豎，莫不眩耀。而後世好事者，因取奇言怪語附著之朔。」豈謂此書之類乎？

陳氏曰：亦稱東方朔撰。二書詭誕不經，皆假托也。漢書本傳叙朔之辭，末言：「劉向所録朔書具是矣，世所傳他事皆非也。」贊又言：「朔之談諧，其事浮淺，行於衆庶，而後世好事者，因取奇言怪語附著之朔，故詳録焉。」史家欲祛妄惑，可謂明矣。

洞冥記四卷　拾遺一卷

鼂氏曰：後漢郭憲子横撰。其序言：「漢武明儁特異之主，東方朔因滑稽浮誕以匡諫，洞心於道，教使冥迹之奥，昭然顯著，故曰『洞冥』。」

陳氏曰：題漢武別國洞冥記，其別録又於御覽中抄出，然則四卷亦非全書也。凡若是者，藏書之家備名數而已，無之不足爲損，有之不足爲益，况於詳略，尤非所計也。唐志入神僊家。

周盧注博物志十卷　盧氏注六卷

殷文奎啟注：晉張華讀三十車書，作博物志四百。武帝以爲繁，只作十卷。

鼂氏曰：晉張華撰。載歷代四方奇物異事。兩本前六卷略同，無周氏注者稍多，而無後四卷。周名日用。西京賦曰：「小説九百，起自虞初。」周人也，其小説之來尚矣，然不過志夢卜、紀譎怪、記談諧之類而已。其後史臣務採異聞，往往取之。故近時爲小説者，始多及人之善惡，甚者肆喜怒之私，變是非之實，以誤後世。至於譽桓温而毁陶侃，褒盧杞而貶陸贄者有之。今以志怪者爲上，褒貶者爲下云。

陳氏曰：其書作奇聞異事，華能辯龍鮓，識劍氣，其學固然也。

王子年拾遺記十卷

鼂氏曰：梁蕭綺叙録：晉王嘉字子年，嘗著書百二十篇，載伏羲以來異事，前世奇詭之説。書逸不完，綺綴拾殘缺而叙之。

名山記一卷

陳氏曰：亦稱王子年，即前之第十卷，大抵皆詭誕。嘉，苻秦時人，見晉書藝術傳。

世説新語十卷　重編世説十卷

鼂氏曰：宋劉義慶撰。梁劉孝標注。記東漢以後事〔七〕，分三十八門。唐藝文志云：「劉義慶世説八卷，劉孝標續十卷。」而崇文總目止載十卷，當是孝標續義慶元本八卷，通成十卷耳。家本有二，一極詳，一殊略。略有稱改正，未知誰氏所定，然其目則同。劉知幾頗言此書非實録，予亦云。

陳氏曰：今本三卷，叙録二卷。叙録者，近世學士新安汪藻彦章所爲也，首爲考異，繼列人物世譜、姓字異同，末記所引書目。按唐志作八卷，劉孝標續十卷，自餘諸家所藏卷第多不同，叙録詳之。此本董令升刻之嚴州，以爲晏元獻公手自校定，删去重複者。

高氏緯略曰：義慶採擷漢、晉以來佳事佳話，爲世説新語，極爲精絶，而猶未爲奇也。梁劉孝標注此書，引援詳確，有不言之妙。如引漢、魏、吴諸史及子傳、地理之書〔八〕，皆不必言，只如晉氏一朝史及晉諸公别傳、譜録、文章，凡一百六十六家，皆出於正史之外，紀載特詳，聞見未接，實爲注書之法。

殷芸小説十卷

鼂氏曰：宋殷芸撰。述秦、漢以來雜事。予家本題曰「劉餗」，李淑以爲非。

陳氏曰：邯鄲書目云：「或題劉餗，非也。」今此書首題秦、漢、魏、晉、宋諸帝，注云「齊殷芸撰」，非劉餗明矣。故其叙事止宋初，蓋於諸史傳記中抄集。或稱「商芸」者，宣祖廟未祧時避諱也。

述異記二卷

鼂氏曰：梁任昉撰〔九〕。昉家藏書三萬卷。天監中，採輯前世之事，纂新述異，皆時所未聞，將以資後來屬文之用，亦博物之意。唐志以爲祖同所作，誤也〔一〇〕。

續齊諧記一卷

陳氏曰：梁奉朝請吴均撰。「齊諧志怪」，本莊子語也。唐志又有東陽無疑齊諧志，今不傳。此書殆續之者歟？

北齊還冤志二卷

陳氏曰：顔之推撰。

古今同姓名録一卷

陳氏曰：梁元帝撰。有陸善經者續之至五代時。

隋唐嘉話一卷　劉餗小説三卷

陳氏曰：並唐右補闕劉餗鼎卿撰。

博異志一卷

之書也。

鼂氏曰：題曰谷神子纂。序稱其書頗箴規時事，故隱姓名。或曰名還古而竟不知其姓，志怪

陳氏曰：記唐初及中世事。

卓異記一卷

鼂氏曰：唐李翺撰。或題云陳翺。開成中，在襄陽，記唐室君臣功業殊異者，二十七類。

陳氏曰：記當時君臣卓絶盛事。

集異記二卷

鼂氏曰：唐薛用弱撰。集隋、唐間談詭之事。一題古異記。首載徐佐卿化鶴事。

陸氏集異記二卷

鼂氏曰：唐陸勳纂。語怪之書也。凡三十二事，言犬怪者居三之一。

稽神異苑十卷

鼂氏曰：題云南齊焦度撰。雜編傳記鬼神變化及草木禽獸妖怪譎詭事。按焦度，南安氏也，質訥朴戇，以勇力事高帝，決不能著書。又卒於建元四年，而所紀有梁天監中事，必非也。唐志有焦路窮神祕苑十卷〔二〕，豈即此書而相傳之訛歟？

朝野僉載補遺三卷

鼂氏曰：唐張鷟文成撰。分三十五門，載唐朝雜事。鷟自號浮休子，蓋取莊子「其生也浮，其

死也休」之義。

容齋洪氏曰：僉載紀事皆瑣尾摘裂，且多媟語。

陳氏曰：其書本三十卷，此特其節略耳，别求之未獲。

冥報記二卷

陳氏曰：唐吏部尚書京兆唐臨本德撰。

辨疑志三卷

陳氏曰：唐宣武行軍司馬吴郡陸長源撰。辨俚俗流傳之妄。

宣室志十卷

鼂氏曰：唐張讀聖朋撰〔一二〕。纂輯仙鬼靈異事。名曰宣室志者，取漢文召見賈生論鬼神之義。苗台符爲之序。

封氏見聞記五卷

鼂氏曰：唐封演撰。分門記儒道、經籍、人物、地里、雜事，且辨説訛謬〔一三〕，蓋著其所見聞如此。

陳氏曰：前紀典故，末及雜事，頗有可觀。

劉公嘉話一卷

鼂氏曰：唐韋絢撰。劉公謂禹錫。絢字文明，執誼子也，咸通中節度義武。幼從學於禹錫，録其話言。

戎幕閑談一卷

鼂氏曰：唐韋絢撰。太和中爲李德裕從事，記德裕所談。

平泉草木記一卷

鼂氏曰：唐李德裕撰。記其别墅奇花異草、樹石名品，仍以嘆咏其美者詩二十餘篇附於後。平泉，即别墅地名。

玄怪録十卷

鼂氏曰：唐牛僧孺撰。僧孺爲宰相，有聞於世，而著此等書，周秦行紀之謗，蓋有以致之也。

陳氏曰：唐志十卷，又言李復言續録五卷，館閣書目同。今但有十一卷，而無續録。

續玄怪録十卷

鼂氏曰：李復言續僧孺書，分仙術、感應三門〔一四〕。

周秦行紀一卷

鼂氏曰：唐牛僧孺自叙所遇異事。賈黄中以爲韋瓘所撰。瓘，李德裕門人，以此誣僧孺。

洽聞記三卷

鼂氏曰：唐鄭常撰。記古今神異詭譎事，凡百五十六條。或題曰鄭遂。

甘澤謡一卷

鼂氏曰：唐袁郊撰。載譎異事九章。咸通中久雨卧疾所著，故曰甘澤謡。

陳氏曰：咸通戊子自序，以其春雨澤應，故有「甘澤成謡」之語，以名其書。

河東記三卷

鼂氏曰：唐薛漁思撰。亦記譎怪事。序云續牛僧孺之書。

酉陽雜俎二十卷　續酉陽雜俎十卷

鼂氏曰：唐段成式撰。自序云：「縫掖之徒，及怪及戲，無侵於儒。詩、書爲大羹，史爲折俎，子爲醯醢，大小二酉山多藏奇書，故名篇曰酉陽雜俎。分三十門，爲二十卷。」其後續十卷。

陳氏曰：所記固多譎怪，其標目亦奇詭，如天咫、玉格、壺史、貝編、尸穸之類。成式，文昌之子。

因話録六卷

鼂氏曰：唐趙璘撰。字澤章，大中時爲衢州刺史。記唐史逸事。

劇談録三卷

鼂氏曰：康駢字駕言撰。乾符中登進士第。書咸載唐世故事。

唐語林十卷

鼂氏曰：未詳撰人〔一五〕。效世説體，分門記唐世名言，新增嗜好等十七門，餘皆仍舊。

史話三卷

鼂氏曰：不題撰人。自後漢及江左朝野雜事皆記之。

資暇三卷

鼂氏曰：唐李匡義濟翁撰〔一六〕。序稱世俗之談，類多訛誤，雖有見聞，默不敢證，故著此書。上篇正誤，中篇譚原，下篇本物，以資休暇云。

芝田録一卷

鼂氏曰：叙謂嘗憩緱氏，故取潘岳西征賦名其書。記隋、唐雜事，未詳何人，總六百條。

朝廷卓絶事一卷

鼂氏曰：唐陳岠撰。記唐朝忠賢卓絶五十事。

杜陽雜編三卷

鼂氏曰：唐蘇鶚字德祥撰。光啓中進士，家武功杜陽川。雜録廣德以至咸通時事。

雲溪友議三卷

鼂氏曰：唐范攄撰。記開元以後事。攄，五雲溪人〔一七〕，故以名其書。

陳氏曰：咸通時人。唐志三卷，今本十二卷。

談賓録十卷

鼂氏曰：唐胡璩子温撰〔一八〕。皆唐朝史之所遺。文、武間人。

乾𦠆子三卷

鼂氏曰：唐温庭筠撰。序謂「語怪以悦賓，無異膎味之適口」，故以「乾膎」名書。

陳氏曰：序言：「不爵不觩，非炰非炙，能悦諸心，聊甘衆口，庶乎乾膎之義。」「膎」與「饌」同，字從肉，見古禮經。

尚書故實一卷

鼂氏曰：唐李綽編。崇文總目謂尚書即張延賞也。綽記延賞所談，故又題曰尚書談録。按其書稱嘉貞爲四世祖，疑非延賞也。

陳氏曰：其書首言「賓護尚書河東張公三代相門」，謂嘉貞、延賞、弘靖。弘靖，盧龍失御，貶賓客分司。綽，唐末人，未必及弘靖。弘靖之後，文規、次宗、彦遠皆不登八座，未詳所謂。唐志即以爲延賞，尤不然。

家學要録一卷

鼂氏曰：唐柳珵採其曾祖彦昭、祖芳、父冕家集所記累朝典章因革、時政得失，著此録。小説之尤者也。

常侍言旨一卷

鼂氏曰：唐柳珵記其世父登所著〔一九〕，凡六章，末有劉幽求及上清傳附〔二〇〕。

異聞集十卷

鼂氏曰：唐陳翰編。以傳記所載唐朝奇怪事，類爲一書。

陳氏曰：唐末人，見唐志。而第七卷所載王魁乃本朝事，當是後人剿入之耳。

聞奇録一卷

陳氏曰：不著名氏，當是唐末人。

松窗録一卷

鼂氏曰：唐韋叡撰〔三〕。記唐朝故事。

瀟湘録十卷

陳氏曰：唐校書郎李隱撰，館閣書目云爾。唐志作柳詳，未知書目何據也。

幽閑鼓吹一卷

鼂氏曰：唐張固撰。紀唐史遺事二十五篇。懿、僖間人。

知命録一卷

陳氏曰：唐劉願撰。凡二十事。

前定録一卷

陳氏曰：唐崇文館校書鍾輅撰。凡二十三事。別本又有續録二十四事。

雜纂一卷

陳氏曰：唐李商隱義山撰。俚俗常談鄙事，可資戲笑，以類相從，今世所稱「殺風景」，蓋出於此。又有別本稍多，皆後人附益。

巽岩李氏曰：用諸酒杯流行之際，可謂善謔。其言雖不雅馴，然所訶誚，多中俗病，聞者或足以爲戒，不但爲笑也。

盧氏雜説一卷

陳氏曰：唐盧言撰。

廬陵官下記二卷

陳氏曰：段成式撰。爲吉州刺史時。

唐缺史三卷

陳氏曰：唐高彦休撰。自號參寥子，乾符中人。

北里志一卷

鼂氏曰：唐孫棨撰。記大中進士游俠平康事〔三〕。孫光憲言，棨之意在譏盧相携也。蓋携之女與其甥通，携知之，遂以妻之，殺家人以滅口云。

玉泉筆端三卷〔三〕　又別一卷

陳氏曰：不著名氏。有序，中和三年作。末有跋云「扶風李昭德家藏之書也」，即故淮海相公孫。又稱黄巢陷洛之明年跋，亦不知何人。別一本號玉泉子，比此本少數條，而多五十二條，無序跋。録其所多者爲一卷。

三水小牘三卷

陳氏曰：唐皇甫牧遵美撰。天祐中人。三水者，安定屬邑也。

醉鄉日月三卷

陳氏曰：唐皇甫松子奇撰。唐人飲酒令，此書詳載，然今人皆不能曉也。

龍城録一卷

陳氏曰：稱柳宗元撰。龍城謂柳州也。羅浮梅花夢事出其中。唐志無此書，蓋依托也。或云王銍性之作。

朱子語録曰：柳文後龍城録雜記，王銍所爲也。子厚叙事文字，多少筆力！此記衰弱之甚，皆寓古人詩文中不可曉知底於其中，似暗影出。

唐朝新纂三卷

陳氏曰：融州副史石文德撰。

豪異秘纂一卷

陳氏曰：無名氏。所録五事，其扶餘國王一則，所謂虬須客者也。

樹萱録一卷

陳氏曰：不著名氏。序稱纂尚書滎陽公所談者，亦不知何人。又云「普聖圜丘之明年」，普聖者，僖宗由普王踐位也。書雖見唐志，今亦未必本真〔二四〕。或云劉燾無言所爲也。

續樹萱録一卷

容齋洪氏隨筆曰：頃在祕閣抄書，得續樹萱録一卷，其中載隱君子元撰夜見吴王夫差與唐諸詩人吟咏事。李翰林詩曰：「芙蓉露濃紅壓枝，幽禽感秋花畔啼，玉人一去未回馬，梁間燕子三見歸。」張司業曰：「緑頭鴨兒咂萍藻，採蓮女郎笑花老。」杜舍人曰：「鼓鼙夜戰北窗風，霜葉沿階貼亂紅。」三人皆全篇。杜工部曰：「紫領寬袍漉酒巾，江頭蕭散作閑人。」白少傅曰：「不因霜葉辭林去，的當山翁未覺秋。」李賀曰：「魚鱗甃空排嫩碧，露桂梢寒掛團璧〔二五〕。」三人皆未終篇。細味其體格語句，往往逼真。後閲秦少游集，有秋興九首，皆擬唐人，前所載咸在焉。關子東爲秦集序，云「擬古數篇，曲盡唐人之體」，正謂是也。何子楚云：「續萱録乃王性之所作，而托名他人。」今其書才有三事，其一曰「賈博諭」，一曰「全若虛」，一曰「元撰」，詳命名之義，蓋取諸子虛亡是公云。

雲仙散録一卷

陳氏曰：稱唐金城馮贄撰。天復元年叙。馮贄者，不知何人，自言取家世所蓄異書，撮其異説。而所引書名，皆古今所不聞；且其記事造語，如出一手，政如世俗所行東坡杜詩注之類。然則所謂馮贄者，及其所蓄書，皆子虛烏有也。亦可謂枉用其心者矣。

容齋洪氏隨筆曰：俗間所傳淺妄之書，如所謂雲仙散録、老杜事實之類，皆絶可笑。然士大夫或信之。孔傳續六帖採摭唐事殊有工，而悉載雲仙録中事，自穢其書。近世南劍州學刊散録，可毁。

校勘記

〔一〕小説家者流　「家」字原無，據漢書卷三〇藝文志補。

〔二〕如淳曰　「如淳」上原衍「李」字，據漢書卷三〇藝文志删。

〔三〕稗音鍛家排　「鍛」原作「鏄」，據漢書卷三〇藝文志改。下文「不與鍛排同也」句同改。

〔四〕今世亦謂偶語爲稗　「亦謂」二字原無，據漢書卷三〇藝文志補。

〔五〕合一百五十九卷　按隋書卷三四經籍三作「合一百五十五卷」。據今標點本隋書著録小説家二十五部之卷數合計，則得一百三十九卷。

〔六〕朔之談諧　「談諧」，漢書卷六五東方朔傳、郡齋讀書志卷九皆作「詼諧」。下文陳氏引「贊又言」云云同。

〔七〕記東漢以後事　「記」字原脱，據郡齋讀書志卷一三補。

〔八〕如引漢魏吴諸史及子傳地理之書　「及」原作「乃」，據元本、慎本、明弘治單刻本及高似孫緯略改。

〔九〕梁任昉撰　「撰」原作「傳」，據元本、慎本、明弘治單刻本及郡齋讀書志卷一三改。

〔一〇〕唐志以爲祖同所作誤也　按隋書卷三三經籍二、舊唐書卷四六經籍上、新唐書卷五九藝文三皆有祖冲之撰述異記十卷，然與任昉之述異記實爲二書，章宗源隋書經籍志考證卷一三有辨。鼂氏混二書爲一，遂謂唐志誤題撰人，又避其父諱，改「祖冲之」爲「祖同」。

〔一一〕唐志有焦路窮神祕苑十卷　「焦路」，郡齋讀書志卷一三同，新唐書卷五九藝文三作「焦璐」，又新唐書卷五八藝文二編年類有唐朝年代記，撰者亦爲「焦璐」。

〔一二〕唐張讀聖朋撰　「聖朋」，新唐書卷五八藝文二雜史類張讀建中西狩録條、卷一六一張薦傳附張讀傳，皆云讀字「聖用」，直齋書録解題卷一一亦作「聖用」。

〔一三〕且辨説訛謬　郡齋讀書志卷一三「説」上有「俗」字。

〔一四〕分仙術感應三門　按孫猛郡齋讀書志校證卷一三云：「袁本無此七字。按『三』疑作『二』，或句下有脱文。今存世有宋臨安府尹家書籍鋪刊本，題續幽怪録四卷，不分門。」

〔一五〕未詳撰人　郡齋讀書志卷一三同。按宋史卷一五九藝文五、直齋書録解題卷一一及今唐語林諸本皆題作王讜撰。

〔一六〕唐李匡義濟翁撰　此書又見本書前卷雜家類，録直齋書録解題語。

〔一七〕五雲溪人　「雲」字原脱，據新唐書卷五九藝文三小注及直齋書録解題卷一一補。按四庫全書總目卷一四〇子部小説家類謂：「五雲溪者，若耶溪之别名也。」

〔一八〕唐胡璩子温撰　「胡璩」原作「朝璩」，形近而訛，據新唐書卷五九藝文三、郡齋讀書志卷一三改。

〔一九〕唐柳珵記其世父登所著　「登」原作「芳」，據郡齋讀書志卷一三及上條家學要録「唐柳珵採其曾祖彦昭、祖芳、父冕家集所記」語改。按新、舊唐書有柳芳、柳登諸人之列傳，芳生登、冕，冕生珵。

〔二〇〕末有劉幽求及上清傳附　「劉幽求」原作「劉出求」，據郡齋讀書志卷一三、直齋書録解題卷一一及舊唐書卷九七、新唐書卷一二一劉幽求傳改。按讀書志此句作「上清、劉幽求二傳附」。

〔二一〕唐韋叡撰　按孫猛郡齋讀書志校證卷一三云：「按新唐志未著撰人，崇文總目、宋志以及今通行本作唐李濬，能改齋漫録卷三作唐王叡，唐詩紀事卷十李嶠條又謂撰人是皮日休，未知孰是。」

〔二二〕記大中進士游俠平康事　郡齋讀書志卷一三作「記大中進士遊狹邪雜事」。

〔二三〕玉泉筆端三卷　「玉」原訛作「五」，據元本、慎本、明弘治單刻本及直齋書録解題卷一一改。

〔二四〕今亦未必本真　「本真」二字原倒，據元本、慎本、明弘治單刻本及直齋書録解題卷一一乙正。

〔二五〕露桂梢寒挂團壁　「梢」原作「稍」，據元本、慎本、明弘治單刻本及容齋隨筆卷一六續樹萱録條改。

卷二百十六　經籍考四十三

子小説家

傳奇三卷

鼂氏曰：唐裴鉶撰。唐志稱鉶高駢客，故其書所記皆神仙詭譎事〔一〕。駢之惑呂用之，未必非鉶輩導諛所致。

陳氏曰：尹師魯初見范文正岳陽樓記，曰：「傳奇體耳。」然文體隨時，理勝爲貴〔二〕，文正豈可與傳奇同日語哉！蓋一時戲笑之談耳。唐志三卷，今六卷，皆後人以其卷帙多而分之也。

摭言十五卷

鼂氏曰：唐王定保撰。分六十三門，記唐朝進士應舉登科雜事。

陳氏曰：定保，光化三年進士，爲吴融子華婿，喪亂後入湖南，棄其妻弗顧，士論不齒。

金華子三卷

鼂氏曰：唐劉崇遠撰〔三〕，「金華子」其自號，蓋慕皇初平爲人也。録唐大中後事。一本題曰劉氏雜編。

陳氏曰：崇遠，五代時人，仕至大理司直。

北夢瑣言二十卷

鼂氏曰：荆南孫光憲撰。光憲，蜀人，從陽玭、元證遊〔四〕，多聞唐世賢哲言行，因纂輯之，且附以五代、十國事。取傳「田於江南之夢」，自以爲高氏從事，在荆江之北，故命編云。

陳氏曰：光憲仕荆南高從誨，爲黄州刺史，三世在幕府。後隨繼冲入朝，有薦於太祖者，將用爲學士，未及而卒。光憲自號葆光子。

皮氏見聞録五卷

鼂氏曰：五代皮光業撰。唐末爲餘杭從事，記當時詭異見聞，自唐乾符四年，迄晉天福二年。自號鹿門子。

耳目記一卷

陳氏曰：無名氏。邯鄲書目云劉氏撰，未詳其名。記唐末以後事。

紀聞談三卷

陳氏曰：蜀潘遠撰。館閣書目按李淑作「潘遺」，今考邯鄲書目亦作「潘遠」，其曰「遺」者，本誤也。所記隋、唐遺事。

鑑誡録十卷

鼂氏曰：後蜀何光遠撰。字輝夫，東海人。廣政中〔五〕，纂輯唐以來君臣事迹可爲世鑒者。

前有劉曦度序。李獻臣云「不知何時人」，考之不詳也〔六〕。

葆光録三卷

陳氏曰：陳纂撰。自號襲明子。所載多吴越事，當是國初人。

後史補三卷

陳氏曰：前進士高欲拙撰〔七〕。

野人閑話五卷

陳氏曰：成都景焕撰。記孟蜀時事。乾德三年序。

續野人閑話二卷

陳氏曰：不知作者。

稽神録六卷

鼂氏曰：南唐徐鉉撰。記怪神之事。序稱：「自乙未歲至乙卯，凡二十年，僅得百五十事」。楊大年云：「江東布衣蒯亮好大言誇誕，鉉喜之，館於門下。稽神録中事多亮所言。」

陳氏曰：元本十卷，今無卷第，總作一卷，當是自他書中録出者〔八〕。

賈氏談録一卷

鼂氏曰：南唐張洎奉使來朝，録賈黄中所談三十餘事，歸獻其主。

燈下閑談二卷

陳氏曰：不知作者。

啓顔録八卷

陳氏曰：不知作者。雜記恢諧調笑事。唐志有侯白啓顔録十卷，未必是此書，然亦多有侯白語，但訛謬極多。

開顔集三卷

陳氏曰：校書郎周文規撰。未知何時人。以古笑林多猥俗，乃於書史中抄出可資談笑者爲此篇。

唐摭言十五卷〔九〕

陳氏曰：鄉貢進士何晦撰。其序言太歲癸酉下第於金陵鳳臺旅舍。癸酉者，開寶六年也。時江南獨未下，晦蓋其國人歟？

洛陽搢紳舊聞記十卷

陳氏曰：丞相曹國張齊賢師亮撰。所録張全義治洛事甚詳。

太平廣記五百卷

鼂氏曰：皇朝太平興國初，詔李昉等取古今小説編纂成書，同太平御覽上之。賜名廣記。

夾漈鄭氏曰：太平廣記乃太平御覽中別出。廣記一書專記異事。

鹿革事類三十卷　鹿革文類三十卷

鼂氏曰：節太平廣記事實成一編，曰事類；詩文成一編，曰文類。蔡蕃晉如所撰。晉如博學，通書音律〔一〇〕，能屬文，與十父相友善。

洛中記異十卷

鼂氏曰：皇朝秦再思記五代及國初讖應雜事。

洞微志十卷

鼂氏曰：皇朝錢希白述。記唐以來詭譎事。

清異録二卷

陳氏曰：稱翰林學士陶穀撰。凡天文、地理、花木、飲食、器物，每事皆制爲異名新説。其爲書殆似雲仙散録，而語不類國初人，蓋假托也。

乘異記三卷

鼂氏曰：皇朝張君房撰。其序謂「乘者，載記之名；異者，非常之事」。蓋志鬼神變怪之書。凡十一門，七十五事。

陳氏曰：咸平癸卯序，取「晉之乘」之義也。君房又有脞説，家偶無之。鼂公武讀書志以脞説爲張唐英君房撰。又言君房著名臣傳、蜀檮杌、雲笈七籤行於世。按君房，祥符、天禧以前人，楊大年改閑忙令所謂「紫微失却張君房」者，即其人也。嘗爲御史，屬坐鞫獄貶秩，因編修七籤，得著作佐郎。七籤序自言君房，蓋其名，非字也。唐英，字次功，熙、豐間人，丞相商英天覺之兄，作名臣傳、蜀檮杌者，與君房了不相涉，不知鼂何以合爲一人也？其誤明矣。

括異記十卷

鼂氏曰：皇朝張師正撰。師正擢甲科，得太常博士。後游宦四十年，不得志，於是推變怪之理，參見聞之異，得二百五十篇。魏泰爲之叙。

祖異志十卷

鼂氏曰：皇朝聶田撰。田，天禧中進士，不中第，至元祐初，因記近時詭聞異見一百餘事。天禧至元祐七十餘年，田且百歲矣。康定元年序。

楊文公談苑八卷

鼂氏曰：皇朝宋庠編。初，楊公億里人黄鑑裒撰平生異聞爲一編，庠取而删類之，分爲二十一門。

陳氏曰：鑑書初名南陽談藪，宋公删其重復，改曰談苑。

該聞録十卷〔二〕

鼂氏曰：皇朝李畋撰。畋，蜀人，張咏客也，與范鎮友善。熙寧中致仕歸，與門人賓客燕談忘倦〔三〕。門人請編録之。又名該聞録。書録解題作十卷。又有雜詩十二篇，繫於後。

江鄰幾雜志三卷

鼂氏曰：皇朝江休復撰。休復，歐陽永叔之執友。其所紀，精博絶人遠甚。鄰幾，其字也。又名嘉祐雜志。

閑談録兩卷〔一三〕

鼂氏曰：皇朝蘇耆撰。舜卿之父也。記五代以來雜事，下帙多載馮道行義〔一四〕。

文會談叢一卷

陳氏曰：題華陽上官融撰，不知何人。天聖五年序。

國老閑談二卷

陳氏曰：稱夷門君玉撰，不著姓。

東齋記事十卷〔一五〕

鼂氏曰：皇朝范鎮景仁撰。元豐中序，言「既謝事，日於東齋燕坐，追憶在朝時交游言語，與夫俚俗傳記，因纂集成一篇」。崇、觀間，以其及國朝故事，禁之。

春明退朝録三卷〔一六〕

鼂氏曰：皇朝宋敏求次道撰。多記國朝典故，其序云：「熙寧三年，予奉朝請於春明里，因纂所聞也。」

南遷録二卷

鼂氏曰：皇朝張舜民芸叟撰。舜民元豐中從軍攻靈州，師還，謫授柳州監酒〔一七〕，即日之官，記塗中所歷并其詩文。

夢溪筆談二十六卷

鼂氏曰：皇朝沈括存中撰。括好功名，城永樂不克，貶死〔一八〕。而實才高博學，多技能，音律、星曆尤邃。自序云：「退處林下，深居絶過從，所與談者，惟筆硯而已。」故以名其書。凡十七目。

忘懷録三卷

鼂氏曰：皇朝元豐中夢溪丈人撰〔一九〕。所集皆飲食器用之式、種藝之方，可以資山居之樂者。或云沈括也。

陳氏曰：括坐永樂事閑廢。晚歲乃以光録卿分司卜居京口之夢溪，有水竹山林之適。少有懷山録，可資居山之樂者，輒記之。自謂今可忘於懷矣，故易名忘懷録。

郡閣雅言一卷

鼂氏曰：皇朝潘若同撰〔二〇〕。太宗時守郡，與僚佐話及南唐野逸賢哲異事佳言，輒疏之於書，凡五十六條，以資雅言。或題曰郡閣雅談。書録解題作郡閣雜言，題贊善大夫潘欲冲撰。

祕閣閑談五卷

鼂氏曰：皇朝吴淑撰。記祕閣同僚燕談。淑仕南唐，後隨李煜降，丹陽人。

牧豎閑談三卷

鼂氏曰：皇朝景漁纂十九事。景漁，蜀人也。

幕府燕閒録十卷

鼂氏曰：皇朝畢仲詢撰。仲詢元豐初嵐州推官〔二一〕，纂當代怪奇可喜之事，爲二十門。

歸田録二卷

陳氏曰：歐陽修撰。或言公爲此録，未傳而序先出，裕陵索之，其中本載時事及所經歷見聞，不敢以進，旋爲此本，而初本竟不復出，未知信否。公自爲序，略曰：「歸田録者，朝廷之遺事，史官之所不記，與夫士大夫笑談之餘而可録者，録之以備閑居之覽也。」又曰：「唐李肇國史補序云：『言報應、叙鬼神、述夢卜、近帷箔，悉去之；記事實、探物理、辨疑惑、示勸戒、採風俗、助談笑，則書之。』余之所録，大抵以肇爲法，而小異於肇者，不書人之過惡，以謂職非史官，而掩惡揚善，君子之志也。覽者詳之。」

歸田後録十卷

陳氏曰：朝請郎廬江朱定國興仲撰。熙、豐間人。竊取歐公舊録之名，實不相關也。

清夜録一卷

陳氏曰：沈括撰。

續清夜録一卷

陳氏曰：王銍性之撰。

苕川子所記三事一卷〔三〕

陳氏曰：不知何人。三事者，勃窣姑、王立、林果毅，皆異事也。末有韓蟲兒一事，是歐陽公所記，偶録附此。

補妒記一卷

鼂氏曰：古有妒記，久而亡之，不知何人輯傳記中婦人嚴妒事以補亡。

陳氏曰：稱京兆王績編，不知何時人，古有宋虞之妒記等，今不傳，故補之。自商、周而下，迄五代史傳，所有妒婦皆載之，末及神怪、雜説、文論等。最後有治妒二方，尤可笑也。

茅亭客話十卷

鼂氏曰：皇朝黄休復撰。茅亭，其所居也。暇日賓客話言及虚無變化、謡俗卜筮，雖異端而合道旨，屬懲勸者，皆録之。

陳氏曰：其所記多蜀事。别有成都名畫記。蓋蜀人也。

褒善録一卷

鼂氏曰：皇朝王蕃撰。嘉祐中，巴縣簿黄靖國死而復蘇，道其冥中所見，廖生嘗傳之，蕃删取其要，爲此書。

吉凶影響録十卷

鼂氏曰：皇朝岑象求編。象求，熙寧末閒居江陵，披閲載籍，見善惡報應事，輒删潤而記之。間有聞見者，難乎備載，亦採摘著於篇。

勸善録六卷

鼂氏曰：皇朝周明寂元豐中纂道釋、神奇、禍福之效前人爲傳記者，成一編，以戒世。

勸善録拾遺十五卷

鼂氏曰：不題撰人。疑亦明寂所纂，僅百事。

鷄跖集十卷

鼂氏曰：未詳撰人。所集書傳中瑣碎佳事，分門編次之。淮南子曰：「善學者，如齊王食鷄，必食其跖。」名書之意殆以此。

二百家事類六十卷

鼂氏曰：分門編古今稗官小説成一書，雖曰該博，但失於大略。不題撰人。

漁樵閑話二卷

鼂氏曰：設漁樵問答及史傳雜事，不知何人所爲。

青瑣高議十八卷

鼂氏曰：不題撰人〔三〕。載皇朝雜事及名士所撰記傳。然其所書，辭意頗鄙淺。

悦神集一卷

鼂氏曰：不題撰人。記滑稽之説。唐有邯鄲淳笑林，此其類也。

廣卓異記二十卷

陳氏曰：樂史子正撰。

王原叔談録一卷

陳氏曰：翰林學士南京王洙之子，録其父所言。

湘山野録三卷　續三卷

黿氏曰：皇朝熙寧中吴僧文瑩撰。記國朝故事。

玉壺清話十卷

黿氏曰：皇朝僧文瑩元豐中撰。自序云：「瑩收國初至熙寧中文集數千卷，其間神道、墓誌、行狀、實録、奏議之類，輯其事成一家言。」玉壺者，其隱居之潭也。

延漏録一卷

陳氏曰：不著名氏。其間稱伯父郇公，知其爲章得象之侄也。後題此書，疑章望之作，然未敢必。望之者，字表民，用郇公蔭入官，歐陽公爲作字説者也。以宰相嫌，遂不仕。録中又記皇祐中與滕元發同試南廟，滕首冠而已被黜。籍令非望之，亦當時場屋有聲者。章氏儁才固多也。

紀聞一卷

陳氏曰：集賢殿修撰李復圭審言撰。淑之子也。

東坡手澤三卷

陳氏曰：今俗本大全集中所謂志林者也〔二四〕。

艾子一卷

陳氏曰：相傳爲東坡作，未必然也。

龍川略志六卷　龍川別志四卷

鼂氏曰：皇朝蘇轍撰。轍元符二年夏居循州，杜門閉目，追惟平昔〔二五〕，使其子遠書之於紙，凡四十事。其秋復記四十七事。龍川，循州地名。

古今前定録二卷

鼂氏曰：皇朝尹國均輯經史子集古今之人興衰窮達、貴賤貧富、死生壽夭，與夫一動静，一語默，一飲一啄，定於前而形於夢，兆於卜，見於相貌，應於讖記者，凡一門，以爲不知命而躁競者之戒。至若裴度以陰德而致貴，孫亮以陰譴而減齡之類，又别爲二門，使君子不以天廢人云。

澠水燕談十卷

鼂氏曰：皇朝王闢之紹聖間撰〔二六〕。澠水，其退居之地也。闢之從仕四方，與賢士大夫燕談，有可取者輒記之，久而得三百六十餘事。

陳氏曰：澠，齊水名，左傳「有酒如澠」。闢之，治平四年進士。

逆旅集

淮海秦觀撰。自序曰：「余閑居，有所聞輒書記之。既盈編軸，因次爲若干卷，題曰逆旅集。蓋以其智愚好醜無所不存，彼皆隨至隨往，適相遇於一時，竟亦不能久其留也。或曰：『吾聞君子言欲純事，書欲純理，詳於誌常而略於紀異。今子所集雖有先王之餘論，周、孔之遺言，而浮屠、老子、卜醫、夢幻、神仙、鬼物之説，猥雜於其間，是否莫之分也，信誕莫之質也，常者不加詳而異者不加略也，無乃與所謂君子之書言者異乎？』余笑之曰：『鳥棲不擇山林，惟其木而已；魚遊不擇江河，惟其水而已。彼計事而處，簡物而言，切切然去彼取此者，縉紳先生之事也。僕野人也，擁腫是師，懈怠是習，仰不知雅言之可愛，俯不知俗論之可卑，偶有所聞則隨而記之耳，又安知其純與駁邪？然觀今世，謂其言是則矍然改容，謂其言信則適然以喜，而終身未嘗信也，則又安知彼之純不爲駁而吾之駁不爲純乎？且萬物歷歷，同歸一隙，衆言喧喧，同歸一源。吾方與之沉，與之游，欲有取舍而不可得，何暇是否信誕之擇哉？子往矣。』客去，遂以爲序。」

傅公嘉話一卷

鼂氏曰：皇朝傅堯俞之子孫記堯俞之言行，凡四十餘章。獻簡，堯俞謚也。

曾公南遊記一卷

鼂氏曰：曾公未詳何人，當是公亮之孫也。共十二章，記國朝雜事。

搢紳脞説二十卷

鼂氏曰：皇朝張唐英君房撰〔二七〕。君房博學，通釋老，善著書，如名臣傳、蜀檮杌、雲笈七籤行於世者，毋慮數百卷。此書亦詳實。

稗官志一卷

鼂氏曰：皇朝呂大辨撰〔二八〕。雜記其所聞前言往行。

倦游雜録八卷

晁氏曰：右皇朝元豐初張師正撰。序言：「倦遊」云者，仕不得志，聊書平生見聞，將以信於世也。自以非史官，雖書善惡而不敢褒貶。

東軒筆録十五卷　續録一卷

晁氏曰：右皇朝魏泰撰。襄陽人，曾布之婦弟，爲人無行而有口，頗爲鄉里患苦。元祐中，紀其少時公卿間所聞，成此編。其所是非多不可信。心喜章惇，數稱其長，則大概已可見。又多妄誕，姑舉其一，如謂王沂公登甲科，劉子儀爲翰林學士，嘗戲之。按沂公登科雖在子儀後四年，其入翰林，沂公反在子儀前七年。沂公咸平五年登科，子儀天禧三年始除學士，蓋相去二十年，其謬至此。

王氏曰：魏泰者，場屋不得志，喜僞作他人著書，如志怪集、括異志、倦游録，盡假名武人張師正。又不能自抑，出其姓名作東軒筆録。皆用私喜怒誣衊前人。最後作碧雲騢，假作梅堯臣，毀及范仲淹，而天下駭然不服矣。詳見碧雲騢條下。

校勘記

〔一〕神仙詭譎事　「詭」，元本、慎本、明弘治單刻本及郡齋讀書志卷一三皆作「恢」。

〔二〕理勝爲貴　直齋書録解題卷一一「理」上有「要之」二字。

〔三〕唐劉崇遠撰　四庫全書總目卷一四〇子部小説家類「唐」作「南唐」，並據崇遠自序考訂云：「書中所稱烈祖高皇帝者，乃南唐先主李昪廟號。又有昪元受命之語，亦南唐中主李景紀年。晁公武讀書志乃以爲唐人，陳振孫書録解題則泛指爲五代人，宋濂諸子辨則併謂其人不可考。諸説紛紜，皆未核其自序而誤也。」

〔四〕從陽玭元證遊　「陽玭元證」，郡齋讀書志卷一三作「楊玭元澄」。按中華書局標點本北夢瑣言自序亦作「楊玭」、「元澄」。

〔五〕廣政中　「廣政」原作「唐證」。按孟蜀有廣證年號而無「唐證」。四庫全書總目卷一四〇子部小説家類鑑誡録條有何光遠「孟昶廣政初官普州軍事判官」語。今據改。

〔六〕考之不詳也　「詳」原作「誤」，據郡齋讀書志卷一三改。

〔七〕前進士高欲拙撰　「高欲拙」，直齋書録解題卷一一作「高若拙」。

〔八〕當是自他書中録出者　「是自」二字原倒，據直齋書録解題卷一一乙正。

〔九〕唐摭言十五卷　「唐」，直齋書録解題卷一一及宋史卷二〇六藝文五皆作「廣」。疑「唐」爲「廣」之形訛。

〔一〇〕通書音律　郡齋讀書志卷一三無「書」字。

〔一一〕該聞録十卷　原作「歸田録」，據袁本郡齋讀書志及宋史卷二〇六藝文五改。

〔一二〕與門人賓客燕談忘倦　郡齋讀書志卷一三、直齋書録解題卷一一「忘」上俱有「袞袞」二字。

〔一三〕閑談録兩卷　「閑」原作「開」，據宋史卷二〇六藝文五改。今説郛（宛委山堂本）亦作「閒」。

〔一四〕下帙多載馮道行義　郡齋讀書志卷一三同。郡齋讀書志云：「季録顧校本改『義』爲『事』，疑當作『事』。」尋文義，作「事」較優。

〔一五〕東齋記事十卷　「事」字原脱，據宋史卷二〇三藝文二及直齋書録解題卷一一補。

〔一六〕春明退朝録　本書卷二〇一史部故事類已具，此係重出。

〔一七〕謫授柳州監酒　「柳州」，郡齋讀書志卷一三作「郴州」。按宋史卷三四七張舜民傳亦謂「監郴州酒税」，則作「郴」是。

〔一八〕城永樂不克貶死　郡齋讀書志卷一三同。按宋史卷三三一沈括傳及太平治迹統類卷一五徐禧等築永樂城俱不載「貶死」事，但云「責授均州團練使」。直齋書録解題卷一〇亦謂「括坐永樂事閑廢。晚歲乃以光禄卿分司卜居京口之夢溪。」

〔一九〕皇朝元豐中夢溪丈人撰　「元豐」，胡道静夢溪筆談校證沈括著述考略農家類忘懷録條下注云：公武謂「元豐中撰」誤，應云「元祐」。按胡説可從。夢溪丈人得名於夢溪園，其園元祐元年始建。

〔二〇〕皇朝潘若同撰　「潘若同」本名潘若冲，避公武避其父諱改。馬氏襲舊文。

〔二一〕仲詢元豐初嵐州推官　郡齋讀書志卷一三「初」下有「爲」字。

〔二二〕苕川子所記三事一卷　直齋書録解題卷一一「苕川子」作「苕川子」。

〔二三〕不題撰人　郡齋讀書志卷一三同。按宋史卷二〇六藝文五及今説郛（宛委山堂本）皆作劉斧撰。

〔二四〕今俗本大全集中所謂志林者也　直齋書録解題卷一一「今」上有「蘇軾撰」三字。

〔二五〕追惟平昔　「惟」郡齋讀書志卷一三作「憶」。

〔二六〕皇朝王闢之紹聖間撰　「之」字原脱，據宋史卷二〇六藝文五及直齋書録解題卷一一、四庫全書總目卷一四〇小説家類補。下文「闢之從事四方」、「闢之治平四年進士」句同補。

〔二七〕皇朝張唐英君房撰　郡齋讀書志卷一三同。按宋史卷二〇六藝文五、直齋書録解題卷一一乘異記條，此書作者皆爲張君房允方，非張唐英。書録解題有考辨，君房、唐英爲二人，了不相涉。

〔二八〕皇朝吕大辨撰　「撰」字原脱，據郡齋讀書志袁本補。

卷二百十七　經籍考四十四

子 小說家

師友談記一卷

鼂氏曰：皇朝李廌方叔撰。多記蘇子瞻、范淳夫及四學士所談論〔一〕，故曰「師友」。

青箱雜記十卷

鼂氏曰：皇朝吴處厚撰。處厚發蔡確車蓋亭詩。所記多失實。成都置交子務起於寇瑊，處厚乃以爲張詠，他多類此。

冷齋夜話六卷

鼂氏曰：皇朝僧惠洪撰。多記蘇、黄事，皆依託也。江淹擬陶淵明詩，其詞浮淺，洪既誤以爲真淵明語，且云東坡嘗稱其至到；鬼谷子書，世所共見，而云有「崖蜜，櫻桃也」之言，東坡橄欖詩「已輸崖蜜十分甜」蓋用之。如此類甚多，不可概舉。

陳氏曰：言多妄誕。

遯齋閒覽十四卷　劍溪野語三卷

鼂氏曰：皇朝陳正敏崇、觀間撰。正敏自號遯翁，録其平昔所見聞，分十門，爲小説一編，以備異日披閱。

張芸叟雜説一卷　畫墁集一卷

陳氏曰：並吏部侍郎張舜民芸叟撰。

洛游子一卷

陳氏曰：題司馬光，非也。所稱樂全子、齊物子，亦莫知何人。

塵史三卷

陳氏曰：司農少卿安陸王得臣彦輔撰。嘉祐四年進士。其序稱政和乙未，行年八十，自號鳳臺子。蓋王昭素之後，王銍性之之伯也。揮塵録詳載〔二〕。

蘇氏談訓十卷

陳氏曰：朝請大夫蘇象先撰。述其祖魏公頌子容遺訓。

續世説十二卷

陳氏曰：孔平仲毅父撰。編宋至五代事，以續劉義慶之書。

孫公談圃三卷

陳氏曰：臨江劉延世録高郵孫升君孚所談。升，元祐中書舍人，坐黨籍〔三〕，謫汀州。

麗情集二十卷

晁氏曰：皇朝張君房唐英〔四〕編古今情感事。

陳氏曰：蜀人朋九萬録東坡下御史獄公案，附以初舉發章疏及謫官後表章、書啓、詩詞等。

烏臺詩話十三卷

碧雲騢一卷

晁氏曰：皇朝梅堯臣聖俞撰。昭陵時，有御馬名「碧雲騢」，以旋毛貴；用以名書者，詆當時鼎貴之人，然其意專在范文正也。頃年獲拜趙氏姑于恭南，因質此事之誕信。答曰：「異哉聖俞！作謗書以誣盛德，蓋誅絶之罪也。」

陳氏曰：題梅堯臣撰。以厩馬爲書名，其説曰：「世以旋毛爲醜，此以旋毛爲貴，雖貴矣，病可去乎？」其不遜如此，聖俞必不爾也。所記載十餘條，公卿多所毁訐，雖范文正亦不免。或云實魏泰所作，托之聖俞。王性之辨之甚詳，而邵氏聞見後録乃不然之。

邵氏曰：梅堯臣著碧雲騢，當昭陵時，天下大臣惟杜祁公衍、富鄭公弼、韓魏公琦、歐陽公修無貶，外悉譏詆之，無少避。范仲淹亦在詆中，以仲淹微時常結中書舍人范仲尹，因以破家，仲淹既貴，略不收恤。王銍不服，以爲魏泰僞託堯臣著此書。銍跋范仲尹墓誌云：「近時襄陽魏泰者，場屋不得志，喜僞作他人著書，如志怪集、括異志、倦游録，盡假名武人張師正。又不能自抑，出其姓名，作東軒筆録，皆用私喜怒，誣衊前人，最後作此書。且范仲淹與歐陽修、梅堯臣立朝同心，詎有異論？特堯臣子孫不輝，故挾之借重以欺世。今録楊闢所作范仲尹墓誌，庶幾知泰亂是非之實至此也。則其他泰所厚誣者，皆迎刃而解，可盡信哉！銍猶及識泰，知其從來最詳。張而明之，使百世之下，仲淹不蒙其謬焉。穎人王銍題。」博以爲不然，亦書其下。使仲淹不蒙其謬，堯臣亦不失爲君子矣。然堯臣蚤接諸公，名聲相上下，獨窮老不振，中不能無躁。其聞范仲淹訃詩云：「一出屢更郡，人皆望酒壺。俗情難可學，奏記向來無。貧賤常甘分，崇高不解諛。雖然門館隔，泣與衆人俱。」夫爲郡而以酒悦人，樂奏記、納諛佞，豈所以論范仲淹？堯臣之意真有所不足邪！如著彦博燈籠錦事，則又與書竄詩合矣。故疑此書實出於堯臣。

李氏曰：碧雲騢一書，凡慶曆以來名公鉅卿無不譏詆。世傳此書以爲出於梅堯臣怨懟之口。其後諸公論議多矣，如葉夢得、王銍則以爲非堯臣所爲，而邵博乃疑其詩，以爲堯臣之意真有所不足，遂以此書爲實出於堯臣。今以魏泰東軒筆録考之，然後知泰之嫁名於堯臣者，不特此書也。筆録載文彦博燈籠錦事，大略如碧雲騢所云。其載堯臣作唐介書竄詩，則句語狂肆，非若堯臣平時所作簡古純粹，平淡深遠。又曰：「堯臣作此詩，不敢示人，及歐陽修爲編其集，時有嫌避，又削去此詩，是以人少知者。」詳味此言，是泰既以此詩嫁於堯臣，又慮議者以爲修所編無此，遂曰修有嫌避而此不載，皆無所考之詞也。觀此，則謂泰以碧雲騢之書假名堯臣不妄矣。況堯臣平日爲人，仁厚樂易，未嘗忤於物，歐陽修嘗以此而銘其墓。使堯臣怨懟，果爲此書以厚誣名臣，則所養可知矣。今市井輕浮之子未必爲之，而謂堯臣爲之哉？

孔氏野史一卷

容齋洪氏隨筆曰：世傳孔毅甫野史一卷，凡四十事。予得其書於清江劉靖之所，載趙清獻爲青城宰，挈散樂妓以歸，爲邑尉追還，大慟且怒，又因與妻忿争，由此惑志。文潞公守太原，辟司馬温公爲通判，夫人生日，温公獻小詞，爲都漕唐子方峻責〔五〕。歐陽永叔、謝希深、田元鈞、尹師魯在河南，携官妓游龍門，半月不返，留守錢思公作簡招之，亦不答。范文正與京東人石曼卿、劉潛之類相結以取名，服中上萬言書，甚非言不文之義。蘇子瞻被命作儲祥宫記，大貂陳衍幹當宫事，得旨置酒與蘇高會，蘇陰使人發，御史董敦逸即有章疏，遂墮計中。又云子瞻四六表章不成文字。其他如潞公、范忠宣、吕汲公、吴冲卿、傅獻簡諸公，皆不免譏議。予謂決非毅甫所作，蓋魏泰碧雲騢之流耳。温公自用龐潁公辟，不與潞公、子方同時，其謬妄不待攻也。靖之乃原甫曾孫，佳士也，而跋是書云：「孔氏兄弟，曾大父行也，思其人欲聞其言久矣，故録而藏之。」汪聖錫亦書其後，但記上官彦衡一事，豈弗深考云。

後山談叢六卷

容齋洪氏隨筆曰：後山陳無己著談叢，高簡有筆力，然所載國朝事，失於不考究，多爽其實。如云吕許公惡韓、富、范三公，欲廢之而不能，乃建議使行邊。及丁文簡因杜祁公一語之戲，而陷蘇子美以撼祁公。丁晉公以白金賂中使，尼張乖崖之進。與張乖崖聞逐萊公，而買田宅以自污。考之諸公出處日月皆不合。前四事所係不細，乃誕漫如此。蓋前輩不藏國史，好事者肆意飾説爲美聽，疑若可信，故誤入紀述。後山之書，必傳於後世，懼貽千載之惑，予是以辨之。

清虚居士隨手雜録一卷

陳氏曰：王鞏定國撰。待制素子，張安道之婿。

雲齋廣録十卷

鼂氏曰：皇朝政和中李獻民撰。分九門，記一時奇麗雜事，鄙陋無稽之言爲多。

墨客揮犀十卷　續十卷

陳氏曰：不知名氏〔六〕。

搜神祕覽三卷

陳氏曰：京兆章炳文叔虎撰。

石渠録十一卷

陳氏曰：校書郎昭武黄伯思長睿撰。

石林燕語十卷

陳氏曰：葉夢得少藴撰。宣和五年所作也。

燕語考異十卷

陳氏曰：成都宇文紹奕撰。舊聞汪玉山嘗駁燕語之誤，而未之見也。

玉澗雜書十卷

陳氏曰：葉夢得撰。其中所記，亦當在宣和時所作。玉澗者，石林山居澗水名也。

避暑録話二卷

陳氏曰：葉夢得紹興五年所作。

巖下放言一卷

陳氏曰：葉夢得撰。休致後所作。

臺省因話録一卷

陳氏曰：兵部尚書新昌石公弼國佐撰。

柏臺雜著一卷

陳氏曰：石公弼撰。雜記典故等事。公弼本名公輔，改賜今名。爲御史，攻蔡京甚力，竟坐深文謫死。然本傳言其議論反覆，非純正者。

思遠筆録一卷

陳氏曰：翰林學士九江王寓撰〔七〕。寓以靖康元年七月，以禮部尚書入翰苑，雜記當時聞見，凡二十七條。寓父易簡以布衣召爲説書，遂顯用。寓後拜左轄使虜，辭行，謫散官嶺表，父子俱南下，没於盜。

秀水閒居録三卷

陳氏曰：丞相汝南朱勝非藏一撰。寓居宜春時作。秀水者，袁州水名也。

紺珠集十三集

鼂氏曰：皇朝朱勝非編百家小說成此書。舊說張燕公有紺珠，見之則能記事不忘，故以爲名。

陳氏曰：視曾慥類說爲略。

類說五十卷

鼂氏曰：皇朝曾慥編。其序云：「閒居銀峰，因集百家之說，纂集成書，可以資治體，助名教，供笑談，廣見聞。」

陳氏曰：所編傳記小說，古今凡二百六十餘種。

春渚記聞十卷

陳氏曰：浦城何薳撰。自號韓青老農。東坡所薦爲武學博士曰去非者，其父也。

曲洧舊聞一卷　雜書一卷　骫骳說一卷

陳氏曰：直祕閣新安朱弁少章撰。弁於晦庵爲從父。建炎丁未使虜，留十七年，既歸而卒。骫骳說者，以續鼂无咎詞話，而鼂書未見。

南游記舊一卷

陳氏曰：曾紆公衮撰。

聞見後録三十卷〔八〕

陳氏曰：邵某撰〔九〕。

翰墨叢記五卷

陳氏曰：樞密睢陽滕康子濟撰。

鐵圍山叢談五卷

陳氏曰：蔡絛撰。謫鬱林博白時所作。

侍兒小名録一卷　續一卷

陳氏曰：序題朋谿居士而不著名氏。始洪炎玉父集爲此書〔一〇〕，王銍性之、温豫彦幾續補。今又因三家而增益之，且爲分類，其中多用古字。或云董彦遠家子弟所爲也。

萍州可談三卷〔一一〕

陳氏曰：吴興朱或無或撰〔一二〕。中書舍人服行中之子〔一三〕。宣和元年序。萍州老圃，其自號也，在黄州，蓋其僑寓之地，事見齊安志。而「或」作「彧」〔一四〕，字無惑，未詳孰是。

硯岡筆志一卷

陳氏曰：唐稷撰。自號硯岡居士。

泊宅編十卷

陳氏曰：方勺仁聲撰。泊宅在烏程，相傳張志和泊舟浮家泛宅之所〔一五〕，勺買田卜築，號泊宅翁。本嚴瀨人。

却掃編三卷

陳氏曰：吏部侍郎睢陽徐度敦立撰。

閒燕常談三卷

陳氏曰：董弅令升撰。取士相與談仁義於閒燕之義。

唐語林八卷

陳氏曰：長安王讜正甫撰。以唐小説五十家，倣世説分門三十五，又益十七，爲五十二門。中興書目十一卷，而闕記事以下十五門；又云本亦止八卷〔一六〕，而門目皆不闕。

紀談録十五卷

陳氏曰：稱傳密居士，不著名氏。蓋鼂公邁伯咎也。

道山清話一卷

陳氏曰：不知何人。跋語稱大父國史在館閣久，多識前輩，著館祕録、曝書記與此而三，兵火散失。近得此書於曾仲存家，末題朝奉大夫暐，亦不著姓。

復齋閒記四卷

陳氏曰：承議郎歷陽龔相聖任撰。待制原之孫，頤正之父也。

鄞川志五卷

陳氏曰：中書舍人龍舒朱翌新仲撰。寓居四明，故曰鄞川。

窗間記聞一卷

陳氏曰：稱陳子兼撰，未知何人。雜論詩文、經傳，亦間述所聞事。

枕中記一卷

陳氏曰：不著名氏。崇寧中人。所載多國初事。

賢異録一卷

陳氏曰：亦無名氏。所記四事，其一曰鬼傳者，言王蹍家子弟所遇，與世傳王子高事大同小異，當是一事耳。

姚氏殘語一卷

陳氏曰：剡姚寬令威撰。

槁簡贅筆二卷

陳氏曰：承議郎章淵伯深撰。始得此書於程文簡氏，不知何人作。文簡題其後，以其中稱先丞相申公，知其爲章子厚子孫也〔一七〕。余又以其書考之，言先祖光禄元祐三年省試，東坡知舉，擢爲第一，則又知其爲援之孫也。後以問諸章，始得其名字。其人博學有文，以場屋待士薄，如防寇盜，用蔭入仕，遂不就舉，居長興，故序稱若溪草堂。淵自號懲室子。序言録爲五卷，今此惟分上下卷。

能改齋漫録十三卷

陳氏曰：太常寺主簿臨川吴曾虎臣撰。

揮麈録三卷　後録十一卷　第三録三卷　餘話一卷

陳氏曰：朝請大夫汝陰王明清仲言撰。明清，銍之子，曾紆公衮之外孫。故家博聞〔一八〕，前言往行，多所憶。後録跋稱六卷，今多五卷。

投轄録一卷

陳氏曰：王明清撰。所記奇聞異事，客所樂聽，不待投轄而留也。

吴船録一卷

陳氏曰：范成大至能撰。自蜀帥東歸紀遊，取「門泊東吴萬里船」之語。

老學庵筆記十卷

陳氏曰：陸游務觀撰。生識前輩，年登耄期，所記見聞，殊可觀也。

夷堅志甲至癸二百卷　支甲至支癸一百卷　三甲至三癸一百卷　四甲四乙二十卷　大凡四百二十卷

陳氏曰：翰林學士鄱陽洪邁景盧撰。稗官小説，昔人固有爲之者矣。游戲筆端，資助談柄，猶賢乎已，可也，未有卷帙如此其多者，不亦謬用其心也哉！且天壤間反常反物之事，惟其罕也，是以謂之怪。苟其多至於不勝載，則不得爲異矣。世傳徐鉉喜言怪，賓客之不能自通與失意而見斥絶者，皆詭言以求合。今邁亦然。晚歲急於成書，妄人多取廣記中舊事，改竄首尾，别爲名字以投之，至有數卷者，亦不復删潤，徑以入録，雖叙事猥釀，屬辭鄙俚，不恤也。

睽車志五卷

陳氏曰：知興國軍歷陽郭彖次象撰。取睽上六「載鬼一車」之語。

經鋤堂雜志八卷

陳氏曰：倪思正甫撰。

續釋常談二十卷

陳氏曰：祕書丞龔頤正養正撰。昔有釋常談一書，不著名氏，家藏亦闕此書，今故以「續」稱。凡常言俗語，皆注其所出。

北山記事十二卷

陳氏曰：户部侍郎濡須王遘少愚撰。

瑣碎録二十卷　後録二十卷

陳氏曰：温革撰。陳曄增廣之〔一九〕。後録者，書坊增益也。

夷堅志類編三卷

陳氏曰：四川總領陳曄日華取夷堅志中書文、藥方〔二〇〕，類爲一編。

雲麓漫抄二十卷　續抄二卷

陳氏曰：通判徽州趙彦衛景安撰。續二卷，乃中庸説及漢定安公補紀也。彦衛，紹熙間宰烏程，有能名。

儆告一卷

陳氏曰：不著名氏，專叙報應。

鑑誡別録三卷

陳氏曰：廬陵歐陽邦基壽卿撰。周益公、洪景盧有序跋。

樂善録十卷

陳氏曰：蜀人李昌齡伯崇撰。以南中勸戒録增廣之，多因果報應之事。

山齋愚見十書一卷

陳氏曰：稱灌圃耐得翁，不知何人。

桯史十五卷

陳氏曰：岳珂撰。「桯史」者，猶言柱記也。

游宦紀聞十卷

陳氏曰：鄱陽張士南光叔撰。

鼠璞一卷

陳氏曰：戴埴撰。

夷堅別志二十四卷

王質景文撰。自序略曰：「志怪之書甚夥，至鄱陽夷堅志出，則盡超之。余平生所嗜，略類洪公，始讀左傳、史記、漢書，稍得其記事之法，而無所施，因志怪發之。久之習熟調利，滋耽翫不能釋。間自觀覽，要不爲無補於世，而古今文章之關鍵，亦間有相通者。不以是爲無益而中畫，愈衰所見聞益之。事五百七十〔二〕，卷二十四，今書之目也。余心尚未艾，書當如之，則將浸及於夷堅矣。凡夷堅所有而洊見者删之，更生佛之類是也；凡夷堅所有而未備者補之，黄元道之類是也。其名仍爲夷堅，而别志之，辨於鄱陽也。得歲月者紀歲月，得其所者紀其所，得其人者記其人，三者并書之，備矣。闕一二亦書，皆闕則弗書。醜而不欲著姓名者婉見之，如夷堅碓夢之類是也；醜而姓名不可不著者顯揭之，如夷堅人牛之類是也。其稱某人云，又某人得諸某人云，若己所見，各識其所自來，皆循夷堅之規弗易。所書甲子之一爲期，過是弗書，耳目相接也；所書鬼神之事爲主，非是弗書，名實相稱也；於夷堅之規皆仍之，其異也者，筆力瞠乎其後矣。

校勘記

〔一〕范淳夫及四學士所談論　「范淳夫」原作「范純夫」，據宋史卷三三七范祖禹傳改。

〔二〕揮麈録詳載　「詳」原作「誤」，據直齋書録解題卷一一改。

〔三〕坐黨籍　「籍」字原脱，據直齋書録解題卷一一補。

〔四〕皇朝張君房唐英編古今情感事　「張君房唐英」，郡齋讀書志卷一三同，王得臣麈史卷中作「張君房」。檢默記卷下、宋史卷三五一張唐英傳，君房、唐英實爲二人，前者字允方，後者字次功，而鼂公武、馬端臨俱誤二人爲一人。參見本書卷二一六校記二七。

〔五〕爲都漕唐子方峻責　「唐子方」原作「唐子房」，據元本、慎本及容齋隨筆卷一五孔氏野史改。唐介字子方，宋史卷三一六有傳。按下文亦作「子方」。

〔六〕不知名氏　直齋書録解題卷一一同。按直齋書録解題盧文弨校本注作「彭乘撰」。

〔七〕翰林學士九江王寓撰　直齋書録解題卷一一同。按宋史卷三五二王寓傳所載事迹與此合。

〔八〕聞見後録三十卷　「三」原作「二」，據直齋書録解題卷五雜史類邵氏聞見録條「又有後録三十卷」文及津逮祕書本聞見後録改。

〔九〕邵某撰　直齋書録解題卷一一同。按於聞見後録自序可知爲邵博撰。

〔一〇〕始洪炎玉父集爲此書　「玉父」原作「玉文」，據元本、慎本及直齋書録解題卷一一改。

〔一一〕萍州可談　「州」，直齋書録解題卷一一及今諸本俱作「洲」。下「萍州老圃」同。

〔一二〕吴興朱或無或撰　「朱或」，直齋書録解題卷一一及萍洲可談今本皆作「朱彧」。「無或」，直齋書録解題同，四庫全書總目卷一四一子部小説家類云：彧字無惑。

〔一三〕中書舍人服行中之子　「之」原作「文」，形近而誤，據直齋書録解題卷一一改。

〔一四〕而或作彧　直齋書録解題卷一一作「而彧作或」。

〔一五〕相傳張志和泊舟浮家泛宅之所　「泛宅」原作「泊宅」，據直齋書録解題卷一一及新唐書卷一九六張志和傳改。

〔一六〕又云本亦止八卷　直齋書録解題卷一一「本」上有「今」字。

〔一七〕知其為章子厚子孫也　「章子厚」，原作「章厚」，據直齋書録解題卷一一補。

〔一八〕故家博聞　「博」，直齋書録解題卷一一作「傳」。

〔一九〕陳曄增廣之　「陳曄」，直齋書録解題卷八鄞江志及卷一一夷堅志類編、瑣碎録條皆作「陳昱」。下條同。

〔二〇〕四川總領陳曄日華取夷堅志中書文藥方　「書文」，直齋書録解題卷一一作「詩文」。

〔二一〕事五百七十　「五」，元本作「三」。

卷二百十八　經籍考四十五

子 農家

漢藝文志曰：農家者流，蓋出於農稷之官。播百穀，勸耕桑，以足衣食，故八政一曰食，二曰貨。孔子曰：「所重民食。」此其所長也。及鄙者爲之，以爲無所事聖王，欲使君臣並耕，誖上下之序。

宋三朝藝文志：歲時者，本於敬授平秩之義。殖物寶貨著譜録者，亦佐助衣食之源，故咸見於此。

陳氏曰：農家者流，勤耕桑以足衣食。神農之言，許行學之。漢世野老之書，不傳於後，而唐志著録，雜以歲時月令及相牛馬諸書，是猶薄有關於農者。至於錢譜、相貝、鷹鶴之屬，於農何預焉？今既各從其類〔一〕，而花果栽植之事，猶以農圃一體，附見於此，其實則浮末之病農者也。

漢志：九家，一百一十四部。

隋志：五部，一十九卷。

唐志：十九家，二十六部，二百三十五卷。

宋三朝志：三十二部，二百一十三卷。

宋兩朝志：十二部，四十七卷。

宋四朝志：一十九部，三十三卷。

宋中興志：六十四家，六十九部，一百四十八卷。

齊民要術十卷

鼂氏曰：元魏賈思勰撰。記民俗、歲時、治生、種蒔之事，凡九十二篇。農家者，本出於神農氏之學。仲尼既稱禮義信足以化民，「焉用稼」以誚樊須，而告曾參以「用天之道，分地之利，爲庶人之孝」。言非不同，意者，以躬稼非治國之術，乃一身之任也。然則仕之倦游者，詎可不知乎？故今所取，皆種藝之書也。前世録史部中有歲時，子部中有農事，兩類實不可分，今合之農家。又以錢譜寘其間，今以其不類，移附類書。

陳氏曰：起自耕農，終於醯醢，資生之業，靡不畢書。其曰：「治生之道，不仕則農。」蓋名言也。巽岩李氏序孫氏齊民要術音義解釋曰：賈思勰著此書，專主民事，又旁摭異聞，多可觀，在農家最㠑然出其類，而近世學者忽焉。第奇字錯見，往往艱讀。今運使秘丞孫公爲之音義，解釋略備，其正名辨物，蓋與揚雄、郭璞相上下，不但借助於思勰也。此書李淳風嘗演之。淳風書遽亡，韓諤又撮思勰所記，別著四時纂要五卷。本朝天禧四年，詔並刻二書以賜勸農使者，然其書與律令俱藏，衆弗得習，市人輒抄要術之淺近者，摹印相師，用才一二，此有志於民者所當惜也。今公幸以稽古餘力，悉發其隱，盍併刻焉，豈惟決疑糾繆，有益學者，抑使斯民日用知所本末，更被天禧遺澤，不亦可乎？

四時纂要五卷

鼂氏曰：唐韓諤撰。諤徧閲農書，取廣雅、爾雅定土産，取月令、家令叙時宜，採氾勝種樹之書，掇崔寔試穀之法，兼删韋氏月録〔二〕、齊民要術編成。

陳氏曰：雖時令之書，然皆爲農事也。

山居要術三卷

陳氏曰：稱王旼撰。館閣書目作王旻。皆莫知何時人也。

蠶書二卷

陳氏曰：孫光憲撰。光憲事迹見小説類。

秦少游蠶書

見少游淮海集第六卷。序略曰：予閒居，婦善蠶，從婦論蠶，作蠶書。考之禹貢，揚、梁、幽、雍不貢繭物，兖「篚織文」，徐「篚玄纖縞」，荆「篚玄纁璣組」，豫「篚纖纊」，青「篚檿絲」，皆繭物也。而「桑土既蠶」獨言於兖，然則九州蠶事，兖爲最乎？予游濟、河之間，見蠶者豫事時作，一婦不蠶，比屋詈之，故知兖人可爲蠶師。今予所書，有與吴中蠶家不同者，皆得之兖人也。

禾譜五卷

陳氏曰：宣德郎温陵曾安止移忠撰。東坡所爲賦秧馬歌也。謂禾譜文既温雅，事亦詳實，惜其不譜農器，故以此歌附之。安止，熙寧進士，嘗爲彭澤令。

農器譜三卷　續二卷

陳氏曰：耒陽令曾之謹撰。安止之侄孫也。追述東坡作歌之意爲此編。周益公爲之序，陸務觀亦作詩題其後。

周平園序曰：紹聖初元，蘇文忠公軾南遷，過太和，邑人宣德郎致仕曾公安止獻所著禾譜，文忠美其溫雅詳實，爲作秧馬歌，又惜不譜農器。時曾公已喪明，不暇爲也。後百餘年，其侄孫耒陽令之謹始續成之。凡耒耜、耨鎛、車戽、簑笠、銍刈、篠簣、杵臼、斗斛、釜甑、倉庾，厥類惟十，附以雜記，勒成三卷，皆考之經傳，參合今制，無不備者，是可補伯祖之書，成蘇公之志矣。其序牛犁，蓋一編之管轄，予嘗學稼，因演其說。山海經曰：「后稷之孫叔均，始作牛耕。」世以爲起於三代，予謂不然。牛若常在畎畝，武王平定天下，胡不歸之三農，而放之桃林之野乎？故周禮祭牛之外，以享賓、駕車、犒師而已，未及耕也。不然，牽以蹊田，正使藉稻，何足爲異，乃設「奪而罪之」之喻邪？在詩有云：「載芟載柞，其耕澤澤，千耦其耘，徂隰徂畛。」又曰：「有略其耜，俶載南畝。」以明竭作於春，皆人力也。至於「穫之積之，如墉如櫛」，然後「殺時犉牡，有捄其角」，以爲社稷之報。若使之耕，曾不如迎猫迎虎，列於蜡祭乎？厥後王弼傳易，以爲稼穡之資。宋景文公祁闢之曰：「古者牛惟服車，書『肇牽車牛』，易『服牛乘馬』。漢趙過始教牛耕。」蓋本賈思勰齊民要術。予謂輔嗣固失矣，賈氏及景文亦未爲得也。按論語子謂仲弓曰：「犁牛之子騂且角，雖欲弗用，山川其舍諸？」此聖人格言也。蓋犂田之牛，純雜牝牡皆可，祭牛則非純非牡不可，故曰「騂且角」也。注疏乃以犂爲雜色，騂爲赤純色，角爲周正，近世諸儒並從此義。今觀周禮牧人，時祀牲必用牷，牷，純色也；外祭毁事用尨，尨，雜色也，是則純雜之辨也。封人「設其楅衡」，魯頌「夏而楅衡，白牡騂剛」，是則言角之意也。竊疑犂起於春秋之間，故孔子有犂牛之言，而弟子冉耕亦字伯牛。彼禮記、吕氏月令，季冬出土牛示農耕早晚。賈誼新書、劉向新序俱載鄒穆公曰：「百姓飽牛而耕，暴背而耘。」大率在秦、漢之際，何待趙過？過特教人耦犂共二牛，費省而功倍爾。易傳出於魏、晉，第見牛耕，不復考其初。而賈公彦考工正義，遂謂起於後漢，其失尤甚。

農書三卷

陳氏曰：稱西山隱居全真子陳旉撰〔三〕。未詳何人。其書曰田、曰牛、曰蠶。洪慶善爲之後序。

耕桑治生要備二卷

陳氏曰：宣教郎〔四〕、通判横州何先覺撰。紹興癸酉序。

耕織圖一卷

陳氏曰：於潛令鄞樓璹壽玉撰〔五〕。攻媿參政之伯父也。

竹譜一卷

鼂氏曰：戴凱之撰。凱之字慶預，武昌人。裒輯竹事，四字一讀，有韵，類賦頌。李邯鄲云「未詳何代人」。

筍譜二卷

鼂氏曰：皇朝僧惠崇撰〔六〕。

陳氏曰：僧贊寧撰。

續酒譜十卷

鼂氏曰：唐鄭遨雲叟撰。纂輯古今酒事，以續王績之書。

酒譜一卷

陳氏曰：汶上竇苹子野撰。其人即著唐書音訓者。

北山酒經三卷

陳氏曰：不知撰人〔七〕。

茶經三卷

鼂氏曰：唐太子文學陸羽鴻漸撰。載產茶之地、造作器具、古今故事，分十門。

陳氏曰：羽自號竟陵子，又號桑苧翁。

顧渚山記二卷

鼂氏曰：陸羽撰。羽與皎然、朱放輩論茶，以顧渚爲第一。顧渚山在湖州，吴王夫差顧望〔八〕，欲以爲都，故以名山。

煎茶水記一卷

鼂氏曰：唐張又新撰。其所嘗水凡二十種，因第其味之優劣。陳氏曰：唐涪州刺史張又新撰〔九〕。本刑部侍郎劉伯芻，稱水之與茶，宜者凡七等。又新復言得李季卿所筆録陸鴻漸水品凡二十〔一〇〕。歐公大明水記嘗辨之，今亦載卷末。余足迹所至不廣，於水品僅嘗三四，若惠山泉甘美，置之第二不忝，特未知康王谷水何如爾。其次，吴松第四橋水亦不惡。虎邱劍池殊未佳，而在第四，已不可曉。至於雪水，清甘絶佳，而居其末，尤不可曉也。大抵水活而後宜茶，活而不清潔猶不宜，故浮泉石池漫流者爲上〔一一〕，爲其活且潔也。若夫天一生水，烝爲雲雨，水之活且潔者，何以過此？余嘗用净器承雨水，試以烹煎，不減雪水，故知又新之説妄也。

茶譜一卷

鼂氏曰：僞蜀毛文錫撰〔一二〕。記茶故事。其後附以唐人詩文。

建安茶録三卷〔一三〕

鼂氏曰：皇朝丁謂撰。建州研膏茶起於南唐，太平興國中始進御。謂咸平中爲閩漕，監督州吏，創造規模，精緻嚴謹，録其團焙之數〔一四〕，圖繪器具及叙採製入貢法式。盧仝譏陽羨貢茶有「安知百萬億蒼生，墜在顛崖受辛苦」之句，余於謂亦云。

北苑拾遺一卷

鼂氏曰：皇朝劉异撰。北苑，建安地名，茶爲天下最。异慶曆初在吴興，採新聞，附於丁謂茶錄之末。其書言滌磨調品之器甚備，以補謂之遺也。

補茶經一卷　又一卷

鼂氏曰：皇朝周絳撰。絳，祥符初知建州，以陸羽茶經不載建安，故補之。又一本有陳龜注。丁謂以爲茶佳不假水之助，絳則載諸名水云。

試茶錄二卷〔一五〕

鼂氏曰：皇朝蔡襄君謨撰。襄皇祐中修注，仁宗嘗面諭云：「昨卿所進龍茶甚精。」襄退而記其烹試之法，成書二卷進御。世傳歐公聞君謨進小團茶，驚曰：「君謨士人，何故如此。」

東溪試茶錄一卷

鼂氏曰：皇朝宋子安集拾丁、蔡之遺〔一六〕。東溪，亦建安地名。其序謂「七閩至國朝，草木之異，則產臈茶、荔子；人物之秀，則產狀頭、宰相，皆前代所未有。以時而顯，可謂美矣。然其草木厚味，難多食；其人物多智，難獨任，亦地氣之異」云。

呂惠卿建安茶記一卷

鼂氏曰：皇朝呂惠卿撰。

聖宋茶論一卷

鼂氏曰：右徽宗御製。

茶雜文一卷

鼂氏曰：集古今詩文及茶者。

北苑總録十二卷

陳氏曰：興化軍判官曾伉録茶經諸書，而益以詩歌二卷。

茶山節對一卷

陳氏曰：攝衢州長史蔡宗顔撰。

宣和北苑貢茶録一卷

陳氏曰：建陽熊蕃叔茂撰。其子克義益寫其形製而傳之〔一七〕。

北苑别録一卷

陳氏曰：趙汝礪撰。

品茶要録一卷

陳氏曰：建安黄儒道父撰。元祐中，東坡嘗跋其後。

荔枝譜一卷　荔枝故事一卷

鼂氏曰：皇朝蔡襄撰〔一八〕。記建安荔枝味之品第，凡三十餘種，古今故事〔一九〕。

陳氏曰：君謨爲此書，且書而刻之，與牡丹記並行。閩無佳石，以板刊，歲久地又濕〔二〇〕，皆蠹朽，至今猶藏其家，而字多不完，可惜也。

增城荔枝譜一卷

陳氏曰：無名氏。其序言福唐人，熙寧九年承乏增城，多植荔枝，蓋非嶠南之「火山」〔二〕，實類吾鄉之「晚熟」。搜境内所出，得百餘種，其初亦得閩中佳種植之，故爲是譜。

四時栽接花果圖一卷

陳氏曰：無名氏。

桐譜一卷

陳氏曰：銅陵逸民陳翥撰。皇祐元年序。

何首烏傳一卷

陳氏曰：初見唐李翺集，今後人增廣之耳。

海棠記一卷

陳氏曰：吴人沈立撰。

橘録一卷〔三〕

陳氏曰：知温州延安韓彦直子温撰。世忠長子也。

菊譜一卷

陳氏曰：史正志志道撰。孝宗朝爲發運使者也。

范村梅菊譜二卷

陳氏曰：范成大至能撰。有園在居第之側，號范村。

糖霜譜一卷

陳氏曰：遂寧王灼晦叔撰。言四方所産，遂寧爲冠。灼自號頤堂。

蟹譜二卷

陳氏曰：稱怪山傅肱子翼撰。嘉祐四年序。怪山者，越之飛來山也。

蟹略四卷

陳氏曰：高似孫續古撰。

越中牡丹花品二卷〔三〕

陳氏曰：僧仲休撰〔四〕。其序言：「越之所好尚惟牡丹，其絶麗者三十二種，始乎郡齋，豪家名族，梵宇道宫，池臺水榭，植之無間。來賞花者，不間親疏，謂之看花局。澤國此月多有輕雲微雨，謂之養花天。里語曰彈琴種花，陪酒陪歌。」末稱「丙戌歲八月十五日移花日序」。丙戌者，當是雍熙三年也。越在國初繁富如此，殆不減洛中。今民貧至骨，種花之風遂絶。何今昔之異邪？其故有二：一者鏡湖爲田，歲多不登；二者和買白著，數倍常賦，勢不得不貧也。

牡丹譜一卷

鼂氏曰：歐陽修撰。初調洛陽從事，見其俗重牡丹，因著花品，凡三篇。

陳氏曰：蔡君謨書之，盛行於世。

冀王宫花品一卷

陳氏曰：題景祐元年滄州觀察使記。以五十種分爲三等九品，而「潛溪緋」、「平頭紫」居正一品，「姚黄」反居其下，此不可曉也。

吴中花品一卷

陳氏曰：慶曆乙酉趙郡李英述。皆出洛陽花品之外者。以今日吴中論之，雖曰植花，未能如承平之盛也。

花譜二卷

陳氏曰：滎陽張峋子堅撰。以花有千葉、多葉，黄、紅、紫、白之别，類以爲譜，凡千葉五十八品，多葉六十二品，又以芍藥附其末。峋與其弟嵋子望同登進士第。嵋嘗從邵康節學。

牡丹芍藥花品七卷

陳氏曰：不著名氏。録歐公及仲休等諸家牡丹譜、孔常甫芍藥譜共爲一篇。

洛陽貴尚録一卷

陳氏曰：殿中丞新安邱濬道源撰。專爲牡丹作也。其書援引該博而迂怪不經。濬，天聖五年進士，通數知未來。壽八十一，及斂，衣空，人以爲尸解。新安志云爾。

芍藥譜一卷

陳氏曰：中書舍人清江劉攽貢甫撰。

芍藥圖序一卷

陳氏曰：待制新淦孔武仲常甫撰。

芍藥譜一卷

陳氏曰：知江都縣王觀通叟撰。三家皆述維揚所産花之盛。

校勘記

〔一〕今既各從其類　「各」原作「多」，據直齋書録解題卷一〇改。

〔二〕兼刪韋氏月録　「月」原作「目」，據郡齋讀書志卷一二改。

〔三〕稱西山隱居全真子陳旉撰　「陳旉」原作「陳雱」，據宋史卷二〇五藝文四及四庫全書總目卷一〇二子部農家類改。按總目所據爲影宋鈔本與永樂大典。

〔四〕宣教郎　直齋書録解題卷一〇「宣」上有「左」字。

〔五〕於潛令鄞樓璹壽玉撰　「壽」字原脱，據元本、慎本及直齋書録解題卷一〇補。樓璹壽玉事參見宋史翼卷二〇。

〔六〕皇朝僧惠崇撰　郡齋讀書志卷一二同。直齋書録解題卷一〇作「僧贊寧撰」。按四庫全書總目卷一一五考證，引宋史藝文志及王得臣麈史皆作贊寧撰。

〔七〕不知撰人　按直齋書録解題卷一四及宋史卷二〇五藝文四皆作「大隱翁撰」。應是。

〔八〕吴王夫差顧望「夫差」，太平寰宇記卷九四湖州長興縣顧渚條作「夫概」，引張元之山墟名云「昔吴王夫概顧其渚次」。輿地紀勝卷四安吉州景物上亦作夫概。則「夫差」當是「夫概」之誤。

〔九〕唐涪州刺史張又新撰　直齋書録解題卷一四同。按四庫全書總目卷一一五子部譜録類「涪州」作「江州」，云：「新、舊唐書皆云汀州刺史，而書中自稱刺九江，則爲江州無疑，以二字形近而訛也。書録解題作涪州，則更誤矣。」

〔一〇〕又新復言得李季卿所筆録陸鴻漸水品凡二十　「録」字原無，據直齋書録解題卷一四補。

〔一一〕故浮泉石池漫流者爲上　「浮泉」，直齋書録解題卷一四作「乳泉」。

〔一二〕僞蜀毛文錫撰　「毛文錫」原作「燕文錫」，據郡齋讀書志卷一二、直齋書録解題卷一四及宋史卷二〇五藝文四改。

〔一三〕建安茶録三卷　郡齋讀書志卷一二同。按宋史卷二〇五藝文四、崇文總目卷三，皆作「北苑茶録」。又下條北苑拾遺有「附於丁謂茶録之末」「以補謂之遺也」等語，可證謂之茶録實以「北苑」爲名。

〔一四〕録其團焙之數　「團」，元本、慎本及郡齋讀書志卷一二俱作「園」。

〔一五〕試茶録　郡齋讀書志卷一二同。按宋史卷二〇五藝文四及四庫全書總目卷一一五子部譜録類皆無「試」字。總目考訂云：「通考載之作試茶録。然考襄二序，俱自稱茶録，石本亦作茶録，則『試』字爲誤增明矣。」

〔一六〕皇朝宋子安集拾丁蔡之遺　「宋子安」，原作「朱子安」，據孫猛郡齋讀書志校證卷一二及宋史卷二〇五藝文四改。按校證云：「原本『宋』誤作『朱』，據袁本、宛委本、舊抄本改。是書今皆題宋子安撰。」

〔一七〕其子克義益寫其形製而傳之　直齋書録解題卷一四無「義」字，四庫全書總目卷一一五子部譜録類引解題亦無「義」字。

〔一八〕皇朝蔡襄撰　「撰」字原脱，據郡齋讀書志卷一二及本書文例補。

〔一九〕古今故事　按孫猛郡齋讀書志校證卷一二云：「顧校本『古』上有『并』字，疑原本脱去。」

〔二〇〕歲久地又濕　「濕」原作「温」，據直齋書録解題卷一〇改。

〔二一〕蓋非嶠南之火山　「火」原作「大」，據直齋書録解題卷一〇改。按蔡襄荔枝譜曰：「火山本出廣安，四月熟，味甘酸而肉薄。」

〔二二〕橘録一卷　「一卷」，直齋書録解題卷一〇及今橘録諸本皆作「三卷」。

〔二三〕越中牡丹花品二卷　「品」字原無，據直齋書録解題卷一〇及宋史卷二〇五藝文四補。

〔二四〕僧仲休撰　「仲休」原作「仲林」，據直齋書録解題卷一〇及宋史卷二〇五藝文四改。下文牡丹芍藥花品條「録歐公及仲休等諸家牡丹譜」句同改。

卷二百十九　經籍考四十六

子 陰陽〔一〕　天文　曆算

漢藝文志：陰陽家者流〔二〕，蓋出於羲、和之官。敬順昊天，曆象日月星辰，敬授民時，此其所長也。及拘者爲之，則牽於禁忌，泥於小數，舍人事而任鬼神。

漢志：二十一家，三百六十九篇。

右陰陽。

漢藝文志曰：天文者，序二十八宿，步五星日月，以紀吉凶之象，聖王所以參政也。易曰：「觀乎天文，以察時變。」然星事𣧑悍，非湛密者弗能由也。𣧑，讀與凶同。湛，讀曰沉。由，用也。夫觀景以譴形，非明主亦不能服聽也。以不能由之臣，諫不能聽之主，此所以兩有患也。

宋三朝藝文志曰：國家建官庀局，觀文察變，尤重慎其事。太宗即位，知私習冒禁頗爲誑耀，悉搜訪考驗，黜去繆妄，遂下詔禁止之。至真宗復申明詔旨，重其罪罰。自兹澄汰旌別，濫學方息，而民無所惑矣。

兩朝藝文志曰：天文圖書藏祕閣西偏〔三〕，有內侍專掌，禁私習者。嘉祐中大校經史，而兵法、小學、醫術、禮書皆分局命官編校定寫，唯天文、五行未嘗是正，諸儒亦莫得考也。

漢志：二十一家，四百四十五卷。

隋志：九十七部，合六百七十五卷。

唐志：二十家，三十部，三百六卷。失姓名六家。李淳風天文占以下不著録六家，一百七十五卷。

宋三朝志：八十四部，三十二卷。

宋兩朝志：二十八部，一百六卷。

宋四朝志：三十九部，二百四十六卷。

宋中興志：二十家，二十部，一百二十七卷。

右天文。

漢藝文志：曆譜者，序四時之位，正分至之節，會日月五星之辰，以考寒暑殺生之實。故聖王必正曆數，以定三統服色之制，又以探知五星日月之會。凶阨之患、吉隆之喜，其術皆出焉。此聖人知命之術也，非天下之至材，其孰能與焉〔四〕。道之亂也，患出於小人而强欲知天道者，壞大以爲小，削遠以爲近，是以道術破碎而難知也。

宋兩朝藝文志：曆以算成。自建隆迄治平，五正曆象，作爲銅儀，經法具於所司。蓋有知算而不知曆者，故曆爲算本。治曆之善，積算遠，其驗難而差遲；治曆之不善，積算近，其驗易而差亦速。

漢志：十八家，六百六卷。

隋志：一百部，二百六十三卷。

唐志：三十六家，七十五部，二百三十七卷。失姓名五家。王勃以下不著録十九家，二百二十六卷〔五〕。

宋三朝志：五十三部，二百卷。

宋兩朝志：三十三部，六十四卷。

宋四朝志：五十三部，二百四十三卷。

宋中興志：三十八家，五十一部，一百五十八卷。

右曆譜。

漢藝文志曰：五行者，五常之形氣也。書云「初一曰五行，次二曰敬用五事〔六〕」，言進用五事以順五行也。貌、言、視、聽、思心失，而五行之序亂，五星之變作。皆出於律曆之數，而分爲二者也〔七〕。其法亦起五德終始，推其極則無不至。而小數家因此以爲吉凶，而行於世，寖以相亂。

漢志：五行三十一家，六百五十二卷。

漢志：蓍龜十五家，四百一卷。

漢志：雜占十八家，三百一十三卷。

容齋洪氏隨筆曰：漢藝文志、七略，雜占十八家，以黄帝、甘德占夢二書爲首。其説曰：「雜占者，紀百家之象，候善惡之證。衆占非一而夢爲大，故周有其官。」周禮太卜：「掌三夢之法，一曰致夢，二曰觭夢，三曰咸陟。」鄭氏以爲致夢夏后氏所作，觭夢商人所作，咸陟者言夢之皆得，周人作焉。而占夢專爲一官，以日月星辰占六夢之吉凶，其别，曰正、曰噩、曰思、曰寤、曰喜、曰懼。季冬聘王夢，獻吉夢於王，王拜而受之，乃舍萌於四方，以贈惡夢。舍萌者，猶釋菜也。贈者，送之也。詩、書、禮經所載：高宗夢得説；周文王夢帝與九齡〔八〕；武王伐紂〔九〕，夢叶朕卜；宣王考牧，牧人有熊羆、虺蛇之夢，「召彼故老，訊之占夢」。左傳所書尤多。孔子夢坐奠於兩楹。然則古之聖賢，未嘗不以夢爲大。是以見於七略者如此。魏、晉方技猶時時或有之。今人不復留意此卜，雖市井妄術所在如林，亦無以占夢自名者，其學殆絶矣。

右五行。

漢藝文志：形法者，大舉九州之勢，以立城郭室舍；形人及六畜骨法之度數、器物之形容，以求其聲氣、貴賤、吉凶。猶律有長短而各徵其聲，非有鬼神，數使然也。然形與氣相首尾，亦有有其形而無其氣者，有其氣而無其形者，此精微之獨異也。

漢志：六家，一百二十二卷。

隋志：五行二百七十二部，合一千二十二卷。

唐志：五行六十家，一百六十部，六百四十七卷。失姓名六十五家。袁天綱以下不著録二十五家，一百三十二卷。

宋三朝志：五行四百四十二部，一千四百九十七卷。

宋兩朝志：五行一百一十五部，一百六十一卷。

宋四朝志：五行一百三十四部，三百九十二卷。

宋中興志：五行八十二家，八十八部，二百八十六卷。

宋中興志：蓍龜三十三家，三十六部，一百一卷。

宋中興志：雜占八十家，八十四部，一百七十五卷。

宋中興志：形法九十五家，一百單四部〔一〇〕，二百六十八卷。

陳氏曰：自司馬氏論九流，其後劉歆七略、班固藝文志皆著陰陽家，而天文、曆譜、五行、卜筮、形法之屬，別爲術數略〔一一〕。其論：「陰陽家者流，蓋出於羲、和之官，敬順昊天，曆象日月星辰。拘者爲之，則牽於禁忌，泥於小數。」至其論術數，則又以爲羲、和、卜史之流。而所謂司星子韋三篇，不列於天文，而著之陰陽家之首。然則陰陽之與術數，似未有以大異也〔一二〕。不知當時何以別之，豈此論其理，彼具其術邪？今志所載二十一家之書皆不存，無所考究，而隋、唐以來子部遂闕陰陽一家。至董逌藏書志始以星占、五行書爲陰陽類。今稍增損之，以時日、禄命、遁甲等備陰陽一家之闕，而其他術數各自爲類。

按：陳氏之説固然矣，然時日、禄命、遁甲獨非術數乎？其所謂「術數各自爲類」者，曰卜筮，曰形法，然此二者獨不本於陰陽乎？蓋班史藝文志陰陽家之後，又分五行、卜筮、形法，各自爲類。今班志中五行、卜筮、形法之書雖不盡存，而後世尚能知其名義，獨其所謂陰陽家二十一種之書，並無一存，而隋史遂不立陰陽門。蓋隋、唐間已不能知其名義，故無由以後來所著之書續立此門矣。然隋書、唐書及宋九朝史，凡涉乎術數者，總以五行一門包之，殊欠分剔。獨中興史志乃用班志舊例，以五行、占卜、形法各自爲門，今從之。

右形法。

周髀算經二卷　音義一卷

陳氏曰：題趙君卿注，甄鸞重述，李淳風等注釋。周髀者，蓋天之書也〔一三〕。稱周公受之商高，而以句股爲術，故曰周髀。唐志有趙嬰、甄鸞注，各一卷〔一四〕，李淳風釋二卷。今曰「君卿」者，豈嬰之字邪？中興書目又云君卿名爽，蓋本崇文總目，然皆莫詳時代。甄鸞者，後周司隸也。音義，假承務郎李籍撰。

司天考古星通元寶鏡一卷〔一五〕

鼂氏曰：題曰巫咸氏。宋朝太平興國中，詔天下知星者詣京師，未幾，至者百許人，坐私習天文，或誅或配隸海島，由是星曆之學殆絶。故予所藏書中亦無幾，姑裒數種以備數云。

甘石星經一卷

鼂氏曰：漢甘公、石申撰。以日月、五星、三垣、二十八舍恒星圖象次舍，有占訣以候休咎。

星簿讚曆一卷

陳氏曰：唐志稱石氏星經簿讚。館閣書目以其有徐、潁、婺、台等州名〔一六〕，疑後人附益。今此書明言依甘、石、巫咸氏，則非專石申書也。

乙巳占十卷

陳氏曰：唐太史令岐陽李淳風撰〔一七〕。起算上元乙巳，故以名焉。

玉曆通政經三卷

陳氏曰：李淳風撰。亦天文占也。唐志無之。

乾坤變異録一卷

陳氏曰：不著名氏。雜占變異，凡十七篇。

古今通占三十卷

陳氏曰：唐嵩高潛夫沛國武密撰。纂集黄帝、巫咸而下諸家，及隋以前諸史天文志爲此書。景祐乾象新書間取其説。中興館閣書目作古今通占鏡，本唐志云爾。

步天歌一卷

鼂氏曰：未詳撰人。二十八舍歌也。三垣頌、五星凌犯賦附於後。或云唐王希明撰，自號丹元子。

夾漈鄭氏天文略曰：隋有丹元子，隱者之流也，不知名氏，作步天歌，見者可以觀象焉，王希明纂漢、晉志以釋之，唐書誤以爲王希明也。天文籍圖不籍書，然書經百傳不復訛謬，縱有訛謬，易爲考正；圖一再傳便成顛錯，一錯愈錯，不可復尋，所以信圖難得，故學者不復識星。向嘗盡求其書，不得其象，又盡求其圖，不得其信。一日得步天歌而誦之，時素秋無月，清天如水，誦一句，凝目一星，不三數夜，一天星斗盡在胸中矣。此本只傳靈臺，不傳人間，術家祕之，名曰「鬼料竅」。世有數本，不勝其訛。今則取之仰觀，以從稽定。然步天歌之言，不過漢、晉諸志之言也。漢、晉志不可以得天文者，謂所載名數災祥〔一八〕，叢雜難舉故也。步天歌句中有圖，言下見象，或約或豐，無餘無失，又不言休咎〔一九〕，是深知天者。今之所作，以是爲本。舊於歌前亦有星形，然流傳易訛，所當削去。惟於歌之後〔二〇〕，採諸家之言以備其書云。

列宿圖一卷　天象分野圖一卷

鼂氏曰：未詳撰人。

景祐乾象新書三十卷

陳氏曰：司天春官正楊惟德等撰〔二一〕。以歷代占書及春秋至五代諸史採摭撰集。元年七月書成，賜名，仍御製序。

鼂氏曰：今惟三卷。

大宋天文書十五卷

陳氏曰：不著名氏，館閣書目亦無之，意其爲太史局見今施行之書，蓋供報、占驗大抵出此。

天經十九卷

陳氏曰：同州進士王及甫撰，不知何人。其書定是非，協同異，由博而約，儒者之善言天者也。

天象法要二卷

陳氏曰：丞相温陵蘇頌子容撰。元祐三年新造渾天成，記其法要而圖其形象進之。

歷代星史一卷

陳氏曰：不著名氏。抄集諸史天文志。

天文考異二十五卷

陳氏曰：昭武布衣鄒淮撰。大抵襲景祐新書之舊。淮後入太史局。

二十四氣中星日月宿度一卷

陳氏曰：此書傳之程文簡家，云得於荊判局，荊名大聲，太史局官也。

天象義府九卷

陳氏曰：宜黄布衣應垕撰。其書考究精詳，論議新奇，而多穿鑿傅會。象垂於天，其曰某星主某事者〔三二〕，人實名之也。開闢之初，神聖在御，地天之通未絶〔三三〕，其必有得於仰觀俯察之妙者，故曰「天垂象，聖人則之」。夫天豈諄諄然命之乎？如必一切巧爲之説，而以爲天意實然，則幾於矯誣矣。

右天文。

合元萬分曆一卷

鼂氏曰：唐曹氏撰，未知其名。曆元起唐高宗顯慶五年庚申，蓋民間所行小曆也。本天竺曆爲法，李獻臣云。

曆法一卷

鼂氏曰：未詳撰人。曆草也。

唐大衍曆議十卷

陳氏曰：唐僧一行作新曆，草成而卒，詔張說與曆官陳元景等次爲曆術七篇、略例一篇、曆議十篇，新史志略見之。十議者，一曆本，二日度，三中氣，四合朔，五卦候，六九道，七日晷，八分野，九五星，十日食。大抵皆以考正古今得失也。曆志略取其要，著於篇者十有二，曰曆本，曰中氣，曰合朔，曰卦候，曰卦〔二四〕，曰日度，曰九道，曰日食，曰五星。蓋曆議之八篇而分卦候爲二，故共爲九條。其没滅、盈縮、晷漏中星三條，則皆取之略例。餘曆議日晷、分野二篇，則具之天文志。嘉定辛未，辭科用爲序題，有劉澹如者，嘗得其書〔二五〕，自許必在選中〔二六〕，而考官但据史文，初不知此書尚存於世也，以其篇次與史文不合黜之。要之，史官因此書以述志，考官因史志以命題。當以此書爲本〔二七〕，參考志之所載，乃爲全善。

崇天曆一卷

陳氏曰：司天夏官正、權判監宋行古等撰。天聖二年上。學士晏殊序。國初有建隆應天曆，次有乾元曆、儀天曆，詳見三朝史志。

紀元曆三卷　立成一卷

陳氏曰：姚舜輔撰。崇寧五年成。自崇天之後〔二八〕，有明天曆、熙寧奉元曆、元祐觀天曆。至崇寧三年，舜輔造新曆，曰占天。未幾，蔡京又令舜輔更造，用帝受命之年、即位之日，元起庚辰，日命己卯，上親製序，頒之天下，賜名紀元。本朝承平諸曆，略具正史志，不見全書。此二曆近得之蜀人秦九韶道古，故存之。

統元曆一卷

陳氏曰：常州布衣陳得一更造，祕書少監朱震監視，紹興五年上。曆家不以爲工。

會元曆一卷

陳氏曰：夏官正劉孝榮造，禮部尚書李巘序，紹熙元年也。孝榮判太史局，凡造三曆，此其最後者，勝前遠矣。

統天曆一卷

陳氏曰：冬官正楊忠輔撰，丞相京鏜表進。其曆議甚詳。至於星度，明言不曾測驗，無候簿可以立術，最爲不欺。紹熙五年也。其末有神殺一篇，流於陰陽拘忌，則爲俚俗〔二九〕。

開禧曆三卷　立成一卷

陳氏曰：大理評事鮑澣之撰進，時開禧三年。詔附統天曆推算。至今頒曆，用統天之名，而實用此曆。當時緣金虜閏月與本朝不同，故於此曆加五刻。天道有常，而造術以就之，非也。大抵中興以來，雖屢改曆，而日官淺鄙，不知曆象之本，但模襲前曆，而於氣、朔皆一時遷就爾。

金虜大明曆一卷

陳氏曰：亡金大定十三年所爲也。其術疏淺不足取。積年三億以上，其拙可知。然統天、開禧改曆，皆緣朝論以北曆得天爲疑。貴耳賤目，由來久矣，寔不然也。

數術大略九卷

陳氏曰：魯郡秦九韶道古撰。前世算術，自漢志皆屬曆譜家。要之數居六藝之一，故今解題列之雜藝類，惟周髀經爲蓋天遺書，以爲曆象之冠。此書本名數術，而前二卷大衍、天時二類於治曆測天爲詳，故亦置之於此。秦博學多能，尤邃曆法，凡近世諸曆皆傳於秦。所言得失，亦悉著其語云。

集聖曆四卷

鼂氏曰：皇朝楊可集。可久爲司天冬官正，輯古今陰陽書〔三〇〕，彙爲四時，以涓擇日辰云。

百中經三卷

鼂氏曰：自紹興二十一年以上百二十年曆日節文也。

刻漏圖一卷

鼂氏曰：皇朝燕肅撰。肅有巧思，上蓮花漏法。嘗知潼川〔三一〕，有石刻存焉。洛陽宋君者增損肅之法，爲此圖。

官曆刻漏圖一卷　蓮花漏圖一卷

陳氏曰：太常博士王普伯照撰。

右曆算。

校勘記

〔一〕陰陽　此二字下原有「各門總」三字，據元本、慎本、弘治單刻本刪。
〔二〕陰陽家者流　「家」字原脱，據漢書卷三〇藝文志補。
〔三〕天文圖書藏祕閣西偏　「偏」原作「編」，據元本、慎本、弘治單刻本改。
〔四〕其孰能與焉　漢書卷三〇藝文志無「能」字。
〔五〕二百二十六卷　「百」上原脱「二」字，據新唐書卷五九藝文三補。
〔六〕次二曰敬用五事　「敬」，元本、慎本、弘治單刻本、漢書卷三〇藝文志作「羞」。下句釋「進」，則作「羞」是。原刊蓋依通行本尚書洪範改。
〔七〕而分爲二者也　「二」，元本、弘治單刻本、漢書卷三〇藝文志皆作「一」。
〔八〕周文王夢帝與九齡　「周文王」原作「周武王」，據元本、慎本、弘治單刻本、容齋續筆卷一五改。
〔九〕武王伐紂　「武王」二字原脱，據元本、慎本、弘治單刻本、容齋續筆卷一五補。
〔一〇〕一百單四部　「單」字原脱，據元本、慎本補。
〔一一〕別爲術數略　「術數」，元本、慎本、弘治單刻本、直齋書録解題卷一二皆作「數術」。下文「至其論術數」句、「陰陽之與術數」句、「而其他術數各自爲類」句中之「術數」，上三本與直齋書録解題亦皆作「數術」。
〔一二〕似未有以大異也　「似」，直齋書録解題卷一二作「亦」。
〔一三〕蓋天之書也　「之」原作「文」，據直齋書録解題卷一二改。

〔一四〕各一卷 「各」原作「多」，據直齋書録解題卷一二改。趙嬰注周髀一卷、甄鸞注周髀一卷，見舊唐書卷四七經籍志下、新唐書卷五九藝文志三著録。

〔一五〕司天考古星通元寶鏡一卷 「古」，袁本郡齋讀書志卷三、宛委本郡齋讀書志卷一三作「占」。「元」，袁本上書作「玄」。

〔一六〕台等州名 「台」原作「占」，據直齋書録解題卷一二、玉海卷一改。

〔一七〕唐太史令岐陽李淳風撰 「岐陽」原作「政陽」，據直齋書録解題卷一二改。按唐無「政陽」縣，兩唐書李淳風傳皆稱李淳風爲「岐州雍人」。

〔一八〕謂所載名數災祥 「災祥」原作「太詳」，據元本、慎本、弘治單刻本、通志卷三八改。又通志「載」下有「者」字。

〔一九〕又不言休咎 「咎」，通志卷三八作「祥」。

〔二〇〕惟於歌之後 「後」原作「前」，據通志卷三八改。

〔二一〕司天春官正楊惟德等撰 「楊惟德」原作「楊雄德」，據直齋書録解題卷一二、續資治通鑑長編卷一一五改。

〔二二〕其曰某星主某事者 「事」原作「書」，據直齋書録解題卷一二改。

〔二三〕地天之通未絶 「通」原作「道」，據直齋書録解題卷一二改。

〔二四〕曰卦 「曰」下原有「日」字，據元本、慎本、弘治單刻本删。直齋書録解題此句作「曰卦議」。新唐書卷二七上曆志三上雖作「卦議」，然彼處曆本議等各篇原皆有「議」字而爲解題所省，故此處亦無「議」字。

〔二五〕嘗得其書 「嘗」原作「蓋」，據直齋書録解題卷一二改。

〔二六〕自許必在選中 「許」，元本、慎本、弘治單刻本、直齋書録解題卷一二皆作「詭」。

〔二七〕當以此書爲本　「此」字原脱，據直齋書録解題卷一二補。
〔二八〕自崇天之後　「天」原作「文」，據直齋書録解題卷一二改。
〔二九〕則爲俚俗　「俗」原作「語」，據直齋書録解題卷一二改。
〔三〇〕輯古今陰陽書　「輯」上原有「正」字，據郡齋讀書志卷一三删。
〔三一〕嘗知潼川　「潼川」原作「潼州」，據郡齋讀書志卷一三改。

卷二百二十　經籍考四十七

子　五行　占筮　形法

廣古今五行志三十卷

鼂氏曰：竇維鋈撰〔一〕。唐志有其目，未詳何人。纂五行變異，叙其徵應，蓋爲洪範之學者。

自古術數之學多矣，言五行則本洪範，言卜筮則本周易，近時兩者之學殆絶，而最盛於世者，葬書、相術、五星、禄命、六壬、遁甲、星禽而已。然六壬之類，足以推一時之吉凶〔二〕；星禽、五星、禄命、相術之類，足以推一身之吉凶；葬書之類，足以推一家之吉凶；遁甲之類，足以推一國之吉凶。其所知若有遠近之異，而或中或否，不可盡信則一也。

遁甲萬一訣一卷

鼂氏曰：題云唐李靖所纂黄帝書。按遁甲之書，見於隋志凡十三家〔三〕，則其學之來亦不在近世矣。以休、生、傷、杜、景、死、驚、開八門，推國家之吉凶。通其學者以爲有驗。未之嘗試也。

遁甲經一卷

鼂氏曰：唐胡乾撰。李氏書目亦云九天玄女術。推九星、八門、三奇六儀之法。

景祐遁甲玉函符應經二卷

陳氏曰：司天春官正楊惟德撰，御製序。

景祐太一福應集要十卷

陳氏曰：楊惟德撰，御製序。末題紹興元年嵩陽潛士魏郡劉篔。其積算自建炎三年己酉推之者，其所附益也。九宮、八門與遁甲相表裏。字多訛，未有他本可校。

陰陽二遁圖局一卷并雜訣

三元立成圖局二卷　遁甲八門機要一卷　太乙淘金歌一卷

陳氏曰：已上四種皆不著撰著人名氏。得之盱江吴炎〔四〕。

遁甲選時圖二卷

陳氏曰：紹興府所刻本，亦無名氏。

秤星經三卷

鼂氏曰：不著撰人。以日月、五星、羅睺、計都、紫氣、月孛十一曜，演十二宫宿度，以推人貴賤、壽夭、休咎。不知其術之所起，或云天竺梵學也。按洪範曰：「歲月日時無易，百穀用成，乂用明，俊民用章，家用平康。」「月之從星，則以風雨。」泠州鳩曰：「武王伐殷，歲在鶉火，月在天駟，日在析木之津〔五〕，辰在斗柄，星在天黿。」以此言之，五星之術，其來尚矣。蓋可以占國則可以占事，可以占事則可以占人也。然術家用日月、五星以占吉凶，又加以交初、交中之神，紫氣、月孛之宿。

初、中者，交食之會，亦可以意求；惟氣、孛無稽，而術家獨以爲效，且曰土木之餘氣。五星之行，土木最遲，而爲吉凶者久，故有餘氣云。

周易十二論一卷

鼂氏曰：未詳撰人。論日、月、五星直年以占吉凶。

珞琭子三命一卷

鼂氏曰：李獻臣云，珞琭者，取「珞珞如玉，碌碌如石」之義，推人生休咎否泰之法。箕子曰「五行水、火、金、木、土」，禹曰「辛、壬、癸、甲」，則甲子、五行之名，蓋起於堯舜、三代之時矣。鄭氏釋「天命之謂性」曰，謂木神則仁，金神則義之類；又釋「我辰安在」曰，謂六物之吉凶。此以五行、甲子推知休咎否泰於其傳者也。呂才稱起於司馬季主及王充，其言淺哉。然才所詆建禄、背禄、三刑、劫殺、建學、空亡、勾絞、六害、驛馬之類，皆今世三命之術也，亦在才之前矣。由是觀之，視他術淵源獨遠。且小運之法，本於説文巳字之訓；空亡之説，本於史記孤虚之術，多有所自來，故精於其學者，巧發奇中最多。

陳氏曰：此書禄命家以爲本經，其言鄙，閭巷賣卜人所爲也。

珞琭子疏五卷

鼂氏曰：皇朝李仝〔六〕、東方明撰。

李虚中命書三卷

鼂氏曰：唐李虚中撰。虚中字常容，姓纂云，冲之八代孫。學最深於五行書，壽夭、貴賤、利不利，輒先處其年時，百不失一。韓愈言冲爲虚中十一世祖，誤也。

河圖天地二運賦一卷〔七〕

鼂氏曰：不著撰人。論天地二運，蓋三命書也。崇文目以爲卜筮類。

壺中賦一卷

陳氏曰：稱紫雲溪壺中子，莫知何人。

源髓歌六卷　後集三卷

陳氏曰：唐沈芝撰。後集妄也。

太乙命訣一卷

陳氏曰：稱袁天綱，妄人假託。

五命祕訣一卷

鼂氏曰：皇朝林開撰。三命之術，年、月、日支干也，加以時、胎，故曰五命。

鮮鶚經十卷

鼂氏曰：未詳撰人。凡十門，六十二章。以星禽推知人之吉凶，言其性情、嗜好爲尤驗。説者謂本神仙之訣也，故此書載於道藏。李邯鄲云羅浮山逍遥子撰。

紫堂訣三卷

鼂氏曰：紫堂先生撰，未詳何代人。著紫垣十二星至隱曜，總三百六十位，分二十八舍，附之以五星，配十二辰，以推人命之吉凶。

五星命書一卷

陳氏曰：不著名氏。其歌訣頗詳，然未必驗也。

五星三命指南十四卷

陳氏曰：亦不知名氏，大抵書坊售利，求俗師爲之。

聿斯歌一卷

陳氏曰：青羅山布衣王希明撰〔八〕，不知何人。

靈臺三十六歌一卷

陳氏曰：題稱武平先生所撰，然亦不知其爲何代人〔九〕。

五星六曜約法一卷　洞微歌一卷　紫宙經一卷

陳氏曰：以上三種皆無撰著名氏，亦莫考其所自出〔一〇〕。

四門經一卷

陳氏曰：唐待詔陳周輔撰。

青羅立成曆一卷

陳氏曰：司天監朱奉奏。據其曆，「起貞元十年甲戌入曆，至今乾寧四年丁巳」，則是唐末人。

羅計二隱曜立成曆一卷

陳氏曰：稱太中大夫曹士蔿，亦莫知何人，但云起元和元年入曆。

諸家五星書一卷

陳氏曰：雜録五星禄命之説。前數家亦多在焉。

遁甲八門命訣一卷

陳氏曰：不知名氏。

信齋百中經一卷

陳氏曰：不著名氏。安慶府本。術士言最善。

怡齋百中經一卷

陳氏曰：東陽術士曹東野。自言今世言五星者，皆用唐顯慶曆，曆法更本朝，前後無慮十餘變，而百中經猶守舊曆〔二〕，安得不差！於是用見行曆法推算〔三〕。其説如此，未之能質也〔三〕。

五行精紀三十四卷

陳氏曰：清江鄉貢進士廖中撰。周益公爲之序。集諸家三命説。

三辰通載三十四卷

陳氏曰：嘉禾錢如璧編集五星命術。

廣濟陰陽百忌曆二卷

陳氏曰：稱唐吕才撰。有序。按：才序陰陽書，其三篇見於本傳，曰禄命，曰卜宅，曰葬，盡掃世俗拘滯之論，安得復有此曆！本初固已假託，後人附益，尤不經。

三曆會同十卷

陳氏曰：不知作者。集百忌、總聖、集正三書。

萬曆會同三十卷〔一四〕

陳氏曰：陳從古撰。以前書推廣之。書坊售利之具也。

彈冠必用一卷

陳氏曰：周謂撰〔一五〕。專爲宦游擇日設。

三曆撮要一卷

陳氏曰：無名氏。又一本名擇日撮要曆，大略皆同。建安徐清叟真翁云，其尊人尚書公應龍所輯，不欲著名。

陰陽備用十二卷〔一六〕

陳氏曰：通判舒州新安胡舜甲汝嘉撰〔一七〕。此書本爲地理形法，而諸家選時日法要皆在焉〔一八〕，故附於此。

右五行

焦氏易林十六卷

鼂氏曰：漢天水焦延壽傳易於孟喜，此其所著書也。費直題其前，曰「六十四卦變」。又有唐王俞序〔一九〕。其書每卦變六十四〔二〇〕，總四千九十六首。皆爲韵語，與左氏傳所載〔二一〕「鳳凰于飛，和鳴鏘鏘」，漢書所載「大横庚庚，予爲天王」之語絶相類，豈古之卜者，各有此等書邪？

石林葉氏曰：吾家有焦貢易林、京房易二書，大抵皆卜筮、陰陽、氣候之言，不復更及易道。考之班固儒林傳，漢初傳易，大抵皆本之田何，而焦貢獨得隱士之説，以授京房。貢嘗從孟喜問易，會喜死，房即以其學出孟氏，其徒翟牧、白生不肯，皆曰非也。然孟喜雖授學田王孫，至其候陰陽災變，言田生死時枕喜膝，獨傳喜，其實妄也。故梁邱賀辨以爲田生絶施讐手中，時喜歸東海，無此事。則二氏書其源流固無所本，縱焦貢書出孟氏，固謬矣。如趙賓説「箕子明夷」爲「箕子者，萬物方荄兹也」，云受於喜，喜爲名之〔二二〕，則喜乃妄人而已。

陳氏曰：又名大易通變。唐會昌丙寅〔二三〕，越五雲谿王俞序。凡四千九十六卦，其辭假出於經史，其意雅通於神祇。蓋一卦可以變六十四也。舊見沙隨程迥所記，南渡諸人以易林筮國事，多奇驗。求之累年，寶慶丁亥始得之莆田。皆韵語，古雅頗類左氏所載繇辭，或時援引古事。間嘗筮之，亦驗。頗恨多脱誤。嘉熙庚子從湖守王寺丞侑借本兩相校，十得八九。其中亦多重復，或諸卦數爻共一繇，莫可考也。

八神筮法二卷

鼂氏曰：以八卦世分六十四卦，每卦首必云「子夏曰」，論易筮之吉凶。

靈棋經二卷

鼂氏曰：漢東方朔撰。又云張良、劉安，未知孰是。晉顏幼明、宋何承天注。有唐李遠叙。歸來子以爲黄石公書，豈謂即以授良者邪〔二四〕？按：南史載「客從南來，遺我良財，寳貨珠璣，金盌玉盃」之繇，則古之遺書也明矣。凡百二十卦，皆有繇辭。

靈龜經一卷

鼂氏曰：史蘇撰。論龜兆之吉凶。崇文目三卷。

易傳積算法雜占條例一卷

陳氏曰：漢京房撰，詳已見易類。世所傳京氏遺學不過如此而已。今世卜者世應、飛伏、納甲之類，皆出京氏。

周易版詞一卷

陳氏曰：不知名氏，當是漢、魏以前人所爲。其間官名皆東京制也。

周易元悟一卷

陳氏曰：題李淳風撰。

火珠林一卷

陳氏曰：無名氏。今賣卜者擲錢占卦，盡用此書。

揲蓍古法一卷

陳氏曰：開封鄭克武子撰。

蓍卦辯疑序三卷

陳氏曰：郭雍撰。自序略言：「學者相傳，謂九爲老陽，七爲少陽，六爲老陰，八爲少陰。及觀乾爻稱九，坤爻稱六，則九、六爲陰陽，蓋無疑也。而六子皆稱九、六，不言七、八，則少陰、少陽未有所據。及考乾、坤之策，曰乾之策二百一十有六，坤之策百四十有四，六之一，則乾爻得三十六，坤爻得二十四，是則老陰、老陽之數也。又考二篇之策，陽爻百九十有二，以三十六乘之，積六千九百十有二；陰爻百九十有二，以二十四乘之，積四千六百八。合之爲萬有一千五百二十。則二篇之策，亦皆老陰、老陽之數也。而少陰、少陽之數又無所見。再置陽爻百九十有二，以少陽二十八乘之，積五千三百七十六；再置陰爻百九十有二〔二五〕，以少陰三十二乘之，積六千一百四十四。合之亦爲萬有一千五百二十。以是知少陰、少陽之數隱於老陰、老陽之中。如是則七、九皆爲陽，六、八皆爲陰，其畫爲奇爲耦皆同。聖人畫卦，初未必以陰陽老少爲異，然卜史之家欲取動爻之後卦，故分別老少之象，與聖人畫卦之道已不同矣。然七、九爲陽，六、八爲陰，蓋謂陰陽各有二道，與說卦言『立天之道曰陰與陽，立地之道曰柔與剛』，其義皆同。是道也，以聖人不明載之繫辭，後世紛紛互相矛盾，至有大失聖人之意者。大率多主卜史之論〔二六〕，不知所謂策數，遂妄爲臆說也。」

朱子語録曰：「揲蓍雖是一小事，自孔子來千五百年，人都理會不得。唐時人說得雖有病痛，大體理會得是。近來說得大乖，自郭子和始。奇者，揲之餘爲奇。扐者，歸其餘，扐二指之中。今子和反以掛一爲奇，而以揲之餘爲扐。又不用老少，只用三十六、三十二、二十八、二十四，不知爲策數〔二七〕。以爲聖賢從來只説陰陽，不曾説老少。不知他既無老少，則七、八、九、六皆無用，又何以爲卦！」又曰：「龜爲卜，策爲筮，策是餘數謂之策。他只是胡亂説策字。」或問：「他既如此説，則『再扐而後掛』之説何如？」曰：「他以第一揲扐爲扐，第二、第三揲不掛爲扐，第四揲又掛。然如此則無五年再閏。如某已前排，真个是五年再閏。聖人下字皆有義理，掛者，挂也；扐者，勒於二指之中也。」

常陽經一卷

鼂氏曰：崇文目題曰黄帝式用，蓋六壬占卜術也。

六壬要訣一卷

鼂氏曰：未詳何人撰。隋志載六壬之書兩種。金鑾密記及五代史記頗言其驗。今世龜筮道息，而此術獨行。

六壬課鈐一卷

鼂氏曰：未詳何人所纂。以六十甲子加十二時，成七百二十課〔二八〕，三傳入神，以占吉凶。

玉關歌一卷

鼂氏曰：不題撰人。六壬課訣也。

六壬翠羽歌一卷

陳氏曰：後唐長興中僧令岑撰。錯誤極多，未有他本可校。

六壬洞微賦一卷

陳氏曰：不知名氏。瞽卜劉松年所傳。

京氏參同契律曆志一卷

陳氏曰：虞翻注。專言占象而不可盡通，字亦多誤，未有別本校。

京氏易式一卷

陳氏曰：鼂説之以道撰。

占燈法一卷　觀燈法一卷

鼂氏曰：唐李淳風撰。崇文總目亦有之。

右占筮。

八五經一卷〔二九〕

鼂氏曰：序云黄帝書。「八五」，謂八卦、五行。雖後人依託，而其辭亦馴雅，相墓書也。呂才葬篇以六説詰其不驗，且云：「世之人爲葬巫所欺〔三〇〕，忘擗踊荼毒，以期徼幸。由是相塋隴，希官爵，擇時日，規財利。」誠哉是言也。

陳氏曰：序稱大將軍記室郭璞。後序言：「余受郭公囊書數篇，此居一，公戒以祕之。丞相王公盡索余書，余以公言告之，得免。」末稱太興元年六月，蓋晉元帝時。王公，謂導也。然皆依託耳。

其書爲相墓作。

狐首經一卷

陳氏曰：不著名氏。稱郭景純序，亦依託也。胡汝嘉始序而傳之。其文亦雅馴，言頗有理。

續葬書一卷

陳氏曰：稱郭景純撰。鄙俗依託。

青囊補注三卷

鼂氏曰：郭璞撰。世傳葬書之學，皆云無出郭璞之右者。今盛行多璞書也〔三一〕。按璞傳載葬母事，世傳蓋不誣矣。璞未幾爲王敦所殺。若謂禍福皆繫於葬，則璞不應擇凶地以取禍；若謂禍福有定數，或他有以致之，則葬地不必擇矣。嗚呼，璞自用其術尚如此，況後遵其遺書者乎！

撥沙經一卷

鼂氏曰：唐呂才撰。地理書。畫山水之形成圖。蓋依託者。

青囊本旨一卷

鼂氏曰：不記撰人。演郭璞相墓青囊經也。

洞林別訣一卷　尋龍入式一卷

鼂氏曰：江南范越鳳集郭璞所記、諸家地理書得失爲此書，二十四篇，并司空班尋龍入式歌附〔三二〕。

陳氏曰：又名洞林别訣。范越鳳，相傳縉雲人，家於將樂。

地理少一卷〔三三〕

陳氏曰：稱李淳風，亦未必然。

會元經二十四卷

晁氏曰：孫季邕撰，未詳何代人。集諸家相地書，芟其鄙陋無驗者，成是書。

金鎖正要一卷　玄談經一卷　錦囊遺録一卷　五行統例一卷

鼂氏曰：四書皆地理書也。

五音地理新書三十卷

鼂氏曰：唐僧一行撰。以人姓五音，驗八山、三十八將吉凶之方。其學今世不行。

地理口訣一卷

陳氏曰：不知何人所集。曰楊筠松、曾楊乙、黄禪師、左仙、朱仙桃、范越鳳、劉公、賴太素、張師姑、王吉，凡十家。

楊公遺訣曜金歌并三十六圖象一卷〔三四〕

陳氏曰：楊即筠松也，人號楊救貧〔三五〕。

神龍鬼砂一卷　羅星妙論一卷

陳氏曰：皆不知作者。

九星賦一卷

陳氏曰：題范公。

陰陽精義二十篇

朱伯起撰。水心序：「伯起從鄭公景望學，而與景元爲友。酷嗜地理，談山如啖蔗。浮海葬妻大芙蓉，云後百年當驗。著書二十篇，論原起乘止尤詳。二鄭因是喜陰陽家。余嘗怪蘇公子瞻居陽羨而葬嵩山，一身豈能應四方山水之求？近時朱公元晦聽蔡季通預卜壽藏，門人裹糧行紼，六日始至。乃知好奇者，固通人大儒之常患也。」

龍髓經一卷　疑龍經一卷　辯龍經一卷　龍髓别旨一卷　九星祖局圖一卷　五星龍祖一卷　二十八禽星圖一卷

陳氏曰：以上七種皆無名氏，并前諸家，多吴炎録以見遺。江西有風水之學，往往人能道之〔三六〕。

三十二家相書三卷

鼂氏曰：或集許負以下三十二家書，成此編。

月波洞中記一卷

鼂氏曰：序稱唐任逍遥得之於太白山月波洞石壁上。凡九篇，相形術也。崇文總目置之五行類。

雜相書一卷

陳氏曰：凡三十二種〔三七〕，又有拾遺，亦吴晦父所録。

成和子觀妙經一卷

陳氏曰：不著名氏。

希夷先生龜鑑一卷〔三八〕

陳氏曰：逸人亳社陳摶圖南撰，劉康國注。館閣書目作人倫風鑒。

袖中記一卷

鼂氏曰：皇朝李唐濬撰。辨人形色相〔三九〕，知其壽夭吉凶〔四〇〕。

群書古鑒一卷

鼂氏曰：未詳撰者姓名。熙寧間，集書史相術驗者。

諸家相書五卷

陳氏曰：知莆田縣昭武黄庚毅夫撰集〔四一〕。

玉管神照一卷

陳氏曰：無名氏。

相馬經〔四二〕

鼂氏曰：伯樂撰。

集馬相書一卷

陳氏曰〔四三〕：光禄少卿孫珪撰。

相牛經一卷

鼂氏曰：序曰：「甯戚傳之百里奚，漢世河西薛公得其書以相牛，千百不失其一。至魏世高堂生又傳晉宣帝，其後祕之。細字，薛公注也。」

相鶴經一卷

鼂氏曰：題曰浮邱公撰。其傳，云浮邱公傳於王子晉，後崔文子學道於子晉，得其文，藏於嵩山之石室，淮南公採藥得之，乃傳於世。

相貝經一卷

陳氏曰：不知作者。

師曠禽經一卷

陳氏曰：稱張華注。

右形法。

校勘記

〔一〕竇維鋈撰　「維」字原脱，據新唐書卷五九藝文三、宋史卷二〇六藝文五、玉海卷五引中興書目補。

〔二〕足以推一時之吉凶　「之」字原脱，據郡齋讀書志卷一四補。

〔三〕見於隋志凡十三家　郡齋讀書志卷一四同。按隋書卷三四經籍三以「遁甲」名書者有五十五種，此處有誤。
〔四〕得之盱江吴炎　「盱江」原作「旴江」，據元本、慎本改。
〔五〕日在析木之津　「日」原作「一曰」，據國語周語下、困學紀聞卷九引郡齋讀書志改。
〔六〕皇朝李仝　「李仝」原作「李全」，據袁本讀書後志卷二、續古逸叢書收影宋抄本珞琭子三命消息賦改。
〔七〕河圖天地二運賦一卷　「地」字原脱，「二運」二字原倒，據郡齋讀書志卷一四及下文「論天地二運」句補、乙正。
〔八〕青羅山布衣王希明撰　「山」字原脱，據殿本直齋書録解題卷一二補。
〔九〕題稱武平先生所撰然亦不知其爲何代人　元本、慎本、弘治單刻本、直齋書録解題卷一二無「題」、「所撰然」、「其爲」、「代」七字。
〔一〇〕以上三種皆無撰著名氏亦莫考其所自出　元本、慎本、弘治單刻本、直齋書録解題卷一二無「撰著」、「亦莫考其所自出」九字。
〔一一〕而百中經猶守舊曆　「曆」字原脱，據直齋書録解題卷一二補。
〔一二〕於是用見行曆法推算　「於是」原作「乃」，據元本、慎本、弘治單刻本、直齋書録解題卷一二改。
〔一三〕未之能質也　「之」原作「知」，據元本、慎本、弘治單刻本、直齋書録解題卷一二改。
〔一四〕萬曆會同三十卷　宋史卷二〇六藝文五同。直齋書録解題卷一二無「十」字。
〔一五〕周謂撰　「周謂」，宋史卷二〇六藝文五、直齋書録解題卷一二作「周渭」。
〔一六〕陰陽備用十二卷　「二」，弘治單刻本、宋史卷二〇六藝文五作「三」。
〔一七〕通判舒州新安胡舜甲汝嘉撰　「胡舜甲」，宋史卷二〇六藝文五、直齋書録解題卷一二作「胡舜申」。

〔一八〕而諸家選時日法要皆在焉　「時」原作「對」，據直齋書録解題卷一二改。

〔一九〕又有唐王俞序　「王俞」原訛作「渝王」，據直齋書録解題卷一二、易林序改。

〔二〇〕其書每卦變六十四　「其」原作「所」，據郡齋讀書志卷一改。

〔二一〕與左氏傳所載　「所」字原脱，據郡齋讀書志卷一補。

〔二二〕喜爲名之　「喜」上原衍「爲」字，據漢書卷八八儒林傳删。

〔二三〕唐會昌丙寅　「丙」原作「景」。按「會昌景寅」即唐武宗會昌六年，丙寅年也，係避唐世祖諱改，今改回。

〔二四〕豈謂即以授良者邪　「即」字原脱，據臥雲本、宛委本郡齋讀書志卷一四補。

〔二五〕再置陰爻百九十有二　「二」原作「一」，據直齋書録解題卷一二改。

〔二六〕大率多主卜史之論　「卜」原作「下」，據元本、慎本、弘治單刻本、直齋書録解題卷一二改。

〔二七〕不知爲策數　朱子語類卷七五無「不知」二字。

〔二八〕成七百二十課　「十」下原衍「三」字，據宛委本、臥雲本郡齋讀書志删。

〔二九〕八五經一卷　「一」，郡齋讀書志卷一四作「三」。

〔三〇〕世之人爲葬巫所欺　「之人」二字原倒，據新唐書卷一〇七吕才傳、郡齋讀書志卷一四乙正。

〔三一〕今盛行多璞書也　「多」原作「皆」，據郡齋讀書志卷一四改。

〔三二〕并司空班尋龍入式歌附　「司空班」，宋史卷二〇六藝文五同。郡齋讀書志卷一四作「司空珏」。

〔三三〕地理少一卷　「少」，直齋書録解題卷一二作「小」。

〔三四〕楊公遺訣曜金歌并三十六圖象一卷　「圖象」，直齋書録解題卷一二作「象圖」。

〔三五〕人號楊救貧　「人」原作「又」，據直齋書録解題卷一二改。

〔三六〕往往人能道之　「能」原作「皆」，據直齋書録解題卷一二改。

〔三七〕凡三十二種　直齋書録解題卷一二作「凡二十三種」。

〔三八〕希夷先生龜鑑一卷　「龜鑑」，直齋書録解題卷一二作「風鑑」。按下文云「館閣書目作人倫風鑑」，宋史卷二〇六藝文五、通志卷一六藝文六皆作人倫風鑑。

〔三九〕辨人形色相　「相」字原脱，據郡齋讀書志卷一四補。

〔四〇〕知其壽夭吉凶　「其」原作「人」，據元本、慎本、郡齋讀書志卷一四改。

〔四一〕知莆田縣昭武黄庚毅夫撰集　「黄庚」，直齋書録解題卷一二作「黄唐」。

〔四二〕相馬經　郡齋讀書志卷一五伯樂所撰相馬經作「二卷」，疑此處脱卷數。

〔四三〕陳氏曰　原作「鼂氏曰」，今改。按此條不見於郡齋讀書志，而見於直齋書録解題卷一二。

卷二百二十一　經籍考四十八

子　兵書

漢藝文志：兵家者流，蓋出古司馬之職，王官之武備也。洪範八政，八曰師。孔子曰爲國者「足食足兵」，「以不教民戰，是謂棄之」，明兵之重也。湯、武受命，以師克亂而濟百姓，動之以仁義，行之以禮讓，司馬法是其遺事也。自春秋至於戰國，出奇設伏，變詐之兵並作。漢興，張良、韓信序次兵法，凡百八十二家，删取要用，定著三十五家。諸吕用事而盗取之。武帝時，軍政楊僕捃摭遺逸〔一〕，紀奏兵録，猶未能備。至於孝成，命任宏論次兵書爲四種。

漢志：兵權謀十三家，二百五十九篇。省伊尹、太公、管子、孫卿、鶡冠子、蘇子、蒯通、陸賈、淮南王二百五十九種，出司馬法入禮也。其權謀者，以正守國，以奇用兵，先計而後戰，兼形勢，包陰陽，用技巧者也〔二〕。

漢志：兵形勢十一家，九十二篇，圖十八卷。形勢者，雷動風舉，後發而先至，離合背鄉，變化無常，以輕疾制敵者也。

漢志：陰陽十六家，二百四十九篇，圖十卷。陰陽，順時而發，推刑德，隨斗擊，因五行相勝，假鬼神而爲助者也〔三〕。

漢志：兵技巧十三家〔四〕，百九十九篇。省墨子重，入蹴鞠也〔五〕。技巧者，習手足，便器械，積機關，以立攻守之勝者也。凡兵書五十三家，七百九十篇，圖四十三卷。

容齋洪氏隨筆曰：漢成帝命任宏論次其書爲四種，其權謀中有韓信三篇，形勢中有項王一篇，前後藝文志載之，且云：「漢興，張良、韓信序次兵法，凡百八十二家，删取要用，定著三十五家。諸吕盜取之。」項、韓雖不得其死，而遺書可傳於後者，漢世不廢。今不可復見矣。

隋志：一百三十三部，五百一十二卷。

唐志：二十三家，六十部，三百一十九卷。失姓名十四家，李筌以下不著録二十五家，一百六十三卷。

宋三朝志：一百八十二部，五百五十三卷。

宋兩朝志：三十二部，一百二十七卷。

宋四朝志：九十七部，八百二十八卷。

宋中興志：九十二家，一百單七部，一千七十四卷。

六韜六卷

鼂氏曰：周吕望撰。按漢藝文志無此書，梁、隋、唐始著録，分文、武、龍、虎、豹、犬六目，兵家權謀之書也。元豐中，以六韜、孫子、吴子、司馬法、黄石公三略、尉繚子、李衛公問對頒行武學，令習之〔六〕，號「七書」云。按兵法，漢成帝常命任宏分權謀、形勢、陰陽、技巧爲四種。今又有卜筮、政刑之説，蓋在四種之外矣。

高氏子略曰：詩曰：「維師尚父，時維鷹揚，凉彼武王，肆伐大商，會朝清明。」鄭康成稱其「天期已至，兵甲之彊，師率之武〔七〕，故今伐商，合兵以清明也」。牧誓曰：「時甲子昧爽，王朝至於商郊牧野。」與詩合也。武王之問太公曰：「何以知人心？」王時寢疾，太公負而起之，曰：「行，迫矣，勉之。」武王乃駕鶩冥之車，周旦爲之御，至於孟津。大黃參連弩、大才扶胥車，戰具。飛鳧、赤莖白羽，以銅爲首。電影、青莖赤羽，以銅爲首〔八〕，副也。晝則爲光，夜則爲星。方頭鐵鎚、重八斤。一名鐵鉞〔九〕。行馬、廣二丈，二十具。渡溝飛橋、廣五丈，轉關鹿盧。鷹爪方凶鐵杷〔一〇〕、柄長七尺。天陣、日月、斗杓，杓一左一右，一仰一背，此爲天陣〔一一〕。地陣、邱陵水泉，有左右前後之利。人陣、車馬文武。積楹臨衝、攻具。雲梯〔一二〕、飛樓、視城中也。武衝〔一三〕、大櫓、三軍所需。雲火萬炬、火具。吹鳴箛。審此，則康成所曰「兵甲之彊、師率之武」爲可考歟，亦詩所謂「檀車煌煌，駟騵彭彭」者也。又考諸武王曰：「殷可伐乎？」太公曰：「天與不取，反受其咎。」武王又曰：「諸侯已至，士民何如？」太公曰：「大道無親，何急於元士！」武王又曰：「民吏未安，賢者未親，何如？」太公曰：「無故無親，如天如地。」其言若有合於書者。詩之上章曰：「保右命爾，變伐大商。上帝臨女，無貳爾心。」此之謂也〔一四〕。

周氏涉筆曰：謂太公爲兵家之祖，自漢人已然，本無所稽，僅以陰符有託而云爾。太公遇文王事尚未足信，况談兵哉？周詩「鷹揚」外無他語。周公曰：「惟文王尚克修和我有夏。亦惟有若虢叔，有若閎夭，有若泰顛，有若南宮括。」「武王惟茲四人，尚迪有祿。後暨武王，誕將天威，咸劉厥敵。惟茲四人，昭武王惟冒，丕單稱德。」向使太公主柄伐商，身爲大將，周公其遺之乎？六韜不知出何時，其屑屑共議「以家取國」、「以國取天下」，殆似丹徒布衣、太原宮監所經營者。史記載君臣各把鉞，斷首懸旗，以後人臆記，非實也；歸賂免囚，好事爲之。而此書因著文伐十二節，陰賂左右，輔其淫樂，養其亂臣，與韓非所云「納費仲、奉玉版」并爲一論，蓋文、武、周、召之一厄也。管子書載湯結女華以爲陰，事曲逆以爲陽，戰國諸子窺測古聖，妄誕率類此。太公舉賢尚功，周公知其有簒弑之臣，亦是後人妄以見事附合。而諸子因記殺華士，謂周公馳往救之，疏謬可笑。此書有上賢篇，則「六賊七害」指「抗志高節」、「輕爵位」、「賤有司」、「語無爲」、「言無欲」、「虛論高議」、「窮居静處」條，居大半，全與暴亂同科。按武王既定天下，其詩曰「日靖四方」，其書曰「無有作惡」，當「丕單稱德」之世，而紛然懸賞罰，募功名，不知將何出也！此書並緣吴起，漁獵其詞，而綴緝以近代軍政之浮談，淺駁無可施用。蓋吴起、武侯，真答問也，故問者當其形，對者應其實，至於料六國形勢所當出，百代之下，猶可想像。而此書問答徒效之也，故務廣不務精，語脉皆不相應，讀者宜熟察也。

陳氏曰：其辭鄙俚，世俗依託也。

水心葉氏曰：自龍韜以後四十三篇，條畫變故，預設方禦，皆爲兵者所當講習。孫子之論至深不可測，而此四十三篇繁悉備舉，似爲孫子義疏也。其書言「避正殿」，乃戰國後事，固當後於孫子。論將有「十過」，近於「五危」；戰車「十死」、戰騎「九敗〔一五〕」，與行軍、九地相出入；其勵軍言「禮將」、「力將」、「止欲將〔一六〕」，練士各聚卒，教戰成三軍，又本於吴起。然則孫、吴固兵家所師用。至莊周亦稱「九徵」，則真以爲太公所言矣。然周嫚侮爲方術者，而不悟六韜之非僞〔一七〕。何也？蓋當時學術無統，諸子或妄相詆訾，或偶相崇尚〔一八〕，出於率爾，豈足據哉！

司馬法三卷

鼂氏曰：齊司馬穰苴撰。威王使大夫追論古者司馬兵法，而附穰苴於其中，因號司馬穰苴兵法〔一九〕。司馬遷謂其書「閎廓深遠，雖三代征伐，未能竟其義。如其文，近亦少褒矣〔二〇〕。穰苴爲區區小國行師，何暇及司馬兵法之揖讓乎？」

陳后山擬御試武舉策曰：臣聞齊威王使其大夫追論古者司馬兵法，附以先齊大司馬田穰苴之説，號曰司馬穰苴兵法。夫所謂古者司馬兵法，周之政典也；所謂司馬穰苴兵法〔二一〕，太史遷之所論，今博士弟子之所誦説者也。昔周公作政典，司馬守之以佐天子平邦國，而正百官、均萬民，故征伐出於天子。及上廢其典，下失其職，而周衰矣，故征伐出於諸侯，典之用舍興壞繫焉。遷徒見七國、楚、漢之戰以詐勝，而身固未嘗行道也，遂以仁義爲虚名，而疑三代以文具，可謂不學矣。史稱遷博極群書，而其論如此，所謂雖多奚爲者也。臣謹按：傳記所載司馬法之文，今書皆無之，則亦非齊之全書也。然其書曰：「禮與法表裏，文與武左右。」又曰：「殺人以安人，殺之可也；攻其國，愛其民，攻之可也；以戰去戰，雖戰可也。」又曰：「夏、冬不興師，所以兼愛民。」此先王之政，何所難乎？至其説曰「擊其疑，加其卒，致其屈，襲其規」，此穰苴之所知也，漢之所行〔二二〕，遷之所見，而謂先王爲之乎！

魏武注孫子一卷

鼂氏曰：吴孫武撰，魏武帝注。按漢藝文志，孫子兵法八十二篇，今魏武所注，止十三篇。杜牧以爲武書數十萬言，魏武削其繁剩，筆其精粹，成此書云。其序略曰：「吾讀兵書戰策多矣，武所著深矣。」

水心葉氏曰：按司馬遷稱孫子十三篇，而班固志藝文，乃言吴孫子兵法八十二篇〔二三〕。又吴起四十八篇，而今吴起六篇而已。又今中庸一篇，而志稱四十九篇。豈昔所謂篇者，特章次之比，非今粹書也？然遷時已稱十三篇，而劉歆、班固在其後，反著八十二篇。以火攻、用間考之，疑孫子亦有未盡之書。然此爲文字多少，其不存者自不足論。遷載孫武齊人，而用於吴，在闔閭時，破楚入郢，爲大將。按左氏無孫武。他書所有，左氏不必盡有，然頴考叔、曹劌、燭之武、鱄設諸之流，微賤暴用事，左氏未嘗遺，而武功名章灼如此，乃更闕。又同時伍員、宰嚭，一一銓次，乃獨不及武邪？詳味孫子，與管子、六韜、越語相出入，春秋末、戰國初山林處士所爲。其言得用於吴者，其徒夸大之説也。自周之盛，至春秋，凡將兵者必與聞國政，未有特將於外者。六國時此制始改。吴雖蠻夷，而孫武爲大將乃不爲命卿，而左氏無傳焉，可乎？故凡謂穰苴、孫武者，皆辯士妄相標指，非事實。其言闔閭試以婦人，尤爲奇險不足信。

高氏子略曰：周衰，制隳法蕩，政不克綱，强弱潰凌〔二四〕，一趨於武，侈兵圖霸，干戈相尋，甚可畏也。其間謀帥行師〔二五〕，命意立制，猶知篤禮信，尚訓齊，庶幾三代仁義之萬一焉耳，殊未至於毒也。兵流於毒，始於孫武乎？武稱雄於言兵，往往舍正而鑿奇，背義而依詐。凡其言反覆，其變無常〔二六〕，智術相高，氣驅力奪〔二七〕，故詩、書所述，韜、匱所傳，至此皆索然無遺澤矣。先儒曰「無以學術殺天下後世」，是猶言學者也。吴、越交兵，勝負未決，武居其間，豈無所以爲强吴勝越者？二十年間，闔閭既以戰死，夫差旋喪其國，方是時，武之言兵，亦知爲吴計而已。成敗興亡，易如反掌，固無待於殺天下後世。兵其可以智用歟！

陳氏曰：世之言兵者祖孫武，然孫武事吴闔閭而不見於左傳，不知果何時人也。

李筌注孫子三卷

鼂氏曰：唐李筌注。以魏武所解多誤，約歷代史，依遁甲，注成三卷。

杜牧注孫子三卷

鼂氏曰：唐杜牧牧之注。牧以武書大略用仁義，使機權，曹公所注解，十不釋一，蓋惜其所得〔二八〕，自爲新書爾，因備注之。世謂牧慨然最喜論兵，欲試而不得者。其學能道春秋、戰國時事，甚博而詳，知兵者有取焉。

陳皞注孫子三卷

鼂氏曰：唐陳皞撰。皞以曹公注隱微，杜牧注闊疏，重爲之注云。

紀燮注孫子三卷

鼂氏曰：唐紀燮集唐孟氏、賈林、杜佑三家所解。

梅聖俞注孫子三卷

鼂氏曰：皇朝梅堯臣聖俞注，歐公爲之序。

歐陽氏序曰：世所傳孫武十三篇，多用曹公、杜牧、陳皞注，號三家孫子。余頃與撰四庫書目〔二九〕，所見孫子注者尤多。一有「至二十餘家」五字。武之書本於兵，兵之術非一，而以不窮爲奇，宜其說者之多也。凡人之用智有短長，其設施各異，故或膠其說於偏見，然無出所謂三家者。三家之注，皞最後，其說時時攻牧之短。牧亦慨然最喜論兵，欲試而不得者，其學能道春秋、戰國時事，甚博而詳。然前世言善用兵稱曹公。嘗與董、呂、諸袁角其力而勝之，遂與吴、蜀分漢而王。傳言魏之諸將出兵千里，一有「公」字。每坐計勝敗，授其成算，諸將用之，十不失一，一有違者，兵輒敗北。故魏世用兵，悉以新書從事，其精於兵也如此。牧謂曹公於注孫子尤略，蓋惜其所得，自爲一書，是曹公悉得武之術也。然武嘗以其術干吴王闔閭，用之西破楚，北服齊、晉而霸諸侯。夫使武自用其書，止於彊霸，及曹公用之，然亦終不能滅吴、蜀，豈武之術盡於此乎？抑用之不極其能也？後之學者徒見其書，又各牽於己見，是以注者雖多而少當也。獨吾友聖俞不然，常評武之書曰〔三〇〕：「此戰國相傾之說也。三代王者之師，司馬九伐之法，武不及。然亦愛其文略而意深，其行師用兵、料敵制勝亦皆有法，其言甚有次序。而注者汩之，或失其意。乃自爲注，凡膠於偏見者皆抉一作「排」〔三一〕。去，傳以己意而發之，然後武之説不汩而明。」吾知此書當與三家並傳，而後世取其說者，往往於吾聖俞多焉。聖俞爲人謹質温恭，一有「仁厚而明」四字。衣冠進趨，眇然儒者也。後世之視其書者，與太史公疑張子房爲壯夫何異！

朱子語録曰：歐公大段推許梅聖俞所注孫子，看得來如何得似杜牧注底好。

王晳注孫子三卷

鼂氏曰：皇朝王晳注。晳以古本校正闕誤，又爲之注。仁廟時，天下久承平，人不習兵。元昊既叛，邊將數敗，朝廷頗訪知兵者，士大夫人人言兵矣。故本朝注解孫武書者，大抵皆其時人也。

何氏注孫子三卷

鼂氏曰：未詳其名，近代人也。

吴子三卷

鼂氏曰：魏吴起撰。言兵家機權、法制之説。唐陸希聲類次爲之説。圖國〔三〕、料敵、治兵、論將、變化〔三〕、勵士，凡六篇。

高氏子略曰：讀吴子，其説蓋與孫武截然其不相侔也。起之書幾乎正，武之書一乎奇。吴之書尚禮義，明教訓，或有得於司馬法者，武則一切戰國馳騁戰争，奪謀逞詐之術耳。武侯浮西河，下中流，喟然嘆曰：「美哉！山河之固，魏之寶也。」起言之曰：「在德不在險。德之不修，舟中之人盡敵國也。」斯言之善，質於經，求之古，奚慚焉！反覆此編，則所教在禮，所貴在禮。夫以湯、武仁義律之，起誠有間，求之齊、魯、晉、衛、秦、楚之論兵者，起庶幾乎！

黄石公三略三卷

鼂氏曰：題曰黄石公上中下三略。其書論用兵機權之妙，嚴明之決，明妙審決，軍可以死易生，國可以存易亡〔四〕。經籍志云：「下邳神人撰。」世傳此即圯上老人以一編書授張良者。

陳氏曰：其書傅會依託也。

西山真氏序曰：三略先秦書，雖非鷹揚翁自作，要必其遺法。予嘗深味之，其言治國養民法度，與儒者指意不悖，而斂藏退守、不爲物先之意，則黄、老遺言也。子房號稱善用兵，然最所得者，不過「與物推移，變化無方，因敵轉化，動而輒隨」數語耳。以此推之，則今傳於世者，正子房所受書也〔三五〕。

尉繚子五卷

鼂氏曰：未詳何人。書論兵主刑法。按漢藝文志有二十九篇，今逸五篇。首篇稱「梁惠王問」，意其魏人歟？

陳氏曰：六國時人。按漢志雜家有二十九篇，兵形勢家又有三十一篇。今書二十三篇，未知果當時本書否。

周氏涉筆曰：尉繚子言兵，理法兼盡，然於諸令，督責部伍刻矣。所以爲善者，能分本末，別賓主，所謂「高之以廊廟之論，重之以受命之論，鋭之以踰垠之論」。廊廟，本也；受命，所以授也；凡諸令所云，將事也，踰垠之論爾。視孫子專篇論火攻，吴起、武侯纖碎講切，蓋從容有餘矣。人主崇儉務本，均田節斂，明法稽驗，爲之主本，無蔓獄，無留刑，故曰：「兵，凶器；争，逆德。」「事必有本，以武爲植，以文爲種，武爲表，文爲裏。」「文視利害，辨安危；武犯强敵，力攻守。」「不攻無過之城，不殺無罪之人。」「夫殺人之父兄，利人之財貨，臣妾人之子女，此皆盗也。」其説雖未純王政，亦可謂竊本統矣。古者什伍爲兵，有戰無敗，有死無逃。自春秋、戰國來，長募既行，動輒驅數十萬人以赴一決，然後有逃亡不可禁，故尉繚子兵令，於誅逃尤詳。世傳張魏公建壇拜曲端爲大將，端首問魏公：「見兵幾何？」魏公曰：「八十萬人。」端曰：「須是斬了四十萬人，方得四十萬人用。」端所言果如是，固覆軍、失地、殺身之道也。夫分數豈專在殺哉！此念熏烝，决不能興起輯睦，吸引安祥。而尉繚子亦云：「善用兵者，能殺卒之半，其次殺其十三，其下殺其十一。能殺其半者威加海内，殺十三者力加諸侯，殺十一者令行士卒。」筆之於書。以殺垂教，孫、吴却未有是論也。

張横渠注尉繚子一卷

鼂氏曰：皇朝張載撰。其辭甚簡。載蚤年喜談兵〔三六〕，後謁范文正，文正愛其才，勸其學儒，載感悟，始改業。此殆少作也。

武侯十六策一卷

鼂氏曰：蜀諸葛亮孔明撰。序稱：「謹進便宜十六事：一治國，二君臣，三視聽，四納言，五察疑，六治民，七舉措，八考黜，九治軍，十賞罰，十一喜怒，十二治亂，十三教令，十四斬斷，十五思慮，十六陰察。」陳壽録孔明書，不載此策，疑依託者。

庾衮保聚圖一卷

鼂氏曰：晉庾衮撰。晉書孝友傳載衮字叔褒。齊王冏之倡義也，張泓等掠陽翟，衮率衆保禹山，泓不能犯。此書序云：「大駕遷長安，時元康三年己酉，撰保聚壘議二十篇。」按冏之起兵，惠帝永寧元年也；帝遷長安，永興元年也，皆在元康後。且三年歲次實癸丑，今云己酉，皆誤。

李衛公問對三卷

鼂氏曰：唐李靖對太宗問兵事。史臣謂李靖兵法，世無完書，略見於通典。今對問出於阮逸家，或云逸因杜氏附益之。

陳氏曰：亦假託也。文辭淺鄙尤甚。今武舉以七書試士，謂之武經，其間孫、吴、司馬法或是古書，三略、尉繚子亦有可疑，六韜、問對僞妄明白，而立之學官，置師、弟子伏而讀之，未有言其非者，何也？何薳春渚紀聞言，其父去非爲武學博士，受詔校七書，以六韜、問對爲疑，白司業朱服。服言此書行之已久，未易遽廢。遂止。後爲徐州教授，與陳師道爲代，師道言，聞之東坡，世所傳王通元經、關子明易傳及李靖問對皆阮逸僞撰，逸嘗以草示奉常公云。奉常公者，老蘇也。

按：四朝國史兵志，神宗熙寧間，詔樞密院曰：「唐李靖兵法，世無全書，雜見通典，離析譌舛，又官號物名，與今稱謂不同，武人將佐，多不能通其意。令樞密院檢詳官與王震、曾旼、王白、郭逢原等校正，分類解釋，令今可行。」豈即此問答三卷邪？或别有其書也？然鼂、陳二家以爲阮逸取通典所載附益之，則似即此書。然神宗詔王震等校正之説既明見於國史，則非逸之假託也。

郭元振安邊策三卷

鼂氏曰：唐郭元振撰。以總兵進攻、聚衆退守，不可無權謀，乃著此書。故舊題曰定遠安邊策。

李臨淮武記

鼂氏曰：唐李光弼撰。其書凡一百二章。末云：「吕望志廓而遠〔三七〕，孫武思幽而密，黄石寛而重斷，吴起嚴而貴勇，墨翟守而無攻，老聃勝而不美，今擇其精要，雜以愚識，爲一家書。」一本題曰統軍靈轄寶祕策。或云光弼從事張參所纂。

閫外春秋十卷

陳氏曰：唐少室山布衣李筌撰〔三八〕。起周武王勝殷，止唐太宗擒竇建德，明君良將，戰爭攻取之事。天寶二年上之。

風后握奇經一卷

陳氏曰：永嘉薛士龍季宣校定。自晉馬隆。三百八十四字，續圖三百十五字，合標題七百字。又有馬隆讚述，多所發明，并寫陳圖於後。馬隆本「奇」作「機」。

高氏子略曰：風后握奇經三百八十四字，其妙本乎奇正相生，變化不測，蓋潛乎伏羲氏之畫，所謂天、地、風、雲、龍、鳥、蛇、虎，則其爲八卦之象明矣。蓋注「奇」讀如奇耦之奇，則尤可與易準。諸儒多稱諸葛武侯八陣、唐李衛公六花，皆出乎此〔三九〕。唐裴緒之論，又以爲六十四卦之變〔四〇〕，其出也無窮。若此，則所謂八陣者，八卦之統爾。焦氏易學，卦變至於四千九十有六，奇正相錯，變化無窮，是可以名數該之乎？然觀太公武韜，且言牧野之師，有天陣，有地陣，此固出於握奇；而又有人陣焉，此又出於天、地陣之外者〔四一〕，非八陣、六花所能盡也。獨孤及作風后八陣圖記，有曰：

「黄帝順煞氣以作兵法，文昌以命將，風后握機制勝，作爲陣圖。故八其陣，所以定位；衡抗於外〔四二〕，軸布於内，風雲負其四維，所以備物也；虎張翼以進，蛇向敵而蟠，飛龍翔鳥，上下其勢，所以致用也。至若疑兵以固其餘地，遊軍以按其後列，門具將發，然後合戰，弛張則二廣迭舉，掎角則四奇皆出。圖成罇俎，帝用經略，北逐獯鬻，南平蚩尤。遺風冥冥，神機未昧。項籍得之霸西楚，黥布得之奄九江，孝武得之攘匈奴。唐天寶中，客有得其遺制於黄帝書之外篇，裂素而圖之。」按魚復之圖，全本於握機，賾其妙、窮其神者，武侯而已。獨孤及以爲項、黥、武帝得之〔四三〕，未之思歟！

人事軍律三卷

鼂氏曰：皇朝符彦卿撰。其序稱〔四四〕：「言兵者多雜以陰陽〔四五〕，殊不知往亡宋捷，甲子胡興，鵩入梟集，翻成吉兆。故此但述人事」云。或以爲唐燕僧利正撰。

神武祕略十卷

鼂氏曰：皇朝仁宗御撰。纂古今兵書戰策及舊史成敗之迹，類權謀、形勢、陰陽、技巧，凡四門，三十篇。

三朝武經聖略十卷〔四六〕

鼂氏曰：皇朝王洙撰〔四七〕。寶元中，西邊用兵，朝廷講武備。是時，洙奉詔編祖宗任將、用兵、邊防事迹，分二十門。

陳氏曰：凡十七門。後五卷爲奏議。中興書目云十卷，李淑書目十五卷，今本與邯鄲卷數同。

武經總要四十卷

晁氏曰：皇朝曾公亮、丁度撰。康定中，朝廷恐群帥昧古今之學，命公亮等采古兵法及本朝計謀方略。凡五年，奏御。制度十五卷，邊防五卷，故事十五卷，占候五卷。御爲製序。

巽岩李氏曰：昔杜君卿取前世用兵故事，分一百三十餘門，編入通典。國朝修經武要略亦承用之，但微有附益耳。

百將傳十卷

晁氏曰：皇朝張預公立撰。預觀歷代將兵者所以成敗，莫不與孫武書相符契，因擇良將得百人，集其傳成一書，而以武之兵法題其後，上之。

陳氏曰：每傳必以孫武兵法斷之。

兵要望江南一卷

晁氏曰：題云黄石公以授張良者。按其書雜占行軍吉凶，寓聲於望江南詞，取其易記憶。總目云：「武安軍左押衙易静撰。」蓋唐人也。

倚馬立成法二卷

晁氏曰：唐李淳風撰。兵行占候之書也。淳風，太宗時人，而此書起九宫法，至貞元六年庚午，假託以行其書耳，非淳風本真也〔四八〕。

三略素書解一卷

陳氏曰：吕惠卿吉甫撰。

熙寧收復熙河陣法三卷

陳氏曰：觀文殿學士九江王韶子純撰。

武經龜鑑二十卷

陳氏曰：保平軍節度使王彦撰。隆興御製序。其書以孫子十三篇爲主，而用歷代事證之。

渭南祕訣一卷

陳氏曰：昭武謝淵得之於瀘州。蓋武侯八陣圖法也，爲之注釋而傳於世。

補漢兵制一卷

陳氏曰：錢文子撰。

西漢兵制一卷〔四九〕

陳氏曰：建安王珨器之撰。

制勝方略三十卷

陳氏曰：修武郎楊肅德欽撰。自左氏傳而下迄於陳、隋用兵事迹。慶元丁巳序。

漢兵論一卷〔五〇〕

辨疑一卷

陳氏曰：姑蘇潘夢旂天錫撰。

修城法式條約二卷

陳氏曰：判軍器監沈括、知監丞吕和卿等所修敵樓、馬面、團敵式様，并申明條約，熙寧八年上。

校勘記

〔一〕軍政楊僕捃摭遺逸　「楊僕」原作「楊璞」，據元本、慎本、漢書卷三〇藝文志改。

〔二〕用技巧者也　「者」字原脱，據漢書卷三〇藝文志補。

〔三〕假鬼神而爲助者也　「者」字原脱，據漢書卷三〇藝文志補。

〔四〕兵技巧十三家　「巧」原訛作「考」，據漢書卷三〇藝文志改。

〔五〕入蹴鞠也　「蹴」原作「就之」二字，據漢志卷三〇藝文志改。

〔六〕令習之　「令」原作「今」，據元本、慎本、弘治單刻本改。郡齋讀書志卷一四同。

〔七〕師率之武　「率」原作「卒」，據子略卷一、詩經大明篇鄭注改。下文引「康成所曰」云云同改。

〔八〕以銅爲首　子略卷一同。按六韜虎韜作「以鐵爲首」。

〔九〕一名鐵鉞　子略卷一同。按六韜虎韜作「一名天槌」。

〔一〇〕鷹爪方凶鐵杷　「杷」原作「把」，據六韜虎韜改。

〔一一〕此爲天陣　「此」原作「北」，據子略卷一、六韜虎韜改。

〔一二〕雲梯　「梯」原作「樓」，據元本、慎本、子略卷一、六韜虎韜改。

〔一三〕武衝　「衝」原作「衡」，據子略卷一、六韜虎韜改。

〔一四〕此之謂也　「也」，子略卷一作「歟」。

〔一五〕九敗　「九」原作「十」，據習學記言卷四六、六韜犬韜改。

〔一六〕止欲將　此三字原作「一欲」二字，據元本、慎本、中華書局校點本葉適集習學記言卷四六、六韜龍韜改。

〔一七〕而不悟六韜之非僞　中華書局校點本葉適集習學記言卷四六據文義删「非」字。

〔一八〕或偶相崇尚　「尚」字原脱，據葉適集習學記言卷四六補。

〔一九〕因號司馬穰苴兵法　「穰苴」二字原脱，據郡齋讀書志卷一四補。按郡齋讀書志此條本於史記司馬穰苴列傳，史記有「穰苴」二字。

〔二〇〕近亦少褒矣　郡齋讀書志卷一四同。史記卷六四司馬穰苴列傳「近」作「也」，屬上讀。

〔二一〕所謂司馬穰苴兵法　「司馬」二字原脱，據後山居士文集卷八補。

〔二二〕漢之所行　後山居士文集卷八「漢」上有「秦」字。

〔二三〕乃言吴孫子兵法八十二篇　「吴孫子」原作「孫武子」，據漢書卷三〇藝文志、葉適集習學記言卷四六改。

〔二四〕强弱潰凌　「潰」，子略卷三作「相」。

〔二五〕其間謀帥行師　「帥」、「師」二字原互訛，據子略卷三改。

〔二六〕凡其言反覆其變無常　子略卷三此句作「凡其言議反覆奇變無常」。

〔二七〕氣驅力奪　「奪」，子略卷三作「奮」。

〔二八〕蓋惜其所得　「惜」，郡齋讀書志卷一四作「借」。

〔二九〕余頃與撰四庫書目　「目」原作「序」，據元本、慎本、弘治單刻本、歐陽文忠公集卷四二改。

〔三〇〕常評武之書曰　「常」，據歐陽文忠公集卷四二作「嘗」。

〔三一〕一作排　「排」原作「挑」，據歐陽文忠公集卷四二改。

〔三二〕圖國　二字原脱。按吴子六篇，以圖國爲首篇，今據補。

〔三三〕變化　吴子此篇題「應變」，袁本郡齋讀書志卷三下、玉海卷一四〇吴起兵法條引讀書志作「變動」。

〔三四〕國可以存易亡　「國」字原脱，據郡齋讀書志卷一四補。

〔三五〕正子房所受書也　「正」字原脱，據西山先生真文忠公文集卷三三補。

〔三六〕載蚤年喜談兵　「載」字原脱，據郡齋讀書志卷一四補。

〔三七〕吕望志廓而遠　「志」，郡齋讀書志卷一四作「智」。

〔三八〕唐少室山布衣李筌撰　據王重民燉煌古籍叙録閫外春秋跋考證，唐有李荃，又有李筌，皆居少室山。著閫外春秋者爲李荃。

〔三九〕皆出乎此　「出」原作「在」，據元本、慎本、弘治單刻本、子略卷三改。

〔四〇〕又以爲六十四卦之變　「卦」，子略卷三作「陣」。

〔四一〕此又出於天地陣之外者　「陣」字原脱，據子略卷三補。

〔四二〕衡抗於外　「衡」，全唐文卷三八九獨孤及風后八陣圖記同。子略卷三、津逮祕書本風后握奇經作「衡」。

〔四三〕獨孤及以爲項䝼武帝得之　「及」原作「乃」，據子略卷三改。

〔四四〕其序稱　「稱」字原脱，據郡齋讀書志卷一四補。

〔四五〕言兵者多雜以陰陽　「以」原作「言」，據元本、慎本、郡齋讀書志卷一四改。

〔四六〕三朝武經聖略十卷　「武經」，宋史卷二〇七藝文六、卷二九四王洙傳、直齋書録解題卷一二、玉海卷一四一引中興書目皆作「經武」。又「十卷」，藝芸書舍本郡齋讀書志卷一四、直齋書録解題卷一二作「十五卷」。

〔四七〕皇朝王洙撰　「王洙」原作「曾公亮丁度」，係涉下條而誤。今據宋史卷二〇七藝文六、卷二九四王洙傳、郡齋讀書志卷一四改。

〔四八〕非淳風本真也　「本真」二字原倒，據元本、慎本、弘治單刻本、郡齋讀書志卷一四乙正。

〔四九〕西漢兵制一卷　「西」，直齋書録解題卷一二作「兩」。

〔五〇〕漢兵論一卷　直齋書録解題卷一二「論」作「編」，「一」作「二」。

卷二百二十二　經籍考四十九

子醫家

漢藝文志：醫經者，原人血脉、經絡、骨髓、陰陽、表裏，以起百病之本，死生之分，而用度鍼石湯火所施，師古曰：鍼所以刺病也。石謂砭石，即石鍼也。古者攻病則有砭，今其術絶矣。調百藥齊和之所宜。至齊之得，齊音劑。猶磁石取鐵，以物相使。拙者失理，以瘉爲劇，以生爲死。

漢藝文志：經方者，本草石之寒温，量疾病之淺深，假藥味之滋，因氣感之宜，辯五苦六辛，致水火之齊，以通閉解結，反之於平〔一〕。及失其宜者，以熱益熱，以寒增寒，精氣内傷，不見於外，是所獨失也。故諺曰：「有病不治，常得中醫。」

漢志：醫經七家，二百一十六卷。

漢志：經方十一家，二百七十四卷。

隋志：醫方二百五十六部，四千五百一十三卷〔二〕。

唐志：明堂經脉類一十六家，三十五部，二百三十一卷。失姓名十六家。甄權以下不著録一家，十卷〔三〕。

唐志：醫術六十四家，一百二十部，四千四百四十六卷。失姓名三十八家。王方慶以下不著録五十五家，四百八卷。

宋三朝志：經脉四十六部，一百四十卷。醫術一百九十一部，二千九十九卷。

宋兩朝志：經脉二十九部，四十五卷。醫術八十四部，二百二十六卷。

宋四朝志：三十六部，二百九卷。

宋中興志：一百七十九家，二百九部，一千二百五十九卷。

黄帝素問二十四卷

鼂氏曰：昔人謂素問者，以素書黄帝之問，猶言「素書」也。唐王砯注〔四〕。砯謂：「漢藝文志有黄帝内經十八卷，素問即其經之九卷，兼靈樞九卷，迺其數焉。」先是第七亡逸，砯時始獲，乃詮次注釋，凡八十一篇，分二十四卷。今又亡刺法論、本病論二篇〔五〕。砯自號啟元子。醫經之傳於世者多矣，原百病之起瘉者，本乎黄帝；辯百藥之味性者，本乎神農；湯液則稱伊尹。三人皆古聖人也，憫世疾苦，親著書以垂後，而世之君子不察，乃以爲賤技，耻習之。由此故，今稱醫者多庸人，治之失理，以生爲死者甚衆。激者至云「有病不治，常得中醫」，豈其然乎！故予録醫頗詳。隋志以此書爲首，今從之。

陳氏曰：黄帝與岐伯問答，三墳之書無傳，尚矣。此固出於後世依託，要是醫書之祖也。唐太僕令王砯注，自號啟元子。按漢志但有黄帝内外經〔六〕，至隋志乃有素問之名，又有全元起素問注八卷。嘉祐中，光禄卿林億、國子博士高保衡承詔校定、補注，亦頗采元起之説附見其中。其爲篇八十有一。王砯者，寶應中人也。

靈樞經九卷

鼂氏曰：王砅謂此書即漢志黄帝内經十八卷之九也。或謂好事者於皇甫謐所集内經、倉公論中抄出之，名爲古書也。未知孰是。

呂楊注八十一難經五卷

鼂氏曰：秦越人撰，吴呂廣注，唐楊元操演。越人，渤海人，家於盧，受桑君秘術〔七〕，洞明醫道〔八〕。世以其與黄帝時扁鵲相類，乃號之爲「扁鵲」。采黄帝内經精要之説，凡八十一章。以其爲趣深遠，未易了，故名難經。元操編次爲十三類。

陳氏曰：漢志亦但有扁鵲内外經而已。隋志始有難經，唐志遂屬之越人，皆不可考。「難」當作去聲讀。

丁德用注難經五卷

鼂氏曰：德用以楊元操所演甚失大義，因改正之。經文隱奥者，繪爲圖。德用，濟陽人，嘉祐末，其書始成。

陳氏曰：序言太醫令呂廣重編此經，而楊元操復爲之注，覽者難明，故爲補之，且間爲之圖。首篇爲診候，最詳，凡二十四難。蓋脉學自扁鵲始也。

虞庶注難經五卷

鼂氏曰：皇朝虞庶注。庶，仁壽人，寓居漢嘉。少爲儒，已而棄其業習醫。爲此書以補呂、楊所未盡。黎泰辰治平間爲之序。

金匱玉函經八卷

鼂氏曰：漢張仲景撰，晉王叔和集。設答問雜病形證脉理，參以療治之方。仁宗朝，王洙得於館中，用之甚効。合二百六十二方。

陳氏曰：林億等校正。此書王洙於館閣蠹簡中得之，曰金匱玉函要略方。上卷論傷寒，中論雜病，下載其方，并療婦人，乃録而傳之。今書以逐方次於證候之下，以便檢用。其所論傷寒，文多節略，故但取雜病以下，止服食禁忌，二十五篇，二百六十二方，而仍其舊名。

仲景傷寒論十卷

鼂氏曰：漢張仲景述，晉王叔和撰次。按名醫録云：「仲景，南陽人，名機，仲景其字也。舉孝廉，官至長沙太守。以宗族二百餘口，建安紀年以來，未及十稔，死者三之二，而傷寒居其七，乃著論二十二篇，證外合三百九十七法，一百一十二方。」善醫者或云：「仲景著傷寒論，誠不刊之典。然有大人之病而無嬰孺之患，有北方之藥而無南方之治，此其所闕者。蓋陳、蔡以南，不可用柴胡、白虎二湯治傷寒。」其言極有理。

陳氏曰：其文辭簡古奥雅，又名傷寒卒病論，凡一百一十二方。古今治傷寒者，未有能出其外者也。

脉經三卷

鼂氏曰：題云黃帝撰。論診脉之要，凡二十一篇。

王叔和脉經十卷

鼂氏曰：晉王叔和撰。按唐甘伯宗名醫傳曰：「叔和，西晉高平人，性度沉靖，博通經方，精意診處，尤好著述。」其書纂岐伯、華陀等論脉要訣所成，叙陰陽表裏，辯三部九候，分人迎、氣口、神門，條十二經、二十四氣、奇經八脉、五臟六腑、三焦四時之疴，纖悉備具，咸可按用。凡九十七篇。皇朝林億等校正。

脉訣一卷

鼂氏曰：題曰王叔和撰〔九〕，皆歌訣鄙淺之言，後人依託者，然最行於世。

脉訣機要三卷　脉要新括一卷

陳氏曰：通真子撰，不著名氏，熙寧以後人也。以叔和脉訣有䘘𢙣鄙俗處，疑非叔和作，以其不類故也。乃作歌百篇，按經爲注。又自言常爲傷寒括要六十篇〔一〇〕，其書未之見。

巢氏病源候論五卷〔一一〕

鼂氏曰：隋巢元方等撰。元方大業中被命與諸醫共論衆病所起之源。皇朝舊制，監局用此書課試醫生。昭陵時，詔校本刻牘頒行，宋綬爲序。

陳氏曰：元方隋太醫博士。其書惟論病證，不載方藥。今按千金方諸論，多本此書，業醫者可以參考。

雷公炮炙三卷

鼂氏曰：宋雷斆撰，胡洽重定。述百藥性味，炮熬煮炙之方，其論多本之於乾寧晏先生。斆稱「内究守國安正公」，當是官名，未詳。

天元玉策三十卷

鼂氏曰：啟元子撰，即唐王砯也。書推五運六氣之變。唐人物志云，砯仕至太僕令，年八十餘，以壽終。

金寶鑑三卷

鼂氏曰：衛嵩撰。嵩仕至翰林博士。崇文總目云：「不詳何代人，述脉候徵驗要妙之理。」

寶藏暢微論三卷〔三〕

鼂氏曰：五代軒轅述撰。青霞君作寶藏論三篇，著變煉金石之訣，既詳其未善，因刊其謬誤，增其闕漏，以成是書，故曰「暢微」。時年九十，實乾亨二年也。

聖濟經十卷

鼂氏曰：徽宗皇帝御製。因黄帝内經，採天人之賾，原性命之理，明營衛之清濁，究七八之盛衰，辯逆順之盈虚，爲書十篇，凡四十二章。

陳氏曰：辟廱學生昭武吴禔注。

通真子傷寒訣一卷

鼂氏曰：題曰通真子而不著名氏。用張長沙傷寒論爲歌詩，以便覽者，脉訣之類也。

醫門玉髓一卷

陳氏曰：不知作者。皆爲歌訣，論五臟六腑相傳之理。

傷寒百問三卷

鼂氏曰：題曰無求子。大觀初所著書。

醫經正本書一卷

陳氏曰：知進賢縣沙隨程迥可久撰。專論傷寒無傳染，以救薄俗骨肉相棄絶之敝。

運氣論奥三卷

鼂氏曰：宋朝劉温舒撰。温舒以素問氣運最爲治病之要〔三〕，而答問紛揉，文辭古奥，讀者難知，因爲三十論、二十七圖，上於朝。

五運指掌賦圖一卷

陳氏曰：葉玠撰。

脉粹一卷

鼂氏曰：宋朝蕭世基撰。世基常閲素問及歷代醫經〔四〕，患其難知，因綴緝成一編。治平中姚誼序之。

南陽活人書二十卷

鼂氏曰：宋朝朱肱撰。序謂：「張長沙傷寒論，其言雅奥，非精於經絡者不能曉會。頃因投閑，設爲對問〔一五〕，補苴綴緝，僅成卷軸。作於己巳，成於戊子。計九萬一千三百六十八字。」

陳氏曰：肱以仲景傷寒方、論，各以類聚〔一六〕，爲之問答。本號無求子傷寒百問方，有武夷張蕆作序〔一七〕，易此名。仲景，南陽人，而「活人」者，本華陀語。肱，吴興人，祕丞臨之子，中書舍人服之弟，登第，仕至朝奉郎直祕閣。

傷寒微指論二卷

陳氏曰：不著作者。序言元祐丙寅，必當時名醫也。其書頗有發明。

傷寒證治三卷

鼂氏曰：宋朝王實編。實謂百病之急，無逾傷寒，故略舉病名法及世名醫之言，爲十三篇，總方百四十六首。或云潁州人〔一八〕，官至外郎，龐安常之高弟也。

傷寒救俗方一卷

陳氏曰：寧海羅適正之尉桐城，民俗惑巫，不信藥，因以藥施人，多愈。遂以方書召醫參校刻石，以捄迷俗。紹興中有王世臣彦輔者，序之以傳。

補注神農本草二十卷

鼂氏曰：宋朝掌禹錫等補注。舊説本草經神農所作，而藝文志所不載。平帝紀：「詔天下舉知方術、本草者。」「本草」之名，蓋起於此。梁之録載神農本草三卷。書中有後漢郡縣名，蓋上世未著文字，師學相傳，至張機、華佗始爲編述。嘉祐初，詔禹錫與林億、蘇頌、張洞等爲之補注。以開寶本草及諸家參校，采拾遺逸，刊定，新舊藥合一千八十二種〔一九〕，總二十卷。

大觀本草三十一卷

陳氏曰：唐慎微撰，不知何人。仁和縣尉艾晟作序，名曰經史證類本草。按「本草」之名，始見漢書平帝紀、樓護傳。舊經止一卷，藥三百六十五種。陶隱居增名醫別録亦三百六十五種，因注釋爲七卷。唐顯慶又增一百十四種，廣爲二十卷，謂之唐本草。開寶中又益一百三十三種。蜀孟昶又嘗增益，謂之蜀本草。及嘉祐中掌禹錫、林億等重加校正，更爲補注，以朱、墨書爲之別，凡新舊藥一千八十二種，蓋亦備矣。今慎微頗復有所增益，而以墨蓋其名物之上，然亦殊不多也。

石林葉氏曰：神農本草初但三卷，所載甚略。議者考其記出産郡名，以爲東漢人所作。梁陶隱居始增修爲七卷。然陶氏不至東北，其論證多謬語。唐顯慶中，蘇恭請重修，於是命長孫無忌等廣定，遂爲二十卷，亦未盡也。自是僞蜀韓保昇與術家各自補緝辯證者不一。開寶中別加詳定，嘉祐初，復詔掌祕監禹錫、蘇魏公諸人再論次，遂大備。蓋神農本草外，雜取他書凡十六家云。

圖經本草二十卷　目録一卷

鼂氏曰：宋朝蘇頌等撰。先是，詔掌禹錫、林億等六人重校神農本草，累年成書奏御。又詔郡縣圖上所産藥本，用永徽故事，重命編述。於是頌再與禹錫等裒集衆説，類聚銓次，各有條目云。嘉祐六年上。

證類本草三十二卷

晁氏曰：皇朝唐慎微纂。合兩本草爲一書，且集書傳所記單方，附之於本條之下，殊爲詳博。

本草廣義二十卷〔二〇〕

晁氏曰：皇朝寇宗奭編。以本草二部著撰之人或執用己私，失於商確，併考諸家之説，參之事實，覈其情理，證其脱誤，以成此書。

陳氏曰：其書引援辯證，頗可觀采。

紹興校定本草二十二卷

陳氏曰：醫官王繼先等奉詔撰。紹興二十九年上之，刻板修内司。每藥爲數語辯説，淺俚無高論。

子午經一卷

晁氏曰：題云扁鵲撰。論鍼砭之要，成歌咏，蓋後人依託者。

銅人鍼灸圖三卷

晁氏曰：皇朝王惟德撰〔二一〕。仁宗嘗詔惟德考次鍼灸之法，鑄銅人爲式，分腑臟十二經，旁注俞穴所會，刻題其名。并爲圖法并主療之術，刻板傳於世。夏竦爲序〔二二〕。

明堂鍼灸圖三卷

晁氏曰：題曰黄帝。論人身俞穴及灼灸禁忌。明堂者，謂雷公問道，黄帝授之，故名云。

存真圖一卷

鼂氏曰：皇朝楊介編。崇寧間，泗州刑賊於市，郡守李夷行遣醫併畫工往，親决膜，摘膏肓，曲折圖之，盡得纖悉。介校以古書，無少異者，比歐希範五臟圖過之遠矣，實有益醫家也。王莽時，捕得翟義黨王孫慶，使太醫、尚方與巧屠共刳剥之，量度五臟，以竹筳導其脉，知所始終，云可以治病，亦是此意。

膏肓灸法二卷

陳氏曰：清源莊綽季裕集。

點烙三十六黄經一卷

鼂氏曰：不著撰人，唐世書也。國史補云：自茗飲行於世，世人不復病黄癉。

肘後百一方三卷

陳氏曰：晉葛洪撰。梁陶隱居增補。本名肘後救卒方，率多易得之藥，凡八十六首，陶併七首，加二十二首，共爲一百一首。取佛書「人有四大，一大輒有一百一病〔三〕」之義名之。

千金方三十卷

鼂氏曰：唐孫思邈撰。思邈博通經傳，洞明醫術，著用藥之方，診脉之訣，鍼灸之穴，禁忌之法〔四〕，以至導引養生之要，無不周悉。後世或能窺其一二，未有不爲名醫者。然議者頗恨其獨不知傷寒之數云。

陳氏曰：自爲之序，名曰千金備急要方。以爲人命至重，有貴千金，一方濟之，德逾於此。其前類例數十條，林億等新纂。

千金翼方三十卷

鼂氏曰：思邈著千金方，復掇集遺軼以羽翼其書，成一家之言。林億等謂首之以藥録，次之以婦人、傷寒、小兒、養性、辟穀、退居、補益、雜病、瘡癰、色脉、鍼灸，而禁經終焉者，皆有指意云。

陳氏曰：其末兼及禁術，用之多驗。

外臺祕要方四十卷

鼂氏曰：唐王燾撰。燾在臺閣二十年，久知洪文館，得古方書數千百卷。因述諸病證候，附以方藥、符禁、灼灸之法〔二五〕，凡一千一百四門。天寶中，出守房陵及太寧郡，故以「外臺」名其書。孫兆以燾謂「鍼能殺生人，不能起死人，取灸而不取鍼」，譏其爲醫之蔽。予獨以其言爲然。

陳氏曰：自爲序，天寶十一載也。其書博采諸家方、論，如肘後、千金，世尚多有之；至於小品〔二六〕、深師、崔氏、許仁則、張文仲之類，今無傳者，猶間見於此書云〔二七〕。凡醫書之行於世，皆仁廟朝所校定也。按會要：嘉祐二年，置校正醫書局於編修院，以直集賢院掌禹錫、林億校理，張洞校勘，蘇頌等並爲校正。後又命孫奇、高保衡、孫兆同校正。每一書畢，即奏上，億等皆爲之序〔二八〕，下國子監板行。并補注本草，修圖經，千金方翼、金匱要略、傷寒論悉從摹印〔二九〕。天下皆知學古方書矣。

產寶二卷

鼂氏曰：唐昝殷撰。殷，蜀人。大中初，白敏中守成都，其家有因免乳死者，訪問名醫，或以殷對，敏中迎之。殷集備驗方藥三百七十八首以獻〔三〇〕。其後周頲又作三論附於前。

龍樹眼論三卷

鼂氏曰：佛經龍樹大士者，能治眼疾。或假其說〔三一〕，集治七十二種目病之方。

校勘記

〔一〕反之於平　「平」原作「手」，據漢書卷三〇藝文志改。

〔二〕四千五百一十三卷　隋書卷三四經籍三無「三」字。

〔三〕十卷　元本、慎本、新唐書卷五九藝文三作「七卷」。

〔四〕唐王砯注　新唐書卷五九藝文三、宋史卷二〇六藝文六、崇文總目卷三、直齋書録解題卷一三、玉海卷六三引中興書目、明翻宋本素問皆作「王冰注」，應以「王冰」爲正。下同。

〔五〕今又亡刺法論本病論二篇　「刺法」下原脱「論」字，「本」下原脱「病」字，據明翻宋本黄帝内經素問補。

〔六〕按漢志但有黄帝内外經　「志」原作「書」，據直齋書録解題卷一三改。

〔七〕受桑君秘術　「受」原作「授」，據郡齋讀書志卷一五改。

〔八〕洞明醫道　「洞明」二字原倒，據郡齋讀書志卷一五乙正。

〔九〕題曰王叔和撰　「撰」字原脱，據郡齋讀書志卷一五補。

〔一〇〕又自言常爲傷寒括要六十篇　「常」，直齋書録解題卷一三作「嘗」。

〔一一〕巢氏病源候論五卷　郡齋讀書志卷一五同。新唐書卷五九藝文三、宋史卷二〇七藝文六皆著録巢元方巢氏諸病源候論五十卷，今本諸病源候論爲五十卷。

〔一二〕寶藏暢微論三卷　「藏」原作「臟」，據元本、慎本、弘治單刻本、宋史卷二〇五藝文四、郡齋讀書志卷一五改。

〔一三〕温舒以素問氣運最爲治病之要　「氣運」，藝芸書舍本郡齋讀書志作「運氣」。

〔一四〕世基常閱素問及歷代醫經　「常」，郡齋讀書志卷一五作「嘗」。

〔一五〕設爲對問　「爲」原作「其」，據袁本郡齋讀書志卷三下、類證活人書張蔵序改。

〔一六〕各以類聚　「各」原作「多」，據直齋書録解題卷一三改。

〔一七〕有武夷張蔵作序　「張蔵」原作「張藏」，據類證活人書改。

〔一八〕或云潁州人　「潁州」，郡齋讀書志卷一五作「潁川」。

〔一九〕新舊藥合一千八十二種　「合」原作「各」，據元本、慎本、弘治單刻本、袁本郡齋讀書志卷三下、卧雲本讀書志卷一五改。

〔二〇〕本草廣義二十卷　「廣義」，直齋書録解題卷一三作「衍義」，今傳本皆題本草衍義。柯逢時影刻南宋本本草衍義跋云：「疑宣和所刊當名廣義，迨慶元時，避寧宗諱，乃改『廣』爲『衍』。」

〔二一〕皇朝王惟德撰　「王惟德」，宋史卷二〇七藝文六、通志卷六九藝文七作「王惟一」，長編卷一〇五、玉海卷六

三、銅人鍼灸經夏竦序皆作「王惟一」。

〔二二〕夏竦爲序　此句下原尚有「明堂者謂雷公問道黄帝授之故名云」十五字，孫猛郡齋讀書志校證卷一五謂是下條明堂鍼灸圖之錯簡，并移於下條之末，今從之。

〔二三〕一大輒有一百一病　「一百」二字原脱，據元本、慎本、弘治單刻本、直齋書録解題卷一三補。

〔二四〕禁忌之法　「忌」原作「架」，據宛委本郡齋讀書志卷一五改。

〔二五〕灼灸之法　「灸」原訛作「炙」，據元本、慎本、弘治單刻本、郡齋讀書志卷一五改。下文「取灸而不取鍼」句同改。

〔二六〕至於小品　「於」字原脱，據直齋書録解題卷一三補。

〔二七〕猶間見於此書云　「云」，直齋書録解題卷一三作「大」，屬下讀。

〔二八〕億等皆爲之序　「之」字原脱，據直齋書録解題卷一三補。

〔二九〕傷寒論悉從摹印　「論」字原脱，據直齋書録解題卷一三補。

〔三〇〕殷集備驗方藥三百七十八首以獻　「三」原作「二」，據元本、慎本、郡齋讀書志卷一五改。

〔三一〕或假其説　「或」字原脱，據郡齋讀書志卷一五補。

卷二百二十三　經籍考五十

子醫家

太平聖惠方一百卷

鼂氏曰：太宗皇帝在潛邸日，多蓄名方異術。太平興國中，内出親驗者千餘首，乃詔醫局各上家傳方書，命王懷隱、王祐、鄭彦、陳昭遇校正編類，各於篇首著其疾證〔一〕。淳化初書成，御製序引。

慶曆善救方一卷

兩朝藝文志：詔以福州奏獄醫林士元藥下蠱毒，人以獲全，録其方，令國醫類集附益。八年頒行。

皇祐簡要濟衆方五卷

兩朝藝文志：皇祐中，仁宗謂輔臣曰：「外無善醫，民有疾疫或不能救療。其令太醫簡聖惠方之要者頒下諸道，仍敕長吏按方劑以時拯濟〔二〕。」令醫官使周應編以爲此方。三年頒行。

太醫局方十卷〔三〕

鼂氏曰：元豐中，詔天下高手醫，各以得效祕方進，下太醫局驗試，依方製藥鬻之。仍模本傳於世。

和劑局方十卷〔四〕

鼂氏曰：大觀中，詔通醫刊正藥局方書。閱歲書成，校正七百八字，增損七十餘方。

陳氏曰：庫部郎中陳師文等校正。凡二十一門，二百九十七方。其後時有增補。

王氏博濟方五卷

鼂氏曰：皇朝太原王衮撰。衮〔五〕，慶曆間因官滑臺〔六〕，暇日出家藏七十餘方〔七〕，擇其善者爲此書。名醫云，其方用之無不效，如草還丹治大風，太乙丹治鬼胎，尤奇驗。

藥準一卷

陳氏曰：潞公文彦博寬夫撰。所集方才四十首。以爲依本草而用藥則有準，故以此四十方爲處方用藥之準也。

沈存中良方十卷

鼂氏曰：皇朝沈括存中撰。存中博學通醫術，類其經驗方成此書。用者多驗。或以蘇子瞻論醫藥雜説附之。

陳氏曰：不知何人所録。其間辯鷄舌香一段，言靈苑所辯猶有未盡者。館閣書目别有沈氏良方十卷、蘇沈良方十五卷，而無靈苑方。

靈苑方二十卷〔八〕

鼂氏曰：亦存中編。本朝士夫如高若訥、林億、孫奇、龐安常，皆以善醫名世，而存中尤善方書。此書所載多可用。

孫氏傳家祕寶方三卷

陳氏曰：尚藥奉御太醫令孫用和集。其子殿中丞兆，父子皆以醫名。自昭陵時迄於熙、豐，無能出其右者。元豐八年，兆弟宰爲河東漕，屬吕惠卿帥并，從宰得其書，序而刻之。兆自言爲思邈之後〔九〕。鼂氏讀書志作孫尚祕寶方，凡十卷。

養生必用方十六卷

鼂氏曰：皇朝初虞世撰。序謂：「古人醫經行於世者多矣，所以別著者，古方分劑與今銖兩不侔，用者頗難。此方其證易詳，其法易用，苟尋文爲治，雖不習之人，亦可無求於醫也。」虞世本朝士，一旦削髮爲僧，在襄陽與十父遊從甚密。

尊生要訣二卷

陳氏曰：即初虞世四時常用要方。有廬山陳淮者復附益焉。

楊子護命方五卷　通神論十四卷

鼂氏曰：皇朝楊退修撰。以岐伯論五運六氣以治百病，後世通之者，惟王砯一人而已，然猶於遷變行度，莫知其始終次序，故著此方、論云。

龐氏家藏祕寶方五卷

陳氏曰：蘄水龐安時安常撰。安時以醫名世，所著書傳於世者，惟傷寒論而已〔一〇〕。此書南城吴炎晦父録以見遺。

山谷黄氏龐安常傷寒論後序：安常自少時善醫方，爲人治病，處其生死多驗，名傾江、淮諸醫。然爲氣任俠，鬬鷄走狗，蹴踘擊毬，少年豪縱事無所不爲。博奕音技，一工所難，而兼能之。家富，多後房，不出户而所欲得。人之以醫聘之也，皆多陳其所好以順適其意。其來也，病家如市；其疾已也，君脱然不受謝而去之。中年乃屏絶戲弄，閉門讀書，自神農、黄帝經方，扁鵲八十一難經、靈樞、甲乙，葛洪所綜緝百家之言，無不貫穿。其簡策紛錯，黄素朽蠹，先師或失其讀；學術淺陋，私智穿鑿，曲士或竄其文，安常悉能辯論發揮。每用以視病，如是而生，如是而不治，幾乎十全矣。然人以病造之，不擇貴賤貧富，便齋曲房，調護以寒暑之宜；珍膳羹饘〔一一〕，時節其饑飽之度。愛其老而慈其幼，如痛在己也。未嘗輕用人之疾，嘗試其所不知之方〔一二〕。蓋其輕財如糞土而樂義，耐事如慈母而有常。似秦、漢間游俠而不害人，似戰國四公子而不争利。所以能動而得意，起人之疾不可縷數，他日過之，未嘗有德色。其所論著傷寒論，多得古人不言之意。其所師用而得意於病家之陰陽虚實，今世所謂良醫，十不得其五也。余始欲掇其大要，論其精微，使士大夫稍知之，適有心腹之疾，未能卒業。然未嘗游其庭者，雖得吾言而不解。若有意於斯者，讀其書，自足攬其精微。故特著其行事以爲後序云。其前序，海上道人諸爲之，故虚右以待。

宛邱張氏跋傷寒論曰：張仲景傷寒論，論病處方纖悉必具，又爲之增損進退之法以預告人。嗟夫，仁人之用心哉！且非通神造妙，不能爲也。安常又竊憂其有病證而無方者，續著爲論數卷，用心爲術，追儷古人。淮南人謂安常能與傷寒説話〔一三〕，豈不信哉。

錢氏小兒方八卷

鼂氏曰：皇朝錢乙仲陽撰。神宗時擢太醫丞。於書無所不窺。他人勤勤守古〔一四〕，獨乙度越縱舍〔一五〕，卒與法合。尤邃本草，多識物理，辯正闕誤。最工療嬰孺病。年八十二而終。閻季忠方附其後。

錢氏小兒藥證真訣三卷

陳氏曰：錢仲陽撰，閻季忠集。上卷言證，中卷叙嘗所治病，下卷爲方。季忠亦頗附以己説，且以劉斯立所作仲陽傳附於末。宣和元年也。

嬰童寶鏡十卷

鼂氏曰：題曰栖真子，不著姓名。録世行應驗方成此書。

小兒靈祕方十三卷

鼂氏曰：不題撰人。辯小兒疾證及治療之方，多爲歌訣。

小兒玉訣一卷

鼂氏曰：未詳撰人名氏。爲韻語以記小兒疾證治法，凡二十三〔一六〕。

醫説十卷

陳氏曰：新安張杲季明撰〔一七〕。

食治通説一卷

陳氏曰：東虢婁居中撰。臨安藥肆「金藥臼」者。有子登第，以恩得初品官。趙忠定丞相跋其後。書凡十六篇，大要以爲食治則身治〔一八〕，此上工醫未病之一術也。

趙丞相序略曰：君自幼業醫，至是歷八十一寒暑矣。錢唐行都多貴人，君未嘗出謁。卿相王侯之家屢迎之不可致。每旦肩輿至藥肆，群兒已四集，悲啼叫號，囂然滿室，君皆調護委曲。坐良久，徐起枚視之，一以至之，先後爲序。輒爲言：兒本無疾，愛之者害之也。如言兒下利時，此爲脾虛，乳食過傷所致，惟苦節其乳食，微以參、术藥温其胃即愈矣。而愛之者曰，兒數利，氣且乏，非强食莫補其所喪。於是胃虛不能攝化，其氣重傷，參、术弗効，增以薑、附，薑、附不已，重以金石，而兒殆矣。胡不以身喻之，方吾曹盛壯時，日食二升米飯，幾不滿欲，一日意中微不佳，則粒米不堪向口，何況兒乎？予每視君持藥欲授時，必諄諄爲人開説，口幾欲破。又爲紙囊貯藥，各著其説於上，使歸而勿忘焉。

治病須知一卷

陳氏曰：不知名氏。專論外證，以用藥之次第，爲不能脉者設也。

正俗方一卷

陳氏曰：知虔州長樂劉彝執中撰。以虔俗信巫，無醫藥，集此方以教人。

奉親養老書一卷

陳氏曰：泰州興化令陳直撰〔一九〕。元豐中人。

小兒班疹論一卷

陳氏曰：東平董汲及之撰。錢乙元祐癸酉題其末。

脚氣治法一卷

陳氏曰：董汲撰。

指迷方三卷

陳氏曰：考城王貺子亨撰〔二〇〕。吴丞相敏爲之序。貺爲南京名醫宋毅叔之婿，宣和中以醫得幸，至朝請大夫。

九籥衛生方三卷

陳氏曰：宣和宗室忠州防禦使士紆撰。

治風方一卷〔二一〕

陳氏曰：張耒文潛所傳，凡三十二方。

小兒醫方妙選三卷

陳氏曰：成安大夫、惠州團練使張涣撰。凡四百二十方。涣五世爲小兒醫，未嘗改科。靖康元年自爲之序。

鷄峰備急方一卷

陳氏曰：太醫局教授張銳撰〔三〕。紹興三年爲序。大抵皆單方也。

產育保慶集一卷

陳氏曰：濮陽李師聖得産論二十一篇，有其説而無其書。醫學教授郭稽中以方附諸論之末，遂爲全書。近時括蒼陳言嘗評其得失於三因方，婺醫杜荍者又附益之，頗爲詳備。

本事方十卷

陳氏曰：維揚許叔微知可撰。紹興三年進士第六人。以藥餌陰功見於夢寐，事載夷堅志。晚歲取平生已試驗之方，併記其事實，以爲此書，取本事詩詞之例以名之。

傷寒歌三卷

陳氏曰：許叔微撰。凡百篇，皆本仲景法。又有治法八十一篇，及仲景脉法三十六圖、翼傷寒論二卷、辯類五卷，皆未見。

指南方二卷

陳氏曰：蜀人史堪載之撰。凡三十一門，各有論。

楊氏方二十卷

陳氏曰：樞密楊倓子靖以家藏方一千一百十有一首刻之當塗，世多用之。

本草單方三十五卷

陳氏曰：工部侍郎宛邱王俁碩父撰。取本草諸藥條下所載單方，以門類編之，凡四千二百有六方。

何氏方六卷

陳氏曰：太常博士括蒼何偁德揚撰。

洪氏方一卷

陳氏曰：鄱陽洪氏。

莫氏方一卷

陳氏曰：刑部郎中吴興莫伯虚致道刻博濟方於永嘉，而以其家藏經驗方附於後。

備急總效方四十卷

陳氏曰：知平江府溧陽李朝正撰。大抵皆單方也。

是齋百一選方三十卷

陳氏曰：山陰王璆孟玉撰。「百一」，言其選之精也。

三因極一方六卷

陳氏曰：括蒼陳言無擇撰。「三因」者，内因、外因、不内外因。其説出金匱要略。其所述方、論，往往皆古書也。

小兒保生方三卷

陳氏曰：左司郎姑孰李檉與幾撰。

傷寒要旨二卷

陳氏曰：李檉撰。列方於前而類證於後，皆不外仲景。

漢東王氏小兒方三卷〔三〕

陳氏曰：不著名。

幼幼新書五十卷

陳氏曰：直龍圖閣知潭州劉昉方明撰集。刊未畢而死，徐璹壽卿以漕攝郡，趣成之。

大衍方十二卷

陳氏曰：朝散大夫孫紹遠稽仲撰。凡藥當預備者四十九種，故名「大衍」，所在易得者不與焉。諸方附於後。

海上方一卷

陳氏曰：不著姓名。括蒼刻本。館閣書目有此方，云乾道中知處州錢竽編。

集效方一卷

陳氏曰：南康守李觀民集。

胎產經驗方一卷

陳氏曰：陸子正撰集。

葉氏方三卷

陳氏曰：太社令延平葉大廉撰。

胡氏方一卷

陳氏曰：不著名。

傳道適用方二卷〔二四〕

陳氏曰：稱拙庵吴彦夔。淳熙庚子。

陳氏手集方一卷

陳氏曰：建安陳抃。

選奇方十卷　後集十卷

陳氏曰：青田余綱堯舉撰。

傷寒瀉痢要方一卷

陳氏曰：直龍圖閣長樂陳孔碩膚仲撰。

湯氏嬰孩妙訣二卷

陳氏曰：東陽湯衡撰。衡之祖民望，精小兒醫，有子曰麟，登科。衡，麟之子，尤邃於祖業，爲此書九十九篇〔二五〕。

諸家名方二卷

陳氏曰：福建提舉司所刊，市肆常貨而局方所未收者。

易簡方一卷

陳氏曰：永嘉王碩德膚撰。增損方三十首，㕮咀藥三十品，市肆常貨圓子藥十種，以爲倉卒應用之備。其書盛行於世。

四時治要方一卷

陳氏曰：永嘉屠鵬時舉撰。專爲時疾、瘧痢、吐瀉、傷寒之類，雜病不與焉。

治奇疾方一卷

陳氏曰：夏子益撰。凡三十八道，皆奇形怪證，世間所未見者。

傷寒證類要略二卷　玉鑑新書二卷

陳氏曰：汴人平堯卿撰。專爲傷寒而作，皆仲景之舊也，亦別未有發明。

瘡疹證治一卷

陳氏曰：金華謝天錫撰。

產寶諸方一卷

陳氏曰：不著名氏。集諸家方，而以十二月產圖冠之。

纂要備急諸方一卷

陳氏曰：不知何人集。皆倉卒危急所須藥及雜術也。

摘要方一卷

陳氏曰：傷寒十勸及危證十病，末載托裹十補散方。

劉涓子神仙遺論十卷

陳氏曰：東蜀刺史李頔録。按中興書目引崇文總目云宋龔慶宣撰。劉涓子者，晉末人，於丹陽縣得鬼遺方一卷，皆治癰疽之法，慶宣得而次第之。今按唐志有慶宣劉涓子男方十卷，未知即此書否。卷或一板，或止數行，名爲十卷，實不多也。

衛濟寶書一卷

陳氏曰：稱東軒居士，不著名氏。治癰疽方也。

外科保安方三卷

陳氏曰：知興化軍亳社張允蹈家藏方。龔參政茂良、劉太史夙爲之序、跋。

五發方論一卷

陳氏曰：不知名氏，亦吴晦父所録。

李氏集驗背疽方一卷

陳氏曰：泉江李迅嗣立撰。凡五十二條，其論議詳盡曲當。

皇帝醫相馬經三卷

鼂氏曰：唐穆蠡集伯樂、王良等六家書成此編。「皇帝」斥神農也。

育駿方三卷

鼂氏曰：未詳撰人。相馬術及醫治畜牧之方。

相馬經一卷

鼂氏曰：未詳撰人。述相馬法式〔二六〕，并著馬之疾狀及治療之術。李氏書目有之。

校勘記

〔一〕各於篇首著其疾證 「於」字原脱，據郡齋讀書志卷一五補。

〔二〕仍敕長吏按方劑以時拯濟 「吏」原訛作「史」，據元本、慎本、弘治單刻本改。

〔三〕太醫局方十卷 「十卷」，袁本郡齋讀書志卷三下、卧雲本讀書志卷一五同。藝芸書舍本讀書志卷一五作「三卷」。

〔四〕和劑局方十卷 郡齋讀書志卷一五同。直齋書録解題卷一三作「太平惠民和劑局方六卷」。宋史卷二〇七藝文六有陳師文校正太平惠民和劑局方五卷。玉海卷六三云：大觀時，詔修和劑局方五卷，得方二百九十七，分二十一門。據此，則大觀中之和劑局方爲五卷。

〔五〕袞原脱，據郡齋讀書志卷一五補。

〔六〕慶曆間因官滑臺 郡齋讀書志卷一五「因」字在「臺」字下，屬下讀。按博濟方王袞自序，有「袞遂因公暇，博采禁方」之語，則「因」屬下讀爲優。又按自序有「袞鼎侍家君之任滑臺」語，則官滑臺者爲袞父，非袞，而博濟方亦非編成於滑臺。

〔七〕暇日出家藏七十餘方　郡齋讀書志卷一五同。按王衮博濟方自序云：所得方論凡七千餘道，因於其中擇精要者得五百餘首。

〔八〕靈苑方二十卷　「方」字原脱，據宋史卷二〇七藝文六、郡齋讀書志卷一五、直齋書録解題卷一三補。

〔九〕兆自言爲思邈之後　「兆」字原脱，據直齋書録解題卷一三補。

〔一〇〕惟傷寒論而已　「論」字原脱，據直齋書録解題卷一三補。

〔一一〕珍膳羹饘　「羹」，宋本豫章黄先生文集卷一六作「美」。

〔一二〕常試其所不知之方　「常」，宋本豫章黄先生文集卷一六作「嘗」，應是。按宋以前古書中之「嘗」，元、明常刻作「常」，蓋音近而假借。

〔一三〕淮南人謂安常能與傷寒説話　「人」字原脱，據張右史文集卷四七補。

〔一四〕他人勤勤守古　「勤勤」，藝芸書舍本郡齋讀書志卷一五作「靳靳」。

〔一五〕獨乙度越縱舍　「乙」字原脱，據藝芸書舍本郡齋讀書志卷一五補。

〔一六〕凡二十三　「凡」字原脱，據郡齋讀書志卷一五補。

〔一七〕新安張杲季明撰　「張杲」原作「張景」，據直齋書録解題卷一三、文淵閣四庫全書本醫説及其前羅頊序改。

〔一八〕大要以爲食治則身治　「爲」字原脱，據直齋書録解題卷一三補。

〔一九〕泰州興化令陳直撰　「陳直」原作「陳真」，據元本、慎本、弘治單刻本、宋史卷二〇七藝文六、直齋書録解題卷一三改。

〔二〇〕考城王貺子亨撰 「城」下原衍「子」字，據直齋書録解題卷一三删。
〔二一〕治風方一卷 「方」字原脱，據直齋書録解題卷一三補。
〔二二〕太醫局教授張鋭撰 「局」字原脱，據直齋書録解題卷一三補。
〔二三〕漢東王氏小兒方三卷 「三」原作「二」，據直齋書録解題卷一三改。按宋史卷二〇七藝文六有「漢東王先生小兒形證方三卷」。
〔二四〕傳道適用方二卷 「道」，直齋書録解題卷一三作「信」。
〔二五〕爲此書九十九篇 前一「九」字原作「也」，據元本、慎本、弘治單刻本、直齋書録解題卷一三改。
〔二六〕述相馬法式 「述」字原脱，據郡齋讀書志卷一五補。

卷二百二十四　經籍考五十一

子 房中　神僊

漢藝文志：房中者，情性之極，至道之際，是以聖王制外樂以禁内情，而爲之節文。傳曰：「先王之作樂，所以節百事也。」樂而有節，則和平壽考。及迷者弗顧，以生疾而隕性命。

漢志：房中八家，百八十六卷。

右房中。

漢藝文志：神仙者，所以保性命之真，而游求於其外者也〔一〕。聊以盪意平心，同死生之域，而無怵惕於胸中。然而或者專以爲務，則誕欺怪迂之文彌以益多，非聖王之所以教也。孔子曰：「索隱行怪，後世有述焉，吾不爲之矣。」

漢志：神仙十家〔二〕，二百五卷。

隋經籍志曰：道經者，云有元始天尊，生於太元之先，禀自然之氣，冲虚凝遠，莫知其極。所説天地淪壞，劫數終盡，略與佛經同。而以天尊之體〔三〕，常存不滅。每至天地初開，或在玉京之上，或在窮桑之野，授以祕道，謂之開劫度人。然其開劫非一度矣，故有延康、赤明、龍漢、開皇，是其年號。其間相去經四十一億萬載。所度皆諸天仙上品，有太上老君、太上丈人、天真皇人、五方天帝及諸仙官，轉共承受，世人莫之豫也。所説之經，亦禀元一之炁，自然而有，非所造爲，亦與天尊常在不滅。天地不壞，則蘊而莫傳；劫運若開〔四〕，其文自見。凡八字，盡道體之奥，謂之天書。字方一丈，八角垂芒，光輝照耀，驚心眩目，雖諸天仙不能省視。天尊之開劫也，乃命天真皇人，改囀天音而辯析之。自天真以下至於諸仙，輾轉節級，以次相授。諸仙得之，始授世人。然以天尊經歷年載〔五〕，始一開劫，受法之人，得而寶祕，亦有年限，方始傳授。上品則年久，下品則年近。故今受道者，經四十九年，始得授人。推其大旨，蓋亦歸於仁愛清淨，積而修習，漸致長生，自然神化，或白日登仙，與道合體。

其受道之法，初受五千文籙，次受三洞籙，次受洞元籙，次上清籙。籙皆素書，紀諸天曹官屬佐吏之名有多少，又有諸符，錯在其間。文章詭怪，世所不識。受者必先潔齋，然後齎金環一，并諸贄幣，以見於師。師受其贄，以籙授之，仍剖金環，各持其半，云以爲約。弟子得籙，緘而佩之。其潔齋之法，有黄籙、玉籙、金籙、塗炭等齋。爲壇三成，每成皆置緜蕝以爲限域。傍各開門，皆有法象。齋者亦有人數之限，以次入於緜蕝之中，魚貫面縛，陳説愆咎，告白神祇，晝夜不息，或一二七日而止。而齋數之外有人者，並在緜蕝之外，謂之齋客，但拜謝而已，不面縛焉。而又有消災度厄之法，依陰陽五行數術，推人年命書之，如章表之儀，并具贄幣，燒香陳讀，云奏上天曹，請爲除厄，謂之上章。夜中於星辰之下，陳設醮脯〔六〕、餅餌、幣物，歷祀天皇太一，祀五星列宿，爲書如上章之儀以奏之，名之爲醮。又以木爲印，刻星辰日月於其上，吸氣執之，以印疾病，多有愈者。又能登刀、入火，而焚敕之，使刃不能害〔七〕，火不能熱。而又有諸服餌、辟穀、金丹、玉漿、雲英，蠲除滓穢之法，不可殫記。云自上古黄帝〔八〕、帝嚳、夏禹之儔，並遇神人，咸受道籙，年代既遠，經史無聞焉。推詳事迹，漢時諸子，道書之流有三十七家，大旨皆去健羨，處冲虚而已，無上天官符籙之事。其黄帝四篇、老子二篇，最得深旨。

故言陶弘景者，隱於句容，好陰陽五行、風角星算，修辟穀導引之法，受道經符籙，武帝素與之遊。及禪代之際，弘景取圖讖之文，合成「景梁」字以獻之，由是恩遇甚厚。又撰登真隱訣，以證古有神仙之事；又言神丹可成，服之則能長生，與天地永畢。帝令弘景試合神丹，竟不能就。乃言中原隔絶，藥物不精故也。帝以爲然，敬之尤甚。然武帝弱年好事，先受道法，及即位，猶自上章。朝士受道者衆，三吴及邊海之際，信之踰甚。陳武世居吴興，故亦奉焉。後魏之世，嵩山道士寇謙之自云嘗遇真人成公興。後遇太上老君，授謙之爲天師，而又賜之雲中音誦科誡二十卷，又使玉女授其服氣導引之法，遂得辟穀，氣盛體輕，顔色鮮麗。弟子十餘人〔九〕，皆得其術。其後又遇神人李譜，云是老君玄孫，授其圖籙真經，劾召百神，六十餘卷，及銷錬金丹、雲英、八石、玉漿之法。太武始光之初，奉其書而獻之。帝使謁者奉玉帛牲牢祀嵩嶽，迎致其餘弟子，於代都東南起壇宇，給道士百二十人，顯揚其法，宣布天下。太武親備法駕，而受符籙焉。自是道業大行，每帝即位，必受符籙，以爲故事。刻天尊及諸仙之象而供養焉。遷洛已後，置道場於南郊之旁，方二百步。正月、十月之十五日，並有道士、哥人百六人〔一〇〕，拜而祠焉。後齊武帝遷鄴〔一一〕，遂罷之。文襄之世，更置館宇，選其精至者使居焉〔一二〕。後周承魏，崇奉道法，每帝受籙，如魏之舊。尋與佛法俱滅。開皇初又興。高宗雅信佛法，於道士篾如也。大業中，道士以術進者甚衆。其所講經，由以老子爲本，次講莊子及靈寶、昇元之屬。其餘衆經，或言傳之神人，篇卷非一。自云天尊姓樂名静信，例皆淺俗，故世甚疑之。其術業優者，行諸符禁，往往神驗。而金丹玉液長生之事，歷代糜費，不可勝紀，竟無效焉。今考其經目之數，附之於此。

隋志：三百七十七部，一千二百一十六卷。

唐志：三十五家，五十部，三百四十一卷。失姓名十三家。自道藏音義以下不著録六十二家，二百六十五卷。

宋三朝國史志曰：班志藝文道家之外，復列神仙，在方伎中。東漢後道教始著，而真仙經誥別出焉。唐開元中，列其書爲藏目，曰三洞瓊綱，總三千七百四十四卷。厥後亂離，或至亡缺。宋朝再遣官校定，事具道釋志。嘗求其書，得七千餘卷，命徐鉉等讎校，去其重複，裁得三千七百三十七卷。大中祥符中，命王欽若等照舊目刊補，凡四千三百五十九卷。洞真部六百二十卷，洞元部一千一十三卷，洞神部一百七十二卷，太真部一千四百七卷，太平部一百九十二卷，太清部五百七十六卷，正一部三百七十卷。合爲新録，凡四千三百五十九。又撰篇目上獻，賜名曰寶文統録。隋志以道經目附四部之末，唐毋煚録散在乙、丙部中〔一三〕。今取修鍊、服餌、步引、黄治〔一四〕、符籙、章醮之説素藏館閣者，悉録於此。

宋三朝志：九十七部，六百二十五卷。

宋兩朝志：四百一十三部。

宋四朝志：二十部。

宋中興志：三百九十六家，四百四十七部，一千三百二十一卷。

度人經三卷

鼂氏曰：元始天尊説。唐志有其目，古書也。神仙之説，其來尚矣。劉歆七略，道家之學與神仙各爲録。其後學神仙者稍稍自附於黄、老，乃云有元始天尊者，生於太元之先，姓樂名静信，常存不滅。每天地開闢，則以祕道授諸仙，謂之「開劫度人」。延康、赤明、龍漢、開皇，即其紀年也。授其道者，漸至長生，或白日昇天。其學有授籙之法，名曰「齋」；有拜章之儀，名曰「醮」；又有符祝以攝治鬼神〔一五〕，服餌以蠲穢濁。至於存想之方，導引之訣，烹鍊變化之術，其類甚衆。及葛洪、寇謙、陶弘景之徒相望而出，其言益熾於世，富貴者多惑焉，然通人皆疑之。宋朝修道藏，共六部，三百一十一帙，而神仙之學如上所陳者居多，與道家絶不類。今於其間取自昔書目所載者録之，又釐而爲二。凡其説出於神仙者，雖題曰老子、黄帝，亦皆附於此，不以名亂實也。若夫容成之術，雖收於歆輩者，以薦紳先生難言之，特削去不録。

大洞真經一卷

鼂氏曰：題云高上虚皇君等。道書，三十七章。晉永和中，上清紫微元君降授於王夫人，是上清高法。道藏書六部，一曰大洞真部，二曰靈寶洞元部，三曰太上洞神部，四曰太真部，五曰太清部，六曰正一部，李氏道書志四類，一曰經誥類，二曰傳録類，三曰丹藥類，四曰符篆類，皆以此書爲之首。然唐志不載，故以次度人經云。

黄庭内景經一卷

鼂氏曰：題大帝内書，藏暘谷陰。三十六章，皆七言韵語。梁邱子叙云：「扶桑大帝命暘谷神王傳魏夫人，一名東華玉篇。黄者中央之色，庭者四方之中，外指事即天、人、地中〔一六〕，内指事即腦、心、脾中〔一七〕，故曰『黄庭』。」

内景中黄經二卷〔一八〕

鼂氏曰〔一九〕：題九仙君撰，中黄真人注。亦名胎臓論。

黄庭外景經三卷

鼂氏曰：叙謂老子所作，與法帖所載晉王羲之所書本正同，而文句頗異。其首有「老子閒居，作七言解説身形及諸神」兩句，其末有「吾言畢矣勿妄陳〔二〇〕」一句，且改「淵」爲「泉」，改「治」爲「理」，疑唐人誕者附益之。

崇文總目云「記天皇氏至帝嚳受道得仙事」，此本則無之。

陳氏曰：黄庭外景經一卷。務成子注。是南岳魏夫人所受者。魏舒之女也。

無仙子删正黄庭經

歐陽文忠公序之。意必公所自爲，而隱其名耳。其序曰：無仙子，不知爲何人也，無姓名，無爵里，世莫得而名之。其自號爲無仙子者，以警世人之學仙者也。其爲言曰：自古有道無仙，而後世之人，知有道而不得其道，不知無仙而妄學一作「求」。仙，此我之所哀也。道者，自然之道也；生而必死，亦自然之理也。以自然之道，養自然之生，不自戕賊夭閼而盡其天年，此自古聖智之所同也。禹走天下，乘四載，治百川，可謂勞其形矣，而壽百年。顏子蕭然坐於陋巷〔二二〕，簞食瓢飲，外不誘於物，内不動於心，可謂至樂矣，而年不及三十。斯二人者，皆古之仁人也，勞其形者長年，安其樂者短命，蓋命有「有」一作「之」。長短，稟之於天，非人力之所能爲也。惟不自戕賊而各盡其天年，則二人所同也。此所謂自然之道養自然之生。後世貪生之徒爲養生之術者，無所不至，至茹草木，服金石，吸日月之精光。又有以謂此外物不足恃，而反求諸内者，於是息慮絶欲，鍊精氣，勤吐納，專於内守，以養其神。其術雖本於貪生，及其至也，尚或可全形而却疾，猶愈於肆欲稱情以害其生者，是謂養内之術。故上智任之自然，其次養内以却疾，最下妄意以貪生。世傳黄庭經者，魏、晉間道士養生之書也〔二三〕。其説專於養内，多奇怪，故其傳之久則易爲訛舛。今家家異本，莫可考正。無仙子既甚好古，家多集録古書文字，以爲翫好之娱。有黄庭經石本者〔二三〕，乃永和十三年晉人所書，其文頗簡，以較今世俗所傳者，獨爲有理〔二四〕。於是喟然嘆曰：吾欲曉世以無仙，而止人之學者，吾力顧未能也。吾視世人執奇怪訛舛之書，欲求生而反害其生者，可不哀哉！矧以我翫好之餘，拯世人之謬惑，何惜而不爲。故爲删正諸家之異，一以永和石本爲定。其難曉之言，略爲注解，庶幾不爲訛謬之説惑世以害生，是亦不爲無益。若大雅君子，則豈取於此！

真誥十卷

鼂氏曰：梁陶弘景撰。皆真人口授之誥，故以爲名。記許邁、楊羲諸仙受授之説〔二五〕。本七卷：運題一，象甄二，命授三，協昌期四，稽神樞五〔二六〕，握真輔六，翼真檢七。後人析第一、第二、第四各爲上下。

朱子語録曰：道書中真誥末後有道授篇，却是竊佛家四十二章經爲之〔二七〕。非特此也，至如地獄、託生妄誕之説，皆是竊他佛教中至鄙至陋者爲之。某嘗謂其徒曰，自家有箇寶珠，被他竊去了却不照管，亦都不知，却去他墻根壁角，竊得箇破瓶破罐用，此甚好笑。

周易參同契三卷

鼂氏曰：漢魏伯陽撰。按神仙傳，伯陽，會稽上虞人，通貫詩律，文辭贍博，修真養志，約周易作此書，凡九十篇。徐氏箋注。桓帝時，以授同郡淳于叔通，因行於世。彭曉爲之解。隋、唐書皆不載〔二八〕。按唐陸德明解「易」字云：「虞翻注參同契〔二九〕，言字從日下月。」今此書有「日月爲易」之文，其爲古書明矣。

參同契分章通真義三卷　明鏡圖訣一卷

陳氏曰：真一子彭曉秀川撰。蜀永康人也。參同契因易以言養生，後世言修鍊者祖之。序稱廣政丁未〔三〇〕，以參同契分九十章而爲之注〔三一〕，且爲圖八環，謂之明鏡圖。曩在麻姑山傳録，其末有秀川傳〔三二〕。汪綱會稽所刻本〔三三〕，其前題祠部員外郎彭曉，蓋據祕閣本云爾。麻姑本附傳亦言仕蜀爲此官。

張隨注參同契三卷

鼂氏曰：皇朝張隨皇祐中居青城山，注魏伯陽之書，列十數圖於其後。

參同契大易圖一卷

鼂氏曰：不題撰人。論周天火候〔二四〕，有太易、太初、太始、太素、太極、四象、五行等二十四篇并圖。按崇文總目云張處撰。而李獻臣以爲天老神君撰，雲常子張處序，亦名至藥丹訣。未知孰是。

參同契考異一卷

陳氏曰：朱熹撰。以其詞韵皆古，奥雅難通，讀者淺聞，妄輒更改，比他書尤多舛誤，合諸本更相讐正。其諸同異皆並存之。

朱子語録曰：參同契所言坎離、水火、龍虎、鉛汞之屬，只是互换其名，其實只是精、氣二者而已。精，水也，坎也，龍也，汞也；氣，火也，離也，虎也，鉛也。其法以神運精氣，結而爲丹。陽氣在下，初成水，以火鍊之，則凝神丹〔二五〕。其説甚異，内外異色，如鴨子卵，真箇成此物。參同契文章極好，蓋後漢之能文者爲之，讀得亦不枉。其用字皆根括古書〔二六〕，非今人所能解，以故皆爲人妄解。世間本子極多，其中有云：「千周粲彬彬兮，萬遍將可睹。神明或告人兮，魂靈忽自悟。」言誦之久，則文義要訣自見。又曰：「二用無爻位，周流行六虛。」二用者，用九、用六。九、六亦坎、離也。六虛者，即乾坤之初、二、三、四、五、上六爻位也。言二用雖無爻位，而常周流乎乾坤六爻之間，猶人之精氣，上下周流乎一身，而無定所也。世有龍虎經，云在參同契之先，季通亦以爲好。及得觀之，不然，乃隱括參同契之語而爲之也。

又曰：參同契爲艱深之詞，使人難曉，其中有「千周」「萬遍」之説，欲令熟讀以得之也。大概其説以爲，欲明言之，恐泄天機；欲不説來，却又可惜。

金碧古文龍虎上經一卷

陳氏曰：不著名氏。麻姑所録本無「金碧」字。

朱子語録曰：曾景建謂：「參同契本是龍虎上經，果否？」先生曰：「不然，蓋是後人見魏伯陽有『龍虎上經』一句，遂僞作此經。大概皆是體參同契而爲，故其間有説錯了處。如參同契云『二用無爻位，周流行六虛』，二用者，即易中用九、用六也。乾坤六爻，上下皆是有位，惟用九、用六無位，故周流行於六虛。今龍虎經却錯説作虛、危去。蓋討頭不見，胡亂牽合一字來説。」

參同契解一卷

陳氏曰：題紫陽先生，不知何人。

西昇經四卷

鼂氏曰：題曰太上真人尹君記録〔三七〕。老子將遊西域，既爲關令尹喜説五千言，又留祕旨，凡三十六章，喜述之爲此經。其首稱老君西昇，聞道竺乾有古先生，是以就道〔三八〕。説者以古先生，佛也。事見廣弘明集辯惑論〔三九〕。

韋注西昇經二卷〔四〇〕

鼂氏曰：梁道士韋處玄。分上下經：上經三七，法天之陽數，分二十一章〔四一〕；下經四七，法地之陰數。總四十九章，象大衍用數云。唐志稱「處元集解」。以「聞道竺乾」爲「經道竺乾」，以「古先生」爲老子自謂。

洞玄注西昇經四卷〔四二〕

鼂氏曰：唐洞玄子注，其姓名未詳。唐志有戴詵注西昇經，疑此或詵書也。分三十六章，謂竺乾古先生非釋迦之號云。

徐注西昇經二卷

鼂氏曰：徐道邈撰。句曲人，未詳何代。其本以「有古先生善入無爲」作「善入泥丸」，「古先生者，吾之師也，化乎竺乾」作「吾之身也，化胡竺乾」云。

步虛經一卷

鼂氏曰：太極真人傳左仙翁，其章皆高仙上聖朝玄都、玉京，飛巡虛空之所諷咏，故曰「步虛」。

定觀經一卷

鼂氏曰：題云天尊授左元真人，述定心惠觀等修，故以爲名云。

內觀經一卷

鼂氏曰：老子撰。述人胞胚、魂魄衆神之名，當諦觀身心，俾不染濁穢，乃可常存云。凡二十二章。

老子化胡經十卷

鼂氏曰：魏明帝爲之序。經言老子歸崑崙化胡，次授罽賓，後及天竺。按裴松之三國志注言「世稱老子西入流沙，化胡成佛」，其説蓋起於此。議化胡經八狀附於後。唐志云：萬歲通天元年，僧惠澄上言，乞毁老子化胡經，秋官侍郎劉如璿等議狀，證其非僞。此是也。

太清經一卷

鼂氏曰：太清護命靈文，金闕上聖按傳修道之士〔四三〕，可以除邪治病云。

天蓬神咒一卷

鼂氏曰：未詳撰人。邯鄲書目載道書最多，已上八種皆有之。

混元内外鑒二卷　延壽經一卷附

鼂氏曰：「混元」謂老子也。亦導引之術。内篇八〔四四〕，外篇二〔四五〕。

太上説魂魄經二卷

鼂氏曰：題曰老子撰。載三魂七魄名字、形狀、好惡，以咒術存制之。崇文題曰太上靈書，李氏亦有其目。

天真皇人九仙經一卷

鼂氏曰：天真皇人爲黄帝説〔四六〕。一行、羅公遠、葉法静注〔四七〕。論水火龍虎造金丹之術，崇文書也。按九仙經興廢記云，此經黄帝留峨眉山石壁，漢武帝時得之，大中嘗禁絶。

陰符内丹經一卷

鼂氏曰：題曰老子説。

紫陽金碧經二卷

鼂氏曰：皇元真人撰，廣成子述，河上公修。爲六十四章。上明和合習真之法，中有調神理氣之方，下有還丹九鼎上昇之術。崇文目有三卷，今逸其一。

靈樞金鏡神景内經十卷

陳氏曰：稱扁鵲注。

上清天地宫府圖經二卷

陳氏曰：唐司馬子微撰。

中誡經一卷

陳氏曰：稱黄帝、赤松子問答，蓋假托也。

太上金碧經一卷

陳氏曰：題魏伯陽注。

四十九章經

李壁季章序曰：隱者劉漫翁，博涉古今，尤邃黄、老。一日，某言：「賈生惜誓賦之超絶，如云

『黄鵠一舉兮，知山川紆曲，再舉兮，睹天地圓方』，此言居身益高，則所見益遠矣。今人汩於情僞，沉於利欲，猶坎蛙壤蚓積處窪下，欲幾高明，得乎？東坡稱：『博大古真人，老聃、關尹喜。獨立萬物表，長生乃餘事。』惟其倏然玄覽，却立垢紛之外，不爲物所梏，則乘星載雲，揮斥八極，超無有而獨有，又誰禦哉！」漫翁曰：「君言善矣。然茲理也，不待賈生、東坡而始著。是在道經四十九章經已云：『學道甚苦，如負重登山。既登絶頂，其苦自息。俯視一世，皆微眇也。』」予始知有是經。亟從羽流訪得讀之，慨然曰：「至言妙道，盡在是矣，虚皇豈欺我哉！」大抵道家貴於眇萬物而不留，離澳滐而化昭融，物之旦夜交於前者皆不足以爲吾病，而去道邇矣。然而爲物而眇視之，猶有物也。若盡空諸有，豁然四達，無門無旁，無聲無臭，亶爲至極。而聖人之教人，未嘗舉空也。老子言道雖窈冥恍惚，而必有象有物焉。此經所謂圓明具足者，非邪？或謂之誠，或謂之玄，或謂之真，或謂之覺，或謂之實際，以至爲情爲識，爲喜爲怒，爲愛爲惡，爲聖賢爲仙靈，爲姦邪爲盗賊，大而天下之能化育，微而蠛蠓之能飛鳴，皆是物也。故易著感寂之理，而昇玄、清静二經，雖曰空而實非空。使凡世之善惡皆可舉而空之，則淫、貪、狠、愚、險、忮、讒、媚所植罪本亦可空矣，則將何所不至乎？味經之三十三章，蓋與老、易及清静、昇玄合。雖稱種種因緣均爲幻假，當滅除之，而他章顧謂「觸情縱欲，是造諸苦，吾道苦而後樂，衆生樂而後苦」，又云「財者罪之根，聚財爲聚孽」，又云「危人還自危，枉彼還自枉」。觀此，則凡姦邪小人聚財以規利，枉彼以陷人，雖快一時，終必自禍，猶影響也，概謂之空，可乎？嘗怪道家言三洞、三太皆藏玉京，上真猶不得見，而近世張君房所集道書凡四千五百六十五卷，崇、觀間增至五千三百八十七卷，抑何多邪？黄、老宗旨虚無，至太、洞諸經，昉言諸天奥密、神仙隱祕事，自晉始傳人間。由隋歷唐，方伎符籙，其説益以誕漫，去本滋遠。以是知道家之書，真者絶少，而俗師附益假托者多。如世所傳斗經，乃以北辰爲北斗，豈有天人至尊不辨星文，誤引論語者乎？若此經之玄妙精微，明白切至，其爲先聖至人所説無疑。惟卓識殫洽者，無惑乎古書之正僞；彼方士羽人，苟非研精教典，獨會於心，烏能斷其書之純駁哉！

右神仙。

校勘記

〔一〕而游求於其外者也　「求」原作「泳」，據元本、慎本、弘治單刻本、漢書卷三〇藝文志改。

〔二〕神僊十家　「十」字原脱，據漢書卷三〇藝文志補。

〔三〕而以天尊之體　隋書卷三五經籍四「以」下有「爲」字。

〔四〕劫運若開　「若」原作「常」，據隋書卷三五經籍四改。

〔五〕然以天尊經歷年載　「天」上原衍「年」字，據隋書卷三五經籍四删。

〔六〕陳設醮脯　「醮」，隋書卷三五經籍四作「酒」。

〔七〕使刃不能害　「害」，隋書卷三五經籍四作「割」。

〔八〕云自上古黄帝　「黄」原作「皇」，據隋書卷三五經籍四改。

〔九〕弟子十餘人　「十」上原衍「二」字，據魏書卷一一釋老志、隋書卷三五經籍四删。

〔一〇〕並有道士哥人百六人　「哥」原作「等」，據中華書局標點本魏書卷一一四釋老志、隋書卷三五經籍四改。按説文云：「哥，古文以爲歌字。」

〔一一〕後齊武帝遷鄴　中華書局標點本隋書卷三五經籍四校勘記謂「武」上應有「神」字。

〔一二〕選其精至者使居焉　「至」原作「志」，據魏書卷一一四釋老志、隋書卷三五經籍四改。

〔一三〕唐毋煚録散在乙丙部中　「毋煚録」原作「母照録」，按此指毋煚之古今書録，今改。

〔一四〕黄治　「治」原作「冶」，據元本、慎本改。

〔一五〕又有符祝以攝治鬼神　「祝」，郡齋讀書志卷一六作「咒」。

〔一六〕外指事即天人地中　「中」字原脱，據郡齋讀書志卷一六補。

〔一七〕内指事即腦心脾中　「腦」原作「肺」，據黄庭内景經釋題注文改。

〔一八〕内景中黄經二卷　「内景」二字原誤置於上條之末，今據元本、慎本、弘治單刻本移於此。

〔一九〕鼂氏曰　郡齋讀書志未收此條，直齋書録解題卷一二有此條。或係馬端臨誤録「陳氏」作「鼂氏」。

〔二〇〕吾言畢矣勿妄陳　「勿」原作「而」，據郡齋讀書志卷一六改。

〔二一〕顔子蕭然坐於陋巷　「坐」，歐陽文忠公集卷六五作「卧」。

〔二二〕魏晉間道士養生之書也　「魏晉」二字原倒，據歐陽文忠公集卷六五乙正。

〔二三〕有黄庭經石本者　「經」字原脱，據歐陽文忠公集卷六五補。

〔二四〕獨爲有理　歐陽文忠公集卷六五此句下有「疑得其真」四字。

〔二五〕記許邁楊羲諸仙受授之説　據袁本郡齋讀書志卷三下、真誥序録，「許邁」下當有「許謐」二字。

〔二六〕運題一象甄二命授三協昌期四稽神樞五　郡齋讀書志卷一六同。按真誥序録此一節作「運題象一，甄命授二，協昌期三，稽神樞四，闡幽微五」。

〔二七〕却是竊佛家四十二章經爲之　朱子語類卷一二六「經」下有「之意」二字。

〔二八〕隋唐書皆不載　袁本郡齋讀書志卷三下「書」下有「目」字。按周易參同契，舊唐書卷四七經籍下、新唐書卷五九藝文三俱有著録。

〔二九〕虞翻注參同契　「虞翻」原作「虞翔」，據元本、慎本、郡齋讀書志卷一六、經典釋文卷一改。按虞翻字仲翔，三國志吴書有傳。

〔三〇〕序稱廣政丁未　「廣政」原作「曉」，據直齋書録解題卷一二改。元本、慎本、弘治單刻本作「廣」，脱「政」字。

〔三一〕以參同契分九十章而爲之注　「九十」二字原倒，今乙正。按該書實分九十章，彭曉序曰：「以四篇統分三卷，爲九十章」，「上卷分四十章，中卷分三十八章，下卷分十二章。」直齋書録解題卷一二同。

〔三二〕其末有秀川傳　「末」原作「本」，據元本、慎本、弘治單刻本、直齋書録解題卷一二改。

〔三三〕汪綱會稽所刻本　「汪綱」原訛作「注綱」，據元本、慎本、弘治單刻本、直齋書録解題卷一二改。

〔三四〕論周天火候　「周天」原作「水」，據元本、慎本、弘治單刻本、郡齋讀書志卷一六改。

〔三五〕則凝神丹　「神」，朱子語類卷一二五作「咸」。

〔三六〕其用字皆根括古書　「括」，朱子語類卷一二五作「據」。

〔三七〕題曰太上真人尹君記録　「太」，元本、慎本、弘治單刻本、藝芸書舍本郡齋讀書志卷一六作「天」。按道教尊尹喜爲「无上真人」，「天」或爲「无」之訛。

〔三八〕是以就道　「就」下原衍「有」字，據郡齋讀書志卷一六删。按正統道藏慕三西昇經、維一西昇經集注皆無「有」字。

〔三九〕事見廣弘明集辯惑論　「弘」原作「洪」，係避宋宣祖諱，今改回。

〔四〇〕韋注西昇經二卷　「韋」原作「章」，「二」原作「三」，據新唐書卷五九藝文三、宋史卷二〇五藝文四、郡齋讀書志卷一六、道藏目録詳注卷三洞神部本文類西昇經集注條改。下文「韋處玄」之「韋」字同改。

〔四一〕分二十一章　「一」字原脱，據郡齋讀書志卷一六補。

〔四二〕洞玄注西昇經四卷　「洞」，通志卷六七藝文略五作「冲」。郡齋讀書志作「同」，係黿公武避父冲之諱。下文「洞玄子」同。

〔四三〕金闕上聖按傳修道之士　郡齋讀書志卷一六「聖」作「真」，「傳」作「付」。

〔四四〕内篇八　「八」字原脱，據郡齋讀書志卷一六補。

〔四五〕外篇二　「二」，郡齋讀書志卷一六作「三」。

〔四六〕天真皇人爲黄帝説　「真」字原脱，據袁本讀書後志卷二、宛委本郡齋讀書志卷一六及上句補。

〔四七〕葉法静注　郡齋讀書志卷一六同。孫猛郡齋讀書志校證據通志藝文略五以爲當作「葉静能注」。

卷二百二十五　經籍考五十二

子 神僊家

太平經一百七十卷

後漢書襄楷傳：桓帝時，楷上書言：「臣前上琅邪宮崇受于吉神書〔一〕，不合明聽。」于，姓；吉，名也。神書，即今道家太平經也。其經以甲、乙、丙、丁、戊、己、庚、辛、壬、癸爲部，每部一十七卷。又言：「前者宮崇所獻神書，專以奉天地、順五行爲本，亦有興國廣嗣之術。其文易曉，參同經典，而順帝不行，故國胤不興〔二〕。」云云。初，順帝時，琅邪宮崇詣闕，上其師于吉於曲陽泉水上所得神書百七十卷，皆縹白素、朱介、青首、朱目，號太平清領書〔三〕。其言以陰陽五行爲家〔四〕，而多巫覡雜語。有司奏崇所上妖妄不經，乃收藏之。後張角頗有其書焉。及靈帝即位，以楷書爲然。

按：道家之說，皆昉於後漢桓帝之時。今世所傳經典符籙，以爲張道陵天師永壽年間受於老君者是也。而太平經正出於此時，范史所書甚明。然隋以來藝文志，道書中並不收入。至宋中興史志方有之，然以爲襄楷撰，則非也。今此經世所不見，獨章懷太子所注漢書略及其一二，如楷疏中所謂「奉天地，順五行」者。經中所言，亦淺易無甚高論。至所謂「興國廣嗣之術」，則不過房中鄙褻之談耳。楷好學博古，於君昏政亂之時，能詣闕上書，明成瑨、李雲之冤，指常侍、黄門之過，不可謂非高明傑特之士；而疏中獨再三尊信此書，遂以來「違背經誼」、「假托神靈」之劾，幾不免獄死，惜哉！然此經流傳最古，卷帙最多，故附見於此。于吉者，後爲孫策所殺。按順帝至孫策據江東之時，垂七十年，而吉於順帝時已爲宫崇之師，則必非稚齒，度其死時，當過百歲，必有長生久視之術。然亦不能晦迹山林，以全其天年，而乃招集徒衆，制作符水，襲黄巾、米賊之爲以取誅戮，則亦不足稱也。

登真隱訣二十五卷

鼂氏曰：梁陶弘景撰。景以爲學其訣者〔五〕，當由階而登，真文多隱，非訣莫登，故以名書。凡七篇，十七條，隋志云。

抱朴子内篇二十卷

鼂氏曰：晉葛洪撰。洪字稚川，丹陽句容人。元帝時，累召不起，止羅浮山，鍊丹著書，推明飛昇之道、導養之理、黄白之事〔六〕。二十卷名曰内篇，十卷名曰外篇，自號抱朴子，因以命書。

陳氏曰：洪所著書，内篇言神仙黄白變化之事，外篇駁雜通釋。此二十卷者，内篇也。館閣書目有外篇五十卷，未見。

玉皇聖胎神用訣一卷

鼂氏曰：玉皇訣，云野人郎肇注。

無上祕要九十五卷

鼂氏曰：題曰元始天尊說。藝文志止七十二卷，不知何時析出二十三通也。

葛仙翁胎息術一卷

鼂氏曰：仙翁，葛洪也。

太清服氣口訣一卷　太起經一卷　開氣法一卷〔七〕太上指南歌一卷

鼂氏曰：四書皆題曰老子撰。服氣訣也。

導引養生圖一卷

鼂氏曰：梁陶弘景撰。分三十六勢，如「鴻鶴徘徊」、「鴛鴦戢羽」之類，各繪像於其上。田偉家本少八勢。

大還丹契祕圖一卷

鼂氏曰：草衣洞真子玄撰。凡十二章〔八〕。大還丹者，乃日月精氣所致也。論火候則以朔望爲據，記藥物則以鉛汞爲名云。

太上墨子枕中記二卷〔九〕

中興藝文志：不知作者。書載匿形幻化之術，殆依託墨子云。

金碧潛通一卷

鼂氏曰：題長白山人元陽子解，未詳何代人，不著撰人名氏。按邯鄲書目云羊參微集。其序言：「本得之石函，皆科斗文字。世有三十六字訣，七曜、五行、八卦、九宮，論還丹之事，其辭多隱，人莫測〔二〇〕。劉真人演仰觀上象，以定節度。今之所作多不成者，蓋不得口訣故也。吾恐墜匿聖文，故著上經，託號金碧潛通。金者，剛柔得位，火不能灼，服之仙遊碧落。」云云。疑即參微所撰也。道藏止收一卷。

還丹歌一卷

鼂氏曰：元陽子撰。次序雜亂，非完書也。大旨解參同契。李氏書目云：「海客李玄光遇玄壽先生於中岳，授此。」未詳玄光何代人。

龍虎通玄要訣一卷

鼂氏曰：蘇玄朗撰。以古訣龍虎經、參同契祕、金碧潛通訣，其文繁而隱，故纂其要，爲是書。李邯鄲家本題云「青霞子，隋開皇時人」，不出名氏，豈玄朗之號邪？

易成子大丹訣一卷

鼂氏曰：彭仲堪撰，不著何代人，字舜元。天台遇一異僧，授此術。論火候。

青牛道士歌一卷

鼂氏曰：題曰青牛道士，未詳。

八段錦一卷

鼂氏曰：不題撰人。吐故納新之訣也。

高象先歌一卷

鼂氏曰：高先撰。象先其字也，未詳何代人。論參同契。

真一子還丹金鑰一卷　太清火式經一卷〔二〕　九天玄路祕論一卷　靈源銘一卷　太清爐鼎斤兩訣一卷

鼂氏曰：五書不著撰人。論龍虎鉛汞火候之術。

神仙可學論一篇

鼂氏曰：唐吴筠撰。嵇康謂神仙不可以學致〔三〕，筠意不以爲然，故演修習之方，以勉學仙之士云。

坐忘論一卷

鼂氏曰：唐司馬承禎子微撰。凡七篇。其後有文元公跋，謂子微之所謂「坐忘」，即釋氏之言「宴坐」也。

陳氏曰：言坐忘安心之法，凡七條，并樞翼一篇〔三〕，以爲修道階次。其論與釋氏相出入。

天隱子一卷

鼂氏曰：唐司馬子微爲之序，云〔四〕：「天隱子，不知何許人，著書八篇。修鍊形氣，養和心靈，歸根契於陰陽〔五〕，遺照齊乎莊叟。殆非人間所能力學者也。」王古以天隱子即子微也。一本有三宮法附於後。

陳氏曰：司馬子微序，言長生久視，無出此書。今觀其言，殆與坐忘論相表裏。豈「天隱」云者，托之別號歟？

幽傳福善論一卷

陳氏曰：唐孫思邈撰。

玄綱論一卷

陳氏曰：唐中岳道士吴筠撰。

日月元樞論一卷

鼂氏曰：唐劉知古撰。明皇朝爲綿州昌明令，時詔求通丹藥之士，知古謂神仙大藥無出參同契，因著論上於朝。

胎息祕訣一卷

鼂氏曰：唐僧遵化撰。論達磨胎息，總十八篇，歌二十三首，凡一千四百四十言。天祐丁丑書成〔一六〕。

太白還丹篇一卷

陳氏曰：稱清虚子太白山人。唐貞元時人〔一七〕。

金丹訣一卷

鼂氏曰：皇朝張瑾撰。治平中，授丹訣於榮中立。後因叙其事，以教後學。

玉芝書三卷

鼂氏曰：皇朝陳舉撰。舉字子堙，蘇州人。

養生眞訣一卷

陳氏曰：虞部員外郎耿肱撰。大中祥符時人。

授道志一卷

鼂氏曰：皇朝楊谷，眞宗朝嘗遇神仙成都藥市，因授其道本。李氏書目亦載，云谷自號純粹子。

通元祕要悟眞篇一卷

鼂氏曰：皇朝張用成撰。用成字平叔，天台人。熙寧中隨陸師閔入蜀，授道於隱者，因成律詩八十一首。

陳氏曰：天台張伯端平叔撰。一名用成。熙寧中遇異人於成都〔一八〕。所著五七言詩及西江月百篇，末卷爲禪宗歌頌，以謂學道之人不通性理獨修金丹，則性命之道未全。有葉士表、袁公輔者各爲注。凡五卷。

養生丹訣一卷

鼂氏曰：皇朝皇甫士安撰。士安，岷山道士也。

歸正議九卷

鼂氏曰：皇朝林靈素撰。駁佛書中非道家者〔一九〕。

太一真君固命歌一卷

中興藝文志：題真人勒於羅浮山朱明洞陰谷壁，古篆文字，東晉葛洪譯，鮑靚行於世。言房中術。

靈樞道言發微二卷

陳氏曰：朝議大夫致仕傅燮撰進。專言火候。

金液還丹圖論一卷〔二〇〕

陳氏曰：不著名氏，自稱元真，蓋宣和道流也。

還丹復命篇一卷

陳氏曰：毗陵僧道光撰。亦擬悟真詩篇。靖康丙午序。

道樞二十卷

陳氏曰：曾慥端伯撰。慥自號至游子。采諸家金丹大藥、修鍊般運之術爲百二十二篇。初無所發明，獨黜採御之法，以爲殘生害道云。

肘後三成篇一卷

陳氏曰：稱純陽子，謂吕洞賓也。其言小成七，中成六，大成五，皆導引、吐納、修煉之事。又有金丹訣一卷，即此書而微不同〔二一〕。

太清養生上下篇二卷

陳氏曰：稱赤松子甯先生。

上清金碧篇一卷

陳氏曰：稱烟蘿子。

金虎鉛汞篇一卷

陳氏曰：稱元君。

鉛汞五行篇一卷

陳氏曰：稱探玄子。

華陽真人祕訣一卷　呂真人血脉論一卷

陳氏曰：前書稱施肩吾，後書稱傅婁景先生。

老子四象論一卷　道士柳冲用巨勝歌一卷　百章集一卷

陳氏曰：百章集稱魏伯陽。

逍遥子通玄書三卷　許先生十二時歌一卷　金鏡九真玉書一卷

陳氏曰：並不知姓名。

黄帝丹訣玉函祕文一卷

陳氏曰：文林郎蒲庚進。

呂公窑頭坯歌一卷

陳氏曰：以陶器爲喻也。

龍虎金液還丹通玄論一卷

陳氏曰：稱羅浮山蘇真人撰。

金碧上經古文龍虎傳

陳氏曰：長白山人元陽子注。皆莫知何人。已上十八種共爲一集。其中有龍牙頌及天隱子，各已見釋氏、道家類〔三〕。

群仙珠玉集一卷

陳氏曰：其序曰：「西華真人以金丹刀圭之訣傳張平叔，作悟真篇，以傳石得之、薛道光、陳泥丸，至白玉蟾。」玉蟾者，葛其姓，福之閩清人，嘗得罪亡命，蓋姦妄流也。余宰南城，有寓公稱其人，云：「近嘗過此，識之否？」余言：「不識也。」此輩何可使及吾門！李士寧、張懷素之徒皆殷監也，是以君子惡異端。

列仙傳二卷

陳氏曰：漢劉向撰。凡七十二人，每傳有贊，似非向撰〔三〕，西漢人文章不爾也。館閣書目三卷六十二人。崇文總目作二卷七十二人，與此合。

神仙傳十卷

黽氏曰：晉葛洪弟子滕升嘗問洪曰：「古人之仙者，豈有其人乎？」洪答以秦阮倉所記有數百人，劉向所纂又七十一人，今復録集古之仙者〔二四〕，以傳真識之士云。

續仙傳三卷

陳氏曰：唐溧水令沈汾撰。或作「玢」。

仙苑編珠二卷

黽氏曰：唐王松年撰。取阮倉、劉向、葛洪所傳神仙，又取經記中梁以後神仙百二十八人〔二五〕，比事屬辭，效蒙求體爲是書。

道教靈驗記二十卷

陳氏曰：蜀道士杜光庭撰。

王氏神仙傳四卷

黽氏曰：蜀杜光庭纂。光庭集王氏男真女仙五十五人，以諂王建。又有王虚中續纂三十人，附其後。

陳氏曰：當王氏有國時，爲此書以媚之。謂光庭有道，吾不信也。

西山群仙會真記五卷

陳氏曰：九江施肩吾希聖撰。唐有施肩吾能詩，元和中進士也。而曾慥集仙傳稱吕巖之後有施肩吾，撰會真記，蓋别是一人也。

鼂氏曰：言煉養形氣，補毓精神，成内丹之法。凡二十五篇〔二六〕。

鍾呂傳道記三卷

陳氏曰：施肩吾撰。敘鍾離權雲房、呂巖洞賓傳授論議。

降聖記五十卷

鼂氏曰：皇朝丁謂撰。大中祥符五年十月十七日，聖祖降。七年，謂請編次事迹，詔李維、宋綬、晏殊同編。天禧元年上之。

先天記三十六卷

鼂氏曰：皇朝王欽若集。聖祖趙諱，即軒轅黄帝也，故欽若奉詔編次傳記黄帝事迹上之，賜名先天記。御製序冠其首。

集仙傳十二卷

陳氏曰：曾慥撰。自岑道願而下一百六十二人。

雲笈七籤一百二十卷

鼂氏曰：皇朝張君房等纂。君房祥符中謫官寧海，時聖祖降，朝廷盡以祕閣道書付杭州，俾戚綸、陳堯佐校正〔二七〕，綸等同王欽若薦君房專其事。君房銓次得四千五百六十五卷，於是掇其藴奥，總萬餘條，成是書。仁宗時上之。

陳氏曰：凡經法、符籙、修養、服食以及傳記，無不畢録。頃於莆中傳録，纔二册，蓋節本也。

後於平江天慶觀道藏得其全，録之。

道藏書目一卷

鼂氏曰：皇朝鄧自和撰。大洞真部八十一秩，靈寶洞玄部九十秩，太上洞神部三十秩〔二八〕，太真部九十六秩，太平部一十六秩，正一部三十九秩，凡六部，三百一十一秩。

鼂氏曰：序九流者，以謂皆出於先王之官，咸有所長；及失其傳，故各有弊，非道本然，特學者之過也。是以録之。又有醫卜技藝，亦先王之所不廢，故附於九流之末。夫儒、墨、名、法，先王之教；醫卜技藝，先王之政，其相附近也固宜。昔劉歆既録神仙之書，而王儉又録釋氏，今亦其循之者，何哉？自漢以後，九流寖微，隋、唐之間，又尚辭章，不復問義理之實，雖以儒自名者，亦不知何等爲儒術矣，況其次者哉！百家壅底，正塗之弊雖息，而神仙服食之説盛，釋氏因果之教興，雜然與儒者抗衡，而意常先之。君子雖有取焉，而學之者不爲其所誤者鮮矣，則爲患又甚於漢。蓋彼八家皆有補於時，而此二教皆無意於世也。八家本出於聖人，有補於時，特學者失之，而莊、老猶足以亡晉，申、商猶足以滅秦，況二教無意於世，不自附於聖人，若學而又失之，則其禍將如何？故存之以爲世戒云。

東坡蘇氏上清儲祥宫碑曰：臣謹按：道家者流，本出於黄帝、老子，其道以清静無爲爲宗，以虚無應物爲用，以慈儉不争爲行，合於周易「何思何慮」、論語仁者静壽之説，如是而已。自秦、漢以來，始用方士言，乃有飛昇變化之術，黄庭、大洞之法，太上、天真、木公、金母之號，延康、赤明、龍漢、開皇之紀，天皇、太一、紫微、北極之祀，下至於丹藥奇技、符籙小數，皆歸於道家。學者不能必其有無，然臣竊論之，黄帝、老子之道〔二九〕，本也；方士之言，末也。

后山陳氏白鶴觀記曰〔三〇〕：漢兩劉校中書爲七略，其叙方技則有神仙，諸子則有道家，而老、莊並焉。天地神祇、三靈百神又皆出於禮官。而今之爲道者合而有之，益以符咒法籙捕使鬼物，皆老氏所不道也。

致堂胡氏曰：三教之名，自其徒失本真而云然。其繆悠之甚者，道家是也。儒以名學仁義道德之人，自周有之，然非一定之美稱也，故孔子曰：「女爲君子儒，無爲小人儒。」學仁義道德不失其正，君子儒也，其極則莊周所謂魯國一人者也。學仁義道德而失其正，小人儒也，其極則莊周所謂詩、禮發冢者也。佛者，浮屠所謂覺也，爲其道而覺，號之曰佛，則瞿曇之徒是也。若夫道，則以天下共由而得名，猶道路然，何適而非道哉！得道而盡，惟堯、舜、文王、孔子而已。黄帝之言無傳矣，老聃八十一篇，概之孔業，固難以大成歸之。自其所見而立言，不可與天下共由也。獨善其身，不可與天下共由，而名之曰道，此漢以來淺儒之論，以啓後世枝流分裂之弊〔三一〕，豈可用也？至其後不復宗八十一篇之旨，而從方士言，乃有飛仙變化之術，丹藥符籙之技，禱祈醮祭之法，沉淪鬼獄之論，雜然並興，皆歸於道家者流。世人從事於此者皆曰「奉道」〔三二〕，意以道爲混淪玄妙，有主有知，能與人興禍作福之一物也，豈不遠哉。佛氏固邪説，然所論虚實並行，若其三身，雖曰寓意，而實有是三人焉。道家惟老聃者，周柱下史也，其元始、太上則無是人也。無是人則何所象類，無乃邪誕之甚歟！至其經論、科儀等事，又依倣佛氏而不及者。自杜光庭爲之，黄冠師資以豢養口體〔三〕，逃避税役。士大夫習而不察，和其所倡，不亦惑哉！故因武宗道門先生之命而遂言之。彼趙歸真者，寧有他長，必以殘生左道熒惑人主，故敬、武皆餌丹躁渴，以殞天年。如太宗之婆娑寐，憲宗之柳泌，蠱此類也。苟以吹噓呼吸已疾引年，則司馬承禎、軒轅集之徒，安肯舍萬乘所問而去之哉！武宗曰：「宫中無事，與之談道滌煩。」此以清虚之趣，蓋其非僻之爲也。人主惟寡欲，則邪説無自而入矣。

按：道家之術，雜而多端，先儒之論備矣。蓋清净一説也，煉養一説也，服食又一説也，符籙又一説也，經典科教又一説也。黄帝、老子、列禦寇、莊周之書所言者，清净無爲而已，而略及煉養之事。服食以下，所不道也。至赤松子、魏伯陽之徒，則言煉養而不言清静。盧生、李少君、欒大之徒，則言服食而不言煉養。張道陵、寇謙之之徒，則言符籙而俱不言煉養、服食。至杜光庭而下，以及近世黄冠師之徒，則專言經典科教，所謂符籙者，特其教中一事。於是不惟清净無爲之説略不能知其旨趣，雖所謂煉養服食之書，亦未嘗過而問焉矣。然俱欲冒以老氏爲之宗主而行其教。蓋嘗即是數説者而詳其是非。如清净無爲之言，曹相國、李文靖師其意而不擾，則足以致治；何晏、王衍樂其誕而自肆，則足以致亂，蓋得失相半者也。煉養之説，歐陽文忠公嘗删正黄庭，朱文公嘗稱參同契，二公大儒，攘斥異端不遺餘力，獨不以其説爲非，山林獨善之士以此養生全年，固未嘗得罪於名教也。至於經典科教之説，盡鄙淺之言，庸黄冠以此逐食，常欲與釋子抗衡，而其説較釋氏不能三之一，爲世患蠹，未爲甚鉅也。獨服食、符籙二家，其説本邪僻謬悠，而惑之者罹禍不淺，欒大、李少君、于吉、張津之徒以此殺其身，柳泌、趙歸真之徒以此禍人而卒自嬰其戮，張角、孫恩、吕用之之徒遂以此敗人天下國家。然則柱史五千言，曷嘗有是乎？蓋愈遠而愈失其真矣。

朱文公嘗言：「佛家偷得老子好處，後來道家只偷得佛家不好處。譬如道家有箇寶藏，被佛家偷去，後來道家却只取得佛家瓦礫〔三四〕，殊可笑。」愚嘗因是説而推究之：仁義禮法者，聖賢之説也，老氏以爲不足爲，而主於清静。清静無爲者，老氏之説也，佛氏以爲不足爲，而主於寂滅。蓋清静者，求以超出乎仁義禮法；而寂滅者，又求以超出乎清静無爲者也。然曰寂滅而已，則不足以垂世立教，於是緣業之説，因果之説，六根六塵、四大、十二緣生之説，層見叠出，宏遠微妙。然推其所自，實本老子高虚玄妙之旨，增而高之，鑿而深之，遂自成一家之言。而後來之道經，反從而依倣之，然較其詞采則鄙劣彌甚者。蓋瞿曇設教最久，囑付其徒亦甚至，又能鼓舞天下之文人才士以羽翼之，推原其旨意之所從來，而潤色其辭語之所未備，故其爲書博大奇偉，不可以淺窺。若老子，則其初固未嘗欲以道德五千言設教也，羽人方士借其名以自重，而實不能知其説，於是就佛經脚跟下竊其緒餘，作諸經懺，而復無羽翼潤色之者，故無足觀。蓋佛襲老之精微，泝而上之，其説愈精微；道襲佛之粗淺，沿而下之，其説愈粗淺矣。然此論其藴奥也。今之黄冠、釋子，俱未嘗究竟至此，而特以其科教之所謂濟生度死、希求福利者行於世，而舉世宗之，莫敢有異説。愚嘗論之，二教所謂濟拔幽途者，俱妄也，不足復議。至於祈求以希福之説，雖達生知命者所不爲，然以理觀之，則道教爲優。何也？蓋人受生於天地，禀氣於陰陽五行，日月星辰實照臨之，山川神祇實擁護之，則夫疾痛而呼籲，厄難而叩祈，首過雪愆，祈恩請福，而天地明神鑒其懇誠，爲之悔禍降祥，則亦理之所有。雖曰道經中所謂天神地祇皆領之國家之祠官，爲臣庶者不當僭有所祈，然子路曰「禱爾於上下神祇」，孟子曰「雖有惡人，齋戒沐浴則可事上帝」，則亦爲臣庶而言。且古今異宜，禮亦因時而以義起。古者士惟一廟，今士庶莫不祀其高、曾；古者支子不祭，今無有不祀其先者；古者有喪不祭，今亦不然。先儒講論及此，固未嘗病其僭瀆，而必欲復古之禮制也。則夫臣庶士民之家，苟有災厄，而爲之祈籲天地，醮祭星辰，黄冠師者齋明盛服，露香叩首，達其誠悃，乃古者祝史巫覡薦信鬼神之遺意，蓋理之所有，而亦人情之所不能免也。至以三清爲三炁，五方爲五炁，九天爲九炁，雖不能必其有無，然其説亦通，特不當指太清爲老子，蓋務尊其師而反流於僭妄耳。釋流見道家科教之有是説也，乃從而效之，以其所謂諸佛菩薩者，美其名曰無量壽，曰消災熾盛，曰救苦救難，而以爲所求必得，所禱必應。且佛氏所謂悲閔衆生而爲之導師者，不過欲其脱離三業而躋之十地，除去無明而納之真如，懺悔於既往，覺悟於方來，以共成佛道耳，禍福之司，非其任也。彼方以空寂爲賢，則豈復預災祥吉凶之事？以色相爲妄，則豈復歆供養香乳之奉？乃盛作莊嚴，僕僕亟拜，以希福利，不亦疏乎？然則二氏固互相倣傚者也。理致之見於經典者，釋氏爲優，道家强欲效之，則祇見其敷淺無味。祈禱之具於科教者，道家爲優，釋氏强欲效之，則祇見其荒誕不切矣。

校勘記

〔一〕于吉神書　「于吉」，元本、慎本、弘治單刻本、中華書局標點本後漢書卷三〇襄楷傳作「干吉」。下文同。

〔二〕故國胤不興　「胤」原作「允」，係避宋太祖諱，今據後漢書卷三〇襄楷傳改回。

〔三〕號太平清領書　「領」原作「令」，據元本、慎本、弘治單刻本、後漢書卷三〇襄楷傳改。

〔四〕其言以陰陽五行爲家　「以」字原脱，據後漢書卷三〇襄楷傳補。

〔五〕景以爲學其訣者　「爲」字原脱，據郡齋讀書志卷一六補。

〔六〕黄白之事　「事」下原衍「三十卷」三字，據郡齋讀書志卷一六删。

〔七〕開氣法一卷　「開」，郡齋讀書志卷一六作「閉」。

〔八〕凡十二章　「十二」原作「三十」，據元本、慎本、弘治單刻本、郡齋讀書志卷一六改。按該書序謂「類成十二章，以象十二月」，作「十二」是。

〔九〕太上墨子枕中記二卷　「二」原作「一」，據元本、慎本、弘治單刻本、宋史卷二〇五藝文四改。

〔一〇〕人莫測　郡齋讀書志卷一六作「人莫之識」。

〔一一〕太清火式經一卷　「火式」原訛作「大或」，據郡齋讀書志卷一六改。按宋史卷二〇五藝文四有太清篇火式一卷。

〔一二〕嵇康謂神仙不可以學致　「嵇康」原作「稽康」，據元本、慎本、郡齋讀書志卷一六改。

〔一三〕并樞翼一篇　「篇」原作「卷」，據直齋書録解題卷九改。

〔一四〕云　原脱，據郡齋讀書志卷一六補。

〔一五〕歸根契於陰陽　「陰陽」，郡齋讀書志卷一六作「伯陽」，疑是，當是指參同契作者魏伯陽。

〔一六〕天祐丁丑書成　「丁丑」，藝芸書舍本郡齋讀書志作「丁酉」。按唐哀帝天祐紀年無丁丑、丁酉，此處有誤。

〔一七〕唐貞元時人　「人」字原脱，據直齋書録解題卷一二補。

〔一八〕熙寧中遇異人於成都　「中」字原脱，據直齋書録解題卷一二補。

〔一九〕駁佛書中非道家者　「駁」字原脱，據郡齋讀書志卷一六補。

〔二〇〕金液還丹圖論一卷　「論」字原脱，據元本、慎本、弘治單刻本、直齋書録解題卷一二補。

〔二一〕又有金丹訣一卷即此書而微不同　今本直齋書録解題卷十二此條無此十四字。

〔二二〕各已見釋氏道家類　「已」字原脱，據直齋書録解題卷一二補。

〔二三〕似非向撰　直齋書録解題卷一二作「似非向本書」。

〔二四〕今復録集古之仙者　「復」原訛作「後」，據郡齋讀書志卷九改。

〔二五〕又取經記中梁以後神仙百二十八人　「經」，藝芸書舍本郡齋讀書志卷一四作「傳」。

〔二六〕凡二十五篇　「二」原訛作「三」，據元本、慎本、弘治單刻本、郡齋讀書志卷一六改。

〔二七〕俾戚綸陳堯佐校正　「陳堯佐」原作「陳堯臣」，據郡齋讀書志卷一六及雲笈七籤張君房序改。按陳堯臣是宋徽宗宣和時人，當以陳堯佐爲是。

〔二八〕太上洞神部三十秩　「神」字原脱，據郡齋讀書志卷九補。

〔二九〕黄帝老子之道　「之道」二字原倒，據中華書局標點本蘇軾文集卷一七乙正。

〔三〇〕后山陳氏白鶴觀記曰　「陳氏」下原衍「曰」字，據文義删。按白鶴觀記在后山居士文集卷一五。
〔三一〕以啓後世枝流分裂之弊　「世」原作「人」，據致堂讀史管見卷二五改。
〔三二〕世人從事於此者皆曰奉道　「奉道」二字原重，據致堂讀史管見卷二五删。
〔三三〕黄冠師資以豢養口體　「以」字原脱，據致堂讀史管見卷二五補。
〔三四〕後來道家却只取得佛家瓦礫　「佛家」原作「佛道」，據弘治單刻本、朱子語類卷一二六改。

卷二百二十六　經籍考五十三

子　釋氏

隋經籍志曰：佛經者，西域天竺之迦維衛國浄飯王太子釋迦牟尼所説[一]。釋迦當周莊王之九年四月八日，自母右脅而生。資貌奇異，有三十二相，八十二好。捨太子位，出家學道，勤行精進，覺悟一切種智，而謂之佛，亦曰佛陀，亦曰浮屠，皆胡言也。華言譯之爲浄覺。其所説云，人身雖有生死之異，至於精神，則常不滅。此身之前，則經無量身矣。積而修習，則成佛道[二]。天地之外，四維上下，更有天地，亦無終極，然皆有成有敗。一成一敗謂之一劫，自此天地已前，則有無量劫矣。每劫必有諸佛得道，出世教化，其數不同。今此劫中，當有千佛，自初至於釋迦，已七佛矣。其次當有彌勒出世，必經三會，演説法藏，開度衆生。由是道者，有四等之果：一曰須陁洹，二曰斯陁含，三曰阿那含，四曰阿羅漢。至羅漢者，則出入生死，去來隱顯，而不爲累。阿羅漢已上至菩薩者，深見佛性，以至成道。每佛滅度，遺法相傳，有正、象、末三等醇醨之異。年歲遠近，亦各不同。末法已後，衆生愚鈍，無復佛教，而業行轉惡，年壽漸短，經數百千載間，乃至朝生夕死。然後有大火、大水、大風之災，一切除去之，而更立生人，又歸淳朴，謂之小劫。每一小劫，則一佛出世。初天竺中多諸外道，並事水火毒龍，而善諸變幻。釋迦之苦行也，是諸邪道並來嬲惱，以亂其心，而不能得。及佛道成，盡皆摧伏，並爲弟子。弟子，男曰桑門，譯言息心，而總曰僧，譯言行乞。女曰比邱尼。皆剃落鬚髮，釋累辭家，相與和居，治心修浄，行乞以自資，而防心攝行。僧至二百五十戒，尼五百戒。俗人信馮佛法者，男曰優婆塞，女曰優婆夷，皆去殺、盜、淫、妄言、飲酒，是爲五戒。釋迦在世教化四十九年，乃至天龍、人鬼並來聽法，弟子得道以百千萬億數。然後於拘尸那城娑羅雙樹間，以二月十五日入般涅槃。涅槃亦曰泥洹，譯言滅度，亦言常樂我浄。初，釋迦説法，以人之性識根業各差，故有大乘小乘之説。至是謝世，弟子大迦葉與阿難等五百人，追共撰述，綴以文字，集載爲十二部。後數百年，有羅漢菩薩相繼著論，贊明其義。然佛所説，我滅度後，正法五百年，像法一千年，末法三千年，其義如此。

推尋典籍，自漢已上，中國未傳。或云久已流布，遭秦之世，所以堙滅。其後張騫使西域，蓋聞有浮屠之教。哀帝時，博士弟子秦景使伊存口授浮屠經〔三〕，中土聞之，未之信也。後漢明帝夜夢金神飛行殿庭〔四〕，以問於朝，而傅毅以佛對。帝遣郎中蔡愔及秦景使天竺求之，得佛經四十二章及釋迦立像，並與沙門攝摩騰、竺法蘭東還。愔之來也，以白馬負經，因立白馬寺於洛城雍門西以處之。其經緘於蘭臺石室，而又畫像於清凉臺及顯節陵上〔五〕。章帝時，楚王英以崇敬佛法聞，西域沙門齎佛經而至者甚衆。永平中，法蘭又譯十住經。其餘傳譯，多未能通。至桓帝時，有安息國沙門安静齎經至洛，翻譯最爲通解。靈帝時，有月支沙門支讖、天竺沙門竺佛朔等，並翻佛經。而支讖所譯泥洹經二卷，學者以爲大得本旨。漢末太守竺融〔六〕，亦崇佛法。三國時，有西域沙門康僧會，齎佛經至吴譯之，吴主孫權甚大敬信。魏黄初中，中國人始依佛戒〔七〕，剃髮爲僧。先是西域沙門來此，譯小品經，首尾乖舛，未能通解。甘露中，有朱仕行者，往西域，至于闐國，得經九十章，晉元康中，至鄴譯之，題曰放光般若經。太始中，有月支沙門竺法護，西遊諸國，大得佛經，至洛翻譯，部數甚多。佛教東流，自此而盛。石勒時，常山沙門衛道安，性聰敏，誦經日至萬餘言，以胡僧所譯維摩、法華，未盡深旨，精思十年，心了神悟，乃正其乖舛，宣揚解釋。時中國紛擾，四方隔絶，道安乃率門徒，南遊新野，欲令玄宗所在流布，分遣弟子，各趨諸方。法性詣揚州〔八〕，法和入蜀，道安與慧遠之襄陽〔九〕。後至長安，苻堅甚敬之。道安素聞天竺沙門鳩摩羅什，思通法門，勸堅致之。什亦聞安令問，遥拜致敬。姚萇弘始二年〔一〇〕，羅什至長安，時道安卒後已二十載矣，什深慨恨。什之來也，大譯經論，道安所正與什所譯，辭義如一，初無乖舛。初，晉元熙中，新豐沙門智猛策杖西行，到華氏城，得泥洹經及僧祇律，東至高昌，譯泥洹爲二十卷。後有天竺沙門曇摩羅讖復齎胡本，來至河西。沮渠蒙遜遣使至高昌取猛本，欲相參驗，未還而蒙遜破滅。姚萇弘始十年，猛本始至長安，譯爲三十卷。曇摩羅讖又譯金光明等經。時胡僧至長安者數十輩，惟鳩摩羅什才德最優。其所譯則維摩、法華、成實論等諸經，及曇無懺所譯金光明，曇摩懺所譯泥洹等經，並爲大乘之學。而什又譯十誦律，天竺沙門佛陁耶舍譯長阿含經及四分律，兜佉勒沙門曇摩難提譯增一阿含經〔一一〕，曇摩耶舍譯阿毗曇論〔一二〕，並爲小乘之學。其餘經論，不可勝紀。自是佛法流通，極於四海矣。東晉隆安中，又有罽賓沙門僧伽提婆譯增一阿含經及中阿含經。義熙中，沙門支法領從于闐國得華嚴經三萬六千偈，至金陵宣譯。又有沙門法顯，自長安遊天竺，經三十餘國，隨有經律之處，學其書語，譯而寫之，還至金陵，與天竺禪師跋羅參共辯定，謂僧祇律，學者傳之。齊、梁及陳，並有外國沙門。然所宣譯，無大名部可謂法門者。梁武帝大崇佛法，於華林園中總集釋氏經典，凡五千四百卷。沙門寶唱，撰經目録。又後魏時，太武帝西征長安，以沙門多違佛律〔一三〕，群聚穢亂，乃詔有司盡坑殺之，焚破佛像。長安僧徒，一時殲滅。自餘征鎮豫聞詔書，亡匿得免者十一二。文成之世，又更修復。熙平中，遣沙門慧生使西域，采諸經律，得一百七十部。永平中，又有天竺沙門菩提留支大譯佛經，與羅什相埒。其地持、十地論並爲大乘學者所重。後齊遷鄴，佛法不改。至周武帝時，蜀郡沙門衛元嵩上書，稱僧徒猥濫，武帝出詔，一切廢毁。開皇元年，高祖普詔天下，任聽出家，仍令計口出錢，營造金像〔一四〕。而京師及并州、相州、洛州等諸大都邑之處，並官寫一切經，置於寺内；又別寫，藏於祕閣。天下之人，從風而靡，競相景慕，民間佛經多於六經十百倍〔一五〕。大業時，又令沙門智果，於東都内道場撰諸經目，分別條貫，以佛所説經爲三部：一曰大乘，二曰小乘，三曰雜經。其餘似後人假托爲之者〔一六〕，別爲一部，謂之疑經。又有菩薩及諸深解奥義、贊明佛理者，名之爲論，及戒律並有大、小及中三部之別。又所學者，録其當時行事，名之爲記，凡十一種。今舉其大數，列於此篇。

隋志：一千九百五十部，六千一百九十八卷。

唐志：二十五家，四十部，三百九十五卷。失姓名一家。玄琬以下不著録七十四家〔一七〕，九百四十一卷。

宋三朝藝文志曰：唐開元釋藏目，凡五千四十八卷，貞元藏目又二百七十五卷〔一八〕，而禪觀之書不預焉。迄於皇朝，復興翻譯，太平興國後至道二年，二百三十九卷。又至大中祥符四年，成一百七十五卷，潤文官趙安仁等編纂新目，爲大中祥符法寶。咸平初，雲勝奉詔編藏經隨函索隱六百六十卷，又令詔訪唐貞元以後未附藏諸經益之〔一九〕，並令摹刻。劉安仁又分太宗妙覺祕銓爲名真宗法音，集論、頌、贊、詩爲三卷，以法音旨要爲名，摹印頒行。訖於天禧末，又譯成七十卷。凡大乘經三百三十四卷，大乘律一卷，大乘論二十九卷，小乘經八十一卷，小乘律五卷，西方聖賢集二十九卷。今取傳記禪律纂之書，參儒典者具之。

宋三朝志：五十八部，六百一十六卷。

宋兩朝志：一百一十三部。

宋四朝志：十部。

宋中興志：一百家，一百一十部〔二〇〕，七百七十五卷。

四十二章經一卷

鼂氏曰：天竺釋迦牟尼佛所説也。「釋迦」者，華言「能仁」。以周昭王二十四年甲寅四月八日生。十九學道，三十學成，處世演道者四十九年而終。蓋年七十九也。没後，弟子大迦葉與阿難纂掇其平生之言成書。自漢以上，中國未傳，或云雖傳而泯絶於秦火。張騫使西域，已聞有浮屠之教。及明帝感傅毅之對，遣蔡愔、秦景使天竺求之，得此經以歸。中國之有佛書自此始，故其文不類他經云。佛書自愔、景以來至梁武帝華林之集，入中國者五千四百卷。曰經、曰論、曰律，謂之

「三藏」，傳於世，盛矣。其徒又或摘出别行，爲之注釋、疏抄，至不可選紀，而通謂之律學。厥後達磨西來，以三藏皆筌蹄，不得佛意，故直指人心，俾之見性，衆尊之爲祖，學之者布於天下。雖曰不假文字，而弟子録其善言，往往成書，由是禪學興焉。觀今世佛書，三藏之外，凡講説之類，律學也；凡問答之類，禪學也。藏經猥衆，且所至有之，不録，今取其餘者列於篇。此經雖在藏中，然其見於經籍志，故特取焉。

陳氏曰：後漢竺法蘭譯。佛書到中國，此其首也，所謂「經來白馬寺」者。其後千經萬論，一大藏教乘，要不出於此。

水心葉氏曰：按四十二章經質略淺俗，是時天竺未測漢事，採摘大意，頗用華言以復命，非浮屠氏本書也。夫西戎僻阻，無有禮義忠信之教，彼浮屠者，直以人身喜怒哀樂之間，披析解剥〔二〕，别其真妄，究其終始，爲聖狂、賢不肖之分，蓋世外奇偉廣博之論也，與中國之學皎然殊異，豈可同哉！世之儒者不知其淺深，猥欲强爲攘斥，然反以中國之學佐佑異端，而曰吾能自信不惑者，其於道鮮矣。

朱子語録曰：釋氏書，其初只有四十二章經，所言甚鄙俚。後來日添月益，皆是中華文士相助撰集。如晉、宋間自立講師，孰爲釋迦，孰爲阿難，孰爲迦葉，各自問難〔三〕，筆之於書，轉相欺誑，大抵皆是剽竊老、列意思〔三〕，變换以文其説。四十二章經之説却自平實，如言彈琴，絃急則絶，慢則不響，不急不慢乃是，大抵是偷老、莊之意。後來達磨出來，一切掃盡。至楞嚴經，做得極好。

金剛般若經一卷〔二四〕

鼂氏曰：後秦僧鳩摩羅什譯。唐僧宗密、僧知恩、皇朝思元仁〔二五〕、賈昌朝、王安石五家注。予弟公愬日誦三過。予靳之曰：「汝亦頗知其義乎？」對曰：「知之。其義明萬物皆空，故古人謂以空爲宗也。」予曰：「『金剛者，堅固不壞之義也。萬物之空，何以謂之金剛？』復曰：『「六如偈」其言明甚，獨奈何？』因語之曰：『汝之過，正在以有爲法同無爲法，以真空同頑空耳。張湛曰：『身與萬物同有，其有不有；心與太虛同無，其無不無。』庶幾知此哉！」

六祖解金剛經一卷

鼂氏曰：唐僧惠能注。金剛經凡六譯，其文大概既同，時小異耳。而世多行姚秦鳩摩羅什本。

六譯金剛經一卷

陳氏曰：此經前後六譯，各有異同，有弘農楊顒者集爲此本。大和中，中貴人楊承和集右軍書〔二六〕，刻之興唐寺。

石本金剛經一卷

陳氏曰：南唐保大五年壽春所刻。乾道中，劉岑崇高再刻於建昌軍〔二七〕。不分三十二分，相傳以爲最善。

禪宗金剛經解一卷

鼂氏曰：皇朝安保衡採摭禪宗自達磨而下發明是經者參釋之。序稱：其有言涉修證者，北宗法門也；舉心即佛者，江西法門也；無法無物，本來如是者，曹溪法門也。

六祖序：如來所説金剛般若波羅蜜，與法爲名，其意謂何？以金剛，世界之寶，其性猛利，能壞諸物。金雖至剛，羚羊角能壞。金剛喻佛性，羚羊角喻煩惱。金雖堅剛，羚羊角能碎；佛性雖堅，煩惱能亂。煩惱雖堅，般若智能破；羚羊角雖堅，賓鐵能壞。悟此理者，了然見性。涅槃經云，見佛性者，不名衆生；不見佛性，是名衆生〔二八〕。如來所説金剛喻者，祇爲世人性無堅固〔二九〕，定慧即亡，口誦心行，定慧均等，是名究竟。金在山中，山不知是寶〔三〇〕，寶亦不知是山〔三一〕，何以故？爲無性故。人則有性，取其寶用。得遇金師，鏨鑿山破，取礦烹煉，遂成精金，隨意使用，得免貧苦。四大身中，佛性亦爾。身喻世界，人我喻山，煩惱喻礦〔三二〕，佛性喻金，智慧喻工匠，精進勇猛喻鏨鑿。身世界中有人我山，人我山中有煩惱礦，煩惱礦中有佛性寶，佛性寶中有智慧工匠。用智慧工匠鑿破人我山，見煩惱礦，以覺悟火烹煉，見自金剛佛性，了然明净。是故以金剛爲喻，因以爲名也。

又曰：大藏教般若經合六百卷，四處共十六會，此金剛經是十六會中第九會，六百卷中第五百七十七卷。謂談般若有八部，謂大品、小品、放光、光讚、道行、勝天王、文殊問，金剛屬第八部中。自佛滅度後九百年間，西竺天親菩薩師事無著，天親欲釋金剛經，乃問無著，無著遂入日光定，上兜率問慈氏，慈氏以八十行偈授無著，天親依此造論三卷，躡須菩提三種問答，斷二十七疑，釋此金剛一卷經文。

潁濱蘇氏曰：金剛經所謂「一切賢聖皆以無爲法，而有差別」者，謂以無而爲法耳，非别有無爲之法也。然自六祖以來，皆讀作無爲之法，蓋僧家拙於文義耳。餘見楞嚴條下。

按：經文言「以無爲法而有差别」，又言「一切有爲法」，語意相對，故誤讀作無爲。然有即有爲，無則不必言爲矣。有爲法而視同夢幻、泡影、露電，則終歸於無而已。無與無爲是兩義。無爲者，清净之謂也，老氏之説。無者，空寂之謂也，佛氏之説。

了翁陳氏曰：佛法之要，不在文字，而亦不離於文字。文字不必多讀，只金剛經一卷足矣。世之賢士大夫，無營於世而致力於此經者，昔嘗陋之，今知其亦不癡也。此經要處只九箇字：「阿耨多羅三藐三菩提。」梵語九字，華言一字，一「覺」字耳。中庸「誠」字即此字也。此經於一切有名、有相、有覺、有見，皆掃爲虚妄。佛非佛，法非法，衆生我相非我相之類。其所建立者，獨此九字。惟阿耨菩提則不曰非阿耨菩提，蓋世念盡空則實體自見也。其字九，其物一。是「一以貫之」之「一」，非「一二三四」之「一」也。是「不誠無物」之「物」，非萬物散殊之「物」也。年過五十，宜即留意，勿復因循，此與日用事百不相妨，獨在心不忘耳。但日讀一遍，讀之千遍，其旨自明。蚤知則蚤得力。

朱子曰：金剛經大意，只在須菩提問「云何住」、「云何降伏其心」兩句上。故説「不應住法生心，不應住色生心，應無所住而生其心」，此是答「云何住」。又説「若胎生、卵生、濕生、化生，我皆令入無餘涅槃而滅度之」，此是答「云何降伏其心」。彼所謂降伏者，非謂欲遏伏此心，謂盡降收世間衆生之心，入他無餘涅槃中滅度，都教爾無心了方是。只是一個「無」字。自此以後，只管纏去，只是這兩句。如這卓子，則云若此卓子非卓子〔三三〕，是名卓子，「若見諸相非相，則見如來」，「離一切相，即名佛」，皆是此意。要之只是説個「無」。

圓覺了義經十卷

陳氏曰：唐罽賓佛陀多羅譯。

圓覺經疏三卷

鼂氏曰：唐長壽二年天竺僧覺救譯。宗密疏解。圓覺之旨，佛爲十二大士説如來本起因地，修之以三觀。楞嚴之旨，阿難因遇魔障嬈，問學菩提最初方便，終之以二義。蓋圓覺自誠而明，楞嚴自明而誠〔三四〕，雖若不同，而二義三觀，不出定慧，其歸豈有二哉！

萬行首楞嚴經十卷

陳氏曰：唐天竺般剌密諦、烏長國彌迦釋迦譯語〔三五〕，宰相房融筆受〔三六〕。所謂譯經潤文者也。

楞嚴經疏二十卷

鼂氏曰：唐神龍二年中天竺國僧彼岸於廣州譯，房融筆受，皇朝僧子璿撰疏，王隨爲之序〔三七〕。

楞嚴標指十卷

鼂氏曰：皇朝僧曉月撰。其弟子應乾録，范峋爲之序。圓覺經云：「修多羅教，如標指月。」其名書之意蓋取此。

會解楞嚴經十卷

黽氏曰：唐僧彌伽釋迦譯語，房融筆受。皇朝井度集古今十二家解，去取之，成書。予嘗爲之序。

潁濱蘇氏曰：楞嚴經，如來諸大弟子多從六根入，至返流全一，六用不行，混入性海，雖凡夫可以直造佛地矣。

又曰：予讀楞嚴，知六根源出於一，外緣六塵，流而爲六，隨物淪逝，不能自返。如來憐愍衆生，爲設方便，使知出門即是歸路，故於此經指涅槃門，初無隱蔽。若衆生能洗心行法，使塵不相緣，根無所偶，返流全一，六用不行，晝夜中中流入，與如來法流水接，則自其肉身便可成佛〔三八〕。如來猶恐衆生於六根中未知所從，乃使二十五弟子各説所證。而觀世音以聞、思、修爲圓通第一，其言曰：「初於聞中，入流無所。所入既寂，動静二相了然不生。如是漸增，聞所聞盡，盡聞不住；覺所覺空，空覺極圓；空所空滅，生滅既滅，寂滅見前。」若能如是，圜拔一根，則諸根皆脱。於一彈指頃，遍歷三空，即與諸佛無異矣。既又讀金剛經説四果人，「須陀洹名爲入流，而無所入，不入色、聲、香、味、觸、法，是名須陀洹」。乃廢經而嘆曰：須陀洹所證，則觀世音所謂「初於聞中入流無所」者邪？入流非有法也，唯不入六塵，安然常住，斯入流矣。至於斯陀含名一往來而實無往來，阿那含名爲不來而實無來，蓋往則入塵，來則返本，斯陀含雖能來矣，而未能無往，阿那含非徒不往，而亦無來。至阿羅漢，則往來意盡，無法可得。然則所謂四果者，其實一法也，但歷三空有淺深之異耳。予觀二經之言，本若符契，而世或不喻，故明言之。

朱子語録曰：「楞嚴經只是强立一兩箇意義〔三九〕，只管疊將去，數節之後，全無意味。楞嚴前後只是説咒，中間皆是增入，蓋中國好佛者覺其陋而加之耳。又譯經而不譯咒，想其徒見咒本淺近，故特地不譯。」因説程子「耳無聞，目無見」之語。答曰：「決無此理。」遂舉釋教中有「塵既不緣，根無所著，反流全一，六用不行」之説，「蘇子由以爲此理至深至妙，蓋他意謂六根既不與六塵相緣，則收拾六根之用，反復歸於本體，而使之不行。顧烏有此理！」廣因舉程子之説：「譬如静坐時，忽有人唤自家，只得應他，不成不應。」曰：「彼説出楞嚴經，此經，唐房融訓釋，故説得如此巧。佛書中唯此經最巧。然佛當初也不如是説。如四十二章經，最先傳來中國底文字，然其説却平實。」

楞伽經四卷

鼂氏曰：宋天竺僧求那跋陁羅譯。楞伽，山名也，佛爲大慧演道於此山〔四〇〕。元魏僧達磨以付僧慧可，曰：「吾觀中國所有經教，唯楞伽可以印心。」謂此書也。釋延壽謂此經以「佛語心」爲宗，而李通玄則以爲五法、三自性、八識、二無我爲宗。按經説第八業種之識名爲如來藏，言其性不二，明僞即出世也。延壽所云者指其理，通玄所云者指其事，非不同也。

陳氏曰：有宋、魏、唐三譯。宋譯四卷，唐譯七卷。正平張戒集注，蓋以三譯參校，得舊注本〔四一〕，莫知誰氏，頗有倫理，亦多可取，句讀遂明白。其八卷者，分上下也。

東坡蘇氏書後曰：楞伽阿跋多羅寶經，先佛所説，微妙第一，眞實了義，故謂之「佛語心品」。祖師達磨以付二祖，曰：「吾觀震旦所有經教，惟楞伽四卷可以印心。」祖祖相受，以爲心法。如醫之有難經，句句皆理，字字皆法。後世達者，神而明之，如槃走珠，如珠走槃，無不可者。若出新意而棄舊學，以爲無用，非愚無知，則狂而已。近歲學者各宗其師，務從簡便，得一句一偈，自謂了證，至使婦人女子抵掌嬉笑〔四二〕，争談禪説，高者爲名，下者爲利，餘波末流，無所不至，而佛法微矣。譬如俚俗醫師，不由經論，直授方藥，以之療病，非不或中，至於遇病輒應，懸斷死生，則與知經學古者不可同日語矣。世徒見其有一至之功，或捷於古人，因謂難經不學而可，豈不誤哉！楞伽義趣幽眇，文字簡古，讀者或不能句〔四三〕，而况遺文以得義，忘義以了心者乎〔四四〕！此其所以寂寥於世，幾廢而僅存也。

六祖解心經一卷

鼂氏曰：唐僧慧能解。慧能，其徒尊之以爲六祖。

忠國師解心經一卷

鼂氏曰：唐僧慧忠，肅宗師事之，此其所著書也。

心經會解一卷

鼂氏曰：唐陳留僧玄奘譯併注。「般若」者，華言「智慧」，「波羅蜜多」者，華言「到彼岸」，謂智可以濟物入聖域也。長安中，僧法藏爲之疏。元豐中，僧法泉亦注之。

司馬温公書心經後曰：余嘗聞學佛者言，佛書入中國，經、律、論三藏合五千四十八卷，般若經獨居六百卷。學者撮其要，爲心經一卷。爲之注者，鄭預最簡而明。余讀鄭注，乃知佛書之要，盡於「空」一字而已。或問揚子：「人有齊死生，同貧富，等貴賤，何如？」揚子曰：「作此者，其有懼乎？」此經云「照見五蘊皆空，度一切苦厄」，似與揚子同指。然則釋、老之道，皆宜爲憂患之用乎？世稱韓文公不喜佛，嘗排之。余觀其與孟尚書書論大顛〔四五〕，云「能以理自勝，不爲事物侵亂」，乃知文公於書無所不觀，蓋嘗徧觀佛書，取其精粹而排其糟粕耳。不然，何以知不爲事物侵亂爲學佛書者所先邪？今之學佛者，自言得佛心，作佛事，然皆不免侵亂於事物，則其人果何如哉！

朱子語録：問：「心經既説空，又説色，如何？」曰：「他蓋欲於色見空耳。大抵只是要鶻突人〔四六〕。」

維摩詰所説經十卷〔四七〕

鼂氏曰：天竺維摩詰撰。西域謂浄名曰維摩詰，廣嚴城處士也。佛聞其病，使十弟子、四菩薩往問訊，皆以不勝任固辭。最後遣文殊行，因共談妙道，遂成此經。其大旨明真俗不二而已。浄名演法要者，居世出世也。不以十弟子、四菩薩爲知法者，斥其有穢浄之別也。文殊大智，法身之體也。浄名處俗，法身之用也。俾體用相酬對，皆真俗不二之喻也。姚秦僧鳩摩羅什譯。按開元釋教録云：「羅什」者，華言「童壽」，天竺人，苻堅遣吕光破西域，俘之以歸。姚興迎致長安〔四八〕，譯經於逍遥園。凡四十部，此其一也。本三卷十四品，其後什之徒僧肇、道生、道融等爲之注，釐爲十卷。予得之董太虚家，蓋襄陽本也。唐李繁頗言此注後人依托者。

遺教經一卷

陳氏曰：佛涅槃時所説。唐碑本。

山谷黄氏曰：遺教經譯於姚秦弘始四年，在王右軍没後數年。弘始中雖有譯本，不至江南。至陳氏時，有譯師出遺教經論，於是並行〔四九〕。今長安雷氏家遺教經石上行書，貞觀中行遺教經，敕令擇善書經生書本頒焉。敕與經字是一手，但真、行異耳。余平生疑遺教非右軍書，比來考尋，遂決定知非右軍書矣。

西山真氏跋曰：遺教經蓋瞿曇氏最後教諸弟子語，今學佛者罕常誦而習之也〔五〇〕。蓋自禪教既分，學者往往以爲不階言語文字而佛可得，於是脱略經教，而求所謂禪者。高則高矣，至其身心顛倒，有不堪檢點者，則反不如誦經持律之徒，循循規矩中，猶不至大謬也。今觀此經，以端心正念爲首，而深言持戒爲禪定智慧之本。至謂制心之道如牧牛，如馭馬，不使縱逸，去瞋止妄，息欲寡求，然後由遠離以至精進，由禪定以造智慧，具有漸次梯級。非如今之談者，以爲一起可到如來地位也。宜學佛者患其迂，而不若禪之捷歟。以吾儒觀之，聖門教人以下學爲本，然後可以上達，亦此理也。學佛者不由持戒而欲至定慧，亦猶吾儒捨離經辨志而急於大成，去洒掃應對而語性與天道之妙，其可得哉！余謂佛氏之有此經，猶儒家之有論語，而金剛、楞嚴、圓覺等經，則易、中庸之比。未有不先論語而可遽及易、中庸者也。儒、釋之教，其趣固不同，而爲學之序，則有不可易者。

妙法蓮華經觀世音普門品

姚秦三藏鳩摩羅什譯。

西山真氏跋曰：余自少讀普門品，雖未能深解其義，然嘗以意測之曰，此佛氏之寓言也。昔唐李文公問藥山禪師曰：「如何是惡風吹船，飄落鬼國〔五二〕？」師曰：「李翺小子，問此何爲？」文公佛然，怒形於色。師笑曰：「發此瞋恚心，便是黑風吹船，飄落鬼國也。」吁，藥山可謂善啟發人矣。以是推之，則知利欲熾然即是火坑，貪愛沉溺便是苦海。一念清凈，烈焰成池；一念警覺，船到彼岸。災患纏縛，隨處而安，我無畏怖，如械自脱。惡人侵凌，待以横逆，我無忿嫉，如獸自奔。讀是經者，作如是觀，則知彌陀大士真實爲人，非浪語者。

阿彌陀經一卷

陳氏曰：唐陳仁稜所書，刻於襄陽。

校勘記

〔一〕西域天竺之迦維衛國淨飯王太子釋迦牟尼所説　「西域」二字原脱，據隋書卷三五經籍四補。

〔二〕則成佛道　隋書卷三五經籍四此句上有「精神清凈」四字。

〔三〕博士弟子秦景使伊存口授浮屠經　隋書卷三五經籍四同，中華書局標點本校勘記云：「魏書釋老志『景』下有

『憲受大月氏王』六字，疑此脱。」按此事古書記載甚多歧異，較早者如三國志卷三〇裴注引魏略西戎傳：「昔漢哀帝元壽元年，博士弟子景盧受大月氏王使伊存口受浮屠經。」此或爲魏書釋老志記事所出。

〔四〕後漢明帝夜夢金神飛行殿庭　「金神」，魏書卷一一四釋老志、隋書卷三五經籍四作「金人」。

〔五〕而又畫像於清凉臺及顯節陵上　「凉」原作「源」，據魏書卷一一四釋老志、中華書局標點本隋書卷三五經籍四、弘明集卷一載牟融理惑論改。

〔六〕漢末太守竺融　「末」字原脱，據隋書卷三五經籍四補。又按「竺融」或爲「笮融」之誤，笮融事迹載於三國志卷四九劉繇傳。

〔七〕中國人始依佛戒　「中」字原承上句脱，據隋書卷三五經籍四補。

〔八〕法性詣揚州　「法性」原訛作「法往」，據隋書卷三五經籍四改。

〔九〕道安與慧遠之襄陽　「慧遠」原作「惠遠」，據隋書卷三五經籍四、高僧傳慧遠傳改。

〔一〇〕姚萇弘始二年　隋書卷三五經籍四同。按弘始爲後秦姚興年號，此處有誤。下文「姚萇弘始十年」句同。

〔一一〕兜佉勒沙門曇摩難提譯增一阿含經　「兜佉勒」原作「兜法勒」，中華書局標點本隋書卷三五經籍四依高僧傳改，今從之。

〔一二〕曇摩耶舍譯阿毗曇論　「曇摩耶舍」原作「曇摩耶含」，據隋書卷三五經籍四、頻伽精舍大藏經秋帙舍利弗阿毗曇論改。

〔一三〕以沙門多違佛律　「佛」原作「法」，據隋書卷三五經籍四改。

〔一四〕營造金像　「金」，隋書卷三五經籍四作「經」。

〔一五〕民間佛經多於六經十百倍　隋書卷三五經籍四「十」上有「數」字。
〔一六〕其餘似後人假托爲之者　「似」原作「自」，據隋書卷三五經籍四改。
〔一七〕玄琬以下不著録七十四家　「玄琬」原作「元苑」，據新唐書卷五九藝文三改。上書著録僧玄琬佛教後代國王賞罰三寶法一卷，高僧傳二集卷二、續高僧傳卷二八俱載玄琬作賞罰三寶法事迹。
〔一八〕貞元藏目又二百七十五卷　「貞」原作「正」，係避宋仁宗諱。按貞元爲唐德宗年號，今改回。下文「唐貞元以後未附藏諸經」句同改。
〔一九〕又令詔訪唐貞元以後未附藏諸經益之　「又」原訛作「入」，據元本、慎本、弘治單刻本改。
〔二〇〕一百一十部　「一百」二字原脱，據元本、慎本補。
〔二一〕披析解剥　「析」原訛作「折」，據水心集卷二九題張君所注佛書改。
〔二二〕各自問難　「自」，朱子語類卷一二六作「相」。
〔二三〕大抵皆是剽竊老列意思　「皆」，朱子語類卷一二六作「多」。
〔二四〕金剛般若經一卷　郡齋讀書志卷一六作「金剛經會解一卷」，馬端臨蓋從直齋書録解題卷一二所題。
〔二五〕皇朝思元仁　「思元仁」，元本、慎本、弘治單刻本作「恩元仁」，衢本郡齋讀書志作「僧元仁」，袁本卷三下作「元仁」。
〔二六〕中貴人楊承和集右軍書　「楊承和」，直齋書録解題卷一二作「楊永和」。
〔二七〕劉岑崇高再刻於建昌軍　「崇高」，直齋書録解題卷一二作「季高」。
〔二八〕不見佛性是名衆生　此八字原脱，據慧能金剛般若波羅密經序補。

〔二九〕祇爲世人性無堅固　慧能金剛般若波羅密經序此句下有「口雖誦經光明不生外誦内行光明齊等内無堅固」二十字。

〔三〇〕山不知是寶　「山」字原脱，據慧能金剛般若波羅密經序補。

〔三一〕寶亦不知是山　「寶」字原脱，據慧能金剛般若波羅密經序補。

〔三二〕煩惱喻礦　「喻」原作「爲」，據慧能金剛般若波羅密經序改。

〔三三〕則云若此卓子非卓子　「非卓子」三字原脱，據朱子語類卷一二六補。按語類本作「非名卓子」，「名」字當是衍文。

〔三四〕楞嚴自明而誠　「而」字原脱，據郡齋讀書志卷一六補。

〔三五〕烏長國彌迦釋迦譯語　「釋迦」二字原脱，據宋史卷二〇五藝文四、直齋書録解題卷一二、金藏廣勝寺本萬行首楞嚴經補。

〔三六〕宰相房融筆受　「受」原作「授」，據直齋書録解題卷一二改。下楞嚴經條、會解楞嚴經條同改。

〔三七〕皇朝僧子璿撰疏王隨爲之序　「子璿」原訛作「于璿」，「疏王隨爲之序」六字原脱，據郡齋讀書志卷一六改、補。按五燈會元卷一二謂子璿「嘗疏楞嚴等經」。

〔三八〕則自其肉身便可成佛　「肉」原訛作「内」，據欒城後集卷二一改。

〔三九〕楞嚴經只是强立一兩箇意義　「兩」字原脱，據朱子語類卷一二六補。

〔四〇〕佛爲大慧演道於此山　「於」原作「爲」，據郡齋讀書志卷一六、高麗藏本楞伽阿跋多羅寶經改。

〔四一〕得舊注本　「得」原作「同」，據直齋書録解題卷一二改。

〔四二〕至使婦人女子抵掌嬉笑　「女」，中華書局標點本蘇軾文集卷六六作「孺」。

〔四三〕讀者或不能句　「讀者」二字原脱，據中華書局標點本蘇軾文集卷六六補。

〔四四〕忘義以了心者乎　「忘」原訛作「志」，據中華書局標點本蘇軾文集卷六六改。

〔四五〕余觀其與孟尚書書論大顛　「書」字原不重，據溫國文正公文集卷六九補。

〔四六〕大抵只是要鶻突人　「是」字原脱，據朱子語類卷一二六補。

〔四七〕維摩詰所説經十卷　郡齋讀書志卷一六「維」上有「注」字。

〔四八〕姚興迎致長安　「致」字原脱，據郡齋讀書志卷一六補。

〔四九〕於是並行　「並」，宋本豫章黄先生文集、文淵閣本四庫全書山谷集卷二八跋翟公巽所藏石刻皆作「稍」。

〔五〇〕今學佛者罕常誦而習之也　「常」，西山先生真文忠公文集卷三五作「嘗」。

〔五一〕飄落鬼國　「落」原作「入」，據元本、慎本、西山先生真文忠公文集卷三四改。下文同改。按金藏廣勝寺本妙法蓮華經觀世音菩薩普門品作「墮」。

卷二百二十七　經籍考五十四

子　釋氏

華嚴經八十一卷

陳氏曰：唐于闐實叉難陀譯〔一〕。

華嚴合論一百二十卷

鼂氏曰：按纂靈記云：華嚴大經，龍宮有三本。佛滅度後六百年，有龍樹菩薩入龍宮，誦下本十萬偈，四十八品，流傳天竺。晉有沙門支法領得下本，分三萬六千偈，至此土，義熙十四年譯成六十卷。唐證聖元年，于闐沙門喜學再譯舊文，兼補諸闕，通舊總四萬五千頌，成八十卷，三十九品。合論者，唐李通玄所撰。通玄，太原人，宗室子也，當武后時，隱居不仕。舊學佛者皆曰，佛說此經時，居七處九會，獨通玄以爲十處十會云。

朱子語録曰：佛書中説六根、六塵、六識、四大、十二緣生之類，皆極精巧，故前輩學佛者必謂此孔子所不及。今學者且須截斷。必欲窮究其説，恐不能得身己出來。他底四大，即吾儒所謂魂魄聚散〔二〕。十二緣生，在華嚴合論第十三函卷，佛説本言盡去世間萬事，其後黠者出，却言「實證理地〔三〕，不染一塵，萬事門中，不舍一法。」

華嚴合論法相撮要一卷

陳氏曰：青谷真際禪師以唐李長者通玄合論〔四〕，撮其要義〔五〕，手稿爲圖。

華嚴經清凉疏一百五十卷

鼂氏曰：唐僧澄觀撰。澄觀居清凉山，號清凉國師，即韓愈贈之詩者。文元公有言曰：「明法身之體者，莫辯於楞嚴；明法身之用者，莫辯於華嚴。」學佛者以爲不刊之論。

華嚴決疑論四卷

鼂氏曰：李通玄撰。通玄既爲華嚴合論，又著此書。皇朝張商英使河東，得之壽陽縣東浮屠廢書中。

華嚴經略一卷

鼂氏曰：唐僧澄觀撰。澄觀既疏華嚴，又撮其大意爲此，凡四十二章。

法界觀一卷

鼂氏曰：唐僧杜順撰。華嚴最後品法名曰「法界」，叙善財參五十三位善知識，經文廣博，罕能通其説。杜順乃著是書，宗密注之，裴休爲之序。

華嚴起信文一卷

鼂氏曰：唐僧善孜撰。孜，潭州太平寺僧也。每品一章，撮其大指，凡三十九章。

華嚴經百門義海兩卷

鼂氏曰：唐僧法藏撰。藏，長安崇福寺僧也。分十章。

華嚴奧旨一卷

鼂氏曰：唐僧法藏撰。又曰妄盡還源觀。凡六門。

華嚴呑海集一卷

鼂氏曰：皇朝僧道通述。華嚴經七處九會，三十九品，五萬四千偈，其文浩博。澄觀爲之疏，尤難觀覽。道通約之成萬三千言，以便初學。

法界披雲集一卷

鼂氏曰：皇朝僧道通述。杜順纂華嚴經義撰法界觀，道通又分十玄門。

法界摭要記四卷

鼂氏曰：皇朝僧遵式述。其序云：「元豐初，覽清凉玄鏡、圭峰注，取其合者録之。」

法華言句二十卷

鼂氏曰：唐僧智顗撰。智顗居天台山，號天台教。五代兵亂，其書亡。錢俶聞高麗有本，厚賂因賈人求得之，至今盛行於江、浙。

六祖壇經三卷

鼂氏曰：唐僧惠昕撰〔六〕，記僧盧慧能學佛本末。慧能號六祖。凡十六門，周希後有序〔七〕。

陳氏曰：僧法海集。

水懺三卷

雲龕李氏序略曰：昔梁武帝爲其妻郗氏墮龍類中，誌公教之製懺文十卷。其言深博懇至，禮誦者多獲冥報。後人因之更製此懺，文約而事備，使誦之者不勞而獲善利，亦方便之一也。或曰：「二懺文多寡有異，而獲報，豈亦然乎？」予曰：「心法無邊，文字有限，報亦有限。今以無盡心爲無盡施，豈以文字爲量哉。華嚴上部偈如微塵，而流傳此方止八十卷；楞伽大部十萬偈，而達磨傳以爲心要者纔四卷；般若六百卷，而心經總其要止二百五十八字，豈可以多寡量之乎？若能破一微塵，出大經卷，則一大藏教盡自此中流出，施者受者，物我兼忘，罪福空華，兩無處所，子又如何？」問者茫然。余曰：「若以空無相無作，而不起大悲心度衆生者，是寂滅行，非菩薩行。若起悲心，見有一衆生得度而度者，是有漏行，非菩薩行。應以無所度而度，是爲真度；無所施而施，是爲真施。如是而施，福不唐捐。行矣仁者，布施勿疑。」問者懽喜，踊躍而去。

肇論四卷

鼂氏曰：姚秦僧洪肇撰〔八〕。師羅什，規模莊周之言以著此書。物不遷、不真空、涅槃無知、般若無名四論。傳燈録云，肇後爲姚興所殺。

觀心論一卷

鼂氏曰：魏菩提達磨撰。

百法論一卷

鼂氏曰：唐僧玄奘譯。西域僧天親所造。所謂一切法者，其略有語：一心法，二心所有法，三色法，四心不相應行法，五無爲法。心法八種，心所有法五十一種，色法十一種，心不相應行法二十四種，無爲法六種，故曰「百法」。

起信論一卷

鼂氏曰：唐僧宗密注，僧真諦譯。天竺第十二祖馬鳴大士所造也。雖云名相，蓋明心宗，指義玄微，文辭明緻，故盛行於世。若肇論、百法、唯識及此義者〔九〕，皆專門名家，故藏中所收，亦録於此。

辯正論八卷

鼂氏曰：唐釋法琳撰。潁川陳良序云：「法琳，姓陳，關中人。著此書，窮釋、老之教源，極品藻之名理。」宣和中，以其斥老子語〔一〇〕，焚毀其第二、第四、第五、第六〔一一〕、第八凡五卷，序文亦有剪棄者。

破邪論二卷　甄正論三卷

鼂氏曰：唐釋法琳撰。已上三書皆經宣和焚毀，藏中多闕，故録之。

按：破邪、甄正二論，昭德讀書記以爲宣和焚毀，藏中多闕。然愚嘗於村寺經藏中見其全文。破邪論專詆傅奕而併非毁孔、孟，所謂詖淫邪遁之辭，無足觀者。甄正論譏議道家，如度人經「璇璣停輪」處，以爲璇璣無停輪之理，使停輪至七日七夜，則宇宙顛錯，而生人之類滅矣。「無極曇誓天」及「龍變梵度天」處，以爲「曇」與「梵」二字出自佛書，佛法未入中國之前，經傳中並無此二字，豈有天地名號而剽竊佛書字義乎？又如河上公道德經章句序言，漢文帝駕詣河上公問道，而河上公一躍騰雲，帝知是神人，下輦稽首，從受章句二卷。以爲漢、史帝紀，車駕每出必書，何獨不書駕詣河上公問道之事？且孝文好黃、老言，立渭陽五帝廟則因新垣平，平一方士，其説至卑陋，帝尊寵之，而史亦備述之，河上公之事奇偉如此，何獨見遺於班、馬乎？乃羽人道士輩自創此説。大意如此，不能悉記其詞語。此論頗當，意必借筆於文學之士，沙門輩恐不能道也。

原人論一卷

鼂氏曰：唐僧宗密撰。斥執迷、褊淺、直顯真源、會通本末〔三〕，凡四篇。

輔教編五卷

鼂氏曰：皇朝僧契嵩撰。藤州人。皇祐間，以世儒多詆釋氏之道，因著此書，廣引經籍，以證三家一致，輔相其教云。

元聖蘧廬二卷

鼂氏曰：唐李繁撰。繁學於江西僧道一，敬宗時，常與丁公著〔三〕、陸亘入殿中抗佛、老，講論唐、虞，愈稱其家多書，一覽終身不忘。大和中，舒元輿誣其濫殺不辜，繫獄。知且死，著書十六篇，以明禪理。自謂臨死生而不懼，賢於顏回在陋巷不改其樂。嗚乎，可謂賢矣！而史載其平生行事甚醜，獨何歟？

宗鏡録一百卷

鼂氏曰：皇朝僧延壽撰。延壽姓王氏，餘杭人，法眼嫡孫也。建隆初，錢忠懿命居靈隱，以釋教東流，中夏學者不見大全，而天台、賢首、慈恩性相三宗又互相矛盾，乃立重閣，館三宗知法僧，更相詰難，至詖險處，以心宗旨要折衷之。因集方等祕經六十部，華、梵聖賢之語三百家，以佐三宗之義，成此書。學佛者傳誦焉。天台者，僧智顗也〔一四〕，解法華經；賢首者，僧法藏也，述華嚴經；慈恩者，僧玄奘也，譯般若經。

釋氏要覽三卷

鼂氏曰：皇朝僧道誠集〔一五〕。雜録釋典，旁求書傳，分門編次，成二十類。天禧三年書成。

弘明集十四卷

鼂氏曰：梁釋僧祐纂。僧祐居鍾山定林寺，號祐律師〔一六〕。采前代勝士書記文述有益於釋教者。

廣弘明集三十卷

鼂氏曰：唐僧釋道宣撰。道宣麟德初居西明寺，以中原自周、魏以來，重老輕佛，因采輯自古文章，下逮齊、隋，發明其道者，以廣僧祐之書，分歸正、辯惑、佛德、法義、僧行、慈惻、誡功〔一七〕、啟福、滅罪、統歸等十門。

林間録四卷

鼂氏曰：皇朝僧德洪撰。記高僧嘉言善行，謝逸爲之序。然多寓言，如謂杜祁公、張安道皆致仕居睢陽之類，疏闊殊可笑。

景德傳燈録三十卷

鼂氏曰：皇朝僧道原編〔一八〕。其書披奕世祖圖，采諸方語録，由七佛以至法眼之嗣，凡五十二世，一千七百一人。獻於朝〔一九〕，詔楊億、李維、王曙同加裁定。億等潤色其文，是正差謬〔二〇〕，遂盛行於世，爲禪學之源。夫禪學自達磨入中原，世傳一人，凡五傳至慧能，通謂之祖。慧能傳行思、懷讓。行思之後有良价，號洞下宗；又有文偃，號雲門宗；又有文益，號法眼宗。懷讓之後有靈祐、慧寂，號潙仰宗；又有義玄，號臨濟宗。五宗學徒徧於海内，迄今數百年〔二一〕。臨濟、雲門、洞下日愈益盛。嘗考其世，皆出唐末五代兵戈極亂之際。意者亂世聰明賢豪之士無所施其能，故憤世嫉邪，長往不返，而其名言至行譬猶聯珠叠璧，雖山淵之高深，終不能掩覆其光彩，而必輝潤於外也。故人得而著之竹帛，罔有遺軼焉。

玉英集十五卷

鼂氏曰：皇朝王隨撰。先是，楊億編次傳燈録三十卷，隨删去其繁大半，上之。

致堂胡氏序曰：學必有疑，疑必有問，問必資於賢智於我者。問非所疑，答不酬問，與夫不待問而自告之，此師弟子之失也。傳燈録所載，釋子以葛藤目之，其失在此矣。今獨取其敷揚明白者，庶易以考其是非焉。若夫談鬼怪、舉詩句、類俳戲、如誑誕者，則盡削之。或誚予爲蔽，曰：「曾不聞粗言細語無非第一義，而於其間妄生揀擇，是豈禪意？」予曰：「以鬼怪、詩句、俳戲、誕誑之説相唱和於穿穴空籠、滉漾無實之中，是爲遁辭，乃得法者之所訶也。觀少林啟迪姬光，警發梁武，莫非的確要論，何有如末流蘿蔓轇轕不可致詰者哉！」雖然，此亦就其心聲而去取之，非宗其道也。夫意由心生而意非心，心由性有而初非性也〔三〕。今釋者之論心，纔及意耳；其論性，纔及心耳。是自名見性，而未嘗見性也。未嘗見性，於是以世界爲幻，以性命爲欲，以秉彝爲妄，以事理爲障，雖清淨寂滅，不著根塵，而大用大機不足以開物成務，特以擎拳植拂，揚眉瞬目，遂爲究極，則非天地之純全，中庸之至德也。

天聖廣燈録三十卷

晁氏曰：皇朝駙馬都尉李遵勖編。自釋迦以降。仁宗御製序。

分燈集二十五卷

晁氏曰：皇朝井度編，蓋續三燈録也。

建中靖國續燈録三十卷

晁氏曰：僧惟白編〔三〕。惟白靖國初住法雲寺。駙馬都尉張敦禮以其書上於朝，徽宗爲之序。分正宗、對機、拈古、頌古、偈頌五門。

禪苑瑶林一百卷

鼂氏曰：井度編。取三燈録所載祖師言行，附入諸方闡提語句，且是正其差誤云〔二四〕。

緇林古鑑二十四卷

浮屠慧邃撰。雲龕李氏序略曰：邃以所著緇林古鑑示予，曰：「此書起漢永平，迄唐貞觀，上下數百年，用高僧、續高僧、求法、法顯等數家之書，芟其繁冗，以類相從，爲四十九門，二十四卷，總二千二百七十一事。傳授之本末、教法之興替、高勝之行業、幽顯之報應，莫不畢載。慧邃之爲此書，非務博聞而已，將俾學者考古以鑑今，知所畏慕，誘掖其善意，而策發其怠惰，於教法有序焉。請序而行之。」某曰：「人之學道，要臻其極，而剛柔緩急，受才有不同。今子之書，以事從人，以人從目，覽者各以類求之，而知慕向焉，所得斯過半矣。」

嘉泰普燈録三十卷

陳氏曰：僧正受編。三録大抵與傳燈相出入，接續機緣語句，前後一律，先儒所謂遁辭也。然本初自謂直指人心，不立文字，今四燈總一百二十卷，數千萬言，乃正不離文字耳。

龐藴語録十卷〔二五〕

鼂氏曰：唐龐藴，襄陽人，與其妻子皆學佛，後人録其言成此書。

羅漢因果識見頌一卷

陳氏曰：天竺闍那多迦譯。首有范仲淹序，言宣撫河東，得於傳舍，藏經所未録者。十六羅漢爲比邱摩拏羅等説。

雪竇頌古八卷

鼂氏曰：皇朝僧道顯撰。道顯居雪竇山〔二六〕。所謂「頌古」者，猶詩人之「咏古」云〔二七〕。

宗門統要十卷

陳氏曰：建溪僧宗永集。

鮑埜宗記

永嘉鮑埜撰。水心序曰：佛學由可至能自爲宗，其説蔓肆數十萬言〔二八〕。永嘉鮑埜删擇要語，定著百篇，此非佛之學然也，中國之學爲佛者然也。佛學入中國，其書具在，學之者固病其難而弗省也。有胡僧教以盡棄舊書不用，即己爲佛而已，學之者又疑其誕而未從也。獨可、璨數人大喜，决從之，故流行至今。嗚呼，佛之果非己乎？予不得而知也。己之果爲佛乎？予不得而知也。余所知者，中國之人，畔佛之學而自爲學，倒佛之言而自爲言，皆自以爲己即佛，而甚者至以爲過於佛也。是中國人之罪，非佛之過也。今夫儒者不然，於佛之學不敢言，曰：「異國之學也。」於佛之書不敢觀，曰：「異國之書也。」彼夷術狄技，絶之易爾，不幸以吾中國之人爲非佛之學，以吾中國文字爲非佛之書，行於不可行，立於不可立，草野倨侮，廣博茫昧，儒者智不能知，力不能救也，則中國之人，非佛非己，蕩逸縱恣，終於不返矣，是不足爲大慼歟！予嘗問埜：「儒之强者愠，弱者眩，皆莫之睨，子以何道知之，又爲之分高而别下，取要而舍煩哉？」埜曰：「無道也，悟而已矣。其爲是宗者，亦曰無道也，悟而已矣。」予聞其言愈悲。夫「不憤不啟，不悱不發」，故曰「亦可以弗畔矣」。

今悟而遂畔之，庸知非迷之大乎。雖然，考之於其書，則信悟矣。

雪峰廣録二卷

陳氏曰：唐真覺大師義存語。丞相王隨序之〔二九〕。隨及楊大年，皆號參禪有得者也。

古塔主語録三卷

鼂氏曰：皇朝僧道古撰。范文正喜之，嘗親爲疏請説法，有句云：「道行無玷，孤風絶攀。」時以爲非溢美也。

碧巖集十卷

鼂氏曰：皇朝僧克勤解雪竇頌古，曰碧巖集。

法藏碎金十卷

陳氏曰：太子少傅鼂迥撰。

景祐天竺字源七卷

陳氏曰：僧相净等集進〔三〇〕。以華、梵對翻，有十二轉聲〔三一〕、三十四字母名〔三二〕，有牙、齒、舌、喉、唇五音。仁宗御製序，吴郡虎邱寺有賜本如新。

金園集三卷　天竺别集三卷

陳氏曰：並錢塘天竺僧遵式撰。世所謂式懺主是也。

道院集要三卷

陳氏曰：王古撰。以黿迴法藏碎金、耄智餘書删重集碎〔三三〕，别爲此編〔三四〕。

大慧語録四卷

陳氏曰：僧宗杲語。其徒道謙所録，張魏公序之。

禪宗頌古聯珠集一卷

陳氏曰：僧法應編〔三五〕。

釋迦氏譜十卷

鼂氏曰：梁釋僧祐撰〔三六〕。僧祐以釋迦譜記雜見於經論，覽者難通，因纂成五卷，又取内外族姓及弟子名氏附於後。

高僧傳六卷

鼂氏曰：蕭梁僧惠敏撰。分譯經、義解兩門。

高僧傳十四卷

鼂氏曰：蕭梁僧釋慧皎撰〔三七〕。慧皎以劉義慶宣驗記〔三八〕、陶潛搜神録等數十家並書諸僧，殊疏略，乃博采諸書，咨訪古老，起於永平十年，終於天監十八年，凡四百五十二載〔三九〕，二百五十七人，又附見者二百餘人。分爲譯經、義解、神異、習禪、明律、遺身、誦經、興福、經師、唱道十科。

續高僧傳三十卷

鼂氏曰：唐僧道宣撰。藝文志作道宗，大明寺僧也。以慧皎會稽人，故其書詳於吴、越而略於燕、魏。故上距梁天監，下終唐貞觀十九年，百四十四載，編載二百四十人，附見者又一百六十人。分譯經、義解〔四〇〕、習禪〔四一〕、明律、護法、感通、遺身、讀誦、興福、雜科，凡十門。

求法高僧傳二卷

鼂氏曰：唐僧義浄撰。義浄垂拱中往天竺求佛經，既還，因纂集唐僧往西域者五十六人行事。

比丘尼傳四卷

鼂氏曰：蕭梁僧寶唱撰。起晉升平，訖梁天監，得尼六十五人，爲之傳，以浄檢爲首〔四二〕。寶唱，金陵人。藝文志有其目。

僧寶傳三十二卷

鼂氏曰：皇朝僧德洪撰。其序云：五家宗派，嘉祐中達觀、曇穎嘗爲之傳〔四三〕，載其機緣語句，而略其終始行事。德洪謂入道之緣，臨終之效，有不可闕者。遂盡掇遺編別記，補以諸方之傳，又自嘉祐至政和，取雲門、臨濟兩宗之裔絶出者，合八十七人〔四四〕，各爲傳，繫之以贊云。

正法世譜

王質景文撰。自序略曰：其書始周昭王二十四年甲寅釋迦佛生，至隆興元年癸未大慧卒，得二千二百八十五年，以史記、通鑑及皇極經世相參以爲正。其間諸宗師出某鄉，姓某氏，舍某家，所從師某人受具，所游方某所，出世某所，得法某人，授法某人，其平生所可見某事，終某所，塔某所，壽若干，臘若干，倣史記年表列之，此世譜大略也。蓋自大藏經之餘，諸史、諸集、四方圖經、諸誌銘，若近儒、釋之徒所著未及入藏者，皆裒以爲資。大慧以降，方歷訪其人，續之未艾也，竟余世而已。

開元釋教録三十卷

鼂氏曰：唐僧智昇撰。智昇在開元中纂釋氏諸書入中國歲月及翻譯者姓氏。以楞嚴經爲唐僧懷迪譯。張天覺以懷迪與菩提流支同時，流支後魏僧〔四五〕，其言殆不可信也。

釋書品次録一卷

陳氏曰：題唐僧從梵集。末有黎陽張翬跋，稱大定丁未，蓋虜中板本也。

法寶標目十卷

陳氏曰：户部尚書三槐王古敏仲撰。以釋藏諸函〔四六〕，隨其次第，爲之目録，而釋其因緣。凡佛會之先後，華譯之異同，皆具著之〔四七〕。古，旦之曾孫，入元祐黨籍。

致堂胡氏崇正辯序曰：崇正辯何爲而作歟？闢佛氏之邪説也。佛之道，孰不尊而畏之，曷謂之邪也？不親其親，而謂異姓爲慈父；不君世主，而拜其師爲法王；棄其妻子，而以生續爲罪垢，是淪三綱也。視父母如怨仇，則無惻隱；滅類毁形而不耻，則無羞惡；取人之財，以得爲善，則無辭讓；同我者即賢，異我者即不肖，則無是非〔四八〕，是絶四端也。三綱、四端，天命之自然，人道所由立，惟蠻夷戎狄則背違之，而毛鱗蹄角之屬咸無焉。不欲爲人者已矣，必欲爲人，則未有淪三綱、絶四端而可也。釋氏於此，丕單掃除，自以爲至道，安得不謂之邪歟？豈特此哉，人，生物也，佛不言生而言死；人事皆可見也，佛不言顯而言幽；人死然後名之鬼，佛不言人而言鬼；人不能免者，常道也，佛不言常而言怪〔四九〕；常道所以然者，理也，佛不言理而言幻；生之後，死之前，所當盡心也，佛不言此生而言前後生；見聞思議，皆實證也，佛不以爲實，而言耳目所不際，思議所不及；至善之德，盡於乾坤也，佛不知其盡，而言天之上、地之下，與八荒之外；若動若植，無非物也，佛不恤草木之榮枯，而憫飛走之輪轉；百骸内外，無非形也，佛不除手足，而除髮鬚，不廢八竅，而防一竅；等慈悲也，佛獨不慈悲父母妻子，而慈悲虎狼蛇虺；等棄舍也，佛獨使人棄舍其財以與僧，而不使僧棄捨其所取之財以與人；河山大地，未嘗可以法空也，佛必欲空之，而屹然沛然卒不能空；兵刑災禍，未嘗可以咒度也，佛必欲度之，而伏屍百萬，烈焚淪没，卒不獲度。此其説之疏漏畔戾而無據之大略也，非邪而何？

今中國之教，無父無君則聖賢闢之，萬世不以爲過。中國之治，弑父與君，則王法誅之，人心不以爲虐。至於詭術左道，皆重加禁絶，所以扶持人紀，計安天下也。釋氏之説，盡麗乎此數者，吾儒反相與推尊歸向，無乃有三蔽乎！三蔽謂何？一曰惑，二曰懼，三曰貪。夫窺光於隙穴者〔五〇〕，豈知日月之大明；囿知於一物者，豈盡陰陽之變化〔五一〕。此凡民淺識也。佛因而迷之曰，世界不可以數計，生死不可以世窮。於是不智者亦從而惑矣。身拔一毫，則色必慄然變；足履一刺，則心必惕然動，此凡民懦氣也〔五二〕。佛因而惴之曰，報應之來，迅於影響之答；幽冥之獄，倍於金木之慘。於是不勇者亦從而懼矣。迫窮患害，必起饒益之想；謀及悠遠，必爲子孫之慮，此凡民貪情也。佛因而誘之曰，從吾之教，則諸樂咸備，壽富不足言；造吾之地，則超位高明，天帝不足貴。於是不仁者亦從而貪矣。吾儒誠能窮理養氣而宅心，必無此三蔽。有此三蔽，是衣冠身而衆庶見也，是引夷貊入中國〔五三〕，以爲未快，又與禽獸同群而不知避也，何乃不思之甚哉，無亦可悼之極哉！

雖賢智之士，有出塵之趣、高世之念者，以事爲膠擾，非清净妙圓之體也〔五四〕，則曰，吾豈有貪懼如愚夫之所期歟？蓋將求佛所謂無上法第一義者，悟徹此心耳。嗚呼，堯、舜、禹、湯、文、武之德衣被天下，仲尼、子思、孟軻之道昭覺萬世，凡南面之君，循之則人與物皆蒙其福，背之則人與物皆受其殃，載在方册之迹著矣。其原本於一心，其效乃至於此，不可禦也。今乃曰，是未足以盡吾本心，兼利萬物，爲高士也，豈不猶食五穀而曰不足以飫，登太山而曰不足以崇者乎？盍亦師聖人之言，窮萬物之理，反求諸心乎？今於聖人之言未嘗思，於萬物之理未能窮，志卑氣餒，倀倀然如逆旅之人也，乃率然曰，妙道非六經所能傳，亦何言之易邪！假曰孔、孟有未言者，故佛言之，佛言其妙，所以出世，而孔、孟言其粗，所以應世耳，其心則一也。然則以耳聽，以目視，以口言，以足行，飢而食，渴而飲，冬而裘，夏而葛，旦而動，晦而息，戴皇天，履后土，皆孔、孟日用之常，佛者何不一概反之〔五五〕，而亦與之同乎？同其粗而不同其精，同其心而不同其用，名曰出世，而其日用與世人無以異，烏在其能出乎？故道不同不相爲謀，儒與佛不同，審矣，佛者未嘗爲儒謀，而儒之陋者無不爲之謀。悦其受記之媚，承其外護之諂，張而相之，扶而興之。至使非毁堯、舜，詆譏丘、軻，曾不以爲疾也，一有距西方之説者，則怵心駭色，若罪元在己，雖弑父與君，未足以方其怖且怒矣，良心陷僻，乃至於此邪？

或者曰，如子所言，皆僧之弊，非佛本旨也，子惡僧可也，兼佛而斥之則過矣。則應之曰：黃河之源，不揚黑水之波；桃李之根，不結松柏之實。使緇衣髡首者承其教，用其術，而有此弊，是誰之過也？仲尼父子君臣之道，經紀乎億千萬載，豈有弊邪？惟其造作而無弊也〔五六〕，是以如天之覆，不待推而高；如地之載，不待培而厚；如日月之照，不待廓而明。惟其造作而有弊也，是故曼衍其說，張皇其法，防以戒律而詛以鬼神，侈以美觀而要以誓願，托之於國王宰官，劫之以禍福苦樂〔五七〕，而其弊久而益甚矣。墨氏兼愛，其流無父，楊朱爲我，其流無君，非身自爲之也，孟子究極禍害，比之禽獸。況其身自爲之，又率天下而從之，其害源之所達，而禍波之所浸，千有餘年，喪人之心，失人之身，破人之家，亡人之國，漂泊滔懷〔五八〕，天下溺焉，莫之援也，豈曰弊而已乎！昔梁武奉佛，莫與比隆，及侯景之亂，諸子擁重兵，圖便利，雲翔不進，卒殍其父，而後兄弟相夷，宗國亡滅。彼於君臣父子之際，可謂淡然無情，不爲愛欲牽矣，而道果如是耶！

或者猶曰，佛之意，亦欲引人爲善，使人畏罪而不爲，慕善而爲之，豈不助於世，而何闢之深也？則應之曰：善者，無惡之稱也，無父無君者，惡乎善乎？自非喪心者，不以爲非惡，孰與有父有君之爲善乎？道者，共由之路也，不仁不義者，可由乎？自非喪心者，不以爲可由，孰與居仁由義之爲道乎？子悅其言而不覈其事，過矣。

或者又曰，夫在家以養口體、視溫凊爲孝者，其孝小；出家得道而昇濟父母於人天之上者，其孝大。佛非不孝也，將以爲大孝也。則應之曰：良价之殺父，效牟尼之逃父而爲之者也。逃父避之於山而得道〔五九〕，不若使父免於思慮憂勤，而親其身之爲全也。殺父升之於天之非理，不若使父免於叱逐餒殍而養其生之爲得也。然則佛之所謂大孝，乃其父之所謂大不孝耳。

借使佛之説盡行，人皆無父，則斯民之種必致殄絶，而佛法亦不得傳矣。人皆無君，則争奪屠膾，相殘相食，而佛之黨亦無以自立矣。此理之易見者，彼非懵然不知也，特罔人以虚誕之言，蓋其悖逆之情。聾瞽愚惰之徒，而安享華屋之居，良田之利，金帛之施，衣食之奉，泰然爲生民之大蠹，不謂之異端邪説，謂之何哉！是故仲尼正則佛邪，佛邪則仲尼正，無兩立之理，此崇正辯所以不得已而作也。上士立德，以教變之；中士立功，以法革之；下士立言，以辭闢之。吾下士也，凡若干言，覽者矜其志而左右其説，則忠孝之大端建矣。

又永寧院輪藏記曰：文籍惟吾儒與釋氏爲最多。然儒書之要，莫過乎五經、鄒魯之語。是七書者，上下關千五百餘載〔六〇〕，非一聖賢所言，總集百有餘卷而已。既經仲尼裁正，理益明，道益著，三才以立，萬世無弊，違之則夷狄禽獸焉。未嘗丁寧學者收藏夸眩，以利心事之，而所以至於今存而不廢者，蓋人生所共由，自不可離也。其餘百氏著述，日繁世久，得以卷計者至於數萬，可謂衆矣，然明智之士則必紀綱大訓，折衷於聖人，使至當歸一，精義無二，詖淫邪遁之辭遏而不得肆，固不盡以爲是也。今釋氏之書，五千四十八卷，以詞之多，故世人罕能誦之。吾嘗閲實其目，則曰論，曰戒，曰懺，曰贊，曰頌，曰銘，曰記，曰序，曰録，雜出於僧人所爲，居其大半，而以經稱者纔二千餘卷焉〔六一〕。僧人於是中所常誦味舉唱者〔六二〕，又亦六七品而止爾，餘則置而不道也。所以不道者，抑未暇歟？將無庸稱焉？然則自其術論之，所得有淺深，則所言有當否。若舉以爲是，不亦罔之甚哉。

夫其詞之多，雖未可盡究，而立説之大旨亦可知矣。蓋論心則謂耳目口鼻之用、喜怒哀樂之變，皆非本體之妙也。論身則謂假合暫聚，生老病死無非苦惱，雖以食狼虎、飽鵰鳶而可也。論生死則謂有前世之來、後世之往，人與狗彘羊牛相爲輪轉而不息也。論世界則謂天之上有堂，地之下有獄，日月之中有宮囿，星辰之域有里數，而宇宙之衆如河沙微塵者蓋不可勝計也。論庶物則謂羽毛介鱗皆前生之親愛宗族〔六三〕，而含靈蠢動、蚊蚋螻螘與佛不殊，亦欲化之使登正覺也。其於秉彝天命，則以爲愛欲所鍾，因而滋續，無足貴者，故視父母兄弟妻子，猶怨憎讐毒之可惡也〔六四〕。其所親厚，則以他人爲慈父法嗣，凡九州四海殊根異質，不問賢否，苟同於我者，皆法屬也〔六五〕。其論覆載之内可見之物、可名之事，則等之寐夢幻詭、漚影電露，舉非堅久真實，不必爲也。其論鬼神，則記其狀貌，叙其種類，知其嗜慾、年壽，得其居處、名數，縱口而談，極筆而書，不自以爲怪也。佛既言之，又付囑之，僧遂演説而推廣之，所以其書至於五千四十八卷之富。且以爲字字皆至理，句句皆妙法，卷卷有光明發見〔六六〕，處處有神佛護持，無可置議。於是裒人之財，殫衆之力，印以紙墨〔六七〕，匣而藏之，載以機輪，推而轉之。丹砂黄金，文珉香木，窮極侈麗，葩華絢爛，然後爲快。獨疑而闢之者，乃外道魔障，佛之罪人。若傅太史、韓文公之流，至今爲釋子怒罵而未已也。

夫既以空虛寂滅爲道之至矣，雖天倫之重，乾坤之大，照臨之顯，山河之著，猶將掃除殄滅，洞然不立，則凡見於形像，當一毫無有焉。今乃建大屋，聚徒黨，耕良田，積厚貨，憧憧擾擾，與世人無異，而以佛之遺書營置儲貯，巍然煒然，鬱相望也，烏在其爲空乎？不能空其言説之迹，而欲空並育之萬有，烏知其可乎？是必有説矣。比丘意嚴居桂陽之永寧〔六八〕，悉其志力以營兹事，勤勞歷年而後克成，來求爲之述，以示久遠。予因舉儒、釋同異，且箴夫棄有趣空者之蔽，庶吾黨之士相與講明，以止於至善。夫豈好辯哉，蓋不得已也！

又讀史管見曰：太宗謂傅奕曰：「佛教玄妙，卿何不悟？」奕曰：「佛乃胡中桀黠，誑耀彼土，中國邪僻之人取莊、老言談，飾以妖幻，用欺愚俗，有害於國。臣非不悟，鄙不學也。」如奕之言，未足以斷佛道之至。彼所以能張大其説，流傳千有餘歲，高明之士往往從之者，亦有以深動乎其心矣。若苟曰妖幻而已，則中人以下亦或能照之，蓋不如是也。然其説實爲浩博，連類以根塵六者，反復隱顯，引而伸之，遂至於數十萬言。故君子曰，若一一欲窮之〔六九〕，未必能窮，而先爲所變，故不若置而不觀。此爲中人以下者言之也。若夫上智之士，既不可惑，亦必徧讀其書，抉其楗而剔其髓，然後冰釋雲散，涣然無疑。信道術之爲天下裂，而至當之必歸於一也。

校勘記

〔一〕唐于闐實叉難陀譯　「實」原作「寶」，據直齋書録解題卷一二、明北藏本大方廣佛華嚴經改。

〔二〕即吾儒所謂魂魄聚散　「聚散」二字原脱，據朱子語類卷一二六改。
〔三〕實證理地　「證」原作「際」，據朱子語類卷一二六改。
〔四〕陳氏曰青谷真際禪師以唐李長者通玄合論　「曰」字原在「青谷」下，據直齋書録解題卷一二乙正。
〔五〕撮其要義　「義」原作「入」，據直齋書録解題卷一二改。
〔六〕唐僧惠昕撰　「惠昕」原作「惠昐」，據郡齋讀書志卷一六、普慧大藏經壇經合刊本改。
〔七〕周希後有序　「周希後」，衢本郡齋讀書志作「周希復」。
〔八〕姚秦僧洪肇撰　郡齋讀書志卷一六同。按「洪」字疑衍，僧肇傳見高僧傳卷六。
〔九〕若肇論百法唯識及此義者　「義者」，郡齋讀書志卷一六作「學者」，屬下讀，疑是。
〔一〇〕以其斥老子語　「斥」字原脱，據袁本讀書後志卷二補。
〔一一〕第六　二字原脱，據郡齋讀書志卷一六補。
〔一二〕會通本末　「會」原訛作「余」，據郡齋讀書志卷一六改。
〔一三〕常與丁公著　「常」，郡齋讀書志卷一六作「嘗」。
〔一四〕僧智顗也　「智顗」原作「知顗」，據郡齋讀書志卷一六改。
〔一五〕皇朝僧道誠集　「道誠」原作「道成」，據宋史卷二〇五藝文四、袁本郡齋讀書志卷三下、大正藏釋氏要覽改。
〔一六〕號祐律師　「祐律師」原作「右律師」，據郡齋讀書志卷一六、高僧傳三集卷二明律篇、弘明集改。
〔一七〕誠功　弘明集作「戒功」。
〔一八〕皇朝僧道原編　「僧」字原脱，據郡齋讀書志卷一六補。按道原事迹見天聖廣燈録卷二七。

〔一九〕獻於朝　「朝」原訛作「廟」，據元本、慎本、弘治單刻本、郡齋讀書志卷一六改。

〔二〇〕是正差謬　「是」原作「考」，據元本、慎本、弘治單刻本、郡齋讀書志卷一六改。

〔二一〕迄今數百年　「今」字原脱，據郡齋讀書志卷一六補。

〔二二〕心由性有而初非性也　「初」，中華書局標點本斐然集卷一九作「心」。

〔二三〕僧惟白編　「惟白」原作「維白」，據郡齋讀書志卷一六、續藏經乙編建中靖國續燈録改。下同。

〔二四〕且是正其差誤云　「是」原作「考」，據元本、慎本、弘治單刻本、郡齋讀書志卷一六改。

〔二五〕龐藴語録十卷　「龐藴」原作「龐公」，據元本、慎本、弘治單刻本、郡齋讀書志卷一六改。下文「唐龐藴」句同改。又宋史卷二〇五藝文四有龐藴語録一卷。

〔二六〕皇朝僧道顯撰道顯居雪竇山　「撰道顯」三字原脱，據郡齋讀書志卷一六補。

〔二七〕猶詩人之咏古云　「古」，卧雲山房本、藝芸書舍本郡齋讀書志卷一六作「史」。

〔二八〕其説蔓肆數十萬言　「十」，水心集一二作「千」。

〔二九〕丞相王隨序之　「丞」原訛作「承」，據元本、慎本、直齋書録解題卷一二改。

〔三〇〕僧相净等集進　「相净」直齋書録解題卷一二作「惟净」。

〔三一〕有十二轉聲　「轉」字原脱，據直齋書録解題卷一二補。

〔三二〕三十四字母名　「四」字原脱，據直齋書録解題卷一二補。又「名」字，上書作「各」，屬下讀。

〔三三〕耄智餘書删重集碎　「碎」，直齋書録解題卷一二作「粹」。

〔三四〕别爲此編　「編」原作「篇」，據直齋書録解題卷一二改。

〔三五〕僧法應編　「編」原作「篇」，據直齋書録解題卷一二改。

〔三六〕梁釋僧祐撰　「梁」原作「唐」，按僧祐乃齊、梁間人，見高僧傳卷一一，今改。

〔三七〕蕭梁僧釋慧皎撰　「撰」字原脱，據郡齋讀書志卷九補。

〔三八〕慧皎以劉義慶宣驗記　「慧皎」、「慶」三字原脱，「宣」下原衍「靈」字，據郡齋讀書志卷九補「慧皎」，據隋書卷三三經籍二、慧皎高僧傳序補「慶」字，刪「靈」字。

〔三九〕凡四百五十二載　「四」原作「五」，據慧皎高僧傳序改。

〔四〇〕義解　二字原倒，據續高僧傳乙正。

〔四一〕習禪　「習」原作「集」，據續高僧傳改。

〔四二〕以浄檢爲首　「浄檢」二字原倒，據寶唱比丘尼傳乙正。

〔四三〕嘉祐中達觀曇穎嘗爲之傳　「曇穎」原作「曇頴」，據弘治單刻本、郡齋讀書志卷九改。

〔四四〕合八十七人　郡齋讀書志卷九同。孫猛校證據侯延慶僧寶傳序及今本僧寶傳實載傳記數，謂「八十七」係「八十一」之誤。

〔四五〕張天覺以懷迪與菩提流支同時流支後魏僧　「同時流支」四字原脱，據藝芸書舍本郡齋讀書志卷九補。

〔四六〕以釋藏諸函　「釋」原訛作「譯」，據直齋書録解題卷八改。

〔四七〕皆具著之　「具」原作「是」，據直齋書録解題卷八改。

〔四八〕則無是非　「則」原作「即」，據中華書局標點本斐然集卷一九改。

〔四九〕佛不言常而言怪　「怪」原作「經」，據斐然集卷一九改。

〔五〇〕夫窺光於隙穴者　「窺」原作「闚」，據斐然集卷一九改。

〔五一〕豈盡陰陽之變化　「盡」，斐然集卷一九作「信」。

〔五二〕此凡民懦氣也　「凡」字原脱，據斐然集卷一九補。

〔五三〕是引夷貊入中國　「夷」字原脱，據斐然集卷一九補。

〔五四〕非清净妙圓之體也　「圓」原作「因」，據元本、慎本、弘治單刻本、斐然集卷一九改。

〔五五〕佛者何不一概反之　「者」原作「老」，據斐然集卷一九改。

〔五六〕惟其造作而無弊也　「造」原作「不」，據斐然集卷一九改。

〔五七〕劫之以禍福苦樂　「之」字原脱，據斐然集卷一九補。

〔五八〕漂泊滔懷　「懷」原作「壞」，據元本、慎本、弘治單刻本、斐然集卷一九改。按此用書皋陶謨「洪水滔天，浩浩懷山襄陵」語。

〔五九〕逃父避之於山而得道　「避」字原脱，據斐然集卷一九補。

〔六〇〕上下闕千五百餘載　「五」字原脱，據斐然集卷二〇補。

〔六一〕而以經稱者纔二千餘卷焉　「二」原作「一」，據斐然集卷二〇改。按隋書卷三十四經籍四已載大乘經二千七十六卷，小乘經八百五十二卷。

〔六二〕僧人於是中所常誦味舉唱者　「是」字原脱，據斐然集卷二〇補。

〔六三〕論庶物則謂羽毛介鱗皆前生之親愛宗族　「謂」字原脱，據斐然集卷二〇補。

〔六四〕猶怨憎讐毒之可惡也　「怨」原作「惡」，據斐然集卷二〇改。

〔六五〕皆法屬也 「法」原作「眷」，據斐然集卷二〇改。

〔六六〕卷卷有光明發見 「發見」二字原脱，據斐然集卷二〇補。

〔六七〕印以紙墨 「墨」原作「筆」，據斐然集卷二〇改。

〔六八〕比丘意嚴居桂陽之永寧 「意嚴」，斐然集卷二〇作「慈嚴」。

〔六九〕若一一欲窮之 元本、慎本、弘治單刻本、致堂讀史管見卷一七「一」字俱不重。

卷二百二十八　經籍考五十五

子　類書

唐志：十七家，二十四部〔一〕，七千二百八十八卷。失姓名三家。王義方以下不著録三十二家，一千三百三十八卷。

宋三朝志：一百一十五部，五千一百一十九卷。

宋四朝志：一十六部，五百一十四卷。

宋中興志：一百七十一家，一百九十七部，八千三百九十七卷。

同姓名録三卷

鼂氏曰：梁元帝撰。纂類歷代同姓名人〔二〕，成書一卷。唐陸善經續增廣之。齊、梁間士大夫之俗，喜徵事以爲其學淺深之候，梁武帝與沈約徵栗事是也。類書之起，當在此時，故以此録爲首。

古今刀劍録一卷

鼂氏曰：梁陶弘景撰。記古今刀劍。

語麗十卷

陳氏曰：梁湘東王功曹參軍朱澹遠撰。采摭書語之麗者爲四十門。按前志但有雜家而無類書，新唐書志始別出爲一類，此書乃猶列雜家，要之實類書也。但其分門類無倫理。澹遠又有語對一卷，不傳。

修文殿御覽三百六十卷

陳氏曰：北齊尚書左僕射范陽祖珽孝徵等撰〔三〕。按唐志，類書在前者有皇覽、類苑、華林遍略等六家，今皆不存，則此書當爲古今類書之首。珽之行事，姦貪凶險，盜賊小人之尤無良者，言之則污口舌。而其所編集，乃獨至今傳於世。然珽嘗以他人所賣遍略質錢受杖，又嘗盜官遍略一部，坐獄論罪，今書毋乃盜遍略之舊以爲己功邪？遍略者，梁徐僧權所爲也。又按隋志作聖壽堂御覽，卷數同。聖壽者，實齊後主所居。

北堂書鈔一百七十三卷

鼂氏曰：唐虞世南撰。世南仕隋爲祕書郎時，鈔經史百家之事以備用。分八十部，八百一類。北堂者，省之後堂，世南鈔書之所也。家一百二十卷。

兔園策十卷

鼂氏曰：唐虞世南撰。奉王命，纂古今事爲四十八門，皆偶麗之語。至五代時行於民間，村墅以授學童，故有「遺下兔園策」之誚。

古今姓字相同録〔四〕

鼂氏曰：唐丘光庭撰。光庭中進士第。

藝文類聚一百卷

鼂氏曰：唐歐陽詢等撰。分門類事，兼採前世詩賦銘頌文章〔五〕，附於逐目之後。按唐志，詢與令狐德棻〔六〕、袁朗〔七〕、趙弘智同修〔八〕。

陳氏曰：所載詩文賦頌之屬，多今世所無之文集。

初學記三十卷

鼂氏曰：唐徐堅等撰。初，張説類集事要以教諸王，開元中，詔堅與韋述、余欽、施敬本〔九〕、張烜、李鋭〔一〇〕、孫季良分門撰次。

集類一百卷

鼂氏曰：唐劉綺莊撰。綺莊，毗陵人，嘗爲蘇州崑山縣令〔一一〕，家多異書。採摭事類，分二十餘門，凡五十餘萬言，上之於朝。前有萬希序，題云開元二十九年辛巳。按綺莊集有上白敏中啓，疑非玄宗時人，當考。

六帖三十卷

鼂氏曰：唐白居易撰。以天地事物分門類爲聲偶，而不載所出書。曾祖父祕閣公爲之注，行於世。世傳居易作六帖，以陶家缾數千，各題名目，置齋中，命諸生采集其事類，投缾内。倒取之，抄録成書。故所記時代多無次序云。

陳氏曰：唐志作白氏經史事類，一名六帖。

程氏演繁露曰：白樂天取凡書精語可備詞賦、制文采用者，各以門目類萃，而總名其書爲六帖。既不自釋所以名，後人亦無辨。偶閲唐制，其時取士凡六科，科别其所試條件〔三〕，每一事名一帖。其多者，明經試至十帖，而説文極於六帖。白之書爲應科第設，則以帖爲名，其取此矣。

又曰：唐制，開元中舉行課試之法，帖經者以所習經掩其兩端，中間惟開一行，裁紙爲帖，凡帖三字，視時增損，可否不一。或得四，得五，得六者爲通，此六帖之名所由起〔三〕。取中帖之多者以名其書，期必中選也。

記室新書三十卷

鼂氏曰：唐李途撰。采摭故事，綴爲偶儷之句，分四百門。途中和中爲東川掌記，因以名其書云。

古鏡記一卷

鼂氏曰：未詳撰人。纂古鏡故事。

戚苑英華十卷

鼂氏曰：唐袁悦重修。本劉揚名所著〔四〕，悦掇其要，類爲語對，以他説附益之。

戚苑纂要十卷

陳氏曰：唐劉揚名撰。皆集内外宗族姻親故事。

三教珠英三卷

鼂氏曰：唐張昌宗等撰〔一五〕。按唐志一千三百卷，今所存者止此。

備舉文言二十卷

鼂氏曰：唐陸贄撰。總四百五十餘門。議者謂大類六帖而文辭過焉。崇文總目有之。

童子洽聞記三卷

鼂氏曰：不題撰人。分二十門，雜記經史名數。或題童子洽聞記，云唐許塾撰。

古城冢記二卷

鼂氏曰：唐皇甫鑒撰。記古城所築之人姓名，初不及冢，而名曰「城冢記」，未知其說。

小名録三卷

鼂氏曰：唐陸龜蒙撰。龜蒙以末世有官名、小名之別，自秦至隋，編而記之。至於神仙、玉女之名，婦人、臧獲之字，亦無棄焉。龜蒙世稱其博，然此書特雜取於史傳間爾，無異聞也。

金鑰二卷

陳氏曰：唐太學博士河内李商隱義山撰。分四部，曰帝室、職官、歲時、州府。大略爲箋啓應用之備。

玉屑十五卷

陳氏曰：無名氏。

備忘小抄十卷

鼂氏曰：僞蜀文谷撰〔一六〕。雜抄子史一千餘事，以備遺忘。其後題廣政三年。廣政，王衍年號也〔一七〕。

太平御覽一千卷

鼂氏曰：皇朝李昉等撰。太平興國中，昉被詔輯經史故事分門。春明退朝録云：「書成，帝日覽三卷，一年而讀周，賜名太平御覽。」

陳氏曰：以前代修文御覽、藝文類聚、文思博要及諸書參詳條次修纂〔一八〕。本號太平總類〔一九〕，太平興國二年受詔，八年書成，改名御覽。或言國初古書多未亡，以御覽所引用書名故也，其實不然，特因前諸家類書之舊爾。以三朝國史考之，館閣及禁中書總三萬六千餘卷，而御覽所引書多不著録，蓋可見矣。

册府元龜一千卷

鼂氏曰：皇朝景德二年，詔王欽若、楊億修君臣事迹，唯取六經、子史，不録小説雜書。至祥符六年，書成上之。凡三十一部，有總序；一千一百四門，有小序。同修者十五人：錢惟演、杜鎬、刁衎、李維、戚綸、王希逸〔二〇〕、陳彭年、姜嶼、宋貽序〔二一〕、陳越〔二二〕、陳從易、劉筠、查道、王曙、夏竦。初撰編序，諸儒皆作，帝以體制不一，遂擇李維、錢惟演、陳彭年、劉筠、夏竦等，付楊億竄定。賜今名，爲序冠其首。其音釋又命孫奭爲之。

陳氏曰：凡八年而書成。總五十部，部有總序；一千一百四門〔三〕，門有小序。賜名製序。所采正經史之外〔四〕，惟取戰國策、國語、韓詩外傳、吕氏春秋、管、晏、韓子、孟子、淮南子及修文殿御覽。每門具進，上親覽，摘其舛誤，多出手書，或召對，指示商略。

容齋洪氏隨筆曰：真宗初，命儒臣編修君臣事迹，後謂輔臣曰：「昨見宴享門中録唐中宗宴飲，韋庶人等預會和詩，與臣僚馬上口摘含桃事，皆非禮也，已令削之。」又曰：「所編事迹，蓋欲垂爲典法，異端小説咸所不取，可謂盡善。」而編修官上言：「近代臣僚自述揚歷之事，如李德裕文武兩朝獻替記、李石開成承詔録、韓偓金鑾密記之類，又有子孫追述先德，叙家世，如李繁鄴侯傳、柳氏序訓、魏公家傳之類，或隱己之惡，或攘人之善，並多溢美，故匪信書。並僭僞諸國，各有著撰，如僞吴録、孟知祥實録之類，自矜本國，事或近誣。其上件書，並欲不取。餘有三十國春秋、河洛記、壺關録之類，多是正史已有；秦記、燕書之類，出自僞邦；商芸小説〔五〕、談藪之類，俱是詼諧小事；河南志、邠志、平剡録之類，多是故吏賓從述本府戎帥征伐之功，傷於煩碎；西京雜記〔六〕、明皇雜録，事多語怪；奉天録尤是虚詞。盡議采取，恐成蕪穢。」並從之。及書成，賜名册府元龜。首尾十年，皆王欽若提總，凡一千卷。其所遺棄既多，故亦不能暴白。如資治通鑑則不然，以唐朝一代言之，叙王世充、李密事，用河洛記；魏鄭公諫争，用諫録；李絳議奏，用李司空論事；睢陽事，用張中丞傳；淮西事，用涼公平蔡録；李泌事，用鄴侯家傳；李德裕太原、澤潞、回鶻事，用兩朝獻替記；大中吐蕃尚婢婢等事，用林恩後史補；韓偓鳳翔謀畫，用金鑾密記；平龐勛，用彭門紀亂；討裘甫，用平剡録；記畢師鐸、吕用之事，用廣陵妖亂志，皆本末粲然。然則雜史、瑣説、家傳，豈可盡廢也！

天和殿御覽四十卷

陳氏曰：侍讀學士臨川晏殊等，天聖中受詔，取册府元龜，掇其要者，分類爲二百一十五門〔二七〕。天和者，禁中便殿也。

鹿門家鈔詩咏五十卷

陳氏曰：鴻臚少卿襄陽皮文燦撰。以群書分類，事爲詩而注釋之。其祖日休有書名鹿門家鈔，故今述其名。

類要六十五卷

鼂氏曰：皇朝晏殊纂。分門輯經史子集事實，以備修文之用。

陳氏曰：按中興書目七十七卷〔二八〕，豈併目録爲七十七部邪〔二九〕？

南豐曾氏序略曰：公所爲類要，上、中、下帙，總七十四篇〔三〇〕，凡若干門，皆公所手抄。於六藝、太史、百家之書，騷人墨客之文章，至於地志、族譜、佛老、方伎之衆説，旁及九州之外，蠻夷荒忽、詭變奇迹之序録，皆披尋紬繹〔三一〕。而終於三才萬物變化情僞、是非興壞之理、隱顯巨細之委曲，莫不究。公之得於内者若此〔三二〕。則士不素學而處從官大臣之列，備文儒道德之任，其能不餒且病乎？

事類賦三十卷

陳氏曰：校理丹陽吴淑正儀撰進并注。

韻類題選一百卷

陳氏曰：朝奉大夫知處州鄞袁轂容直撰〔三三〕。以韻類事，纂集頗精要。世所行書林韻會，蓋依倣而附益之者也。轂，嘉祐六年進士，東坡守杭時爲倅，「風月平分」之詞，爲轂作也。其後累世登科。絜齋燮，其四世孫也。

書林韻海一百卷

鼂氏曰：不題撰人。分門依韻纂經史雜事〔三四〕，以備檢閲。或云皇朝許冠所編。

書叙指南二十卷

鼂氏曰：任廣撰〔三五〕。崇寧中人。纂集古今文章碎語，分門編次之，凡二百餘類。

陳氏曰：皆經傳四字語，備尺牘應用者。

異號録二十卷

鼂氏曰：皇朝馬永易明叟編古今殊異名號，如銅馬帝、無愁天子之類。頃嘗見近世人增廣其書，名曰實賓録〔三六〕，亦殊該博。

陳氏曰：馬永易撰。蜀人勾龍材校正，文彪增廣。本書三十卷，後集三十卷，義取「名者實之賓」爲名。

史韵四十九卷

陳氏曰：嘉禾錢諷正初撰。附韵類事，頗便檢閲。

書林韵會一百卷

陳氏曰：無名氏。蜀書坊所刻，規摹韵類題選而加詳焉。

押韵五卷

鼂氏曰：皇朝張孟撰。輯六藝、諸子、三史句語，依韵編入，以備舉子試詩賦之用。

歌詩押韵五卷

鼂氏曰：皇朝楊咨編古今詩人警句，附於韵之下，以備押强韵。

魯史分門屬類賦三卷

鼂氏曰：皇朝楊筠撰。以左氏事類分十門，各爲律賦一篇。乾德四年上之。

國史對韵十二卷

鼂氏曰：皇朝范鎮撰。吴仲庶嘗稱景仁憫諸後學雖涉書傳，而問以今代典故則懵然不知，乃從太祖開基，迄於仁宗朝，摭取事實可爲規矩鑒戒者，用韵編次之，即此書也。

孝悌類鑒七卷

鼂氏曰：皇朝俞觀能撰。取經史孝悌事，成四言韵語〔三七〕。

禁殺録一卷

鼂氏曰：皇朝李象先撰。元祐中，象先集録古今冥報事，以爲殺戒。

侍女小名録一卷〔三八〕

鼂氏曰：王銍纂〔三九〕。序云：「大觀中居汝陰，與洪炎玉父游，讀陸魯望小名録，戲徵古今女侍名字。因盡發所藏書纂集，踰月而成焉。」凡稗官小説所記，采之且盡，獨是正史所載，返多脱略〔四〇〕。子弟之學，其蔽如此。

後六帖三十卷

陳氏曰：知撫州孔傳撰。以續白氏之後也。傳襲封衍聖公。

海録碎事三十三卷

陳氏曰：知泉州建安葉廷珪撰。

皇朝事實類苑二十六卷

陳氏曰：知吉州江少虞撰。紹興中人，其書亦可入小説類。

群書類句十四卷〔四一〕

陳氏曰：三山葉儀鳳撰〔四二〕。以群書新語增廣。自五字以至九字，爲七百五十一門，各以平仄爲偶對。

兩漢博聞二十卷

陳氏曰：無名氏。或曰楊侃。

左氏摘奇十二卷

陳氏曰：給事中吳郡胡元質長文撰。

諸史提要十五卷〔四三〕

陳氏曰：參政吳越錢端禮處和撰。泛然抄録，無義類。

漢雋十卷

陳氏曰：括蒼林鉞撰〔四四〕。以西漢書分類爲五十篇，皆句字之古雅者。「雋」者，取雋永之義也。

文選雙字類要三卷

陳氏曰：蘇易簡撰。摘取雙字，以類編集。

選腴五卷

陳氏曰：天台王若撰。以五聲韵編集文選中字。淳熙元年序。

晉史屬辭三卷

陳氏曰：永嘉戴迅簡之撰。用蒙求體以類晉事。元祐癸酉歲也。

觀史類編六卷

陳氏曰：吕祖謙撰。初集此篇爲六門，曰擇善、曰儆戒、曰閫範、曰治體、曰論議、曰處事。而閫範最先成，既别行〔四五〕，今惟五門，而論議分上下卷。

帝王經世圖譜十卷

陳氏曰：著作佐郎金華唐仲友與正撰。凡天文、地理、禮樂、刑政、陰陽、度數、兵農、王霸，本之經典，兼采傳注，類聚群分，凡百二十二篇。

周平園題辭略曰：與正於書無不觀，於理無不究，凡天文、地理、禮樂、刑政、陰陽、度數、兵農、王霸，皆本之經典，兼採傳注，類聚群分，旁通午貫〔四六〕，使事時相參，形聲相配，或推消長之象，或列休咎之證，而於郊廟、學校、畿疆、井野，尤致詳焉。各爲總説附其後，始終條理，如指諸掌。每一篇成，門人金式輒繕寫藏弆，積百二十二篇。又得與正猶子熚別本，相與校讎，釐爲十卷，以類相從。會分教廬陵，將鏤板校官，而郡守趙侯善鐻助成之，屬予題辭。夫水之流東，惟海是歸；車之指南，其途不迷。今是書折衷於聖人，示適治之路，故名曰帝王經世圖譜，非其他類書比也。昔漢儒專通一經，仍守師説，居家用以修身，涖官取以決事。況乎六經旨趣、百世軌範，皆聚於此。學者能因之廣記備言，精思博考，守以卓約，則他日見諸行事，豈不要而有功也歟！

經子法語二十四卷　左傳法語六卷　史記法語十八卷　西漢法語二十卷　後漢精語十六卷　三國精語六卷　晉書精語五卷　南史精語十卷

陳氏曰：洪邁撰。自博聞、誨蒙、漢雋、摘奇、提要及此法語諸書，皆所以備遺忘。而洪氏多取句法，漢雋類例有倫，餘皆隨筆信意抄録者也。

杜詩六帖十八卷

陳氏曰：建安陳應行季陵撰。用白氏門類〔四七〕，編類杜詩語〔四八〕。

錦繡萬花谷四十卷　續四十卷

陳氏曰：序稱淳熙十五年作，而不著名氏。門類無倫理，序文亦拙。

古今政事録二十卷〔四九〕

陳氏曰：知建昌軍金陵閻一德撰。

校勘記

〔一〕二十四部　原作「四十二部」，據新唐書卷五九藝文三改。

〔二〕纂類歷代同姓名人　「同」字原脱，據郡齋讀書志卷一四補。

〔三〕北齊尚書左僕射范陽祖珽孝徵等撰　「孝徵」原作「李徵」，據北齊書卷三九祖珽傳、直齋書録解題卷一四改。

〔四〕古今姓字相同録　「今」，郡齋讀書志卷一四作「人」，遂初堂書目作「賢」。又藝芸書舍本讀書志「録」下有「一卷」二字。

〔五〕兼採前世詩賦銘頌文章　「詩賦」二字原倒，據郡齋讀書志卷一四乙正。

〔六〕詢與令狐德棻　「與」原作「爲」，據郡齋讀書志卷一四改。

〔七〕袁朗　原作「克朗」，據新唐書卷五九藝文三、郡齋讀書志卷一四改。按兩唐書皆有袁朗傳。

〔八〕趙弘智同修　「趙弘智」原作「趙智行」，據新唐書卷五九藝文三、直齋書録解題卷一四改。按兩唐書皆有趙弘智傳。

〔九〕施敬本　「敬」字原脱，據新唐書卷五九藝文三、郡齋讀書志卷一四補。按新唐書有施敬本傳。

〔一〇〕李鋭　原作「李銑」，據新唐書卷五九藝文三、郡齋讀書志卷一四改。

〔一一〕嘗爲蘇州崑山縣令　「爲」原作「於」，據郡齋讀書志卷一四改。

〔一二〕科别其所試條件　「科」字原承上句脱，據演繁露卷一六補。

〔一三〕此六帖之名所由起　「此」字原脱，據演繁露卷一六補。

〔一四〕本劉揚名所著　「劉揚名」原作「楊名」，據新唐書卷五九藝文三、宋史卷二〇七藝文六、崇文總目卷三改。

〔一五〕唐張昌宗等撰　「等」字原脱，據郡齋讀書志卷一四補。按撰三教珠英事見新唐書卷一九九徐堅傳。

〔一六〕僞蜀文谷撰　「文谷」原訛作「文俗」，據元本、慎本、弘治單刻本、郡齋讀書志卷一四改。

〔一七〕王衍年號也　按「廣政」乃後蜀孟昶年號，鼂氏誤。

〔一八〕文思博要及諸書參詳條次修纂　「詳」原作「譯」，據直齋書録解題卷一四改。

〔一九〕本號太平總類　「總」原作「編」，據續資治通鑑長編卷二四太平興國八年十一月庚辰條、宋版太平御覽前載國朝會要、直齋書録解題卷一四改。

〔二〇〕王希逸　原作「王希哲」，據宋史卷二六八王顯傳、玉海卷五四改。

〔二一〕宋貽序　「序」字原脱，據宋史卷六二四宋琪傳、郡齋讀書志卷一四、玉海卷五四補。

〔二二〕陳越　原作「陳鉞」，據元本、慎本、弘治單刻本、宋史卷四四一陳越傳、郡齋讀書志卷一四、玉海卷五四改。

〔二三〕一千一百四門　「一百」原作「二百」，據元本、慎本、弘治單刻本、直齋書録解題卷一四、玉海卷五四及上文鼂氏語改。

〔二四〕所采正經史之外　「正」原訛作「五」，據直齋書録解題卷一四改。

〔二五〕商芸小説　「商芸」，隋書卷三四經籍三、容齋四筆卷一一作「殷芸」。按此處係避宋宣祖諱。

〔二六〕西京雜記　「京」原作「華」，據元本、慎本、弘治單刻本、容齋四筆卷一一改。

〔二七〕分類爲二百一十五門　「二」原作「一」，據弘治單刻本、直齋書録解題卷一四、玉海卷五四改。

〔二八〕按中興書目七十七卷　直齋書録解題卷一四此句下有「比曾序七十四篇多三篇今此本七十六卷」十七字。

〔二九〕豈併目録爲七十七部邪　直齋書録解題卷一四無「部」字。按上句稱「七十七卷」，疑「部」爲衍文。

〔三〇〕總七十四篇　「篇」原作「門」，據元豐類稿卷一三改。按直齋書録解題亦稱「曾序七十四篇」。

〔三一〕皆披尋紬繹　原作「皆搜尋細譯」，據文淵閣本四庫全書元豐類稿卷一三改。

〔三二〕公之得於内者若此　「若此」，元豐類稿卷一三作「在此也」。

〔三三〕朝奉大夫知處州鄞袁轂容直撰　「鄞」原作「靳」，據直齋書録解題卷一四改。按宋元學案卷六謂轂鄞縣人。

〔三四〕分門依韵纂經史雜事　「依」字原脱，據郡齋讀書志卷一四補。

〔三五〕任廣撰　「任廣」原作「任浚」，據宋史卷二〇七藝文六、直齋書録解題卷一四改。今存書序指南諸本皆題任廣。

〔三六〕名曰實賓録　「實賓」二字原倒，據宋史卷二〇七藝文六、袁本郡齋讀書志卷三下、直齋書録解題卷一四乙正。

〔三七〕成四言韵語　「成」字原脱，據郡齋讀書志卷一四補。

〔三八〕侍女小名録一卷　「録」字原脱，據袁本郡齋讀書志卷三下、直齋書録解題卷一一補。

〔三九〕王銍纂　「王銍」原作「王經」，據郡齋讀書志卷一四、直齋書録解題卷一一改。

〔四〇〕返多脱略　「多」原作「爲」，據郡齋讀書志卷一四改。

〔四一〕群書類句十四卷　「群」原作「郡」，據元本、慎本、弘治單刻本、直齋書録解題卷一四改。下文「群書新語」同改。

〔四二〕三山葉儀鳳撰　「葉」字原脱，據元本、慎本、弘治單刻本補。直齋書録解題卷一四作「葉鳳」，脱「儀」字。按葉儀鳳事迹略見宋詩紀事補遺卷四三。

〔四三〕諸史提要十五卷　「十五卷」三字原脱，據元本、慎本、弘治單刻本、宋史卷二〇七藝文六、直齋書録解題卷一四補。

〔四四〕括蒼林鉞撰　「林鉞」，宋史卷二〇七藝文六、文淵閣本四庫全書漢雋題「林越」。

〔四五〕既別行　「別」原作「刊」，據元本、慎本、弘治單刻本、直齋書録解題卷一四改。

〔四六〕旁通午貫　「午」原作「畢」，據元本、慎本、弘治單刻本、帝王經世圖譜周必大題辭改。

〔四七〕用白氏門類　「門」原作「内」，據直齋書録解題卷一四改。

〔四八〕編類杜詩語　「類」字原脱，據元本、慎本、弘治單刻本、直齋書録解題卷一四補。

〔四九〕古今政事録二十卷　「政」原作「故」，據元本、慎本、弘治單刻本、宋史卷二〇七藝文六改。

卷二百二十九　經籍考五十六

子雜藝術

唐志：十一家，二十部，一百四十四卷〔一〕。失姓名八家。張彦遠以下不著録十六家，一百一十七卷。

宋三朝志：四十八部，一百五卷。

宋兩朝志：十七部，二十三卷。

宋四朝志：一十三部，二十九卷。

宋中興志：五十八家，六十部，一百一十二卷。

古畫品録一卷

鼂氏曰：南齊謝赫撰。言畫有六法，分四品。夫秋之奕，延壽之畫，伯樂之相馬，甯戚之飯牛，以至曹丕之彈棋，袁彦之樗蒲，皆足以擅名天下。昔齊侯禮九九，而仲尼賢博奕，良有以哉。經著大射、投壺之禮，蓋正己養心之道存焉，顧用之何如耳，安可直謂之藝而一切廢之？故予取射訣、畫評、奕經、算術、博戲、投壺、相馬牛等書同次之爲一類。

按：鼂、陳二家書録，以醫、相牛馬及茶經、酒譜之屬，俱入雜藝術門，蓋仍前史之舊。今以醫、相牛馬之書名附醫方、相術門，茶酒經、譜附種植，入農家門，其餘藝技則自爲此一類云。

齊梁畫目録一卷

陳氏曰：唐竇蒙子泉録。

續畫記一卷

鼂氏曰：唐李嗣真撰。補謝赫之缺。又有古今畫人名一卷〔二〕。

後畫録一卷

鼂氏曰：唐僧彦悰撰〔三〕。品長安名畫，凡二十七人。

唐朝畫斷一卷

陳氏曰：唐翰林學士朱景玄撰。一名唐朝名畫録，前有目録，後有天聖三年商宗儒後序，與畫斷大同小異。

名畫獵精六卷

鼂氏曰：唐張彦遠纂。彦遠字愛賓。記歷代畫工名姓，自史皇以降至唐朝，及論畫法，並裝背褫軸之式、鑒別閲玩之方。

歷代名畫記十卷

陳氏曰：張彦遠撰。彦遠家世藏法書、名畫，收藏鑒識，自謂有一日之長。既作法書要録，又爲此記，且曰：「有好事者傳余二書〔四〕，書畫之事畢矣。」

五代名畫記一卷〔五〕

陳氏曰：大梁劉道醇撰。嘉祐四年陳洵直序〔六〕。

五代名畫補遺一卷

鼂氏曰：皇朝劉道醇纂〔七〕。符嘉應撰序云〔八〕：胡嶠嘗有梁朝名畫目〔九〕，因廣之，故曰補遺。

名畫見聞志六卷〔一〇〕乃看畫之綱領也。

鼂氏曰：皇朝郭若虚撰。若虚以張愛賓之畫記絶筆永昌元年〔一一〕，因續之，歷五代，止國朝熙寧七年。分叙論、紀藝、故事、近事四門。

陳氏曰：元豐中自序，稱「大父司徒公」，未知何人。郭氏在國初無顯人，但有郭承祐耳。其書欲續張彦遠之後。

書畫史二卷

鼂氏曰：米芾元章撰。輯本朝公卿士庶家藏法書、名畫，論其優劣真僞。

宋朝名畫評三卷

鼂氏曰：皇朝劉道醇纂〔一二〕。符嘉應撰序〔一三〕。集本朝畫工之名世者，第其品，以王瓘爲神品〔一四〕，云在吴生上。

益州名畫録三卷

鼂氏曰：皇朝黄休復纂。唐乾元初至宋乾德歲〔一五〕。休復在蜀中，自彙圖畫之精者五十八人〔一六〕，品以四格。

陳氏曰：中興書目以爲李畋撰〔一七〕，而謂休復書今亡。按此書有景祐三年序，不著名氏，而敘休復所録明甚〔一八〕。又有休復自爲後序，則固未嘗亡也。未知題李畋者與此同異。

山水受筆法一卷

陳氏曰：唐沁水荆浩浩然撰。

德隅堂畫品一卷

陳氏曰：李廌方叔撰。趙令畤德麟官襄陽，行橐中諸畫，方叔皆爲之評品。元符元年也。

林泉高致集一卷

陳氏曰：徽猷閣待制河陽郭思撰。其父熙，字淳夫，善畫。思，元豐五年進士。既貴，追述其父遺迹、事實。待制許光疑爲之序。曰畫記、畫訓、畫意、畫題、畫訣。而序又稱詩歌、贊記、詔誥、銘志，今本缺。

廣川畫跋五卷

陳氏曰：董逌撰。

畫繼十卷

陳氏曰：鄧椿公壽撰。以繼郭若虛之後。張彦遠記止會昌元年〔一九〕，若虛志止熙寧七年，今書止乾道三年。

射評要略一卷

鼂氏曰：李廣撰。凡十五篇。

陳氏曰：依託也，鄙淺無奇。

嚴悟射訣一卷

鼂氏曰：唐王思永撰。思永學射法於成都工曹嚴悟，成書十篇，每篇首必稱「師曰」。

九鏡射經一卷〔二〇〕 射訣一卷

陳氏曰：唐檢校太子詹事韋韞撰〔二一〕。制弓矢法三篇，射法九篇。又叙其學射之初，有張宗者授之訣，爲射訣。

射訓一卷

陳氏曰：監察御史張仲殷撰。中興書目云本朝人，果也，不當名犯廟諱。

射議一卷

陳氏曰：元城王越石仲寶撰。凡七條。

益津射格一卷

鼂氏曰：宋朝錢師益序。以五善圖及武陵格疏密不同，參酌爲之。

增廣射譜七卷

陳氏曰：淳熙中詔進士習射，書坊爲此以射利。末二卷爲盧宗邁射法，亦簡。

投壺經一卷

鼂氏曰：唐上官儀奉敕删定，史元道續注。采周顒、郝同〔二二〕、梁簡文數家書爲之。唐志有其目。

木射圖一卷

鼂氏曰：唐陸秉撰。爲十五筍以代侯，擊地毬以觸之。筍飾以朱墨字以貴賤之〔二三〕。朱者，仁、義、禮、智、信、温、良、恭、儉、讓；墨者，慢、傲、佞、貪、濫。仁者勝，濫者負，而行一賞罰焉。

温公投壺新格一卷

鼂氏曰：宋朝司馬光君實撰。舊有投壺格，君實惡其多取奇中者以爲僥倖，因盡改之。

文房四譜五卷

鼂氏曰：宋朝蘇易簡撰。集古今筆、硯、紙、墨本原故實〔二四〕，繼以賦頌述作，有徐鉉序。

墨譜一卷

鼂氏曰：宋朝董秉撰。熙寧間人。秉患世人徒知祖、李之名，而不知形模之異同、製作之精慲，故作圖以著其源流，補蘇易簡之缺文云。

墨苑三卷〔二五〕

陳氏曰：趙郡李孝美伯陽撰〔二六〕。曰圖、曰式、曰法。元符中馬涓、李元膺爲之序。

硯譜二卷又名北海公硯録。

鼂氏曰：宋朝唐詢撰。記硯之故事及其優劣〔二七〕，以紅絲石爲第一，端石次之。

歙硯圖譜一卷

陳氏曰：太子中舍、知婺源縣唐積撰。治平丙午歲。

歙硯説一卷　又辯歙石説一卷〔二八〕

陳氏曰：皆不著姓名。

硯史一卷

陳氏曰：米芾撰。

硯箋一卷

陳氏曰：高似孫撰。

閑堂雜記四卷

陳氏曰：不著姓名。述文房四譜，而首載唐氏硯録。

續文房四譜五卷

陳氏曰：司農卿李洪秀穎撰。

古鼎記一卷

鼂氏曰：唐吳協撰。記古人鑄鼎本源及其形製。

鼎録一卷

陳氏曰：梁中書侍郎虞荔撰。

古今刀劍録一卷

陳氏曰：梁陶弘景撰。

印格一卷

鼂氏曰：宋朝鼂克一撰〔二九〕。克一，張文潛甥也。文潛嘗爲序之。其略曰：「克一既好古印章，其父補之愛之尤篤。悉録古今印璽之法，謂之圖書譜，自秦以來變制異狀，皆能言其故。余頗愛其用心不移，致精於末務，使有傳焉。」

香譜一卷

鼂氏曰：宋朝洪芻駒父撰。集古今香法，有鄭康成漢宮香、南史小宗香、真誥嬰香、戚夫人迎駕香〔三〇〕、唐員半千香，所記甚該博。然通典載歷代祀天用水沉香獨遺之，何邪？

香嚴三昧十卷〔三一〕　侯氏萱堂香譜一卷又侯氏萱堂香録二卷。譜或曰録。

陳氏曰：並不知何代人作。

南蕃香録一卷

陳氏曰：知泉州葉廷珪撰。

九章算經九卷

鼂氏曰：未詳撰人姓名，或曰周公。「九章」者，一方田、二算粟、三衰分、四少廣、五商功、六均輸、七盈不足、八方程、九句股。魏劉徽〔三二〕、唐李淳風嘗爲之注，則此術起於漢之前矣。

算經一卷〔三三〕

陳氏曰：夏侯陽撰。大抵乘除法也。隋志二卷。唐志一卷〔三四〕，甄鸞注。今本無注。元豐京監本。

求一算經一卷

鼂氏曰：未詳撰人。

六問算法五卷

鼂氏曰：唐龍受益撰。並化零歌附。

算經三卷

陳氏曰：張丘建撰。有序，首言：「算者不患乘除之爲難，而患分之爲難，是以序列諸分之本元，宣明約通之要法。」按唐志作一卷，甄鸞注。今本稱漢中郡守〔三五〕、前司隸甄鸞注，太史令李淳風等注釋，算學博士劉孝孫撰細草。細草者，乘除法實之詳悉也。

應用算法一卷

陳氏曰：夷門叟郭京元豐三年序，稱平陽奇士蔣舜元撰。凡八篇，曰釋數、田畝、粟米、端疋、斤秤、修築、差分、雜法，總爲百五十七問。前志在曆算類。按射、御、書、數均一藝也，不專爲曆算設，故列於此。

將作營造法式三十四卷　看詳一卷

鼂氏曰：皇朝李誡撰〔三六〕。熙寧中，敕將作監編修營造法式〔三七〕。誡以爲未備，乃考究經史，並詢討匠氏，以成此書，頒於列郡。世謂喻晧木經極爲精詳，此書殆過之。

陳氏曰：熙寧初始詔修定〔三八〕，至元祐六年書成。紹聖四年命誡重修，元符三年上，崇寧二年頒印。前二卷爲總釋，其後曰制度、曰功限、曰料例、曰圖樣，而壕寨石作，大小木雕鏃鋸作〔三九〕，泥瓦，彩畫刷飾，又各分類，匠事備矣。

彈棋經一卷

鼂氏曰：未詳撰人。序稱世說曰：魏武帝好彈棋〔四〇〕，宫中皆効之，難得其局，以粧奩之蓋形狀相類，就蓋而彈之，俗中因謂魏宫粧奩之戲。按西京雜記云劉向作彈棋。典論云前代馬合卿、張公子皆善彈棋。然則起於漢朝，非自魏始。世説誤矣。

陳氏曰：張柬之撰。

五木經一卷並圖例

陳氏曰：唐李翺撰，元革注。蓋樗蒲之戲也。

樗蒲經一卷　樗蒲格一卷

鼂氏曰：不題撰人。序云〔四一〕：「樗蒲，古之戲也。劉毅、李安民、慕容寶之徒，皆擲盧，不聞餘采。今以盧、梟爲上，雉、犢次之。」

象棋一卷　又棋勢二卷

鼂氏曰：皇朝尹洙撰。凡五圖，今世所行者不與焉。

溫公七國象棋一卷

鼂氏曰：司馬光君實撰。周、秦、韓、魏、趙、楚、齊、燕，實八國，而云七者，周室不與焉。

廣象戲圖一卷

濟北鼂補之無咎撰。自序曰：象戲，戲兵也。黄帝之戰，驅猛獸以爲陣，象，獸之雄也，故戲兵而以「象戲」名之。余爲兒時，無他弄，見設局布棋爲此戲者，縱横出奇，愕然莫測，以爲小道可喜也。稍長，觀諸家陣法，雖畫地而守，規矩有截，而變化舒卷，出入無倪，其説亦可喜。暇時因求所謂象戲者，欲按之以消永日。蓋局縱横路十一，棋三十二〔四二〕，爲兩軍耳，意苦其狹也〔四三〕，嘗試以局縱横路十九，棋九十八廣之，意少放焉。然按圖置物，計步而使，終亦膠柱而已矣。而智者用之，則十九者之間，盡强弱之形，九十八者之間，盡死生之勢，而十九、九十八之外，死生强弱可循環於無窮。飽食終日，得吾説而爲之，則涿鹿之縱觀猶目前矣。

忘憂集三卷

鼂氏曰：皇朝劉仲甫編。載唐韋延祐棋訣並古今棋圖。

忘憂清樂集一卷

陳氏曰：棋待詔李逸民撰集。

通遠集一卷

陳氏曰：無名氏。視清樂爲略。

象棋神機集一卷

陳氏曰：稱杉楊葉茂卿撰〔四四〕。

釣鼇圖一卷

鼂氏曰：不題撰人。凡四十類，各有一詩。

採珠局一卷

鼂氏曰：不題撰人。序云「王公」，而不知其名。凡三十餘類，亦各有一詩。

捉卧甕人事數一卷

鼂氏曰：皇朝李庭中撰。以畢卓、嵇康、劉伶、阮孚、山簡、阮籍、儀狄、顔回、屈原、陶潛、孔融、陶侃、張翰、李白、白樂天爲目，有趙昌言序。

陳氏曰：此篇與釣鼇圖、採珠格局、勸酒玉燭詩各一卷，皆酒邊雅談〔四五〕。

三象戲圖一卷

陳氏曰：伋陽成師仲編。

雙六格一卷

鼂氏曰：不題撰人。其法：左右十二梁，設二朋，朋各十五子，一白一黑，用明瓊二，各以其采，由右歸左。子單，則他子得擊；兩子以上，他子雖相當，不得擊。故武后夢雙六不勝，狄仁傑所以云無子也。

葉子格戲一卷

鼂氏曰：不著撰人。世傳葉子婦人也，撰此戲。晚唐之時。

三國圖格一卷　金龍戲格一卷　打馬格一卷　旋棊格一卷

鼂氏曰：並不題撰人。

漢官儀采選一卷〔四六〕

鼂氏曰：皇朝劉攽撰〔四七〕。刪取西漢之官〔四八〕，而附其列傳黜陟可戲笑者雜編之〔四九〕，以爲博奕之一物。

進士采選一卷

陳氏曰：趙明遠景昭撰。此元豐末改官制時遷除格例也。

打馬圖式一卷

陳氏曰：鄭寅子敬撰。用五十馬。

打馬賦一卷

陳氏曰：易安李氏撰。用二十馬。以上三者各有不同。今世打馬，大略與古樗蒱相類。

譜雙一卷〔五〇〕

陳氏曰：洪遵集。此戲今人不復爲。

希古集一卷

陳氏曰：括蒼何宗姚取投壺新式及馮氏射法爲一編〔五二〕。

校勘記

〔一〕一百四十四卷　新唐書卷五九藝文三作「一百四十二卷」。

〔二〕又有古今畫人名一卷　按「古今畫人名一卷」乃直齋書録解題卷一四所著録，非郡齋讀書志所有，馬氏以亦李嗣真所録，故附於此。

〔三〕唐僧彦悰撰　「彦悰」原作「彦宗」，據袁本郡齋讀書志卷三下及後畫録改。按彦悰，宋高僧傳卷四有傳。

〔四〕有好事者傳余二書　「者」字原脱，據直齋書録解題卷一四、法書要録張彦遠自序補。又「傳」，自序作「得」。

〔五〕五代名畫記一卷　四庫全書總目卷一一二子部藝術類五代名畫補遺條，以爲此二條所記乃同一書，「振孫誤題書名（按指訛「補遺」爲「記」），公武誤題人名（按指訛「道醇」爲「道成」），馬端臨作文獻通考又偶未見其書，但據兩家之目，遂重載之」。

〔六〕嘉祐四年陳洵直序　「陳洵直」原作「陳詢直」，據直齋書録解題卷一四、五代名畫補遺序改。

〔七〕皇朝劉道醇纂　「劉道醇」原作「劉道成」，據宋史卷二〇七藝文六及上條改。

〔八〕符嘉應撰序云　按爲五代名畫補遺撰序者乃陳洵直，見上二條。鼂氏所引序中語正見補遺洵直序。符嘉應爲宋朝名畫評撰序，鼂氏誤記於此。

〔九〕胡嶠嘗有梁朝名畫目　「目」原作「録」，據郡齋讀書志卷一五改。按胡嶠書，宋史卷二〇七藝文六、崇文總目卷三皆作梁朝名畫目。

〔一〇〕名畫見聞志六卷　「名」，直齋書録解題卷一四、宋史卷二〇七藝文六、通志卷六九藝文略七、遂初堂書目雜藝類及今傳本該書皆作「圖」，蓋郡齋讀書志誤而馬氏沿襲之。

〔一一〕若虚以張愛賓之畫記絶筆永昌元年　「記」字原脱，據藝芸書舍本郡齋讀書志卷一五補。按此即指歷代名畫記。

〔一二〕皇朝劉道醇纂　「劉道醇」原作「劉道成」，據宋朝名畫評改。

〔一三〕符嘉應撰序　「序」字原脱，據郡齋讀書志卷一五補。

〔一四〕以王瓘爲神品　「瓘」下原衍「之」字，據郡齋讀書志卷一五、宋朝名畫評卷一删。

〔一五〕唐乾元初至宋乾德歲　「元」字原脱，據益州名畫録李畋序補。

〔一六〕自彙圖畫之精者五十八人　「自彙」，郡齋讀書志卷一五、益州名畫録李畋序皆作「目擊」，應是。

〔一七〕中興書目以爲李畋撰　「李畋」原訛作「李略」，據元本、慎本、弘治單刻本、宋史卷二〇七藝文六、益州名畫録改。下文「未知題李畋者與此同異」句同改。

〔一八〕而叙休復所録明甚　「叙」原作「取」，據元本、慎本、弘治單刻本改。按此即指李畋序中述休復纂書事。

〔一九〕張彦遠記止會昌元年　「記」原作「志」，據直齋書録解題卷一四改。

〔二〇〕九鏡射經一卷　「九」原訛作「几」，據元本、慎本、弘治單刻本、直齋書録解題卷一四改。

〔二一〕唐檢校太子詹事韋韞撰　「韋韞」當作「韋蘊」。唐五代人物傳記資料綜合索引「韋蘊」條注：「按韋韞爲唐末、五代詩人韋莊父，查韋莊事迹材料，未見其父有任此者。新唐書宰相世系表載韋蘊爲檢校太子詹事，則可考知直齋作『韞』者誤，應爲『韋蘊』。」

〔二二〕郝同　隋書卷三四經籍三云：「梁有投壺道一卷，郝冲撰。」新唐書卷五九藝文三有郝冲、虞譚法投壺經一卷。「郝同」當作「郝冲」，此乃公武避父諱。

〔二三〕筍飾以朱墨字以貴賤之　「筍」字原脱，據郡齋讀書志卷一五補。

〔二四〕墨本原故實　「原故」原訛作「東坡」，據郡齋讀書志卷一五改。

〔二五〕墨苑三卷　四庫全書總目卷一一五子部譜録類墨譜條云：其書「前有紹聖乙亥馬涓序，及李元膺序，與通考所載合，然二序皆稱墨譜，而通考則題曰墨苑，與序互異。按書中『出灰』、『磨試』二條，注曰『出墨苑』，則墨苑別爲一書，通考誤矣。」

〔二六〕趙郡李孝美伯陽撰　「伯陽」，直齋書録解題卷一四、文淵閣本四庫全書墨譜作「伯楊」。

〔二七〕記硯之故事及其優劣　「記」字原脱，據郡齋讀書志卷一四補。

〔二八〕又辯歙石説一卷　「石」原作「硯」，據直齋書録解題卷一四、辯歙石説改。

〔二九〕宋朝鼃克一撰　據陸心源儀顧堂題跋卷五衢本郡齋讀書志跋三考證，克一姓楊名吉老，此處「鼃」當係「楊」之誤。

〔三〇〕戚夫人迎駕香　「迎」原作「迫」，據郡齋讀書志卷一四改。

〔三一〕香嚴三昧十卷　「十卷」，直齋書録解題卷一四作「一卷」。

〔三二〕魏劉徽　「劉徽」原作「劉徵」，據隋書卷三四經籍三、郡齋讀書志卷一五、今傳諸本九章算經改。

〔三三〕算經一卷　「一卷」，通志卷六八藝文略六同。宋史卷二〇七藝文六、崇文總目卷三、直齋書録解題卷一四作「三卷」。

〔三四〕唐志一卷　「志」字原脱，據直齋書録解題卷一四補。

〔三五〕今本稱漢中郡守　「郡」原作「郎」，據直齋書録解題卷一四、張邱建算經改。

〔三六〕皇朝李誡撰　「李誡」原作「李誠」，據郡齋讀書志卷七、直齋書録解題卷七、今傳諸本營造法式改。

〔三七〕敕將作監編修營造法式　「營造」二字原脱，據郡齋讀書志卷七補。

〔三八〕熙寧初始詔修定　「初」，直齋書録解題卷七作「中」。

〔三九〕大小木雕鐫鋸作　「雕鐫」原作「調鏇」，據直齋書録解題卷七改。

〔四〇〕魏武帝好彈棋　「武帝」當係「文帝」之誤，事見世説新語卷五巧藝篇。魏文帝典論亦云：「余於他戲少所喜，惟彈棋略盡其巧。」。

〔四一〕序云　「云」字原脱，據郡齋讀書志卷一五補。

〔四二〕棋三十二　「二」，雞肋集卷三五作「四」。

〔四三〕意苦其狹也　「其」原作「而」，據雞肋集卷三五改。

〔四四〕稱杉楊葉茂卿撰　「杉楊」，直齋書録解題卷一四作「於陽」。

〔四五〕皆酒邊雅談　「談」，直齋書録解題卷一四作「戲」。

〔四六〕漢官儀采選一卷　「采」原作「新」，據通志卷六七藝文略七、郡齋讀書志卷一五改。

〔四七〕皇朝劉敞撰　四庫全書總目附録四庫未收書目提要漢官儀條題「宋劉攽撰」，云：「鼂公武郡齋讀書後志以爲劉敞所撰，非也。宋史藝文志亦沿其誤。此書有攽自跋，謂幼年時所爲，仲原父爲之序，至爲亳州守，因復增損之。此可以證讀書志之誤。」

〔四八〕刪取西漢之官　「刪」原作「則」，據元本、慎本、弘治單刻本、郡齋讀書志卷一五改。

〔四九〕而附其列傳黜陟可戲笑者雜編之　「者」字原脱，據郡齋讀書志卷一五補。

〔五〇〕譜雙一卷　「一卷」，直齋書録解題卷一四作「十卷」。

〔五一〕括蒼何宗姚取投壺新式及馮氏射法爲一編　直齋書録解題卷一四「新」下有「舊」字。

卷二百三十　經籍考五十七

集 賦詩　別集

吴氏曰：漢時未以集名書，故漢藝文志載賦、頌、歌、詩一百家，皆不曰集。晉孫勉分書爲四部，其四曰丁部；宋王儉撰七志，其三曰文翰志，皆無集名。至梁阮孝緒爲七録，始有文集録。隋經籍志遂以荀況等賦，皆謂之集，而又有别集。史官謂别集之名，漢東京所創。按閔馬父論商頌之「亂曰」，韋昭注：「輯，成也。」蓋東京别集之名，實本於劉歆之輯略，而輯略又本於商頌之「輯」云。

宋兩朝藝文志曰：别集者，人别爲集。古人但以名氏命篇。南朝張融始著玉海之號，後世争効，制爲集名，一家至有十數者，爵里年氏，各立意義，或相重複，而文亦不勝其繁矣。

鼂氏曰：昔屈原作離騷，雖詭譎不概諸聖〔一〕，而英辯藻思，閎麗演迤，發於忠正，蔚然爲百代詞章之祖。衆士慕嚮，波屬雲委，自時厥後，綴文者接踵於道矣〔二〕。然軌轍不同，機杼亦異，各名一家之言，學者欲矜式焉，故别而聚之〔三〕，命之爲集。蓋其原起於東京，而極於唐，至七百餘家。當晉之時，摯虞已患其凌雜難觀，嘗自詩賦以下彙分之，曰文章流别。後世祖述之而爲總集，蕭統所選是也。至唐亦且七十五家。嗚呼，盛矣！雖然，賤生於無所用，或其傳不能廣，值水火兵寇之厄，因而散失者十八九。亦有長編巨軸，幸而得存，而屬目者幾希。此無他，凡以其虚辭濫説，徒爲觀美而已，無益於用故也。今録漢迄唐，附以五代。本朝作者其數亦甚衆，其間格言偉論可以扶持世教者，爲益固多。至於虚辭濫説，如上所陳者，知其終當泯泯無聞，猶可以自警，則其無用亦有用也，是以不加銓擇焉。

右例言。

漢藝文志：傳曰：「不歌而誦謂之賦，登高能賦可以爲大夫。」言感物造耑，古端字，因物動志，則造辭義之端緒〔四〕。材知深美，可與圖事，故可以爲列大夫也。古者諸侯、卿、大夫交接鄰國，以微言相感，當揖讓之時，必稱詩以諭其志，蓋以别賢不肖而觀盛衰焉。故孔子曰「不學詩，無以言」也。春秋之後，周道寖壞，聘問歌咏不列於侯國〔五〕，學詩之士，逸在布衣，而賢人失志之賦作矣。大儒荀卿及楚臣屈原離讒憂國，皆作賦以風，咸有惻隱古詩之義。其後宋玉、唐勒，漢興，司馬相如、枚乘及揚子雲，競爲侈麗閎衍之詞，没其風諭之義。是以揚子雲悔之，曰：「詩人之賦麗以則，辭人之賦麗以淫。辭人，後代爲文辭之人。如孔氏之門人用賦也，則賈誼登堂，相如入室矣，如其不用何？」自孝武立樂府而采歌謡，於是有代、趙之謳，秦、楚之風，皆感於哀樂，緣事而發，亦可以觀風俗，知薄厚云。序詩賦爲五種。

隋經籍志曰：漢武帝命淮南王爲楚辭章〔六〕，旦受詔，食時而奏之，其書今亡。後漢校書郎王逸，集屈原已下，迄於劉向，逸又自爲一篇，並叙而注之，今行於世。隋時有釋道騫，善讀之，能爲楚聲，音韻清切，至今傳楚辭者，皆祖騫公之音。

漢志：賦二十家，三百六十一篇。

又賦二十一家，二百七十四篇。入揚雄八篇。

漢志：賦又二十五家，百三十六篇。

又雜賦十二家，二百三十三篇。

漢志：歌詩二十八家，三百一十四篇。

隋志：楚辭十部，二十九卷。通計亡書，十一部，四十卷。

唐志：楚辭七部，三十二卷〔七〕。

宋中興志：楚辭九家，十二部，二百四卷。

右賦詩。

隋志：四百三十七部，四千三百八十一卷。通計亡書，合八百八十六部，八千一百二十六卷。

唐志：七百三十六家，七百五十部，七千六百六十八卷。失姓名一家，玄宗以下不著録四百六家，五千一十二卷。

宋三朝志：五百五十四部，四千六百四十五卷。

宋兩朝志：一百七十七部，一千五百一十七卷。

宋四朝志：二百五十一部，六千八百四十九卷。

宋中興志：一千一家，一千二百六十六部，一萬七千四百二十六卷。

楚辭十七卷

鼂氏曰：後漢校書郎王逸叔師注。楚屈原名平，爲懷王左徒，博聞强志，嫺於辭令。後同列心害其能而譖之，王怒，疏平。平自傷忠而被謗，乃作離騷經以諷，不見省納。及襄王立，又放之江南，復作九歌、天問、九章、遠遊、卜居、漁父、大招，自沉汨羅以死。其後楚宋玉作九辯、招魂，漢賈誼作惜誓，淮南小山作招隱士，東方朔作七諫，嚴忌作哀時命，王褒作九懷，劉向作九嘆，皆擬其文，而哀平之死於忠。至漢武時，淮南王安始作離騷傳。向典校經書，分爲十六卷，東京班固、賈逵，各作離騷章句，餘十五卷，闕而不説。至逸，自以爲南陽人，與原同土，悼傷之，復作十六卷章句，又續爲九思，取班固二序附之爲十七篇。按漢書志屈原賦二十五篇，今起離騷經至大招凡六，九章、九歌又十八，則原賦存者二十四篇耳。并國殤、禮魂在九歌之外爲十一〔八〕，則溢而爲二十六篇，不知國殤、禮魂何以繫九歌之末，又不可合十一爲九？然則謂大招爲原辭，可疑也。夫以招魂爲義，恐非自作，或曰景差，蓋近之。其卷後有蔣之翰跋，云鼂美叔家本也。

陳氏曰：逸之注雖未能盡善，而自淮南王安以下爲訓傳者，今不復存，其目僅見於隋、唐志，獨逸注幸而尚傳，興祖又從而補之，於是訓詁名物始詳矣。

楚辭釋文一卷

鼂氏曰：未詳撰人。其篇次不與世行本同。

陳氏曰：古本，無名氏，洪氏得之吴郡林虙德祖，其篇次不與今本同〔九〕。今本首騷經，次九歌、天問、九章、遠遊、卜居、漁父、九辯、招魂、大招、惜誓、招隱、七諫、哀時命、九懷、九嘆、九思。釋文亦首騷經，次九辯，而後九歌、天問、九章、遠遊、卜居、漁父、招隱士、招魂、九懷、七諫、九嘆、哀時命、惜誓、大招、九思。洪氏按，王逸九章注云：「皆解於九辯中。」則釋文篇第蓋舊本也，後人始以作者先後次序之耳。朱侍講按，天聖十年陳説之序，以爲舊本篇第混并，乃考其人之先後，重定其篇第。然則今本説之所定也。余按，楚辭，劉向所集，王逸所注，而九嘆、九思亦列其中，蓋後人所益也歟。

補注楚辭十七卷　考異一卷

鼂氏曰：未詳撰人。凡王逸章句有未盡者補之。自序云：以歐陽永叔、蘇子瞻、鼂文元、宋景文家本參考之〔一〇〕，遂爲定本。又得姚廷輝本，作考異。且言辨騷非楚辭本書〔一一〕，不當録。

陳氏曰：洪興祖撰。興祖少時從柳展如，得東坡手校十卷，凡諸本異同皆兩出之。後又得洪玉父而下本十四、五家參校，遂爲定本。始補王逸章句之未備者；成書，又得姚廷輝本，作考異，附古本釋文之後。其末又得歐陽永叔、孫莘老、蘇子容本於關子東、葉少協，校正以補考異之遺。洪於是書用力亦勤矣。

重編楚辭十六卷

鼂氏曰：族父吏部公重編。獨離騷經仍故，爲首篇，其後以遠遊、九章、九歌、天問、卜居、漁父、大招、九辯、招魂、惜誓、七諫、哀時命、招隱、九懷、九嘆爲次〔一二〕，而去九思一篇。其説曰：按八卷，屈原遭憂所作，故首篇曰離騷經，後篇皆曰離騷，餘皆曰楚辭。今本所第篇或不次第，於是遷遠遊、九章次離騷經，在九歌上，以原自叙其意近離騷經也。而九歌、天問乃原既放之後，攄憤所作者，故遷於下。卜居、漁父，自序之餘意也，故又次之。大招古奥，疑原作，非景差辭，沈淵不返，故以終焉。爲楚辭上八卷。九辯、招魂皆宋玉所作〔一三〕，或曰九辯原作，其聲浮矣。惜誓弘深，或以爲賈誼作，蓋近之。東方朔、嚴忌皆漢武帝廷臣〔一四〕，淮南小山之辭不當先朔、忌〔一五〕。王褒，漢宣帝時人，後淮南小山，至劉向最後作，故其次序如此，皆西漢以前文也。爲楚辭下八卷。王逸，東漢人，九思，視向以前所作相闊矣，又十七卷，非舊録，故去之。又頗删逸離騷經訓釋淺陋者，而録司馬遷原傳冠其首云。

續楚辭二十卷

鼂氏曰：族父吏部公編。擇後世文賦與楚辭類者編之，自宋玉以下至本朝王令，凡二十六人，計六十篇，各爲小序，以冠其首。而最喜沈括，以爲辭近原，蓋深探其用意，疾徐隨其步趨而與之偕〔一六〕，然亦暇而不迫也。

變離騷二十卷

鼂氏曰：族父吏部公編。公既集續楚辭，又擇其餘文賦大意祖述離騷，或一言似之者爲一編。其意謂原之作曰離騷，餘皆曰楚辭。今楚辭又變，而迺始曰變離騷者，欲後世知其出於原也，猶服盡而繫其姓於祖云。所録自楚荀卿至本朝王令，凡三十八人，通九十六首。

陳氏曰：鼂補之無咎撰。去九思一篇，入續楚辭，定著十六卷，篇次亦頗改易，又不與陳説之本同。續、變二篇，皆楚辭流派，其曰「變」者，又以其類離騷而少變之也。新序三篇，述其意甚詳，然其去取之際，或有不能曉者〔一七〕。

楚辭贅説四卷

陳氏曰：右司郎宣城周紫芝少隱撰。嘗爲哀湘累賦〔一八〕，以反賈誼、揚雄之説。又爲此書，頗有發明。

楚辭集注八卷〔一九〕　辯證二卷

陳氏曰：侍講新安朱熹元晦撰。以王氏、洪氏注或迂滯而遠於事情，或迫切而害於義理，遂别爲之注。其訓詁文義之外，有當考者，則見於辯證。所以祛前注之蔽陋，而發明屈子之微意於千載之下，忠魂義魄，頓有生氣。其於九歌、九章，尤爲明白痛快。至謂山海經、淮南子殆因天問而著書，説者反取二書以證天問，可謂高世絶識，毫髪無遺恨者矣。公爲此注在慶元退居之時，序文所謂「放臣棄子，怨妻去婦」，蓋有感而托者也。其生平於六經皆有訓傳，而其殫見洽聞，發露不盡者，萃見於此書。嗚呼，偉矣！其篇第視舊本益賈誼二賦，而去諫、嘆、懷、思。屈子所著二十五篇爲離騷，而宋玉以下則曰續離騷。其言七諫以下辭意平緩，意不深切，如無所疾痛而强爲呻吟者，爲名言也。

朱子自序曰：自屈原賦離騷，而南國宗之，名章繼作，通號楚辭，大抵皆祖原意，而離騷深遠矣。竊嘗論之，原之爲人，其志行雖或過於中庸而不可以爲法，然皆出於忠君愛國之誠心。原之爲書，其辭旨雖或流於跌宕怪神、怨懟激發而不可以爲訓，然皆生於繾綣惻怛，不能自已之至意。雖其不知學於北方，以求周公、仲尼之道，而獨馳騁於變風變雅之末流，以故醇儒莊士或羞稱之。然使世之放臣屏子，怨妻去婦，抆淚謳吟於下〔二〇〕，而所天者幸而聽之，則於彼此之間，天性民彝之善，豈不足以交有所發，而增夫三綱五常之重？此予之所以每有味於其言，而不敢直以「辭人之賦」視之也。然自原著此辭，至漢未久，而説者已失其趣，如太史公蓋未能免，而劉安、班固、賈逵之書，世復不傳。及隋、唐間，爲訓解者尚五六家，又有僧道騫者，能爲楚聲之讀，今亦漫不復存，無以考其説之得失。而獨東京王逸章句，與近世洪興祖補注並行於世，其於訓詁名物之間，則已詳矣。顧王書之所取舍，與其題號離合之間，多可議者，而洪皆不能有所是正。至其大義，則又皆未嘗沈潛反覆，嗟嘆詠歌，以尋其文詞指意之所出，而遽欲取喻立説，旁引曲證，以强附於其事之已然。是以或以迂滯而遠於事情〔二一〕，或以迫切而害於義理，使原之所爲，壹鬱而不得申於當年者，又晦昧而不得白於後世。予於是益有感焉。疾病呻吟之暇，聊据舊編，粗加隱括，定爲集注八卷，庶幾讀者得以見古人於千載之上，而死者可作，又足以知千載之下有知我者，而不恨於來者之不聞也。嗚呼悕矣！是豈易與俗人言哉？

朱子語録曰：楚辭不甚怨君，今被諸家解得都成怨君，不成模樣。九歌是託神以爲君，言人間隔，不可企及，如己不得親近於君之意。以此觀之，他便不是怨君。至山鬼篇，不可以君爲山鬼，又倒説山鬼欲親人而不可得之意。今人解文字不看大意，只逐句解，意却不貫。楚「些」，沈存中以

「此」爲咒語，如今釋子念「娑婆訶」三合聲，而巫人之禱亦有此聲，此却説得好。蓋今人只求之於雅，不求之於俗，故下一半都曉不得。楚辭平易，後人學做者反艱深了，都不可曉。離騷初無奇字〔三二〕，只恁説將去自是好，後來如魯直恁地著力做，只是不好。

楚辭後語六卷

陳氏曰：朱熹撰。凡五十二篇，以鼂氏續、變二書刊定，而去取則嚴而有意矣。

朱子自序曰：楚辭後語目録，以鼂氏所集録續、變二書刊補定著，凡五十二篇。鼂氏之爲此書，固主爲辭〔三三〕，而亦不得不兼取於義。今因其舊，則其考於辭也宜益精，而擇於義也當益嚴矣！此余之所以兢兢而不得不致其謹也。蓋屈子者，窮而呼天，疾痛而呼父母之辭也。故今所欲取而使繼之者，必其出於幽憂窮蹙怨慕凄凉之意，乃爲得其餘韵。而宏衍鉅麗之觀，懽愉快適之語，宜不得而與焉。至論其等，則又必以無心而冥會者爲貴。其或有是，則雖遠且賤，猶將汲而進之。一有意於求似，則雖迫真如楊、柳，亦不得已而取之耳。若其義，則首篇所著荀卿子之言，指意深切，詞調鏗鏘。君人者誠能使人朝夕諷誦，不離於其側，如衛武公之抑戒，則所以入耳而著心者，豈但廣厦細旃，明師勸誦之益而已哉！此固余之所爲眷眷而不能忘者。若高唐、神女、李姬、洛神之屬，其辭若不可廢，而皆棄不録，則以義裁之，而斷其爲禮法之罪人也。高唐卒章，雖有「思萬方，憂國害，開聖賢，輔不逮」之云，亦屠兒之禮佛，倡家之讀禮耳。幾何其不爲獻笑之資，而何諷之有哉？其息夫躬、柳宗元之不棄，則鼂氏已言之矣。至於揚雄，則未有議其罪者，而余獨以爲是其失節，亦蔡琰之儔耳。然琰猶知愧而自訟，若雄則反訕前哲以自文，宜又不得與琰比矣。今皆取之，豈不以夫琰之母子無絶道，而於雄則欲因反騷而著蘇氏、洪氏之貶辭〔二四〕，以明天下之大戒也。陶翁之辭，鼂氏以爲中和之發，於此不類，特以其爲古賦之流而取之，是也。抑以其自謂晉臣耻事二姓而言，則其意亦不爲不悲矣！序列於此，又何疑焉？至於終篇，特著張夫子、吕與叔之言，蓋又以告夫游藝之及此者，使知學之有本而反求之，則文章有不足爲者矣。其餘微文碎義〔二五〕，又各附見於本篇，此不暇悉著云〔二六〕。

龍岡楚辭説五卷

陳氏曰：永嘉林應辰渭起撰。以離騷章分段釋爲二十段，九歌、九章諸篇亦隨長短分之。其推屈子不死於汨羅，比諸浮海居夷之意，其説甚新而有理。以爲離騷一篇，辭雖哀痛而意則宏放，與夫直情徑行，勇於蹈河者不可同日語。且其興寄高遠，登昆侖，歷閬風，指西海，陟陞皇，皆寓言也，世儒不以爲實者，顧獨信其從彭咸，葬魚腹以爲實者〔二七〕，何哉？然沈湘之事，傳自司馬遷，賈誼、揚雄皆未嘗有異説，漢去戰國未遠，恐非虚語也。

新校楚辭十卷　翼騷一卷　洛陽九咏一卷

陳氏曰：昭武黄伯思長睿撰。其序言屈、宋諸騷皆是楚語〔二八〕，作楚聲，紀楚地，名楚物，故可謂之楚辭。若「些」、「只」、「羌」、「誶」、「蹇」、「紛」、「侘」、「傺」者，楚語也。悲壯頓挫，或韵或否者，楚聲也。沅、湘、江、澧、脩門、夏首者，楚地也。蘭、茝、荃、葯、蕙若、蘋蘅者，楚物也。既以諸家本校定〔二九〕，又以太史公屈原傳至陳說之之序，附以今序，別爲一卷，目以翼騷。洛陽九咏者，伯思所作也。

宋玉集一卷

陳氏曰：楚大夫宋玉撰。史記屈原傳言：「楚人宋玉、唐勒、景差之徒，皆原之弟子也。而玉之辭賦獨傳，至以屈、宋並稱於後世，餘人皆莫能及。」按隋志集三卷，唐志二卷。今書乃文選及古文苑中録出者，未必當時本也。

枚叔集一卷

陳氏曰：漢弘農都尉淮陰枚乘撰。叔，其字也。隋志：「梁時有二卷，亡。」唐志復著録。今本乃於漢書及文選諸書抄出者。

董仲舒集一卷

陳氏曰：漢膠西相廣川董仲舒撰。隋、唐志皆二卷。今惟録本傳中三策，及古文苑所載士不遇賦、詣公孫弘記室書二篇而已。其序篇略本傳語，亦載古文苑。仲舒平生著書如玉杯〔三〇〕、繁露、清明、竹林之類，其汨没不存者多矣，所傳繁露，亦非本真也。

劉中壘集五卷

陳氏曰：漢中壘校尉劉向子政撰。前四卷，封事並見漢書，九嘆見楚辭〔三一〕，末請雨華山賦見古文苑。

揚子雲集五卷

鼂氏曰：漢揚雄子雲也。古無雄集，皇朝譚愈好雄文，患其散在諸篇籍〔三二〕，離而不屬，因綴繹之得四十餘篇〔三三〕。

陳氏曰：大抵皆録漢書及古文苑所載。按宋玉而下五家，皆見唐以前藝文志，而三朝志俱不著録，崇文總目僅有董集一卷而已。蓋古本多已不存，好事者於史傳及類書中鈔録，以備一家之作，充藏書之數而已。

二十四箴一卷

陳氏曰〔三四〕：揚雄撰。今廣德軍所刊本〔三五〕，校集中無司空、尚書、博士、太常四箴。集中所有皆據古文苑。而此四箴，或云崔駰，或云崔子玉，疑不能明也。

蔡中郎集十卷

鼂氏曰：後漢蔡邕伯喈也。陳留圉人。仕至左中郎將，後爲王允所害。邕博學，好詞章、術數、天文，妙操音律。在東觀欲補漢紀，自陳十意。及付獄，乞黥刖以成書，不能得。遂死獄中。所著文章百四篇，今録止存九十篇，而銘墓居其半，或曰碑銘，或曰神誥，或曰哀讚，其實一也。嘗自云爲郭有道碑，獨無愧辭，則其他可知已〔三六〕。凡文集，其人正史自有傳者〔三七〕，止掇論其文學之辭，及略載鄉里、所終、爵位，或死非其理，亦附見，餘歷官與其善惡率不録。若史逸其行事者，則雜取他書詳載焉，庶後有考。

陳氏曰：唐志二十卷，今本闕亡之外，才六十四篇。其間有稱建安年號，及爲魏宗廟頌述者，非邕文也。卷末有天聖癸亥歐陽静所書辯證甚詳，以爲好事者雜編他人之文相混，非本書。

致堂胡氏曰：伯喈，才士也，而短於識，文章翰墨又非班、馬之儔，假令續成漢史，不過與范曄伯仲耳。

陳思王集十卷

鼂氏曰：魏曹植子建也。太祖子，文帝封植爲陳王〔三八〕，卒年四十一〔三九〕，謚曰思。年十歲餘，誦讀詩論及辭賦數十萬言，善屬文，援筆立成，自少至終，篇籍不離手。按魏志：景初中，撰録植所著賦、頌、詩、銘、雜論，凡百餘篇。隋志植集三十卷。唐志植集二十卷。今集十卷，比隋、唐本有亡逸者，而詩文近二百篇，返溢於本傳所載〔四〇〕，不曉其故。

陳氏曰：今本二十卷，與唐志同。其間亦有采取御覽、書鈔、類聚諸書中所有者〔四一〕，意皆後人附益，然則非當時全書矣。其間或引摯虞流别集〔四二〕，此書國初已亡，猶是唐人舊傳也。

陳孔璋集十卷

陳氏曰：魏丞相軍謀掾廣陵陳琳孔璋撰。魏志〔四三〕：文帝爲五官中郎將，及平原侯植皆好文學，山陽王粲仲宣、北海徐幹偉長、廣陵陳琳孔璋、陳留阮瑀元瑜、汝南應瑒德璉、東平劉楨公幹並見友善〔四四〕，自邯鄲淳、繁欽、路粹、丁廙、楊脩、荀緯等，亦有文采，而不在此七人之列〔四五〕，世所謂「建安七子」者也。但自王粲而下財六人，意子建亦在其間邪？而文帝典論則又以孔融居其首，并粲、琳等謂之七人，植不與焉。今諸家詩文散見於文選及諸類書，其以集傳者，仲宣、子建、孔璋三人而已。余家亦未有仲宣集〔四六〕。

王粲集八卷

鼂氏曰：後漢王粲仲宣也。高平人，爲魏侍中。粲博物多識强記，善屬文，舉筆便成，無所改定。時人以爲宿製，然正復精意覃思，亦不能加。著詩、賦、論、議垂六十篇，今集有八十一首。按唐藝文志粲集十卷，今亡兩卷。其詩文反多於史所紀二十餘篇，與曹植集同。

阮籍集十卷

鼂氏曰：魏阮籍嗣宗也。尉氏人。籍志氣宏放，博覽群籍，尤好莊、老，屬文不留思〔四七〕。嗜酒，能嘯，善彈琴，當其得意，忽忘形體，雖不拘禮教，而發言玄遠。晉帝輔政，爲從事中郎，後求爲步兵校尉。

嵇康集十卷

鼂氏曰：魏嵇康叔夜也。譙國人。康美詞氣，有丰儀〔四八〕，土木形骸，不自藻飾。學不師受，博覽該通，長好莊、老，屬文玄遠。以魏宗室婚，拜中散大夫。景元初，鍾會譖於晉文帝，遇害。

陳氏曰：康本姓奚，自會稽徙譙之銍縣嵇山〔四九〕，家其側，遂氏焉。取稽字之上〔五〇〕，志本也。所著文論六、七萬言〔五一〕，今存於世者僅如此，唐志猶有十五卷。

張司空集三卷

鼂氏曰：晉張華茂先也。范陽人。惠帝時爲司空，爲趙王倫所害。華學業優博，詞藻温麗，圖緯、方伎等書，莫不詳覽。家有書三十乘，天下奇秘悉在。博物洽聞，世無與比。集有詩一百二十，哀詞、册文二十一，賦三。

陳氏曰：前二卷爲四言、五言詩，後一卷稱册、祝、哀、誄等文〔五二〕。

陸機集十卷

鼂氏曰：晉陸機士衡也。抗之子，少有異才，文章冠世，服膺儒術，非禮不動。吴滅，退居舊里，閉門勤學，積有十年。太康末，入洛。成都王穎令機率師伐長沙王乂，至河橋大敗，爲穎所誅。初造張華，華重其名，如舊相識，嘗謂之曰：「人常恨才少，而子更患多。」葛洪著書亦稱嘆焉。所著文章凡三百餘篇，今存詩、賦、論、議、箋、表、碑、誄一百七十餘首。以晉書、文選校正外，餘多舛誤。機仕終平原内史。

陸雲集十卷

鼂氏曰：晉陸雲士龍也。吴郡人。惠帝時，爲中書侍郎，會兄機兵敗，同遇害。雲六歲能屬文，性清正，有才理。與機齊名，雖文章不及，而持論過之。所著文章三百四十九篇，新書十篇。雲仕終清河内史。

劉司空集十卷

陳氏曰：晉司空中山劉琨越石撰。前五卷差全可觀，後五卷闕誤，或一卷數行，或斷續不屬，殆類鈔節者。末卷劉府君誄尤多訛，未有别本可以是正。

陶靖節集十卷

鼂氏曰：晉陶淵明元亮也。一名潛，潯陽人。蕭統云：「淵明字元亮。」晉書云：「潛字元亮。」宋書云：「潛字淵明。」或云字深明，名元亮。按集中孟嘉傳與祭妹文皆自稱淵明，當從之。晉安帝末，起爲州祭酒。桓玄篡位，淵明自解而歸。州召主簿，不就，躬耕自資。劉裕起兵討玄，誅之，爲鎮軍將軍。淵明參其軍事，未幾遷建威參軍。淵明見裕有異志，乃求爲彭澤令，去職。潛少有高趣，好讀書，不求甚解，著五柳先生傳以自況，世號靖節先生。今集有數本，七卷者〔五三〕，梁蕭統編，以序、傳、顔延之誄載卷首。十卷者，北齊陽休之編，以五孝傳、聖賢群輔録〔五四〕、序、傳、誄分三卷，益之詩，篇次差異。按隋經籍志，潛集九卷，又云梁有五卷，録一卷。唐藝文志，潛集五卷。今本皆不與二志同。獨吴氏西齋目有潛集十卷，疑即休之本也。休之本出宋庠家云。江左舊書，其次第最有倫貫，獨四八目後「八儒」、「三墨」二條，疑後人妄加。

東坡蘇氏曰：吾於詩人無所好，獨好淵明詩。淵明詩不多，然質而實綺，癯而實腴。自曹、劉、沈、謝、李、杜諸人〔五五〕，莫能及也。

山谷黄氏曰：寧律不諧而不使句弱，用字不工而不使語俗，此庾開府所長也，然有意於爲詩也。至於淵明，則所謂不煩繩削而自合者。雖然，巧於斧斤者多疑其拙，窘於撿括者輒病其放。孔子曰：「甯武子其智可及也，其愚不可及也。」淵明之拙與放，豈可爲不知者道哉？要當與一丘一壑者共之耳！

龜山楊氏曰：淵明詩所不可及者，冲澹深邃，出於自然。若曾用力學，然後知淵明詩非著力之所能及也。

朱子語録曰：淵明詩，人皆説平淡，據某看，他自豪放，但豪放得來不覺耳。其露出本相者，是詠荆軻一篇，平淡底人如何説得這樣言語出來？

西山真氏曰：予聞近世之評詩者，淵明之辭甚高，而其指則出於莊、老，康節之辭若卑，而其指則原於六經。以余觀之，淵明之學，正自經術中來，故形之於詩，有不可揜。榮木之憂，逝水之嘆也；貧士之咏，簞瓢之樂也。飲酒末章有曰：「羲、農去我久，舉世少復真。汲汲魯中叟，彌縫使其淳。」淵明之智及此，豈玄虚之士可望邪？雖其遺榮辱，一得喪，真有曠達之風，細玩其辭，時亦悲涼感慨，非無意世事者。或者徒知義熙以後不著年號，爲耻事二姓之驗，而不知其睠睠王室，蓋有乃祖長沙公之心，獨以力不得爲，故肥遯以自絶，食薇飲水之言，啣木填海之喻，至深痛切，顧讀者弗之察耳。淵明之志若是，又豈毁彝倫而外名教者可以同日語乎？

後村劉氏曰：陶公如天地間之有慶雲醴泉，是惟無出，出則爲祥瑞，且饒坡公一人和陶可也。

靖節年譜一卷　年譜辯證一卷　雜記一卷

陳氏曰：吴郡吴仁傑斗南爲年譜，張縯季長辯證之〔五六〕，又雜記晉賢論靖節語〔五七〕。此蜀本也，卷末有陽休之、宋庠序録私記，又有治平三年思悦題，稱永嘉，示以宋丞相刊定之本。思悦者〔五八〕，不知何人也。

靖節詩注四卷

贈端明殿學士番陽湯文清公漢撰。以述酒一篇爲晉恭帝哀詞。蓋劉裕既受禪，使張偉以毒酒酖帝，偉自飲而卒，乃令兵人踰垣進藥，帝不肯飲，兵人以被掩殺之，故哀帝詩託名「述酒」。其自序云：「陶公詩精深高妙，測之愈遠，不可漫觀也。不事異代之節，與子房五世相韓之義同。既不爲狙擊震動之舉，又時無漢祖者可托以行其志，故每寄情於首陽、易水之間。又以荆軻繼二疏、三良而發咏，所謂『拊己有深懷，履運增慨然』者，讀之亦可以深悲其志也已。平生危行言孫，至述酒之作，始直吐忠憤，然猶亂以廋辭。千載之下，讀者不省爲何語，是此翁所深致意者，迄不得白於後世，尤可以使人增欷而累嘆也！余竊窺見其旨，因加箋釋，以表暴其心事。及他篇有可以發明者，併著之。又按詩中言本志少，説固窮多。夫惟忍於飢寒之苦，而後能存節義之閑，西山之所以有餓夫也。世士貪榮禄，事豪侈，而高談名義，自方於古人，余未之信也。」

鮑參軍集十卷

鼂氏曰：宋鮑照明遠也。上黨人。世祖以爲中書舍人，後臨海王子頊鎮荆州〔五九〕，照爲參軍，子頊敗，爲亂兵所殺。初，孝武好文，自謂人莫能及。照悟其旨，爲文多鄙言累句，當時謂照才盡，實不然也。事見沈約書。而李延壽史乃以世祖爲文帝。集有齊虞炎序〔六〇〕，云爲宋景所害。倘見於他書乎？

陳氏曰：照，東海人。唐人避武后諱，改爲昭。沈約宋書、李延壽南史皆作照，而館閣書目直以爲昭，且云上黨人，非也。

謝惠連集五卷

鼂氏曰：宋謝惠連也〔六一〕。元嘉七年，爲彭城王法曹行參軍〔六二〕。十歲能屬文，爲雪賦，以高麗見奇。族兄靈運每見其新文，曰：「張華重生，不能易也。」

謝宣城集五卷

鼂氏曰：齊謝脁玄暉也。陽夏人。明帝初，自中書郎出爲東海太守。東昏時，爲江祏黨譖害之〔六三〕。脁少好學有美名〔六四〕，文章清麗，善草隸，尤長五言，沈約嘗云：「二百年來無此詩也。」文選所録脁詩近二十首〔六五〕，集中多不載，今附入。

陳氏曰：集本十卷，樓炤知宣州，止以上五卷賦與詩刊之。下五卷皆當時應用之文，衰世之事〔六六〕，可采者已見本傳及文選，餘視詩劣焉，無傳可也。

後村劉氏曰：詩至三謝，如玉人之攻玉，錦人之機錦，極天下之工巧組麗，而去建安、黄初遠矣。

唐子西語録云：三謝詩，靈運爲勝，當就文選中寫出熟讀，自見其優劣也。又云：江左諸謝，詩文見文選者六人，希逸無詩，宣遠、叔源有詩不工，今取靈運、惠連、玄暉詩合六十四篇，爲三謝詩。是三人者，至玄暉語益工，然蕭散自得之趣亦復少減，漸有唐風矣。於此觀世變也。又云：靈運在永嘉，因夢惠連，遂有「池塘生春草」之句。玄暉在宣城，因登三山，遂有「澄江淨如練」之句。二公妙處，蓋在於鼻無堊〔六七〕，目無膜爾。鼻無堊，斤將曷運？目無膜，篦將曷施？所謂混然天成，天球不瑑者歟？靈運如「矜名道不足，適已物可忽」，「清暉能娛人，游子澹忘歸」。玄暉詩如「春草秋更綠，公子未西歸」，「大江流日夜，客心悲未央」等語，皆得三百篇之餘韵，是以古今以爲奇作。

孔德璋集一卷

陳氏曰：齊太子詹事山陰孔稚圭德璋撰。北山移文，其所作也。

沈休文集十五卷　別集一卷　又九卷

陳氏曰：梁特進吳興沈約休文撰。約有文集百卷，今所存者惟此而已。十五卷者，前二卷爲賦，餘皆詩也。別集雜錄詩文，不分卷。九卷者，皆詔草也。館閣書目但有此九卷，及詩一卷，凡四十八首。

吳均集三卷

鼂氏曰：梁吳均叔庠也〔六八〕。史稱均博學才俊，體清拔，有古氣。好事効之，謂之「吳均體」。有集二十卷，唐世搜求，止得十卷，今又亡其七矣。舊題誤曰吳筠，筠乃唐人，此詩殊不類，而其中有贈柳貞陽、周興嗣輩詩，固已知其非筠。又有蕭子雲贈吳朝請入東詩〔六九〕，蓋均在武帝時爲奉朝請〔七〇〕，則知爲均也無疑矣。蕭子雲詩八、蕭子顯、朱异、王筠〔七一〕、王僧孺詩各一附。顏之推譏均集中有破鏡賦，今已亡之。

江淹集十卷

鼂氏曰：梁江淹文通也。濟陽人。梁初爲散騎常侍，封醴陵侯。少好學，不事章句，留情於文章，晚節才思微退，人謂才盡。著述百餘篇，自撰爲前、後集。今集凡二百四十九篇。魏、晉間名人詩文之行於世者，往往羡於史所載，如曹植、王粲及淹皆是也。豈後人妄附益之歟？

何遜集二卷

鼂氏曰：梁何遜仲言也。東海人。終水部員外郎。遜少能詩，州舉秀才。范雲見其文，嗟賞曰：「觀文人，質則過儒，麗則傷俗，能含清濁〔七二〕，中古今〔七三〕，見之何生矣。」沈約謂：「每讀卿詩，一日三復，猶不能已。」與劉孝綽俱以文章見重於世，謂之何、劉。王僧孺集其文爲八卷，今亡逸不全。

陳氏曰：本傳集八卷，館閣書目同〔七四〕，今所傳止此。

庾開府集二十卷

鼂氏曰：周庾信子山也。南陽人。梁元帝時，爲散騎常侍，聘西魏，遂留長安。孝閔時，終司憲大夫〔七五〕。信在梁，與徐陵文並綺麗，世號「徐庾體」。集有滕王逌序〔七六〕。

陳氏曰：信，肩吾之子。仕梁及周，其在揚都，有集四十卷，及江陵，又有三卷，皆兵火不存。今集止自入魏以來所作，而哀江南賦實爲首冠。

陰鏗集一卷

鼂氏曰：陳陰鏗子堅也。幼聰慧，五歲能誦詩賦，日千言。及長，博涉史傳，尤工五言詩。徐陵言之於世祖，使賦安樂宮，援筆立成〔七七〕。累遷散騎常侍。有集三卷，隋志已亡其二〔七八〕，今所存十數詩而已。杜少陵嘗贈李太白詩，首云：「李侯有佳句，往往似陰鏗。」今觀此集，白蓋過之遠矣。甫之慎許可乃如此。

稽聖賦三卷

陳氏曰：北齊黄門侍郎瑯琊顔之推撰。其孫師古注。蓋擬天問而作。中興書目稱爲李淳風注。

右别集。

校勘記

〔一〕雖詭譎不概諸聖　「不概諸聖」，郡齋讀書志卷一七作「不可爲訓」。

〔二〕綴文者接踵於道矣　「道」，郡齋讀書志卷一七作「斯」。

〔三〕故别而聚之　「聚」，郡齋讀書志卷一七作「序」。

〔四〕則造辭義之端緒　「造」原作「端」，據元本、慎本、馮本、弘本及漢書卷三〇藝文志一〇顔師古注改。「緒」原作

「者」，據漢書卷三〇藝文志一〇顏師古注改。
〔五〕聘問歌咏不列於侯國　「不列於侯國」，漢書卷三〇藝文志一〇作「不行於列國」。
〔六〕漢武帝命淮南王爲楚辭章　按隋書卷三五經籍志「漢」字前有「始」字；「爲楚辭章」作「爲之章句」。
〔七〕三十二卷　「三」原作「二」，據新唐書卷六〇藝文志四改。
〔八〕禮魂在九歌之外爲十一　「爲」字原脱，據郡齋讀書志卷一七楚辭類補。
〔九〕其篇次不與今本同　「次」字原脱，據直齋書録解題卷一五楚辭類補。
〔一〇〕宋景文家本參考之　「本」字原脱，據郡齋讀書志卷一七楚辭類補。
〔一一〕且言辨騷非楚辭本書　「辨」原作「辯」，據元本、慎本、馮本及郡齋讀書志卷一七楚辭類改。
〔一二〕九嘆爲次　「嘆」原作「歌」，據郡齋讀書志袁本前志卷四上楚辭類改。
〔一三〕招魂皆宋玉所作　「所作」二字原脱，據郡齋讀書志卷一七楚辭類補。
〔一四〕嚴忌皆漢武帝廷臣　「武」字原脱，據郡齋讀書志卷一七楚辭類補。
〔一五〕不當先朔忌　「朔」字原脱，據郡齋讀書志卷一七楚辭類補。
〔一六〕疾徐隨其步趨而與之偕　「徐」字原脱，據郡齋讀書志卷一七楚辭類補。
〔一七〕或有不能曉者　「能」，直齋書録解題卷一五楚辭類作「可盡」。
〔一八〕嘗爲哀湘累賦　「累」字原脱，據元本、慎本、馮本、弘本及直齋書録解題卷一五楚辭類補。
〔一九〕楚辭集注八卷　「注」原作「説」，據宋史卷二〇八藝文志、朱熹楚辭集注自序、直齋書録解題卷一五楚辭類改。
〔二〇〕扠淚謳吟於下　「扠」原作「校」，據元本、慎本、馮本、朱熹楚辭集注自序改。

〔二一〕是以或以迂滯而遠於事情　「事」，朱熹楚辭集注自序作「性」。
〔二二〕初無奇字　「字」原作「宇」，據元本、慎本、馮本、局本、朱子語類卷一三九論文上改。
〔二三〕固主爲辭　「爲」，朱熹楚辭後語自序作「於」。
〔二四〕而於雄則欲因反騷而著蘇氏洪氏之貶辭　「於」字原脱，據朱熹楚辭後語自序補。
〔二五〕其餘微文碎義　「餘」原作「爲」，據朱熹楚辭後語自序改。
〔二六〕此不暇悉著云　「悉著」原作「著悉」，據朱熹楚辭後語自序乙正。
〔二七〕世儒不以爲實者顧獨信其從彭咸葬魚腹以爲實者　「不」原作「乃」，「顧獨」以下十四字原脱，據直齋書録解題卷一五楚辭類改補。
〔二八〕宋諸騷皆是楚語　「是」，直齋書録解題卷一五楚辭類作「書」。
〔二九〕既以諸家本校定　「本」原作「物」，據直齋書録解題卷一五楚辭類改。
〔三〇〕仲舒平生著書如玉杯　「書」字原脱，據直齋書録解題卷一六別集類上補。
〔三一〕九嘆見楚辭　「嘆」原作「歌」，據元本、慎本、馮本及直齋書録解題卷一六別集類上改。
〔三二〕患其散在諸篇籍　「諸」字原脱，據郡齋讀書志卷一七別集類上補。
〔三三〕因綴繹之得四十餘篇　「得」字原脱，據郡齋讀書志卷一七別集類上補。
〔三四〕陳氏曰　「陳」原作「鼂」，據直齋書録解題卷一六別集類上改。
〔三五〕今廣德軍所刊本　「軍」字原脱，據直齋書録解題卷一六別集類上補。
〔三六〕則其他可知已　「已」原作「巳」，郡齋讀書志卷一七別集類上作「矣」。按「已」作「矣」用，「已」與「巳」形近而訛，今改。

〔三七〕其人正史自有傳者　「史自有」三字原脱，據郡齋讀書志卷一七別集類上補。

〔三八〕文帝封植爲陳王　按太和六年二月，魏明帝以陳四縣封植爲陳王，事見三國志卷一九魏書任城陳蕭王傳。

〔三九〕卒年四十一　「四」原作「三」，據三國志卷一九魏書任城陳蕭王傳、資治通鑑卷七二魏紀四改。

〔四〇〕返溢於本傳所載　「返」原作「近」，據元本、慎本、馮本、郡齋讀書志卷一七別集類上改。

〔四一〕類聚諸書中所有者　「者」字原脱，據直齋書録解題卷一六別集類上補。

〔四二〕其間或引摯虞流別集　「間」字原脱，據直齋書録解題卷一六別集類上補。

〔四三〕魏志　直齋書録解題卷一六別集類上「魏」字上有「案」字。

〔四四〕東平劉楨公幹並見友善　「劉楨」原作「劉禎」，據三國志卷二一魏書王衛二劉傅傳、直齋書録解題卷一六別集類上改。

〔四五〕而不在此七人之列　「此」字原脱，據三國志卷二一魏書王衛二劉傅傳補。

〔四六〕余家亦未有仲宣集　「亦未」二字原脱，據直齋書録解題卷一六別集類上補。

〔四七〕屬文不留思　「思」字原脱，據晉書卷四九阮籍傳、郡齋讀書志卷一七別集類上補。

〔四八〕有丰儀　「丰」字原脱，據郡齋讀書志卷一七別集類上補。按晉書卷四九嵇康傳「丰」作「風」。

〔四九〕自會稽徙譙之銍縣嵇山　「銍縣」原作「銡縣」，據晉書卷四九嵇康傳、直齋書録解題卷一六別集類上改。「嵇」原作「稽」，據元本、慎本、馮本、晉書卷四九嵇康傳、直齋書録解題卷一六別集類上改。

〔五〇〕取稽字之上　「稽」原作「嵇」，據元本、慎本、馮本、直齋書録解題卷一六別集類上改。

〔五一〕所著文論六七萬言　「萬」字下原有另一「萬」字，據直齋書録解題卷一六別集類上删。

〔五二〕後一卷稱册祝哀誄等文　「稱册」二字，直齋書録解題卷一六別集類上作「爲祭」。

〔五三〕七卷者　「者」字原脱，據郡齋讀書志卷一七別集類上補。

〔五四〕聖賢群輔録　「群」原作「郡」，據郡齋讀書志卷一七別集類上改。

〔五五〕自曹劉沈謝李杜諸人　「沈」，蘇轍欒城後集卷二一子瞻和陶淵明詩集引作「鮑」。

〔五六〕張縯季長辯證之　「張縯」原作「張演」，據直齋書録解題卷一六別集類上改。

〔五七〕又雜記晉賢論靖節語　「晉」，直齋書録解題卷一六別集類上作「前」。

〔五八〕示以宋丞相刊定之本思悦者　「示以」以下十二字原脱，據直齋書録解題卷一六別集類上補。

〔五九〕後臨海王子頊鎮荆州　「臨海」原作「臨川」，據宋書卷五一鮑照傳、郡齋讀書志卷一七別集類上改。

〔六〇〕集有齊虞炎序　「齊」原作「唐」，據郡齋讀書志卷一七別集類上改。

〔六一〕宋謝惠連也　郡齋讀書志卷一七別集類上「連」下有「文明子」三字。

〔六二〕爲彭城王法曹行參軍　宋書卷五三謝惠連傳作「法曹參軍」。

〔六三〕爲江祏黨譖害之　「江祏」原作「江祐」，據南齊書卷四二江祏傳、南史卷四七江祏傳、郡齋讀書志卷一七別集類上改。

〔六四〕朓少好學有美名　「好」字原脱，據南齊書卷四七謝朓傳、郡齋讀書志卷一七別集類上補。

〔六五〕文選所録朓詩近二十首　「近」，郡齋讀書志卷一七別集類上作「僅」。

〔六六〕衰世之事　「衰」原作「襄」，據元本、馮本、直齋書録解題卷一六別集類上改。

〔六七〕鼻無垩　「垩」原作「聖」，據元本、慎本、馮本、局本改。下徑改。

〔六八〕梁吴均叔庠也　「叔庠」原作「叔宰」，據梁書卷四九吴均傳、南史卷七二吴均傳、郡齋讀書志卷一七别集類上改。

〔六九〕又有蕭子雲贈吴朝請入東詩　「又」原作「文」，據郡齋讀書志卷一七别集類上改。

〔七〇〕蓋均在武帝時爲奉朝請　「均」字原脱，據郡齋讀書志卷一七别集類上補。

〔七一〕王筠　原作「平筠」，據梁書卷三三王筠傳、南史卷二二王筠傳改。

〔七二〕能含清濁　「含」字原脱，據梁書卷四九、南史卷三三何遜傳及郡齋讀書志卷一七别集類上補。

〔七三〕中古今　「中」字原脱，據梁書卷四九、南史卷三三何遜傳及郡齋讀書志卷一七别集類上補。

〔七四〕館閣書目同　「同」字原脱，據直齋書録解題卷一六别集類上補。

〔七五〕終司憲大夫　郡齋讀書志卷一七别集類上「憲」字下有「中」字。

〔七六〕集有滕王逌序　「集」字原脱，據郡齋讀書志卷一七别集類上補。

〔七七〕援筆立成　「援」原作「拔」，據郡齋讀書志卷一七别集類上改。

〔七八〕隋志已亡其二　「志」字原脱，據郡齋讀書志卷一七别集類上補。

卷二百三十一　經籍考五十八

集別集

唐太宗集三卷

陳氏曰：唐太宗皇帝本集四十卷，館閣書目但有詩一卷，六十九首而已。今此本第一卷賦四篇，詩六十五首，後二卷爲碑、銘、書、詔之屬，而訛謬頗多。世所傳太宗之文見於石刻者，如帝京篇、秋日效庾信體詩、三藏聖教序，皆不在。又晉書紀、傳論稱「制曰」者四，皆太宗御製也，今獨載宣、武二紀論，而陸機、王羲之傳論不預焉。宣紀論復重出，其他亦多有非太宗文雜厠其中者，非善本也。

東皋子五卷

陳氏曰：唐太樂丞太原王績無功撰。文中子王通仲淹之弟也。仕隋爲正字。嗜酒簡放，不樂仕進，晚以太樂吏焦革善釀，求爲其丞，不問流品，亦阮嗣宗步兵之意也。革死，乃歸於所居，立杜康祠，爲文祭之，以焦革配，自號東皋子。其友吕才鳩訪遺文，編成五卷，爲之序。有醉鄉記傳於世。其後陸淳又爲之序。

周氏涉筆曰：舊傳四聲，自齊、梁至沈、宋，始定爲唐律。然沈、宋體製時帶徐、庾，未若王績剪裁鍛鍊，曲盡清玄，真開迹唐詩也。如云「牧人驅犢返，獵馬帶禽歸。琴曲唯留古，書名半是經。」九月九日一篇：「野人迷節候，端坐隔塵埃。忽見黄花吐，方知素節回。映巖千段發，臨浦萬株開。香氣徒盈把，無人送酒來。」蓋淵明古體，蟠屈入八句中，渾然天成，又唐末諸家所不能也。無功放逸傲世，而詩句如此，豈其真得於自然乎？獨坐云：「問君尊酒外，獨坐更何須？有客談名理，無人索地租。三男婚令族，五女嫁賢夫。百年隨分了，未羡陟方壺。」無功本席世家之盛，師友之門，恩誼暖熱，生理不干其心，因得以一意世外，不屈節求人，所謂福慧雙入者邪。

鼂氏曰：隋大業中，舉孝弟廉潔。授六合丞，棄官耕東皋，自號東皋子，唐書以爲隱逸。集有吕才序，稱其幼岐嶷，年十五謁楊素，占對英辯，一座盡傾，以爲神仙童子。薛道衡見其登龍門憶禹賦，嘆曰：「今之庾信也。」且載其卜筮之驗者數事。

楊盈川集二十卷

鼂氏曰：唐楊炯也。華陰人。顯慶六年〔一〕，舉神童。授校書郎，終婺州盈川令〔二〕。炯博學，善屬文，與王勃、盧照鄰、駱賓王以文辭齊名，海内稱王、楊、盧、駱「四才子」，亦曰「四傑」。炯自謂：「吾媿在盧前，耻居王後。」張説曰：「盈川文如縣河，酌之不竭，耻王後，信然〔三〕；愧盧前，謙也。」集本三十卷，今多亡逸。

王勃集二十卷

鼂氏曰：唐王勃子安也。通之孫。麟德初，劉祥道薦其才，對策高等，授朝散郎。沛王召署府修撰，以戲爲諸王鬭鷄檄，高宗怒，斥出府。父爲交趾令，勃往省，溺海死。勃屬文，初不精思，先磨墨數升，酣飲，引被覆面卧，及寤，援筆成篇，不易一字，時人謂之「腹藁」。有劉元濟序。

盧照鄰幽憂子集十卷

鼂氏曰：唐盧照鄰昇之也。范陽人。調新都尉，病去官，隱具茨山下，手足攣廢，疾久，訣親戚，自沈潁水。照鄰自以當高宗時尚吏，己獨儒；武后尚法，己獨黄、老；后封嵩山，聘賢士，己廢，著五悲文，今在集中。自號幽憂子。

駱賓王集十卷

鼂氏曰：唐駱賓王也。義烏人。武后時，數言事，得罪，貶臨海丞，不得志，棄官去。文明中，徐敬業亂，署府佐，爲敬業傳檄天下，斥武后罪。后讀之矍然。及敗亡，不知所之。後宋之問逢之於靈隱寺，已祝髮爲浮屠矣。賓王七歲能屬文，妙於五言詩。中宗詔求其文，得百餘篇，命郗雲卿次序之。

陳氏曰：其首卷有魯國郗雲卿序，言賓王光宅中廣陵亂伏誅，莫有收拾其文者，後有敕搜訪。又有蜀本〔四〕，卷數亦同，而次序先後皆異，序文視前加詳，而云廣陵起義不捷而遁。本傳亦言敗而亡命，不知所終，與蜀序合。

朝野僉載云：駱賓王爲文好以數對，如「秦地重關一百二，漢家離宫三十六」之類，時號算博士。

容齋洪氏隨筆曰：王勃等四子之文，皆精切有本原。其用駢儷作記序碑碣，蓋一時體格如此，而後來頗議之。杜詩云：「王、楊、盧、駱當時體，輕薄爲文哂未休。爾曹身與名俱滅，不廢江河萬古流。」正謂此耳。「身名俱滅」，以責輕薄子，「江河萬古流」，指四子也。韓公滕王閣記云：「江南多游觀之美，而滕王閣獨爲第一。及得三王所爲序、賦、記等，壯其文辭。」注謂：「王勃作游閣序。」又云：「中丞命爲記，竊喜載名其上，詞列三王之次，有榮耀焉。」則韓之所以推勃，亦爲不淺矣。勃之文，今存者二十卷云。

蘇許公集二十卷

鼂氏曰：唐蘇頲廷碩也〔五〕。武功人。調露二年進士〔六〕，賢良方正異等，除左司禦率府胄曹〔七〕。玄宗時，中書舍人、知制誥，開元四年，同紫微黃門平章事。頲幼敏悟，一覽五千言輒覆〔八〕。景龍後，與張説以文章顯，時號燕許。李德裕謂：「近世詔誥，惟頲序事外爲文章。」韓休爲序，集本四十六卷，今亡其半矣。

陳子昂集十卷

鼂氏曰：唐陳子昂伯玉也。梓州人。文明初，舉進士，上書召見，累擢拾遺。新唐書稱：子昂，聖曆初，解官歸養，父喪，廬墓。縣令段簡貪暴，脅取其賂不厭，逮捕死獄中。沈下賢獨云爲武承嗣所殺〔九〕。未知孰是。子昂少以豪俠使氣，及冠，折節爲學，精究墳籍，耽愛黃老、易象，尤善屬文。

唐興，文章承徐、庾餘風，天下祖尚，至是始變雅正。故雖無風節，而唐之名人無不推之。柳儀曹曰：「張說以著述之餘攻比興而莫能極，張九齡以比興之暇攻著述而不克備。唐興以來，稱是選而不怍者，子昂而已。」

陳氏曰：黄門侍郎盧藏用爲序。又有別傳繫之卷末。子昂死時才四十二。爲神鳳頌、明堂議，納忠貢諛於孽后之朝，大節不足言。然其詩文在唐初實首起八代之衰者。韓退之薦士詩言：「國朝盛文章，子昂始高蹈。」非虚語也。盧序亦簡古清壯，非唐初文人可及。

後村劉氏曰：唐初，王、楊、沈、宋擅名，然不脱齊、梁之體，獨陳拾遺首倡高雅冲澹之音，一掃六代之纖弱，超於黄初、建安矣。太白、韋、柳繼出，皆自子昂發之。如「世人拘目見，酣酒笑丹經。崑崙有瑶樹，安得采其英？」如「林居病時久，水木澹孤清。閑卧觀物化，悠悠念群生。青春始萌達，朱火已滿盈。徂落方自此，虚嘆何時平？」如「務光讓天下，商賈競刀錐。已已行采芝，萬世同一時。」如「吾愛鬼谷子，青谿無垢氛。囊括經世道，遺身在白雲。舒可彌宇宙，卷之不盈分。豈徒山木壽，空與麋鹿群。」如「臨岐泣世道，天命良悠悠。昔日殷王子，玉馬遂朝周。寶鼎淪伊穀，瑶臺成古丘。西山傷遺老，東陵有故侯。」皆蟬蜕翰墨畦逕，讀之使人有眼空四海，神遊八極之興。

按：陳拾遺詩語高妙絶出齊、梁，誠如先儒之論。至其他文，則不脱偶儷卑弱之體，未見其有以異於王、楊、沈、宋也。然韓吏部、柳儀曹盛有推許，韓言「國朝盛文章，子昂始高蹈」，柳言「備比興著述二者而不怍」，則不特稱其詩而已。二公非輕以文許人者，此論所未諭。本傳載其興明堂、建太學等疏，其言雖美，而陳之於牝朝，則非所宜。史贊所謂「薦珪璧於房闥，以脂澤汙漫之」，信矣。

宋之問考功集十卷

鼂氏曰：唐宋之問延清也。汾州人。武后召與楊炯分直習藝館。諂事太平公主，爲考功員外郎。睿宗初，貶欽州，賜死。自魏建安訖江左，詩律屢變，至沈約、庾信，以音韻相婉附，屬對精密，及之問、佺期，又加靡麗，回忌聲病，約句準篇，如錦繡成文，學者宗之，號「沈宋」。徐堅嘗論之問之文，如良金美玉，無施不可。其爲當時所重如此。

沈佺期集五卷

鼂氏曰：唐沈佺期雲卿也。相州人。及進士第，由協律郎累遷弘文館直學士〔一〇〕。嘗侍中宗宴，舞回波，爲弄辭以悦帝，還，賜牙緋。

陳氏曰：自沈約以來，始以音韻、對偶爲詩，至佺期、之問益加靡麗，學者號「沈宋」。唐律蓋始於此，二人皆以附二張進，之問尤無行。

石林葉氏曰：黄大臨云，魯直晚喜沈佺期、宋之問詩，以爲與杜審言同時。老杜五言，不惟出其家法，亦參得二人之妙也。責宜州，並不以書同行，篋中惟有佺期集一部。然魯直文字中未嘗及，當是不示人以朴也。吾嘗問大臨，詩中所甚愛者？舉「海外逢寒食，春來不見餳。洛陽新甲子，何日是清明」一篇，以爲二十字中，婉而有味，如人序百許言者。然今歷論節氣，有清明無寒食，流俗但以清明前爲寒食，既不知清明，安能知寒食？此不可解也。

杜審言集十卷〔一〕

鼂氏曰：杜審言必簡也。襄陽人，預之後裔。擢進士，恃才傲世，嘗對武后，賦歡喜詩，后嘆重其文。與李嶠、崔融、蘇味道爲文章四友。集有詩四十餘篇而已。

張燕公集三十卷

鼂氏曰：唐張說道濟也。洛陽人。永昌元年〔二〕，賢良方正策第一，累遷鳳閣舍人。睿宗時，兵部侍郎平章事〔三〕。開元十八年，終左丞相、燕國公。說爲文精壯，長於碑志，朝廷大述作多出其手，嘗典集賢圖書之任，論撰國史。晚謫岳州，詩益悽惋，人謂得江山助。

陳氏曰：說與蘇頲號「燕許大手筆」。家未有蘇許公集。

李嶠集一卷

鼂氏曰：李嶠巨山也。贊皇人。擢進士第，制策甲科，爲監察御史。武后時，同鳳閣鸞臺平章事。嶠富才思，前與王勃、楊炯，中與崔融、蘇味道齊名。晚諸人没，爲文章宿老，學者取法。集本六十卷，未見。今所録一百二十咏而已。或題曰「單題詩」。有張方注。

張九齡曲江集二十卷

鼂氏曰：張九齡子壽也。曲江人。長安二年進士，調校書郎，以道侔伊吕科策高等，爲左拾遺。開元中爲中書令，卒謚文獻。九齡風度醖籍，幼善屬文。玄宗朝知制誥，雅爲帝知。爲相謂謬，有大臣節。及貶荆州，惟文史自娱，朝廷許其勝流。徐堅論九齡之文，如輕縑素練，實濟時用，而窘邊幅。柳宗元以九齡兼攻詩文，但不能究其極爾。集後有姚子彦所撰行狀，吕温撰真讚，鄭宗珍撰謚議，徐浩撰墓碑及贈司徒敕詞。

陳氏曰：曲江本有元祐中郡人鄧開序，自言得其文於公十世孫蒼梧守唐輔而刊之。卷末行狀、神道碑、謚議，蜀本無之。

王右丞集十卷

鼂氏曰：唐王維摩詰也。太原人。開元九年進士，終尚書右丞。維幼能屬文，工草隸，善畫，名盛。安禄山反，陷賊中〔一四〕，賊大宴凝碧池，賦詩痛悼，詩聞行在，後得免死。代宗訪維文章於弟縉〔一五〕，裒集十卷上之。李肇譏維「漠漠水田飛白鷺〔一六〕，陰陰夏木囀黄鸝」，以爲竊李嘉祐者。今嘉祐集無之，豈肇厚誣乎？

陳氏曰：建昌本與蜀本次序皆不同，大抵蜀刻唐六十家集多異於他處本，而此集編次尤無倫。維詩清逸，追逼陶、謝。輞川别墅圖畫摹傳至今。嘗與裴迪同賦，各二十絶句。集中又有與迪書，略曰：「夜登華子岡，輞水淪漣，與月上下。寒山遠火，明滅林外。深巷寒犬，吠聲如豹。村墟夜春，復與疏鐘相間。此時獨坐，僮僕静嘿。每思曩昔携手賦詩，當待春中，卉木蔓發，輕鯈出水，白鷗矯翼，露濕青皋，麥雉朝雊，倘能從我遊乎？」余每讀之，使人有飄然獨往之興。迪詩亦佳，然他無聞於世，蓋亦高人也。輞川在藍田縣西南二十里，本宋之問别圃，維後表爲清源寺，終墓其西。

張鷟龍筋鳳髓判十卷

鼂氏曰：唐張鷟字文成。辭章藻麗，嘗入中制科。此乃其書判也，凡一百首。

陳氏曰：鷟，調露中進士，事迹見張薦傳，薦之祖也。唐以書判拔萃科選士，此集凡百題，自省臺寺監百司，下及州縣，類事屬辭，蓋待選預備之具也。自號浮休子。

洪氏容齋隨筆曰：唐史稱張鷟早慧絶倫，以文章瑞朝廷，屬文下筆輒成。今其書傳於世者，朝野僉載、龍筋鳳髓判是也。僉載紀事，瑣尾擿裂，且多媟語。百判純是當時文格，全類俳體，但知堆垛故事，而於蔽罪議法處不能深切，殆是無一篇可讀，一聯可采〔一七〕。如樂天甲乙判，則讀之愈多，使人不厭也。

儲光羲集五卷

鼂氏曰：唐儲光羲也。魯人。登開元十四年進士第。嘗爲監察御史，後從安禄山僞署，賊平貶死。

王昌齡詩六卷

鼂氏曰：唐王昌齡少伯也。江寧人。開元十五年進士，爲祕書郎，又中宏詞，不護細行，貶龍標尉。以世亂歸鄉里，爲刺史閭丘曉所殺。昌齡工詩，縝密而思清，時謂王江寧云。

常建詩一卷

鼂氏曰：唐常建也。開元十五年進士。歐陽永叔嘗愛「竹徑通幽處，禪房花木深」之句，乃建詩也。

劉長卿集十卷[一八]

鼂氏曰：唐劉長卿字文房。開元末第進士。至德中監察御史，以檢校祠部員外郎爲轉運使判官[一九]，知淮西、鄂岳轉運留後[二〇]，觀察使吳仲孺誣奏[二一]，貶潘州南巴縣尉。會有爲之辨者，除睦州司馬，終隨州刺史。長卿剛而犯上，故兩逢斥廢。詩雖窘於才，而能鍛鍊，權德輿嘗謂爲「五言長城」。今集詩九卷，雜文一卷。

顏真卿文一卷

鼂氏曰：唐顏真卿清臣也，萬年人。博學，工辭章。開元二十二年進士，又登制科。代宗時爲太子太師，使李希烈，爲希烈所害。世謂真卿忤楊國忠、李輔國、元載、楊炎、盧杞，拒安禄山、李希烈，廢斥者七八[二二]，以至於死而不自悔，天下一人而已。學問文章往往雜於神仙浮屠之說，不皆合於理，而所爲乃爾者，蓋天性然也。

陳氏曰：真卿，之推五世孫，師古曾侄孫。按館閣書目：嘉祐中，宋敏求惜其文不傳，乃集其刻於金石者，爲十五卷。今本序文劉敞所作，乃云吳興沈侯編輯，而不著沈之名[二三]。留元剛刻於永嘉，爲後序，則云「劉原父所序，即宋次道集其刻於金石者」也。又不知何據。元剛復爲之年譜，益以拾遺一卷，多世所傳帖語，且以行狀、碑傳爲附録。魯公之裔孫裕，自五代時官温州，與其弟綸[二四]、祥，皆徙居永嘉樂清，本朝世復其家，且時褒録，其子孫有登科者。

原父劉氏序略曰：魯公極忠不避難，臨難不違義，是其塵垢糠粃[二五]，猶祗飾而誦習之[二六]，將以勸事君〔二七〕，况其所自造之文乎？然公歿且三百年，未有祖述其書者。其在舊史，施之行事，蓋僅有存焉〔二八〕。而雜出傳記，流於簡牘，則百而一二。銘載功業，藏於山川，則十而一二。非好學不倦，周流天下，則不能徧知而盡見。彼簡牘者有盡，而山川者有壞，不幸而不傳，則又至於千萬而一二，未可知也。

蕭穎士集十卷

鼂氏曰：唐蕭穎士茂挺也。梁宗室之後。舉進士，開元二十三年中第，爲史館待制。安禄山反，竄山南，節度崔圓授揚州工曹，至官，信宿而去，客死汝南逆旅。門人謚曰文元先生。穎士善觀書，一覽即誦，通百家譜系、書籀。嘗教授濮陽，時號蕭夫子。李林甫惡不附己，故數罷去。闔士和盛推穎士文章，以爲聞蕭氏之風者，童子羞稱曹、陸。唐書云：穎士作伐櫻桃賦以詆李林甫。君子恨其褊。按集中載其辭，有曰「每俯臨乎蕭墻，姦回得而窺伺」，蓋謂林甫之必致寇也。其後果階禄山之亂，唐遂不振。然則穎士可謂知幾矣。宜褒而反加以貶詞，何哉？

陳氏曰：門人柳并爲序。穎士，梁鄱陽王之裔，敏悟夙成，負才尚氣，見惡於李林甫，卒不遇以死，壽亦逮中年。

孟浩然詩一卷

鼂氏曰：唐孟浩然也。襄陽人。工五言詩，隱鹿門山，年四十，乃游京師。一日，諸名士集祕省聯句，浩然句曰「微雲淡河漢，疏雨滴梧桐」，衆皆欽伏。張九齡、王維雅稱道之。維私邀入禁林，遇玄宗臨幸，浩然匿牀下。維以聞，上曰：「素聞其人。」因召見，命自誦所爲詩，至「不才明主棄」之句，上曰：「不求進而誣朕棄人。」命放歸。所著詩二百一十首，宜城處士王士源序次爲三卷，今併爲一，又有天寶中韋縚序。

嚴從中黄子三卷

鼂氏曰：唐嚴從，開元中爲著作郎，春宮侍讀，集賢院學士，卒。自號中黄子。當時命太子侍文呂向訪遺文於家，得訓老、經頌等八篇，序而爲三卷。

李翰林集二十卷

鼂氏曰：唐李白太白也。白集舊十卷，唐李陽冰序。咸平中，樂史别得白歌詩十卷，凡歌詩七百七十六篇，又纂雜著，爲别集十卷。宋次道治平中得王文獻及唐魏萬所纂白詩，又裒唐類詩洎石刻所傳者，通李陽冰、樂史集共一千一篇，雜著六十五篇。曾子固乃考其先後而次第之，云：「白，蜀人。天寶初至長安，明皇召爲翰林供奉。頃之，不合去。安禄山反，明皇在蜀，永王璘節度東南，白時卧廬山，迫致之。璘敗，坐繫潯陽獄。崔涣、宋若思驗治白，以爲罪薄，釋白囚，使謀其軍。乾元元年，終以汙璘事，長流夜郎，以赦得釋，過當塗以卒。始終更涉如此，此白之詩書所自序可考者也。」舊史稱白山東人，爲翰林待詔，又稱白在宣城謁見永王璘，遂辟爲從事。而新書又稱白流夜郎，還潯陽，坐事下獄，宋若思釋之者，皆不合於白之自序，蓋史誤也。予按杜甫詩，亦以白爲山東人，而蘇子瞻嘗恨白集爲庸俗所亂，則白之自序亦未可盡信，而遂以爲史誤。近蜀本又附入左綿邑人所哀白隱處少年所作詩六十篇，尤爲淺俗。白天才英麗，其辭逸蕩儁偉，飄然有超世之心，非常人所及，讀者自可别其真僞也。

陳氏曰：唐志有草堂集二十卷，李陽冰所録也。今按陽冰序文但言十喪其九，而無卷數。又樂史序文稱李翰林集十卷，别收歌詩十卷，校勘爲二十卷。又於館中得賦、序、書、表、贊、頌等，亦爲十卷，號爲别集。然則三十卷者樂史所定也。家藏本不知何處本，前二十卷爲詩，後十卷爲雜著，首載陽冰、史及魏顥、曾鞏四序，李華、劉全白、范傳正〔二九〕、裴敬碑志，卷末又載新史本傳，而姑孰十咏、笑矣悲來草書三歌行亦附焉，復著東坡辯證之語，其本最爲完善。别有蜀刻大小二本，卷數亦同，而首卷專載碑序，餘二十三卷歌詩，而雜著止六卷。有宋敏求後序，言舊集歌詩七百七十六篇，又得王溥及唐魏萬本，同哀唐類詩諸編，洎石刻所傳，廣之，無慮千篇，以别集、雜著附其後，曾鞏蓋因宋本而次第之者也。以校舊藏本，篇數如其言，然則蜀本即宋本也邪？末又有元豐中毛漸題，云「以宋公編類之勤，曾公考次之詳，而晏公又能鏤板以傳於世」，乃晏知止刻於蘇州者。然則蜀本蓋傳蘇本，而蘇本今不復有矣〔三〇〕。

南豐曾氏序略曰：白以汙永王璘事，長流夜郎，會赦得釋，如潯陽、金陵，徘徊歷陽、宣城二郡。其族人陽冰爲當塗令，白過之，以病卒，年六十有四，時寶應元年也。白之詩連類引義，雖中於法度者寡，然其辭閎肆儁偉，殆騷人所不及，近世所未有也。舊史稱「白有逸才，志氣宏放，飄然有超世之心」。余以爲實録。而新書不著其語，故録之，使覽者得詳焉。

潁濱蘇氏云：李白詩類其爲人，駿發豪放，華而不實，好事喜名〔三〕，而不知義理之所在也。語用兵，則先登陷陣不以爲難；語游俠，則白晝殺人不以爲非，此豈其誠能也？白始以詩酒奉事明皇，遇讒而去，所至不改其舊。永王將竊據江淮，白起而從之不疑，遂以放死。今觀其詩，固然。唐詩人，李、杜稱首，今其詩皆在，杜甫有好義之心，白所不及也。漢高祖歸豐、沛，作歌曰：「大風起兮雲飛揚，威加海内兮歸故鄉，安得壯士兮守四方！」高帝豈以文字高世者哉？帝王之度，固然發於中而不自知也。白詩反之曰：「但歌大風雲飛揚，安用壯士守四方？」其不達理如此。老杜贈白詩，有「細論文」之句，謂此類也哉。

朱子語録曰：作詩先用看李、杜，如士人治本經，本既立，方可看蘇、黄諸家。太白詩如無法度，乃從容於法度中，蓋聖於詩者。古風五十篇，多是學陳子昂感遇詩，有全用他句處。太白去子昂未遠，其尊慕如此。然多爲人所亂，有一篇分而爲二者，有二篇合而爲一者。太白詩不專是豪放，亦有雍容和緩底，如首篇「大雅久不作」，多少和緩。太白始終學選詩，所以好。子美詩好處亦是傚選詩。夔州諸詩不然也。

岑參集十卷

鼂氏曰：唐岑參，南陽人。文本裔孫。天寶三年進士，累官補闕、起居郎，出爲嘉州刺史。杜鴻漸表置幕府，爲職方郎中兼侍御史，罷，終於蜀。參博覽史籍，尤工綴文，屬辭清尚，用心良苦，其有所得，往往超拔孤秀，度越常情。每篇絶筆，人競傳諷。至德中，裴越薦〔三〕、杜甫等嘗薦其識度清遠，議論雅正，佳名早立，時輩所仰，可以備獻替之官云。集有杜確序。

李嘉祐詩二卷

鼂氏曰：唐李嘉祐，别名從一，趙州人。天寶七年進士。爲祕書正字，袁、台二州刺史。善爲詩，綺靡婉麗，有齊、梁之風，時以比吴均、何遜云。

高適集十卷　集外文二卷　别詩一卷

鼂氏曰：高適達夫也。一字仲武〔三〕，渤海人。天寶八年，舉有道科中第。永泰初，終散騎常侍。五十始爲詩，即工。以氣質自高。每一篇出，好事者輒傳布云。

賈至集十卷

鼂氏曰：唐賈至字幼幾，洛陽人。天寶十年，以明經擢第。累官至起居舍人、知制誥。從駕幸西川，當撰傳位册，既進稾，上曰：「先天誥命，乃父爲之，今兹册命，爾又爲之，兩朝大典，出卿父子，可謂繼美矣。」大曆中，終散騎常侍。集李邯鄲淑家本〔三〕，蘇弁編次，常仲孺爲之序，以墓銘、序碑列於後，今亡其半矣。蘇子瞻嘗作吕惠卿責詞，有「元兇在位」之語，仇人乃曰：「世惟宋太子劭謂之元兇。」因誣其指斥。殊不知曹子建責躬詩有曰「元兇是率」，蓋自謂也。今至集制誥中有「除魏仲犀、徐歸道」詞，亦以元兇指禄山，是豈獨劭爲元兇邪？世多疑子瞻失詞，因表出之。

陳氏曰：唐志二十卷，别十五卷。李淑書目云至集有三本，又有十卷者，有序。今本無序，中興館閣本亦同。

校勘記

〔一〕顯慶六年　按楊炯於顯慶四年應神童舉，原刊誤。詳見傅璇琮唐代詩人叢考楊炯考。

〔二〕終婺州盈川令　按新唐書卷四一地理志五江南東道衢州信安郡有龍丘縣，下注：「如意元年，析置盈川縣。」又云：「元和七年省盈川入信安。」據此，炯爲令之盈川當在衢州而非婺州。參見郡齋讀書志校證卷一七該條校記。

〔三〕信然　「然」字原脱，據郡齋讀書志卷一七別集類上補。

〔四〕又有蜀本　「蜀」字原作「四五」，據下文及直齋書録解題卷一六別集類上改。

〔五〕唐蘇頲廷碩也　「廷碩」原作「廷石」，據新唐書卷一二五蘇頲傳、郡齋讀書志卷一七別集類上改。

〔六〕調露二年進士　「二」原作「三」，據元本、愼本、馮本及郡齋讀書志卷一七別集類上改。

〔七〕除左司禦率府冑曹　「率」字原脱，據新唐書卷四九百官志四、卷一二五蘇頲傳補。

〔八〕一覽五千言輒覆　「五」字，新唐書卷一二五蘇頲傳作「至」字。

〔九〕沈下賢獨云爲武承嗣所殺　按沈下賢云子昂爲武三思所害，見沈下賢文集卷八上九江鄭使君書，鼂氏誤記。

〔一〇〕由協律郎累遷弘文館直學士　「弘文」，舊唐書卷一九〇中沈佺期傳、新唐書卷二〇二沈佺期傳作「修文」。

〔一一〕杜審言集十卷　「十」，郡齋讀書志卷一七別集類上作「一」。

〔一二〕永昌元年　按陳祖言撰張説年譜謂説登科在載初元年，疑是。參見郡齋讀書志校證卷一七別集類上該條校記。

〔一三〕兵部侍郎平章事　新唐書卷一二五張説傳作「同中書門下平章事」。

〔一四〕陷賊中　郡齋讀書志卷一七別集類上「陷」字上有「嘗」字。

〔一五〕代宗訪維文章於弟縉　郡齋讀書志卷一七別集類上「於」字下有「維」字。

〔一六〕李肇譏維漠漠水田飛白鷺　「譏」原作「記」，據郡齋讀書志卷一七別集類上改。

〔一七〕一聯可采　「采」，容齋續筆卷一二龍筋鳳髓判作「味」。

〔一八〕劉長卿集十卷　「十卷」二字原脱，據新唐書卷六〇藝文四劉長卿集、郡齋讀書志袁本前志卷四上別集類上及下文補。

〔一九〕以檢校祠部員外郎爲轉運使判官　「郎」字原脱，據新唐書卷六〇藝文四劉長卿集、郡齋讀書志卷一七別集類上補。

〔二〇〕鄂岳轉運留後　「鄂岳」二字原倒，據新唐書卷六〇藝文四、卷六八方鎮五乙正。

〔二一〕觀察使吴仲孺誣奏　「使」字原脱，據新唐書卷六〇藝文四、郡齋讀書志卷一七別集類上補。

〔二二〕廢斥者七八　「七八」二字原脱，據郡齋讀書志卷一七別集類上補。

〔二三〕而不著沈之名　「不」字原脱，據直齋書録解題卷一六別集類上補。

〔二四〕與其弟綸　「綸」，直齋書録解題卷一六別集類上作「倫」。

〔二五〕是其塵垢糠粃　顔魯公集卷首劉敞序無「其」字。

〔二六〕猶祗飾而誦習之　「猶」下原有「將」字，據顔魯公集卷首劉敞序删。

〔二七〕將以勸事君　「將」字原脱，據顔魯公集卷首劉敞序補。

〔二八〕蓋僅有存焉 「僅」字原脱，據顔魯公集卷首劉敞序補。

〔二九〕范傳正 原作「范傅正」，據舊唐書卷一八五范傳正傳、新唐書卷一七二范傳正傳、直齋書録解題卷一六別集類上改。

〔三〇〕而蘇本今不復有矣 「本」字原脱，據直齋書録解題卷一六別集類上補。

〔三一〕好事喜名 「事」字下原有「者」字，據元本、欒城三集卷八詩病五事删。

〔三二〕裴越藨 按元本「裴」字下空一格，愼本、馮本「越」字作「垍」字，郡齋讀書志卷一七別集類上無「越」字。唐才子傳卷三作「裴休」，疑是。

〔三三〕一字仲武 按新唐書卷一四三高適傳、唐摭言卷七、唐文粹卷三十八俱止言高適字達夫，所謂「一字仲武」，乃誤以編中興間氣集之高仲武合爲一人。

〔三四〕集李邯鄲淑家本 郡齋讀書志卷一七別集類上「本」字下有「二十卷」三字。

卷二百三十二　經籍考五十九

集別集

元子十卷　琦玗子一卷〔一〕　文編十卷

鼂氏曰：唐元結次山也。後魏之裔。天寶十三載進士，復舉制科，授右金吾兵曹，累遷容管經略使。始在商餘山，稱元子，逃難入琦玗洞，稱琦玗子，或稱浪士，漁者稱爲聱叟，酒徒呼爲漫叟，及官呼爲漫郎，因以命其所著。結性耿介，有憂道憫世之意。逢天寶之亂，或仕或隱，自謂與世聱牙，豈獨其行事而然，其文辭亦如之。然其辭義幽約，譬古鐘磬不諧於俚耳，而可尋玩。在當時名出蕭、李下，至韓愈稱數唐之文人，獨及結云。

陳氏曰：蜀本但載自序，江州本以李商隱所作序冠其首。蜀本拾遺一卷，中興頌、五規、二惡之屬皆在焉。江本分置十卷。

容齋洪氏隨筆曰：元次山有文編十卷，李商隱作序，今九江所刻是也。又有元子十卷，李紓作序，予家有之，凡一百五篇，其十四篇已見於文編，餘者大抵澶漫矯亢。而第八卷中所載睿方國二十國事，最爲譎誕。其略云：「方國之僨，盡身皆方，其俗惡圓。設有問者，曰：『汝心圓。』則兩手破胸露心，曰『此心圓邪？』圓國則反是。言國之僊，三口三舌。相乳國之僊，口以下直爲一竅。無手國足便於手，無足國膚行如風。」其説頗近山海經，固已不韙，至云：「惡國之僊，男長大則殺父，女長大則殺母。忍國之僊，父母見子，如臣見君。無鼻之國，兄弟相逢則相害。觸國之僊，子孫長大則殺之。」如此之類，皆悖理害教，於事無補。次山中興頌與日月爭光，此書雖不作可也〔二〕，惜哉！

高氏子略曰：元子曰：「人之毒於鄉，毒於國，毒於鳥獸草木，不如毒其形，毒其命。人之媚於時，媚於君，媚於朋友郡縣，不如媚於厩，媚於室。人之貪於權，貪於位，貪於取求聚積，不如貪於道，貪於閑靜。人之忍於毒，忍於媚，忍於詐惑貪溺，不如忍於貧苦，忍於棄廢。」英哉斯言！次山平生辭章奇古，不蹈襲。其視柳柳州又英崛。唐代文人，惟二公而已。猶有一説，頌者，所以美盛德之形容也。如江漢諸詩，所以寫宣王中興之美者，皆係之雅。唐既中興，而磨崖一碑乃以頌稱，漫郎豈不能致思於此邪？初，結居商餘山著書，其序謂天寶九載庚寅至十二載癸巳，一萬六千五百九十五言，分十卷，是蓋有意存焉。卷首有元氏家録，具紀其世次。

杜工部集二十卷　集外詩一卷　注杜詩二十卷　蔡興宗編杜詩二十卷　趙次公注杜詩五十九卷

鼂氏曰：唐杜甫子美也。審言之孫。玄宗朝獻太清宮，享廟及郊〔三〕，奏賦三篇，使待制集賢院，宰相試文，再遷右衛率府冑曹，終於劍南參謀、檢校工部員外。曠放不自檢，好論天下大事，高而不切。少與李白齊名，時號「李杜」。數當寇亂，挺節無汙，爲歌詩，傷時橈弱，情不忘君，人憐其忠云。集有王洙原叔、王琪君玉序。本朝自原叔以後，學者喜觀甫詩，世有爲之注者數家，率皆鄙淺可笑。有托原叔名者，其實非也。吕微仲在成都時，嘗譜其年月。近時有蔡興宗者，再用年月編次之。而趙次公者，又以古律詩雜次第之，且爲之注。兩人頗以意改定其誤字云。

陳氏曰：按唐志六十卷，小集六卷。王洙原叔蒐裒中外書九十九卷，除其重複，定取千四百五篇，古詩三百九十九，近體千有六，起太平時，終湖南所作，視居行之次，若歲時爲先後。別録雜著爲二卷，合二十卷，寶元二年記，遂爲定本。王琪君玉嘉祐中刻之姑蘇，且爲後記。元稹墓銘亦附第二十卷之末。又有遺文九篇，治平中，太守裴集刊，附集外。蜀本大略同，而以遺文入正集中，則非其舊也。世言子美詩集大成，而無韵者幾不可讀。然開元以前，文體大略如此。若三大禮賦，辭氣壯偉，又非唐初餘子所能及也。

校定杜工部集二十二卷

陳氏曰：祕書郎黄伯思長睿所校。既正其差誤，參考歲月、出處異同，古、律相間，凡一千四百四十七首〔四〕，雜著二十九首，別爲二卷，李丞相伯紀爲序〔五〕。

吴筠宗元先生集十卷

鼂氏曰：唐吴筠撰。前有權德輿序。筠字貞節，華陰人。生十五年，隱於南陽。天寶初，召至京師，請爲道士，居嵩山。已而敕待詔翰林〔六〕，筠知禄山將亂，求還茅山，許之。乃東遊會稽，往來天台、剡中，與李白、孔巢父酬唱。大曆中卒，弟子謚爲宗元先生。筠通經義，美文詞，性高鯁。

其待詔翰林也，特承恩顧。高力士素奉佛，嘗短筠於帝，故所著文賦，深詆釋氏，頗爲通人所譏云。陳氏曰：筠舉進士不中第，爲道士，居嵩陽觀，待詔翰林，爲高力士所惡而斥，事見隱逸傳。傳稱筠所善李白、孔巢父，歌詩相甲乙。巢父詩未之見也。筠詩固不碌碌，然豈能與太白相甲乙哉！

獨孤及毗陵集二十卷

鼂氏曰：唐獨孤及至之也。洛陽人，天寶十三載舉洞曉玄經科。代宗初，爲太常博士，舒、濠二州刺史，政最，徙常州，卒於官。及幼有成人之量，偏覽五經，觀其大義，而有章句學〔七〕。爲文以立憲誡世，褒賢遏惡爲用〔八〕，長於議論，唐實録稱韓愈師其爲文云。集有門人李舟〔九〕、梁肅前後序，末載崔祐甫碑誌。

陳氏曰：及子曰郁，字古風，亦有名，韓退之誌其墓。

楊評事文集

楊凌撰。柳子厚作後序曰：楊君少以篇什著聲於時，其炳耀尤異之詞，諷誦於文人，滿盈於江湖，達於京師。晚節偏悟文體，尤邃著述，學富識遠，才涌未已〔一〇〕。其雄傑老成之風，與時增加，既獲是不數年而夭〔一一〕。季年所作尤善，其爲鄂州新城頌、諸葛武侯傳論，餞送梓潼陳衆甫、汝南周愿、河東裴泰〔一二〕、武都符義甫、泰山羊士諤、隴西李鍊凡六序，廬山禪居記，辭李常侍啟，遠遊賦，七夕賦，皆文人之選已〔一三〕。用是陪陳君之後，言子昂也。其可謂具體者歟！

濮陽吴君文集十卷

唐吳德光撰。武陵人也。柳子厚序略曰：其爲詞賦，有戒苟冒陵僭之志。其爲詩歌，有交大人王公之義。其爲誄志弔祭，有孝恭慈仁之誠。而舉六經聖人之大旨，發言成章，有可觀者。

毛欽一集二卷

陳氏曰：唐荆州長林毛欽一撰。長林，今荆門屬縣。欽一上諸公書，自稱毛欽一，字傑。而或以傑爲名。唐人以字行者多矣。自號雲夢子，開元中人。

戎昱集三卷

鼂氏曰：唐戎昱撰。初，李夔廉察桂林〔一四〕，月夜聞鄰居吟咏之音清暢，遲明訪之，乃昱也。即延爲幕賓。因飲席調其侍兒，夔微知其意，即贈之。昱感怍賦詩，有「恩合死前酬」之句〔一五〕。又爲衛伯玉荆南從事，歷辰、虔二州刺史。

陳氏曰：其侄孫爲序，言弱冠謁杜甫於渚宫，一見禮遇。集中有哭甫詩。世所傳「在家貧亦好」之句，昱詩也。

劉虞部集十卷

陳氏曰：唐虞部郎中劉商子夏撰。武元衡爲序。集中有送弟歸懷州舊業序，言高祖當武德經綸，勳在三府。按武德功臣有劉文静、弘基〔一六〕、政會，史皆有傳。文静之後誅絶。弘基、政會傳，後無所考，未詳何人之後也。胡笳十八拍行於世。

梁補闕集二十卷

陳氏曰：唐右補闕翰林學士安定梁肅敬之撰。崔恭爲之序，首稱其從釋氏，爲天台大師元浩之弟子。今按獨孤及集後序〔一七〕，稱門下生，頗述師承之意。韓愈亦言其佐助陸相貢士，所與及第者，皆赫然有聞。然則梁固名儒善士也，而獨以爲師從釋氏者，何哉？

陸宣公奏議十二卷

鼂氏曰：唐陸贄敬輿也。嘉興人。大曆八年進士，中博學宏詞、書判拔萃科。德宗初，爲翰林學士，從奉天還，爲中書舍人、平章事。贄在奉天，日下詔書數百，初如不經思，逮成，皆周盡人情。嘗爲帝言：「今盜徧天下，宜痛自悔，以感人心。誠不吝改過，以言謝天下，使臣持筆無所忌，庶叛者革心。」上從之。故下制書，雖武夫悍卒，無不感動流涕。議者謂興元戡難功，雖爪牙宣力，蓋腹心有助焉。舊翰苑集外有牓子集五卷，議論集三卷。元祐中，蘇子瞻乞校正進呈，改從今名，疑是時裒諸集以成云。

陳氏曰：權德輿爲之序，稱制誥集十三卷，奏草七卷，中書奏議七卷。今所存者，翰苑集十卷，牓子集十二卷。序又稱別集文、賦、表、狀十五卷，今不傳。

東坡蘇氏乞校正陸贄奏議上進劄子曰：臣等猥以空疏，備員講讀。聖明天縱，學問日新。臣等才有限而道無窮，心欲言而口不逮，以此自愧，莫知所爲。竊謂人臣之納忠，譬如醫者之用藥。藥雖進於醫手，方多傳於古人。若以經效於世間，不必皆從於己出。伏見唐宰相陸贄，才本王佐，學爲帝師，論深切於事情，言不離於道德，智如子房而文則過，辯如賈誼而術不疏，上以格君心之非，下以通天下之志。但其不幸，仕不遇時。德宗以苛刻爲能，而贄諫之以忠厚；德宗以猜疑爲術，而贄勸之以推誠；德宗好用兵，而贄以消兵爲先；德宗好聚斂，而贄以散財爲急。至於用人聽言之法，治邊馭將之方，罪己以收人心，改過以應天道，去小人以除民患，惜名器以待有功。如斯之流，未易悉數，可謂進苦口之藥石，鍼害身之膏肓。使德宗盡用其言，則貞觀可得而復。臣等每退自西閣，即相與告言，以陛下聖明，必喜贄議論。但使聖賢之相契，即如臣主之同時。昔馮唐論頗、牧之賢，則漢文爲之太息；魏相條鼂、董之對，則孝宣以致中興。若陛下能自得師，莫若近取諸贄。夫六經、三史、諸子百家，非無可觀，皆足爲治。但聖言幽遠，末學支離，譬如山海之崇深，難以一二而推擇。如贄之論，開卷了然，聚古今之精英，實治亂之龜鑑。臣等欲取其奏議，稍加校正，繕寫進呈。願陛下置之坐隅，如見贄面，反覆熟讀，如與贄言。必能發聖性之高明，成治功於歲月。

朱子語録曰：陸宣公奏議極好看。這人極會議論，事理委曲説盡，更無滲漏。雖至小底事，被他處置得亦無不盡。如後面所論二税之弊，極佳。人言陸宣公口説不出，只是寫得出。今觀奏議中多云「今日早面奉聖旨」云云，「臣退而思之」云云，疑或然也。

權丞相集五十卷

鼂氏曰：權德輿載之也。秦州人。未冠，以文章稱諸儒間。貞元十年，知制誥，累官中書舍人。元和五年，以禮部尚書平章事。德輿三歲知變四聲，四歲能詩賦〔一八〕，積思經術，無不貫綜。

自始學至老，未曾一日去書。其文雅正贍縟，當時公卿功德卓異者，皆所銘記。雖動止無外飾，其醖藉風流，自然可慕。貞元、元和間，爲縉紳羽儀。其兩漢辯亡論、世祖封不義侯議，世多稱之。嘗自纂制誥集五十卷〔一九〕，楊憑爲序，今亡逸。文集，孫憲孫編次，楊嗣復爲序。

陳氏曰：德輿父皋，以不汙禄山見卓行傳。其子璩，爲中書舍人，劾李訓傾覆〔二〇〕，亦能世其家。性寬和而大體〔二一〕，文亦純雅宏贍。三世名迹，可謂名門矣〔二二〕。墓碑韓昌黎所爲。序文言九年掌誥〔二三〕，自纂録爲五十卷，不在此集内，今未之見。

韓昌黎集四十卷　集外文一卷

鼂氏曰：韓愈字退之，南陽人。貞元八年進士，累擢知制誥，進中書舍人，遷吏部侍郎。爲京兆尹，與李紳不協。紳出，愈罷爲兵部，俄復舊。劉昫唐書稱愈恃才肆意，盩孔、孟之旨，若南人妄以柳宗元爲羅池神，而愈作碑以實之〔二四〕。李賀父名晉肅，不應進士，而愈爲作諱辯。又爲毛穎傳，譏戲不近人情。此文章之甚紕繆者。新書稱愈三歲而孤，自知讀書，比長，盡通六經、百家學。性明鋭，不爲詭隨。每言文章自相如、子長後，作者不世出，故深探本原，卓然樹立，成一家言。造端置詞，要爲不蹈襲前人者。議者謂舊史譏其文章甚紕繆，固不待辯，而新史褒其造端置辭，不蹈襲前人，亦未爲知愈。蓋愈之置辭，字字悉有據依。其造端如毛穎傳、進學解之類，皆有所師範云。其集屢經名人是正，其舛訛絶少，但編次殊失倫類，有暇者宜再編之〔二五〕。

李漢文集序略曰：先生幼孤，自知讀書爲文，日記數千百言。比壯，經書通念曉析，酷排釋氏，諸史百子皆搜抉無隱。汗瀾卓踔，奫泫澄深，詭然而蛟龍翔，蔚然而虎鳳躍，鏘然而韶鈞鳴。日光玉潔，周情孔思，千態萬貌，卒澤於道德仁義，炳如也。洞視萬古，愍惻當世，遂大拯頹風，教人自爲。時人始而驚，中而笑且排，先生益堅，終而翕然隨以定。嗚呼！先生於文，摧陷廓清之功，比於武事，可謂雄偉不常者矣。

本傳贊曰：愈以六經之文爲諸儒倡，障隄末流，反刓以樸，剗僞以真，粹然一出於正，刊落陳言，橫騖別驅，汪洋大肆，無牴牾聖人者。又云：其原道、原性、師説數十篇，皆奥衍宏深，與孟軻、揚雄相爲表裏，而佐佑六經云。至其他文，造端置辭，要爲不蹈襲前人者〔二六〕。惟愈爲之，沛然有餘，至其徒李翺、李漢、皇甫湜從而效之，遂不及遠甚。

程子曰：韓退之晚年爲文，所得甚多。學本是修德，有德然後有言。退之因學文，日求其所未至，遂有所得，亦近世豪傑之士。如原道中言語雖有病，然自孟子而後，能將許大見識尋求者，才見此人。

歐公詩話曰：退之筆力，無施不可，而嘗以詩爲文章末事，故其詩曰：「多情懷酒伴，餘事作詩人」也。然其資談笑，助諧謔，叙人情，狀物態，一寓於詩，而曲盡其妙。此在雄文大手，固不足論，而予獨愛其工於韵也。蓋其得韵寬，則波瀾横溢，泛入傍韵，乍還乍離，出入回合，殆不可拘以常格，如「此日足可惜」之類是也。得韵窄，則不復傍出，而因難見巧，愈險愈奇，如病中贈張十八之類是也。余嘗與聖俞論此，以謂譬如善馭良馬者，通衢廣陌，縱横馳逐，惟意所之。至於水曲蟻封，疾徐中節，而不少蹉跌，乃天下之至工也。聖俞戲曰：「前史言退之爲人木强，若寬韵可自足而輒傍出，窄韵獨用而反不出，豈非其拗强而然與？」坐客皆爲之笑也。

陳氏曰：李漢序公文，言辱知最厚，且親收拾遺文，無所失墜者，懼後之人僞妄，輒附益其中也。外有注論語十卷傳學者，順宗實録五卷列於史官，不在集中，今實録在外集。然則世所謂外集者，自實録外皆僞妄，或韓公及其壻所删去也。南陽者，唐東都之河陽，春秋傳「晉於是始啟南陽」者也。新書以爲鄧州，非是。方崧卿年譜辯之詳矣。

韓文公志五卷

陳氏曰：金堂樊汝霖澤之撰。汝霖嘗爲韓集譜注四十五卷〔二七〕，又集其碑誌、祭文、序譜之屬爲一編，此是也。譜注未之見。汝霖，宣和六年進士，仕至瀘帥以卒。玉山汪端明志其墓。

韓昌黎集四十卷　外集一卷　附録五卷　年譜一卷　舉正十卷　外抄八卷

陳氏曰：年譜，洪興祖撰。莆田方崧卿增考，且撰舉正以校其同異，而刻之南安。外集但據嘉祐蜀本劉燁所録二十五篇，而附以石刻、聯句、詩文之遺見於他集者。及葛嶠刻柳文，則又以大庾丞韓郁所編注諸本號外集者，并考疑誤，輯遺事，共爲外抄刻之。

校定韓昌黎集四十卷　外集十卷

陳氏曰：晦庵朱侍講熹以方氏本校定，凡異同定歸一，多所發明，有益後學。外集皆如舊本，獨用方本益大顛三書。愚按方氏用力於此集勤矣，外集删削甚嚴，而存此書，以見其邀速常語初無崇信之説，但欲明世間問答之僞，而不悟此書爲僞之尤也。蓋由歐公跋語之故。不知歐公自以易大傳之名與己意合，從而實之。此自通人之一蔽，東坡固嘗深辯之。然其謬妄，三尺童子所共識，不待坡公也。今朱公決以爲韓筆無疑，方氏未足責，晦翁識高一世，而其所定者迺爾，殆不可解。今按外集第七卷曰「疑誤」者，韓郁注云，潮州靈山寺所刻，末云「吏部侍郎、潮州刺史」者，非也。退之自刑部侍郎貶潮，晚乃由兵部爲吏部，流俗但稱韓吏部爾。其書蓋國初所刻，故其謬如此。又潮本韓集不見有此書，使靈山舊有此，刻集時何不編入？可見此書之妄也。然其妄甚白，亦不待此而明。

朱子韓文考異序曰：「南安韓文出莆田方氏，近世號爲佳本，予讀之信然，然猶恨其不盡載諸本同異，而多折衷於三本也。原三本之見信，杭、蜀以舊閣、以官，其信之也則宜。然如歐陽公之言，韓文印本初未必誤，多爲校讎者妄改。亦謂如羅池碑改「步」爲「涉」，田氏廟改「天明」爲「王明」之類耳。觀其自言，爲兒童時得蜀本韓文於隨州李氏，計其歲月，當在天禧中年。且其書已故敝脱略，則其摹印之日，與祥符杭本，蓋未知其孰先孰後。而嘉祐蜀本又其子孫明矣。然而猶曰：「二十年間聞人有善本者〔二八〕，必求而改正之。」則固未嘗必以舊本爲是，而悉從之也。至於祕閣、官本，則亦民間所獻，掌故令史所抄，而一時館職所校耳。其所傳者，豈真作者之手稾？而正之者，豈盡劉向、揚雄之倫哉？讀者正當擇其文理意義之善者而從之，不當但以地望形勢爲重輕也。抑韓子之爲文，雖以「力去陳言」爲務，而又必以文從字順，各識其職爲貴。讀者或未得此權度，則其文理意義，正自有未易言者。是以予於此書，姑考諸本之同異而兼存之，以待覽者之自擇，區區妄意，雖或竊有所疑，而不敢偏有所廢也。

柳柳州文集四十五卷　外集二卷〔二九〕

鼂氏曰：唐柳宗元子厚也。河東人。貞元九年進士，中博學宏詞科，授校書郎，終於柳州刺史。宗元少精敏絶倫，爲文章卓偉精緻〔三〇〕，既竄斥，湮厄感鬱，一寓諸文，倣離騷數十篇，讀者悲惻〔三一〕。在柳州，進士走數千里從學，經指授者，文辭皆有法。世號「柳柳州」。劉禹錫序之。韓退之言，吾嘗評其文，深雄雅健，似司馬子長，崔、蔡不足多也。安定皇甫湜於文章少所推讓，亦以退之之言爲然。

陳氏曰：劉禹錫序，言編次其文爲三十二通，退之之誌若祭文，附第一通之末。今世所行本皆四十五卷，又不附志文，非當時本也。或云沈元用所傳穆伯長本。

柳先生集四十五卷　外集二卷　別録一卷〔三二〕　摭異一卷　音釋一卷　附録二卷　事迹本末一卷

陳氏曰：方崧卿既刻韓集於南安，其後江陰葛嶠爲守，復刊柳集以配之，別録而下皆嶠所裒集也。別録者，龍城録及法言注五則。龍城，近世人之僞作。

重校添注柳文四十五卷　外集二卷

陳氏曰：姑蘇鄭定刊於嘉興，以諸家所注輯爲一編，曰集注，曰補注，曰章，曰孫，曰韓，曰張，曰董氏，而皆不注其名。其曰「重校」，曰「添注」，則其所附益也。

韓柳音辯二卷

陳氏曰：南劍教授新安張敦頤撰。紹興八年進士也。

劉賓客文集三十卷　外集十卷

鼂氏曰：唐劉禹錫夢得也。中山人。貞元九年進士，登博學宏詞科，貶朗州司馬。元和十年召還，欲任以南省郎，作玄都觀看花詩譏忿當路，出爲播州刺史。裴度以母老爲請，得易連州。入爲主客郎中，復作游玄都詩以詆權近，俄分司東都，遷賓客。會昌時，加檢校禮部尚書，卒。禹錫少工文章，恃才而廢，老年寡所合，乃以文章自適。素善詩，晚節尤精。白居易推爲「詩豪」，嘗言其詩「在處應有神物護持」。禹錫早與柳宗元爲文章之友，稱「劉柳」，晚與白居易爲詩友，號「劉白」。雖詩文似少不及，然能抗衡二人間，信天下之奇才也。

陳氏曰：集本四十卷，逸其十卷。常山宋次道裒輯其遺文，得詩四百七篇，雜文二十二篇，爲外集，然未必皆十卷所逸也。夢得自言，吾友柳儀曹嘗謂吾文雋而膏〔三〕，味無窮，炙而愈出也。

後村劉氏曰：劉賓客夢得所作詩，雄渾老蒼，沈着痛快，小家數不能及，絕句尤工。又曰：夢得歷德、順、憲、穆、敬、文、武七朝，其詩尤多感慨，惟「在人雖晚達，於樹比冬青」之句，差閑婉。答樂天云：「莫道桑榆晚，爲霞尚滿天。」亦足以見其精華，老而不竭。

韋處厚集七十卷

唐中書侍郎平章事韋處厚撰。劉禹錫序略曰：按公未爲近臣以前，所著詞賦、讚論、記述、銘志，皆文士之詞也，以才麗爲主。自入爲學士，至宰相以往所執筆，皆經綸制置，財成潤色之詞也，以識度爲宗。觀其發德音，福生人，沛然如時雨；褒元老，論功臣，穆然如景風。命相之册和而莊，命將之誥昭而毅。薦賢能，其氣似孔文舉；論經學，其博似劉子駿；發十難以摧言利者，其辯似管夷吾。

裴晉公集二卷

陳氏曰：唐宰相裴度中立撰〔三四〕。

李觀文編三卷　外集二卷

鼂氏曰：唐李觀元賓也，華之從子。貞元八年進士，中宏詞科，終太子校書郎。觀爲文不襲前人，時謂與韓愈相上下。議者以觀少夭〔三五〕，文未極，愈老不休，故擅名〔三六〕。陸希聲大順中編觀文，爲之序，以爲觀尚辭，故辭勝理；愈尚質，故理勝辭。雖愈窮老，終不能加觀之辭；觀後愈死，亦不能逮愈之質云。其後蜀人趙昂又得其安邊書至鼂錯論一十四首，爲後集二卷。頃年，予從父詹事公掌誥命，嘗以「四之日」爲「四日」，不學者閧然以爲非。今觀集中亦云爾，乃知本於此。

陳氏曰：元賓與韓退之貞元八年同年進士。明年試博學宏詞，觀中其科，而愈不在選。顏子不貳過論，其年所試文也。又一年，觀年二十九而卒，愈爲之志銘。使觀不死，豈可量哉！

歐陽集十卷〔三七〕

鼂氏曰：唐歐陽詹行周也。泉州人。終國子四門助教。初，閩人不肯北宦〔三八〕，及常衮爲觀察使，興學勸士，舉進士自詹始〔三九〕，與韓愈、李觀、李絳貞元八年聯第，皆天下選，時稱「龍虎榜」云。此集李貽孫纂，韓退之作詹哀辭，稱詹甚美，大意謂詹覓舉京師，將以爲父母榮也。又云其德行信於朋友。而唐小説載詹惑太原一妓，爲賦「高城已不見，况復城中人」之詩，卒爲之死。今集中亦載焉。若然，則詹之志豈在其父母哉〔四〇〕！有德行者乃爾邪？

陳氏曰：詹亦韓愈同年進士，考其集中〔四一〕，各有明水賦。詹亦蚤死，愈爲之哀辭，尤拳拳焉。李翺作傳，而李集不載。其序，福建廉使李貽孫所爲也〔四二〕。詹之爲人，有哀辭可信已。黄璞何人？斯乃有太原函髻之謗。好事者喜傳之，不信愈而信璞，異哉！「高城不可見」之句〔四三〕，樂府此類多矣，不得以爲實也。

呂衡州集十卷

鼂氏曰：唐呂温和叔也。一字化光。河中人。貞元十四年進士。以善韋執誼、王叔文起家，再命左拾遺，同張薦使吐蕃，元和初使還，累遷知御史雜事，再貶道州刺史，徙衡州。温從梁肅，爲文章規摹左氏，藻贍精富，流輩推尚。劉禹錫爲編次其文，序之云：古之爲書，先立言而後體物，賈生之書首過秦，而荀卿亦後其賦。故斷自人文化成論至諸葛武侯廟記爲上篇。今集先賦詩，後雜文，非禹錫本也。

陳氏曰：温本善韋、王，偶使絶域，得免在「八司馬」之數，而終以好利敗〔四四〕。與竇群、羊士諤昵比，傾誣宰相李吉甫，謫死。屢校不懲，至於滅耳，此所以爲小人歟〔四五〕！

校勘記

〔一〕琦玗子一卷　「琦玗」，新唐書卷一四三元結傳引自釋作「猗玗」，新唐書卷五九藝文三作「猗玕」，郡齋讀書志袁本前志卷四上别集類上作「琦玕」。按大冶縣東九十里回山之上有琦玗洞，元結曾避兵於此。參見同治大冶縣志卷二山川志洞。郡齋讀書志校證卷一七以爲「琦玗」當作「猗玗」。

〔二〕此書雖不作可也　「此書雖」，容齋隨筆卷一四元次山元子作「若此書」。

〔三〕享廟及郊　「及」原作「紋」，據元本、慎本、馮本、新唐書卷二〇一杜甫傳及郡齋讀書志卷一七别集類上改。

〔四〕凡一千四百四十七首　直齋書録解題卷一六别集類上作「一千四百十七首」。

〔五〕李丞相伯紀爲序　「紀」原作「記」，據局本、宋史卷三五八李綱傳及直齋書録解題卷一六别集類上改。

〔六〕已而敕待詔翰林　「而」原作「有」，據郡齋讀書志卷一七别集類上改。

〔七〕而有章句學　「而有」，郡齋讀書志卷一七别集類上作「不爲」，疑是。

〔八〕褒賢遏惡爲用　「遏」原作「過」，據郡齋讀書志卷一七别集類上改。

〔九〕集有門人李舟　「有門人」三字原倒，據郡齋讀書志卷一七别集類上乙正。

〔一〇〕才涌未已　「涌」原作「誦」，據柳宗元集卷二一楊評事文集後序改。

〔一一〕既獲是不數年而夭　「不數年」三字原脱，據柳宗元集卷二一楊評事文集後序補。

〔一二〕河東裴泰　「裴泰」原作「裴秦」，據新唐書卷七一上宰相世系表、柳宗元集卷二一楊評事文集後序改。

〔一三〕皆文人之選已　「文人」，柳宗元集卷二一楊評事文集後序作「人文」。

〔一四〕李蕘廉察桂林　「李蕘」原作「李堯」，據元本、慎本、馮本及郡齋讀書志卷一八別集類中改。

〔一五〕有恩合死前酬之句　「酬」原作「訓」，據郡齋讀書志卷一八別集類中改。

〔一六〕弘基　原作「弘墓」，據元本、慎本、馮本及直齋書録解題卷一六別集類上改。

〔一七〕今按獨孤及集後序　「獨孤及」原作「獨狐及」，據直齋書録解題卷一六別集類上改。

〔一八〕四歲能詩賦　「詩賦」，郡齋讀書志卷一八別集類中作「賦詩」。

〔一九〕嘗自纂制誥集五十卷　郡齋讀書志袁本前志卷四中別集類中無「誥」字。

〔二〇〕劾李訓傾覆　「傾覆」二字原脱，據新唐書卷一六五權璩附傳及直齋書録解題卷一六別集類上補。

〔二一〕性寬和而大體　「而」，直齋書録解題卷一六別集類上作「有」。

〔二二〕可謂名門矣　「名」，直齋書録解題卷一六別集類上作「德」。

〔二三〕序文言九年掌誥　「文」，直齋書録解題卷一六別集類上作「又」，疑是。

〔二四〕而愈作碑以實之　「作」字原脱，據舊唐書卷一六〇韓愈傳及郡齋讀書志卷一七別集類上補。

〔二五〕有暇者宜再編之　郡齋讀書志卷一七別集類上作「當重爲編輯之」。

〔二六〕要爲不蹈襲前人者　「爲不」原倒，據新唐書卷一七六韓愈傳乙正。

〔二七〕汝霖嘗爲韓集譜注四十五卷　宋史卷二〇八藝文七作「樊汝霖譜注韓文四十卷」。

〔二八〕二十年間聞人有善本者　「二」，晦庵集卷七六韓文考異序作「三」。

〔二九〕柳柳州文集四十五卷外集二卷　郡齋讀書志卷一七別集類上作「柳宗元集三十卷集外文一卷」。按郡齋讀書記校證卷一七該條校記以爲「三十卷」本乃爲劉禹錫所編定，「集外文二卷」當作「一卷」。參見郡齋讀書志校證該條校記。

〔三〇〕爲文章卓偉精緻　「緻」原作「徵」，據新唐書卷一六八柳宗元傳、郡齋讀書志袁本前志卷四上別集類上改。

〔三一〕讀者悲惻　「惻」原作「側」，據新唐書卷一六八柳宗元傳、郡齋讀書志卷一七別集類上改。

〔三二〕別録二卷　「二」，直齋書録解題卷一六別集類上作「一」。

〔三三〕吾友柳儀曹嘗謂吾文雋而膏　「柳儀曹」原作「柳議曹」，據元本、慎本、馮本及新唐書卷一六八劉禹錫傳改。

〔三四〕唐宰相裴度中立撰　直齋書録解題卷一六別集類上「宰相」下有「河東」二字。

〔三五〕議者以觀少夭　「少夭」二字原脱，據新唐書卷二〇三李華傳附李觀傳及郡齋讀書志袁本前志卷四上別集類上補。

〔三六〕愈老不休故擅名　郡齋讀書志卷一七別集類上作「愈得中壽故獨擅名」。

〔三七〕歐陽集十卷　郡齋讀書志卷一七別集類上作「歐陽詹集」，直齋書録解題卷一六別集類上作「歐陽行周集」。

〔三八〕初閩人不肯北宦　「初」字原脱，「宦」原作「官」，據郡齋讀書志卷一七別集類上補改。

〔三九〕舉進士自詹始　郡齋讀書志卷一七別集類上作「詹以進士舉」。按閩人舉進士非自歐陽詹始，參見郡齋讀書志校證卷一七該條校記。

〔四〇〕則詹之志豈在其父母哉　「在其」，郡齋讀書志卷一七別集類上作「僅在」。

〔四一〕考其集中　「考」，直齋書録解題卷一六別集類上作「故」。

〔四二〕福建廉使李貽孫所爲也　「福建」原作「福唐」，據直齋書録解題卷一六别集類上及歐陽行周集卷首李貽孫所撰文集序改。

〔四三〕高城不可見之句　「不可」，直齋書録解題卷一六别集類上作「已不」。

〔四四〕而終以好利敗　「利」原作「刻」，據元本、慎本、馮本及直齋書録解題卷一七别集類中改。

〔四五〕此所以爲小人歟　直齋書録解題卷一七别集類中「此」字下有「其」字。

卷二百三十三　經籍考六十

集別集

李文公集十八卷

鼂氏曰：唐李翺習之也。涼武昭王之後，貞元十四年進士，調校書郎，知制誥。會昌初，終山南東道節度使。翺性峭鯁，論議無所屈，仕不得顯官，怫鬱無所發。從韓愈爲文，詞致渾厚，見推當時。集皆雜文〔一〕，無歌詩，前有蘇舜欽序，云：唐之文章稱韓、柳，翺文雖詞不逮韓，而理過於柳。

陳氏曰：蜀本分二十卷，集中無詩。獨有戲贈一篇，拙甚，非其作也。習之爲文，源委於退之，但才氣不能及耳。

石林葉氏曰：李習之文辭高古，幾可追配韓退之，然不長於作詩，故集中無傳。今惟傳燈錄載其贈藥山僧一篇云：「鍊得身形似鶴形，千株松下兩函經。我來欲問西來意，雲在青天水在瓶。」氣格與其文全不相類。韓退之遠游聯句，亦記其一聯云：「前之詎灼灼，此去信悠悠。」終篇不再見。或云退之以其不工却之，使不復與也。

白樂天長慶集七十一卷

鼂氏曰：唐白居易樂天也。唐史云太原人，居易詩中自序生於鄭州滎陽。貞元十七年進士〔二〕，中拔萃科。元和初，制策一等，調盩厔尉，入翰林爲學士。太和初，遷刑部侍郎。會昌初，以刑部尚書致仕。居易於文章精切，然最工詩。初，頗以規諷得失，及其多，更下偶俗好，當時士人争傳。鷄林賈國相，率篇易一金。與元微之酬唱，故號「元白」，與劉禹錫齊名，號「劉白」。在杭州，自類詩藁分諷諭、閑適、感傷、雜律四類。前集五十卷，有元稹序，後集二十卷，自爲序紀。又有續後集五卷，今亡三卷。予嘗謂樂天進退以義，風流高矣。與劉禹錫游，人謂之「劉白」，而不陷八司馬黨中〔三〕，與元稹遊，人謂之「元白」，而不陷北司黨中；又與楊虞卿爲姻家，而不陷牛、李黨中。嗚呼！叔世有如斯人之彷佛者乎？獨集後載聞李崖州貶三絶句，其言淺俗，似幸其禍敗者，余固疑非樂天之語，及以編年書考之，崖州貶時，樂天歿將踰年，或曰浮屠某作也。

陳氏曰：長慶集五十卷，元微之爲序，後集二十卷，自爲序，今又續後集五卷，自爲記，前後七十五卷，時會昌五年也。墓誌乃云集前後七十卷，當時預爲誌，時未有續後集，今本七十一卷，蘇本、蜀本編次亦不同，又有外集一卷，往往皆非樂天自記之舊矣。年譜，維揚李璜德邵所作，樓大防參政得之〔四〕，以遺吴郡守李伯珍諫議刻之。余嘗病其疏略牴牾，且號爲年譜，而不繫年，乃别爲新譜，刊附集首。

白集年譜一卷

陳氏曰：知忠州漢嘉何友諒以居易舊治既刊其文集，又作年譜，刊之集首。始余爲譜，既成，妹夫王楙叔永守忠録寄之，則忠已有此譜，視余譜詳略互見，亦各有發明。其辯李崖州三絶非樂天作，及載黿子止之語，謂「與楊虞卿爲姻家，與牛僧孺爲師生，而不陷牛、李黨中」，與余暗合，因並存之。詳見新譜末章。

潁濱蘇氏曰：士雖不遇如樂天，入爲從官，以諫諍顯，出爲牧守，以循良稱，歸老泉石，憂患不及其身，而文詞足以名世，可以老死而無憾矣。又曰：樂天每閑冷衰病發於咏嘆，輒以公卿投荒僇死不獲其終者自解，予亦鄙之；至其聞文饒謫朱崖三絶句，刻覈尤甚，樂天雖陋，蓋不至此。蓋樂天之徒淺陋不學者附益之耳！

詩史：沈存中謂樂天詩不必皆好，然識趣可尚，章子厚謂不然，云樂天識趣最淺狹，謂詩中言「甘露之事」，幾如幸禍。樂天爲王涯所譏，謫江州司馬，其詩謂「當君白首同歸日，是我青山獨住時」。雖私讎可快，然朝廷當此不幸，臣子不當形之歌咏。東坡謂「樂天豈幸人之禍者？蓋悲之也」。

黿氏法藏碎金曰：白氏集中頗有遺懷之作。故達道之人〔五〕，率多愛之。余友李公維録出其詩，名曰養恬集，余亦如之，名曰助道。其辭語出於經教法門，用此彌縫其闕，而直捷曉悟於人也。

平園周氏曰：香山詩語平易，文體清駛，疑若信手而成者，間觀遺稿，則竄定甚多。

朱子語録曰：樂天，多説其清高，其實愛官職。詩中凡及富貴處，都説得口津津地涎出。

元稹長慶集六十卷　外集一卷

鼂氏曰：唐元稹微之也。河南人。擢明經，書判入等，授校書郎。元和初，舉制科，對策第一，拜左拾遺。在江陵與監軍崔潭峻善，潭峻以稹歌詩奏御，穆宗賞悦，除祠部郎中，知制誥。未幾入翰林，爲中書舍人、承旨學士。長慶二年，拜同中書門下平章事。稹爲文長於詩，與白居易齊名，號「元和體」，往往播樂府，穆宗在東宫，妃嬪近習皆誦之，宫中呼元才子。及知制誥，變詔書體，務純厚明切，盛傳一時。有長慶集百卷，今亡其四十卷。又有外集一卷，詩五十二篇，皆宫體也。

陳氏曰：中興目録止四十八卷，又有逸詩二卷。稹嘗自彙其詩爲十體，其末爲艶詩，暈眉約鬢，匹配色澤，劇婦人之怪艶者。今世所傳李娃、鶯鶯、夢遊春、古决絶句、贈雙文、示楊瓊諸詩，皆不見於六十卷中。意館中所謂逸詩者，即其艶體者邪？稹初與白樂天齊名，文章相上下，出處亦不相悖，晚而欲速，比依奄宦得相，卒爲小人之歸，而居易始終全節。嗚呼！爲士者可以監矣。

戴叔倫述藁十卷　外詩一卷　書狀一卷

鼂氏曰：唐戴叔倫幼公也。潤州人。爲人温雅，善舉止。中進士第。累遷容管經略使，政治稱最。德宗賜中和詩，世以爲榮。代還，請爲道士，未幾卒。集有馬摠序〔六〕，或題曰會録。唐史但云師事蕭穎士，初不稱其能詩，以時人少其詩骨氣綿弱故也。

符載集十四卷

鼂氏曰：唐符載字厚之，岐襄人。幼有宏達之志，隱居廬山，聚書萬卷，不爲章句學。貞元中，李巽江西觀察薦其才，授奉禮郎，爲南昌軍副使，繼辟西川韋臯掌書記，澤潞郄士美參謀，歷協律郎、監察御史，元和中卒。段文昌爲墓誌，附於後。集皆雜文，末篇有數詩而已。集前有崔群〔七〕、王湘送符處士歸覲序，皆云載蜀人，以比司馬、王、揚云。

張登集六卷

鼂氏曰：唐張登，性剛潔介特，始以巾褐就辟，歷衛佐、廷尉平，監察御史。貞元中，改河南府士曹掾，遷殿中侍御史、漳州刺史。居七年，坐公累受劾，吏議侵誣，感疾卒。權德輿爲之序甚詳，以公幹、景陽比之。國史補亦稱登長於小賦，氣宏而密，間不容髮，有織成隱起，結綵蹙金之狀。其舊集詩賦之外，書、啓、序、述、誌、記、銘、誄合一百二十二篇，今存者才六十餘首。

樊宗師集一卷　絳守園池記注一卷

陳氏曰：唐諫議大夫南陽樊宗師紹述撰。韓文公爲墓誌，稱魁紀公三十卷，樊子三十卷，詩文千餘篇，今所存才數篇耳，讀之殆不可句。有王晟者，天聖中爲絳倅，取其園池記，章解而句釋之，猶有不盡通者。孔子曰：「辭達而已矣。」爲文而晦澀若此，其湮没弗傳宜哉。

陳氏曰：國史補云，元和之後，文章則學奇於韓愈，學澀於樊宗師。退之作樊墓誌，稱其爲文不剽襲。觀絳守居園池記，誠亦太奇澀矣。本朝王晟、劉忱皆爲之注解，如「瑶翻碧瀲鬼眼澒耳」等語，皆前人所未道也。歐陽公跋絳守居：偶來登覽周四隅，異哉樊子怪可吁，心欲獨去無古初〔八〕。窮荒探幽入有無，一語詰曲百盤紆。孰云已出不剽襲，句斷欲學盤庚書。

後山陳氏曰：歐陽公謂退之爲樊宗師墓誌，便似樊文，其始出於司馬子長，子長爲長卿傳，如其文，惟其過之，故兼之也。

皇甫持正集六卷

鼂氏曰：唐皇甫湜持正也。睦州人。元和元年進士。仕至工部郎中。裴度辟東都判官。度修福先寺，求碑文於白居易，湜怒曰：「近捨湜而遠徵居易，請從此辭！」度謝之。湜即酣飲，援筆立就。度贈車馬繒綵甚厚，湜怒曰：「吾自爲顧況集序，未嘗許人，今碑字三千，一字三縑，何遇我薄邪？」度笑曰：「不羈之才也。」從而酬之。今集雜文三十八篇而已，況集序在而碑已亡矣。

陳氏曰：湜輕傲不羈，非裴公鉅德，殆不能容之矣。今集才三數十篇〔九〕，碑不復存，意其多所亡逸。然湜之矜負如此，固不苟爲人作〔一〇〕，人亦未必敢求之也。

容齋洪氏隨筆曰：皇甫湜、李翺，雖爲韓門弟子，而皆不能詩。浯溪石間有湜一詩，爲元結而作，其辭云：「次山有文章，可惋只在碎。然長於指叙，約潔多餘態。心語適相應，出句多分外。於諸作者間，拔戟成一隊。中行雖富劇，粹美君可蓋。子昂感遇佳，未若君雅裁。退之全而神，上與千載對。李、杜才海翻，高下非可概。文於一氣間，爲物莫與大。先王路不荒，豈不仰吾輩。石屏立衙衙，溪口揚素瀨。我思何人知，徙倚如有待。」味此詩，乃論唐人文章爾，風格殊無可采也〔一一〕。

沈亞之集十卷

鼂氏曰：唐沈亞之字下賢。長安人〔一二〕。元和十年進士。涇原李彙辟掌書記〔一三〕，爲祕書省正字。長慶初，補櫟陽尉〔一四〕。四年，爲福建都團練副使，事徐晦，後累遷殿中丞、御史內供奉。大和三年，柏耆宣慰德州，取爲判官。耆罷，亞之貶南康尉，後終郢州掾。亞之以文詞得名，狂躁貪冒，輔耆爲惡〔一五〕，故及於貶。常遊韓愈門，李賀、杜牧、李商隱俱有擬下賢詩，亦當時名輩所稱許云。此本之後有景文宋公題字，稱得之於端明李學士，編次無倫，蓋唐本也。予頗愛其能造語，然其本極舛誤，頗是正之〔一六〕，且裒其遺闕者數篇，及賀、牧、商隱三詩附於後。

孟東野集十卷詳見詩集。

陳氏曰：唐溧陽尉武康孟郊東野撰。集惟末卷有書二篇，贊一篇，餘皆詩也。郊，貞元十二年進士。

杜牧樊川集二十卷　外集一卷

鼂氏曰：唐杜牧牧之也。京兆人。太和二年進士，復舉制科。會昌中，以考功郎中知制誥，終中書舍人。牧善屬文，剛直有奇節，敢論列大事，指陳利病。爲詩情致豪邁〔一七〕，人號「小杜」，以別甫云。臨終自爲墓誌，悉焚所爲文。其甥裴廷翰輯其稿編次，爲之後序〔一八〕。樊川，蓋杜氏所居。外集皆詩也。

陳氏曰：牧，佑之孫〔一九〕，在天台録集外詩一篇〔二〇〕，別見詩集類，未知是否。牧才高，俊邁不羈，其詩豪而艷，有氣概，非晚唐人所能及也。

後村劉氏曰：杜牧、許渾同時，然詩各自爲體。牧於唐律中常寓拗峭，以矯時弊；渾則不然，如「荆樹有花兄弟樂，橘林無實子孫忙」之類，律切麗密或過牧，而抑揚頓挫不及也。二人詩不著姓名亦可辨。樊川有續別集三卷，十之八九皆渾詩，牧佳句自多，不必又取他人詩益之，若丁卯集割去許多傑作，則渾詩無一篇可傳矣。牧仕宦不至南海，别集乃存南海府罷之作，甚可笑。

李商隱樊南甲集二十卷　乙集二十卷　又文集八卷

鼂氏曰：唐李商隱義山也。隴西人。開成二年進士。令狐楚奏爲集賢校理，楚出汴、滑、興元，皆表幕府，嘗補太學博士。初，爲文瑰邁奇古，及從楚學，儷偶長短，而繁縟過之。旨意能感人，人謂其横絶前後無儔者。今樊南甲、乙集，皆四六，自爲序，即所謂繁縟者。又有古賦及文共三卷，辭旨恢譎，宋景文序傳中稱「詭怪則商隱〔二二〕」，蓋以此。詩五卷，清新纖艷，故舊史稱其與温庭筠、段成式齊名，時號「三十六體」云。

陳氏曰：商隱，令狐楚客。後從王茂元、鄭亞辟，二人皆李德裕所善，坐此爲令狐綯所憾，竟坎壈以終〔二三〕。甲、乙集皆表、章、啓、牒四六之文。既不得志於時，歷佐藩府，又依盧弘正、柳仲郢，故其所作應用若此之多。商隱本爲古文，令狐楚長於章奏，遂以授商隱，所作當時以爲工，以近世四六較之，未見其工也。

談苑：商隱爲文，多檢閲書册，左右鱗次，號「獺祭魚」。

石林葉氏曰：唐人學老杜，惟李商隱一人而已。雖未盡造其妙，然精密華麗，亦自得其仿佛。故國初錢文僖與楊大年、劉中山皆傾心師尊，以爲過老杜，一時翕然從之，好事者次爲西崑集，所謂「崑體」者也，至歐陽文忠公始力排之。然宋莒公兄弟雖尊老杜，終不廢商隱。雖王荆公亦與之，嘗爲蔡天啓言：「學詩者未可遽學老杜，當先學商隱，未有不能爲商隱而能爲老杜者。」故公詩晚年亦微樂於華巧，其所好者然也。

玉谿生集三卷

陳氏曰：李商隱自號。此集即前卷中賦及雜著也。

會昌一品集二十卷　別集十卷　外集四卷

鼂氏曰：唐李德裕文饒也。趙郡人。宰相吉甫之子。少力於學，既冠，卓犖有大節，不喜與諸生試有司。憲宗時，以蔭補校書郎。穆宗初，擢翰林學士，號令大典，皆出其手，進中書舍人，召兵部尚書、中書門下平章事。會昌初，復秉政。平澤潞，策功拜太尉，封衛公。大中貶崖州司户參軍，三年卒。德裕性孤峭，明辨有風采，善爲文章，雖在大位，手不去書，謀議援古，滚滚可喜，爲武宗所知。常以經綸天下爲己任，時王室幾中興焉。一品集，鄭亞爲之序，皆會昌制誥、表狀、外内册贊、碑序文也。賦詩四首。窮愁志乃崖州所撰；姑臧集題段全緯纂〔二三〕，上四卷亦制誥，第五乃黠戛斯朝貢傳與八詩〔二四〕；別集乃哀合古賦、平泉詩、集外雜著。又有古賦一卷，載金松等四賦。

陳氏曰：一品集者，皆會昌在相位制誥、詔册、表疏之類也。別集詩賦雜著，外集則窮愁志也。德裕自穆宗時已掌内外制，累踐方鎮，遂相文宗，平生著述詎止此，此外有姑臧集五卷而已〔二五〕，其不傳於世者亦多矣。窮愁志，晚年遷謫後所作，凡四十九篇，其論精深，其辭峻潔，猶可見其英偉之氣。周秦行紀一篇，奇章怨家所爲，而文饒遂信之爾。

李衛公備全集五十卷　年譜一卷　摭遺一卷

陳氏曰：此永嘉集及蜀本三十四卷之外，有姑臧集五卷，獻替記、辨謗略等諸書共十一卷〔二六〕，刺鎮江府江陰耿秉直之所輯〔二七〕，併考次爲年譜、摭遺。姑臧集者，兵部員外郎段全緯所集〔二八〕，前四卷皆西掖北門制草，末卷惟黠戛斯朝貢圖及歌詩數篇，其曰「姑臧」，未詳。衛公三爲浙西，出入十年，皆治京口，故秉直刻其集。若永嘉，則其事頗異。郡故有海神廟，本城北隅叢祠。元祐中，太守范峋夢其神，自言姓李，唐武宗時宰相，南遷以殁。寤而意其爲德裕，訪得其祠，遂作新廟，且列上其事，自是日盛，賜廟額，開王爵〔二九〕。然衛公平生於温，蓋邈乎不相及也，殊有不可曉者。

平泉雜文一卷

陳氏曰：即別集第九卷、第十卷，平泉山居所作詩、賦、記也。

林藻集一卷

陳氏曰：唐嶺南節度副使林藻緯乾撰。貞元七年進士。試珠還合浦賦，叙珠去來之意，人謂之神助。

林蘊集一卷

陳氏曰：唐邵州刺史林蘊復夢撰。藻之弟也，見儒學傳。蘊父披，蘇州別駕，有子九人，世號「九牧」。林氏其族至今衣冠詩禮。以蘊所爲父墓碑考之，其八子爲刺史、司馬，其一號處士，而披之父爲饒陽郡守，祖爲瀛州刺史，蓋亦盛矣。

孫樵經緯集三卷

鼂氏曰：唐孫樵字隱之，大中九年進士。廣明初，黄巢犯闕，赴岐隴，授職方員外。時詔書曰「行在三絶」。以常侍李鷟有曾、閔之行，前進士司空圖有巢、由之風，樵有揚、馬之文〔三○〕，遂輯所著名經緯集。

陳氏曰：其文自爲序，凡三十五篇，蓋其删擇之餘也。東坡嘗曰：學韓愈而不至者爲皇甫湜，學湜而不至者爲孫樵。

陳黯文集三卷

鼂氏曰〔三一〕：唐陳黯撰。黯，字希孺，潁川人。十歲能詩，十三袖文謁清源牧，牧面令賦詩，頗稱賞之，由是一時聲名大振。會昌初，就鄉薦，至禮部，輒罷歸。咸通中卒。有羅隱、黄滔序。

劉綺莊歌詩四卷

鼂氏曰：唐四庫書目有綺莊集十卷，今所餘止四卷，詩三十二、啓狀四十四而已，惜其散落大半。其本乃南唐故物，紙墨甚精，後題曰昇元四年重題〔三二〕，印其文云「建鄴文房」，本内「密」字皆缺其畫，而「超」字不缺，蓋吴時所繕寫也〔三三〕。其詩如置酒、揚州送人皆不凡，而樂府格調尤高。然史逸其行事，詩中亦不可考〔三四〕，獨啓事内有白、韋、崔三相公狀，白乃敏中，崔乃元式，韋乃琮也，三人同相於宣宗初載。其末云「限守藩服」，則知綺莊時已任刺史矣。

李甘文集一卷

陳氏曰：唐侍御史李甘和鼎撰。甘欲壞鄭注麻，坐貶死，杜牧所爲賦詩者也。

薛逢四六集一卷

陳氏曰：唐祕書監河東薛逢陶臣撰。

鄭畋集五卷

鼂氏曰：唐鄭畋台文也。滎陽人。會昌二年進士〔三五〕，書判入等，授校書郎，調渭南尉，知制誥、中書舍人。乾符四年，以本官同中書門下平章事，二年召復秉政，至成都，以疾不拜。終太子少保。稾草皆乾符堂判敕語云，又名敕語堂判集〔三六〕，凡一卷。

陳陶集二卷

鼂氏曰：唐陳陶嵩伯也。鄱陽人。大中時，隱洪州西山，自號三教布衣云。江南野史有傳。

皮日休文藪十卷

鼂氏曰：唐皮日休字襲美，一字逸少，襄陽人。隱鹿門山，自號醉吟先生，以文章自負，尤善箴銘。咸通八年，登進士第，爲著作佐郎、太常博士。乾符喪亂，東出關，爲毗陵副使，陷巢賊中，賊遣爲讖文，疑其譏己，遂害之。集乃咸通丙戌年居州里所編。自序云：發篋次類文藁，繁如藪澤，因以名之。凡二百篇。

陳氏曰：黄巢之難，日休陷賊中，爲「果頭三屈律」之讖，賊疑譏己髮拳，遂見害。陸游筆記以皮光業碑辯其不然。

陸龜蒙笠澤叢書四卷

鼂氏曰：唐陸龜蒙魯望也。蘇州人。少高放，通六經大義，尤明春秋，舉進士，一不中。從張摶爲蘇湖從事〔三七〕，居松江甫里，以文章自怡。少工歌詩，其體裁不一，卒造乎平淡而已。自號江湖散人，或號甫里先生，皆爲之傳〔三八〕。新史多取之，而獨不云工歌詩。「笠澤」者，松江地名也。其集自序云：自乾符六年春，卧病笠澤時，亦隱几著書，詩、賦、銘、記，往往雜發，混而録之，故曰叢書。今按其集，歌詩爲多，又比他文最工，新史疏漏如此。

陳氏曰：叢書爲甲、乙、丙、丁，詩文、雜編。政和中，朱衮刊之吴江，末有四賦，用蜀本增入。蜀本七卷，郫人樊開所序。龜蒙自號天隨子、甫里先生、江湖散人，與皮日休善，有松陵唱和集，皆不在文藪、叢書中。

文泉子十卷

陳氏曰：唐中書舍人長沙劉蜕復愚撰。自爲序云：覃以九流之旨，配以不竭之義，曰「泉」。有文冢銘，甚奇。蜕，大中四年進士，其爲西掖在咸通時。

司空圖一鳴集三十卷

鼂氏曰：唐司空圖表聖也。河中人。咸通十一年〔三九〕，王凝下及第〔四〇〕。黄巢陷長安，僖宗次鳳翔，召拜知制誥、中書舍人。朱温將篡，召爲禮部尚書，不赴。聞哀帝遇弑，不食而卒。圖居中條山，自號知非子、耐辱居士。集自爲序，以「濯纓亭」、「一鳴牕」名其集，子荷别爲集後記。最長於詩，其論詩有曰：「梅止於酸，而鹽止於鹹，味常在於酸鹹之外。」謂其詩「棋聲花院静，旛影石壇高」之句爲得之，人以其言爲然。

陳氏曰：圖見卓行傳，唐末高人勝士也。蜀本但有雜著，無詩。自有詩十卷，别行。詩格尤非晚唐諸子所可望。其論詩酸鹹之喻，東坡以爲名言。

容齋洪氏隨筆曰：東坡稱司空表聖詩文高雅，有承平之遺風，蓋嘗自列其詩之有得於文字之表者二十四韵，恨當時不識其妙。又云：表聖論其詩，以爲得味外味，如「緑樹連村暗，黄花入夢稀」，此句最善。又「棋聲花院静，旛影石壇高」，吾嘗獨入白鶴觀，松陰滿地，不見一人，惟聞棋聲，然後知此句之工，但恨其寒儉有僧態。予讀表聖一鳴集，有與李生論詩一書，乃正坡公所言者，其餘五言句云：「人家寒食月，花影午時天」，「雨微吟足思，花落夢無憀」，「坡暖冬生笋，松凉夏健人」，「川明虹照雨，樹密鳥銜人」，「夜短猿悲減，風和鵲喜靈」，「馬色經寒慘，鵰聲帶晚飢」，「客來當意愜，花發遇歌成」。七言句云：「孤嶼池痕春漲滿，小欄花韵午晴初」，「五更惆悵迴孤枕，猶自殘燈照落花」。皆可稱也。

程晏集一卷

晁氏曰：唐程晏字晏然，乾寧二年進士。集皆雜文。

孫郃文纂一卷

晁氏曰：唐孫郃字希韓，四明人。乾寧四年進士。好荀、揚、孟之書，慕韓愈〔四一〕。爲校書郎，河南府文學。舊四十卷。

朱朴致理書十卷〔四二〕

晁氏曰：唐朱朴也。襄陽人。以三史舉爲荆門令〔四三〕。乾寧中，方士許巖士得幸禁中，言朴有經濟才，帝幸石門召對，即拜諫議大夫、平章事。

羅隱甲乙集十卷　讒書五卷

晁氏曰：杭越羅隱字昭諫〔四四〕，餘杭人。唐乾符中，舉進士不第。從事諸鎮皆無合，久之而歸。錢鏐辟掌書記，歷節度判官、副使，奏授司勳郎中。梁祖以諫議大夫召，不行。魏博羅紹威推爲叔父，表薦給事中，卒。隱少聰敏，作詩著文以譏刺爲主，自號江東生。其集皆自爲序。又有吴越掌記集一卷，隱掌錢鏐記室所著表啓也。

陳氏曰：甲乙集皆詩，後集五卷，有律賦數首。湘南集者，長沙幕中應用之文也。隱又有淮海寓言、讒書等，求之未獲。

沈顔聲書十卷

晁氏曰：僞吴沈顔字可鑄，傳師之孫。天復初進士，爲校書郎。屬亂離，奔湖南，辟巡官〔四五〕，吴國建，爲淮南巡官、禮儀使、兵部郎中、知制誥、翰林學士。順義中卒。顔少有詞藻，琴棋皆臻妙。場中語曰「下水船」，言爲文敏速，無不載也。性閑淡，不樂世利，嘗疾當時文章浮靡，倣古著書百篇，取元次山「聱叟」之説附己志而名書。其自序云：「自孟軻以後千餘年，經百千儒者，咸未有聞焉。天厭其極，付在鄙予〔四六〕。」其誇誕如此。

陳氏曰：顔，傳師之孫。其文觕散，而自序之語，極其矜負。

鳳策聯華三卷

陳氏曰：唐虞部郎中淮南從事秋浦顧雲垂象撰。多以擬古爲題，蓋行卷之文也。雲，咸通十五年進士。

李後主集十卷

鼂氏曰：僞唐主李煜重光也。少聰悟，喜讀書屬文，工書畫，知音律。建隆三年嗣僞位〔四七〕。開寶八年，王師克金陵，封違命侯。太平興國三年，終隴西郡公，贈吴王。江鄰幾雜志云，爲秦王廷美所毒而卒。

韓熙載文集五卷

鼂氏曰：僞唐韓熙載字叔言，北海人。後唐同光中進士。南奔江淮，李昪建國，用爲祕書郎，使與其子璟遊。璟嗣位，爲虞部員外郎〔四八〕、史館修撰，兼太常博士、知制誥。頃之，請誅陳覺，黜和州司馬。復召中書舍人，累遷兵部尚書。第宅華侈，妓樂四十餘人，不加檢束，時人比徐之才。璟屢欲倚以爲相，用是不果。後左授右庶子、分司，乃盡斥群妓，單車引道，留爲祕書監，俄復位，已而其去妓皆還。熙載天才俊敏，工隸書及畫，聲名冠一時。自朱元叛後，煜頗疑北人〔四九〕，多因事誅之。熙載愈益淫縱，然喜延譽後進，如舒雅等，後多知名。謚曰文。

孫晟文集三卷

鼂氏曰：南唐孫晟字鳳〔五〇〕，密州人。好學有文辭，尤長於詩。少爲道士，常畫賈島像，置於屋壁，晨夕事之。後乃儒服謁唐莊宗於鎮州，莊宗以爲著作佐郎。天成中奔於吴，李昪父子用之爲相。周世宗征淮，璟懼，遣晟奉表求和，世宗召問江南事，不對，殺之。璟聞，贈魯國公。

潘佑滎陽集十卷

鼂氏曰：僞唐潘佑，金陵人。韓熙載薦於璟，授祕書正字，直崇文館。煜時爲虞部員外郎〔五一〕，史館修撰、知制誥、中書舍人。佑性貞介，文章贍逸，尤長議論。坐言事悖慢下獄，自刎死〔五二〕，人頗言張洎譖之。

成彦雄梅頂集一卷

鼂氏曰：南唐成彦雄，江南進士。有徐鉉序〔五三〕。

徐常侍集三十卷

鼂氏曰：南唐徐鉉字鼎臣，廣陵人。仕楊溥爲祕書郎，直宣徽北院，掌文翰。李昪時知制誥，煜時累遷翰林學士。歸朝，爲直學士院、給事中、散騎常侍。淳化初，坐累黜静難軍司馬〔五四〕。鉉初至京師，見御毛褐者，輒哂之，邠苦寒，竟以冷氣入腹而卒。鉉幼能屬文，尤精小學，文思敏速，凡所撰述，常不喜預作，有欲從其求文者，必戒臨事即來請，往往執筆立就，未嘗沈思。常曰：「文速則意思敏壯，緩則體勢疏慢。」

陳氏曰：其二十卷，仕江南所作，餘十卷，歸朝後所作也。所撰國主李煜墓銘，婉微有體，文鑑取之。

田霖四六集一卷

陳氏曰〔五五〕：南唐田霖撰。

孫光憲鞏湖編三卷

鼂氏曰：荆南孫光憲字孟文，陵州人。王衍降唐，避地荆南，從誨辟掌書記，歷檢校祕書監、御史大夫。王師收郎州〔五六〕，光憲勸其主獻三州地。乾德中，終黄州刺史，自號葆光子。

扈載集十卷

陳氏曰〔五七〕：後周翰林學士范陽扈載仲熙撰。少俊早達，年三十六以死〔五八〕。其子蒙，顯於國朝。

神宗皇帝御集二百卷

鼂氏曰：宋朝神宗皇帝撰〔五九〕，章惇等纂。紹聖初，以元祐中所集止九百四十三道，有旨命惇再加編次，至元符中書成，比元祐所編，增多八千七百三十道，分文辭、政事、邊機三門。言者仍以元祐之臣託以邊機不宜洩露，掩没先帝盛美，於是徧以賜群臣云。

范魯公集三十卷

黽氏曰：宋朝范質字文素〔六〇〕，大名人。後唐長興中舉進士。時和凝典貢舉，覽質程文，器之，自以登第名在十三，即以其數處質，舉子謂之「傳衣缽」。晉天福中爲翰林學士。周廣順初拜相。太祖受禪，加兼侍中。乾德二年，始罷爲太子太傅。卒，年五十四。將終，戒其子旻勿請謚，勿刻墓碑。質力學强記，好聚書，既登朝，猶手不釋卷。國史載其示從子詩、家書目序〔六一〕、薦吕餘慶趙普表三篇。

趙韓王集三卷

黽氏曰：宋朝趙普字則平〔六二〕，薊州人。其父遷洛陽，占籍焉。乾德中，代范質爲平章事，太平興國六年及端拱初三入相。薨，封真定王，謚忠獻。卒年七十一。普初無學術，太宗勉之，晚年頗該博。

陳氏曰：遺藁凡十卷。普，開國元臣，不以文著，而彗星、班師二疏，天下至今傳誦。末有劉昌言所撰行狀。按館閣書目惟有奏議一卷，今麻沙書坊刊本，奏議止數篇，餘者表狀之屬。

巽岩李氏遺稿序曰：王禹偁嘗賦詩哭普，謂其章疏與夏訓、商謨相表裏，本傳獨載普諫伐幽州辭，多删潤，每恨弗見其全，網羅搜索，久乃得普遺文，而幽州之奏咸在，後有論星變及薦張齊賢二奏，其言諄諄，要本於仁。嗚呼，賢矣！禹偁褒讚，諒不爲私。而史官簡編，誠可嘆息。乃次第其遺文，以傳於世。其四六表狀，往往見禹偁集，蓋禹偁代作也。雖禹偁代作，必普之心聲云耳，因弗敢棄。顧草疏決不止此，當博求而附益之。

柳仲塗集一卷〔六三〕

鼂氏曰：宋朝柳開字仲塗〔六四〕，大名人。開寶六年進士。太平興國中，上書願備邊用，換崇儀使，知寧邊軍。徙全、桂二州，貶復州團練副使，居久之，復官。歷環、邠、曹、邢、代、忻、滄七州。咸平四年，終如京使〔六五〕。開幼奇警，有膽氣，學必宗經。慕韓愈、柳宗元爲文，因名肩愈，字紹先。既而易今名字，自以爲能開聖道之塗也。集乃門人張景所編。歐公嘗推本朝古文自仲塗始。

陳氏曰：仲塗歷知常、潤州，以殿中侍御史换崇儀使，又歷八郡以卒〔六六〕。門人張景爲行狀、集序，集凡十五卷。本朝爲古文自開始，然其體艱澀。爲人慷慨，喜功名，急義。史亦稱其傲狠强愎云。

張晦之集二十卷

鼂氏曰：宋朝張景字晦之〔六七〕。師事柳開，學爲古文，名震一時。卒，官至廷評，年四十九。集有文百九十三首，禹偁所編，并爲之序。

穆參軍集三卷

陳氏曰：泰州司法參軍東平穆修伯長撰。修，祥符二年，經明行修進士。仕不遇，困窮以死。師事陳摶〔六八〕，傳其易學，以授李之才，之才傳邵雍，而尹洙兄弟亦從之學古文，且傳其春秋學。或曰太極圖亦修所傳於陳摶、种放者。今其遺文傳世者僅如此，門人祖無擇爲之序。

水心葉氏曰：柳開、穆修、張景、劉牧當時號能古文，今文鑑所存來賢亭記，柳。河南尉廳壁記，張。法相院鐘記、静勝亭記，穆。待月亭記，劉。諸篇可見。時以偶儷工巧爲尚，而我以斷散拙鄙爲高。自齊、梁以來言古文者，無不如此。韓愈之備盡時體，抑不自名，李翺、皇甫湜往往不能知，而况孟郊、張籍乎！古人文字，固極天下之巧麗矣，彼怪迂鈍樸，用功不深，纔得其腐敗粗澀而已。

胡周父文集十卷

鼂氏曰：宋朝胡旦字周父〔六九〕，渤海人。太平興國三年，進士第一人。知海州，上河平頌。先是，盧多遜、趙普罷，頌有「逆遜投荒，姦普屏外」之句，太宗怒，貶商州團練副使。上平燕八議，召復官，再遷知制誥。翟馬周上封事，斥時政，語連旦，謫坊州團練副使〔七〇〕。復召知制誥，草王繼恩制，詞溢美，流潯州。景德初，以目病致仕，終祕書監。爲人儁辯强敏，少有大志，力學，以贍博聞。雍熙、淳化間奏御之文爲時推賞。晚節黷貨，多干擾州縣，持吏短長，時論薄之。

張師黯集五十卷

鼂氏曰：宋朝張泊字師黯〔七一〕，滁州人。仕李煜，知制誥、中書舍人。歸朝爲史館修撰〔七二〕、翰林學士。淳化中，參知政事。至道二年卒。泊風神洒落，文辭清麗，通釋氏學，然性險陂而謟附。集有吴淑序，其子安期所編，咸平五年上之。

王元之小畜集三十卷

鼂氏曰：王禹偁字元之，鉅野人。家微賤，九歲能爲歌詩，畢士安見而異之，及長，善屬文。太平興國八年，登進士第。端拱初，試文，擢左司諫〔七三〕、知制誥，判大理寺。辯徐鉉罪，忤旨，貶商州團練副使。久之，復召知制誥，入翰林爲學士。孝章皇后崩，梓宮遷主第，禹偁謂后常母儀天下，當用舊典。以謗訕左遷，知滁州。真宗即位，復召掌制誥〔七四〕，修太宗實録，坐語涉輕誣，出守黄州，徙蘄州。卒，年四十八。元之詞學敏贍，獨步一時，鋒氣峻厲〔七五〕，極談世事，臧否人物，以直道自任，故屢被擯斥。喜稱奬後進，當時名士，多出其門下。集自爲序。

陳氏曰：元之文，自爲之序，略曰：閱平生所爲文，類而第之，得三十卷。將名其集，以易筮之，遇乾之小畜，象曰「君子以懿文德」，未能行其施，但可懿文而已。外集者，其曾孫汾裒輯遺文，得三百四十首。又有承明集十卷、奏議集三卷，未見。

水心葉氏曰：王禹偁文，簡雅古淡，由上三朝，未有及者，而不甚爲學者所稱，蓋無師友議論故也。

竹溪林氏曰：王元之又在尹、穆之前，雖未能盡去五代浮靡之習，而意已務實，但未得典則之正。

宋文安集一百卷

鼂氏曰：宋朝宋白字素臣〔七六〕，開封人。年十二屬文〔七七〕。建隆二年進士。調嘉州玉津令。從太宗平晉，獻頌，上嘉之，累擢翰林學士。祥符中卒，謚文安。白之文，頗浮麗，而理致或不工。典貢舉，取王禹偁、田錫、胡旦，時稱得人。又名廣平集。

校勘記

〔一〕集皆雜文　「文」原作「史」，據郡齋讀書志卷一七別集類上改。

〔二〕貞元十七年進士　按白居易第進士在貞元十六年，詳見唐登科記考卷一四。此「十七」當爲「十六」之誤。

〔三〕而不陷八司馬黨中　「八」原作「入」，據郡齋讀書志卷一八別集類中改。

〔四〕樓大防參政得之　「樓大防」原作「樓火防」，據馮本、局本、宋史卷三九五樓鑰傳、直齋書録解題卷一六別集類上改。

〔五〕故達道之人　「達」，法藏碎金録卷五作「進」。

〔六〕集有馬摠序　「馬摠」原作「馬總」，據元本、舊唐書卷一五七馬摠傳、新唐書卷一六三馬摠傳改。

〔七〕集前有崔群　「崔群」原作「崔郡」，據元本、慎本、馮本改。

〔八〕心欲獨去無古初　「去」，歐陽修歐陽文忠全集卷二絳守居園池作「出」。

〔九〕今集才三數十篇　「三」原作「至」，據元本、慎本、馮本改。按直齋書録解題卷一六別集類上作「才數十篇」。

〔一〇〕固不苟爲人作　「人」字原重，據直齋書録解題卷一六別集類上删。

〔一一〕風格殊無可采也　「采」原作「悉」，據元本、慎本、馮本、容齋隨筆卷八皇甫湜詩改。

〔一二〕長安人　按亞之當是吴興人，參見郡齋讀書志校證卷一八別集類中該條校記。

〔一三〕涇原李彙辟掌書記　「辟」字原脱，據郡齋讀書志卷一八別集類中補。

〔一四〕補櫟陽尉　「櫟陽」原作「樂陽」，據郡齋讀書志卷一八別集類中、直齋書録解題卷一六別集類上改。

〔一五〕輔者爲惡 「者」原作「其」，據郡齋讀書志卷一八別集類中改。
〔一六〕頗是正之 「是正」二字原倒，據郡齋讀書志卷一八別集類中乙正。
〔一七〕爲詩情致豪邁 「情」原作「清」，據新唐書卷一六六杜牧傳、郡齋讀書志卷一八別集類中改。
〔一八〕爲之後序 「爲之」原作「其文」，據郡齋讀書志卷一八別集類中改。
〔一九〕佑之孫 「佑」原作「許」，據元本、慎本、馮本及舊唐書卷一〇七、新唐書卷一六六杜牧傳改。
〔二〇〕在天台録集外詩一篇 「集外」原作「外集」，據元本、慎本、馮本、直齋書録解題卷一六別集類上乙正。「篇」，書録解題作「卷」。
〔二一〕宋景文序傳中稱詭怪則商隱 「宋景文」原作「末景文」，據元本、慎本、馮本、郡齋讀書志卷一八別集類中改。
〔二二〕竟坎壈以終 「竟」原作「意」，據直齋書録解題卷一六別集類上改。
〔二三〕姑臧集題段全緯纂 「段全緯」，元本作「段令緯」。
〔二四〕第五乃黠戛斯朝貢傳與八詩 「黠戛」二字原倒，據會昌一品集卷二黠戛斯朝貢圖傳序、卷六與黠戛斯可汗書及下文乙正。
〔二五〕此外有姑臧集五卷而已 「五」原作「四」，據直齋書録解題卷一六別集類上、郡齋讀書志卷一八別集類中改。
〔二六〕辨謗略等諸書共十一卷 「共」原作「其」，據直齋書録解題卷一六別集類上改。
〔二七〕刺鎮江府江陰耿秉直之所輯 「刺」，直齋書録解題卷一六別集類上作「知」。
〔二八〕兵部員外郎段全緯所集 「段全緯」，元本、慎本、馮本、直齋書録解題卷一六別集類上作「段令緯」。
〔二九〕開王爵 「開」，直齋書録解題卷一六別集類上作「封」。

〔三〇〕樵有揚馬之文　「文」原作「風」，據郡齋讀書志卷一八別集類中改。

〔三一〕鼂氏曰　「鼂氏曰」以下至「劉綺莊歌詩四卷」七十二字原脱，據郡齋讀書志卷一八別集類中補。參見嚴文儒文獻通考經籍考引文疑誤一文。

〔三二〕後題曰昇元四年重題　「元」原作「平」，按南唐無「昇平」紀年，「昇元」，南唐烈祖李昪年號，據改。

〔三三〕蓋昊時所繕寫也　「昊」原作「吴」，據郡齋讀書志卷一八別集類中改。

〔三四〕詩中亦不可考　「亦」下原有「有」字，據郡齋讀書志卷一八別集類中删。

〔三五〕會昌二年進士　「二」原作「元」，據元本、慎本、馮本、舊唐書卷一七八鄭畋傳及郡齋讀書志卷一八別集類中改。

〔三六〕又名敕語堂判集　「堂」原作「唐」，據直齋書録解題卷一六別集類上及上文「堂判敕語」改。

〔三七〕從張摶爲蘇湖從事　「張摶」原作「張搏」，據新唐書卷一九六陸龜蒙傳、郡齋讀書志卷一八別集類中改。

〔三八〕皆爲之傳　郡齋讀書志卷一八別集類中作「著作之博」。

〔三九〕咸通十一年　按圖，咸通十年進士，見舊唐書卷一九〇下司空圖傳、唐才子傳卷八，馬氏誤引郡齋讀書志而誤。

〔四〇〕王凝下及第　「及第」二字原倒，據元本、慎本、郡齋讀書志卷一八別集類中乙正。

〔四一〕慕韓愈　「慕」原作「纂」，據郡齋讀書志卷一八別集類中改。

〔四二〕朱朴致理書十卷　「朱朴」原作「朱抃」，據舊唐書卷一七九朱朴傳、新唐書卷一八三朱朴傳、郡齋讀書志卷一八別集類中改。下同。

〔四三〕以三史舉爲荆門令　「荆」字原脱，據新唐書卷一八三朱朴傳、郡齋讀書志卷一八別集類中補。

〔四四〕杭越羅隱字昭諫　「杭越」原作「杬越」，據元本、慎本、馮本、舊五代史卷二四羅隱傳、郡齋讀書志卷一八別集類中改。

〔四五〕辟巡官　「辟」原作「避」，據郡齋讀書志卷一八別集類中改。

〔四六〕付在鄙予　「予」，郡齋讀書志卷一八別集類中作「子」。

〔四七〕建隆三年嗣僞位　按建隆二年夏，李景卒於金陵，其子從嘉即位，改名煜。見舊五代史卷一三四李景傳、宋史卷四七八李煜傳、長編卷二建隆二年秋七月記事。「三年」當爲「二年」之誤。

〔四八〕爲虞部員外郎　「郎」字原脱，據宋史卷四七八韓熙載傳補。

〔四九〕煜頗疑北人　「頗」原作「猶」，據元本、慎本、郡齋讀書志卷一八別集類中改。

〔五〇〕南唐孫晟字鳳　舊五代史卷一三一孫晟傳作孫晟「本名鳳」，新五代史卷三三孫晟傳作孫晟「初名鳳」。

〔五一〕煜時爲虞部員外郎　「郎」字原脱，據宋史卷四七八潘佑傳補。

〔五二〕自刎死　「刎」，宋史卷四七八潘佑傳作「縊」，郡齋讀書志卷一八別集類中作「經」。

〔五三〕有徐鉉序　「徐鉉」原作「劉鉉」，據徐鉉騎省集卷一八成氏詩集序、郡齋讀書志卷一八別集類中改。

〔五四〕坐累黜静難軍司馬　「静難軍」原作「靖難軍」，據元本、慎本、馮本、宋史卷四四一徐鉉傳、元豐九域志卷三陝西路邠州條改。

〔五五〕陳氏曰　「陳」原作「鼂」，據直齋書録解題卷一六別集類上改。

〔五六〕王師收郎州　「郎州」原作「閬州」，據直齋書録解題卷一六別集類上改。

〔五七〕陳氏曰　「陳」原作「鼂」，據直齋書録解題卷一六別集類上改。
〔五八〕年三十六以死　「三」原作「二」，據舊五代史卷一三一扈載傳、新五代史卷三一扈載傳、直齋書録解題卷一六別集類上改。
〔五九〕宋朝神宗皇帝撰　「宋」，郡齋讀書志卷一九別集類下作「皇」。
〔六〇〕宋朝范質字文素　「宋」，郡齋讀書志卷一九別集類下作「皇」。
〔六一〕家書目序　「目」，郡齋讀書志卷一九別集類下作「自」。
〔六二〕宋朝趙普字則平　「宋」，郡齋讀書志卷一九別集類下作「皇」。「則平」原作「平則」，據宋史卷二五六趙普傳、郡齋讀書志卷一九別集類下、直齋書録解題卷一七別集類中乙正。
〔六三〕柳仲塗集一卷　按宋史卷四四〇柳開傳作「有集十五卷」，直齋書録解題卷一七別集類中作「十五卷」。
〔六四〕宋朝柳開字仲塗　「宋」，郡齋讀書志卷一九別集類下作「皇」。
〔六五〕終如京使　「如」原作「於」，「使」原作「師」，據元本、慎本、馮本、宋史卷四四〇柳開傳改。
〔六六〕又歷八郡以卒　「八」原作「七」，據元本、慎本、馮本、宋史卷四四〇柳開傳、直齋書録解題卷一七別集類中改。
〔六七〕宋朝張景字晦之　「宋」，郡齋讀書志卷一九別集類下作「皇」。
〔六八〕師事陳摶　「陳摶」原作「陳搏」，據直齋書録解題卷一七別集類中改。下徑改。
〔六九〕宋朝胡旦字周父　「宋」，郡齋讀書志卷一九別集類下作「皇」。
〔七〇〕謫坊州團練副使　「坊州」原作「防州」，據宋史卷四三三胡旦傳、郡齋讀書志卷一九別集類下改。
〔七一〕宋朝張洎字師黯　「宋」，郡齋讀書志卷一九別集類下作「皇」。

〔七二〕歸朝爲史館修撰　「館」原作「官」，據宋史卷二六七張洎傳、郡齋讀書志卷一九別集類下改。

〔七三〕擢左司諫　「左」原作「右」，據元本、慎本、宋史卷二九三王禹偁傳、郡齋讀書志卷一九別集類下改。

〔七四〕復召掌制誥　「制」字原脱，據宋史卷二九三王禹偁傳、郡齋讀書志卷一九別集類下補。

〔七五〕鋒氣峻厲　「鋒」原作「丰」，據元本、慎本、馮本、弘本、郡齋讀書志卷一九別集類下改。

〔七六〕宋朝宋白字素臣　「宋」，郡齋讀書志卷一九別集類下作「皇」。以下不再出校。「素臣」，宋史卷四三九宋白傳、直齋書録解題卷一七別集類中作「太素」。

〔七七〕年十二屬文　宋史卷四三九宋白傳、郡齋讀書志卷一九別集類下「二」字下有「善」字。

卷二百三十四　經籍考六十一

集別集

田表聖咸平集五十卷

鼂氏曰：宋朝田錫字表聖，其先京兆人，唐末徙於蜀。國初，與胡旦、何士宗齊名，中興國三年進士第〔一〕。歷相臺、桐廬、淮陽、海陵四郡守，知制誥，終於諫議大夫。范仲淹、司馬光讀其書，皆稱其直諒，蘇軾亦以比賈誼云。

陳氏曰：首卷有奏議十二篇，即東坡所序。錫之子孫無顯者，端平初，游侶爲成都漕，奏言「朝廷方用端拱、咸平之舊紀元，而臣之部内乃有端拱、咸平之直臣，宜褒表之以示勸。願下有司議謚」。博士徐清叟議謚曰獻翼。今漢嘉田氏子孫，不知在亡〔二〕，而文集版之在州者，亦燬於兵燼矣。

東坡蘇氏奏議序曰：嗚呼！田公古之遺直也，其盡言不諱，蓋自敵以下受之有不能堪者，而況於人主乎！吾是以知二宗之聖也。自太平興國以來，至於咸平，可謂天下大治，千載一時矣。而田公之言，常若有不測之憂近在朝夕者，何哉？古之君子，必憂治世而危明主，明主有絶人之資，而治世無可畏之防。夫有絶人之資，必輕其臣；無可畏之防，必易其民，此君子之所甚懼也。方漢文時，刑措不用，兵革不試，而賈誼之言曰：天下有可長太息者，有可流涕者，有可痛哭者。後世不以是少漢文，亦不以是甚賈誼。由此觀之，君子之遇治世而危明主〔三〕，法當如是也。誼雖不遇，而其所言略已施行，不幸早世，功烈不著於時。雖誼嘗建言使諸侯王子孫各以次受分地，文帝未及用，歷孝景至武帝，而主父偃舉行之，漢室以安。今公之言，十未用五六也，安知來世不有若偃者，舉而行之歟！願廣其書於世，必有與公合者，此亦忠臣孝子之志也。

鼂文元公道院別集十五卷　法藏碎金録十卷　耄智餘書三卷〔四〕　昭德新編三卷　理樞一卷

鼂氏曰：五世祖文元公也。諱迥，字明遠，澶州人。自父佺徙家彭門。幼從王禹偁學，太平興國五年進士。至道末，擢右正言、直史館、知制誥，入翰林爲學士，加承旨，眷禮優厚。天禧中，祈解近職，判西京留司御史臺。居六年，請老，以太子少保致仕。終少傅，年八十四。文元，謚也。國史云：公樂易淳固，守道甚篤，雖貴勢無所摧屈。嘗言歷官臨事，未嘗挾情害人以售進，保全護固，如免髮膚之傷。真宗數稱其長者。楊億謂其所作書命，得代言之體。李獻臣亦言服膺墳典，耆年不倦。少遇異人，指導心要，不喜術數之説，疑文滯義，須質正後已。文章典贍，書法楷正，時輩推重。自唐以來，世掌誥命者，唯楊於陵及見其子，鼂氏繼之。延譽後進，其門人如宋宣獻、晏元獻、李邯鄲，皆世顯人。集皆自有序及李遵勖後序。自經兵亂，六世圖書焚棄無孑遺。法藏碎金世傳最廣，先得之於趙郡蘇符；昭德新編則得之於丹稜李燾；道院集要則得之於知閬州王輔〔五〕；耄智餘書則得之於眉山程敦厚；理樞則得之於澠池卷中〔六〕。

黽文元道院集要三卷

黽氏曰：宋朝王古編。其序云：文元黽公博觀内書，不徒力行，復勤於撰述，以開導後學。其書曰道院别集，曰自擇增修百法，曰法藏碎金，曰隨因紀述，曰耄智餘書。余嘗遍閲之，以爲名理之妙，雖白樂天不逭也。輒删去重複，總集精粹，以便觀覽云。古，元祐中侍從。

雲龕李氏書後曰：黽公道院集要，觀之始則簡暢清遠，如聞超世特立之士，希微之言；反復數十過，乃知深入理窟，開導後學，直而不迂，簡而易行，非有道君子莫能爲也。

楊文公刀筆集十卷〔七〕

黽氏曰：宋朝楊億字大年，建州人。祖文逸，嘗夢一羽人，自稱懷玉山人，覺而億生。白毛被體，其長盈尺，踰月始墮。雍熙初，以才名聞，年纔十一，召至闕下，得對，面試詩賦，授祕書省正字。宰臣等賀得神童。淳化中，奏二京賦，命試禁林，賜進士第。久之，直集賢院，修永熙實録，獨成五十六卷。真宗即位，累擢知制誥，入翰林爲學士。祥符中，母病陽翟，謁告，不待報，歸省。俄自以疾丐解官，以太常少卿分司。病愈，起知汝州，復爲學士。卒年四十七。天性穎悟，自幼迄老，不離翰墨。爲文敏速，對客談笑，揮毫無滯。博聞强記，於歷代典章制度尤所該洽，時多取正。樂道人善，後進翕然宗之。然評品人物，黑白太明，姦邪疾惡之，故屢被讒毁。真宗愛其材，特保持之，僅免焉。景祐中，王晦叔上其爲寇相請皇太子親政疏草，仁宗嘉嘆，特贈禮部尚書，謚曰文。刀筆集有陳詁序。凡三百六十三首。

陳氏曰：楊文公武夷集二十卷，别集十二卷。按本傳，所著括蒼、武夷、潁陰、韓城、退居、汝陽、蓬山、冠鼇等集及内外制、刀筆共一百九十四卷，館閣書目猶有一百四十六卷。今所有者，惟此而已。武夷新集者，億初入翰苑，當景德丙午，明年，條次十年詩筆而序之。别集者，祥符五年避讒佯狂，歸陽翟時所作也。君可思賦居其首，亦見本傳。餘書疏皆作其弟倚酬答。倚亦景德中進士。

東齋記事：夏英公言楊文公文如錦繡屏風，但無骨耳。

古今詩話：楊大年、錢文僖、晏元獻、劉子儀爲詩皆宗李義山，號「西崑體」，後進效之，多竊取義山詩句。嘗内宴，優人有爲義山者，衣服敗裂，告人曰：「吾爲諸館職，撏撦至此。」聞者大噱。然大年咏漢武詩云：「力通清海求龍種，死諱文成食馬肝。待詔先生齒編貝，忍令乞米向長安。」義山不能過也。

後村劉氏曰：歐陽公答蔡君謨詩云：「先朝楊、劉風采聳動天下，至今使人傾想。」世謂公尤惡楊、劉之作，而其言如此，豈公特惡其碑版、奏疏磔裂古文爲偶儷者，其詩之精工律切者，自不可廢歟？

种明逸集六卷

鼂氏曰：宋朝种放字明逸，長安人。隱終南之豹林谷。咸平中，遣使召赴闕，授左司諫，累遷諫議大夫、給事中。祥符八年，終工部侍郎。放通經史，七歲能屬文。不喜釋氏，常裂佛書以製帷帳。著嗣禹説。在朝有所啟奏，時無知者，楊億譏其循默，真宗乃出其議十三篇，以示輔臣。晚年頗嗜酒，盛輿服。王嗣宗知京兆，嘗條上其不法，詔問狀。不娶，無子。集乃侄孫説所編，范巽爲之序。卷首載真宗詔書及御製詩十首。

陳氏曰：淳化中，有李介者序之於九江，名江南小集，凡二卷。館閣書目別有正集十卷云，大略與此同。

張穆之觸鱗集〔八〕

尚書郎知蔡州張肅穆之撰。濟北鼂无咎序略曰：公之曾孫大方，出公遺稿曰觸鱗集。蓋公爲太宗御史時所上疏議，而「觸鱗」所自名也。三復彌月，凜乎直諒，多聞之益，如藥石，如米穀，非無用而設者。其多至數十章，皆切當世之務，不可盡舉。至其他詩文皆清麗，有唐中葉以來才士之風，非若五季及國初文物始復，武夫粗鄙、田里朴陋者之作也。其相與切磋學問見於酬唱者，翰林王黄州元之，黄州名世士，以直諫斥，久而召，於流輩少許可，獨畏公，以爲不可及，則公之爲人可知矣。

張乖崖集十卷

鼂氏曰：宋朝張咏字復之，濮州人。太平興國中進士。累擢至樞密直學士、御史中丞、禮部尚書。卒年七十。爲文尚氣，不事雕飾〔九〕，自號乖崖公。錢易所撰墓誌，李畋所纂語録附於後。

陳氏曰：近時郭森卿宰崇陽，刻此集。舊本十卷，今增廣並語録爲十二卷。

劉中山刀筆二卷　洺川集四卷

鼂氏曰：宋朝劉筠字子儀，大名人。咸平元年進士。三遷右正言、直史館，以司諫、知制誥出知鄧、陳兩州，召入翰林爲學士。嘗草丁謂、李迪罷相制，既而又命草制，復留丁謂，筠不奉詔，遂出知廬州。再召爲學士，月餘，以疾知潁州。三召入翰林，加承旨。未幾，進户部、龍圖閣學士，再知廬州。爲人不苟合，學問閎博，文章以理爲宗，辭尚緻密，尤工篇咏，能侔揣情狀，音調凄麗，自景德以來，與楊億以文章齊名，號爲楊、劉，天下宗之。刀筆集有黄鑑序。

陳氏曰：刀筆皆四六應用之文。筠與楊大年同時，號楊、劉，詩號「西崑體」。有册府應言集十卷，榮遇集十二卷，表奏六卷，洺川集四卷，見館閣書目。

滑稽集四卷

陳氏曰：翰林學士吴越錢易希白撰。多譎諷之辭。淳化癸巳自序。

擁旄集五卷　伊川集三卷〔一〇〕

陳氏曰：樞密使思公吴越錢惟演希聖撰。易，倧之子；惟演，俶之子也。惟演文集甚多，此特其二集耳，出鎮河陽、河南時所作也。全集未見。

陳文惠公愚丘集

鼂氏曰〔一一〕：宋朝陳堯佐字希元，閬州人。端拱初進士。累遷三司副使，修永定實録，擢知制誥。歷韶、廬、壽、洛、并、同、雍、鄭八州。景祐四年〔一二〕，召拜同中書門下平章事，後以太子太師致仕。年八十二卒，號知餘子，謚文惠。堯佐屬辭尚古，不牽世用，喜爲二韵詩，詞調清警雋永。集皆自有序。

曾致堯文集十卷

贈諫議大夫曾致堯撰。南豐之祖也。南豐作集序曰：公所爲書，號仙鳧羽翼者三十卷，西陲要紀者十卷，清邊前要五十卷，廣中台志八十卷，爲臣要紀三卷，四聲韵五卷，總一百七十八卷，皆刊行於世。今類次詩、賦、書、奏一百二十三篇，又自爲十卷，藏於家。方五代之際，儒學既擯，後生小子治術業於閭巷，文多淺近〔一三〕。是時公雖少，所學已皆治亂得失興壞之理，其爲文閎深雋美，而長於諷諭，今類次樂府已下是也。宋既平天下，公始出仕。當此之時，太祖、太宗已綱紀大法矣。公於是勇言當世之得失〔一四〕。其在朝廷疾當事者不忠，故凡言天下之要，必本天子憂憐百姓、勞心萬事之意，而推大臣從官、執事之人，觀望懷姦，不稱天子屬任之心，故治未久洽。至其難言，則人有所不敢言者。雖屢不合而出，而所言亦切，不以利害禍福動其意也。公所言甚衆，其在上前及書亡者，蓋不得而集。其或從或否，而後常可思者，與歷官行事，廬陵歐陽修已銘公之碑特詳焉，此故不論，論其不盡載者〔一五〕。

鳧繹先生集十卷

顔太初淳之撰。東坡序略曰：昔吾先君適京師，與卿士大夫遊，歸以語軾曰：「自今以往，文章其日工，而道將散矣；士慕遠而忽近，貴華而賤實，吾已見其兆矣。」以魯人鳧繹先生之詩文十餘篇示軾曰：「小子識之，後十餘年，天下無復爲斯文者也。」先生之詩文，皆有爲而作，精悍確苦，言必中當世之過。鑿鑿乎如五穀必可以療饑，斷斷乎如藥石必可以伐病。其遊談以爲高，枝詞以爲觀美者〔一六〕，先生無一言焉。其後二十餘年，先君既没，而其言存。士之爲文者，莫不超然出於形器之表，微言高論，既以鄙陋漢、唐，而其反復論難，正言不諱，如先生之文者，世莫之貴也。軾是以悲於孔子之言，而懷先君之遺訓，益求先生之文，而得之於其子復，乃録而藏之。

司馬温公序略曰：太初常以爲讀先王之書，不治章句，必求其理而已矣。既得其理，不徒誦之以誇誑於人，必也蹈而行之在其身。與鄉黨無餘於其外則不光，不光先王之道，猶翳如也。迺求天下國家政理風俗之得失，爲詩歌洎文以宣暢之。景祐初，青州牧有荒淫放蕩爲事，慕嵇康、阮籍之爲人，當時四方士大夫，樂其無名教之拘，翕然效之，寖以成風。太初惡其爲大亂風俗之本，作東州逸黨詩以刺之，遂上聞天子，亟治牧罪。又有鄆州牧，怒屬令之清直與己異者，誣以罪，搒掠死獄中，妻子弱不能自訴。太初素與令善，憐其寃死，作哭友人詩，牧亦坐是廢。於時世人見太初官職不能動人，又其文多指訐，有疵病者所惡聞，雖得其文，不甚重之，故所棄居多。余止得其兩卷，在同州又得其所爲題名記，今集而序之。

李仲方集二十卷

鼂氏曰：宋朝李維字仲方。雍熙二年進士。景德中，知制誥，遷中書舍人，爲翰林學士承旨。年七十一。維以文學進，至老手不釋卷，能詩嗜酒。嘗謂人曰：人生詩酒足，則尚何營哉！

民士編一十九卷

鼂氏曰：宋朝陳充撰。充，成都人。雍熙中，擢甲科。仕至刑部郎中。知祥符六年貢舉。卒年七十。詞學典贍，性曠達，喜談諧〔一七〕。澹於榮利，自號中庸子。「民士」云者，蓋其未仕已仕前後所著文也。嘗以唐牛僧孺善惡無餘論爲害教，著書反之，國史稱焉。今集載其論兩篇。

孫漢公集三十卷

鼂氏曰：宋朝孫何，字漢公，蔡州人。淳化三年，應進士，殿、省俱中第一。四遷起居舍人、知制誥。性卞急，嘗任京西東、兩浙轉運使副，頗事苛察。幼篤學嗜古，爲文宗經，與丁謂同爲王元之所稱，時謂之孫、丁。集有丁謂序。

丁晉公集四卷

鼂氏曰：宋朝丁謂字公言，初字謂之，蘇州人。淳化三年進士。官累遷知制誥，出知鄆、亳、昇三州。天禧四年，拜平章事，俄以户部罷，未幾復相，封晉國公。乾興中，坐擅改永定陵，貶崖州司户，更赦徙道州。明道末，以祕書監召還，卒於光州。幼聰敏，書經目輒記不忘。善爲古文章，尤工詩什。憸巧險詖，世鮮其儔。大中祥符初，上欲封禪，未堅决，謂因言「大計有餘」，議遂定。當時所奏祥瑞事，皆謂及王欽若預焉。多喜圖畫〔一八〕、博弈、音律。吴人自陸宣公後，至謂始相本朝。熙寧以前，議者莫不指謂爲姦邪之首，自王安石用事，頗稱其賢智云。集皆詩也。

鮮于伯圭集一卷

鼂氏曰：宋朝鮮于懷字伯圭〔一九〕，閬中人。文章爲一時之冠，累舉不第，嘗作擫愁詞，時人稱之。李宗諤贈詩云：「漢殿無人薦楊子，滿朝空誦擫愁詞。」後與宗諤同年第四人登科。趙普判秦州，辟爲觀察推官，卒。

晏元獻臨川集三十卷　紫微集一卷

鼂氏曰：宋朝晏殊字同叔，臨川人。景德二年，張知白薦，得召，賜同進士出身。再試文，擢祕書正字，爲昇王府記室。累擢知制誥、翰林學士。寶元三年，拜平章事〔二〇〕，四年坐事罷知潁州。歷陳、許、雍、洛〔二一〕，以疾歸，侍經席，卒。性剛峻，幼孤篤學，爲文溫純應用，尤長於詩，抒情寓物，辭多曠達。當世賢士如范文正、歐文忠皆出其門，女適富鄭公、楊察，世稱其知人。集有兩本，一本自作序。

陳氏曰：其五世孫大正爲年譜一卷，言：「先元獻嘗自差次，起儒館至學士爲臨川集，三十卷；起樞庭至宰席爲二府集，二十五卷。」今按本傳有文集二百四十卷，中興書目亦九十四卷，今所刊止此爾。臨川集有自序。

范文正公集二十卷　別集四卷

鼂氏曰：宋朝范仲淹字希文，其先邠人。大中祥符八年進士。仕至樞密副使、參知政事。諡文正。爲學明經術，跂慕古人事業，慨然有康濟之志，作文章尤以傳道爲任。事母至孝。姑蘇之范皆疏屬，置義莊以賙給之。天下想聞其風采，賢士大夫以不獲登門爲恥，獨梅堯臣嘗著碧雲騢以譏詆之云。

陳氏曰：祥符八年進士曰朱説者，即公也。幼孤，其母適朱氏。其爲兗州推官，始復姓更名。

又尺牘五卷，其家所傳，在正集之外。

東坡蘇氏集序曰〔三〕：古之君子如伊尹〔三〕、太公、管仲、樂毅之流，其王霸之略，皆定於畎畝中，非仕而後學者也。淮陰侯見高帝於漢中，論劉、項短長，畫取三秦，如指諸掌。及佐帝定天下，漢中之言，無一不酬者。諸葛孔明卧草廬中，與先主策曹操、孫權，規取劉璋，因蜀之資，以争天下，終身不易其言。此豈口傳耳授，嘗試爲之，而僥倖其或成者哉！公在天聖中，居太夫人憂，則已有憂天下致太平之意。故爲萬言書以遺宰相，天下傳誦。至用爲將帥、爲執政，考其平生所爲，無出此書者。今其集二十卷，爲詩賦二百六十八，爲文一百六十五，其於仁、義、禮、樂、忠、信、孝、弟，蓋如饑渴之於飲食，欲須臾忘而不可得；如火之熱、水之濕，蓋其天性有不得不然者。雖弄翰戲語、率然而作，必歸於此。故天下信其誠，争師尊之。孔子曰：「有德者必有言，非有言也，德之發於口者也。」又曰：「我戰則克，祭則受福，非能戰也，德之見於怒者也。」

李復古集一百卷

鼂氏曰：宋朝李迪復古，濮州人。少從柳開學，爲古文。開嘗謂其門人張景、高弁曰：「此公輔器也。」景德初〔三〕，應進士，擢居第一。累遷翰林學士，拜同中書門下平章事，後致仕。謚文定。

孫文懿集三十卷

鼂氏曰：宋朝孫抃字夢得，眉山人。六世祖長孺，喜藏書，貯以樓，蜀人號書樓孫家。天聖中，進士甲科。累遷知制誥、翰林學士承旨，後參知政事。謚文懿。

姚鉉文集二十卷

鼂氏曰：宋朝姚鉉字寶臣〔二五〕，廬州合淝人。中進士甲科。文辭敏麗。淳化中，直史館，應制賦賞花釣魚詩，特被嘉賞。翌日，命中使就第賜白金褒獎之。累遷兩浙轉運使。鉉儁爽尚氣，薛映知杭州，與之不協，中以危法，除其名。卒，年五十三。

夏文莊集一百卷

鼂氏曰：宋朝夏竦字子喬，江州德安人。以父死事補官。舉賢良，除光禄丞，累擢知制誥。仁宗屢欲相之，爲言者所攻而寢。初封英國公，後改封鄭，謚文莊。貴顯凡四十年。天資好學，自經史、百氏、陰陽、律曆之書，無所不通。善爲文章，尤長偶儷之語，朝廷大典策，屢以屬之。爲詩巧麗，皆「山勢蜂腰斷，溪流燕尾分」之類。其集夏伯孫編次，有宋次道序。

陳氏曰：竦父死王事，身中賢科。工爲文辭〔二六〕，復多材術，而不自愛，至甘心姦邪；聲伎之盛，冠於承平；夫婦反目，陰慝彰播，皆可爲世戒也。

呂文靖試卷一卷

陳氏曰：丞相許國文靖公壽春呂夷簡坦夫撰。咸平二年，壽州應舉，此其程文也。真本藏太史氏，前有家狀，大略與今同。其所習曰春秋何論大義，「何論」者，當是何晏論語也。其所問各十條，皆非深義，逐條所答纔數句，或止一言，或直稱未審。考官二人，花書其上，并批通不。又禮行於郊賦、建侯置守孰優論。其所習又稱雜文、時務策，則不復存。此可以見國初場屋事體，文法簡寬，士習純茂，得人之盛，後世反不能及。文盛則實衰，世變蓋可睹矣。

宋元憲集四十四卷一作湜巾集二十卷〔二七〕。

鼂氏曰：宋朝宋庠字公序，開封雍丘人。天聖中，擢進士第一，入翰林爲學士。皇祐元年，拜相，嘉祐中，復爲樞密使。封莒國公，以司空致仕。初名郊，字伯庠，御史言其姓符國號，名應郊天，乃改今名。遺命子孫，不得以其文集流傳。

宋景文集一百五十卷

鼂氏曰：宋朝宋祁字子京，與其兄郊同舉進士，奏名第一，章獻以爲弟不可先兄，乃擢郊第一，而以爲第十。當是時，兄弟俱以詞賦妙天下，號「大小宋」。累遷知制誥，除翰林學士承旨。以文章擅名一時，終不至大用，衆頗惜之。張方平爲之請，謚景文。通小學，故其文多奇字。蘇子瞻常謂其淵源皆有考，奇嶮或難句。世以爲知言。集有出麾小集、西州猥稿之類，合併而爲一。

陳氏曰：景文清約莊重不逮其兄，以此不至公輔。所撰唐書列傳，不稱良史。景文筆記：「余於爲文似蘧瑗，年五十，知四十九年非。余年六十，始知五十九年非。其庶幾至於道乎！」每見舊所作文章，憎之必欲燒棄。梅堯臣喜曰：「公之文進矣。」景文未第時，爲學於永陽僧舍。或問曰：「君好讀何書？」答曰：「余最好大誥。」故景文爲文謹嚴。至修唐書，其言艱，其思苦，蓋亦有自歟〔二八〕！

龐相國清風集十卷

丞相龐籍撰。司馬温公序略曰：公之勳業治行，范景仁所爲清風集叙言之詳矣。公性喜詩，雖相府機務之繁，邊庭軍旅之急，未嘗一日置不爲。凡所以怡神養志，及逢時值事，一寓之於詩，其高深閎遠之趣，固非庸淺所可及。至於用事精當，偶對的切，雖古人能者，殆無以過。及疾亟，光時爲諫官，有謁禁走手啓參候，公猶録詩十餘篇相示，手注其後曰：「欲令吾弟知老夫病中尚有此意思耳。」字已慘淡難識，後數日而薨。曏者嗣子某，字懋賢，已集其文爲五十卷，既而以文字之多，懼世人傳者不能廣也，又選詩之尤善者，凡千篇爲十卷，命曰清風集略，刻版摹之，命光繼叙其事。

田公金巖集兩卷

鼂氏曰：皇朝田況字元均。嘗登學究、進士、賢良科，終尚書左丞。嘗知成都，聽斷之明以比張乖崖。

何聖從廬江文集二十卷　刀筆五卷　奏議二十卷

鼂氏曰：宋朝何郯字聖從，成都人。仁廟朝爲御史、諫官，擢天章閣待制〔二九〕。熙寧中，以尚書右丞致仕。歷漢、梓、永興、河南四帥守。天資好學，殆廢寢食。爲詩章簡重淳淡，有孟東野之風。其仕臺諫時，知無不言，頗有直聲。鮮于子駿志其墓。集有李邦直序。

楊樂道集二十卷

龍圖閣學士、知諫院楊畋樂道撰。王介甫序略曰：公所爲文，莊厲謹潔，類其爲人。而尤好爲詩，其詞平易不迫，而能自道其意。讀其書，咏其詩，視其平生之大節如此，所謂善人之好學而能言者也。

安陽集五十卷

陳氏曰：丞相魏國公忠獻公安陽韓琦稚圭撰。

富文忠劄子集六卷　奏議十二卷　安邊策

鼂氏曰：宋朝富弼字彦國，河南人。天聖八年中制科。至和二年，召拜同中書門下平章事。元豐中卒，年八十。謚文忠。其爲文章，辯而不華，質而不俚。鼂以道爲之序，其略曰：人孰不仰公使虜之功？上乃拜公樞密副使，而公力辭。至和之末，請立皇嗣之功，人或未聞。公於褒進司徒則一命而不避。公聞人語及北事，便變色若不欲聞者。至青州救災之功，平居喜爲人道之。石介嘗以夔、契方公矣，而嚴事王沂公。薦士後至將相者多矣，而最喜劉概。數事皆世所罕知者。又曰：公於仁宗時，言猶雨露也。英宗時，言猶海潮也。神宗時，言猶鳳鳴也。

文潞公集四十卷　補遺一卷

陳氏曰：丞相介休文彦博寬夫撰。

石林葉氏序略曰：公平生所爲文章，上自朝廷典册，至於章奏議論，下及詞賦歌詩閑適之辭，世猶未盡見。兵興以來，故家大族，多奔走遷移，於是公之集藏於家者，散亡無餘。其少子維申稍討求追輯，猶得二百八十六篇，以類編次，爲略集二十卷，而屬某爲序。噫！公之所謂文者遠矣。重德偉度，足以鎮服四夷；精識遠慮，足以錯綜萬務；博聞强識，足以貫通九流；讜論嘉言，足以弼成百度。世之區區事其語言，以一藝自名者，未足以論公也。公未嘗有意於爲文，而因事輒見，操筆立成，簡質重厚，經緯錯出，譬之蕢鼓鏞鐘，音節疏緩，雜然並奏於堂上，不害其與嘒嘒簫韶，舞百獸而諧八音也。昔韓愈論于頔之文曰：「變化若雷霆，浩瀚若江河，正聲諧韶濩，勁氣沮金石。」頔何足以當之？其公之謂歟。

武溪集二十卷

陳氏曰：集賢院學士襄公曲江余靖安道撰。

徂徠集二十卷

鼂氏曰：石介字守道，兖州奉符人。天聖八年登進士第。遷直集賢院。篤學有大志。嘗謂：「時無不可爲，不在其位，則行其言，雖獲禍，至死不悔。」其爲文章，陳古今治亂成敗，以指切當時，無所忌諱。作慶曆聖德詩，分別邪正，專斥夏竦。其後守道死，竦因誣以北走契丹，請剖棺驗視云。

陳氏曰：集中南京夏尚書啓及夫子廟上梁文，皆爲夏竦作。介所謂「大姦之去，如距斯脱」者，豈當時竦之姦邪猶未著邪？陸子遹刻於新定，述其父放翁之言曰：「老蘇之文不能及。」然世自有公論，歐公所以重介者，非緣其文也。

竹溪林氏曰：石徂徠之文，多方少圓，却略有典則。

滄浪集十五卷

鼂氏曰：蘇舜欽字子美，易簡之孫，杜祁公衍之婿也。景祐中進士。累遷集賢校理，監進奏院。坐用故紙錢會客，除名。慷慨有大志，好古，工文章。及廢，居蘇州，買水石作滄浪亭，益讀書，發其憤懣於歌詩。其體豪放，往往驚人。又善草書〔三〇〕，酣醉落筆，争爲人所傳翫。

陳氏曰：子美既廢逐，嘗答韓持國書，具見其意趣，本傳載之。歐公序言，同時得罪者，未幾復顯用，而子美獨先没，可恨也〔三一〕。

歐陽氏序曰：斯文，金玉也。棄擲埋没糞土，不能銷蝕，其見遺於一時，必有收而寶之於後世者。雖其埋没而未出，其精氣光怪，已能常自發見，而物亦不能揜也。故方其擯斥摧挫流離窮厄之時，文章已自行於天下，雖其怨家仇人，及嘗能出力而擠之死者，至其文章，則不能少毁而揜蔽之也。凡人之情，忽近而貴遠，子美屈於今世猶若此，其伸於後世宜何如也？公其可無恨！予嘗考前世文章政理之盛衰，而怪唐太宗致治幾乎三王之盛，而文章不能革五代之餘習。後百有餘年，韓、李之徒出，然後元和之文始復於古。唐衰兵亂，又百餘年，而聖宋興，天下一定，晏然無事，又幾百年，而古文始盛於今。自古治時少而亂時多，幸時治矣，文章或不能純粹，或遲久而不相及，何其難之若是歟！豈非難得其人歟？苟一有其人，又幸而及出於治世，世其可不爲之貴重而愛惜之歟？嗟，吾子美，以一酒食之過，至廢爲民，而流落以死，此其可以嘆息流涕，而爲當世仁人君子之職位宜與國家樂育賢才者惜也！子美之齒少於予，而予學古文反在其後。天聖之間，予舉進士於有司。見時學者，務以言語聲偶擿裂，號爲時文，以相誇尚。而子美獨與其兄才翁及穆參軍伯長作爲古歌詩、雜文，時人頗共非笑之，而子美不顧也。其後天子患時文之弊，下詔書諷勉學者以近古，由是其風漸息，而學者稍趨古焉。獨子美爲於舉世不爲之時，其始終自守，不牽世俗趨舍，可謂特立之士也。子美官至大理評事、集賢校理而廢，後爲湖州長史以卒，享年四十有一。其狀貌奇偉，望之昂然，而即之温温，久而愈可愛慕。其材雖高，而人亦不甚嫉忌。其擊而去之者，意不在子美也。

後村劉氏曰：蘇子美歌行雄放於聖俞，軒昂不羈，如其爲人，及蟠屈爲吴體，則極平夷妥帖。絶句云：「别院深深夏簟清，石榴開遍透簾明。樹陰滿地日卓午，夢覺流鶯時一聲。」又云：「春陰垂野草青青，時有幽花一樹明。晚泊孤舟古祠下，滿川風雨看潮生。」極似韋蘇州。垂虹亭觀中秋月云：「佛氏解爲銀色界，仙家多住玉華宫。」極工。而世惟咏其上一聯「金餅彩虹」之句，何也？「山蟬帶響穿疏户，野蔓蟠青入破窗」亦佳句。

梅聖俞宛陵集六十卷　外集十卷

鼂氏曰：梅堯臣字聖俞，宛陵人。少以蔭補吏，累舉進士，輒抑於有司。幼習爲詩，出語已驚人。既長，學六經仁義之説，其爲文章，簡古純粹，然最樂爲詩。歐陽永叔與之友善，其意如韓愈之待郊、島云。

陳氏曰：凡五十九卷爲詩，他文賦纔一卷而已。謝景初所集，歐陽公爲之序。外集者，吴郡宋績臣所序，謂皆前集所不載。今考之首卷諸賦已載前集矣，不可曉也。聖俞爲詩，古淡深遠，有盛名於一時。近世少有喜者，或加訾毁，惟陸務觀重之，此可爲知者道也。自世競宗江西，已看不入眼，况晚唐卑格方錮之時乎！杜少陵猶敢竊議妄論〔三〕，其於宛陵何有？

歐陽氏序略曰：聖俞文章，簡古純粹，不求苟説於世，世之人徒知其詩而已。然時無賢愚，語詩者必求之聖俞，聖俞亦自以其不得志者樂於詩而發之。故其平生所作，於詩尤多，世既知之矣，而未有薦於上者。昔王文康公嘗見而嘆曰：「二百年無此作矣。」雖知之深，亦不果薦也。若使其幸得用於朝廷，作爲雅、頌以歌咏大宋之功德，薦之清廟而追商、周、魯頌之作者，豈不偉歟。奈何使其老不得志而爲窮者之詩，乃徒發於蟲魚物類羈愁感嘆之言。世徒喜其工〔三〕，不知其窮之久而將老也，可不惜哉。聖俞詩既多，不自收拾，其妻之兄子謝景初懼其多而易失也，取其自洛陽至於吴興已來所作，次爲十卷。予嘗嗜聖俞詩，而患不能盡得之，遽喜謝氏之能類次也，輒序而藏之。其後十五年，聖俞以疾卒於京師，余既哭而銘之，因索於其家，得其遺稿千餘篇，并舊所藏，掇其尤者六百七十七篇，爲一十五卷。

又詩話曰：子美筆力豪儁，以超邁横絶爲奇；聖俞覃思精微，以深遠閑淡爲意。各極其長，雖善論者，不能優劣也。余嘗於水谷夜行詩略道其一二云：「子美氣尤雄，萬竅號一噫。有時肆顛狂，醉墨灑滂沛。譬如千里馬，已發不可殺。盈前盡珠璣，一一難揀汰。梅翁事清切，石齒漱寒瀨。

作詩三十年，視我猶後輩。文辭愈精新，心意雖老大。有如妖韶女，老自有餘態。近詩尤古硬，咀嚼苦難嘬。又如食橄欖，真味久愈在。蘇豪以氣轢，舉世徒驚駭。梅窮我獨知，古貨今難賣。」語雖非工，謂粗得髣髴，然不能優劣之也。

漁隱叢話：聖俞詩工於平淡，自成一家。如東溪云：「野鳬眠岸有閑意，老樹著花無醜枝。」山行云：「人家在何處，雲外一聲鷄。」春陰云：「鳩鳴桑葉吐，村暗杏花殘。」杜鵑云：「月樹啼方急，山房人未眠。」似此等句，須細味之，方見其用意也。

張浮休評聖俞詩如深山道人，草衣菌茹，土形木質，雖王公大人見之，不覺屈膝。

許彥周詩話：聖俞詩句之精鍊，如「焚香露蓮泣，聞磬清鷗邁」之類，宜乎爲歐公所稱。其他古體如朱絃疏越，一唱三嘆，讀者當以意求之。

後村劉氏曰：歐公詩如昌黎，不當以詩論。本朝詩惟宛陵爲開山祖師，宛陵出，然後桑、濮之哇淫稍息，風、雅之氣脉復續，其功不在歐、尹下。世之學梅詩者，率以爲淡。集中如「葑上春田闊，蘆中走吏參」，「海貨通閭市，漁歌入縣樓」，「白水照茆屋，清風生稻花」，「霜落熊升樹，林空鹿飲溪」，「河漢微分練，星辰淡布螢」，「每令夫結友，不爲子求郎」，「山形無地接，寺界與波分」，「山風來虎嘯，江雨過龍腥」之類，殊不草草。蓋逐字逐句，銖銖而較者，決不足爲大家數，而前輩號大家數者，亦未嘗不留意於句律也。

尹師魯集二十卷

鼂氏曰：尹洙字師魯，河南人。天聖中進士。以薦爲館閣校勘，累遷右司諫、知渭州兼領涇源路經略公事〔三四〕。爭城水洛事〔三五〕，爲董士廉所訟，遣御史就鞫，不能得其罪，猶貶均州監酒〔三六〕。師魯内剛而外和，與人言必極辯其是非。如前世治亂沿革之變，靡不該博，人有疑不能通，爲指畫講説，皆釋然自得。尤長於春秋，文章自唐末卑弱，柳開始爲古文，天聖初，與穆修大振起之。

陳氏曰：其父仲宣，明經入仕。父子皆歐陽公誌其墓。洙與穆伯長同爲古文。范文正公爲作集序，歐陽公亦稱其文簡而有法。以剛直數忤時，卒以貶死。死時精明不亂，有過人者。

石林葉氏曰：尹師魯不長於詩，亦自以爲無益而廢事故。方洛中歐陽文忠公與梅聖俞鋭意作詩時獨不作，余平生僅見其三五篇而已。吴下施昌言家子弟，有其和昌言一絶，云：「千里觀風使節來，百城舒慘係行臺。威嚴少霽猶知幸，誰信芳尊盡日開。」氣格終自不凡。

竹溪林氏曰：本朝古文，自尹、穆始倡爲之。然二公去華就實，可謂近古，而未盡變化之妙，所以歐公謂老泉曰：「於文得尹師魯、孫明復而意猶不足。」此語見子由作公墓碑。

書判一卷

陳氏曰：尹洙撰。天聖二年進士。後以安德軍節推試書判拔萃科，中之。前十道是程文，餘當爲擬卷。本朝惟余安道亦中是科。集中有判詞二卷，文鑑亦載一二。又有王回判二道，而回不以此科進，餘未有聞。

尹子漸集六卷

陳氏曰：太常博士、知懷州河南尹源子漸撰。師魯之兄，焞彦明其孫也。

六一居士集一百五十二卷　附録四卷　年譜一卷

鼂氏曰：歐陽修字永叔，吉州人。舉進士，累遷知制誥。夏竦以永叔黨於杜、韓、范、富，因以外甥張氏事污之，下開封府治之，無狀，坐用張氏奩中物市田，出知滁州。召入修唐書，爲翰林學士。未幾，參知政事。蔣之奇言其帷箔事，連其子婦吴氏，詔詰，之奇辭窮，坐貶。年六十，乞致仕。卒，謚文忠。博極群書，好學不倦，尤以奬進天下士爲己任，延譽慰藉，極其力而後已。於經術治其大指，不求異於諸儒。與尹洙皆爲古學，遂爲天下宗匠。蘇明允以其文詞令雍容似李翺，切近適當似陸贄，而其才亦似過此兩人。至其作唐書、五代史，不愧班固、劉向也。獨議濮邸事，議者不以爲是。

陳氏曰：本朝初爲古文者，柳開、穆修，其後有二尹、二蘇兄弟。歐公本以詞賦擅名場屋，既得韓文，刻意爲之，雖皆在諸公後，而獨出其上，遂爲一代文宗。其集遍行海内，而無善本。周益公解相印歸，用諸本編校，定爲此本。且爲之年譜，曰居士集。外集而下，至於書簡集，凡十，各刊之家塾〔三七〕。其子綸又以所得歐陽氏傳家本，乃公之子棐叔弼所編次者，屬益公舊客曾三異校正，益完善無遺恨矣。居士集，歐公手所定也。

東坡蘇氏集序略曰：自漢以來，道術不出於孔氏，而亂天下者多矣。晉以老、莊亡，梁以佛亡，莫或正之。五百餘年而後得韓愈，學者以愈配孟子，蓋庶幾焉。愈之後三百有餘年，而後得歐陽子，其學推韓愈、孟子，以達於孔氏。著禮樂仁義之實，以合於大道，其言簡而明，信而通，引物連類，折之於至理，以服人心，故天下翕然師尊之。自歐陽子之存，世之不説者譁而攻之，能折困其身，而不能屈其言。士無賢不肖，不謀而同曰：「歐陽子今之韓愈也。」宋興七十餘年，民不知兵，富而教之，至天聖、景祐極矣。而斯文終有愧於古，士亦因陋守舊〔三八〕，論卑而氣弱。自歐陽子出，天下争自濯磨，以通經學古爲高，以救時行道爲賢，以犯顔納説爲忠，長育成就，至嘉祐末，號稱多士，歐陽子之功爲多。嗚呼！此豈人力也哉！非天其孰能使之？歐陽子没十有餘年，士始爲新學，以佛、老之似，亂周、孔之實，識者憂之。賴今天子明聖，詔修取士法，風厲學者，專治孔氏，黜異端，然後風俗一變。考論師友淵源所自，復知誦習歐陽子之書。予得其詩文七百六十六篇於其子棐，乃次而論之曰：「歐陽子論大道似韓愈，論事似陸贄，記事似司馬遷，詩賦似李白，此非余言也，天下之言也。」

石林葉氏曰：歐陽文忠公晚年取平生所爲文自編次今所謂居士集者，往往一篇至數十過，有累日去取不能決者。一夕大寒，燭下至夜分，薛夫人從旁語曰：「寒甚，當早睡，胡不自愛目力〔三九〕，此已所作，安用再三閲，寧畏先生嗔邪？」公徐笑曰：「吾正畏先生嗔耳！」

又曰：歐公詩始矯「崑體」，專以氣格爲主，故其詩多平易疏暢。律詩意所到處，雖語有不倫，亦不復問，而學之者往往失於快直，傾囷倒廩，無復餘地。然公詩好處，豈專在此？如崇徽公主手痕詩：「玉顔自昔爲身累〔四〇〕，肉食何人與國謀。」此是兩段大議論，抑揚曲折，發見於七字之中，婉麗雄勝，字字不失相對，雖「崑體」之工者，亦未易此意，所會處如是〔四一〕，乃爲至到。

張浮休評歐陽永叔詩，如春服乍成，淥酒既釃，登山臨水，竟日忘歸。

朱子語録：韓退之及歐、蘇諸公議論，不過是主於詞，少間却是邊頭帶得説些道理，其本意終自可見。歐公文意及三蘇文〔四二〕，好處只是平易説道理，初不曾使差異底字换却尋常底字。歐陽公文字敷腴温潤。

竹溪林氏曰：歐、曾、老蘇、東坡所以絶出於唐以後者，以其辭必己出，不蹈襲前人，而又自然也。蹈襲者，非剽竊言語，但體製相似，筆力相類，皆是也。

仲樸翁文集十二卷

尚書屯田員外郎仲訥樸翁撰。歐陽公序略曰：君生於有宋百年全盛之際，儒學文章得用之時，宜其馳騁上下，發揮其所畜，振耀於當世，而獨韜藏抑鬱，久伏而不顯者，蓋其不苟屈以合世，故世亦莫之知也，豈非知命之君子歟！余謂君非徒知命而不苟屈，亦自負其所有者，謂雖抑於一時，必將伸於後世而不可揜也。君之既没，富春孫莘老狀其行以告於史，臨川王介甫銘之石以藏諸幽，而余又序其集以行於世。然則君之不苟屈於一時，而有待於後世者，其不在吾三人者邪！

江鄰幾文集二十卷

刑部郎中、修起居注江休復鄰幾撰。歐陽公序略曰：鄰幾毅然仁厚君子也。雖知名於時，仕宦久而不進，晚而朝廷方將用之，未及而卒。其學問通博，文詞雅正深粹，而議論多所發明。詩尤清淡閑肆可喜。其文已行於世矣，固不待余言而爲重輕也。

陸子履寓山集十二卷

集賢修撰洛陽陸經子履撰。周平園序略曰：公與歐陽文忠公周旋館閣，詩文往復，相與至厚。惜仕不偶，陷於朋黨，屢起屢仆，晚遇裕陵，方嚮於用，則已老矣。予嘗謂尹師魯、蘇子美、江鄰幾、梅聖俞、丁元珍皆著美名負屈稱，與子履大略相似。彼五賢者，得文忠銘其藏，序其文，姓名鏗轟，炳耀至今，盪人耳目。獨公以後死不得與於斯文〔四三〕，或者遂謂公生既不遇，其殁又重不幸也。予曰不然。公當古文復興時，文忠實與爲友，其出倅宿州，送以詩曰：「子履自少聲名馳，落筆文章天下知。開懷吐胸不自疑，世路迫窄多阱機。鬢毛零落風霜摧，十年江湖千首詩。」又曰：「一自蘇梅閉九泉，始開東潁播新篇〔四四〕。」暮年酬唱尤多，有「怕逢詩敵力難當」，及「敢期佳句報琅玕」之句，則是公之生也，已爲文忠所稱道如此，尚何待於身後？其垂名不朽，亦豈下於五賢哉！予故表而出之云。

校勘記

〔一〕中興國三年進士第　宋史卷二九三田錫傳作「太平興國三年進士高第」。

〔二〕不知在亡　「在」，直齋書録解題卷一七别集類中作「存」。

〔三〕君子之遇治世而危明主　「危」原作「事」，據上文及咸平集卷首蘇軾序改。
〔四〕耄智餘書三卷　「書」原作「言」，據下文、宋史卷三〇五鼂迥傳、郡齋讀書志卷一九别集類下改。
〔五〕道院集要則得之於知閬州王輔　「集要」，郡齋讀書志卷一九别集類下作「别集」。
〔六〕澠池卷中　「卷」，郡齋讀書志卷一九别集類下作「集」。
〔七〕楊文公刀筆集十卷　「集」字原脱，據下文及郡齋讀書志卷一九别集類下補。
〔八〕張穆之觸鱗集　「鱗」原作「麟」，據元本、慎本、馮本鼂補之鷄肋集卷三四張穆之觸鱗集序改。
〔九〕不事雕飾　「事」原作「可」，據郡齋讀書志卷一九别集類下改。
〔一〇〕伊川集三卷　「三」，直齋書録解題卷一七别集類中作「五」。
〔一一〕鼂氏曰　「鼂」原作「陳」，據郡齋讀書志卷一九别集類下改。
〔一二〕景祐四年　「祐」原作「德」，據宋史卷二一一宰輔二、郡齋讀書志卷一九别集類下改。
〔一三〕文多淺近　「文」原作「又」，據曾鞏集卷一二先大夫集後序改。
〔一四〕公於是勇言當世之得失　「勇」原作「更」，據元本、慎本、馮本、曾鞏集卷一二先大夫集後序改。
〔一五〕論其不盡載者　「不」字原脱，據曾鞏集卷一二先大夫集後序補。
〔一六〕枝詞以爲觀美者　「枝」原作「校」，據東坡全集卷三四鳧繹先生集序改。
〔一七〕喜談謔　「喜」，郡齋讀書志卷一九别集類下作「善」。
〔一八〕多喜圖畫　「多」，郡齋讀書志卷一九别集類下作「性」。
〔一九〕宋朝鮮于懷字伯圭　「鮮于懷」，郡齋讀書志卷一九别集類下作「鮮于瓌」。

〔二〇〕寶元三年拜平章事　按晏殊慶曆二年加平章事，三年同中書門下平章事，四年罷知潁州。見宋史卷三一一晏殊傳、卷二一一宰輔年表及長編卷一四〇慶曆三年三月記事、卷一五二慶曆四年九月庚午記事。此「寶元」當爲「慶曆」之誤。

〔二一〕歷陳許雍洛　「洛」原作「絡」，據宋史卷三一一晏殊傳、郡齋讀書志袁本前志卷四中别集類下改。

〔二二〕東坡蘇氏集序曰　「蘇氏集序」四字原脱，據元本、慎本、弘本補。

〔二三〕古之君子如伊尹　「古之君子如」五字原脱，據元本、慎本、馮本、弘本、東坡全集卷三四范文正公文集叙補。

〔二四〕景德初　「景德」原作「景祐」，據長編卷五九真宗景德二年三月甲寅紀事改。

〔二五〕宋朝姚鉉字寶臣　「寶臣」，宋史卷四四一姚鉉傳作「寶之」。

〔二六〕工爲文辭　「工」原作「又」，據直齋書録解題卷一七别集類中改。

〔二七〕一作湜巾集二十卷　「湜巾」原作「湜中」，據郡齋讀書志卷一九别集類下改。

〔二八〕蓋亦有自歎　元本、慎本、馮本「有」字下有「所」字。

〔二九〕擢天章閣待制　「待」原作「侍」，據宋史卷三二二何郯傳、郡齋讀書志卷一九别集類下改。

〔三〇〕又善草書　「善」原作「喜」，據元本、慎本、馮本、郡齋讀書志卷一九别集類下改。

〔三一〕可恨也　「恨」，歐陽文忠全集卷四一蘇氏文集序、直齋書録解題卷一七别集類中作「哀」。

〔三二〕杜少陵猶敢竊議妄論　直齋書録解題卷一七别集類中作「杜少陵猶有竊議妄論者」。

〔三三〕世徒喜其工　「喜」原作「善」，據歐陽文忠全集卷四二梅聖俞詩集序改。

〔三四〕知渭州兼領涇源路經略公事　「領」原作「鎮」，據宋史卷二九五尹洙傳、郡齋讀書志袁本前志卷四下别集類下改。

〔三五〕争城水洛事 「水洛」原作「永洛」，據宋史卷二九五尹洙傳、卷八七地理三、續資治通鑑長編卷一四七仁宗慶曆四年三月甲戌紀事改。

〔三六〕猶貶均州監酒 「均州」原作「筠州」，據宋史卷二九五尹洙傳、歐陽文忠全集卷二八尹師魯墓誌銘改。

〔三七〕各刊之家塾 「各」原作「名」，據直齋書録解題卷一七別集類中改。

〔三八〕士亦因陋守舊 「守」原作「中」，據元本、弘本、歐陽文忠全集卷首蘇軾序改。

〔三九〕胡不自愛目力 「目」原作「自」，據元本、慎本、馮本改。

〔四〇〕玉顔自昔爲身累 「昔」，歐陽文忠全集卷一三唐崇徽公主手痕和韓内翰、石林詩話卷上作「古」。

〔四一〕亦未易此意所會處如是 石林詩話卷上作「亦未易此言意所會要當如是」。

〔四二〕歐公文意及三蘇文 「意」，朱子語類卷一三九論文上作「章」。

〔四三〕獨公以後死不得與於斯文 「後死」原倒，據周必大文忠集卷五三陸子履嵩山集序乙正。

〔四四〕始開東潁播新篇 「開」，周必大文忠集卷五三陸子履嵩山集序作「聞」。

卷二百三十五　經籍考六十二

集別集

薛簡肅公文集四十卷

參知政事薛奎宿藝撰。歐陽公序略曰：公絳州正平人。自少以文行推於鄉里，既舉進士，獻其文百軸於有司，由是名動京師。平生所爲文至八百餘篇，何其盛哉！公之事業顯矣。其爲文章，氣質純深而勁正，蓋發於其志，如其爲人云。

劉公是集七十五卷

鼂氏曰：劉敞字原父，袁州人。慶曆中舉進士，廷試第一。累遷知制誥，出知永興。爲人明白俊偉，自六經百氏，下至傳記，無所不通。爲文章尤敏贍，好摹倣古語句度。在西掖時，嘗食頃草九制，各得其體。英宗嘗語及原父，韓魏公對以有文學。歐陽公曰：「其文章未佳，特博學可稱耳。」

公是劉氏文集後序曰：古今之文人多矣，其能道胸中之蘊積，暢物理之有無，合衆美以爲己用，超倫類而獨得，使其語言如其心，其馳騁極所欲，瓌偉奇正，放肆自若，非夫豪傑之士不能至是。故自申、韓、管、商、慎、墨、屈原之倫，其道未必皆是，而其書傳焉。雖然，猶之貴文也。若夫原性命之統，貫誠明之本，考百子之雜博，判其真僞，雖至於六經，可折衷也。極帝王之治，奉事有功，雖在於今日，可按行也。是好古博雅之士，所以貴乎學聖人而得其道真者。嗚呼！先生之文，優出於前人者在是矣！傳曰：「情深而文明，氣盛而化神。」惟深，故能通天下之志，以極萬物之理，則文有不明者乎？盛如四時，煦育賦予，雕刻衆形，萌芽夭條，無有不備，是之謂神。故古今之士，智有所不周，文有所不明，由其情之蹇淺也。知其一，不知其二，善於此，不善於彼，由其氣竄而化狹也。嗚呼！先生可謂備矣。

石林葉氏曰：慶曆後，歐陽文忠公以文章擅天下，世莫敢抗衡者。劉原父雖出其後，以博學通經自許，文忠亦以是推之，作五代史、新唐書，凡例多問春秋於原父，書梁入閣事之類，原父即爲剖析，辭辯風生。文忠論春秋，多取平易，原父每深言經旨，文忠有不同，原父間以謔語酬之，文忠久或不能平。復忤韓魏公，終不得爲翰林學士。將死，戒其子弟毋得遽出其文集，後百年世好，定當有知我者。故貢父次其集，藏之不肯出，私謚曰公是先生。貢父平生亦好諧謔，慢侮公卿，與荆公素厚，坐是相失。及死，弟子私謚公非先生。

朱子語録曰〔一〕：劉原父才思極多〔二〕，涌將出來〔三〕，每作文，多法古，絶相似。有幾件文字學禮記，春秋説學公、穀，文勝貢父。劉侍讀氣平文緩，乃自經術中來，比之蘇公，誠有高古之趣，但亦覺詞多理寡，苦無甚發明。

竹溪林氏曰：劉原父於諸經，錯綜貫穿，自得於心，不肯下荆公，荆公實畏之。尚書義更定武成先後脱簡，皆從原父。

劉公非集六十卷

陳氏曰：中書舍人劉攽貢父撰。號公非先生。敞兄弟俊敏博洽，同登慶曆六年進士第。敞本首冠，以内兄王堯臣爲編排官引嫌，遂得第二；仕早貴而不永年，才五十。攽歴州縣二十年，晚乃遊館學，元祐中始掌外制。敞子奉世仲馮亦有名，宦至執政，世稱「三劉」。

朱子語録曰：劉貢父文字工於摹倣，學公羊、儀禮。

孫明復睢陽子集十卷

鼂氏曰：孫復字明復，晉州人，居泰山。深於春秋，自石介以次皆師事之。年四十未娶，李丞相迪以其弟之子妻之〔四〕。慶曆中，范文正公、富鄭公言之於朝，除國子監直講。嘗對邇英閣説詩，上欲以爲侍講，楊安國沮之而寢。

李泰伯退居類稿十二卷　續稿八卷　常語三卷　周禮致太平論十卷　後集六卷

陳氏曰：太學説書南城李覯泰伯撰。其自序曰：「天將壽我歟，所爲固未足也。不然，斯亦足以藉手見古人矣。」類稿，慶曆所録；續稿，皇祐所録；後集則門人傅野編。泰伯不喜孟子，常語專辯之〔五〕。

朱子語録曰：李泰伯文，實得之經中，雖淺，然皆自大處起議論。首卷潛書、民言好，如古潛夫論之類。周禮論好，如宰相掌人主飲食、男女事，某意如此，今其論皆然。文字氣象大段好，甚使人愛之，亦可見其時節方興如此〔六〕。老蘇父子自史中戰國策得之，故皆自小處起議論，歐公喜之，李不軟帖，不爲所喜。

少微集三十卷

陳氏曰：職方員外郎會稽齊唐祖之撰。齊澣之後。天聖八年進士，兩應制科，皆爲首選。以切直報罷。居鑑湖東北，去城五里，名其山曰少微。其集，顧臨爲之序。

樂全先生集四十卷

陳氏曰：參政文定公南都張方平安道撰。初舉茂材異等，再舉賢良方正，皆中其科。識略過人，知蘇洵父子於布衣，惡王安石於考試進士之日，皆人所不能及。壽八十五，薨於元祐中。於當時最爲耆德，然頗不爲司馬公所喜。

東坡蘇氏文集序曰：孔北海志大而論高，功烈不見於世，然英偉豪傑之氣，自爲一時所宗。其論盛孝章、郗鴻豫書，慨然有烈丈夫之風。諸葛孔明不以文章自名，而開物成務之姿，綜練名實之意，自見於言語。至出師表簡而盡，直而不肆，大哉言乎！與伊訓、説命相表裏，非秦、漢以來以事君爲説者所能至也。常恨二人之文不見其全，今吾樂全先生張公安道其庶幾乎！嗚呼，士不以天下之重自任久矣！言語非不工也，政事文學非不敏且博也，然至於臨大事，鮮不忘其故、失其守者，其器小也。公爲布衣，則頎然已有公輔之望。自少出仕，至老而歸，未嘗以言徇物，以色假人，雖對人主，必同而後言，毀譽不動，得喪若一，真孔子所謂大臣以道事君者。世遠道散，雖志士仁人，或少貶以求用，公獨以邁往之氣，行正大之言，用之則行，舍之則藏。上不求合於人主，故雖貴而不用，用而不盡；下不求合於士大夫，故悦公者寡，不悦者衆。然至言天下偉人，則必以公爲首。公盡性知命，體乎自然，而行乎不得已，非蘄以文字名世者也。然自慶曆以來，訖元豐四十餘年，所與人主論天下事，見於章疏者多矣，或用或不用，而皆本於禮義，合於人情，是非有考於前，而成敗有驗於後；及其他詩文，皆清遠雄麗，讀者可以想見其爲人。信乎其有似於孔北海、諸葛孔明也。昔曾魯公嘗爲軾言，公在人主前論大事，他人終日反復不能盡者，公必數言而決，粲然成章，皆可書而誦也。言雖不盡用，然慶曆以來名臣，爲人主所敬，莫如公者。

胡文恭公集七十卷

陳氏曰：樞密副使文恭公晉陵胡宿武平撰。晉陵之胡，自文恭始大，其猶子宗愈仍執政，子孫爲侍從九卿者以十數，紹興初世將承公亦其後〔七〕，至今爲名族。

蔡君謨集十七卷

鼂氏曰：蔡襄君謨，興化人。天聖中舉進士，在慶曆四諫官選中。累遷至翰林學士，權三司使。嘗知福、泉、杭三州。文章清遒粹美，工書，爲宋朝第一。

陳氏曰：集三十六卷，近世始刻於泉州，王十朋龜齡爲序。余嘗宦莆，至其居，去城三里，荔子號「玉堂紅」者，正在其處，矮屋欲壓頭，猶是當時舊物。歐公所撰墓誌石立堂下，真蹟及諸公書帖，多有存者。京、卞同郡晚出，欲自附於名閥，自稱爲族弟，本傳云爾。襄孫佃，唱名第一，京時當國，以族孫引嫌，降第二，佃終身恨之。

鄭毅夫鄖溪集五十卷

鼂氏曰：鄭獬字毅夫，安州人。少俊異，爲詩賦有聲，廷試第一。累遷知制誥，入翰林爲學士〔八〕。王安石不悦之，乘宰相在告，除獬知杭州。爲文有豪氣，峭整無長語。與滕達道少相善，並嗜酒，落魄無檢操。人目之爲「滕屠鄭沽」云。

陳氏曰：皇祐五年進士首選。坐知開封府不肯用按問新法，爲王安石所惡而出。廷試圜丘象天賦，時獬與滕甫俱有場屋聲，甫賦首曰：「大禮必簡，圜丘自然。」自謂人莫能及。獬賦但倒一字曰：「禮大必簡，丘圜自然。」甫聞之大服，果居其次云。

曾子固南豐類稿五十卷

鼂氏曰：曾鞏字子固，南豐人。元豐中，爲中書舍人卒。子固師事歐陽永叔，早以文章名天下。壯年，其文慓鷙奔放，雄渾瓌偉，其自負要似劉向〔九〕，藐視韓愈以下也。晚年始在掖垣，屬新官制，方除目填委，占紙肆書，初若不經意，及屬草授吏，所以本法意，原職守，爲之訓敕者，人人不同，贍裕雅重，自成一家。歐公門下士，多爲世顯人，議者獨以子固爲得其傳，猶學浮屠者所謂嫡嗣云。

陳氏曰：王震爲之序。年譜，朱熹所輯也。按韓持國爲神道碑，稱類稿五十卷，續四十卷，外集十卷，本傳同之。及朱公爲譜時，類稿之外，但有別集六卷，以爲散逸者五十卷，而別集所傳〔一〇〕，其什一也。開禧乙丑，建昌守趙汝礪、丞陳東得於其族孫㴵者，校而刊之，因碑傳之舊，定著爲四十卷。然所謂外集者，未知何當，則四十卷亦未必合其舊也。

朱子語録曰：南豐文字確實。他初亦只是學爲文，却因學文，漸見些子道理。故文字依傍道理，不爲空言。只是關鍵緊要處也，説得寬緩不分明。緣他見處不徹，本無根本工夫，所以如此。但比之東坡，則又較質而近理，東坡則華艶處多。

曾子開曲阜集四十卷　奏議十二卷　西掖集十二卷　内制五十卷　外制三十卷

鼂氏曰：曾肇字子開，子固之弟也。登進士第。元祐中爲中書舍人，元符末再入西掖，遂爲翰林學士。前後歷陳、潁、宋、泰、海、和、金陵、真、定九郡帥守。坐兄子宣貶，亦以散官汀州安置。崇寧末移台州，居京口而終。封曲阜侯。

陳氏曰：肇，元祐中爲西掖，元符末再入〔一一〕，故别名庚辰外制集。肇制誥温潤典雅，其草兄布拜相制〔一二〕，汪玉山稱之，以爲得命次相之體。

蘇明允嘉祐集十五卷

鼂氏曰：蘇洵字明允，眉山人。至和中，歐陽永叔得明允書二十二篇，大愛其文辭，以爲賈誼、劉向不過也。以書獻，除校書郎。與姚子張同編太常因革禮百卷，書方成而卒。治平史臣謂永叔所獻明允之文甚美，大抵兵謀、權利、機變之言也。

陳氏曰：洵初入京師，益帥張文定薦之歐陽公，世皆知之。而有雷簡夫者，爲雅守〔一三〕，以書薦之張、歐及韓魏公尤力，張之知洵由簡夫，世罕知之。雷之書文，亦慨慷偉麗可喜。

南豐曾氏哀詞曰：明允始舉進士，又舉茂材異等，皆不中。歸，焚所爲文。閉户讀書五六年，所有既富矣，乃始復爲文。蓋少或百字，多至千言，其指事析理，引物托諭，侈能盡之約，遠能見之近，大能使之微，小能使之著，煩能不亂，肆能不流，其雄壯俊偉，若决江河而下也，其輝光明白，若引星辰而上也。

朱子語録曰：老蘇文雄渾，其父子爲文，自史中戰國策得之，皆自小處起議論。

看老蘇六經論，則是聖人全是以術欺天下。

老蘇門只就孟子學作文，不理會他道理，然其文亦實是好。

蘇子瞻東坡前集四十卷〔一四〕 後集二十卷 奏議十五卷 内制十卷 外制三卷 和陶集四卷〔一五〕 應詔集十卷

鼂氏曰：蘇軾子瞻，洵之長子也。軾生十年，其母授以書，聞古今成敗，輒能語其要。比冠，學通經史，屬文日數千言。嘉祐中，歐陽永叔考試禮部進士，梅聖俞與其事，得其論刑賞，以示永叔，至驚喜，以爲異人，欲以冠多士，疑曾子固所爲，乃寘之第二等。後以書謝，永叔見之，語客曰：「老夫當避此人放出一頭地。」又以直言薦之，答策入上等。英宗在藩邸，聞其名，欲以唐故事召入翰林，宰相不可。知湖州，以表謝上，言事者摘其語以爲謗，遣官逮赴御史臺。初，子瞻當王安石紛更法度之際，見其事不便於民，則賦詩以諷焉。言者從而擠陷，欲寘之死。神宗薄其過，責置黄州。

温公相哲宗，累擢中書舍人，除翰林學士承旨。紹聖中，坐草責呂惠卿制直書其罪，誣以訕謗，安置惠州，徙昌化。元符初，北還，卒於常州。初好賈誼、陸贄書，論古今治亂，不爲空言。既責黄州，杜門深居，馳騁翰墨，其文一變，平生遇事所爲詩騷、銘記、書檄〔一六〕、論譔，率皆過人。晚喜陶淵明詩，和之幾偏。爲人英辯奇偉，於書無所不通。所作文章才落筆，四海已皆傳誦。下至閭閻田里，外至夷狄，莫不知名。門下賓客，亦皆一世豪傑。其盛本朝所未有也。立朝知無不爲，世稱其忠義。嘗自比范滂、孔融，議者不以爲過。在黄州日，自號東坡居士，世因不呼其名，止目之爲東坡云。

陳氏曰：杭、蜀本同，但杭本無應詔集。

朱子語録：東坡文字明快，但傷於巧，議論有不正當處。後來到中原，見歐公諸人了，文字方稍平。大抵已前文字却平正，亦不會大段巧説。自三蘇文出，學者始日趨於巧。坡文雄健有餘，只下字亦有不帖實處〔一七〕。東坡文只是大勢好，不可逐一字去檢點。東坡善議論，有氣節，其文字晚年不衰。蓋是夾雜些佛老，添得又閙熱也。

蘇子由欒城集前集五十卷　後集二十四卷　第三集十卷　應詔集十二卷

鼂氏曰：蘇轍子由，洵之次子也。年十九中進士第。二十三舉直言〔一八〕，因所問極言得失，策入，或欲黜之，仁宗不許，擢商州推官。以兄得罪，從坐謫筠州監酒。宣仁臨朝，相温公，擢中書舍人，代子瞻爲翰林學士。未幾，拜尚書左丞。紹聖初，責置雷州，後北還。凡居筠〔一九〕、雷、循七年，居許十六年〔二〇〕，杜門理舊學，於是詩、春秋傳、老子解、古史書皆成〔二一〕，自謂得聖賢遺意。

陳氏曰：欒城，真定府縣也。蘇氏望趙郡，欒城元魏時屬趙郡，故云。晚居潁濱，自號潁濱遺老，故集或名。

東坡蘇氏曰：子由之文實勝僕，而世俗不知，乃以爲不如。其爲人深不願人知之，其文如其爲人。故汪洋澹泊，有一唱三嘆之聲，而其秀傑之氣終不可没。作黄樓賦，乃稍自振厲，若欲以警發憒憒者。而或者便謂僕代作，此尤可笑，是殆見吾善者機也。

朱子語録：東坡文字較明白，子由文字不甚分曉。

平園周氏曰：吾友陸務觀，當今詩人之冠冕，數勸予哦蘇黄門詩。退取欒城集觀之，殊未識其旨趣。甲申閏月，郊居無事，天寒踞爐如餓鴟。劉子澄忽自城中寄此卷相示，快讀數過，温雅高妙，如佳人獨立，姿態易見，然後知務觀於此道真先覺也。

三蘇年表三卷

陳氏曰：右奉議郎孫汝聽撰。汝聽，當是蜀人，叙述甚詳。

東坡别集四十六卷

陳氏曰：坡之曾孫給事嶠季真刊家集于建安，大略與杭本同。蓋杭本當坡公無恙時，已行於世矣。麻沙書坊又有大全集，兼載誌林、雜説之類，亦雜以潁濱及小坡之文，且間有訛僞勦入者。有張某爲吉州，取建安本所遺盡刊之，而不加考訂，中載應詔、策論，蓋建安本無應詔集也。

王介甫臨川集一百三十卷

鼂氏曰：王安石字介甫，撫州臨川人。慶曆三年進士。累除知制誥〔二一〕。神宗在藩邸，見其文異之，召爲翰林學士。熙寧三年，拜同中書門下平章事〔二二〕，熙寧七年罷。明年再入相，九年罷。卒年六十六，謚文公。其婿蔡卞謂自先王澤竭，士習卑陋，不知道德性命之理。安石奮乎百世之下，追堯、舜、三代，通乎晝夜陰陽所不能測而入於神，著雜説數十萬言〔二四〕，其言與孟軻相上下。晚以所學考字畫奇耦横直〔二五〕，深造天地陰陽造化之理，著字説，包括萬象，與易相表裏。崇寧初，卞之兄京秉政，詔配文宣王廟。近時議者謂自紹聖以來，學術政事，敗壞殘酷，貽禍社稷，實出於安石云。

陳氏曰：方嘉祐以前，名重一世，迹其文學、論議、操守，使不至大位，則光明俊偉，不可瑕疵者。老蘇曰：「使斯人而不用也，則吾言爲過，而斯人有不遇之嘆，孰知其禍之至此哉！」何其知之明也。

東坡蘇氏曰：文字之衰，未有如今日者也，其源出於王氏。王氏之文未必不善也，而患在於好使人同己。自孔子不能使人同，顏淵之仁，子路之勇，不能以相移。而王氏欲以其學同天下。地之美者同於生物，而不同於所生。惟荒瘠斥鹵之地，彌望皆黄茅白葦，此則王氏之同也。

王魏公集二十卷

陳氏曰：尚書左丞王安禮和甫撰。近時厚之順伯，其曾孫也。

王校理集六十卷

陳氏曰：祕閣校理王安國平父撰。安國雖安石親弟〔二六〕，意向頗不合。尤惡呂惠卿，卒爲所陷，坐鄭俠事，奪官歸田里，亦會惠卿方叛安石故也。尋復之，命下而卒。

南豐曾氏序略曰：平甫自少已桀然以材高見於世，爲文思若決河，語出驚人，一時爭誦之。其學問尤敏，而資之以不倦，至晚愈篤，博覽强記，於書無所不通。其明於是非得失之理爲尤詳，其文閎富典重，其詩博而深矣。世皆謂平甫之詩，宜爲樂歌，薦之郊廟；其文宜爲典册，施諸朝廷，而不得用於世。然其文之可貴，人莫得而揜也。古今作者，或能文不必工於詩，或長於詩不必有文，平甫獨兼得之，其於詩尤自喜，其憂喜哀樂感激怨懟之情，於詩見之，故詩尤多也。

廣陵集二十卷

陳氏曰：揚州布衣王令逢原撰。令少年有盛名，王介甫尤重之，年二十八而卒。其妻吳氏，安石夫人之女弟也。守志不嫁，一女遺孕，嫁吳師禮，其子曰説，所謂吳傳朋也。令之墓，安石銘之，後有劉發者爲之傳。吳氏之墓，其侄王雲銘之，奉使死磁州者也。

石林葉氏曰：王逢原作騷文極工，蓋非徒有意言語。嘗渡揚州江，中流，慨然有感，乃作江上詞，既以爲未極其意，又作山中詞，寄示王荊公。荊公讀中篇，不覺失聲嘆曰：「秦、漢後乃有斯人邪！」自以爲不及，於是與之交益密。逢原早死，文字多散落，二詞世少有見者。

後村劉氏曰：昔讀廣陵集，草草用朱筆點出妙處，晚年遂再選一番。本朝諸人，惟逢原別是一種風調，如靈芝、慶雲出爲祥瑞。半山崛强，於歐、蘇無所推讓，非苟嘆服後生者。

王深父文集二十卷

王回深父，福州侯官人。舉進士中第。爲亳州衛真縣主簿。卒於治平二年，年四十三。

南豐曾氏文集序曰：當先王之迹熄，六藝殘缺，道術衰微，天下學者無所折衷，深甫於是奮然獨起〔二七〕，因先王之遺文，以求其意，得之於心，行之於己，其動止語默，必考於法度，而窮達得喪不易其志也。文集二十卷，其辭反復辯達，有所開闡，其卒蓋將歸於簡也。其破去百家傳注，推散缺不全之經，以明聖人之道於千載之後，所以振斯文於將墜，回學者於既溺，可謂道德要言，非世之别集而已也。後之潛心於聖人者，將必由是而有得，則其於世教豈小補而已哉〔二八〕？嗚呼深父，其志方强，其德方進，而不幸死矣！故其澤不加於天下，而其言止於此。然觀其所可考者，豈非孟子所謂名世者歟？其文有片言半簡，非大義所存，皆附而不去者，所以明深父之於其細行皆可傳於世也。

西麓周氏曰：王深父學於歐陽公，與王介甫、曾子固、劉原甫游。其文出歐陽體而尤純淡，序事曲折不窮，特壯偉不及也。至於摘經傳語以爲賦，詞短而意深，有味其言哉！文章自漢、魏以來，體益下；至唐中世，韓、柳作興之，習俗相沿，未遽盡革；加以五代亂離，死生於矛戟中而文章喪矣。國初，漸欲修復古文，天聖、明道以後，歐陽公與穆伯長、尹師魯、石守道數君子，以大手筆倡之，流傳於後，遂以歐陽公爲宗，文章高下，固自有時哉！以吾觀之，數君子之功，誠不可泯没，然其離合盛衰，關於世道，似亦非偶然者。古詩逮齊、梁浮靡不振，唐自陳子昂氏以前，猶未數也。開元、天寶之盛，李、杜之光燄始長矣。同時王摩詰、孟浩然、韋蘇州，片言隻字，皆不入俗，惜無李、杜詩，不得不變也。王深父、曾子固不遇歐陽公，亦豈作「落霞」「孤鶩」等語哉！

水心葉氏曰：聞之呂氏，讀王深父文字〔二九〕，使人長一格。事君、責難、愛人〔三〇〕、抱關諸賦，可以熟玩。自王安石、王回始有幽遠遺俗之思，異於他人；而回不志於利，能充其言，非安石所能及。少假不死，及安石之用，未知與曾鞏、常秩何如？士之出處，固難言也。

王子直文集

王向子直，深父之弟。南豐文集序曰：子直自少已著文數萬言，與其兄弟俱名聞天下，可謂魁奇拔出之才。而其文能馳騁上下，偉麗可喜者也。讀其書，知其與漢以來名能文者，俱列作者之林，未知其孰先孰後。考其意，不當於理者亦少矣。然子直晚自以爲不足，而悔其少作，更欲窮探力取，極聖人之指要，大行則欲發而見之事業〔三一〕，窮居則欲推而托之文章，將與詩、書之作者並，而文未知其孰先孰後也。然不幸早世，故雖有難得之材，獨立之志，而不得及其成就，此吾徒與子直之兄深甫所以深恨也。

西麓周氏曰：子直之於深甫，猶潁濱之於東坡也，芝蘭之叢，無不香者。然子直時有英氣，而能力自蟠屈以就法度，可謂有意於文章也。

王容季文集

王冏容季，子直之弟。南豐文集序曰：叙事莫如書。其在堯典，述命羲、和，宅土測日，晷星候氣，揆民緩急，兼蠻夷鳥獸，其材成輔相，備三才萬物之理，以治百官，授萬民，興衆功，可謂博矣，然其言不過數十。其於舜典，則曰：「在璿璣玉衡，以齊七政。」蓋堯之時觀天以歷象，至舜又察之以璣衡，聖人之法，至後世益備矣。曰七者，則日月五星。曰政者，則羲、和之所治，無不在焉。其體至大，蓋一言而盡，可謂微矣。其言微，故學者所不得不盡心，能盡心，然後能自得之。此所以爲經而歷千餘年，蓋能得之者少也。易、詩、禮、春秋、論語皆然。其曰測之而益深，窮之而益遠，信也。世既衰，能言者益少。承孔子者，孟子而已；承孟子者，揚子而已。揚子之稱孟子曰：「知言之要，知德之奥。」若揚子亦足以幾乎此矣。其次能叙事，使可行於遠者，若子夏、左丘明、司馬遷、韓愈，亦可謂拔出之材，其言庶乎有益者也。吾友王氏兄弟，曰回深父、曰向子直、曰冏容季，皆善屬文，長於叙事。深父尤深，而子直、容季蓋能稱其兄者也，皆可謂拔出之材。令其克壽，得就其志，則將紹六藝之遺言，其可禦哉！

又爲墓銘曰：容季孝弟純篤，尤克意學問，自少已能爲文章，尤長於叙事。其所爲文，出輒驚人。爲人自重，不馳騁衒鬻，亦不孑孑爲名。日與其兄講唐、虞、孔子之道，以求其内。言行出處，常擇義而動。其磨礱灌養而不止者，吾未能量其所至也。不幸其志未就，其材未試，而短命死矣。初，容季之伯兄回深甫，以道義文學退而家居〔三〕，學者所宗，而仲兄向子直亦以文學器識名聞當世，容季又所立如此。學士大夫以爲此三人者，皆世不常有，藉令有之，或出於燕，或出於越，又不可得之一鄉一國也，未有同時並出於一家。如此之盛，若將使之有爲也，而不幸輒死，皆不得至於壽考，以盡其材，是有命矣。

按侯官三王之文，蓋宗師歐公者也。其大家正氣，當與曾、蘇相上下，故南豐推服其文，而深悲其早世。然鼂、陳二家書録，並不收入，四朝國史藝文志僅有王深父集，纔十卷，則止有曾序所言之半，而子直、容季之文無傳焉，亦不能知其卷帙之多少，可惜也。

華陽集一百卷

鼂氏曰：皇朝王珪禹玉，其先成都人，故號「華陽」，後居開封。少好學，日誦數千言。及長，博通群書。慶曆二年，廷試第二。嘉祐初，入翰林，至熙寧三年，始參大政。凡爲學士者十五年，後拜相。薨年六十七，謚文恭。

陳氏曰：珪典内外制十八年，集中多大典册詔令，其詩號「至寶丹」，以其好爲富貴語也。在相位無所建明，人目爲「三旨相公」。元豐末命，珪本無異論，亦緣其備首相，不能早發大議，依違遷延，以召讒賊云。

校勘記

〔一〕朱子語録曰　「語録」二字原脱，據元本、慎本、馮本、局本、朱子語類卷一三九論文上補。

〔二〕劉原父才思極多　「原父」二字原脱，據元本、慎本、馮本、局本、朱子語類卷一三九論文上補。

〔三〕涌將出來　「涌將出來」四字原脱，據元本、慎本、馮本、局本、朱子語類卷一三九論文上補。

〔四〕李丞相迪以其弟之子妻之　「弟」下原脱「之」字，據宋史卷四三二孫復傳、郡齋讀書志袁本前志卷四下別集類下補。

〔五〕常語專辯之　直齋書録解題卷一七別集類中此句下有「嘗舉茂材，不中。世傳閣試論題，有全不記所出者，曰：『此必孟子注也。』擲筆而出」等三十字。

〔六〕亦可見其時節方興如此　朱子語類卷一三九論文上「此」字下有「好」字。

〔七〕紹興初世將承公亦其後　「初」字原脱，據宋史卷三七〇胡世將傳、直齋書録解題卷一七別集類中補。

〔八〕入翰林爲學士　「爲」字原脱，據郡齋讀書志卷一九別集類下補。

〔九〕其自負要似劉向　「似」原作「自」，據曾鞏集附王震南豐先生文集序、郡齋讀書志卷一九別集類下改。

〔一〇〕而別集所傳　「傳」，直齋書録解題卷一七別集類中作「存」。

〔一一〕元符末再入　「末」原作「中」，據直齋書録解題卷一七別集類中及上文改。

〔一二〕其草兄布拜相制　「兄布」原作「見初」，據宋史卷三一九曾肇傳、直齋書録解題卷一七別集類下改。

〔一三〕爲雅守　「雅守」原作「雄州」，據宋史卷二七八雷簡夫傳、直齋書録解題卷一七別集類中改。

〔一四〕蘇子瞻東坡前集四十卷　「子瞻東」三字原脱，據元本、慎本、馮本、弘本、郡齋讀書志卷一九別集類下補。

〔一五〕和陶集四卷　「集」，宋史卷二〇八藝文志作「詩」。

〔一六〕書檄　「檄」原作「校」，據郡齋讀書志卷一九別集類下改。

〔一七〕只下字亦有不帖實處　「亦」字原脱，據元本、慎本、馮本、弘本、朱子語類卷一三九論文上補。

〔一八〕二十三舉直言　「三」字原缺，據欒城後集卷一二潁濱遺老傳上、孫汝聽蘇潁濱年表補。
〔一九〕凡居筠　「筠」字原脱，據欒城後集卷一三潁濱遺老傳下補。
〔二〇〕居許十六年　按「十六年」有誤。蘇轍潁濱遺老傳謂「居許六年」；蘇潁濱年表作「轍居潁昌十三年」，潁昌府本許州。陳樂素求是集第二集袁本與衢本郡齋讀書志一文亦認爲轍居潁昌十二、三年。疑是。
〔二一〕古史書皆成　按欒城後集卷一三潁濱遺老傳下「古史」二字下有「四」字。
〔二二〕累除知制誥　「知」字原脱，據宋史卷三二七王安石傳、郡齋讀書志卷一九别集類下補。
〔二三〕拜同中書門下平章事　「同」字原脱，據宋史卷二一一宰輔年表、卷三二七王安石傳補。
〔二四〕著雜説數十萬言　「十」原作「萬」，據弘本、郡齋讀書志卷一九别集類下改。
〔二五〕晚以所學考字畫奇耦横直　「學」原作「覺」，據郡齋讀書志袁本前志卷四下别集類下改。
〔二六〕安國雖安石親弟　「親」原在「安石」上，據宋史卷三二七王安國傳、直齋書録解題卷一七别集類中乙正。
〔二七〕深甫於是奮然獨起　曾鞏集卷一二王深父文集序「是」字下有「時」字。
〔二八〕豈小補而已哉　「而」，元本作「之」，曾鞏集卷一二王深父文集序作「之而」二字。
〔二九〕讀王深父文字　「字」原作「序」，據元本、慎本、馮本、弘本、葉適習學記言卷四七改。
〔三〇〕愛人　「愛」原作「受」，據元本、慎本、弘本、葉適習學記言卷四七改。
〔三一〕大行則欲發而見之事業　「大」，曾鞏集卷一二王子直文集序作「盛」字。
〔三二〕以道義文學退而家居　「學」原作「章」，據元本、曾鞏集卷四二王容季墓誌銘改。

卷二百三十六　經籍考六十三

集別集

司馬文正公傳家集

鼂氏曰：皇朝司馬光君實，陝州夏縣人。初以父蔭入官，年二十，舉進士甲科。故相龐籍薦除館閣校理。神宗即位，擢翰林學士、御史中丞，後除樞密副使，力辭而去。元祐初，拜門下侍郎，繼遷尚書左僕射。卒年六十八，謚文正。好學如饑之嗜食，於學無所不通，音樂、律曆、天文、書數，皆極其妙。晚節尤好禮。其文如金玉穀帛藥石也，必有適於用，無益之文，未嘗一語及之。集乃公自編次。公薨，子康又没，鼂以道得而藏之，中更禁錮，迨至渡江，幸不失墜，後以授謝克家。劉嶠刻板上之，今光州有集本。

范蜀公集一百二十卷

汪玉山序：按蜀公墓誌云：「文集一百卷，諫垣集十卷，内制集二十卷，外制集十卷，正書三卷，樂書三卷。」公，成都人也。應辰守成都凡三年，求公文集，雖搜訪殆徧，來者不一，而竟無全書。蓋公之没，距今八十年矣。竊意歲月愈久，則雖此不全之書，亦或未易得也，於是以意類次爲六十二卷。曰樂議，曰使北録，不見於墓誌，亦恐其初文集中未必載也，而樂議或特出於世俗所裒輯，今皆存之。又以諫疏、内制、外制、正書、樂書附之，通爲一百十二卷。正書所得止一卷，今分爲二。司馬温公論正書，其間有云舜無焚廩浚井之事，而今之正書無此語，豈亦非全書邪？

張少愚白雲集三十卷

鼂氏曰：張俞字少愚。幼通悟，於書無不該貫，朝廷嘗以校書郎召，表乞授其父。隱於岷山之白雲溪，凡六被徵召，皆不起。爲文有西漢風，嘗賦洛陽懷古，蘇子美見而嘆曰：「優游感諷，意不可盡，吾不能也。」

文與可丹淵集四十卷

鼂氏曰：文同字與可，蜀人。進士高第。以文學名，操韵高潔，畫筆尤妙。仕至太常博士、集賢校理。元豐初，出守吴興，至宛邱驛，忽留不行，沐浴衣冠，正坐而逝。

東坡謂與可有四絶：詩一、楚詞二、草書三、畫四。世少知者，惟予一見識其妙處。又有詩云：「斯人定何人，游戲得自在；詩鳴草聖餘，兼入竹三昧。」他日觀其飛白，復恨知與可之不盡也。

陳氏曰：東坡與之厚善，墨君堂記、篔簹谷記皆爲同作。司馬温公稱其襟韵瀟灑，如晴雲秋月，塵埃不到。其爲人可知矣。

容齋洪氏隨筆曰：今人但能知文與可之竹石，惟東坡公稱其詩騷，又表出「美人却扇坐，羞落庭下花」之句。予嘗恨不見其全。比得蜀本石室先生丹淵集，蓋其遺文也。於樂府雜咏有秦王卷衣篇曰：「咸陽秦王家，宫闕明曉霞。丹文映碧鏤，光彩相鈎加。銅螭逐銀猊，壓屋驚蟠拏。洞户鎖日月，其中光景賒。春風動珠箔，鸞額金窠斜。美人却扇坐，羞落庭下花。閑弄玉指環，輕冰抱紅牙。君王顧之笑，爲駐七寶車。自卷金縷衣，龍鸞蔚紛葩。持以贈所愛，結歡其無涯。」其語意深入騷人閫域。又有王昭君三絶句云：「絶艷生殊域，芳年入内庭；誰知金屋寵，只是信丹青。」「幾歲後宫塵，今朝絶國春；君王重恩信，不欲遣他人。」「極目胡塵滿，傷心漢月圓。一生埋没恨，長入四條絃。」令人讀之飄飄然感慨無已也。

元章簡玉堂集二十卷

陳氏曰：參政錢塘元絳厚之撰。絳之祖德昭，相吴越。本姓危氏，唐末危全諷，其伯父也。父曰仔倡〔一〕，聚衆保鄉里，兵敗，自臨川奔杭州，易姓元。至今建昌、撫州、邵武多危姓。絳能文辭，晚歲以王介甫薦入翰林，甚稱職，遂柄用。

鼂氏曰：絳鏁廳中進士第，爲翰林學士、參知政事。立朝無特操。晚入翰林，諂事王安石及其子弟，時論鄙之。工文辭，爲流輩所推許。卒時年七十六。

蒲左丞集十卷

鼂氏曰：皇朝蒲宗孟字傳正，閬州新井人。皇祐五年進士，曾公亮薦除館職。神宗謂宰相曰：「宗孟有史才。」乃同修國史。入爲翰林學士，除尚書左丞。卒，年六十六。爲人酷暴奢侈，蘇子瞻嘗規之云：「一曰慈，二曰儉。」世以爲中其膏肓之疾。

趙懿簡集三十卷

鼂氏曰：皇朝趙瞻字大觀，盩厔人。少善爲古文，慶曆五年登進士第。治平中爲侍御史〔二〕，論濮邸事及貶。元祐中終於同知樞密院。謚懿簡。學春秋，著書十卷。其他文不皆奇也。

鮮于諫議集三卷

鼂氏曰：皇朝鮮于侁字子駿，閬中人。景祐中登進士乙科。神宗初上書，上愛其文，以爲不減王陶。元祐中，仕至諫議大夫。侁治經術有法，論著多出新意。晚年爲詩與楚詞尤精，世以爲有屈、宋風。族侄之武編次，有序。

東坡蘇氏曰：鮮于子駿九誦，友屈、宋於千載上；堯祠、舜祠二章，氣格高古，東漢以來鮮及。

少游秦氏曰：公晚年爲詩與楚辭尤精，蘇翰林讀公八咏，自謂欲作而不可得，讀九誦，以爲有屈、宋之風。

石林葉氏曰：鼂無咎嘗云：頃以諸生見鮮于諫議子駿，教之爲文曰：「文章但取簡易和緩，不必奇險。如詩言『維北有斗，不可以挹酒漿』。此豈不甚平？後人因之，乃曰：『援北斗兮酌酒漿。』一變雖奇，以北斗爲酌，無已夸乎。其甚，遂有言『上天揭取北斗柄』，辭至於此，則已弊矣。」極以其言爲然。子駿在前輩，詩文亦高古。初，世未有爲騷者，自子駿與文與可發之，後遂有相繼得其味者也。

呂正獻公集二十卷

陳氏曰：丞相東萊呂公著晦叔撰。

汪玉山序曰：應辰頃知成都，始得申正獻吕公集，蓋散逸之餘，裒緝補綴，非當時全書矣。然見所未見，亦不爲少，其雜以他人所作者什三四。既而以授公之曾孫金部員外郎企中，金部又屬其兄子大麟、大虬，考訂刊裂爲二十卷。方全盛時，士大夫家集之藏，未必輕出。中更黨禁，愈益閟匿，故一旦紛擾，遂不復見。而此雖殘缺不全，未易得也。金部惻然念之，欲以所得鍥板，庶幾廣其傳焉〔三〕。應辰方待罪太史，論次熙寧、元豐以來公卿大夫事實，雖前修盛德，蓋有不待言論風旨而可知者。然而傳信垂後，不可以無證。詔求遺書，將以補史氏之缺。久之，無送官者，每爲之閣筆而嘆也。

楊元素集四十卷

鼂氏曰：楊繪字元素，漢州綿竹人。幼警敏，讀書一過輒誦，至老不忘。皇祐初，擢進士第二人，累擢翰林學士。沈存中爲三司使，暴其所薦王永年事，因貶官。終於天章閣待制、知杭州。嘗居無爲山，號無爲子。爲文立就。

劉狀元東歸集十卷

陳氏曰：大理評事鉛山劉輝之道撰。輝，嘉祐四年進士第一人。堯舜性仁賦，至今人所傳誦。始在場屋有聲，文體奇澀，歐陽公惡之，下第。及是在殿廬得其賦，大喜，既唱名，乃輝也，公爲之愕然。蓋與前所試文如出二人手，可謂速化矣。仕止於郡幕，年三十六以卒。世傳輝既見黜於歐陽公，怨憤造謗，爲猥褻之詞。今觀楊傑志輝墓，稱其祖母死，雖有諸叔，援古誼以嫡孫解官承重。又嘗買田數百畝以聚其族，而餉給之。蓋篤厚之士也，肯以一試之淹，而爲此憸薄之事哉？

古靈集二十五卷

陳氏曰：樞密直學士長樂陳襄述古撰。襄在經筵，薦司馬光而下三十三人，皆顯於時。紹興初，詔旨布之天下。集序，李忠定綱作。

李誠之集三卷

鼂氏曰：李師中字誠之，中進士科。仁宗朝，權廣南轉運使，終天章閣待制。唐子方貶春州，嘗有詩送行，盛傳一時。

陳都官集三十卷

陳氏曰：都官員外郎嘉禾陳舜俞令舉撰。舜俞，慶曆六年進士，嘉祐四年制科。以言新法謫官南康，與劉凝之騎牛遊廬山詩、畫皆傳於世。舜俞居蘇、秀境上〔四〕，初從安定胡先生學，熙寧中「六客」，其一也。其墓在城南之蘇灣，子孫猶宅於烏鎮。

張文叔集四十卷

袁州判官張彦博文叔撰。曾南豐序略曰：文叔年未三十，喜從余問道理，學爲文章。雖久窮，而講道益明，屬文益工，其辭精深雅贍，有過人者。而比三遇之，蓋未嘗爲余出其文。又知文叔自進爲甚强，自待爲甚重，皆可喜也。

濂溪集七卷

陳氏曰：廣東提刑營道周敦頤茂叔撰。遺文纔數篇，爲一卷，餘皆附録也。本名敦實，避英宗舊名改焉。其仕以舅鄭向任，晚年以疾求知南康軍，因家廬山，前有溪，取營道故居濂溪名之。二程所從學也。又本并太極圖爲一卷，遺事、行狀附焉。

明道集四卷　遺文一卷

陳氏曰：監察御史河南程顥伯淳撰。三司使羽之後也，其父曰珦。顥之没，文潞公題其墓曰明道先生。

伊川集二十卷

鼂氏曰：崇政殿説書程頤正叔撰。珦之子也。少與其兄顥從汝南周茂叔學。元祐初，司馬温公薦於朝，自布衣擢説書，未幾罷。紹聖中，嘗謫涪陵，頤務讀經明道，深斥辭章之學。從其遊者，多知名於世。陳氏曰：集凡九卷。

河南程氏文集十二卷

陳氏曰：二程共爲一集，建寧所刻本。

張横渠崇文集十卷

鼂氏曰：張載字厚之〔五〕，京師人。後居鳳翔之横渠鎮，學者稱曰横渠先生。吕晦叔薦之於朝，命校書崇文。未幾，詔按獄浙東，既歸，卒。

孫賢良進卷十卷

鼂氏曰：孫洙字巨源，廣陵人。歐陽永叔舉洙賢良，上策論五十篇，極論時事。元豐中，直學士院〔六〕，奉詔作靈津廟碑，上稱洙學術行誼，且大用之，暴得風緩而卒。或云上欲復大理獄，洙對合旨，由是驟進。

錢賢良進卷十卷

鼂氏曰：錢公輔字君倚，武進人。從胡瑗學，昭陵末，知制誥。

王直講集十五卷

陳氏曰：天台縣令南城王無咎補之撰。無咎，嘉祐二年進士，曾鞏之妹夫。從王安石遊最久，將用爲國子學官，未及而卒，爲之誌墓。曾肇序其集云二十卷，今惟十五卷。

南陽集二十卷

陳氏曰：門下侍郎潁昌韓維持國撰。封南陽郡公，故以名集。沈晦元用，其外孫也。卷首載鮮于綽所述行狀，而晦跋其後。南澗元吉無咎〔七〕，其四世孫。

無爲集十五卷　别集十卷

陳氏曰：禮部郎濡須楊傑次公撰。嘉祐四年進士。元祐中爲郎。傑善談禪，别集皆爲釋老，而釋又十之九。

清江三孔集四十卷

陳氏曰：中書舍人新淦孔文仲經父、禮部侍郎武仲常父、户部郎中平仲毅父撰〔八〕。實先聖四十八世孫。嘉祐六年、八年、治平二年連三科，兄弟以次登第。文仲舉賢良，對策切直忤時罷〔九〕。舉官范鎮景仁因求致仕，而制科亦自此廢。武仲爲禮部第一人，中甲科。平仲亦嘗舉制科。其著述各數十篇，多散逸弗傳。今其存者，文仲才二卷，武仲十七卷，平仲二十一卷而已。慶元中，濡須王藫少愚守臨江，裒輯刊行，而周益公必大爲之序。序略曰：遺文雖存一二於千百，然讀之者，知其爲有德之言，非雕篆之習也。昔黄太史頌當時人才，有曰：「二蘇聯璧，三孔分鼎。」張丞相天覺，在元符中詆元祐詞臣，極其荒唐，謂兩蘇爲狂率，則剛直也。謂公兄弟配之，文行如何哉！

西溪集十卷

陳氏曰：翰林學士錢塘沈遘文通撰。初以郊社齋郎舉進士第一，執政謂已宦者不應先多士，遂居其次，實皇祐元年，自是爲故事。文通吏事精明强敏，爲杭州、開封府，皆有能名。從容閒暇，夙興治事，及午而畢。卒時年四十餘。其孫晦元用，宣和中亦魁天下。

長興集四十一卷

陳氏曰：翰林學士沈括存中撰。括於文通爲叔，而年少於文通，世傳文通常稱括叔。今四朝史本傳以爲從弟者，非也。文通之父扶，扶之父同，括之父曰周，皆以進士起家，官皆至太常少卿。王荆公誌周與文通墓，及遼誌其伯父振之墓可考。括坐永樂事貶，晚居京口，自號夢溪翁，自叙甚詳云。

山谷黄氏曰：沈存中博極群書，至於左氏春秋傳、班固漢書，取之左右逢其原，真篤學之士也。

雲巢集十卷

陳氏曰：審官西院主簿沈遼叡達撰。遘親弟也。以兄任爲京官，坐法流貶，事見揮麈録。自永徙池，築室齊山，號雲巢，竟不復起。以上三集刊於括蒼，號三沈集，其次序如此。

蘇魏公集七十二卷

陳氏曰：丞相魏國公温陵蘇頌子容撰。紳之子也。紳在兩禁，人稱其險詖，而頌器局閎厚，未嘗與人較短長。其爲相在元祐末，大臣奏事多稟宣仁，獨頌必以白哲廟。其後免於遷謫，蓋上以爲識君臣之禮故也。年逾八十，薨於建中靖國之初。自草遺表，却醫屏藥，死生之際了然。集前、後序，汪藻、周必大撰。

呂晉伯輞川集五卷　奏議十卷

鼂氏曰：皇朝呂大忠字晉伯〔一〇〕，藍田人。汲公之兄。皇祐中進士，除檢詳樞密院吏房文字，爲河北轉運判官，累遷寶文閣直學士，三帥秦鳳。晉伯博極群書，爲文尚理致，有益於用，章奏皆親爲文。

呂汲公文録二十卷　文録掇遺一卷

鼂氏曰：皇朝呂大防微仲，京兆藍田人。皇祐初，中進士第。哲宗即位，召知制誥、翰林學士，拜尚書左僕射兼門下侍郎。紹聖初〔一一〕，責授舒州團練副使，循州安置，未踰嶺卒。大防既拜相，常分其俸之半以録書，故所藏甚富。其在翰林，書命典麗，議者謂在元絳之上云。

呂和叔誠德集三十卷

鼂氏曰：皇朝呂大鈞和叔，嘉祐二年，中進士第，大防仲弟也。終於宣義郎、鄜延路漕司屬官。師張厚之，贍學博文，無所不該，其文非義理不發。

呂與叔玉溪集二十五卷　玉溪別集十卷

鼂氏曰：皇朝呂大臨字與叔，汲公季弟也。登進士第。嘗歷太學博士、祕書省正字。從程正叔、張厚之學。通六經，尤精於禮，解中庸、大學等篇行於世。嘗賦詩云：「學如元凱方成癖，辭類相如始近俳。獨倚聖門無一事，願同回也日心齋。」正叔可之。

朱子語録曰：呂與叔文集煞有好處，他文字極是實，説得好處，如千兵萬馬，飽滿伉壯。

傅獻簡集七卷

陳氏曰：中書侍郎獻簡公河陽傅堯俞欽之撰。

赤城集十卷

陳氏曰：兩浙提刑寧海羅適正之撰。治平二年進士。學於四明樓郁，爲吏健敏，頗爲蘇子瞻、劉貢父諸公所知。台士有聞於世，自適始。

西塘集二十卷

陳氏曰：監安上門三山鄭俠介夫撰。治平四年甲科。小臣劘上，言人所不敢言，上爲之感動，略施行其言，不惟不怒而已。既而竟墮深譴，良由呂惠卿欲傾王安石，而俠與安國游從厚善，遂起獄并陷之。俠既得罪，新法遂不罷，而本朝之禍本成矣。小人勿用之戒，可不畏哉！安石親惠卿而疏俠，豈惟誤國，亦以危身。後之君子，可以監矣。

范忠宣集二十卷

陳氏曰：丞相忠宣公吴郡范純仁堯夫撰。文正公之次子也。文正子四人，長純佑，尤俊有賢行，早年病廢以死。富文忠志其墓，近時禮部尚書之柔者，其四世孫也。次純禮、純粹，皆顯用至大官。

劉忠肅集四十卷

陳氏曰：丞相忠肅公東光劉摯莘老撰。凡四舉於鄉，試禮部爲第一，登嘉祐四年甲科，劉元城爲集序，述其出處大概。

范子功集五十卷

鼂氏曰：范百禄字子功，鎮之侄也。終於中書侍郎。

張浮休畫墁集一百卷　奏議十卷

鼂氏曰：張舜民芸叟，邠州人。慶曆中，范仲淹帥邠，見其文異之。用温公薦爲諫官。仕至吏部侍郎。後羈置房陵。政和中卒。其文豪重有理致，而最刻意於詩。晚年爲樂府百餘篇，自序稱「年踰耳順，方敢言詩，百世之後必有知音者」云。自號浮休先生。唐張鷟稱浮休子，芸叟蓋襲之。

陳氏曰：舜民初用於元祐，至元符末，爲諫議大夫。居職七日，所上事六十章。崇寧初，坐謝表言紹聖逐臣，有云：「脱禁錮者，何止一千人；計水陸者，不啻一萬里。」又曰：「古先未之或聞，畢竟不知其罪。」以爲譏謗，坐貶。

范太史集五十五卷

陳氏曰：翰林學士成都范祖禹淳夫撰。

朱子語録曰：「范淳夫文字純粹，下一箇字，便是合當下一箇字，東坡所以服他。東坡輕文字，不將爲事，微時，只胡亂寫去〔一二〕。又曰：四六語佳，莫如范淳夫。

灌園集三十卷

陳氏曰：鄉貢進士呂南公次儒撰。熙寧初，試禮部不利，會以新經取士，遂罷舉。欲修三國志，題其齋曰「衮斧」。書將成而死，其書亦不傳。元祐初，諸公欲薦進之，不及。

伐檀集一卷〔一三〕

陳氏曰：知康州豫章黄庶亞夫撰，自爲序。庭堅，其子也。世所謂「山魈水怪著薜荔」之詩〔一四〕，集中多此體。庭堅詩律，蓋有自來也。庶，慶曆二年進士。

黄魯直豫章集三十卷　別集十四卷

鼂氏曰：黄庭堅魯直也。幼警悟，讀書五行俱下，數過輒記。蘇子瞻嘗見其詩於孫莘老家，嘆絶，以爲世久無此作矣，因以詩往來。會子瞻以詩得罪，亦罰金。元祐中，爲校書郎。先是，秦少游、鼂無咎、張文潛皆以文學游蘇氏之門，至是同入館，世號「四學士」。魯直之詩尤奇，世又謂之

「蘇黄」云。紹聖初，責置戎州。至徽宗即位，召還。嘗因嘲詆忤趙正夫，及正夫爲相，諭部使者以風旨，摘所作承天院塔記中語〔一五〕，以爲幸災謗國，遂除名，編隸宜州以死，崇寧四年也。

家傳曰：公既孤，從舅尚書李公公擇學。公擇嘗過家塾，見其書帙紛錯，因亂抽架上書問之，無不通，大驚，以爲一日千里。蘇公嘗薦公自代，其略曰：「瑰瑋之文，絶妙當世；孝友之行，追配古人。」世以爲實録。公學問文章，天成性得，落筆妙天下。晚節位益黜，名益高，世以配眉山蘇公，謂之「蘇黄」。公嘗游灊皖，樂山谷寺石牛洞之林泉，因自號山谷道人。

史贊曰：自李、杜没而詩律衰，唐末以及五季，雖有以比興自名者，然格下氣弱，么麽馾骳，無以議爲也。宋興，楊文公始以文章莅盟，然至爲詩，專以李義山爲宗。以漁獵掇拾爲博，以儷花鬭果爲工，號稱「崑崙體」，嫣然華靡，而氣骨不存。嘉祐以來，歐公稱太白爲絶唱，王文公推少陵爲高作，而詩格大變。高風之所扇，作者間出，班班可述矣。元祐間，蘇、黄並出〔一六〕，以碩學宏材鼓行士林，引筆行墨追古人而與之俱。世謂李、杜歌詩高妙而文章不稱，李翺、皇甫湜古文典雅而詩獨不傳，惟二公不然，可謂兼之矣。然世之論文者必宗東坡，言詩者必右山谷，其然，豈其然乎？山谷自黔州以後，句法尤高，筆勢放縱，實天下之奇作，自宋興以來，一人而已。

豫章别集一卷

陳氏曰：皆集中所遺者如承天塔記、黄給事行狀、毁璧，蓋其顯顯者也。諸孫畓子耕集而傳之。

後村劉氏曰：山谷文不如詩，詩律不如古，古不如樂府。其文則專學西漢，惜其才力褊局，不能汪洋趍趄，如其紀事立言，頗時有類處。

鼂無咎鷄肋編七十卷

鼂氏曰：族父吏部公也。公諱補之，字無咎。幼豪邁，英爽不群。七歲能屬文，日誦千言。王安國名重天下，慎許可〔一七〕，一見大奇之。在杭州作文曰七述，叙杭之山川人物之盛麗。時蘇子瞻倅杭州，亦欲有所賦，見其所作，嘆曰：「吾可以閣筆矣。」子瞻以文章名一時，稱其博辯俊偉，於文無所不能，屈輩行與之交，由此聲名藉甚。舉進士，禮部別試第一，而考官謂其文辭近世未有，遂以進御。神宗曰：「是深於經〔一八〕，可革浮薄。」元祐中，除校書郎。紹聖初，落職監信州酒。後知泗州，終於官，大觀四年也。張耒嘗言無咎於文章蓋天性，讀書不過一再，終身不忘。自少爲文，即能追考屈、宋、班、楊，下逮韓愈、柳宗元之作，促駕而力鞭之，務與之齊而後已。其凌厲奇卓，出於天才，非醖釀而成者。自韓、柳而還，蓋不足道也。

山谷黄氏曰：鼂補之文章有漢唐間風味，可以名世。往未識鼂無咎時，見其作安南罪言，天辯縱横，跋遮曲，奥雅奇麗，常恨同時而不相識。其後得相從甚密，今不見遂十五年，計其文字皆當大進，恨隨食南北，不能相見耳。

石林葉氏集序：公少警悟絶人，讀太史公書而善之，以爲可至。遇有所得，皆不由町畦，自以意會。其後益縱觀百家，馳騁上下數千載，無不咀其華而摘其實。故公之文，緩急豐約，隱顯乘除，猝不可以捕詰。如終南、太華，峻拔連絡；虎豹龍蛇，騰攫變化。至於優柔宏衍，疏宕邃遠，則朱絃疏越，停雲淵泉，可聽而不可求，可望而不可挹也。蓋常自謂喜左丘明、檀弓、屈原、莊周、司馬遷、相如、枚乘及唐韓、柳氏，天下亦以爲兼得數子之奥，莫敢與之争，卒能自成一家。晚惟文潛與之抗衡，是以後世謂之「鼂張」云。

校勘記

〔一〕父曰仔倡　宋史卷三四三元絳傳作「曾祖仔倡」，直齋書録解題卷一七别集類中作「德昭父曰仔倡」。

〔二〕治平中爲侍御史　「爲」字原脱，據元本、慎本、馮本補。

〔三〕庶幾廣其傳焉　「幾」字原脱，據汪應辰文定集卷一〇題吕申公集補。

〔四〕舜俞居蘇秀境上　「蘇」，直齋書録解題卷一七别集類中作「湖」。

〔五〕張載字厚之　「厚之」，宋史卷四二七張載傳作「之厚」。參見郡齋讀書志校證卷一九别集類下該條校記。

〔六〕直學士院　宋史卷三二一孫洙傳「直」字前有「兼」字。

〔七〕南澗元吉無咎　「南澗」原作「南潤」，據元本、慎本、馮本及直齋書録解題卷一七别集類中改。

〔八〕户部郎中平仲毅父撰　「毅父」，宋史卷三四四孔平仲傳作「義甫」。

〔九〕對策切直忤時罷　「罷」原作「寵」，據元本、慎本、馮本、宋史卷三四四孔文仲傳及直齋書録解題卷一七别集類中改。

〔一〇〕皇朝呂大忠字晉伯　「晉伯」，宋史卷三四〇呂大忠傳作「進伯」。

〔一一〕紹聖初　按大忠紹聖四年責舒州團練副使，循州安置。見宋史卷二一二宰輔年表、卷三四〇呂大防傳。紹聖共四年，故「初」當作「末」。

〔一二〕微時只胡亂寫去　朱子語類卷一三九論文上作「若做文字時只是胡亂寫去」。

〔一三〕伐檀集一卷　直齋書録解題卷一七别集類中作「伐檀集二卷」。

〔一四〕世所謂山魈水怪著薜荔之詩　「謂」，直齋書録解題卷一七别集類中作「傳」。

〔一五〕摘所作承天院塔記中語　「摘」字原脱，據郡齋讀書志袁本前志卷四下别集類下下補。

〔一六〕蘇黄並出　「出」，元本作「世」。

〔一七〕慎許可　「慎」原作「甚」，據元本、慎本、馮本及郡齋讀書志卷一九别集類下改。

〔一八〕是深於經　宋史卷四四四黿補之傳作「是深於經術者」。

卷二百三十七　經籍考六十四

集別集

張文潛柯山集一百卷

鼂氏曰：張耒字文潛，譙郡人。仕至起居舍人。嘗爲宣、潤、汝、潁、兗五州守，又嘗謫居黄州、復州，最後居陳以没。元祐中，蘇氏兄弟以文章倡天下，號長公、少公，其門人號「四學士」。文潛，少公客也。諸人多早没，文潛獨後亡，故詩文傳於世者尤多。其於詩文兼長，雖同時，鮮復其比。而晚年更喜白樂天，詩體多效之云。

石林葉氏集序曰：元祐間，天下論文多曰鼂、張。鼂，余伯舅無咎，而張則文潛也。文潛之文，殆所謂若將爲之而不見其爲者歟？雍容而不迫，紆裕而有餘，初若不甚經意，至於觸物遇變，起伏斂縱，姿度百出，意有推之不得不前，鼓之不得不作者，而卒澹然而平，盎然而和，終不得窺其際也。君與秦少游同學於翰林蘇子瞻，子瞻以爲秦得吾工，張得吾易，而世謂工可致，易不可致，以君爲難云。又曰：無咎雄健峻拔，筆力欲挽千鈞，文潛容衍靖深，獨若不得已於書者。二公各以所長名家。

秦少游淮海集三十卷〔一〕

鼂氏曰：秦觀字少游，高郵人。登進士第。元祐初，除校勘黄本書籍。紹聖中，除名，編隸横州〔二〕。遇赦北歸，至藤州卒。蘇子瞻嘗謂李廌曰：「少游之文，如美玉無瑕，又琢磨之功，殆未有出其右者。」王介甫謂其詩「新精婉麗〔三〕，鮑、謝似之」。少游亦自言其文銖兩不差，但以華麗爲愧耳。吕氏童蒙訓謂「少游過嶺後，詩嚴重高古，自成一家，與舊作不同」。

文潛張氏曰：予見少游投卷多矣，黄樓賦、哀鑄鐘文，卷卷有之，豈其得意之文歟。少游平生爲文甚多〔四〕，而一一精好可傳。

玉山汪氏曰：居仁吕公云，秦少游應制科，問東坡文字科紐，坡云：但如公上吕申公書足矣。故少游五十篇只用一格，前輩如黄魯直、陳無己皆極口稱道之。後來讀書，初不知其爲奇也。吕丈所取者，蓋以文章之工，固不待言；而尤可爲後人模楷者，蓋篇篇皆有首尾，無一字亂説，如人相見，接引應對茶湯之類，自有次序，不可或先或後也。

李方叔師友談記：少游言邢和叔嘗曰：文銖兩不差〔五〕，非秤上秤來，乃等子上等來也。某曰：今人文章〔六〕，闊達者失之太疏，謹嚴者失之太弱。少游之文詞，雖華而氣古，事備而意高，如鐘鼎然。其體質規模，質重而簡易，其刻畫篆文，則後之鑄師莫仿佛〔七〕。宜乎，東坡稱之爲天下奇作也，非過言矣。少游論賦至悉，曲盡其妙，蓋少時用心於賦甚勤而專，常記前人所作一二篇，至今不忘也。

陳無己后山集二十卷

鼂氏曰：陳師道無己，彭城人。少以文謁曾南豐，南豐一見奇之，許其必以文著。元祐中，侍從合薦於朝，起爲太學博士。紹聖初，以進非科舉而罷。建中靖國初，入祕書爲正字以卒。爲文至多，少不中意則焚之。

石林葉氏曰：世言陳無己每登覽得句，即急歸卧一榻，以被蒙首，謂之「吟榻」。家人知之，即貓犬皆逐去，嬰兒稚子亦皆抱持寄鄰家。徐待其起就筆硯，即詩已成，乃敢復常。蓋其用意專，不欲聞人聲，恐亂其思。故詩中亦時時自有言「吟榻」者，天下絶藝，信未有不精而能工者也。

朱子語録曰：陳后山文有法度，如黄樓銘出，當時諸公皆斂袵，便是今人都無他抑揚頓挫。如仁宗飛白書記大段好，曲折甚多，過得好。墓誌亦好。有典有則，方是文字。其他文亦有太局促不好者。后山文字簡潔，極有法度，做許多碎句子，是學史記。劉夷叔曰：陳無己作文最苦，要是鼂、張諸人所不及，恨其稍儉急，非謂文字簡勁爲儉急，其詞氣自儉急耳。韓退之文字多少自然雄渾。

復齋漫録曰：子瞻、子由門下客最知名者黄魯直、張文潛、鼂無咎、秦少游，世謂之「四學士」。至若陳無己，文行雖高，以晚出東坡門，故不及四人之著。故無己作佛指記云：「余以詞義名次四君，而貧於一代是也。」而無咎詩云：「黄子似淵明，城市亦復真；陳君有道舉，化行鄉井淳；張侯公瑾流，英思春泉新；高才更難及，淮海一髯秦。」當時以東坡爲長公，子由爲少公，無己答李端叔書云：「蘇公門下有客四人，黄魯直、秦少游、鼂無咎，則長公之客也；張文潛，則次公之客也〔八〕。」又次韻黄樓詩云：「一代蘇長公，四海名未已。」又云：「少公作長句，班、馬安得擬。」謂二蘇也。然四客皆有所長，魯直長於詩辭，秦、鼂長於議論。魯直與秦觀書曰：「庭堅心醉於詩與楚辭，似若有得，至於議論文字，今日乃當付之少游及鼂、張、無己，足下可從此四君子一一問之。」其後文潛贈李德載詩亦云：「長公波濤萬頃海，少公峭拔千尋麓。黄郎蕭蕭日下鶴，陳子峭峭霜中竹。秦文倩麗紓桃李，鼂論崢嶸走珠玉。」乃知人才各有所長，雖蘇門不能兼全也。

陳氏曰：后山集十四卷，外集六卷，談叢六卷，理究一卷，詩話一卷，長短句二卷。師道一字履常。蜀本但有詩文，合二十卷。按魏衍作集記云：「離詩爲六卷，類文爲十四卷。」今蜀本正如此。又言受其所遺甲、乙、丙稿，詩曰五七，文曰千百。今四明本如此。此本劉孝韙刊於臨川，云未見魏全本〔九〕，仍其舊十四卷爲正集，蓋不知其所謂十四卷者，止有文而詩不與也。外集詩二百餘篇，文三篇，皆正集所無。談叢、詩話，或謂非后山作。后山者，其自號也。

濟南集二十卷

陳氏曰：鄉貢進士華山李廌方叔撰。又號月巖集。東坡知貢舉，得試卷，以爲方叔也，置之首選，已而不然。賦詩有「平生謾説古戰場〔一〇〕，過眼還迷日五色」之句，後竟不第。

李文叔集四十五卷

後村劉氏曰：李格非字文叔，濟南人。詩文四十五卷。文高雅，條鬯有義，味在鼂、秦之上，詩稍不逮。元祐末爲博士，紹聖始爲禮部郎。有挽蔡相確詩云：「丙吉勳勞猶未報，衛公精爽僅能歸。」豈蔡嘗薦引之乎？挽魯直五言八句，首云：「魯直今已矣，平生作小詩。」下六句亦無褒辭。文叔與蘇門諸人尤厚，其没也，文潛誌其墓。獨於山谷在日，以詩往還，而此詞如此，良不可曉。其過臨淄絶句云：「擊鼓吹竽七百年，臨淄城闕尚依然。如今只有耕耘者，曾得當時九府錢。」試院五言云：「斗暄成小疾，亦足敗吾勤。定是朱衣吏，乘時欲舞文。」亦佳作。文叔，李易安父也。文潛誌言：「長女能詩，嫁趙明誠〔二〕。」又曰：「李文叔筆勢略與淇水相頡頏。」

畢公叔西臺集五十卷

鼂氏曰：畢仲游字公叔。早登進士第。元祐中，召天下文學之士十三人〔三〕，策試翰林院。蘇子瞻以公叔爲第一，除集賢校理。又表自代云：「學貫經史，才通世務，文章精麗，議論有餘。自臺郎爲憲漕，綽有能聲。」後入黨籍，終於西京留臺。集，陳叔易爲之序。

何博士備論四卷

陳氏曰：武學博士浦城何去非正通撰。去非以累舉對策稱旨，授左班殿直，教授武學。後以東坡薦，授承奉郎、司農寺丞〔三〕，通判廬州。有文集二十卷，未見。

廖明略竹林集三卷

鼂氏曰：廖正一字明略。元祐中，召試館職。蘇子瞻在翰林，見其所對策，大奇之。俄除正字。時黄、秦、鼂、張皆子瞻門下士，號「四學士」。子瞻待之厚，每來必命侍妾朝雲取「密雲龍」，家人以此知之。一日，又命取「密雲龍」，家人謂是「四學士」，窺之，乃明略來謝也。紹聖間，明略貶信州玉山監稅，鬱鬱不得志，喪明而没。自號竹林居士。

石林葉氏集序略曰：明略嘗言「吾深服左氏，而樂道范曄之秀正温縡。曄嘗自叙其書，以爲但多公家之言，而少事外遠致，吾所恨。亦云丘明不可及也。異時，有寘吾於曄伯仲之間，吾尚無愧。往有評吾文似尹師魯者，吾雖不學師魯，然意善其言」。是時，余見明略文固多，知其所自道不誣也。明略自爲舉子時，即不沿襲場屋一語，再舉而取進士。其所試，傑然已若可以名世者，至今爲學者推重。蓋其用志深苦而思致精慤，淵源所從來者遠矣。每一出語，輒有區域町畦，未有卒然而作者。至於出入經傳，驅駕前言，左掐右摘，比次回曲。他人咀嚼榠杌，終不能安者，明略繩約檃括，如以利刀摧朽木，尺箠呵群羊，無不如意。故其曲奥簡潔，音節遒峻，精新焕發，使人讀之，不覺矍然增氣。惜其早困，不得盡用所長。始元祐初，天下所推文章黄、張、晁、秦，號「四學士」。明略同直三館，軒輊諸公間，無所貶屈，欲自成一家。然其流落不偶略相似云。

邢敦夫呻吟集一卷

鼂氏曰：邢居實字敦夫，和叔之子也。年十四，賦明君引，蘇子瞻見而稱之，由是知名。未幾，和叔貶隨州，敦夫侍行，病羸嘔血。一日，有鈴下老卒驕慢，應對不遜，敦夫怒而擊之，無何卒死。和叔怒以敦夫屬吏，以故疾日侵而夭。故黄魯直爲之挽云：「眼看白璧埋黄壤，何况人間父子情。」蓋隱之也。集後有子瞻、魯直、無咎諸公跋。

陳氏曰：幼有俊才，名聲籍甚，一時前輩皆愛之。年十九而卒。宣仁之誣謗，恕爲之也〔一四〕。居實未死，或能當不義而爭萬一，有補於世道，是以諸賢尤痛惜焉。鼂以道追爲其墓表，尤反覆致意。

山谷黄氏序：陽夏謝師復景回，年二十，文章不類少年書生語言。嘗序其遺稿云：「方行萬里，出門而車軸折，可謂實涕。」今觀邢敦夫詩賦，筆墨山立，自爲一家，甚似吾師復也。秀而不實，念之令人心折。

東坡蘇氏跋：敦夫自爲童子，所與交者皆諸公長者，其志豈獨以文稱而已哉？百不一見，遂與草木俱腐。故魯直、無咎諸人哭之，皆過期而哀。江南李泰伯自述其文云：「天將壽我歟，所爲固未足也。不然，斯亦足藉手以見古人矣。」吾於敦夫亦云。

王子立文集

王適子立撰。潁濱蘇子由之婿也。潁濱序略曰：適從予爲學，長於詩、騷。予自南都謫居江南，凡六年而歸，未嘗一日不相從也。既與予同憂患，至於涵咏圖史，馳騖浮圖、老子之説，亦未嘗不同之。故其聞道益深，爲文益高，而予觀之益久，蓋其於兄弟妻子，嚴而有恩，和而有禮，未嘗有過。故予嘗曰：「子非獨余親戚，亦朋友也。」

姑溪集五十卷　後集二十卷

陳氏曰：朝請大夫趙郡李之儀端叔撰。嘗從東坡辟中山幕府，後代范忠宣作遺表，爲世傳誦，然坐是得罪，編置當塗，遂居焉。其弟之純，官至尚書。

大名集四十卷

陳氏曰：簽書樞密魏郡王巖叟彦霖撰。韓魏公客也。

錢塘韋先生集十八卷

陳氏曰：主客郎中錢塘韋驤子駿撰。皇祐五年進士。元祐中，以近臣薦爲監司數路，知明州。以左朝議大夫致仕。崇寧中乃卒。少以詞賦有聲場屋，王荆公喜其借箸賦，頗稱道之。陳師錫誌其墓〔一五〕。

强祠部集四十卷

陳氏曰：三司户部判官餘杭强至幾聖撰。亦韓魏公客也。在幕府，表章書記多出其手。曾南豐作集序，稱其文備古今體，兼人所長云。

南豐曾氏序略曰：幾聖工爲詩，語出驚人，最爲韓魏公所知。魏公喜爲詩，每合屬賢士大夫、賓客與游，多賦詩以自見。其屬而和之者，幾聖獨思致逸發，若不可追躡，魏公未嘗不嘆其得之晚也。其任幕府，魏公每上奏天子，以歲時慶賀問候，及爲書記四方之所好，幾聖爲屬稿草，必聲比字屬，曲當繩墨，然氣質渾渾，不見刻畫，遠近多稱誦之。及爲他文，若誌銘序記、策問學士大夫，則簡古而不少貶以就俗，其所長兼人如此。

唐子西集十五卷

鼂氏曰：唐庚字子西，眉山人。登進士第。早受知於張天覺。天覺爲相，擢京畿提舉常平，且欲用爲諫官。天覺去位後，言者謂子西常宣言有「一網打盡」之語，貶惠州。大觀五年，會赦北歸。

陳氏曰：張商英拜相，子西作内前行，坐貶惠州，歸蜀而卒。其文長於議論，所著名治、存舊、正友、議賞諸論皆精確。

鴈湖李氏曰：唐子西文采風流，人謂爲小東坡。

劉夷叔曰：唐子西善學東坡，量力從事，雖少，自成一家。其詩工於屬對，緣此遂無古意，然其品在少游上。

後村劉氏曰：子西諸文皆高，不獨詩也。其出稍晚，使及坡門，當不在秦、鼂之下。

竹溪林氏曰：唐子西學東坡者也，得其氣骨而未盡其變態之妙，間有直致處。然無一點塵俗，亦佳作也。

馬子才集八卷

陳氏曰：鎮南節度推官鄱陽馬存子才撰。元祐三年進士第四人。

矸軒程氏曰：子才文波瀾雄壯，英毅有奇氣，不可縶維。且徐節孝、蘇文忠許可最厚，淵源有所自矣。或疑其過於豪放，故宦業不甚顯以没，是未免以成敗論也。方新學盛行，士皆以穿鑿怪誕相高，子才自上庠奉大對，首闢災異曲説，歸諸人事。至論外患，則略西南而獨斥北方，淵然有爲國經久意。不溺時好，卓卓如此。既没之後，川黨議起，蘇、黄文字焚毁無遺，而子才亦在指揮中，故世罕傳，傳復訛舛。近得其族黨所儲善本，參以板行者精加是正〔一六〕，釐爲十一卷。凡爲策二，策題四，時論三，史論二十二，古詩四十六，律詩五十，絶句八十四，記十一，序八，書四，啟七，文疏八，雜著四，誌銘十三。又爲年譜，列於墓碣之次，以詳其出處，大率得之傳聞，雖未保其無謬，其於尊慕師匠，則深有意焉。既成，有示以舊刊進策十六卷，似非本真，故不敢附著云。

先公曰：「子才諸史論，如論晉人，以父母之邦委之於群胡，殘暴戮辱，百餘年間，無有奮發以生吾中國之氣，又安得有奇士哉！又論後魏，謂中國以禮義文采之腴，而飼禽獸之饑，此之謂不幸，非吾一人可與之争。古之善戰者，能用天下之氣而已矣。嗚呼！安得此語聞於炎、紹中天之初乎。子才從節孝徐先生游且久，其文章雄直，雅似節孝。今取徐集中所贈三詩，繫家集後，并書其説云。

斜川集十卷

陳氏曰：通直郎蘇過叔黨撰。世號小坡。坐黨家不得仕進，終於通判中山府。鼂以道誌墓，稱其純孝。給事中嶠，其孫也。

九峰集四十卷

陳氏曰：太常少卿眉山蘇元老在廷撰。東坡從孫也。坡在海上，嘗有書往來。其罷奉常歸潁昌，正坐元祐邪説〔一七〕。未幾遂卒，年四十七。

清真集二十四卷

陳氏曰：徽猷閣待制錢塘周邦彦美成撰。元豐七年，進汴都賦，自諸生爲太學正〔一八〕。邦彦博文多能，尤長於長短句，自度曲。其提舉大晟府亦由此。既盛行於世，而他文未傳。嘉泰中，四明樓鑰始爲之序，而太守陳杞刊之。蓋其子孫家居於明故也〔一九〕。汴都賦已載文鑑，世傳賦初奏御，詔李清臣讀之，多古文奇字，清臣誦之如素所習熟者，乃以偏傍取之爾。鑰爲音釋，附之卷尾。

清真雜著三卷

陳氏曰：邦彦嘗爲溧水令，故邑有詞集。其後有好事者，取其在邑所作文記詩歌并刻之。

寶晉集十四卷

陳氏曰：禮部員外郎襄陽米芾元章撰。其母閻氏，與宣仁在藩時有舊，故以后恩補試銜入仕。其上世皆武官，蓋國初勳臣米信之後也。視芾爲五世孫。酷嗜古法書，家藏二王真迹，故號寶晉齋。

玉池集十二卷

陳氏曰：考功郎湘陰鄧忠臣慎思撰。熙寧三年進士，坐元符黨，廢不用。言者論其議范忠宣謚過實，又坐罰銅。崇、觀間卒。平生著述至多，嘗和杜詩全帙，又嘗獻郊祀慶成賦，又原廟詩百韵，裕陵喜之，擢爲館職。今皆軼弗傳，所存一二而已。玉池，其所居山峰名。

樂静集三十卷

陳氏曰：起居舍人鉅野李昭玘成季撰〔二〇〕。元豐二年甲科。所居有樂静堂，故以名集。其侄邴漢老，爲書其後。

雲龕李氏曰：序略曰東坡罷徐守，時伯父以書抵之。坡答書歷道黄、張、鼂、秦數公，且曰：「此數子者，挾其有餘之姿，而騖無涯之知，必極其所如，往而後已，則此安所歸宿哉。惟明者念有以反之。」其意蓋以彼爲不然，而勉其有所至也。惟伯父性誠乎忠厚，故其爲文横騖别驅，曲折演迤，而一貫於理，有萬折必東之勢。志樂於静退，故其爲文崒然其立，淵然其止，不侈衆目而風神自遠，有久幽而不改其操之美。學博而思精，故其爲牋奏應用之作，傳古切今，琢削穩密，不傷天骨。叙事外自爲文章，才贍而意新。故其爲詩，奇麗愜適，章斷句絶，餘思羡溢，得詩人味外之味，此其大略也。

陳瑩中了齋集三十卷

鼂氏曰：陳瓘字瑩中，延平人。建中靖國初爲右司諫，嘗移書責曾布，及言蔡京及弟卞之姦惡，章疏十上〔二一〕，除名，編隸合浦以死。靖康中，贈諫議大夫，自號了翁。

陳氏曰：汪應辰爲集序，以爲出死力攻權姦者，天下一人而已。非虚語也。又有約論十七卷，起戰國，至後漢安帝，蓋讀通鑑，隨事有所發明也。

陳司諫集兩卷

鼂氏曰：陳祐字純益，仙井監人。登進士第。建中靖國初爲臺諫，與龔夬、任伯雨、江公望協力彈擊紹聖姦臣。後蔡京用事，廢斥而没。

節孝集二十卷

陳氏曰：楚州教授山陽徐積仲車撰。治平四年進士，以耳聵不能仕。事母極孝，行義純篤，古所謂卓行也。東坡謂其詩文怪而放，如玉川子。政和中，賜謚節孝處士。

學易集二十卷

陳氏曰：朝奉郎東光劉跂斯立撰。忠肅公摯之長子也。與其弟蹈同登元豐二年進士第。元祐初，以其父在言路，政府不得用。紹聖以後，復坐黨家，連蹇終其身。鼂景迂志其墓，比孫明復、石守道之徒。爲文無所不長，宣防宮賦、學易堂記，世傳誦之。

田承君集三卷

陳氏曰：大宗正丞陽翟田晝承君撰。晝，樞密況之侄也。與鄒道鄉善，鄒之貶，晝曰：「願毋以此舉自滿，士所當爲者，未止此也。」

道鄉集四十卷

陳氏曰：吏部侍郎晉陵鄒浩志完撰。浩既諫立劉后坐貶，徽宗初，召還對，上首及之，獎嘆再三，問諫草安在？曰：「焚之矣。」退告陳瓘，瓘曰：「禍其始此乎！異時姦臣妄出一緘，則不可辯矣。」蔡京素忌之，使其黨作僞疏，言劉后殺卓氏而奪其子，遂得罪。其在昭州，作青詞告上帝，有「追省當時奏御之三章，初無殺母取子之一字」云。

婆娑集三十卷

陳氏曰：右正言陽翟崔鶠德符撰。鶠坐元符上書邪等，廢於家，治圃號婆娑。靖康初，召爲諫官，力論馮澥之罪。忽得攣疾，不能行而卒。無子，其婿衛昂裒輯其遺文。

鼂氏曰：鶠，元符末上書入邪等，廢斥幾三十年。其爲文最長於詩，清婉敷腴，有唐人風。

劉巨濟前溪集五卷

鼂氏曰：劉涇字巨濟，蜀人。終於太學博士，爲文奇怪。

李元應跨鼇集五十卷

鼂氏曰：李新字元應，仙井監人。早登進士第。劉涇嘗薦於蘇子瞻，令賦墨竹，口占一絶立就。坐元符末上書，奪官謫置遂州，流落終身。跨鼇，仙井山名也。

滿氏昌邑集二十卷〔三〕

鼂氏曰：滿中行字思復，登進士第。元豐中，爲太學官。虞蕃獄起，思復獨不絓吏議，詔褒之。

馮允南集十卷

鼂氏曰：馮山字允南，普州人。鄧綰爲中丞，薦爲臺官，允南力辭不就，士論稱之。

潏水集四十卷

陳氏曰：集英殿修撰長安李復履中撰。元豐二年進士。博學有氣節。其爲熙河漕，有旨造戰艦戰車。復奏議者之謬，以爲兒戲，遂罷其議〔三〕，時論韙之。

鼂氏景迂集十二卷

鼂氏曰：從父詹事公也。諱説之，字以道，文元公玄孫。少慕司馬温公爲人，自號景迂生。年未三十，蘇子瞻以著述科薦之。元符中上書，居邪中等。博極群書，通六經，尤精於易，傳邵堯夫之學，著太極傳。縉紳高其節行。嘗守成州，時民訴歲旱，公以爲十分，盡蠲其税〔二四〕，轉運使大怒，督責甚峻，因丐老而歸。靖康初，以著作郎召，遷祕書監，免試除中書舍人兼太子詹事。俄以論不合去國。建炎初，終於徽猷閣待制。

陳氏曰：徽猷閣待制鼂説之以道撰。又本止刊前十卷。説之平生著述至多〔二五〕，兵火散逸，其孫子健裒其遺文，得十二卷，續廣之爲二十卷。别本刊前十卷而止者，不知何説也。劉跂斯立墓誌，景迂所撰，見學易集後，而此集無之，計其逸者多矣。説之，元豐五年進士。元祐初，蘇文忠、范太史、曾文昭皆薦之，坐元祐邪等廢棄。靖康末，始爲從官。

鼂氏崇福集三十五卷　四六集十五卷

鼂氏曰：從父崇福公也。登進士第，又中宏詞第一。元符末，上書居邪等，廢斥二十年，以朝請郎奉祠崇福宫而終，故以名集。天才英特，爲文章立成，明潤密緻，世以爲宜在北門、西掖云。

陳氏曰：朝請郎鼂咏之之道撰。景迂弟也，爲作集序。咏之初以蔭爲揚州法曹，東坡守揚，族兄無咎爲倅，以其文呈東坡。及至揚，咏之具參軍禮趨謁，東坡走下庭，携手以上，謂坐客曰：「此奇才也。」

黿氏封丘集二十卷

黿氏曰：世父封丘府君。諱□字伯宇，鏁廳中進士第。黄魯直嘗薦之於蘇子瞻云：「黿伯宇謹厚，守文元家法，從游多長者。其文已能如此，年蓋未二十也。願一語教戒之。」子瞻答云：「黿伯宇詩、騷，細看甚奇麗，信乎其家多異材也。雖然，凡文至足之餘，溢爲奇偉。今黿文涉奇似太早，可作朋友切磋之語以告之，非謂其諱也，恐傷其邁往之氣耳。」後坎壈終身，卒官封丘丞。

陶山集二十卷

陳氏曰：尚書左丞山陰陸佃農師撰。

東堂集六卷　詩四卷　書簡二卷〔二六〕　樂府二卷

陳氏曰：祠部郎江山毛滂澤民撰。滂爲杭州法曹，以樂府詞有佳句，受知於東坡，遂有名。嘗知武康縣，縣有東堂，集所以名也。又嘗知秀州，修月波樓，爲之記。其詩文視樂府頗不逮。

溪堂集二十卷

陳氏曰：臨川謝逸無逸撰。

竹友集十卷

陳氏曰：臨川謝薖幼槃撰。逸從弟也。吕居仁題其後曰：「逸詩似康樂，薖詩似玄暉。」

浮沚先生集十六卷　後集三卷

陳氏曰：祕書省正字永嘉周行己恭叔撰。十七入太學，有盛名，師事程伊川。元祐六年進士。爲太學博士，以親老歸，教授其鄉。再入爲館職，復出作縣。永嘉學問所從出也，鄉人至今稱博士。集序，林鉞撰。先祖妣，先生之第三女，先君之所自出，故知其本末。所居謝池坊，有浮沚書院。

橘林集十六卷　後集十五卷

陳氏曰：密州教授石悉敏若撰。崇寧壬午，以同進士出身中詞科。其文彫琢怪奇，殊乏醞藉。壓卷策問，言王金陵配享先聖事，謂其「以百聖芻豢甘四海口，以六經河漢洗四海心，以九逵夷路破四海迷，以萬金良藥起四海病」。讀之不覺大笑。其人與文皆不足道也。集僅二册，而卷數如此，麻沙坊本往往皆然。

校勘記

〔一〕淮海集三十卷　「三」，宋史卷二〇八藝文七、卷四四四秦觀傳作「四」。

〔二〕編隸横州　「横州」原作「黄州」，據元本、慎本、馮本、宋史卷四四四秦觀傳及郡齋讀書志卷一九別集類下改。

〔三〕王介甫謂其詩新精婉麗　「新精婉麗」，王安石臨川集卷七三回蘇子瞻簡作「清新嫵麗」。郡齋讀書志卷一九別集類下作「新清婉麗」。

〔四〕少游平生爲文甚多　「甚」，張耒柯山集卷四五跋吕居仁所藏秦少游投卷作「不」。

〔五〕文銖兩不差　師友談記「文」字前有「子之」二字。

〔六〕今人文章　「今人」，元本、慎本、馮本作「人人」；師友談記作「人之」。

〔七〕則後之鑄師莫仿佛　師友談記「莫」下有「能」字。

〔八〕則次公之客也　「次」，馮本作「少」。

〔九〕云未見魏全本　「全本」二字原倒，據直齋書録解題卷一七别集類中乙正。

〔一〇〕賦詩有平生謾説古戰場　「賦詩有」，直齋書録解題卷一七别集類中作「賦詩自咎有」。

〔一一〕嫁趙明誠　「趙明誠」原作「趙明成」，據元本、慎本、馮本，宋史卷四四四李格非傳改。

〔一二〕召天下文學之士十三人　宋史卷二八一畢仲游傳作「同策問者九人」。

〔一三〕授承奉郎司農寺丞　「丞」原作「理」，據宋史卷一六五職官志五、直齋書録解題卷一七别集類中改。

〔一四〕恕爲之也　「恕」原作「怒」，據元本、慎本、宋史卷四七一邢恕傳，直齋書録解題卷一七别集類中改。

〔一五〕陳師錫誌其墓　「其」字原脱，據直齋書録解題卷一七别集類中補。

〔一六〕參以板行者精加是正　「是正」二字原倒，據明弘治單刻本文獻通考經籍考乙正。

〔一七〕正坐元祐邪説　「説」原作「等」，據宋史卷三三九蘇元老傳、直齋書録解題卷一七别集類中改。

〔一八〕自諸生爲太學正　直齋書録解題卷一七别集類中「生」下有「命」字。

〔一九〕蓋其子孫家居於明故也　「於」，慎本、馮本及直齋書録解題卷一七别集類中（盧文弨校本）作「四」。

〔二〇〕起居舍人鉅野李昭玘成季撰　「成季」二字原倒，據宋史卷三四七李昭玘傳、東都事略卷一一六本傳乙正。

〔二一〕章疏十上　「疏」，元本、慎本、馮本作「數」。

〔二二〕滿氏昌邑集二十卷　「邑」原作「色」，據郡齋讀書志卷一九別集類下及宋詩記事補遺卷二十三改。

〔二三〕遂罷其議　「議」，直齋書録解題卷一七別集類中作「役」。

〔二四〕盡蠲其税　「盡」原作「益」，據郡齋讀書志袁本前志卷四下別集類下改。

〔二五〕説之平生著述至多　「述」原作「術」，據元本、慎本、馮本及直齋書録解題卷一八別集類下改。

〔二六〕書簡二卷　「書」原作「畫」，據元本、慎本、馮本及直齋書録解題卷一七別集類中改。

卷二百三十八　經籍考六十五

集別集

龍雲集三十二卷　附録一卷

陳氏曰：著作佐郎盧陵劉弇偉明撰。元豐進士，紹聖詞科。曾慥詩選以比石敏若，非其倫也。龍雲，安福鄉名，弇所居也。

周平園序略曰：盧陵自歐陽文忠公以文章續韓文公正傳，遂爲本朝儒宗。繼之者，龍雲劉公。文忠薨於潁，公方冠，不及從之游，然斯文未喪，何害其爲韓門籍、湜也。先是，汴京及麻沙刻公集二十五卷。紹興初，會昌尉羅良弼徧求別本，增至三十二卷，凡六百三十餘篇。予嘗論公之文，如南郊賦，氣格近先漢，已爲泰陵簡擢；詩書序記，往往祖述韓、柳，間或似之；銘誌豐腴，規摹文忠，讀者可以自見。其才學出處，具載李彦弼誌銘，羅氏跋語云。

東觀餘論三卷

陳氏曰：祕書郎昭武黄伯思長睿撰。伯思，右丞黄履之孫，吴園張根之婿，於李忠定綱爲中外襟袂，故忠定誌其墓。伯思，元符庚辰進士，年四十而死。好古博雅，喜神仙家言，自號雲林子，別字霄賓，有集一百卷。此書止法帖刊誤及序跋古書畫、器物，故名餘論。

北湖集十卷　長短句一卷

陳氏曰：直祕閣知虢州富川吴則禮子副撰。其父中復，以孫抃薦爲御史，不求識面臺官者也。中復弟幾復、嗣復，子立禮及嗣復子審禮，皆登科，有名譽。則禮以父澤入仕，晚居豫章，號北湖居士。

劉左史集四卷

陳氏曰：起居郎永嘉劉安節元承撰。與從弟安上皆嘗事二程，同遊太學，號二劉。安節元符三年進士，爲察官左史，晚知宣州以没。

箕潁集二十卷

陳氏曰：潁昌曹組元寵撰。組本與兄緯有聲太學，亦能詩文，而以滑稽下俚之詞行於世得名，良可惜也。謝克家任伯爲集序，其子勛跋其後，略見其出處。蓋宣和三年始登第，郊禮進祥光賦，有旨换武階，兼閣職，詔中書召試，仍給事殿中，未幾而卒。然集中有謝及第啓，自叙云：「叠預諸生，竟叨右列。」則未第之前，已在西班，未知何以也。曾慥詩選云：「六舉不第，宣和中，詔赴廷試，賜第。」啓中所謂「特舉孱微，許從俊造」。慥之言良是。序跋不著其實爾。

夷白堂小集二十卷　别集三卷

陳氏曰：考功員外郎括蒼鮑慎由欽止撰。元祐初，以任子試吏部，銓第一，復登六年進士乙科，甫脱選，即爲郎。然自是數坐累，官竟不進。其父粹始居吴，故葬於吴興。

青溪集十卷　附録一卷

陳氏曰：楚州教授臨川汪革信民撰。紹聖四年試禮部第一，遂登甲科。蔡京當國，召爲宗子博士，力辭不就。年才四十卒。吕原明志其墓，鼂以道爲詞以哀之。革嘗有言曰：「咬得菜根，則萬事可做。」誠名言也。

玉谿集二十二卷

陳氏曰：左司員外郎永嘉倪濤巨濟撰。其父始徙居廣德。濤，大觀三年進士。燕山之役，誦言其非，以沮軍罷，謫衡州茶陵以死，年三十九。吕居仁志其墓，曾吉父爲作集序。

竹隱畸士集四十卷

陳氏曰：右文殿修撰韋城趙鼎臣承之撰。元祐甲科，紹聖宏詞。又自號葦溪翁。其孫綱立刊於復州，本百二十卷，刊止四十卷而代去，遂止。

後湖集十卷

陳氏曰：丹陽蘇庠養直撰。其父堅伯固亦有詩名。庠以遺澤畀其子，而自放江湖間。東坡見其清江曲，大愛之，由是得名。曾祖可正平號癩可者，其弟也。庠中子扶亦工詩，有清苦之節。庠，紳之後，頌之族。

劉給事集五卷

陳氏曰：給事中劉安上元禮撰。紹聖四年登第。歷臺諫、掖垣、鎖闥以次對，歷三郡而終。集中有彈蔡京疏。

章貢集二十卷

陳氏曰：祕書監李朴先之撰。紹聖元年進士。坐言隆祐之賢，廢三十年。蔡京欲强致之，不屈。其教授西京國子監也，程伊川與之甚厚，然謂其太直，以洛中風波爲戒。朴笑曰：「不意此言發於先生之口。」伊川爲之改容愧謝。其風節可畏也。

吕吉甫集二十卷

鼂氏曰：吕惠卿字吉甫，閩人。王安石執政，擢參知政事。元祐初謫知福州。紹聖後累領藩鎮。有莊子解。爲文長於表奏。

後村劉氏曰：考亭論荆公、東坡門人，寧取吕吉甫，而不取秦少游輩。其説以爲吉甫猶看經書，少游翰墨而已。孫鴻慶序其文，謂辭嚴義密，追古作者。

李淇水集八十卷

陳氏曰：門下侍郎大名李清臣撰〔一〕。清臣〔二〕，韓魏公婿。治平二年中制科。歐陽公愛其文，以比蘇軾。其爲人亦寬博有度，而趣時嗜權利。首主紹述之論，意規宰相，亦卒不如其志。

張無盡集三十二卷

鼂氏曰：張商英字天覺。登第，調官峽路〔三〕。章惇察訪巴蜀，風采傾動西南峽中，部使者憂之，日夕謀所以待之之禮曲盡，因求辯博之士，以備燕談。或以天覺姓名告，因檄召至夔州。惇既至，杯酒間果以人材爲問。部使者即言之，惇令召入。天覺不冠，服峨巾〔四〕，長揖徑就坐左。惇負氣敢大言，天覺輒吐言壓之。惇大喜，歸而薦於朝，由是召用。元祐中，爲開封府推官，出使河東。紹聖初，擢御史。大觀四年，長星見，蔡京罷相，乃拜右僕射，盡反京之政，召用元祐遷客，天下翕然歸重。朞年去位。靖康初，遂與司馬温公、范文正公同日降制，加贈官爵，賜謚文忠。

臨漢隱居集二十卷

鼂氏曰：魏泰字道輔〔五〕，襄陽人。曾布子宣之妻弟。幼爽邁，能屬文，嘗從徐禧。晚節卜隱漢上。人頗言其倚子宣之勢，爲鄉里患苦云。

梅文安集十五卷

陳氏曰：户部尚書浦江梅執禮和勝撰。執禮死於靖康之禍，人固哀其不幸，而不知吴革、趙子昉之謀，執禮實主之。事既泄，范瓊殺革，徐秉哲以子昉遺虜。虜知執禮預謀，以根括金銀爲罪，問誰爲長官，意在執禮也。安扶恐其坐之，進曰：「皆長官也。」遂俱死。文安者，所封開國縣也。

李忠愍集十二卷

陳氏曰：吏部侍郎臨洺李若水清卿撰。後二卷爲附録。其死事時，才三十五歲。本名若冰，以靖康出使，改今名。詩文雖不多，而詩有風度，文有氣概，足以知其所存矣。

傅忠肅集三卷

陳氏曰：待制濟源傅察公晦撰。堯俞從孫也。宣和七年，以吏部郎接伴虜使，虜人入寇，使人不來，爲虜驅去。斡離不脅使拜，不屈見殺。

周平園序其集，謂公文務體要，辭約而理盡，甚類獻簡。詩尤温純該貫，間次險韵，愈多而愈工。

歐陽修撰集六卷

陳氏曰：崇仁布衣贈祕閣修撰歐陽澈德明撰〔六〕。澈死年三十一。環溪吴沆哀其詩爲飄然集三卷，而會稽胡衍晉遠取其所上三書，併刻之臨川倅廨。

丁永州集三卷

陳氏曰：知永州吴興丁注葆光撰。熙寧中余中榜進士〔七〕。喜爲歌詞，世所傳「催雪無悶」，及「重午慶清明〔八〕」，皆有承平閑雅氣象。有女適樂清令富春李素見素，實先妣之大父母也。

演山集六十卷

陳氏曰：端明殿學士延平黄裳勉仲撰。元豐五年進士第一人〔九〕。貴顯於崇觀，死於建炎，年八十七。方三舍法行，裳謂：「宜近不宜遠，宜少不宜老，宜富不宜貧，不如遵祖宗科舉之制。」世傳以爲口實。

梁溪集一百二十卷

陳氏曰：丞相忠定公昭武李綱伯紀撰。父夔，進士起家，至右文殿修撰。黄右丞履之甥也。綱娶吴園先生張根之女，亦右丞外孫。「梁溪」名集者，修撰葬錫山，忠定嘗廬墓云。

襄陵集二十四卷

陳氏曰：尚書右丞襄陵許翰崧老撰。元祐三年進士。靖康初入西府，建炎爲丞轄。與黄潜善輩不合而去。

横塘集三十卷

陳氏曰：尚書右丞瑞安許景衡少伊撰。亦嘗從程氏學，建炎初爲執政，與汪、黄不合罷。建議渡江幸建康，言者以爲非是。及下還京之詔，景衡憂卒於瓜州。未幾，虜騎奄至維揚，倉卒南渡。

吕忠穆集十五卷

陳氏曰：丞相濟南吕頤浩元直撰。後三卷爲燕魏録〔一〇〕，雜記古今事，卷末言金人亂華始末甚詳。

忠正德文集十卷

陳氏曰：丞相聞喜趙鼎元鎮撰。四字，高廟所賜宸翰中語也。

周平園序略曰：公爲中丞，上語范宗尹云：「鼎在言路極舉職，所言四十事，已施行三十六。」蓋祖宗初除言事官，即置簿載所言事目，多寡當否，已行即朱銷其下，外庭未必知也。既入相，虜震合淝，決策親征，慮無遺策。蓋公氣節端方，學術純正，筆力又過人，凡處分軍國機務，多其視草，然後御劄付外。惟德與文，又孰加此。

龜山集二十八卷

陳氏曰：工部侍郎延平楊時中立撰。時及從明道，死當紹興五年〔一一〕，年八十三〔一二〕，於程門最爲壽考。

尹和靖集一卷　附集一卷

陳氏曰：徽猷閣待制河南尹焞彦明撰。子漸之孫。年十九舉進士，策問欲誅元祐黨籍，不對而出，遂罷舉。靖康賜號和靖處士。虜陷洛陽，闔門遇害，死而復蘇，門人潛載以逃。客涪州，以范元長薦入經筵，擢列侍從，葬會稽山。

胡文定公武夷集十五卷

陳氏曰：給事中崇安胡安國康侯撰。紹聖四年進士第三人。仕四十年，實歷不及三載。著春秋傳行於世。本喜爲文，後篤志於學，乃不復作。其辭召試曰：「少習藝文，不稱語妙。晚捐華藻，纔取理明。既覺昨非，更無餘習。」故其文集止此。

致堂序略曰：惟鄒魯之學，由秦、漢、隋、唐莫有傳授，其間名世大儒，僅如佛家者流，所謂戒律講論之宗而已。至於言外傳心，直超佛地，則未見其人。是以聖道不絶如綫，口筆衮衮，異乎身踐，有書徒存，猶無書也。逮及我宋，熙寧以來，先覺傑出，上繼回、軻，天下英才心悦而誠服。然後孔氏述業，寖以光顯，五經、語、孟所載，譬如逢春之木，有本之瀾，生意流形，初非死質，成己成物，始終有序。先臣夙禀大志，聞而知之，以仁爲居，以義爲用，以身修家齊、國治天下平爲效。若夫記誦訓詁，辯説詞華之習，不一與焉。其宏綱大用，奥義微詞，既於筆削之書發揮底藴，自餘因事有作，進則陳之君父，退則語於公卿，或酬酢朋游，或訓教子弟，一言一話，猶足以證明往昔，昭迪來今。

敢圖家藏，遂上御府，斯文不墜，後裔有榮。然父書精深，而臣以粗淺之言冠於篇首；君學高遠，而臣以卑近之論瀆於聰明。兹榮也，祇所以爲愧歟！

朱子語録曰：胡文定公文字皆實，但奏議每件引春秋，亦有無其事而遷就之者。大抵朝廷文字，且要論事情利害是非令分曉。今人多先引故事，如論青苗，只是東坡兄弟説得有精神，他人皆説從別處去。

默堂集二十二卷

陳氏曰：宗正少卿延平陳淵知默撰。一字幾叟。了翁之侄孫，楊龜山門人。紹興初嘗爲諫官。

致堂斐然集三十卷

陳氏曰：禮部侍郎胡寅明仲撰。文定公長子也。本其兄子，初生，棄不舉，文定收育之。既長，俾自絶於本生，不爲心喪，止服世父之服，寅遵行之。集中有與秦丞相書，言之甚詳。人倫之變，古今所未有也。寅，宣和進士。紹興初已爲從官，不主和議，秦檜本與其父子有契分，竟謫新州。檜死，北歸，没於岳州。

五峰集五卷

陳氏曰：右承務郎胡宏仁仲撰。文定季子〔三〕。不出仕，篤意理學，南軒張栻，其門人也。别本不分卷。

王履道初寮集十卷　内制十八卷　外制八卷〔一四〕

鼂氏曰：王安中字履道，真定人。政和中，有密薦於上者，自監大名倉〔一五〕，累擢掌内外制，後拜太保，鎮燕山。建炎初，貶象州。爲文瓌奇高妙，最長於制誥。李邴入翰林，嘗請於上，以方今詞林之式上，首尾舉安中之名。自號初寮。

陳氏曰：安中年十四薦於鄉，凡四舉乃登第，爲中司受旨。攻蔡京，京子攸入禁中，日夕泣涕告於上，安中亟改翰苑，事遂止。其自政府出守燕，京父子排之也。然安中之進，亦本由梁師成。始東坡帥定武，安中未弱冠，猶及師事焉，未卒業而坡去。其後鼂以道爲無極令，安中既第，修邑子禮，用長牋，自言以新學竊一第爲親榮，非其志也。以道曰：「爲學當謹初，何患不遠到。」安中築室，榜曰初寮。其議論聞見，多得於以道。既貴顯，遂諱鼂學，但稱成州使君四丈，無復先生之號矣。甚哉！籍、湜不畔之難也。

雲龕李氏序略曰：本朝承五季之後，楊、劉之學盛於一時，其裁割纂組之工極矣。石介憤然以楊公破碎聖人之道，爲世巨害，著論排之甚力。然當時文宗鉅儒司翰墨之職者，亦必循本朝故事，如近世張公安道高簡粹純，王公禹玉温潤典裁，元公厚之精麗穩密，蘇東坡先生雄深秀偉，皆制詞之傑然者。譬之王良、造父策驥騄而騁康莊，一日千里，而節以和鑾，馳之蟻封，亦必中度，豈能彼而不能此哉！初寮先生太保王公，自布衣以文稱天下，由東觀入掖垣，由烏府登鼇禁，皆天下第一選。司内外制者累年，其所製，體大而義嚴，事覈而旨深，奇而不失正，雄而不爲夸。褒勳勞，則有帶礪丹青之信；施霈宥，則有雨露涵濡之澤；文治平，則祥極乎鳳麟；申戒飭，則誠著乎金石；嘉武節，則毅乎彪虎之威；美文德，則昭乎藻火之華。極其致，蓋與本朝三數公不相上下。而馳驟乎燕、許、常、揚之域，若不以體製拘之，駸駸乎漢氏矣。蓋公天才英邁，筆力有餘，於文於詩，皆瓌奇高妙，無所不能，故出爲世用者如此。自徽宗皇帝即位以來，擅制誥之美者，公一人而已。得不謂一代之奇文歟。

周平園序略曰：公年二十有七，游五臺，爲竹林泉賦，以將相喻泉石，格高而意新。送某贈大父詩云：「不論與汝小一月，政自容君數百人。」專用吾宗公瑾、伯仁事，致推尊年德之意，精切混成，不類少作。時方諱言蘇學，而公已潛啓其祕鑰。久之，徽宗旁求文士，召寘館閣，給札親試，驟掌書命，由中司入北門，歷二轄，其制誥、表章、詩文，大率雅重温潤，而時發秀傑之語。定功、繼伐等碑，睿謨曲宴百韵詩，多出特命，上恩與天通矣。萬目睽睽，徒謂其鶴鳴九皋，而不知奪胎换骨自有仙手，故未嘗以曲學指之。今前集四十卷是也。中興南渡，四海名勝，遷謫避地，萃於湖廣。而公婿趙奇、子辟章，又家之游、夏，大篇短章，更唱迭和。既已盡發平昔之所藴，且復躬閲事物之變，益以江山之助，心與境會，意隨辭達，韵遇險而反夷，事積故而逾新，他人瞠乎其後，我乃綽有餘裕。至如桂、柳佛寺諸記，閎深辨麗，近坡暮年之作。黄、張、鼂、秦既没，系文統，接墜緒，誰出公右，豈止襲其裳、佩其環而已！今後集十卷是也。

汪彦章浮溪集六十卷

陳氏曰：翰林學士婺源汪藻彦章撰。四六偶儷之文，起於齊、梁，歷隋、唐之世，表章詔誥多用之。然令狐楚、李商隱之流，是爲能者，殊不工也。本朝楊、劉諸名公，猶未變唐體。至歐、蘇，始以博學富文爲大篇長句，叙事達意，無艱難牽强之態。而王荆公尤深厚爾雅，儷語之工，昔所未有。紹聖後，置詞科，習者益衆，格律精嚴，一字不苟錯，若浮溪，尤其集大成者也。

孫鴻慶序，言其文貫穿百氏，網羅舊聞，文從字順，體製亦渾然不見刻畫，如金鐘大鏞，叩之輒應。當大典册，深淳雅健，追配古作，所謂常、揚、燕、許諸人皆莫及也。

石林總集一百卷　年譜一卷

陳氏曰：尚書左丞吴郡葉夢得少藴撰。紹聖四年進士。崇、觀間驟貴顯，三十一歲掌外制，次年遂入翰林。中廢，至建炎乃執政，然才數日而罷。平生所歷州鎮，皆有能聲。胡文定安國嘗以其蔡、潁、南京之政薦於朝，謂不當以宿累廢。晚兩帥金陵，當兀朮臨江，移三山，平群寇，其功不可没也。秦檜秉政，欲令帥蜀，辭不行，忤檜意〔一六〕，以崇慶節度使致仕。其居在卞山，奇石森列，藏書數萬卷。既没，守者不謹，屋與書俱燼於火。石林二字，本出楚辭天問。

石林建康集十卷

陳氏曰：皆帥建康時詩文。其初以所莅官各爲一集，後其家編次總而合之，此集其一也。

石林審是集八卷

陳氏曰：其門人盛光祖子紹所録，亦已入總集。

翟忠惠集三十卷

陳氏曰：參政丹陽翟汝文公巽撰。汝文制誥古雅，多用全句，氣格渾厚，近世罕及。夫人邢氏，恕之女，居實其弟也。長子耆年〔一七〕，實邢出，好古博文，高尚不仕。忠惠者，私謚也。

鴻慶集四十二卷

陳氏曰：户部尚書晉陵孫覿仲益撰。大觀三年進士。政和四年詞科。代高麗謝賜燕樂表，膾炙人口。生元豐辛酉，卒乾道己丑，蓋年八十九，可謂耆宿矣。而其平生出處，至不足道也。嘗提舉鴻慶宫，故以名集。

周平園序略曰：公軼群邁往，賦才獨異。而復天假之年，磨淬鍛煉，重之以湖山之助，名章雋語，少而成，壯而盈，晚而愈精。靖康時爲執法詞臣，其章疏、制誥、表奏，往往如陸敬輿，明辯駿發，每一篇出，世争傳誦。耄年爲論譔次對，親爲謝表啓，各出新意，用事屬詞，少壯所不逮。

綦北海集六十卷

陳氏曰：翰林學士北海綦崈禮叔厚撰。工於四六。秦檜初罷相，崈禮當制，有御筆詞頭藏其家。檜再相，下台州追索，時崈禮已死，幸不及禍。

雲龕草堂後集二十六卷

陳氏曰：參政鉅野李邴漢老撰。明受之變，以兵部侍郎直學士院，叱責兇渠，朝廷賴焉。既復辟，首擢執政。周益公作神道碑，言前、後集一百卷。今惟後集，蓋皆南渡後所作也。朱文公爲之序。漢老，樂静右史之侄，五世祖濤，五代時宰相。石晉之亂，弟澣在翰林，陷於虜。及邴立節於建炎，而弟鄰守會稽，亦隨金人北去，世以爲異。

龜溪集十二卷

陳氏曰：知樞密院忠敏吴興沈與求必先撰。建炎、紹興之間，歷三院、翰苑以至執政。嘗奏言王安石之罪大者，在於取揚雄、馮道。當時學者，惟知有安石。喪亂之際，甘心從僞，無仗節死義之風。實安石倡之。此論前未之及也。紹興七年，終於位。

陳參政簡齋集二十卷

鼂氏曰：陳與義字去非，汝州葉縣人。中進士第。宣和中，徽宗見其所賦墨梅詩，喜之，遂登册府。建炎中掌内外制〔一八〕，拜參知政事以卒。晚年詩尤工，周葵得其家所藏五百餘篇刊行之，號簡齋集。

陳氏曰：去非其先蓋蜀人，東坡所傳陳希亮公弼者，其曾祖也。崇、觀間，尚王氏經學，風雅幾廢絶，而去非獨以詩名，中興後，遂顯用。

後村劉氏曰：元祐後，詩人迭起，一種則波瀾富而句律疏，一種則煅煉精而情性遠。要之，不出蘇、黄二體而已。及簡齋出，始以老杜爲師。墨梅之類，尚是少作，建炎以後，避地湖嶠，行路萬里，詩益奇壯。元日云：「後飲屠蘇驚已老，長乘舴艋竟安歸！」除夕云：「多事鬢毛隨節换，盡情燈火向人明。」記宣靖事云：「東南鬼火成何事，終待胡鋒作争臣。」謂方臘不能爲患，直待粘、斡耳。岳陽樓云：「登臨吴、蜀横分地，徙倚湖山欲暮時。」又云：「乾坤萬事集雙鬢，臣子一謫今五年。」聞德音云：「自古安危關政事，隨時憂喜到樵漁。」五言云：「泊舟華容縣，湖水終夜明。淒然不能寐，左右菰蒲聲。窮途事多違，勝處心亦驚。三更螢火鬧，萬里天河横。腐儒憂平世，况復值甲兵。終焉無寸策，白髮滿頭生。」造次不忘憂愛，以簡嚴掃繁縟，以雄渾代尖巧。第其品格，當在諸家之上。

捫膝先生文集

尚書郎三嵎喻汝礪撰。後溪劉氏序略曰：靖康之難，虜議立僞楚以絶民望。先生捫其膝曰：「此膝豈可屈哉！」即日挂冠神武門，遂自號捫膝居士。由是名重海内。先生之於學，不古不好；於文，不古不嗜；於事，不古不愜；故其於名節，不古不止也。既没六十三年，而文集始出。嗚呼！此豈如時花候禽，可悦一時耳目之比，宜其愈久而愈難泯也。蓋先生之文，一字不肯苟於下筆，每篇率能馳騁上下，濤起阜涌，力有餘而氣不竭。辭既工，於理與事，又欲明白而深切，其得無傳乎？

昭德鼂公文集六十卷

侍郎鼂公武子止撰。後溪劉氏序略曰：國家丙午之變，中原衣冠不南渡，則西入於蜀。其入於蜀者，有能言當時理亂興喪之由，而明乎得失之迹，歷歷道往事，誦京、洛之遺風者，鮮矣。藉令有之，而能達之乎文辭，可使耳目尚接乎而後之人有傳焉者，亦又鮮焉。昭德鼂公蓋能言當時理亂興喪之由，而明乎得失之迹；道往事，誦遺風，而又能達之乎文辭以傳者也。其經事之多，嘗艱之久，而學日益强，文日益力，猶以爲未足。其答進士劉興宗書曰：「僕少時貫穿群書，出入百氏，旁逮釋、老恢詭之學，一再終日，其勤亦至矣，亡得焉，反而求之六藝，似於道有見也。乃願師董仲舒，心奇賈生而病其雜也。」則公之學可睹矣。

宇文肅愍公文集

贈開府儀同三司宇文虛中撰。後溪劉氏序略曰：公羈絶域者十五年，而朝廷悉發其家人北去。後四年，父子謀覺而闔門被禍矣。公弟兄早以才奮，皆致位二府。公之文章，又最見稱於當世。余讀其爲館職時所與開封尹論事書而壯之。使充是書以往，足以追古人而並駕。公既亟見用於尚文之日，潤色太平，黼藻休烈，則余之所謂繫一時所遇而作，非公之所欲充而不已者也。故公答曾晦之書云：「僕長而游太學，爲科舉所使，及得一官，又屢爲應制代言之文，皆非得已而爲者。去歲得罪，杜門於此，閑取篋中書史，卧而讀之，日盡數卷，乃知古人之未嘗爲文也。惟其無意於爲文，而遇事乃言，則其優游舒泰，奮迅豪蕩，蓋無施而不可。昔嘗謂西漢制詔，妙絶於元、成間，而章疏奏對，至谷子雲而工極無以復加矣，迨今思之則不然。惟高帝立長沙王，令諸吏善遇高爵及省賦、舉賢等詔，呂后、孝文賜匈奴單于書，楚王信以下上尊號，相國何等議天子所服，此等數篇卓然渾成，非司馬相如、王褒輩冥搜巧繪所能至也。」公之此書，至論古之人成德爲行，隱然出處之大致，亦非有意於其間。又觀所與趙慶長論文書亦曰：「不若清明廖邈之爲愈也。」挺臣欲表出其先大父之文，即二書所言，余又何加焉。

杜起莘文集

殿中侍御史杜莘老起莘撰。後溪劉氏序略曰：公學術之正，文辭之典，氣節之剛，與王公龜齡大略相似，而公奮起孤遠爲尤難。余嘗得公奏疏而讀之，其言五穀藥石也。公卒四十餘年，余守眉陽，又得公他文閱之，嘆曰：「善哉！窮之言，達之行也。」今年又得公經論千餘篇，信乎公之學得於孟子者歟。世益降，士之爲文益浮。噫！無復斯文也已。

西山老文集二十四卷

豫章胡直孺少汲撰。紹興中，仕至刑部尚書。孫鴻慶序略曰：公少工於詩，語出驚人，魯直一見，擊節嘆賞，指示佳處數十語，表而出之。他文稱是，筆力雄贍，所爲賦頌、表啓、記序、銘贊之屬，蓋數萬言如行雲流水，自然成文。

胡承公集十卷　資古紹志集十卷

鼂氏曰：胡世將字承公，中進士科。早受知鼂無咎。建炎南渡，嘗直學士院，終於資政殿學士、川陝宣撫使。爲文敏贍温雅，掌書命頗有能聲。喜聚金石刻，效歐公集古録爲資古紹志集。序云：以成其先人之志，故以「紹志」目其書。

陳氏曰：文恭公宿之曾孫。以兵部侍郎爲川陝副宣。金虜敗盟，繼吴玠之後，經畫守禦，以迄和議再成。分疆未定，死於河池。世將好古博雅，有資古紹志録〔一九〕，效集古録，跋尾亦見集中。謚忠獻。

邵氏集二十卷

鼂氏曰：邵溥字澤民。進士第。靖康初，爲户部侍郎，上踐祚，以例貶官。紹興中，復待制，宣撫川陝。師事崇福十二父〔一〇〕，詩文早有能聲。

校勘記

〔一〕門下侍郎大名李清臣撰　「撰」字原脱，據直齋書録解題卷一七别集類李淇水集條補。

〔二〕清臣　「清臣」二字原脱，據直齋書録解題卷一七别集類李淇水集條補。

〔三〕調官峽路　「峽」原作「陜」，據宋史卷三五一張商英傳、郡齋讀書志袁本前志卷四下别集類下改。

〔四〕服峨巾　「巾」原作「中」，據元本、慎本、馮本及郡齋讀書志卷一九别集類下改。

〔五〕魏泰字道輔　「道輔」原作「通輔」，據元本、慎本、馮本及郡齋讀書志卷一九别集類下改。

〔六〕歐陽澈德明撰　「歐陽澈」原作「歐陽徹」，據宋史卷四五五歐陽澈傳、直齋書録解題卷一八别集類及歐陽修撰集署名改。

〔七〕熙寧中余中榜進士　「熙寧」原作「元豐」，據長編卷二四三熙寧六年三月壬戌條、宋歷科狀元録卷四改。

〔八〕重午慶清明　「明」，直齋書録解題卷一七别集類作「朝」。

〔九〕元豐五年進士第一人　「五」原作「二」，據長編卷三二四元豐五年三月乙巳條、宋歷科狀元録卷四改。

〔一〇〕後三卷爲燕魏録　「録」字原脱，據直齋書録解題卷一八别集類補。

〔一一〕死當紹興五年　「紹興五年」原作「建炎四年」，據建炎以來繫年要録卷八八紹興五年四月記事、宋元學案卷二五龜山學案及龜山集卷首龜山先生墓誌銘、龜山先生行狀、龜山先生年譜改。

〔一二〕年八十三　「三」原作「七」，據宋史卷四二八楊時傳、建炎以來繫年要録卷八八紹興五年四月記事及宋元學案卷二五龜山學案改。

〔一三〕文定季子　「季」當作「仲」。宋史卷四三五胡安國傳：「安國……三子，寅、宏、寧。」

〔一四〕外制八卷　「八」原作「十」，據元本、慎本、馮本及郡齋讀書志卷一九別集類改。

〔一五〕自監大名倉　「大名」原作「大明」，據馮本、郡齋讀書志袁本前志卷四下別集類下改。

〔一六〕忤檜意　「忤」原作「杵」，據局本、直齋書録解題卷一八別集類改。

〔一七〕長子耆年　「耆年」原作「耆季」，據本書經籍考卷一七經部小學類籀史條、直齋書録解題卷一八別集類改。

〔一八〕建炎中掌内外制　按「建炎」疑誤。陳與義紹興元年夏至行在，二年四月，除左通直郎、中書舍人。三年正月，除試吏部侍郎，兼侍講。五年三月，復召爲給事中。六年六月，復用爲中書舍人。十一月，除翰林學士、知制誥。參見宋史卷四四五陳與義傳及陳與義集（中華書局點校本）卷首胡穉所編簡齋先生年譜。

〔一九〕有資古紹志録　「古」字原脱，據局本、上文「資古紹志集」及直齋書録解題卷一八別集類補。

〔二〇〕師事崇福十二父　「父」原作「歲」，據元本、慎本、馮本及郡齋讀書志卷一九別集類改。

卷二百三十九　經籍考六十六

集別集

空青遺文十卷

陳氏曰：直寶文閣曾紆公衮撰。紆，布之子，有異材。建中靖國初，布在相位，奉詔爲景靈西宫碑，紆之筆也。建炎、紹興之際將漕江浙，入爲司農少卿，知信、衢州以卒。汪彦章志其墓，孫仲益序其文。王銍性之，其婿也。

孫鴻慶序：公文章固守家法，而學詩以母夫人魯國魏氏爲師，句法清麗，絶去刀尺，有古詩之風。黄魯直遷宜州，道出零陵，得公江越書事二小詩，書團扇上，諸詩人莫能辯也。

先公序略曰：余自誦涪翁「扶藜對蘚」之吟〔一〕，曲阜「把卷臨燈」之句，固已心慕公衮才章之盛。顧前修日遠，自乾、淳諸老文字猶多遺落，况過江前後間乎？一日，西泉吴太史爲言：「此吾鄉空青公也，有集藏於家。」余惟空青公子弟起家，文章繼世，潛逃於家君柄用之時，繾綣於諸賢流落之後〔二〕，未幾滅迹毁廬〔三〕，相隨入黨，迄天地重開，迨能以三朝正論暴白於世，視同時諸貴公子孫所謂繼志述事者，其爲人賢不肖何如也！昔石林葉公以「親見揚雄」美其詩，以「新様元和」評其書，以「三世風流」頌其文。近世李鴈湖亦謂人惡雋異，俗疵文雅，如空青諸人雖不偶於一時，而文采爛然，垂後著世，不能掩也。今其遺文如「魯殿」、「秦碑」，見者珍惜，自可孤行於南豐、曲阜之後云。

北山小集四十卷

陳氏曰：中書舍人信安程俱致道撰。俱父、祖世科，而俱乃以外祖鄧潤甫蔭入仕。宣和中，賜上舍出身，爲南宮舍人。紹興初，入西掖，徐俯爲諫議大夫〔四〕，封還詞頭，罷去。後以次對修史，病不能赴而卒。

石林葉氏序略曰：余居吴，始識致道，見其學問風節卓然有不獨見於其文者，即爲移書當路，并上其文數十篇。宰相見而驚曰：「今之韓退之也。」亟召見政事堂。其後二十四年間，卒登侍從，爲天子掌制命，文章擅一時。今觀其文，精確深遠，議論皆本仁義，而經緯錯綜之際，則左丘明、班孟堅之用意也。至於詩章，兼得唐中葉以後名士衆體。晚而在朝雖不久，遇所建明尤偉。蓋其爲人剛介自信，擇於理者明，所行寧失之隘，不肯少貶以從物。是以善類皆相與推先，惟恐失之，雖有不樂之者，亦不敢秋毫加疵病。信乎直道之不終屈也。

陵陽集五十卷

陳氏曰：中書舍人仙井韓駒子蒼撰。自幼能詩，黄太史稱其超軼絶塵，蘇文定以比儲光羲。游太學不第。政和初，獻書，召試賜出身〔五〕。後入西掖。坐蘇氏鄉黨曲學罷。

丹陽集四十二卷　後集四十二卷

陳氏曰：顯謨閣待制江陰葛勝仲魯卿撰。紹聖四年進士，元符三年詞科。洪慶善序其文，有所謂絶郭天信，拒朱勔，慙盛章而怒李彦者，蓋其平生出處之略也。再知湖州，後遂家焉。孫鴻慶序略曰：公中宏詞第一，時天子輯瑞應，蒐講彌文，報禮上下，四方以符瑞來告者不可勝數。大臣表賀，皆出公手，瓌奇英麗，獨步一時，公卿交譽。屢遷擢大司成〔六〕，遂躋法從。

毘陵集五十卷

陳氏曰：參政文靖毘陵張守全真撰〔七〕。一字子固〔八〕。崇寧進士，詞科。紹興執政，張魏公在相位，薦秦檜再用，守有力焉。一日，與魏公言，某誤公聽，今朝夕同班列，得款曲，其人似以曩者一跌爲戒，有患失心，宜自劾謝上。魏公爲作墓誌，著其語。

張章簡華陽集四十卷

陳氏曰：參政金壇張綱彦正撰。大觀中舍法三中首選，釋褐爲承事郎、辟廱正，蓋專於新學者。紹興初，在瑣闥，忤張俊，求去；復與秦隙，遂引年。秦亡，乃召用。乾道初，年八十四而終，自號華陽老人。華陽者，茅山也。

非有齋類稿五十卷

陳氏曰：給事中吴興劉一止行簡撰。宣和三年進士。居瑣闥僅百餘日，忤秦檜，罷去。閒居十餘年，以次對致仕。檜死，被召，力辭，進雜學士而終。年八十二，實紹興庚辰。

竹西集十卷　西垣集五卷

陳氏曰：兵部侍郎維揚王居正剛中撰。宣和三年進士。紹興初，入詞掖。西垣集者，制草及繳章也。其篇目，凡繳章皆云「封還詞頭」，蓋其子孫編次者之失也。除授則有詞頭。政刑庶事，何詞頭之有？

張巨山集三十卷

陳氏曰：中書舍人光化張嵲巨山撰。嵲爲司勳郎官，金人再取河南，秦相皇恐，上章引伊尹「善無常主」及周任「不能者止」之文以自解，嵲之筆也。秦德之，遂擢修注掌制；而其具稿倉卒，誤以伊尹告太甲爲告湯，及周任之言爲孔子自言。時祕書省寓傳法寺，有書其門曰：「周任爲孔聖，太甲作成湯。」秦疑諸館職爲之，多被逐。然嵲亦以答檜三折肱之語，謂其貳於己，無幾亦罷。

默成居士集十五卷

陳氏曰：中書舍人潘良貴子賤撰。一字義榮。剛介之士也。朱侍講序其集，略見其出處大致。

朱子序略曰：公自宣和初爲博士，則已不肯托昏富貴之家，而獨嘗論斥大臣蒙蔽之姦。及爲館職，又不肯游蔡京父子門；使淮南，又不肯與中官同燕席。靖康召對，因論時宰何㮚、唐恪不可用，恐誤國事，以是謫去。不旋踵而言果驗。建炎初，召爲右司諫，首論亂臣逆黨，當用重典，以正邦法、壯國威；且及當時用事者姦邪之狀，大爲汪、黄所忌，書奏三日而左遷以去。紹興入爲都司，又忤時相以歸。復爲左史，直前奏事，明大公至正之道。服喪還朝，又以廷叱奏事官，而忤旨以去。自是之後，秦檜擅朝，則公遂廢於家而不復起矣。然公平生廉介自持，自少至老，出入三朝，而前後在官，不過八百六十餘日。所居僅庇風雨，郭外無尺寸之田，經界法行，獨以丘墓之寄，輸帛數尺而已。其清苦貧約，蓋有人所不堪者，而處之超然，未嘗少屈於檜。其子熹，暴起鼎貴，勢傾內外，亦未嘗與通問也。嘗誦君子三戒之言，而深以志得之規痛自儆飭。至於造次之間，一言一行，凡所以接朋友教子弟，亦未嘗不以孝弟忠敬，節儉正直，防微謹獨之意爲本。其讀書磨鏡之喻，切中學者之病，當世蓋多傳之。而所論汲長孺、蓋寬饒之爲人，尤足以見其志之所存也。嗚呼！若公之清明直諒，確然亡慾，其真可謂剛毅而近仁矣！夫以三代之時，聖人之世，而夫子已嘆剛者之不可見，況於百世之下，幸有如公者焉，而不得少申其志以没！其條奏草稿，有補於時，可爲後法者，又以公自焚削而不復存。其平生之言頗可見者，獨有賦咏筆札之餘數十百篇而已。後之君子，蓋將由此以論公之事，其可使之没没無傳而遂已乎？

筠溪集二十四卷

陳氏曰：户部侍郎連江李彌遜似之撰〔九〕。大觀三年上舍第一。知冀州，能抗金賊，攝江東帥，與忠定平周德之亂。晚爲從官，沮和議，坐廢而終。

鄱陽集十卷

陳氏曰：徽猷閣直學士鄱陽洪皓光弼撰。皓奉使金虜，守節不屈，既歸，爲秦所忌，謫英州。

死之日，與秦適相先後。三子登詞科，俱顯貴。

東窗集四十卷

陳氏曰：中書舍人鄱陽張廣彦實撰。與吕居仁爲詩友。其在西掖，當紹興十一年。

雪溪集略八卷

陳氏曰：汝陰王銍性之撰。國初周易博士昭素之後也。其父萃樂道嘗從歐公學〔一〇〕。銍爲曾紆婿，嘗撰七朝國史。紹興初，常同子正薦之，詔視秩史官，給札奏御，會秦氏柄國，中止，書竟不傳。其子明清，著揮麈録。

竹軒雜著十五卷

陳氏曰：太常少卿永嘉林季仲懿成撰。以趙元鎮薦入朝，奏疏沮和議，得罪。仲熊、叔豹、季貍，其弟也，皆知名。

北山集三十卷

陳氏曰：端明殿學士金華鄭剛中亨仲撰。紹興二年亞魁。受知秦相，使川、陝。後忤意，貶死封州。

澹庵集七十八卷

陳氏曰：端明殿學士忠簡廬陵胡銓邦衡撰。建炎甲科第五人。既上書乞斬秦檜，謫嶺海。秦死，得歸。孝宗即位，始復官召用，又以沮再和之議得罪去。乾道中，入爲丞郎，亦不容於時，奉祠至淳熙七年乃終，年七十九〔一〕。

平園周氏跋曰：胡忠簡公詩有不可及者三：用事博而精，下語豪而華，一也；士子投獻，必用韵酬答，雖百韵亦然，愈多而愈工，二也；此篇和王君行簡，時年七十五，長歌小楷，與四五十人無異，三也。

誠齋序：先生之文，肖其爲人，議論閎以挺，其記序古以馴，其代言典而嚴，其書事約而悉。其爲詩蓋自詆斥時宰，謫置嶺海，愁狖酸骨，饑蛟血牙，風呻雨喟，濤譎波詭，有非人間世之所堪耐者，不介於心，而反昌其詩，視李、杜夜郎夔子之音蓋加恢奇云。至於騷詞，涵茫嶄崒，鉥劌刻屈，抉天之幽，洩神之瘦，槁癯而不瘁，恫愀而不懟，自宋玉而下不論也。

李文簡公集一百二十卷

敷文閣學士丹稜李燾仁父撰。水心集序曰：自有文字以來，名世數十，大抵以筆勢縱放，凌厲馳騁爲極功。風霆怒而江河流，六驥調而八音和，春輝秋明而海澄嶽静也。高者自能，餘則勉而效之矣。雖然，此韓愈所謂下逮莊、騷，其上無是也。觀公大篇詳而正，短語簡而法，初未嘗藻黼琢鏤，以媚俗爲意。曾點之瑟方希，化人之酒欲清，又非以聲色臭味自怡悦也。獨於古文墜學，堂上之議，起虞造周，如挈裘領振之焉，固遺其下而獨至其上者歟！蜀自三蘇死，公父子兄弟後起，兼方合流以就家學，綜練古今名實之際，有補於世。天下傳以繼蘇氏云。

沈子壽文集

水心集序曰：吴興沈子壽，少入太學，名聞四方。仕四十餘年，絀於王官。再入郡，三佐帥幕，公私憔悴而子壽老矣。然其平生業嗜文字，若性命在身，非外物也。甲乙自著累百千首。嗚呼！何其勤且多也！余後學也，不足以識子壽之文，其不爲奇險〔一二〕，而瑰富精切，自然新美，使讀之者如設芳醴珍殽，足飲饜食而無醉飽之失也。又能融釋衆疑，兼趨空寂，讀者不惟醉飽而已，又當消愠忘憂，心舒意閑，而自以爲有得於斯文也。觀其開闔疾徐之間，旁觀而横陳〔一三〕，逸鶩而高翔，蓋宗廟朝廷之文，非自娱於幽遠淡泊者也。

徐斯遠文集

水心集序曰：斯遠盡平生文僅二十餘首，首輒精善，疑其親自料揀，應留者止此爾。徐觀筆墨輕重，以十一斂藏千百，雖鋪寫縱放，亦無怠惰剥落之態，逆流陡起〔一四〕，體勢各成，殆非料揀所能致也〔一五〕。詩險而肆，對面崖壑，咫尺千里，操舍自命，不限常律。慶曆、嘉祐以來，天下以杜甫爲師，始黜唐人之學，而江西宗派章焉。然而格有高下，技有工拙，趣有淺深，材有大小。以夫汗漫廣莫，徒枵然從之而不足充其所求，曾不如脰鳴吻哄，出毫芒之奇，可以運轉而無極也。故近歲學者，已復稍趨於唐而有獲焉〔一六〕。曷若斯遠淹玩衆作，凌暴偃蹇，情瘦而意潤，貌枯而神澤，既能下陋唐人，方於宗派，斯又過之。斯遠有物外不移之好，負山林沉痼之疾，而師友問学〔一七〕，小心抑畏，異方名聞之士，未嘗不遐嘆長想千里而同席也。初渡江，時上饒號稱賢俊所聚，義理之宅，如漢許下、晉會稽焉。風流幾泯，議論將絶，斯遠與趙昌父、韓仲止扶植遺緒，固窮一節，難合而易忤，視榮利如土梗，以文達志，爲後生法。凡此皆强爲善者之所宜知也。

相山集二十六卷

陳氏曰：朝奉大夫濡須王之道彦猷撰。宣和六年，兄弟三人同登科。建炎寇亂，率衆保明避山，從之者皆得免，以功改京官，沮和議得罪。晚年歷麾節。其子藺，被遇阜陵，貴顯。

韋齋小集十二卷

陳氏曰：吏部員外郎新安朱松喬年撰。侍講文公之父也。文公嘗言：「韋齋先生自爲兒童時，出語已驚人，及去場屋，始放意爲詩文。其詩初亦不事彫飾，而天然秀發，格律閑暇，超然有出塵寰之趣。」

闗博士集二十卷

陳氏曰：太學博士錢塘闗注子東撰。紹興五年進士。嘗爲湖州教授，自號香巖居士。

石月老人集三十五卷

陳氏曰：朝議大夫致仕鄱陽余安行勉仲撰。安行累舉不第。其子應求，以童子登崇寧五年進士科，爲御史，歷麾節，所至迎養其父至九十六乃終。著書號至言，蓋純篤之士也。

王著作集四卷

陳氏曰：著作郎福清王蘋信伯撰。從程門學，以趙忠簡薦召對，賜出身。秦檜惡之，會其族子坐法，牽連文致，奪官以死。

屏山集二十卷

陳氏曰：通判興化軍崇安劉子翬彦冲撰。父韐，兄子羽。子翬以蔭入仕。年甫四十八而卒。朱文公，其門人也。嘗謂朱曰：「吾少聞佛老之説，歸讀吾書，然後知吾道之大，體用之全如此。於易得入德之門，爲作復齋銘、聖傳論，可以見吾志矣。」

東溪集二十卷

陳氏曰：迪功郎漳浦高登彦先撰。考試潮州，策問忤秦相，謫死。水心葉氏序略曰〔一八〕：君高遠獨出，無拘留泥滓間意。學已成，謂當直施用，不曲步捷行以漸巧取之。論説必窮盡，欲砭時陋，扶世壞。文不爲扶疏茂好，惟自根極而成者，無不具也，故不得志於科舉。至轉富入貧，本業微析，終不動心，一以溪山雲月爲家宅，筆墨簡策爲情性。常覃研竟日，曰：「孔、顔不如是也！」

繙經堂集八卷

陳氏曰：知盱眙軍東平畢良史少董撰〔一九〕。文簡公士安五世孫。嘗陷虜，有從之游者，因爲圖名繙經，寫其訪問紬繹之狀。

三近齋餘録

朝奉郎知信州王從正夫撰。從，文正公五世孫。有詩文四百八十餘篇，自題三近齋餘録。楊誠齋序略曰：其詩如「落木森猶力，寒山淡欲無」，如「地迴高樓目，天寒故國心」，如「涼風回遠笛，暝色帶歸舟」，如「塵心依水浄，歸鬢與山青」，不減晚唐諸子。如「墮蘂盡應輸燕子，懶寒猶及占梨花」，如「一番風雨催寒食，千里鶯花想故園」，如「身閒更得憑陵酒，花早殊非愛惜春」，如「秋生列岫雲尤薄，泉瀨懸崖路更慳」，置之江西社中何辨！幽蘭云：「臨春慘不舒，蓋國空自香。」意不在蘭也。至於騷辭，如釣臺、沐髮、乞巧、悼亡等篇，出入遠游、天問之海，頡頏幽通、思玄之囿矣。及上前論事之文，皆卓然近用。又如簋餐豆肉之可以求飽，笥裳篚纊之可以御冬，使其遇合，功用詎可量哉！紀之甗，鄭之瓚，櫝而不讎，瘞而不起，久則光怪四出，貫日襲月，有不可掩者，惟不求知，所以不可掩也歟。

藥寮叢稿二十卷

陳氏曰：太常少卿上蔡謝伋景思撰。參政克家之子。

水心葉氏序略曰：崇、觀後，文字散壞，相矜以浮，肆於險膚無據之辭，苟以蕩心意，移耳目，取貴一時，雅道盡矣。謝公尚童子，脱丱髦，游太學，俊筆涌出，排迮老蒼〔二〇〕，而不能不受俗學薫染〔二一〕，自漢魏根底，齊梁波流，上遡經訓，旁涉傳記，門樞户鑰，庭旅陛列，擯棄組繡，考擊金石，洗削纖巧，完補太樸，其藥園小畫記，蓋謝靈運山居之約，言志潔而稱物芳，無憂憤不堪之情也。

巖壑老人詩文一卷

陳氏曰：左朝請大夫洛陽朱敦儒希真撰。初以遺逸召用，嘗爲館職。既挂冠，秦檜之孫塤欲學爲詩，起希真爲鴻臚少卿，將使教之〔二二〕。

鶴溪集十二卷

陳氏曰：辟雍博士青田陳汝錫師予撰。紹聖四年進士。持節數路，帥越而卒。青田登科人自汝錫始。希點子與，其孫也。

岳武穆集十卷

陳氏曰：樞副鄴郡岳飛鵬舉撰。飛功業偉矣，不必以集著也。世所傳誦其賀和議成一表，當亦是幕客所爲，而意則出於岳也。

漢濱集六十卷

陳氏曰：參政襄陽王之望瞻叔撰。周益公爲集序。序略曰：公生於羊、杜成功之地，慕其爲人，博學能文，知略輻輳。學根於經，故有淵源；文適於用，故無枝葉。奏劄甚多，皆可行之言；內制雖少，得坦明之體。酷嗜吟咏，詞贍而理到。近世論文章事業，公實兼之，豈與夫一徧一曲之士較短量長而已！

玉山翰林詞草五卷

陳氏曰：尚書玉山汪應辰聖錫撰。紹興五年進士首選。本名洋，御筆改賜。天才甚高，而不喜爲文，謂不宜敝精神於無用。然每作輒過人。以天官兼翰苑近二年，所撰制誥，温雅典實，得王言體，朱晦翁稱爲近世第一。

太倉稊米集七十卷

陳氏曰：樞密編修宣城周紫芝少隱撰。自號竹坡居士。

白蘋集四卷

陳氏曰：右文林郎單父龐謙孺祐甫撰。莊敏公籍之曾孫也。用季父恩仕，不遂而死。韓南澗志其墓。嘗客居吴興，故集名「白蘋」。

南澗甲乙稿七十卷

陳氏曰：吏部尚書潁川韓元吉無咎撰。門下侍郎維之玄孫，與其從兄元龍子雲皆嘗試詞科，不利。居廣信溪南，號南澗。

艇齋雜著一卷

陳氏曰：南豐曾季貍裘父撰。鞏之弟曰湘潭主簿宰，宰之孫曰大理司直晦之，季貍其子也。少從吕居仁〔二三〕、徐師川游。曾一試禮部，不中。乾、淳間名公多敬畏之，具見其子灘所集師友尺牘。此篇蓋其議論古今之文，辭質而義正，可以得其人之大略。

溪園集十卷

陳氏曰：蘄春吴億大年撰。其父擇仁爲尚書。億仕至静江倅，居餘干，有溪園佳勝。世傳其「樓雪初消」詞，爲建康帥鼂謙之作。

于湖集四十卷

陳氏曰：中書舍人歷陽張孝祥安國撰。甲戌冠多士，出思陵親擢。秦相孫塤遂居其下〔二四〕，秦忌惡之，以他事下其父子大理獄。明年，秦亡，上既素眷，不五年登法從。阜陵尤眷之，不幸不得年，死時才四十餘〔二五〕。上常有用不盡之嘆。其文翰皆超逸，天才也。

南軒集三十卷

陳氏曰：侍講廣漢張栻欽夫撰。魏忠獻公浚之長子。當孝宗朝，以任子不賜第入西掖者韓元吉、劉孝韙，其入經筵則栻也。

王司業集二十卷〔二六〕

陳氏曰：國子司業宛丘王迷致君撰。建炎初，其家避狄，沿汴南下，迷年十一，偶小泊登岸，虜適至，亟解維不暇顧，遂失之。在虜十年，間關得歸。其父工部尚書俣。既歸，入太學，登癸未科，爲諫官、御史，歷麾節，終於少司成。

周平園序略曰：公志氣强，學問博，其文章贍而不失之泛，嚴而不失之拘，議論馳騁於數千百載之上，而究極利害於四方萬里之遠。其爲歌詩，慷慨憂時而比興存焉。他文閎辯該貫，直欲措諸事業，所謂援古證今，黼黻其辭，特餘事耳。

浮山集十六卷

陳氏曰：左朝請大夫江都仲并彌性撰。紹興壬子進士，晚丞光禄寺，得知蘄州。并嘗倅湖，籍中有所盻，爲作生朝青詞，好事者傳誦之〔二七〕，遂漏露，坐謫官。其訓詞略曰：「爾爲瀆侮之詞，曾不知畏天，其知畏吾法乎？」吾鄉前輩能道其事如此。

周平園序略曰：彌性自少卓犖不群，潛心問學，力排王氏一偏之説，惟六藝、孔、孟是師，筆勢翩翩，俊聲籍甚。古律如王良、造父馭駿馬，駕輕車〔二八〕，有犇軼絶塵之勢。其賡險韵，如繭抽絲，印印泥，愈出愈新。送妹長篇，孝友慈愛，溢於言外，殆欲上規風、雅。其四六叙事，雖閎肆而關鍵甚密〔二九〕，對屬雖切，而非駢儷所能拘，最後蘄州謝上表，以古文就今體，自成一家。雜著題跋，清雅可愛，復以餘力出入釋氏，游戲歌詞，無不過人。

小醜集十二卷　續集三卷

陳氏曰：直祕閣眉山任盡言元受撰。元符諫官伯雨之孫，紹興從臣申先之子。甲科。仕爲太常寺主簿，終於閩憲。

楊誠齋序，謂其詩文孤峭而有風稜，雄健而有英骨，忠慨而有義氣。蓋將與唐之貞元、元和，本朝之慶曆、元祐諸公並轡而先，終非近世陳陳相因，累累隨行之作也。

拙齋集二十二卷

陳氏曰：校書郎侯官林之奇少穎撰。之奇學於吕氏本中，而太史祖謙學於之奇。其登第當紹興辛未，年已四十。未幾，即入館，方鄉用，而得末疾。

霜傑集三十卷

陳氏曰德興董穎仲達撰。紹興初人。從汪彦章、徐師川游。彦章爲作序。

妙峰集四十卷

陳氏曰：中書舍人福清林遹述中撰。元符三年甲科。苗、劉之變，在西掖不失節，思陵嘉之。終龍圖直學士。

鄮峰真隱漫録五十卷

陳氏曰：丞相文惠公四明史浩直翁撰。

詅癡符二十卷

陳氏曰：御史臨海李庚子長撰。「詅」之義，衒鬻也。市人鬻物於市，誇號之，曰「詅」。此三字本出顔氏家訓，以譏無才思而流布醜拙者。以名其集，示謙也。庚，乙丑進士，以湯鵬舉薦辟入臺，家藏書甚富。

梯雲集二十五卷〔三〇〕

陳氏曰：中書舍人資川趙逵莊叔撰。辛未大魁。有氣節。四十一歲卒。

海陵集三十二卷

陳氏曰：同知密院海陵周麟之茂振撰。乙丑進士，戊辰詞科。既執政，被命使虜亮，辭行得罪去。

胡獻簡詞垣草四卷

陳氏曰：禮部尚書會稽胡沂周伯撰。

介庵集十卷

陳氏曰：左司郎官趙彦端德莊撰。乾、淳間名士也，嘗宰餘干。趙忠定其邑人，初冠多士，德莊在朝，往謁謝，德莊語之曰：「謹勿以一魁先置胸中。」可謂名言。

校勘記

〔一〕余自誦涪翁扶藜對蘇之吟　「自誦」，碧梧玩芳集卷一二曾空青文集序作「嘗誦」。

〔二〕繾綣於諸賢流落之後　「之後」，碧梧玩芳集卷一二曾空青文集序作「之日」。

〔三〕未幾滅迹毁廬　「未幾」，碧梧玩芳集卷一二曾空青文集序作「中間」。

〔四〕徐俯爲諫議大夫　「議」字原脱，據宋史卷三七二徐俯傳、直齋書録解題卷一八別集類補。

〔五〕召試賜出身　「賜」字原脱，據宋史卷四四五韓駒傳、直齋書録解題卷一八別集類補。

〔六〕屢遷擢大司成　「成」原作「丞」，據宋史卷四四五葛勝仲傳、鴻慶居士集卷三〇丹陽集序改。

〔七〕參政文靖毘陵張守全真撰　「靖」原作「清」，據元本、慎本、馮本、宋史卷三七五張守傳及直齋書録解題卷一八別集類改。

〔八〕一字子固　「子固」原作「子同」，據宋史卷三七五張守傳改。

〔九〕户部侍郎連江李彌遜似之撰　「李彌遜」原作「李彌遠」，據元本、慎本、馮本及宋史卷三八二李彌遜傳改。

〔一〇〕其父萃樂道嘗從歐公學　「萃」，直齋書録解題卷一八別集類、宋元學案補遺卷四作「莘」。

〔一一〕年七十九　「年」字原脱，據直齋書録解題卷一八別集類補。

〔一二〕其不爲奇險　「奇」原作「音」，據水心集卷一二沈子壽文集序改。

〔一三〕旁觀而横陳　「觀」，水心集卷一二沈子壽文集序作「貫」。

〔一四〕逆流陡起　「逆」原作「迷」，據水心集卷一二徐斯遠文集序改。

〔一五〕殆非料揀所能致也　「料」原作「精」，據水心集卷一二徐斯遠文集序及上文改。

〔一六〕已復稍趨於唐而有獲焉　「有」字原脱，據水心集卷一二徐斯遠文集序補。

〔一七〕而師友問學　「問學」二字原倒，據水心集卷一二徐斯遠文集序乙正。

〔一八〕水心葉氏序略曰　按水心集卷一二有東溪先生集序，但葉氏此序乃爲劉伯熊東溪先生集而作，馬氏誤引於高登東溪集條下。

〔一九〕知盱眙軍東平畢良史少董撰　「盱眙」二字原作「盱眙」，據局本、宋史卷八八地理志四及直齋書録解題卷一八別集類改。

〔二〇〕排迮老蒼　「迮」原作「窄」，據水心集卷一二謝景思集序改。

〔二一〕而不能不受俗學薰染　「不能不受」，水心集卷一二謝景思集序作「不能受」。

〔二二〕將使教之　直齋書録解題卷一八別集類「之」字下有「惧禍不敢辭。不久秦亡，物論少之。合有全集，未見」。

〔二三〕少從吕居仁　「少」原作「多」，據直齋書録解題卷一八別集類改。

〔二四〕秦相孫塤遂居其下　「遂」原作「既」，據元本、馮本及直齋書録解題卷一八別集類改。

〔二五〕死時才四十餘　宋史卷三八九本傳作「年三十八」。于湖集附録宣城張氏信譜傳：「乾道五年己丑不豫請歸，……庚寅冬疾復作，遂卒。」「庚寅」，宋孝宗乾道六年，公元一一七〇年，本傳疑是。

〔二六〕王司業集二十卷　「二」原作「三」，據元本、慎本、馮本及直齋書録解題卷一八別集類改。

〔二七〕好事者傳誦之　「者」字原脱，據直齋書録解題卷一八別集類補。

〔二八〕駕輕車　「輕」字原脱，據文忠集卷五四仲并文集序補。

〔二九〕雖閎肆而關鍵甚密　「甚密」，元本、慎本、馮本作「實密」。

〔三〇〕梯雲集二十五卷　宋史卷三八一趙逵傳、卷二〇八藝文志七作「栖雲集」。

卷二百四十　經籍考六十七

集 別集

石湖集一百三十六卷

陳氏曰：參政吳郡范成大致能撰〔一〕。初以起居郎使虜，附奏受書事，抗虜於其殿陛間，歸時益被上眷，以至柄用。石湖，在太湖之濱，姑蘇臺之下，去城十餘里，面湖爲堂，號鏡天閣。又一堂扁「石湖」二字，阜陵宸翰也。今日就荒毁，更數年，恐無復遺迹矣。一再過之，爲之慨然。

誠齋序其集曰：公訓誥具西漢之爾雅，賦篇有杜牧之之刻深，騷辭得楚人之幽遠，序山水則柳子厚，序任俠則太史遷，至於大篇決流，短章斂芒，縟而不釀，縮而不窘，清新嫵媚，奄有鮑、謝，奔逸儁偉，窮追太白，求其隻字之陳陳，一唱之嗚嗚〔二〕，而不可得也。今四海内詩人不過三四，而公皆過之，無不及者。予於詩，豈敢以千里畏人者，而於公獨斂衽焉。

周益公集二百卷　年譜一卷　附録一卷

陳氏曰：丞相文忠益公廬陵周必大子充撰。一字弘道。其家既刊六一集，故此集編次，一切視其凡目，其間有奉詔録、親征録、龍飛録、思陵録，凡十一卷。以其多及時事，托言未刊，人莫之見，鄭子敬守吉，募工人印得之。余在莆田，借録爲全書，然猶漫其數十處〔三〕。益公自號平園叟。

後村劉氏曰：平園晚作益自磨礪，然散語終是洗滌詞科氣習不盡，惟所撰林艾軒誌銘極簡嚴，有古意。

渭南集三十卷　劍南詩藁　續藁八十七卷

陳氏曰：華文閣待制山陰陸游務觀撰。左丞佃之孫。紹興末召對，賜出身。隆興初，爲密院編修官。鄉用矣，坐漏泄省中語，阜陵以爲反覆，斥遠之。後以夔倅入蜀，益自放肆，不護細行，自號放翁。在蜀九年乃歸。晚由嚴陵召爲南宫舍人，將内禪，周益公薦其直北門，上終不用。及韓氏用事，游既挂冠久矣，有幼子，澤不逮，爲侂胄作南園記，起爲大蓬，遂以次對，再致仕。嘉定庚午，年八十六而終。游才甚高，幼爲曾吉父所賞識，詩爲中興之冠，他文亦佳，而詩最富，至萬餘篇，古今未有，故文與詩别行。渭南者，封渭南縣伯。

復齋制表二卷

陳氏曰：刑部侍郎王秬嘉叟撰。初寮安中之孫。紹興、乾道間名士也，陸放翁與之厚善。

盤洲集八十卷

陳氏曰：丞相文惠公鄱陽洪适景伯撰。忠宣之長子。方奉使時，文惠甫十三歲，後與其弟遵同中壬戌宏博科。本名造，後改焉。又三年乙丑，弟邁繼之，世號「三洪」。其自淮東總領入爲太常少卿，一年而入右府，又半年而拜相，然在位僅三閲月，爲林安宅所攻而去。嘗一帥越，閑居十六年而終。

小隱集七十卷

陳氏曰：樞密文安公洪遵景嚴撰。其進用最先於兄弟，而得年不永，薨於淳熙元年。

野處類藁二卷

陳氏曰：翰林學士文敏公洪邁景盧撰。其全集未見。

誠齋集一百三十三卷

陳氏曰：寶謨閣學士文節公廬陵楊萬里廷秀撰。當淳熙末爲大蓬，論思陵配享不合去。及韓侂胄用事，召之，卒不至。自次對，遷至學士。聞開禧出師，不食而死。自作江湖集序曰：「予少作有詩千餘篇，至紹興壬午，皆焚之，大概江西體也。今所存曰江湖集者，蓋學后山及半山及唐人者也。」

荆溪集序：予之詩始學江西諸君子，既又學后山五字律，既又學半山老人七字絶句，晚乃學絶句於唐人。學之愈力，作之愈寡，嘗與林謙之屢嘆之。謙之云：「擇之之精，得之之艱，又欲作之之不寡乎？」之官荆溪，嘗以告曰，作詩忽若有寤。於是辭謝唐人及王、陳江西諸君子，皆不敢學，而後欣如也。

南海集序：予好爲詩。初好之，既而厭之。紹興壬午，予詩始變，予乃喜，既而又厭之。至乾道庚寅，詩又變，淳熙丁酉，詩又變。時假守毘陵，友人尤延之云予詩「每變每進」。今老矣，未知能變否？能變矣，未知能進否？

程文簡集二十卷

陳氏曰：吏部尚書新安程大昌泰之撰。每卷分上下，其實四十卷也。博學長於考究，著述甚多，皆傳於世。

樵隱集十五卷

陳氏曰：信安毛幵平仲撰。禮部尚書友之子。負才傲世，仕止州倅。與尤遂初厚善，臨終以書别之，囑以志墓。延之既爲銘，又序其集。

梁溪集五十卷

陳氏曰：禮部尚書錫山尤袤延之撰。家有遂初堂，藏書爲近世冠。

鄭景望集三十卷

陳氏曰：宗正少卿永嘉鄭伯熊景望撰。

歸愚翁集二十六卷

陳氏曰：秀州判官鄭伯英景元撰。近世永嘉學者推二鄭。伯熊，紹興乙丑進士。自隆興初爲館職、王府、東宫官，至少司成宗正，鄉用矣〔四〕，每小不合輒乞去，卒於建寧守。伯英，癸未甲科第四人。以親養，三十年不調，竟不出。二人皆豪傑之士也。

水心葉氏序曰：余嘗嘆章、蔡氏擅事，秦檜終成之，更五六十年，閉塞經史，滅絶理義，天下以佞諛鄙淺成俗，豈惟聖賢之常道隱，民彝并喪矣。於斯時也，士能以古人源流，前輩出處，終始執守，慨然力行，爲後生率，非瓌傑特起者乎？吾永嘉二鄭公是已。蓋長曰伯熊字景望，季曰伯英字景元。大鄭公恂恂，少而德成，經爲人師，深厚悃愊，無一指不本於仁義，無一言而不關於廊廟；而景元俊健果决，論事憤發，思得其志，則必欲盡洗紹聖以來弊政，復還祖宗之舊，非隨時默默苟爲祿仕者也。景望衜道寂寞，視退如進，官至宗正少卿而止。初，景元中進士第第四人，少卿喜而笑曰：「子一日先我矣。」然既任秀州判官，遂以親辭，終其身二十餘年不復仕，朝廷亦卒不徵用。何者？諸公貴人知其才大氣剛，中心畏之，方以其自重不浪出無能害己爲幸，而不暇以廢格科目摧折名士爲己責故也。豈不悲哉！自二鄭公後，儒豪接踵，而永嘉與爲多，然皆兄事景元。方其家居，得朋友通共有無，並坐接席，不知歲月遷改，自謂如華胥至樂。故其講習見聞尤精，而片辭半簡必獨出肺腑，不規倣衆作也。夫孔翠鸞鳳，矜其華采，顧影自耀，爲世珍惜，是既然矣。若夫蛟龍之興雲雨，則雷電皆至，霑霧百里，豈區區然露小技、衒細巧而足哉！余懼覽者未察，因次其本末如左。

晦庵集一百卷　紫陽年譜三卷

陳氏曰：侍講文公新安朱熹元晦撰。年譜，李方子公晦所述，其門人也。

勉齋黄氏曰：周、程、張、邵之書，所以繼孔、孟道統之傳，歷時未久，微言大義，鬱而不彰，爲之裒集發明，而後得以盛行於世。太極、先天圖，精微廣博，不可涯涘，爲之解剥條畫，而後天地本原，聖賢藴奥，不至於泯没。程、張門人祖述其學，所得有淺深，所見有疏密，先生既爲之區别，以悉取其所長，至或識見小偏，流於異端者，亦必研窮剖析，而不没其所短。南軒張公、東萊吕公同出其時，先生以其志同道合，樂與之友。至或見識少異，亦必講磨辯難，以一其歸。至若求道而過者，病傳注誦習之煩，以爲不立文字，可以識心見性，不假修爲，可以造道入德，守虚靈之識，而昧天理之真，借儒者之言，以文佛、老之説，學者利其簡便，詆訾聖賢，捐棄經典，猖狂叫呶，側僻固陋，自以爲悟。立論愈下者，則又崇奬漢、唐，比附三代，以便其計功謀利之私。二説並立，高者陷於空無，下者溺於卑陋，其害豈淺淺哉！先生力排之，俾不至亂吾道以惑天下。於是學者靡然向之。先生教人以大學、論、孟、中庸爲入道之序，而後及諸經。以爲不先乎大學，則無以提綱挈領而盡論、孟之精微；不參之以論、孟，則無以融會貫通而極中庸之旨趣；然不會其極於中庸，則又何以建立大本，經綸大經，而讀天下之書，論天下之事哉？其於讀書也，又必使之辨其音釋，正其章句，玩其辭，求其意，研精覃思，以究其所難知，平心易氣，以聽其所自得。然爲己務實，辨别義利，「毋自欺、謹其獨」之戒，未嘗不三致意焉。蓋亦欲學者窮理反身而持之以敬也。從游之士，迭誦所習以質其疑，意有未諭，則委曲告之而未嘗倦，問有未切，則反復戒之而未嘗隱，務學篤則喜見於言，進道難則憂形於色。講論經典，商略古今，率至夜半，雖疾病支離，至諸生問辨，則脱然沉痾之去體，一日不講學，則惕然常以爲憂〔五〕。摳衣而來，遠自川蜀，文詞之傳，流及海外，至於夷虜，亦知慕其道，竊問其起居。窮鄉晚出，家蓄其書，私淑諸人者，不可勝數。先生既没，學者傳其書，信其道者益衆，亦足以見理義之感於人者深矣！繼往聖將微之緒，啓前賢未發之機，辨諸儒之得失，闢異端之訛繆，明天理，正人心，事業之大，又孰有加於此者？至若天文地志，律曆兵機，亦皆洞究淵微。文詞字畫，騷人才士疲精竭神，嘗病其難至；先生未嘗用意，而亦皆動中規繩，可爲世法。是非資禀之異，學行之篤，安能事事物物各當其理，各造其極哉？學修而道立，德成而行尊，見之事業者又如此。秦、漢以來迂儒曲學，既皆不足以望其藩墻，而近代諸儒，有志乎孔、孟、周、程之學者，亦豈能以造其閫域哉？嗚呼！是殆天所以相斯文焉！篤生哲人，以大斯道之傳也。

習庵集十二卷

陳氏曰：户部侍郎曾逮仲躬撰。文清公幾之子。

東萊吕太史集十五卷　别集十六卷　外集五卷　附録三卷

陳氏曰：著作郎東萊吕祖謙伯恭撰。其弟祖儉編録凡家範、尺牘之類，編之别集；策問、宏詞、程文之類，總之外集；年譜、遺事，則見附録。太史，曾文清外孫。隆興癸未，鎖廳甲科，宏詞亦入等。仕未達，得末疾，奉祠，年才四十五。卒於淳熙辛丑。平生著述皆略舉端緒，未有成書者，學者惜之。

大愚叟集十一卷

陳氏曰：太府寺丞吕祖儉子約撰。祖謙弟也。慶元初上封事，論救祭酒李祥，謫高安以没。寓居大愚寺，故以名集。

千巖擇藁七卷　外編三卷　續編四卷

陳氏曰：知峽州三山蕭德藻東夫撰。嘗宰烏程，後遂家焉。楊誠齋序其集曰：近世詩人若范石湖之清新，尤梁溪之平淡，陸放翁之敷腴，蕭千巖之工致，皆余所畏也。

濟溪老人遺藁一卷

陳氏曰：通判明州濟源李迎彦將撰。永嘉周浮沚先生之婿，與先大父爲襟袂。集中有送先君子赴戊子秋試詩，首句「籍甚人言易已東」，蓋先君治易故也。集序，周益公作。

泝庵集四十卷〔六〕

陳氏曰：新津任淵子淵撰。紹興乙丑，類試第一人。仕至潼川憲。嘗注山谷、后山詩，行於世。新津有天社山，故稱天社任淵。

方舟集五十卷　後集二十卷

陳氏曰：資陽李石知幾撰。石有盛名於蜀，少嘗客蘇符尚書家。紹興末爲學官，乾道中爲郎，歷麾節，皆以論罷。趙丞相雄，其鄉人也，素不善石，石以是晚益困。其自序云：「宋䰟、魯倉，今猶古也。」

歸愚集二十卷

陳氏曰：吏部侍郎葛立方常之撰。勝仲之子，丞相邲之父也。以郎官攝西掖，忤秦相得罪。更化召用，言者又以爲附會沈該，罷去，遂不復起。

綺川集十五卷

陳氏曰：太常寺主簿歸安倪偁文舉撰。紹興八年進士。齊齋之父。

象山集二十八卷　外集四卷

陳氏曰：知荆門軍金谿陸九淵子静撰。與其兄九齡子壽，乾、淳間名士也。象山在貴溪〔七〕，結茅其上，與士友講學。山形如象，故名。

朱子答項平父書曰：大抵子思以來，教人之法，惟以尊德性、道問學，爲用力之要。今子静所説，專是尊德性，而熹平日所論，却是問學上多了。所以爲彼學者，多持守可觀，而看得義理，全不子細，又别説一種杜撰道理遮蓋，不肯放下。而熹自覺雖於義理上不敢亂説，却於緊要爲己爲人者，多不得力。今當返身用力，去短集長，庶不墮一偏耳。

又答孫敬甫書曰：陸氏之學，在近年一種浮淺頗僻議論中，固自卓然，非其儔匹。其徒傳習〔八〕，亦有能修其身，能治其家，以施之政事之間者。但其宗旨本自禪學中來，不可揜諱。當時若只如黽文元、陳忠肅諸人，分明招認，著實受用，亦自有得力處，不必如此隱諱遮藏，改名换姓，欲以欺人而人不可欺，徒以自欺而自陷於不誠之域也。然在吾輩，須知其如此而勿爲所惑。若於吾學果有所見，則彼之言釘釘膠粘一切假合處，自然解拆破散，收拾不來矣。切勿與辨，以啓其紛拏不遜之論，而反爲下莊子所乘也。少時喜讀禪學文字，見杲老與張侍郎書云：「左右既得此欛柄，入手便可改頭换面，却用儒家言語，説向士夫接引後來學者。」其意大略如此，不能盡記其語〔九〕。後見張公經解文字，一用此策，但其遮藏不密，綫索漏處多，故讀者一見，便知其所自來，難以純自託於儒者。若近年，則其爲術益精，爲説浸巧，抛閃出没，頃刻萬變而幾不可辯矣。然自明者觀之，亦見其徒爾自勞而卒不足以欺人也。但杲老之書，近見藏中印本却無此語，疑是其徒已知此陋而陰削去之。近得江西一後生書，有兩語云：「瞋目扼腕而指本心，奮髯切齒而談端緒。」此亦甚中其鄉學之病也。

絜齋袁氏集序曰：先生自始知學，講求大道，不得弗措，久而浸明，又久而大明。此心此理，貫通融會，美在其中，不勞外索，揭諸當世，曰學問之要，得其本心而已。心之本真，未嘗不善，有不善者，非其初然也。孟子嘗言之矣：「向爲身死而不受，今爲宫室之美、妻妾之奉、所識窮乏得我而爲之，此之謂失其本心。」其言昭晰如是，而學者不能深信，謂道爲隱而不知其著，謂道爲邈而不知其近，求之愈過，道愈湮鬱，至先生始大發之，如指迷塗，如藥久病，迷者悟，病者愈，不越於日用之間，而本心在是矣。學者親承師訓，向也跂望聖賢，若千萬里之隔；乃今知與我同本，培之溉之，皆足以敷榮茂遂，豈不深可慶哉？嗚呼！先生之惠後學弘矣！先生之言，率由中出，上而啓沃君心，下而切磨同志，又下而開曉黎庶，及其他雜然著述，皆此心也。儒、釋之所以分，義、利之所以别，剖析至精，如辨白黑，遏俗學之横流，援天下於既溺，吾道之統盟，不在兹乎？

林艾軒集二十卷

工部侍郎林光朝撰。後村劉氏序略曰：以言語文字行世，非先生意也。先生乾、淳間大儒，國人師之。朱文公於當世之學，間有異同，惟於先生加敬。然先生學力既深，下筆簡嚴，高處逼檀弓、穀梁，平處猶與韓並驅。在當時，片簡隻字，人已貴重；今其存者，如岣嶁之碑，岐陽之鼓矣。先生歿六十年，微言散軼。復齋陳公某所序者，僅十之二三，外孫方之泰討求裒拾，彙爲二十卷，勤於李漢、趙德矣。

施正憲集六十七卷　外集三卷

陳氏曰：知樞密院廣信施師點聖與撰。其在政府六年，上眷未衰，慨然勇退，引去不可回，識者壯其決。趙南塘汝談，其婿也，爲序其集而傳之。

適齋類藁八卷

陳氏曰：奉新袁去華宣卿撰。紹興乙丑進士。改官知石首縣而卒。善爲歌詞，嘗賦長沙定王臺，見稱於張安國，爲書之。

梅溪集三十二卷　續集五卷

陳氏曰：詹事樂清王十朋龜齡撰。丁丑大魁。立朝剛正。劉珙作序。

劉氏集序略曰：公始以諸生對策廷中，一日數萬言。被遇太上皇帝，親擢冠多士，取其言行之。及佐諸侯，入册府，事今上於初潛，又皆以忠言直節有所裨補，上亦雅敬信之。登極之初，即召以爲侍御史，納用其説。公知上意，以必復土疆，必雪讎耻爲己任。其所言者，莫非修德行政，任賢討軍之實，而於分別邪正之際，尤致意焉。平居無所嗜好，顧喜爲詩，渾厚質直，懇惻條暢，如其爲人。不爲浮靡之文，論事取極己意，然其規模宏闊，骨骼開張，出入變化，俊偉神速，世之盡力於文字者，往往反不能及。其他片言半簡，雖或出於脱口肆筆之餘，亦無不以仁義忠孝爲歸，而皆出於肺腑之誠，然非有所勉强慕傚而爲之也。蓋其所禀於天者，純乎陽德剛明之氣，是以其心光明正大，舒暢洞達，無所隱蔽，而見於事業文章，一皆如此。海内有志之士，聞其名，誦其言，觀其行而得其心，無不斂衽心服。至於小人，雖以一時趨向之殊，或敢巧爲謗詆，然其極口不過以爲迂闊近名，不切時務，至其大節之偉然者，則不能有以毫髮點污也。

酒隱集三卷

陳氏曰：宣州司理趙育去病撰。其父鼎臣承之，號竹隱畸士者也〔一〇〕。

四六類藁三十卷

陳氏曰：起居郎建安熊克子復撰。皆四六應用之文也，亦無過人者。克以王丞相季海薦，驟用。王時在樞府，趙温叔當國，莫知其所從來，頗疑其由徑，沮之。上意向之，不能回也。

拙庵雜著三十卷　外集四卷

陳氏曰：工部侍郎東平趙磻老渭師撰。門下侍郎野之侄。以婦翁歐陽懋待制澤入任〔一一〕，從范石湖使虜，虞丞相并父亦薦之，遂擢用，知臨安。坐殿司招兵事，謫饒州。

雙溪集二十卷

陳氏曰：知郴州東陽曹冠宗臣撰。由舍選登甲科。坐爲秦塤假手，奪官，再赴廷試，得初品。

止齋集五十二卷

陳氏曰：中書舍人永嘉陳傅良君舉撰。三山本五十卷。

水心葉氏墓誌曰：初講城南茶院時，諸老先生傳科舉舊學，摩蕩鼓舞，受教者無異辭。公未三十，心思挺出，陳編宿説，披剝潰敗，奇意芽甲，新語懋長，士蘇醒起立，駭未曾有，皆相號召，雷動從之，雖縻他師，亦籍名陳氏，由是其文擅於當世。公不自喜，悉謝去，獨崇敬鄭景望、薛士龍，師友尊之。入太學，則張欽夫、吕伯恭相視遇兄弟也。公之從鄭、薛也，以克己兢畏爲主，敬德集義，於張公盡心焉。至古人經制，三代治法，又與薛公反復論之。而吕公爲言：「本朝文獻相承，所以垂世立國者，然後學之内外本末備矣。」公猶不已，年經月緯，晝驗夜索，詢世舊，繙吏牘，蒐斷簡，採異聞，一事一物，必稽於極而後止。千載之上，珠貫而絃組之，若目見其身相旋其間〔三〕，吕公以爲其長不獨在文字也。

校勘記

〔一〕參政吴郡范成大致能撰　「致能」原作「至能」，據宋史卷三八六范成大傳、直齋書録解題卷一八別集類改。

〔二〕一唱之嗚嗚　「嗚嗚」原作「鳴鳴」，據元本、局本及誠齋集卷八二石湖先生大資參政范公文集序改。

〔三〕然猶漫其數十處　「猶」字原脱，據直齋書録解題卷一八別集類補。

〔四〕鄉用矣　「鄉」原作「卿」，據直齋書録解題一八別集類改。

〔五〕則惕然常以爲憂　「惕」原作「愓」，據勉齋集卷三六朝奉大夫文華閣待制贈寶謨閣直學士通議大夫謚文朱先生行狀改。

〔六〕泝庵集四十卷　「泝」，直齋書録解題卷一八別集類作「訢」。

〔七〕象山在貴溪　「在」字原脱，據直齋書録解題卷一八別集類補。

〔八〕其徒傳習　「傳」原作「博」，據晦庵集卷六三答孫敬甫書改。

〔九〕其意大略如此不能盡記其語　此十二字原爲大字正文，據晦庵集卷六三答孫敬甫書改。

〔一〇〕號竹隱畸士者也　「者」字原脱，據元本、慎本、馮本及直齋書録解題卷一八別集類補。

〔一一〕以婦翁歐陽懋待制澤入任　「任」，元本、慎本、馮本及直齋書録解題卷一八別集類作「仕」。

〔一二〕若目見其身相旋其間　「相」，水心集卷一六寶謨閣待制中書舍人陳公墓誌銘作「折」。

卷二百四十一　經籍考六十八

集別集

水心集二十八卷　拾遺一卷　別集十六卷

陳氏曰：吏部侍郎永嘉葉適正則撰。淮東本無拾遺，編次亦不同。外集者，前九卷爲制科進卷，後六卷號外藁，皆論時事，末卷號後總，專論買田贍兵。

丘文定集十卷　拾遺一卷

陳氏曰：樞密江陰丘崈宗卿撰。隆興癸未進士第三人。其文慷慨有氣，而以吏能顯，故其文不章。

趙忠定集十五卷　奏議十五卷

陳氏曰：丞相福公趙汝愚子直撰。別本總爲一集，亦三十卷。

鴈湖李氏書後：丞相餘干趙公秉正履度，即之凜然，至形於篇章，則思致清麗逸發，雖古今能文辭者有不逮，而世顧鮮知者，非繇德業之巨，器能之偉，所以詞華見没邪？

龍川集四十卷　外集四卷

陳氏曰：永康陳亮同甫撰。少入太學，嘗三上孝廟書，召詣政事堂。宰相無弘度，迄報罷。後以免舉爲癸丑進士第一〔一〕，未禄而卒。所上書論本朝治體本末源流，一時諸賢未之及也。亮才甚高而學駁，其與朱晦庵往返書所謂金銀銅鐵混爲一器者可見矣。平生不能詩，外集皆長短句，極不工，而自負以爲經綸之意具在是，尤不可曉也。葉正則未遇時，亮獨先識之，後爲集序及跋，皆含譏誚，識者以爲議。

水心葉氏集序曰：同甫文字行於世者，酌古論、陳子課藁、上皇帝四書最著者也〔二〕。子沆，聚他作爲若干卷以授予。初，天子得同甫所上書，驚異累日，以爲絶出，使執政召問當從何處下手，將由布衣徑唯諾殿上，以定大事，何其盛也！然而詆訕交起，竟用空言羅織成罪，再入大理獄，幾死，又何酷也！使同甫晚不登進士第，則世終以爲狼疾人矣。嗚呼，悲夫！同甫其果有罪於世乎？天乎！余知其無罪也。同甫其果無罪於世乎？世之好惡未有不以情者，彼於同甫何獨異哉！雖然，同甫爲德不爲怨，自厚而薄責人，則疑若以爲有罪焉可矣。同甫既修皇帝王霸之學，上下二千餘年，考其合散，發其祕藏，見聖賢之精微常流行於事物，儒者失其指，故不足以開物成務。其説皆今人所未講，朱公元晦意有不與而不能奪也。吕公伯恭退居金華，同甫間往視之，極論至夜，吕公嘆曰：「未可以世爲不能用，『虎帥以聽，誰敢犯子』！」同甫亦頗慰意焉。余最鄙且鈍，同甫微言，十不能解一二，猶以爲可教者〔三〕。病眊十年，耗忘盡矣。今其遺文大抵班班具焉。覽者詳之而已。

軒山集十卷

陳氏曰：樞密使獻肅公濡須王藺謙仲撰。淳熙乙未，駕幸太學，藺爲武學諭，在班列中，人物偉然，上一見奇之，自是擢用，不由邑最，徑爲察官，馴至執政。其在經帷，論宮僚攀附而登輔佐者，挾數用術，道諛濟私，陳義凛然。嘉定以來，其子孫不敢求仕，亦不敢請謚，至端平，乃得謚。

合齋集十六卷

陳氏曰：祕書少監永嘉王柟木叔撰。乾道丙戌進士。在永嘉諸老最爲先登。其容貌偉然，襟韻灑然，雖不以文自鳴，而諸老皆推敬之。

兼山集四十卷

陳氏曰：端明殿學士劍門黄裳文叔撰。在嘉邸最久，備盡忠益。甲寅御極，未及大用，病不能朝，士論惜之。

攻愧集一百二十卷

陳氏曰：參政四明樓鑰大防撰。隆興癸未省試考作賦魁，以犯諱當黜，知舉洪文安遵奏收寘末甲首〔四〕。

西山真氏集序曰：公之文如三辰五星，森麗天漢，昭昭乎其可觀而不可窮。如泰、華喬嶽，蓄泄雲雨，巖巖乎莫測其顛際；如九江百川，波瀾蕩潏，淵淵乎不見其涯涘。人徒見其英華發外之盛，而不知其本有在也。公生於故家，接中朝文獻，博極群書，識古文奇字，文備衆體，非他人窘狹僻澀以一長名家。而又發之以忠孝，本之以仁義，其大典册、大議論，則世道之消長、學術之廢興、善類之離合繫焉。方淳、紹間，鴻碩滿朝，每一奏篇出，其援據該洽，義理條達者；一詔令下，其詞氣雄渾，筆力雅健者，學士大夫讀之，必曰：「樓公之文也。」嗚呼！所謂有本者如是，非邪？

齊齋甲藁二十卷　乙藁十五卷　翰林前藁二十卷　後藁二卷　掖垣詞草二十卷　兼山論著三十卷

附録五卷　年譜一卷

陳氏曰：禮部尚書歸安倪思正父撰。丙戌進士，戊戌宏詞。受知阜陵，早登禁直。紹、熙間，遂位法從。立朝剛介不苟合。慶元、嘉定屢召屢出，嘗言「與其爲有瑕執政，寧爲無瑕從官」。由是名重天下。端平初，詔以先朝遺直，得謚文節。

靜安作具十四卷　別集十卷

陳氏曰：清江徐得之思叔撰。與其子筠孟堅同甲辰進士，次子天麟仲祥亦乙丑甲科。其家長於史學。

晦巖集十二卷

陳氏曰：祕書丞鹽官沈清臣正卿撰。嘗爲國子録，有薦於朝，欲得召試，執政有發笑者曰：「安有張子蓋女婿而可爲館職者乎？」遂罷。欲爲奇節以蓋之，會王希吕爲諫官，上書力言其不可，孝宗大怒。時相虞允文惡沈介，下清臣大理，風使引介，不從，謫封州。晚乃召用，勸孝宗力行三年喪，爲翊善嘉邸，以直諒稱。初從張無垢學，後居霅川。自嶺南歸，開門授徒，動以聖賢自命，效禪門入室規式，與其徒問答，下語不契，輒使再參，頗爲人所譏。

定齋集四十卷

陳氏曰：寶謨閣直學士蔡戡定夫撰。君謨四世孫。丙戌甲科。

小山雜著八卷

陳氏曰：知樞密院龍泉何澹自然撰。

東江集十卷

陳氏曰：丞相臨海謝深甫子肅撰。

慈溪甲藁二十卷

陳氏曰：寶謨閣直學士慈溪楊簡敬仲撰。

鈍齋集六十卷

陳氏曰：著作郎楊濟濟道撰〔五〕。淳熙五年進士。京鏜帥蜀，上巳出遨，濟爲樂語。首云：「三月三日，豈無水邊麗人？一觴一咏，亦有山陰禊事。」又云：「良辰美景，賞心樂事，四者難并；崇山峻嶺，修竹茂林，群賢畢至。」一時傳誦。京爲相，召入館權郎，出知果州以終。

周氏山房集二十卷　後集二十卷

陳氏曰：祕書省正字吴郡周南南仲撰。南有聲學校，庚戌登甲科，而仕不偶。再入館，再罷，以殿廷所授文林郎終焉。

水心葉氏墓誌曰：君躭書喜誦，出於天性。十五六時，視吴下問學止科舉，心陋之，一往旬日，已，棄去。歲五易師，一易師爲傾動，相播告擯絶。既從余，初若無所論質，已而耳改目化，氣竦神涌，古今事物，錯落高下，不以涯量。頓悟捷得，受之若驚，行之若疑，標樹山嶽之上，越軼風霆之外，故朋昔類望塵不及，皆靡弛而逝矣。常以世道興廢爲己重負，一飯不顧私，憂時如家，憂人如身。人情多玩忽見事，君悸心怛慮，睹緩知亟，考校小史，引坐深語，所知往往非人所能知也。文詞撥去今作，脱换騷雅，欲以力自成家，而瓌麗精切，達於時用，亦非人所及也。端行拱立，尺寸程準，門内順穆，廉節整飭。自賜第授文林郎，終身不進官，兩爲館職，數月止。既絶意屏坐，衣食敝惡。鷄鳴挾書，盡夜分〔六〕，皆憶念上口。數千載未了事，皆欲正定；名章偉著，皆欲銓品，異聞逸傳，皆欲論述。曰：「此所以遺吾老，俟吾死也。」

平庵悔藁十五卷　後編六卷

陳氏曰：太府卿松陽項安世平父撰。悔藁者，以語言得罪，悔不復爲也。自序當慶元丙辰。後編，自丁巳至壬戌。

自序：項子題所爲文藁曰滑稽篇。客曰：「是所謂『文似相如始類俳』之意，非邪？」曰：「非也。世之人，無貴賤，皆畏人笑；獨滑稽者不畏人笑，非獨不畏，且甚欲之。凡其貌服言動，皆欲得人之笑。人小笑之，則小愜；大笑之，則大愜；人不笑之，則大愧。若予之爲文，亦若是耳。人之笑，予之藥也。人小笑之，則予亡其小病矣；人大笑之，則予亡其大病矣；人不笑之，則予之病其危哉！是與滑稽之技，無以異也。」客聞其説，觀其文，大笑，冠帶盡脱。項子赧然汗下，矍然神醒。曰：「予病瘳矣。」再拜謝客，書以爲序。

東平集二十七卷

陳氏曰：鞏豐仲至撰。淳熙甲辰進士。

水心墓誌略曰：時新迪義理之學，草茅士震於見聞，多矜露忕忸〔七〕，至他文史言論，儒之藝業，又昧陋顛倒，莫知幅程。獨仲至抑縱開闔，條流品彙，應變不迫，富若素有。余本拙疏不能自達，而仲至廣導曲引，出幽入眇，蓋爲之黽勉追逐於荒原斷澗之側數年。仲至日益有名，不幸不得用，然有以自負，命雲侶月，跨越汗漫，浩乎不可涣。而余畏懼怯劣，常痼留一榻，不敢越户限，然後知人之稟分高下絶殊，固非切磋誘掖所能增長矣。仲至學敏而早成，自童丱時，前輩源緒，古今音節，事之因革總統，如注水千丈之壑，迫前隨後〔八〕，宿艾駭服，以爲積數十年燈火勤力，聚數十家師友講明，猶不能到也。其文無險怪華巧，而以理屈人，片詞半牘，皆清朗得言外趣，尤工爲詩，多至三千餘首。

三松集十八卷

陳氏曰：廬陵王子俊才臣撰。周益公、楊誠齋客〔九〕，以列薦補官入蜀，爲成都帥幕。

横堂小集十卷

陳氏曰：右司郎中福清林栴子長撰〔一〇〕。

潔齋集二十六卷　後集十二卷

陳氏曰：禮部侍郎四明袁燮和叔撰。

北山集略十卷

陳氏曰：直龍圖閣三山陳孔碩膚仲撰。全集未傳。

育德堂外制集八卷　内制集三卷

陳氏曰：兵部尚書永嘉蔡幼學行之撰。成童穎異，從同郡陳傅良君舉學，治春秋。年十七，試補上庠，首選，陳反出其下。明年，陳改用賦，冠監舉，而幼學經魁。又明年，省闈先多士，而陳傅良亦爲賦魁。一時師弟子雄視場屋，莫不歆羡。

水心葉氏墓誌曰：公雖幼以文顯，無浮巧輕艷之作。既長，益務闡教化，養性情，花卉之炫麗，風露之凄爽，不道也。詞命最温厚，亦不自矜貴；惟於國史研貫專一，朱墨義類，刊潤齊整〔二〕，各就書法。爲續司馬公卿百官表、年曆、大事記、備志〔三〕、辨疑、編年政要、列傳舉要等百餘篇，今代之完書也。天資凝重，危坐竟日，或不通一詞。龍川陳同甫言：「吾嘗與陳君舉極論，往往擊梧案，聲撼林木。行之在旁，邈若無聞，吾頗訥之。衆亦云素無短長其間也。一日，客盡散〔三〕，忽語吾：『道一爾，奚皇帝王霸之云！』吾方辨數，而行之横啓縱闔，援今證古，亹爲十百，聚爲一二，抵夜接日，若懸江河，吾謝不能乃已，則復寡言默默如故，故雖並舍連榻不知也。」然則昔人謂「得人於眉睫，定士於俄頃」，亦豈盡然歟！蓋公之中深隱厚，可驗於是矣。

止安集十八卷〔四〕

陳氏曰：太府寺丞三山陳振震亨撰。

西山集五十六卷

陳氏曰：參政浦城真德秀希元撰。

平齋集三十二卷

陳氏曰：翰林學士於潛洪咨夔舜俞撰。

退庵集十五卷

陳氏曰提轄文思院龍泉陳炳撰。

梅軒集十二卷

陳氏曰：奉化丞山陰諸葛興仁叟撰。

遁思遺藁六卷　事監韵語三卷

陳氏曰：永康呂皓子陽撰。「遁思」，其庵名。後溪劉光祖德修爲作記。當淳熙中，投匭救父兄之難，朝奏上，夕報可。一時非辜，盡得清脱。其書辭甚偉，然非孝廟聖明，安能照覆盆之下哉。

劉汝一進卷十卷

陳氏曰：諫議大夫吴興劉度汝一撰。度嘗應大科，此其所業也。策曰傳言，論曰鑑古，各二十五篇。

唯室兩漢論一卷

陳氏曰：吴郡陳長方齊之撰。紹興八年進士。

鼎論三卷 時議一卷

陳氏曰：三山何萬一之撰。隆興元年進士。仕爲都司，知漳州。

治述十卷

陳氏曰：從政郎鄭湜，紹熙元年撰進。按丙戌牓有三山鄭湜溥之，是年已爲祕書郎，面對劄子，剴切通練，於今傳誦。此當别是一鄭湜邪〔一五〕？

廬山雜著一卷

陳氏曰：知南康軍錢聞詩撰。

閑静治本論五卷 將論五卷

陳氏曰：知樞密院廣陵張巖肖翁撰。

林網山集〔一六〕

福清林亦之學可撰。後村劉氏序略曰：余嘗評艾軒文〔一七〕，高處逼檀弓、穀梁，平處猶與韓並驅。他人極力摹擬，不見其峻潔而古奧者，惟見其寂寥而稀短者，縱使逼真，或可亂真，猶虎賁之似蔡邕也。至於網山論著，句句字字足以明周公之志，得少陵之髓矣。其律詩高妙者，絶類唐人，疑老師當避其鋒。他文稱是。

陳樂軒集

福清陳藻元潔撰。後村劉氏序略曰：樂軒七十五乃死，年出於其師，而窮尤甚於其師。城中無片瓦，僑居福清縣之橫塘，開門授徒，不足自給。至浮游江湖，崎嶇嶺海，積鏹得百千，歸買田數畝，輒爲人奪去。士之窮，無過於此矣！今讀其文，講學明理，浩乎自得，不汲汲於希世求合。螢窗雪案，猶宗廟百官也；菜羹脱粟，猶堂食萬錢也。入則課妻子耕織，勤生務本，有「拾穗」之歌焉；出則與諸生絃誦，登山臨水，有「舞雩」之咏焉。自昔遺佚阨窮之士，功名頓挫，時命齟齬，往往有感時觸事之作，以洩其無憀不平之鳴。若虞卿之愁，韓非之憤，墨翟之悲，梁鴻之噫，唐衢之哭是已。樂軒平生可愁、可憤、可悲、可噫、可哭之時多矣！而以「樂」自扁，樂之爲義，在孔門惟許顔子，先儒教人，必令求顔氏之所樂。嗚呼！此固樂軒之所聞於二師歟？樂軒没二十餘年，余從竹溪林侯肅翁傳鈔遺藁，姑叙其平生大致如此。肅翁又樂軒之高弟也。他日居魏文貞之地，秉陳叔達之筆，當爲河汾先生立傳。無使天下後世有遺恨云。

李易安集十二卷

鼂氏曰：李格非之女，幼有才藻名。先嫁趙明誠〔一八〕，其舅正夫相徽宗朝。李氏嘗獻詩曰：「炙手可熱心可寒。」然無檢操。後適張汝舟，不終晚節，流落江湖間以卒。

閨秀集二卷

陳氏曰：建安徐氏撰。徐，林樨山之從姑，祥符敕頭奭之侄孫女。嫁括蒼祝璣，璣爲部使者。有子曰永之，嘗知滁州。

德洪覺範筠溪集十卷

鼂氏曰：僧惠洪覺範，姓喻氏，高安人。少孤，能緝文。張天覺聞其名，請住峽州天寧寺，以爲今世融、肇也。未幾，坐累民之。及天覺當國，復度爲僧，易名德洪。數延入府中；及天覺去位，制獄窮治其傳達言語於郭天信〔一九〕，竄海南島上。後北歸，建炎中卒。著書數萬言。如林間録、僧寶傳、冷齋夜話之類，皆行於世，然多夸誕，人莫之信云。

石門文字禪三十卷〔二〇〕

陳氏曰：德洪覺範撰。其在釋門，得法於真净克文，而於士大夫，則與黨人皆厚善，誦習其文，得罪不悔。爲張商英、陳瓘、鄒浩尤盡力。其文俊偉，不類浮屠語，韓駒子蒼爲塔銘云。

饒德操集一卷

鼂氏曰：饒節字德操，曾布之客也。性剛峻，晚與布論不合，因棄去，祝髮爲浮屠，在襄、漢間聲望甚重云。

陳氏曰：節爲僧，號如璧。其詩名倚松集，二卷。

校勘記

〔一〕後以免舉爲癸丑進士第一　「以」原作「病」，據元本、慎本、宋史卷四三六陳亮傳及直齋書録解題卷一八別集類下改。

〔二〕上皇帝四書最著者也　「四」原作「三」，據陳亮集附葉適龍川文集序及水心文集卷一二龍川集序改。

〔三〕猶以爲可教者　「猶」原作「獨」，據陳亮集附葉適龍川文集序及水心文集卷一二龍川集序改。

〔四〕知舉洪文安遵奏收寘末甲首　「末」原作「三」，據元本、慎本、馮本、宋史卷三九五樓鑰傳及直齋書録解題卷一八別集類下改。

〔五〕著作郎楊濟濟道撰　直齋書録解題卷一八別集類下「著作郎」下有「唐安」二字。

〔六〕盡夜分　「盡」原作「晝」，據元本、慎本、馮本及水心文集卷二〇文林郎前祕書省正字周君南仲墓誌銘改。

〔七〕多衿露怵忸　水心文集卷二二鞏仲至墓誌銘作「多矜露怵狃」。

〔八〕迫前隨後　「迫」，水心文集卷二二鞏仲至墓誌銘作「迎」。

〔九〕楊誠齋客　「客」原作「各」，據元本、慎本、馮本及直齋書録解題卷一八別集類下改。

〔一〇〕右司郎中福清林桷子長撰　「林桷」原作「林桶」，據元本、慎本、馮本及直齋書録解題卷一八別集類下改。

〔一一〕刊潤齊整　「潤」原作「閏」，據水心文集卷二三兵部尚書蔡公墓誌銘改。

〔一二〕備志　「志」，宋史卷四三四蔡幼學傳作「忘」。

〔一三〕客盡散　「客」原作「夜」，據水心文集卷二三兵部尚書蔡公墓誌銘改。

〔一四〕止安集十八卷　「止安集」，直齋書録解題卷一八別集類下作「止安齋集」。

〔一五〕此當別是一鄭湜邪　「一」字原脱，據元本、慎本、馮本及直齋書録解題卷一八別集類下補。

〔一六〕林綱山集　「綱」原作「綱」，據元本、慎本、馮本及後村大全集卷九五綱山集序改。下徑改。

〔一七〕余嘗評艾軒文　「文」字原脱，據後村大全集卷九五綱山集序補。

〔一八〕先嫁趙明誠　「趙明誠」原作「趙誠之」，據宋史卷四四四李格非傳改。

〔一九〕制獄窮治其傳達言語於郭天信　「郭天信」原作「郭大信」，據宋史卷三五一張商英傳、郡齋讀書志袁本前志卷四下別集類下改。

〔二〇〕石門文字禪三十卷　「字」原作「宗」，據今存石門文字禪及直齋書録解題卷一七別集類中改。

卷二百四十二　經籍考六十九

集 詩集

陳氏曰：凡無他文而獨有詩，及雖有他文，而詩集復獨行者，別爲一類。

阮步兵集〔一〕

陳氏曰：魏步兵校尉陳留阮籍嗣宗撰。其題皆曰詠懷。首卷四言，十三篇；餘皆五言，八十篇。通爲九十三篇，文選所收十七篇而已。

宋武帝集一卷

陳氏曰：孝武駿也。

梁簡文集五卷

陳氏曰：簡文帝綱也。按隋志八十五卷，唐已缺五卷，中興書目只存一卷，詩百篇，又缺其三首。今五卷皆詩，總爲二百四十四篇。

梁元帝詩一卷

陳氏曰：即湘東王繹。

謝惠連集一卷

陳氏曰：宋司徒參軍謝惠連撰。本集五卷，今惟詩二十四首。惠連得名早，輕薄多尤累，故仕不顯，死時才三十七歲。

劉孝綽集一卷

陳氏曰：梁祕書監彭城劉孝綽撰。宋僕射勔之孫。本傳稱文集數十萬言，今所存止此。又言兄弟及群從子弟當時有七十人〔二〕，並能屬文，近古未有，其三妹亦並有才學。適徐悱者，文尤清拔，所謂劉三娘者也〔三〕。今玉臺集中有悱妻詩。

柳吳興集一卷

陳氏曰：梁吳興太守河東柳惲文暢撰。僅有十八首。

徐孝穆集一卷

陳氏曰：陳太子太傅東海徐陵孝穆撰。本傳稱其文喪亂散失，存者二十卷。今惟詩五十餘篇。

江總集一卷

陳氏曰：陳尚書令考城江總總持撰。總在陳爲太子詹事，以宫端爲長夜之飲。及後主即位，當權任，日爲艷詩，君臣昏亂，以至亡國。入隋，爲上開府。唐志，集三十卷。中興書目，七卷。今惟存詩僅百首云〔四〕。

陰鏗集一卷

陳氏曰：陳散騎常侍南平陰鏗子堅撰。才三十餘篇。杜子美云：「李侯有佳句，往往似陰鏗。」今考之，未見鏗之所以似太白者，太白固未易似也。子美云爾，殆必有說。

薛道衡集一卷

陳氏曰：隋内史侍郎河東薛道衡玄卿撰。詩凡十九篇；本集三十卷，所存止此。大抵隋以前文集，存全者亡幾，多好事者於類書中抄出，以備家數也。

史言道衡每至構文，必隱空齋，蹋壁而卧，聞户外人聲便怒〔五〕，其沉思如此。

杜必簡集一卷

陳氏曰：唐著作郎襄陽杜審言必簡撰。工部之祖也。唐初沈、宋以來，律詩始盛行，然未以平仄失眼爲忌。審言詩雖不多，句律極嚴，無一失粘者。甫之家傳，有自來矣。然遂欲衙官屈、宋，則不可也。

楊誠齋序略曰：必簡嘗爲吉州司户。今户曹趙君彦清旁搜遠摭，得其詩四十二首，將刻棗以傳；好詩且以爲户廳之寶玉大弓，屬予序之〔六〕。余觀必簡之詩，若「牽絲紫蔓長」，即「水荇牽風翠帶長」之句也；若「鶴子曳童衣」，即「儒衣山鳥怪」之句也；若「雲陰送晚雷」，即「雷聲忽送千峰雨」之句也；若「風光新柳報，宴賞落花催」，即「星霜玄鳥變，身世白駒催」之句也。予不知祖孫之相似，其有意乎，抑亦偶然乎？至如「往來花不發，新舊雪仍殘」，如「日氣抱殘虹」，如「愁思看春不當春，明年春色倍還人」，如「飛花攪獨愁」，皆佳句也。三世之後，莫之與京，宜哉。

薛少保集一卷

陳氏曰：唐太子少保河東薛稷嗣通撰。稷，道衡曾孫，魏徵外孫。

喬知之集一卷

陳氏曰：唐右司郎喬知之撰。天授中，爲酷吏所陷死。集中有緑珠怨，蓋其所由以致禍也。

孟襄陽集三卷

陳氏曰：唐進士孟浩然撰。宜城王士源序之。凡二百十八首，分爲七類，太常卿韋縚爲之重序。

東坡謂浩然詩韵高而才短，如造内法酒手而無材料耶。

崔顥集一卷

陳氏曰：唐司勳員外郎崔顥撰。開元十年進士。才俊無行，黄鶴樓詩，盛傳於世。

祖詠集一卷

陳氏曰：唐祖詠撰。開元十二年進士。

崔國輔集一卷

陳氏曰：唐集賢直學士禮部員外郎崔國輔撰。開元十三年進士。應縣令舉，爲許昌令。天寶中，加學士。後以王鉷近親坐貶。詩凡二十八首，臨海李氏本。後又得石林葉氏本，多六首。

綦毋潛集一卷

陳氏曰：唐待制集賢院南康綦毋潛孝通撰。南康，今贛州。

儲光羲集五卷

陳氏曰：唐監察御史魯國儲光羲撰。與崔國輔、綦毋潛皆同年進士。天寶末任僞官，貶死。顧況爲集序。

常建集一卷

陳氏曰：唐盱眙尉常建撰。

王江寧集一卷

陳氏曰：唐龍標尉江寧王昌齡少伯撰。與常建俱開元十四年進士。二十二年選宏詞，超絶群類，爲汜水尉，不護細行，貶龍標。世亂還里，爲刺史閭丘曉所殺。爲詩緒密而思清。

李頎集一卷

陳氏曰：唐李頎撰。開元二十三年進士。

崔曙集一卷

陳氏曰：唐崔曙撰。開元二十六年進士狀頭。

杜工部詩集注三十六卷

陳氏曰：蜀人郭知達所集九家注。世有稱東坡杜詩故事者，隨事造文，一一牽合，而皆不言其所自出，且其辭氣首末若出一口〔七〕，蓋妄人依托，以欺亂流俗者，書坊輒勦入集注中，殊敗人意。此本獨削去之。福清曾噩子肅刻板五羊漕司，字大可考〔八〕，最爲善本。

宋子京贊：唐興，詩人承陳、隋風流，浮靡相矜。至宋之問、沈佺期等，研揣聲音，浮切不差，而號「律詩」，競相沿襲。逮開元間，稍裁以雅正。然恃華者質反，好麗者壯違。人得一概，皆自名所長。至甫，渾涵汪茫，千彙萬狀，兼古今而有之，他人不足，甫乃厭餘，殘膏賸馥，沾丐後人多矣。故元稹謂：「詩人以來，未有如子美者。」甫又善陳時事，律切精深，至千言不少衰，世號「詩史」。昌黎韓愈於文章慎許可〔九〕，至歌詩，獨推曰：「李、杜文章在，光焰萬丈長。」誠可信云。

朱子語録曰：杜詩初年甚精細，晚年横逸不可當，只意到處，便押一箇韵，如自秦州入蜀諸詩，分明如畫，乃其少作也。人多説杜子美夔州詩好，此不可曉。夔州詩却説得鄭重煩絮，不如他中前有一節詩好。魯直一時固有所見。今人只見魯直説好，便却説好，如矮人看場耳〔一〇〕。杜詩最多誤字。蔡興宗正異固好而未盡〔一一〕。某嘗欲賡之，作杜詩考異，竟未暇也。如「風吹蒼江樹，雨洒石壁來」，「樹」字無意思，當作「去」字無疑，「去」字對「來」字。又如蜀有「漏天」，以其西北陰盛，常雨，如天之漏也。故杜詩云：「鼓角漏天東。」後人不曉其義，遂改「漏」字爲「滿」字，似此類極多。

門類杜詩二十五卷

陳氏曰：稱東萊徐宅居仁編次，未詳何人。

類集詩史三十卷

陳氏曰：莆陽方醇道温叟編。

王季友集一卷

陳氏曰：唐王季友撰。元結篋中集有季友詩二首。今此集有七篇，而篋中二首不在焉。杜詩所謂「酆城客子王季友」者，意即其人也耶？

陶翰集一卷

陳氏曰：唐禮部員外郎丹陽陶翰撰。開元十八年進士，次年宏詞。

秦隱君集一卷

陳氏曰：唐處士秦系公緒撰。自天寶間有詩名，藩鎮奏辟，皆不就。嘗隱越之剡、泉之南安，至貞元中，年八十餘，不知所終。此本南安所刻，余嘗於宋次道寶刻叢章得其逸詩二首，書册末。

岑嘉州集八卷

陳氏曰：唐嘉州刺史南陽岑參撰。文本之曾孫。天寶三載進士。爲補闕左史郎官。與杜甫唱和。

李嘉祐集一卷

陳氏曰：唐台州刺史李嘉祐從一撰。天寶七載進士。亦號臺閣集。李肇稱其「水田飛白鷺，夏木囀黄鸝」之句，王維取之以爲七言。今按此集無之。

右謝惠連、陰鏗、杜審言、儲光羲、王昌齡、常建、孟浩然、岑參、李嘉祐九家集。鼂氏書録在別集門，所論已附在本門，此更不重具。

皇甫冉集一卷

鼂氏曰：唐皇甫冉茂政，丹陽人。天寶十五載進士。爲無錫尉，歷拾遺、補闕，卒。與弟曾齊名，當時比張氏景陽、孟陽云。集有獨孤及序。

皇甫曾集一卷

陳氏曰：唐侍御史皇甫曾孝常撰。天寶十二載進士。兄冉，後曾三載登第。

郎士元詩一卷

鼂氏曰：唐郎士元字君冑，中山人。天寶十五載進士。爲郢州刺史。與錢起俱有詩名，而士元尤更清雅。時朝廷公卿出牧奉使，若兩人無詩祖行，人以爲愧。

包何集一卷

陳氏曰：唐起居舍人延陵包何幼嗣撰〔一二〕。

包佶集一卷

唐史藝文志何、佶皆包融之子，兄弟齊名，世稱「二包」。融與儲光羲皆延陵人。曲阿有餘杭尉丁仙芝，緱氏主簿蔡隱丘，監察御史蔡希周，渭南尉蔡希寂，處士張彥雄〔一三〕、張潮〔一四〕，校書郎張暈，吏部常選周瑀，長洲尉談戭；句容有王府參軍殷遙，硤石主簿樊光，横陽主簿沈如筠；江寧有右拾遺孫處玄，處士徐延壽，丹徒有江都主簿馬挺，武進尉申堂構，十八人皆有詩名。殷蟠彙次其詩爲丹陽集者。

陳氏曰：唐祕書監包佶撰〔一五〕。天寶六載進士。兄何後一年。

錢考功集二卷

鼂氏曰：唐錢起，徽之父〔一六〕，吴郡人。天寶中舉進士。初從鄉薦，客舍月夜，聞人哦於庭曰：「曲終人不見，江上數峰青。」起攝衣從之，無所見矣。及就試，詩題乃「湘靈鼓瑟」也。起即以鬼謡十字爲落句，主文李暐深嘉之〔一七〕，擢至高第，釋褐授校書郎，終考功。與郎士元齊名，時曰：「前有沈、宋，後有錢郎。」

陳氏曰：蜀本作前、後集十三卷。

韓翃集五卷

鼂氏曰：唐韓翃君平，南陽人。天寶十三載進士。淄青侯希逸、宣武李勉相繼辟幕府〔一八〕，俄以駕部郎中知制誥，終於中書舍人。翃詩興致繁富，朝野重之。

陳氏曰：翃以「春城飛花」之句，受知德宗。

顧況集二十卷〔一九〕

鼂氏曰：唐顧況字逋翁，蘇州人。至德二年，江東進士。善爲歌詩，性詼諧〔二〇〕。德宗時，柳渾輔政，以祕書郎召。況善李泌，及泌相，自謂當得達官，久遷著作郎。及泌卒，有調笑語，貶饒州司户，卒。集有皇甫湜序。

陳氏曰：湜嘗言：「吾自爲顧況作序，未嘗許他人。」況在唐，蓋爲人推重也。集本十五卷，今止五卷，不全。

嚴維集一卷

陳氏曰：唐祕書郎山陰嚴維正文撰。至德二載辭藻宏麗科。

耿湋集一卷〔三〕

陳氏曰：唐右拾遺河東耿湋撰。寶應二年進士。登科記一作「緯」。

韋蘇州集十卷

陳氏曰：唐韋應物，京兆人。天寶時，爲三衛，後作洛陽丞，京兆府功曹，知滁、江二州，召還。或媢其進，媒孽之〔三〕，出爲蘇州刺史。詩律自沈、宋以後，日益靡嫚，鎪章刻句，揣合浮切，雖音韵諧婉，屬對麗密，而閑雅平淡之氣不存矣。獨應物之詩，馳驟建安以還，得其風格云。

韓子蒼曰：蘇州少以三衛郎事玄宗，豪縱不羈。玄宗崩，始折節務讀書。故其逢楊開府詩曰：「少事武皇帝，無賴恃恩私。身作里中橫，家藏亡命兒。朝持樗蒲局，暮竊東鄰姬。司隸不敢捕，立在白玉墀。一字都不識，飲酒肆頑癡」云云。然余觀其人，爲性高潔，鮮食寡欲，所居掃地焚香而坐，與豪縱者不類。其詩清深妙麗，雖唐詩人之盛，亦少其比，又豈似晚節把筆學爲者，豈蘇州自序之過歟！

徐師川云：韋蘇州詩，人多言其古淡，乃是不知言。自李、杜以後，古人詩法盡廢，惟蘇州有六朝風致，最爲流麗。

司空文明集三卷

陳氏曰：唐虞部郎中京兆司空曙文明撰。别本一卷才數篇。

李端司馬集三卷

鼂氏曰：唐李端，趙州人。大曆五年進士，爲校書郎。卒官杭州司馬。郭曖尚昇平公主，賢明，招納士類，故端等皆客之。當坐上賦詩，奇甚，主大加稱嘆。錢起曰：「素爲之，請賦起姓。」端立獻一篇，云：「新開金埒看調馬，舊賜銅山許鑄錢。」起乃服，主喜，厚賜之。

盧綸詩一卷

鼂氏曰：唐盧綸與吉中孚〔二三〕、韓翃、錢起、司空曙、苗發、崔峒〔二四〕、耿緯、夏侯審、李端皆能詩齊名，號「大曆十才子」。綸字允言，累舉進士不第。

李益詩一卷

晁氏曰：唐李益君虞，姑臧人。大曆四年進士，調鄭縣尉，幽州劉濟辟從事。憲宗雅聞其名，召爲集賢殿學士。負才，凌籍士，衆不能堪，暴其獻濟詩「不上望京樓」之句，以涉怨望，詔降秩，俄復舊。益少負詞藻〔二五〕，長於歌詩，與宗人賀齊名。每作一篇，樂工以賂求取，被聲歌，供奉天子。征人、早行詩，天下皆施之圖畫。今集有從軍詩五十首，而無此詩，惜其放逸多矣！

陳氏曰：益，宰相揆之族子。舊史本傳指其少有癡疾，防閑妻妾過於苛酷，有散灰扃户之談聞於時，故時謂之妒癡爲「李益疾」。按世傳霍小玉傳所謂李十郎詩「開簾風動竹，疑是故人來」者，即益也。舊史所載如此，豈小玉將死，訣絶之言果驗耶？抑好事者因其有此疾，遂爲此説以實之也？

孟東野詩集十卷

鼂氏曰：唐孟郊東野，湖州人。貞元十二年進士。調溧陽尉，辟爲興元參謀，卒。郊少隱嵩山，性介寡合，韓愈一見爲忘形交。爲詩有理致，然思苦澀。李觀論其詩曰：「高處在古無上，平處下顧二謝」云。張籍謚爲貞曜先生。集，宋次道重編。先時，世傳汴吴鏤本，五卷，一百二十四篇；周安惠本，十卷，三百三十一篇；别本五卷，三百四十篇。蜀人蹇濬用退之贈郊句〔二六〕，纂咸池集，二卷，一百八十篇。自餘不爲編秩，雜録之，家家自異。次道總拾遺逸，摘去重復，若體製不類者，得五百十一篇，四十聯句不與焉〔二七〕。一贊二書附於後，郊集於是始有完書。

潁濱蘇氏曰：唐人工於爲詩，而陋於聞道。孟郊嘗有詩曰：「食薺腸亦苦，强歌聲無歡；出門如有礙，誰云天地寬。」郊，耿介之士，雖天地之大，無以安其身，起居飲食，有慼慼之憂，是以卒窮以死。而李觀盛稱之，至韓退之亦談不容口。甚矣，唐人之不聞道也！孔子稱顔子「在陋巷，人不堪其憂，回也不改其樂」。與郊異矣。

朱倣詩一卷

鼂氏曰：唐朱倣字長通，襄陽人。隱居剡溪。嗣曹王臯鎮江西，辟節度參謀。貞元初，召爲拾遺，不就。

朱灣集一卷

陳氏曰：唐永平從事朱灣撰。自號蒼洲。其爲從事，李勉辟之也。

麴信陵集一卷

鼂氏曰：唐麴信陵，貞元元年進士。爲舒州望江令以卒。

長孫佐輔集一卷

陳氏曰：唐長孫佐輔撰。按百家詩選云：「德宗時人。其弟公輔爲吉州刺史，往依焉。」當必有所據也。其詩號古調集。

柳宗元詩一卷

陳氏曰：唐柳宗元撰。子厚詩在唐與王摩詰、韋應物相上下，頗有陶、謝風氣。古律、絶句總一百四十五篇。在全集中不便於觀覽，因抄出别行。

東坡曰：蘇、李之天成，曹、劉之自得，陶、謝之超然，固已至矣；而杜子美、李太白以英偉絶世之資，凌跨百代，古之詩人盡廢。然魏、晉以來，高風絶塵亦少衰矣。李、杜之後，詩人繼出，雖有遠韵，而才不逮意；獨韋應物、柳子厚發纖穠於簡古，寄至味於淡泊，非餘子所及也。唐末司空圖，崎嶇兵亂之間，而得詩人高雅，獨有承平之遺風。其論詩曰：「梅止於酸，鹽止於鹹，飲食不可無鹽梅，而其美常在於鹹酸之外，可以一唱而三嘆也。」子厚詩在陶淵明下，韋蘇州上，退之豪放奇險則過之，而温麗靖深不及也〔二八〕。所貴於枯淡者，謂外枯而中膏，似淡而實美，淵明、子厚之流是也。

若中邊皆枯，亦何足道。佛言「譬如食蜜，中邊皆甜」。人食五味，知其甘苦者皆是，能分別其中邊者，百無一也。

後村劉氏曰：柳子厚才高，他文惟韓可對壘，古律詩精妙，韓不及也。當舉世爲「元和體」，韓猶未免諧俗，而子厚獨能爲一家之言，豈非豪傑之士乎！昔何文縝嘗語李漢老云：「如子厚詩，人豈可不學他做數百首？」漢老退而嘆曰：「得一二首似之足矣。」文縝後從北狩，病中詩云：「歷歷通前劫，依依返舊魂；人生會有死，遺恨滿乾坤。」雖意極忠憤，而語不刻急，亦學柳之驗。

張籍詩集五卷

鼂氏曰：唐張籍文昌，和州人〔二九〕。貞元十五年登進士第。終國子司業。籍性狷急，爲詩長於樂府，多警句。元和中，與白樂天、孟東野歌詞天下宗之，謂之「元和體」。一本纔三卷。

陳氏曰：張洎所編。錢公輔名木鐸集，與他本相出入，亦有他本所無者，凡十二卷。近世湯中季庸以諸本校定，爲張司業集八卷，且考訂其爲吴郡人，魏峻叔高刻之平江。續又得木鐸集，凡他本所無者，皆附其末。

王建集十卷

陳氏曰：唐陝州司馬王建仲和撰。建長於樂府，與張籍相上下。大曆十年進士。歷官昭應縣丞。太和中爲陝州司馬。尤長宮詞，在集中第十卷，録出別行。

漁隱叢話：余閱王建宮詞，選其佳者，亦自少得，只世所膾炙者數詞而已。其間雜以他人之詞，如「閑吹玉殿昭華管，醉折黎園縹蔕花。十年一夢歸人世，絳縷猶封繫臂紗。」「銀燭秋光冷畫屏，輕羅小扇撲流螢。天階夜色凉如水，卧看牽牛織女星。」並杜牧之也。「淚滿羅巾夢不成，夜深前殿按歌聲。紅顔未老恩先斷，斜倚薰籠坐到明。」此白樂天也。「寶仗平明金殿開，暫將紈扇共徘徊。玉顔不及寒鴉色，猶帶昭陽日影來。」此王昌齡也。建詞凡百有四篇，又逸詞九篇。或云元微之亦有詞雜於其間，余以元氏長慶集檢尋，却無之，或者之言誤矣。

舊跋：王建，太和中爲陝州司馬，與韓愈、張籍同時，而籍相友善。工爲樂府歌行，思遠格幽。初爲渭南尉，與宦者王守澄有宗人之分，因過飲相譏戲，守澄深憾曰：「吾弟所作宫詞，禁掖深邃，何以知之？」將奏劾。建因以詩解之曰：「先朝行坐鎮相隨，今上春宫見長時；脱下御衣偏得著，進來龍馬每教騎。嘗承密旨還家少，獨奏邊情出殿遲。不是當家頻向説，九重争遣外人知。」事遂寢。宫詞凡百絶，天下傳播，傚此體者雖有數家，而建爲之祖也。

李長吉集四卷

鼂氏曰：唐李賀長吉，鄭王之孫。七歲能詞章，韓愈、皇甫湜聞之，過其家，使賦詩，援筆輒就，自目曰「高軒過」，二人大驚。年二十七，終協律郎。賀詞尚奇詭，爲詩未始先立題，所得皆警邁，遠去筆墨畦逕，當時無能傚者。樂府十數篇，雲韶工合之絃管云。或説賀卒後，不相悦者盡取其所著投圊中，以故世傳者不多。外集，予得之梁子美家，姚鉉頗選載文粹中。

宋景文諸公在館，嘗評唐人詩云：「太白仙才，長吉鬼才。」然長吉有鴈門太守詩曰：「黑雲壓城城欲摧，甲光向日金鱗開。」王安石曰：「是兒言不相副也。方黑雲如此，安得向日之甲光也。」

朱子語録曰：李賀詩巧，然較怪，不如太白自在。

後村劉氏曰：樂府惟李賀最工，張籍、王建輩皆出其下。然全集不過一小册。世傳賀中表有妒賀才名，投其集溷中，故傳於世者極少。余竊意不然。天地間尤物且不多得，況佳句乎？使賀集不遭厄，必不能一一如今所傳本之精善，疑賀手自銓擇者耳。

盧仝集一卷

鼂氏曰：唐盧仝，范陽人。隱少室山，號玉川子。徵諫議不起。唐史稱韓愈爲河南令，愛其詩，厚禮之。嘗作月蝕詩以譏元和逆黨，愈稱其工。按其詩云「元和庚寅」，蓋五年也。憲宗遇弑在十五年，後十歲也。豈追托庚寅歲事爲詩乎？不然，則史誣也。後死於甘露之禍。

陳氏曰：凡三卷。其詩古怪，而女兒曲、小婦吟、有所思諸篇，輒嫵媚艷冶。其第三卷號集外詩，凡十首，慶曆中，有韓盈者爲之序。川本止前二卷。

劉义詩一卷〔三〇〕

鼂氏曰：唐劉义。少嘗任俠殺人，後更折節讀書，善歌詩，客韓愈門，作冰柱、雪車二詩，出盧仝、李賀右。歸齊魯，不知所終。今集二十餘篇，不載二詩。

陳氏曰：凡二卷。义附見新史韓愈傳，不知何處人。其冰柱、雪車二詩，狂怪誠出盧仝右。然豈風人之謂哉。

楊巨源詩一卷

鼂氏曰：唐楊巨源字景山，河中人。貞元五年第進士。爲張弘靖從事，自祕書郎擢太常博士，遷禮部員外郎，出爲鳳翔少尹，復召除國子司業。巨源在元和中，詩韻不造新語，體律務實，用功頗深，旦暮摇首，微咏不輟，年老成疾。嘗贈弘靖詩，叙其世家云：「伊陟無聞祖，韋賢不到孫。」時人稱之。年滿七十，丐歸。時宰惜其去，以爲其鄉少尹，不絶其禄。太和以官壽卒。

陳氏曰：凡五卷。按韓退之有送楊少尹序。蓋自司業爲少尹，稱其都少尹者，乃其鄉里也。藝文志乃云「太和河中少尹」，誤。第三卷末二十餘篇，有目無詩。

武元衡臨淮集兩卷

鼂氏曰：唐武元衡伯蒼，河南人。建中四年進士。元和二年，以門下侍郎平章事出爲劍南節度。八年，復秉政。明年〔二〕，早朝遇盗，害之。元衡工五言詩，好事者傳之，被於管絃。嘗夏夜作詩曰：「夜久喧暫息，池臺惟月明；無因駐清景，日出事還生。」翌日遇害。舊有臨淮集七卷，此其二也。議者謂唐世工詩宦達者唯高適，宦達詩工者唯元衡。

陳氏曰：初用莆田李氏本傳録，後以石林葉氏本校〔三〕，益六首，及李吉甫唱酬六首。川本作二卷。

張碧歌詩集一卷

陳氏曰：唐張碧太碧撰。藝文志云：貞元時人。集中有覽貫休上人詩，或勦入之也。

陳羽集一卷

陳氏曰：唐東宮衛佐陳羽撰。貞元八年，陸贄下第二人。

羊士諤詩一卷〔三〕

鼂氏曰：唐羊士諤，貞元元年進士第。順宗時爲宣、歙巡官。王叔文所惡，貶汀州寧化尉。元和初，李吉甫知獎，擢監察御史，掌制誥。嘗出爲資州刺史。

陳氏曰：竇群引士諤爲御史，共傾李吉甫。

鮑溶詩五卷

鼂氏曰：唐鮑溶字德源，元和四年進士。集中有別韓博士愈詩，云：「不知無聲淚，中感一顧厚。」蓋退之所嘗推激也。張薦謂溶詩氣力宏贍，博識清度，雅正高古，衆才無不備具。曾子固亦愛其詩，以史館本及歐公所藏互校，得二百三十三篇。今本有一百九十二篇，餘逸。

南豐曾氏曰：鮑溶詩集六卷。史館書舊題云：鮑防集五卷，崇文總目叙別集亦然。知制誥宋敏求爲臣言：「此集詩見文粹、唐詩類選者，皆稱鮑溶作；又防之雜感詩最顯，而此集無之，知此詩非防作也。」臣以文粹、類選及防雜感詩考之，敏求言皆是。又得參知政事歐陽修所藏鮑溶集，與此集同，然後知爲溶集決也。史館書五卷，總二百篇；歐陽氏書無卷第，纔百餘篇，然其三十三篇，史館書所無，今別爲一卷附於後，而總題曰鮑溶詩集六卷。蓋自先王之澤熄而詩亡，晚周以來，作者嗜文辭，抒情思而已。然亦往往有可采者。溶詩尤清約謹嚴，而違理者少，亦近世之能言者也。故既正其誤謬，且著其大旨以傳焉。

竇拾遺集一卷

陳氏曰：唐左拾遺扶風竇叔向撰。包何爲序。群、庠、牟、鞏，皆其子也〔三四〕。

賈長江集十卷

鼂氏曰：唐賈島浪仙詩共三百七十九首〔三五〕。唐書稱島范陽人，初爲浮屠，名無本。後從韓愈，遂去浮屠舉進士，累舉進士不第。文宗時，坐飛謗，謫長江主簿。會昌初，終普州司倉參軍。今長江祠堂中有石刻大中九年墨制。大中，宣宗年號，與傳不合。摭言又載武宗時謫去〔三六〕，尤差誤。

陳氏曰：韓退之有送無本詩，即其人也。後返初，舉進士不第。文宗時，坐飛謗，貶長江。會昌初，以普州參軍卒。本傳所載如此。今遂寧刊本首載大中墨制云：「比者禮部奏卿風狂，遂且養疾關外，今却携卷軸潛至京城，遇朕微行，聞卿諷咏，觀其志業，可謂屈人。是用顯我特恩，賜卿墨制，宜從短簿，別俟殊科。」與傳所稱飛謗不同。蓋宣宗好微行，小説載島應對忤旨，好事者撰此制以實之〔三七〕。安有微行而顯著訓詞者？首稱「奏卿風狂」，尤爲好笑。當以本傳爲正〔三八〕，本傳亦據其墓誌也。唐貴進士科，故誌言責授長江，如温飛卿亦謫方城尉。當時謂鄉貢進士，不博上州刺史，則簿尉固宜謂之責授；欲使今世進士得罪而責授簿尉，則惟恐責之不早耳。

姚少監集十卷

鼂氏曰：唐姚合也。崇曾孫，以詩聞。元和十一年，李逢吉知舉進士，歷武功主簿，富平、萬年尉。寶曆中〔三九〕，監察殿中御史，户部員外郎，歷金、杭二州刺史，爲刑、户二部郎中，諫議大夫，給事中，陝虢觀察使。開成末，終祕書監。世號姚武功云。

陳氏曰：川本卷數同，編次異。

莊南傑集一卷

陳氏曰：唐進士莊南傑撰。與賈島同時。

李涉歌詩一卷

鼂氏曰：唐李涉，渤之弟也。早從陳許辟，一再謫官夷陵。太和中爲太學博士。自號清溪子。渤三詩附。

殷堯藩集一卷

陳氏曰：唐侍御史殷堯藩撰。元和九年進士。

章孝標集一卷

陳氏曰：唐祕書省正字章孝標撰。元和十四年進士。

熊孺登集一卷

陳氏曰：唐西川從事熊孺登撰。元和中人。執易，其從侄也。

施肩吾西山集五卷

鼂氏曰：唐施肩吾，吴興人。元和十五年進士。以豫章之西山乃十二真仙羽化之所，心慕之，因卜隱焉。且以名其所著，自爲之序。

雍裕之集一卷

陳氏曰：唐雍裕之撰。未詳何時人。

雍陶詩五卷

鼂氏曰：唐雍陶國鈞，太和八年進士。大中六年，自國子毛詩博士出刺簡州。唐志集十卷，今亡其半。

張南史集一卷

陳氏曰：唐試參軍范陽張南史撰。

唐史藝文志：南史字季直，幽州人。以試參軍避亂於揚州，再召之，未赴而卒。

王涯集一卷

陳氏曰：唐宰相王涯廣津撰。

袁不約集一卷

陳氏曰：唐袁不約還朴撰。長慶三年進士。其年試麗龜賦。

李紳追昔游集三卷

鼂氏曰：唐李紳公垂也。亳州人。元和元年進士，補國子助教。穆宗召爲翰林學士，累進中書舍人。武宗即位，拜中書侍郎平章事。紳爲人短小精悍，於詩最有名，號「短李」，與李德裕、元稹同時，號「三俊」。追昔游者，蓋賦詩紀其平生所遊歷。謂起梁、漢，歸諫署，升翰苑，及播越荆楚，踰嶺嶠，止高安〔四〇〕，移九江，過鍾陵，守滁陽，轉壽春，留洛陽，廉會稽，分務東周，守蜀，鎮梁也。開成戊午八月，自爲之序。

陳氏曰：皆平生歷官及遷謫所至，述懷紀遊之作也。余嘗書其後云：「讀此篇，見其餙志矜能，夸榮殉勢，益知子陵、元亮爲千古高人。」

朱景玄集一卷

陳氏曰：唐太子諭德朱景玄撰。

朱慶餘集一卷

陳氏曰：唐朱可久慶餘撰。以字行。受知於張籍。寶曆二年進士。

校勘記

〔一〕阮步兵集　直齋書録解題卷一九詩集類上「集」下有「四卷」二字。

〔二〕又言兄弟及群從子弟當時有七十人　「子弟」，直齋書録解題卷一九詩集類上作「子侄」。

〔三〕所謂劉三娘者也　「也」字原脱，據直齋書録解題卷一九詩集類上補。

〔四〕今惟存詩僅百首云　「僅」，直齋書録解題卷一九詩集類上作「近」。

〔五〕聞户外人聲便怒　「人聲」，隋書卷五七薛道衡傳作「有人」。

〔六〕屬予序之　「序」原作「集」，據楊萬里誠齋集卷八二杜必簡詩集序改。

〔七〕且其辭氣首末若出一口　「若」字原脱，據直齋書録解題卷一九詩集類上補。

〔八〕字大可考　「可考」，元本、慎本、馮本、弘本作「宣老」。

〔九〕昌黎韓愈於文章慎許可　「慎」原作「少」，係馬端臨避諱改。

〔一〇〕如矮人看場耳　「場」，朱熹朱子語類卷一四〇論文上作「戲」。

〔一一〕蔡興宗正異固好而未盡　「蔡興宗」原作「蔡宗」，據朱熹朱子語類卷一四〇論文上補。

〔一二〕唐起居舍人延陵包何幼嗣撰　「幼嗣」原作「幼正」，據新唐書卷六〇藝文四改。

〔一三〕處士張彦雄　「張彦雄」原作「張彦惟」，據新唐書卷六〇藝文四改。

〔一四〕張潮　原作「張湘」，據新唐書卷六〇藝文四改。

〔一五〕唐祕書監包佶撰　「撰」原作「選」，據直齋書録解題卷一九詩集類上改。

〔一六〕徽之父　「徽」原作「徵」，據舊唐書卷一六八錢徽傳、新唐書卷一七七錢徽傳及郡齋讀書志卷一七别集類上改。

〔一七〕主文李暐深嘉之　「李暐」原作「李暉」，據舊唐書卷一六八錢徽傳、郡齋讀書志卷一七别集類上改。

〔一八〕宣武李勉相繼辟幕府　「相」字原脱，據郡齋讀書志卷一七别集類上補。

〔一九〕顧况集二十卷　「十」字原脱，據元本、慎本、馮本及郡齋讀書志卷一七别集類上補。按直齋書録解題卷一九詩集類上著録爲「五卷」，且言「集本十五卷，今止五卷，不全」。

〔二〇〕性諧談　郡齋讀書志卷一七別集類上作「性詼諧」。
〔二一〕耿湋集一卷　「一」，直齋書録解題卷一九詩集類上作「二」。
〔二二〕媒孽之　直齋書録解題卷一九詩集類上「之」下有「計」字。
〔二三〕唐盧綸與吉中孚　「吉」字原脱，據新唐書卷六〇藝文四、卷二〇三盧綸傳及郡齋讀書志卷一七別集類上補。
〔二四〕崔峒　原作「崔炯」，據新唐書卷六〇藝文四、卷二〇三盧綸傳及郡齋讀書志卷一七別集類上改。
〔二五〕益少負詞藻　「負」，郡齋讀書志卷一七別集類上作「富」。
〔二六〕蜀人蹇濬用退之贈郊句　「蹇濬」原作「寒濬」，「用」原作「周」，據元本、慎本、馮本、郡齋讀書志袁本前志卷四上別集類上及四部叢刊本孟東野詩集宋敏求序改。
〔二七〕四十聯句不與焉　「四」，郡齋讀書志卷一七別集類上作「而」。
〔二八〕而温麗靖深不及也　「靖」，馮本作「清」，苕溪漁隱叢話前集卷一九柳宗元作「精」。
〔二九〕和州人　按籍當爲吴郡人，余嘉錫四庫提要辨證卷二〇集部一張司業集條辨之甚詳，可參考。
〔三〇〕劉乂詩一卷　「劉乂」原作「劉乂」，據元本、慎本、馮本、新唐書卷一七六劉乂傳改。按直齋書録解題卷一九詩集類上作「叉」，疑是。參見郡齋讀書志校證卷一八別集類中該條校記。
〔三一〕明年　按資治通鑑卷二三九唐記五十五載武元衡元和八年召還，十年六月癸卯遇害。此云「明年」，誤。參見郡齋讀書志校證卷一七別集類上該條校記。
〔三二〕石林葉氏本校　「葉」字原脱，據直齋書録解題卷一九詩集類上補。
〔三三〕羊士諤詩一卷　「羊士諤」原作「羊士鶚」，據唐才子傳卷五羊士諤條、郡齋讀書志卷一七別集類上、直齋書録解題卷一九詩集類上改。

〔三四〕群庠牟鞏皆其子也　直齋書録解題卷一九詩集類上「群」下有「常」字，「庠牟」二字互倒。

〔三五〕唐賈島浪仙詩共三百七十九首　「浪仙」，郡齋讀書志卷一八别集類中、直齋書録解題卷一九詩集類上作「閬仙」。

〔三六〕摭言又載武宗時謫去　「武宗」原作「武帝」，據郡齋讀書志卷一八别集類中改。

〔三七〕好事者撰此制以實之　「者」字原脱，據直齋書録解題卷一九詩集類上補。

〔三八〕當以本傳爲正　「本傳爲正」四字原脱，據直齋書録解題卷一九詩集類上補。

〔三九〕寶曆中　「寶曆」原作「寶應」，據上文改。

〔四〇〕止高安　「止」原作「上」，據唐詩紀事卷三九及郡齋讀書志袁本前志卷四中别集類中改。

卷二百四十三　經籍考七十

集詩集

李義山集三卷

陳氏曰：唐太學博士李商隱義山撰。

詩話：王荆公晚年亦喜稱義山詩，以爲唐人知學老杜而得其藩籬，惟義山一人而已。每誦其「雪嶺未歸天外使，松州猶駐殿前軍」；「永憶江湖歸白髮，欲回天地入扁舟」；與「池光不受月，暮氣欲沉山」；「江海三年客，乾坤百戰場」之類，雖老杜亡以過也。義山詩合處信有過人，若其用事深僻，語工而意不及，自是其短，世人反以爲奇而效之。故「崑體」之弊，適重其失。義山本不至是云。詩到義山，謂之文章一厄，以其用事僻澀，時稱「西崑體」。然荆公晚年亦或喜之，而字字有根蒂。如「試問火城將策探，何如雲屋聽窗知」；「未愛京師傳谷口，但知鄉里勝壺頭」。其用事琢句，前輩無相犯者。

漁隱叢話：李義山詩，楊大年諸公皆深喜之，然淺近者亦多。如華清宫詩云：「華清恩幸古無倫，猶恐蛾眉不勝人。未免被他褒女笑，只教天子暫蒙塵。」用事失體，在當時非所宜言也。豈若崔魯華清宮詩云：「障掩金鷄蓄禍機，翠華西拂蜀雲飛。珠簾一閉朝元閣，不見人歸見燕歸。」又云：「草遮回磴絶鳴鑾，雲樹深深碧殿寒；明月自來還自去，更無人倚玉闌干。」語意既精深，用事亦隱而顯也。義山又有馬嵬詩云：「如何四紀爲天子，不及盧家有莫愁。」渾河中詩云：「咸陽原上英雄骨，半是君家養馬來。」如此等詩，庸非淺近乎？

温庭筠金筌集七卷　外集一卷

鼂氏曰：唐温庭筠，本名岐，字飛卿，宰相彦博之裔。詩賦清麗，與李商隱齊名，時號「温李」。能逐絃吹之音，爲側艷之辭。爲行塵雜，由是累年不第，終國子助教。宣宗嘗作詩賜宮人，句有「金步摇」，遣埸中對之。庭筠對以「玉跳脱」，上喜其敏，欲用之，而嘗作詩忤時相令狐綯，終廢斥云。

張祜詩一卷〔一〕

鼂氏曰：唐張祜，字承吉，清河人。樂高尚。客淮南，杜牧爲度支使，善其詩，嘗贈之詩曰：「何人得似張公子，千首詩輕萬户侯。」嘗作淮南詩，有「人生只合揚州死，禪智山光好墓田」之句。大中中，果終丹陽隱舍，人以爲讖云。　陳録凡十卷。

許渾丁卯集二卷

鼂氏曰：唐許渾字用晦，圉師之後。大和六年進士。爲當塗、太平二令，以病免，起潤州司馬。大中三年，爲監察御史，歷虞部員外，睦、郢二州刺史。嘗分司於朱方丁卯間〔二〕，自編所著，因以爲名。賀鑄本跋云：「按渾自序，集三卷，五百篇。世傳本兩卷，三百餘篇。求訪二十年，得沈氏、曾氏本，并取擬玄、天竺集校正之，共得五百四十四篇〔三〕。」予近得渾集完本，五百篇皆在，然止兩卷。唐藝文志亦言渾集兩卷。鑄稱三卷者，誤也。

陳氏曰：丁卯者，其所居之地，有丁卯橋。蜀本又有拾遺二卷。

後村劉氏曰：杜牧、許渾同時，然各爲體。牧於唐律中，常寓少拗峭以矯時弊，渾則不然。如「荆樹有花兄弟樂，橘林無實子孫忙」之類，律切麗密或過牧，而抑揚頓挫不及也。二人詩，不著姓名亦可辨。樊川有續、別集三卷，十之八九皆渾詩。牧佳句自多，不必又取他人詩益之。若丁卯集割去許多傑作，則渾詩無一篇可傳矣。

李遠集一卷

陳氏曰：唐建州刺史李遠求古撰。

于鵠集一卷

陳氏曰：唐于鵠撰。與張籍同時，未詳何人。

薛瑩集一卷

陳氏曰：唐薛瑩撰。號洞庭集。文宗時人，集中多蜀詩，其曰「壬寅歲」者，在前則爲長慶四年，後則爲中和二年，未知定何年也。

薛逢歌詩二卷

鼂氏曰：唐薛逢陶臣，河東人。會昌元年進士。終祕書監。持論鯁切，以謀略高自摽顯，與楊收、王鐸同年登第，而逢文藝最優。收作相，逢有詩云：「誰知金印朝天客，同是沙隄避路人。」鐸作相，逢又有詩云：「昨日鴻毛萬鈞重，今朝山岳一毫輕。」二人皆怒，故不見齒。

喻鳧集一卷

陳氏曰：唐烏程尉喻鳧撰。開成五年進士。

潘咸集一卷

陳氏曰：唐潘咸撰。不知何人，與喻鳧同時。藝文志不載。

項斯集一卷

陳氏曰：唐丹徒尉江東項斯子遷撰。初受知於張籍水部，而楊敬之祭酒亦知之，有「逢人說項斯」之句。會昌四年進士。

趙嘏渭南詩三卷

鼂氏曰：唐趙嘏承祐也。會昌四年進士。終渭南尉。杜紫微讀其早秋詩云：「殘星幾點雁橫塞，長笛一聲人倚樓。」因謂之「趙倚樓」云。

馬戴集一卷

陳氏曰：唐馬戴虞臣撰。會昌四年進士。

顧非熊集一卷

陳氏曰：唐盱眙主簿顧非熊，況之子。會昌五年進士。

薛許昌集十卷

鼂氏曰：唐薛能字大拙，汾州人。會昌六年登進士第。大中末，書判中選，補盩厔尉，辟太原、陜虢、河陽從事。李福鎮滑，表署觀察判官，歷御史，都官、刑部員外郎。福徙西蜀，奏以自副。咸通中，攝嘉州刺史。造朝，遷主客、度支、刑部郎中。俄刺同州。京兆尹温璋貶，命權知尹事。出帥咸化，入授工部尚書，復節度徐州，徙忠武。廣明元年，徐軍戍溵水，經許，能以軍懷舊惠，館之城中。許軍懼見襲，大將周岌乘衆疑，怒逐能，據城自稱留後，因屠其家。能政嚴察，絶私謁，癖於詩，日賦一章。晚節惑浮屠法，奉之唯謹。然恣驁倨傲〔四〕，佻輕以忤物，及爲藩鎮，尤易武吏。嘗命其子屬橐鞬，雅拜新進士，或問其故，曰：「與渠銷彌災咎」云。

容齋洪氏隨筆曰：能，晚唐人，詩格調不甚高，而妄自尊大。其海棠詩、荔枝詩、折楊柳十詩序可見，而所作皆無過人。又别有柳枝詞五首，最後一章曰：「劉、白蘇臺總近時，當初章句是誰推？纖腰舞盡春楊柳，未有儂家一首詩。」自注云：「劉、白二尚書，繼爲蘇州刺史，皆賦楊柳枝詞，世多傳唱，雖有才語，但文字太僻，宫商不高耳。」其大言如此，但稍推杜陵，視劉、白以下蔑如也。今讀其詩，正堪一笑。劉之詞云：「城外春風吹酒旗，行人揮袂日西時；長安陌上無窮樹，唯有垂楊管别離。」白之詞云：「紅板江橋青酒旗，館娃宫暖日斜時；可憐雨歇東風定，萬樹千條各自垂。」其風流氣概，豈能所可髣髴哉。

後村劉氏曰：能自稱譽太過〔五〕，五言云：「空餘氣長在，天子用平人。」不但自譽其詩，又自譽其材。然位歷節鎮，不爲不用矣，卒以驕恣凌忽，僨軍殺身，其材安在？妄庸如此，乃敢妄議諸葛，可謂小人之無忌憚者。

李群玉詩一卷

鼂氏曰：唐李群玉文山，澧州人。曠逸不樂仕進，專以吟咏自適。詩筆妍麗，才力遒健。好吹笙，美筆翰〔六〕。親友强赴舉，一上而止。裴休廉察湖南，延郡中。大中八年，來京師，進詩三百篇，休復論薦，授弘文館校書郎。集後附其進詩表，并除官制。太平廣記所載黄陵廟事甚異，其絶句在焉。

陳氏曰：裴休以處士薦，集後有乞假歸别業及朝士送行詩。

曹鄴集一卷

陳氏曰：唐洋州刺史曹鄴撰。大中四年進士。

鄭嵎津陽門詩一卷

鼂氏曰：唐鄭嵎字賓先〔七〕，大中五年進士。津陽即華清宫之外闕。嵎開成中過之，聞逆旅主人道承平故實，明日，馬上裁刻，成長句一千四百言，自有序云。

陳氏曰：或作愚者，非也。愚嘗爲嶺南節度，好着錦半臂，非此鄭嵎。

劉駕集一卷

陳氏曰：唐劉駕司南撰。大中六年進士。

李頻集一卷

陳氏曰：唐建州刺史新定李頻德新撰。大中八年進士。姚合之婿也。

李郢端公詩一卷

鼂氏曰：唐李郢楚望也。大中十年進士。詩調清麗。居餘杭，疏於馳競。爲藩鎮從事，兼侍御史。

陳蛻詩一卷

鼂氏曰：唐陳蛻，未詳其行事。集有長安十五咏，自序云：「蛻生長江、淮間，以詩句從賊〔八〕，僅十餘年矣。今我后撫運，澤及四海，蛻復得爲太平人」云云。蓋肅、代間人也。

柳郯詩一卷

鼂氏曰：唐柳郯。集有與李端、盧綸輩相酬贈詩。大曆間進士也。

斷金集一卷

鼂氏曰：唐李逢吉、令狐楚自未第至貴顯所唱和詩也。後逢吉卒，楚編次之，得六十餘篇。裴夷直名曰斷金集，爲之序。

孟遲詩一卷〔九〕

鼂氏曰：唐孟遲字叔之〔一〇〕，平昌人。會昌五年，陳商下及第。

儲嗣宗集一卷

陳氏曰：唐儲嗣宗撰。大中十三年進士。

司馬先輩集一卷

陳氏曰：唐司馬札撰〔一一〕。與儲嗣宗同時。

李廓集一卷

陳氏曰：唐武寧節度使李廓撰。程之子也。

于濆集一卷

陳氏曰：唐于濆子漪撰。咸通二年進士。

李昌符集一卷

陳氏曰：唐膳部員外郎李昌符撰。咸通四年進士。

司空表聖集十卷

陳氏曰：唐兵部侍郎司空圖表聖撰。咸通十年進士。別有全集，此集皆詩也。其子永州刺史荷爲後記。

聶夷中集一卷

陳氏曰：唐華陰尉聶夷中撰。咸通十二年進士。

許棠集一卷

陳氏曰：唐宛陵許棠文化撰。亦咸通十二年進士。

林寛集一卷

陳氏曰：唐林寬撰。與李頻、許棠皆同時。集有送二人詩。

周繇集一卷

陳氏曰：唐周繇撰。咸通十三年進士。

無譏集四卷

陳氏曰：唐崔櫓撰〔三〕。僖宗時人。

章碣集一卷

陳氏曰：唐章碣撰。亦僖宗時人。

高蟾集一卷

陳氏曰：唐御史中丞高蟾撰。乾符三年進士。

崔塗集一卷

陳氏曰：唐崔塗禮山撰。光啓四年進士。

雲臺編三卷　宜陽外編一卷

鼂氏曰：唐鄭谷字守愚，宜陽人。光啓三年擢高第。遷右拾遺，歷都官郎中。乾寧四年歸宜春，卒於别墅。其集號雲臺編者，以其扈從華山下觀居所編次云。谷詩屬思頗切於理，而格韻凡猥，語句浮俚不競，不爲議者所多，然一時傳諷，號鄭都官而弗名也。

歐陽氏詩話曰：鄭谷詩名盛於唐末，號雲臺編，而世俗但稱其官爲鄭都官。其詩極有意思，亦多佳句，但其格不甚高。以其易曉，人家多以教小兒，余爲兒時猶誦之。今其集不行於世矣。

周朴詩二卷

唐處士周朴撰。歐公詩話曰：唐之晚年，詩人無復李、杜豪放之格，然亦務以精意相高。如周朴者，構思尤艱，每有所得，必極其雕琢，故時人稱朴詩「月鍛季鍊，未及成篇，已播人口」，其名重當時如此，而今不復傳矣。余少時猶見其集，其句有云：「風暖鳥聲碎，日高花影重」。又云：「曉來山雨闊，雨過杏花稀。」誠佳句也。

韓偓詩二卷　香奩集一卷

鼂氏曰：唐韓偓致光〔三〕，京兆人。龍紀元年進士。累遷諫議大夫、翰林學士。昭宗幸鳳翔，進兵部侍郎、承旨。朱全忠怒，貶濮州司馬、滎懿尉。天祐初，挈族依王審知而卒。香奩集，沈括筆談以爲和凝所作，凝既貴，惡其側艷，故詭稱偓著。或謂括之言妄。

許彥周詩話：高秀實言「元微之詩艷麗而有骨，韓偓香奩集麗而無骨」。李端叔意喜韓偓詩，誦其序云：「咀五色之靈芝，香生九竅；咽三危之瑞露，美動七情。」秀實云：「勸不得也。」

石林葉氏曰：偓在閩所爲詩，皆手自寫成卷。嘉祐間，裔孫奕出其數卷示人，龐潁公爲漕，取奏之，因得官。詩文氣格不甚高，吾家僅有其詩百餘篇。世傳別本有名香奩集者，唐書藝文志亦載其辭皆閨房不雅馴。或謂江南韓熙載所爲，誤以爲偓，若然，何爲録於唐志乎？熙載固當有之，然吾所藏偓詩中亦有一二篇絕相類，豈其流落亡聊中姑以爲戲，然不可以爲訓矣。

又曰：韓偓傳：自貶濮州司馬後，載其事即不甚詳。其再召爲學士，在天祐二年。吾家所藏偓詩雖不多，然自貶後皆以甲子歷歷自記其所在，有乙丑年在袁州得人賀復除戎曹依舊承旨詩，即天祐二年也。昭宗前一年已弒，蓋哀帝之命也。末句云：「若爲將朽質，猶擬杖於朝。」固不往矣。其後又有丁卯年正月聞再除戎曹依前充職詩，末句云：「豈獨鴟夷解歸去，五湖魚艇且餔糟。」天祐四年也。是嘗兩召皆辭，唐史止書其一。是歲四月，全忠篡，其召命自哀帝之世，自後復召，則癸酉年南安縣之作，即梁之乾化二年。時全忠亦已被弒，明年梁亡。其兩召不行，非特避禍，蓋終身不食梁禄，其大節與司空表聖略相等，惜乎唐史不能少發明之也。

唐英集三卷

陳氏曰：唐翰林學士吳融子華撰。與偓皆龍紀元年進士。

張蠙詩一卷

鼂氏曰：僞蜀張蠙字象文，清河人。唐乾寧中進士。爲校書郎、櫟陽尉、犀浦令。王建開國〔一四〕，拜膳部員外郎，後爲金堂令。王衍與徐后遊大慈寺，見壁間書：「墻頭細雨垂纖草，水面回風聚落花。」愛之，問知蠙句，給札，令以詩進。蠙以二百首獻。衍頗重之，將召爲知制誥，宋光嗣以其輕傲，止賜白金而已。蠙生而穎秀，幼能爲詩，作登單于臺，有「白日地中出，黄河天外來」之句，爲世所稱。

靈溪集七卷

陳氏曰：唐校書郎上饒王貞白有道撰。乾寧二年進士。其集有自序。永豐人有藏之者，洪景盧得而刻之。詩雖多，在一時儕輩，未爲工也。

翁承贊集二卷

陳氏曰：唐諫議大夫京兆翁承贊文堯撰。乾符二年進士。

褚載集一卷

陳氏曰：唐褚載厚之撰。

王轂集一卷

陳氏曰：唐王轂虛中撰。二人皆乾寧五年進士。

盧延讓詩一卷

鼂氏曰：僞蜀盧延讓子善也。范陽人。唐光化元年進士〔一五〕。朗陵雷滿辟，滿敗，歸王建。及僭號，授水部員外郎，累遷給事中，卒官，終刑部侍郎。延讓師薛能，詩不尚奇巧，人多誚其淺俗，獨吳融以其不蹈襲，大奇之。

牛嶠歌詩三卷

鼂氏曰：僞蜀牛嶠字延峰，隴西人。唐相僧孺之後。博學有文，以歌詩著名。乾符五年進士。歷拾遺、補闕、尚書郎。王建鎮西川，辟判官。及開國，拜給事中，卒。集本三十卷，自序云：竊慕李長吉所爲歌詩，輒效之。

韋莊浣花集五卷

鼂氏曰：僞蜀韋莊，字端己。仕王建至吏部侍郎、平章事。集乃其弟藹所編，以所居即杜甫草堂舊址，故名。僞史稱莊有集二十卷，今止存此。

王駕集一卷

陳氏曰：唐彭城王駕大用撰。大順元年進士。自號守素先生。

喻坦之集一卷

陳氏曰：唐喻坦之撰。

張喬集一卷

陳氏曰：唐進士九華張喬撰。喬與許棠、張蠙、鄭谷、喻坦之等同時，號「十哲」。喬試京兆，月中桂詩擅場，傳於今，而登科記無名，蓋不中第也。

高駢集一卷

陳氏曰：唐淮南節度使高駢撰。

周賀集一卷

陳氏曰：唐周賀撰。嘗爲僧，名清塞。後反初，故别本又號清塞集。

鼂氏曰：清塞字南卿，詩格清雅，與賈島、無可齊名。寶曆中，姚合爲杭，因攜書投謁，合聞其誦哭僧詩云：「凍鬚亡夜剃，遺偈病中書。」大愛之，因加以冠巾爲周賀云。

李洞詩一卷

鼂氏曰：唐李洞字才江，諸王之孫。慕賈島爲詩，銅鑄其像，事之如神。時人多誚其僻澀，不貴其奇峭，唯吴融稱之。昭宗時，不第，遊蜀卒。

陳氏曰：與張喬同時稱，餘杭明經潘熙載編。

曹唐詩一卷

鼂氏曰：唐曹唐字堯賓。桂州人。初爲道士，咸通中爲府從事卒。作遊仙詩百編〔一六〕。或嘶之曰：「堯賓嘗作鬼詩。」唐曰：「何也〔一七〕？」「『井底有天春寂寂，人間無路月茫茫。』非鬼詩而何？」唐乃大哂。今集中不見，然他詩及神仙者尚多。

陳氏曰：唐有大小遊仙詩。

來鵬集一卷

陳氏曰：唐豫章來鵬撰。咸通中舉進士〔一八〕，不第。

任藩集一卷

陳氏曰：唐任藩撰。或作翻。客居天台，有宿帢幘山絶句，爲人所稱，今城中巾子山也。

後村劉氏曰：唐任藩詩，存者五言十首而已。然多佳句，「衆鳥已歸樹，旅人猶過山。」贈僧云：「半頂髮根白，一生心地清。」居然可愛。今人動爲千百首，而無一可傳者。

方干詩集一卷

鼂氏曰：唐方干字雄飛，歙人。唐末舉進士，不第，隱鏡湖上。徐凝有詩名，一見干，器之，授以詩律。其貌寢陋，又兔闕，而喜凌侮，嘗謁廉帥，誤三拜，人號方三拜。將薦於朝而卒，門人謚玄英先生。其甥楊弇與孫郃編次遺詩，王贊爲序。郃又爲玄英先生傳附。

王德輿詩一卷

鼂氏曰：唐王德輿。集有次韵和鄭畋詩，知其懿、僖間人也。

沈彬集一卷

鼂氏曰：南唐沈彬。保大中以尚書郎致仕，居高安。集中有與韋莊、杜光庭、貫休詩，唐末三人皆在蜀，疑其同時避亂，嘗入蜀云。上李昪山水圖詩在焉。

熊皦屠龍集五卷

鼂氏曰：晉熊皦。後唐清泰二年進士。爲延安劉景岩從事。天福中，説景岩歸朝，擢右司諫，坐累，黜上津令。集有陶穀序。陳沆賞皦早梅云「一夜欲開盡，百花猶未知」，曰：「太妃容德，於是乎在。」

陳氏曰：集中多下第詩，蓋老於場屋者。

杜荀鶴唐風集十卷

鼂氏曰：唐杜荀鶴，池州人。大順二年進士。善爲詩〔一九〕，詞句切理，宣州田頵重之，嘗以戕問至，梁祖薦爲翰林學士，主客員外。恃勢侮易搢紳，衆怒，欲殺之而未及。天祐初病卒。有顧雲序。荀鶴自號九華山人。陳録作三卷。

幕府燕談：杜荀鶴詩鄙俚近俗，惟宮詞爲唐第一。云：「早被嬋娟誤，欲粧臨鏡慵。承恩不在貌，教妾若爲容。風暖鳥聲碎，日高花影重。年年越溪女，相憶採芙蓉。」故諺云：「杜詩三百首，惟在一聯中。」正謂「風暖」「日高」之句也。此句歐公詩話以爲周朴詩。

詠史詩三卷

陳氏曰：唐邵陽胡曾撰。凡一百五十首。曾，咸通末爲漢南從事。

羅江東集十卷

陳氏曰：唐羅隱昭諫撰。

劉滄詩一卷

鼂氏曰：唐劉滄字藴靈。大中八年進士。詩頗清麗，句法絶類趙嘏。

羅鄴集一卷

陳氏曰〔二〇〕：唐羅鄴撰。

曹松集一卷

鼂氏曰：唐曹松夢徵也。舒州人。學賈島爲詩。天復元年，與王希羽、劉象、柯崇、鄭希顔同登第，年皆七十餘，號「五老牓」。時以新平内難，聞放進士，喜，特敕授校書郎而卒。

陳氏曰：别本與印本互有詳略，但别本大遊仙十三首，乃曹唐詩也。

羅虬比紅兒詩一卷〔二一〕

鼂氏曰：唐羅虬撰。皇朝方性天注〔二二〕。虬詞藻富贍，與其族人隱、鄴齊名，時號「三羅」。從鄜州李孝恭。籍中有杜紅兒者，善歌，常爲副使者屬意。副使聘鄰道，虬請紅兒歌，贈之以綵。孝恭不令受，虬怒，拂衣起，詰旦，手刃之。既而追其冤，作絶句詩百篇，借古人以比其艷，盛行於世。

唐彦謙鹿門詩一卷

鼂氏曰：唐唐彦謙字茂業〔二三〕，并州人。咸通末進士。中和中〔二四〕，王重榮表河中從事〔二五〕，歷節度副使，晉、絳二州刺史。重榮遇害，貶漢中掾，興元楊守亮留署判官，遷副使，閬、壁刺史，卒。彦謙才高負氣，無所摧屈，博學多藝，尤能七言詩，師温庭筠，故格體類之。世稱「耳聞明主提三尺，眼見愚民盜一抔」，蓋彦謙句也。自號鹿門先生。有薛廷珪序。

後村劉氏曰：揚、劉諸人師李義山可也，又師唐彦謙，唐詩雖雕斵對偶，然求如「一抔」「三尺」之聯，惜不多見。五言叙亂離云：「不見泥函谷，俄驚火建章；剪茅行殿濕，伐柏舊陵香。」語猶渾成，未甚破碎。若西崐酬唱集，對偶字面雖工，而佳句可録者殊少，宜爲歐公所厭也。

秦韜玉投知小録三卷

鼂氏曰：唐秦韜玉字中明，京兆人。有詞藻，工歌吟，險而好進，爲田令孜所善。僖宗幸蜀，令孜引爲工部侍郎。中和二年，賜進士第，編入春牓。

東浮集九卷

陳氏曰：唐荆南崔道融撰。自稱東甌散人〔二六〕。乾寧乙卯，永嘉山齋編成。蓋避地於此。今闕第十卷。

唐詩三卷

陳氏曰：崔道融撰。皆四言詩。述唐中世以前事實，事爲一篇，篇各有小序，凡六十九篇。

裴説集一卷

陳氏曰：唐裴説撰。天祐三年進士狀頭。唐蓋將亡矣。説後爲禮部員外郎。世傳其寄邊衣古詩甚麗，此集無之，僅有短律而已，非全集也。其詩有「避亂一身多」之句〔二七〕。

劉德仁詩集一卷

鼂氏曰：唐劉德仁，公主之子。長慶中以詩名，五言清瑩，獨步文場者〔二八〕。開成後，昆弟皆居顯仕，獨自苦於詩，舉進士二十年，竟無所成。嘗有寄所知詩云：「外族帝王恩〔二九〕，中朝親故稀。翻令浮議者，不許九霄飛。」及卒，詩僧棲白以絶句弔之曰：「忍苦爲詩身到此，冰魂雪魄已難招。直教桂子落墳上，生得一枝冤始銷。」

唐求集一卷

陳氏曰：唐唐求撰。與顧非熊同時。藝文志不載。

李山甫集一卷

陳氏曰：唐魏博從事李山甫撰。唐末進士不第。

邵謁集一卷

陳氏曰：唐國子生曲江邵謁撰。集後有胡賓王者爲之序。言其没後，降巫賦詩，自稱邵先輩，殆若今世請大仙之類邪。

李推官披沙集六卷

陳氏曰：唐李咸用撰。其八世孫兼孟達，居宛陵，亦能詩，嘗爲台州，出其家集，求楊誠齋作序。

誠齋序略曰：推官公詩，如「見後却無語，别來長獨愁」；如「危城三面水，古樹一邊春」；如「月明千嶠雪，灘急五更風」；如「烟殘偏有焰，雪甚却無聲」；如「春雨有五色，灑來花旋成」；如「雲藏山色時還媚，風約溪聲静又回」；如「未醉已知醒後憶，欲開先爲落聲愁」，蓋征人凄苦之情，孤愁窈眇之聲，騷客婉約之靈，風物榮悴之英，所謂周禮盡在魯矣。讀之使人發融冶之歡於荒寒無聊之中，動慘戚之感於笑談方懌之後，國風之遺音，江左之異曲，孰謂其果絃絶歟。

黄御史集

誠齋序略曰：詩至唐而盛，至晚唐而工，御史黄公之詩尤奇，如聞鴈：「一聲初觸夢，半白已侵頭。餘燈依古壁，片月下滄洲。」如遊東林寺：「寺寒三伏雨，松偃數朝枝。」如退居：「青山寒帶雨，古木夜啼猿。」此與韓致光、吴融輩並遊，未知何人徐行後長也。永豐君自言其集久逸，其父考功公始得之，僅數卷而已。其後永豐又得詩文五卷於吕夏卿之家，又得逸詩於翁承贊之家，又得銘碣於浮屠、老子之宮，而後御史公之文復傳於二百年之後。按唐藝文志：御史諱滔，字文江。光啓中爲四門博士。其集舊曰黄滔集云。

于武陵集一卷　周濆集一卷　陳光集一卷　劉威集一卷

陳氏曰：皆唐人。于武陵，大中進士。餘莫詳何時〔三〇〕。濆集，藝文志不載〔三一〕。

胡笳十八拍一卷

鼂氏曰：唐劉商撰。漢蔡邕女琰爲胡騎所掠，因胡人吹蘆葉以爲歌，遂翻爲琴曲，其辭古淡。商因擬之，以叙琰事，盛行一時。商，彭城人。擢進士第。歷臺省爲郎。好道術，隱義興胡父渚，世傳其仙去。

鼎國詩三卷

鼂氏曰：後唐李雄撰。雄，洛鞏人。莊宗同光甲申歲，遊金陵、成都、鄴下，各爲咏古詩三十章。以三國鼎峙，故曰「鼎國」。

李有中詩二卷

鼂氏曰：南唐李有中。嘗爲新塗令。與水部郎中孟賓于善。賓于稱其詩如方干、賈島之徒。賓于，晉天福中進士也。有中集中有贈韓、張、徐三舍人詩。韓乃熙載，張乃洎，徐乃鉉也。春日詩云〔三二〕：「乾坤一夕雨，草木萬方春。」頗佳，他皆稱是。

殷文珪集一卷

陳氏曰：唐殷文珪撰。乾寧五年進士。後仕南唐。其子曰崇義，歸朝更姓名，即湯悅也。

盧士衡集一卷

陳氏曰：後唐盧士衡撰。天成二年進士。

劉昭禹集一卷

陳氏曰：湖南天策府學士桂陽劉昭禹撰。

符蒙集一卷

陳氏曰：題符侍郎，同光三年進士也。同年四人，蒙初爲狀頭，覆試爲第四。

李建勳集一卷

陳氏曰：南唐宰相李建勳撰。

孟賓于集一卷

陳氏曰：五代進士孟賓于撰。仕湖南、江南。

廖匡圖集一卷

陳氏曰：湖南從事廖匡圖撰。

江爲集一卷

陳氏曰：五代建安江爲撰。爲王氏所誅，當漢乾祐中。

劉一集一卷

陳氏曰：似唐末五代人。藝文志不載。其詩怪而不律，亦不工。

文丙集一卷

陳氏曰：稱布衣文丙所業〔三三〕，未詳何人。

蔣吉集一卷　蘇拯集一卷　王周集一卷

陳氏曰：皆未詳何人。

皎然杼山集十卷

鼂氏曰：唐僧皎然，字清晝，吴興人。謝靈運十世孫。工篇什，德宗詔録本納集賢院。集前有于頔序并贈晝上人詩。

陳氏曰：顔魯公爲刺史，與之酬倡，其後刺史于頔爲作集序〔三四〕。所居龍興寺之西院，今天寧寺是也。又嘗居杼山寺，在妙喜。

唐史藝文志：顔真卿爲刺史，集文士撰韵海敬源，預其論著。貞元中，集賢御書院取其集藏之。

石林葉氏曰：唐詩僧皎然居湖州妙喜，今寶積寺是其故廬。自言謝靈運後，詩祖其家法。自許甚高。顔魯公爲守時，與張志和、陸鴻漸皆爲客，意其人品亦必不凡。吾嘗至妙喜，訪其遺迹，無復有。但山巔墳存耳。其詩十卷尚行於世，無甚令人喜者，以爲優於唐詩僧可也。觀其詩評，亦貶駮老杜，如論送高三十五書記詩云：「崆峒小麥熟，且願休王師。請君問主將，安用窮荒爲？」以爲四句已前不見題，則其所知可見矣。

僧靈澈詩集一卷

澈姓湯，字源澄，越州人。劉夢得序曰：如芙蓉園新寺詩云：「經來白馬寺，僧到赤烏年。」謫汀州云：「青蠅爲弔客，黄耳寄家書。」可謂入作者閫域，豈特雄於詩僧間邪？雪浪齋日記：靈澈，詩僧中第一。如「海月生殘夜，江春入暮年。窗風枯硯水，山雨慢琴絃」。前輩評此詩云：轉石下千仞江。

寶月詩一卷〔三五〕

鼂氏曰：唐僧貫休撰。字德隱，姓姜氏。婺州人。後入蜀，號禪月大師。初，吴融爲之序，其弟子曇域削去〔三六〕，别爲序引，僞蜀乾德中獻之。

靈一集一卷

陳氏曰：唐僧，與皇甫曾同時。

無可集一卷

陳氏曰：唐僧賈無可撰。島弟也。

碧雲詩一卷

鼂氏曰：唐僧虚中詩也。司空圖嘗以詩贈之，云：「十年太華無知己，只得虚中一首詩。」

白蓮集一卷〔三七〕

陳氏曰：唐僧齊己撰。長沙胡氏。

柳白集一卷〔三八〕　修睦東林集一卷　尚顔供奉集一卷

陳氏曰：皆唐僧。自貫休而下，盡唐末人也。修睦死於維揚朱瑾之難。

薛洪度詩一卷

鼂氏曰：唐薛濤，字洪度。西川樂妓。工爲詩，當時人多與酬贈。武元衡奏校書郎。大和中卒。李肇云：「樂妓而工詩者，濤亦文妖也。」

陳氏曰：號薛校書，世傳奏授，恐無是理，殆一時州鎮褒借爲戲，如今世白帖、借補之類邪。濤得年最長，至近八十。

李季蘭集一卷

陳氏曰：唐女冠。與劉長卿同時。相謔調之語，見中興間氣集。

魚玄機集一卷

陳氏曰：唐女冠。坐妒殺女婢，抵死。

花蘂夫人詩一卷

鼂氏曰：僞蜀孟昶愛姬，青城費氏女。幼能屬文，長於詩，宮詞尤有思致。蜀平，以俘輸織室，後有罪賜死。

伍喬集一卷

陳氏曰：本江南進士，後歸朝。

李九齡集一卷

陳氏曰：洛陽李九齡撰。乾德二年進士第三人。

校勘記

〔一〕张祜詩一卷 「張祜」原作「張祐」，據新唐書卷六〇藝文四、郡齋讀書志卷一八別集類中、直齋書録解題卷一九詩集類上改。下逕改。

〔二〕嘗分司於朱方丁卯間 按許渾嘗分司朱方，後退居丁卯澗橋村舍，故「間」當作「澗」。參見郡齋讀書志校證卷一八別集類中該條校記。

〔三〕共得五百四十四篇 「五百四十四」，郡齋讀書志校證卷一八別集類中校改爲「四百五十四」。

〔四〕然恣驁倨傲 「恣驁倨傲」四字，元本、慎本、馮本、弘本、郡齋讀書志袁本前志卷四中別集類中作「資驁倨故」。衢本卷一八別集類中作「資性倨傲」。

〔五〕能自稱譽太過 「譽」原作「舉」，據後村詩話前集卷一改。

〔六〕美筆翰 「美」，郡齋讀書志卷一八別集類中作「善」。

〔七〕唐鄭嵎字賓先 「先」，郡齋讀書志卷一八別集類中作「光」。

〔八〕以詩句從賊 「賊」原作「賦」，據郡齋讀書志卷一七別集類上改。

〔九〕孟遲詩一卷 「孟遲」原作「孟逵」，據新唐書卷六〇藝文四、郡齋讀書志卷一八別集類中改。下徑改。

〔一〇〕唐孟遲字叔之 「叔之」，新唐書卷六〇藝文四、唐詩紀事卷五四、唐才子傳卷七作「遲之」。

〔一一〕唐司馬札撰 「司馬札」，馮本作「司馬禮」。

〔一二〕唐崔櫓撰 「崔櫓」原作「崔魯」，據馮本、新唐書卷六〇藝文四、直齋書録解題卷一九詩集類上改。

〔一三〕唐韓偓致光 「致光」，馮本、郡齋讀書志卷一八別集類中作「致堯」。

〔一四〕王建開國 「王」字原脱，據郡齋讀書志卷一八別集類中補。

〔一五〕唐光化元年進士 「元」原作「九」，據郡齋讀書志卷一八別集類中改。

〔一六〕作遊仙詩百編 「編」，郡齋讀書志卷一八別集類中作「餘篇」。

〔一七〕何也 按「也」下應有「曰」字。參見郡齋讀書志校證卷一八別集類中該條校記。

〔一八〕咸通中舉進士 「中」字原脱，據元本、慎本、馮本、弘本及直齋書録解題卷一九詩集類上補。

〔一九〕善爲詩 「詩」字原脱，據舊五代史卷二四杜荀鶴傳補。

〔二〇〕陳氏曰 「陳」原作「鼂」，據直齋書録解題卷一九詩集類上改。

〔二一〕羅虬比紅兒詩一卷 「一」，宋史卷二〇八藝文七作「十」。

〔二二〕皇朝方性天注 「天」，郡齋讀書志卷一八別集類中作「夫」。

〔二三〕唐唐彦謙字茂業 「茂業」原作「茂鄴」，據舊唐書卷一九〇下、新唐書卷八九唐彦謙傳及郡齋讀書志卷一八別集類中改。

〔二四〕中和中 「和」下原脱「中」字，據舊唐書卷一九〇下唐彦謙傳、郡齋讀書志卷一八別集類中補。

〔二五〕王重榮表河中從事　「王重榮」原作「王仲榮」，據舊唐書卷一九〇下及新唐書卷八九唐彦謙傳、舊唐書卷一八二及新唐書卷一八七王重榮傳改。下徑改。

〔二六〕自稱東甌散人　「東甌」原作「東歐」，據局本、直齋書録解題卷一九詩集類上改。

〔二七〕其詩有避亂一身多之句　按此句引自郡齋讀書志卷一八别集類中。

〔二八〕獨步文場者　「者」，郡齋讀書志卷一八别集類中作「自」，「自」字當屬下讀。

〔二九〕外族帝王恩　「恩」，郡齋讀書志卷一八别集類中作「是」。

〔三〇〕餘莫詳何時　「何時」，直齋書録解題卷一九詩集類上作「出處」。

〔三一〕瀆集藝文志不載　「集」下原有「仍」字，據直齋書録解題卷一九詩集類上删。

〔三二〕春日詩云　「日」原作「月」，據郡齋讀書志卷一八别集類中改。

〔三三〕稱布衣文丙所業　直齋書録解題卷一九詩集類上無「所業」二字。

〔三四〕其後刺史于頔爲作集序　「于頔」二字原脱，據直齋書録解題卷一九詩集類上補。

〔三五〕寶月詩一卷　「寶」，郡齋讀書志卷一八别集類中、直齋書録解題卷一九詩集類上作「禪」。

〔三六〕其弟子曇域削去　「去」原作「云」，據元本、慎本、馮本及郡齋讀書志卷一八别集類中改。

〔三七〕白蓮集一卷　「一」，直齋書録解題卷一九詩集類上作「十」。

〔三八〕柳白集一卷　「柳」，直齋書録解題卷一九詩集類上作「栖」。

卷二百四十四　經籍考七十一

集詩集

寇忠愍詩三卷

鼂氏曰：寇準字平叔〔一〕，華州人。太平興國中登進士科。淳化五年，參知政事，定策立真宗爲皇太子。景德元年，拜平章事。契丹入寇，決親征之策。凡三入相。真宗不豫，皇后預政，準白上，請太子監國。因令楊億草制，且進億以代丁謂。詰朝，準被酒漏言，累貶雷州司户，徙衡州司馬，卒。仁宗時，贈中書令，謚忠愍，嘗封萊國公。初，篤學喜屬文，尤長詩什，多得警句。在相位，論議忠直，不顧身謀。仇邪媒孽。既以謫死，或又謗之云：「在相位時，與張齊賢相傾，朱能爲天書降乾祐，準知而不言。」曾子固明其不然，曰：「審如是，丁謂拂須，固足以悦之。」司馬温公訓儉文，亦言其奢侈，子孫丐於海上。然以史考之，萊公蓋無子也。集有范雍叙，共二百四十首。「野水無人渡」及「江南春」二首皆在，獨「到海只十里」之詩已亡其全篇矣。

陳氏曰：巴東集三卷。公初以將作監丞知巴東縣，自擇其詩百餘篇，且爲之序，今刻於巴東。忠愍公集三卷，乃河陽守范雍得公詩二百首爲三卷，今刻板道州。

張刑部詩

王介甫序：君詩明而不華，喜諷道而不刻切，其唐人善詩者之徒歟！君並楊、劉生，楊、劉以其文詞染當世，學者迷其端原，靡然窮日力以摹之，粉墨青朱，顛錯叢厖，無文章黼黻之序，其屬情籍事，不可考據也。方此時，自守不污者少矣。君詩獨不然，其自守不污者邪。

魏仲先草堂集二卷　鉅鹿東觀集二卷

鼂氏曰：魏野字仲先，陝州人。志清逸，以吟詠自娛，忘懷榮利。隱於陝之東郊，手植竹木，繞以流泉，鑿土袤丈，曰樂天洞，前立草堂。爲詩清苦，句多警策，與寇準、王旦善，每往來酬唱。祀汾陰歲，召不起，卒。贈著作郎。集有薛田序。鉅鹿東觀集乃野之子閑集其父詩四百篇，以贈著作，故以「東觀」名集。

潘逍遥詩三卷

鼂氏曰：皇朝潘閬字逍遥，大名人。通易、春秋，尤以詩知名。太宗嘗召對，賜進士第，將官使之，不就。王繼恩與之善，繼恩下獄，捕閬甚急，久之弗得。咸平初，來京師，尹收繫之。真宗釋其罪，以爲滁州參軍。後卒於泗上。與王禹偁、孫何、柳開、魏野交好最密。集有祖無擇序，錢易、張逵皆碣其墓，附於集後。蘇子瞻少年時過一山院，見壁上有句云：「夜凉知有雨，院静若無僧。」而不知何人詩。今集有此聯，乃閬夏日宿西禪院詩也。小説中謂閬坐盧多遜黨，嘗追捕，非也。

陳氏曰：閬嘗賜及第，後坐追奪，變姓名僧服，入中條山，卒於泗州。又有嚴陵刻本同，但少卷末三首。

東里楊聘君集一卷

陳氏曰：處士鄭圃楊朴契元撰。太宗嘗召對，拜郎中，不受，以其子爲長水尉。

滕工部集一卷

陳氏曰：滕白撰。篇首寄陳搏，知爲國初人。又有右省懷山中及臺中寄朱從事詩，則其揚歷清要亦多矣。史傳亡所見，未有考也。

王喦集一卷

陳氏曰：王喦撰。集中有春日感懷上滕白郎中，蓋亦國初人。又有「聖駕親征河東」，及有「甲午避寇，全家欲下荆南」之語，則是李順亂蜀之歲，喦蓋蜀人也耶〔二〕？

漁舟集一卷

陳氏曰：處士成都郭震希聲撰。自稱汾陽山人。李畋爲作集序。淳化四年，忽作詩曰：「朝出東門遊，東門好春色。青青原上草，莫放征馬食。」詣闕獻書，言蜀利病。未幾，順賊已作矣。

王初歌詩集一卷

陳氏曰：王初撰。未詳何人。有延平天慶觀詩，當是祥符後人也。

書臺集三卷

陳氏曰：處士南隆朱有大有撰。自稱雲臺山人。天禧中，王晦叔守蜀，以古風六十言遺之。

書臺者，其所居坊名也。

甘棠集一卷

陳氏曰：知制誥上蔡孫僅鄰幾撰〔三〕。咸平元年進士第一人。後其兄何一牓。嘗從何通判陝府，以所賦詩集而序之，首篇曰「甘棠思循吏」，故以名集。僅兄弟皆不壽，故不大顯。

錢希白歌詩二卷〔四〕

陳氏曰：翰林學士吳越錢易希白撰。廢王倧之子。咸平二年進士第二人。景德二年制科。初，錢氏歸國，群從皆補官，獨易與兄昆不見録，遂刻志讀書，皆第進士。昆至諫議大夫，易子彥遠、明逸又皆以賢良方正入等。宋興，父子兄弟制舉登科者，惟錢氏一門。易有集百五十卷，未見，家止有此及滑稽集四卷而已。

林和靖詩三卷　西湖紀逸一卷

鼂氏曰：林逋字君復。杭州錢塘人。少刻志爲學，結廬西湖之孤山。真宗聞其名，詔郡縣常存遇之。善行書，喜爲詩，其語孤峭澄淡，臨終作一絶曰：「茂陵他日求遺藁，猶喜初無封禪書。」或刻石置之其墓中。賜謚曰和靖先生。

清風集一卷

陳氏曰：職方員外郎鮑當撰。

石曼卿集一卷

鼂氏曰：石延年字曼卿，南京宋城人。舉進士不中，爲三班奉職，改太常寺太祝，遷祕閣校理。氣貌雄偉，喜論事，善書札，縱酒不羈，世多傳其仙去。其詩如春陰、紅梅及「樂意相關禽對語，生香不斷樹交花」，「鶯聲不逐春光老，花影常隨日脚流」之句，至今諷咏焉。

陳氏曰：其詩自爲序，石介復爲作序。其仕以三舉進士爲三班奉職。出處詳見歐公所作墓誌。

歐公詩話曰：石曼卿自少以詩酒豪放自得，其氣貌偉然，詩格奇峭。又工於書，筆畫遒勁，體兼顏、柳，爲世所珍。余家嘗得南唐後主澄心堂紙，曼卿爲余以此紙書其籌筆驛詩，詩，曼卿平生所自愛者，至今藏之，號爲「三絶」，真余家寶也。曼卿卒後，其故人有見之者，云恍惚如夢中。言「我今爲鬼仙也，所主芙蓉城」。欲呼故人往遊，不得，忿然騎一素騾去如飛。其後又云降於亳州一舉子家，又呼舉子去，不得，因留詩一篇與之。余亦略紀其一聯云：「鶯聲不逐春光老，花影長隨日脚流。」神仙事怪不可知，其詩頗類曼卿平生語，舉子不能道也。

張浮休評曼卿詩，如飢鴈夜歸，巖冰春拆，俊爽有餘而不可尋繹。

朱子語録：因舉曼卿詩，極有好處，如「仁者雖無敵，王師固有征。無私乃時雨，不殺是天聲」長篇，某舊於某人處見曼卿親書此詩，大字，氣象方嚴遒勁，極可寶愛，真所謂「顏筋柳骨令人喜」，蘇子美字遠不及矣。如籌筆驛詩「意中流水遠，愁外舊山青」。又「樂意」、「生香」之句極佳，可惜不見其全集〔五〕。

後村劉氏曰：曼卿詩惟籌筆驛詞翰俱妙，人所傳誦。及「樂意相關禽對語，生香不斷樹交花」一聯，爲伊、洛中人所稱，他作苦不甚見。晚得其集，石徂徠作序，稱其「與穆參軍以古文自任，而曼卿尤豪於詩」。石自序：「性懶，有作不能録，早時解記數百篇，過壯記益衰，近幾盡廢。有收百篇來者，覽之或尚能識，或如非己言，久迺能辨，遂併近詩存三百篇，藏之於家。」歐公尤重其人，范公有「鑿幽索祕，破堅發奇，高凌虹霓，清出金石」之評。集中華山、泰山、嵩山五言長篇各一首，筆力在薛能之上，餘警句尚多。五言云：「行人晚更急，歸鳥夕無行。」「天寒河影淡，山凍瀑聲微。」「水盡天不盡，人在天盡頭。」「草白有時榮，髮白不再好；人生不如春，髮白不如草。」「弋下失冥鴻，網細遺巨鵾。」「風勁香逾遠，天寒色更鮮；秋天買不斷，無意學金錢。」七言云：「洛渚微波長映步，漢宮香水不濡肌。」「獨步世無吴苑艷，渾身天與漢宮香。」「耻居湯武干戈域〔六〕，寧死唐虞揖遜區。」「汾河不斷天南流，天色無情淡如水。」「南朝文物盡清賢，不事風流即放言；三百年間却堪笑，絶無人可定中原。」「中散向人疏懶甚，步兵因酒過差多。」皆清拔有氣骨。

呂文靖集五卷

陳氏曰：丞相許國文靖公壽春呂夷簡坦夫撰。文靖不以文鳴，而其詩清潤和雅，未易及也。

陳亞之集一卷

鼂氏曰：陳亞字亞之。性滑稽，喜賦藥名詩。仕至司封郎中。藥名詩始於唐人張籍，有「江皋歲暮相逢地，黄葉霜前半下枝」之詩，人謂起於亞，實不然也。

陳氏曰：咸平五年進士。有集三卷，藥名詩特其一體耳。如「馬嘶曾到寺，犬吠乍行村」；「吏辭如賀日，民送自迎時」，皆佳句，不在此集也。

金陵覽古詩三卷

陳氏曰：虞部員外郎楊備撰。億之弟也。

李問集一卷

陳氏曰：國子博士廣陵李問舜俞撰〔七〕。

蘇才翁集一卷

鼂氏曰：蘇舜元字才翁，子美兄也。工草隸，詩章豪麗。

鼂君成集十卷　別集一卷

陳氏曰：新城令鼂端友君成撰。東坡爲作序。補之，其子也。

東坡序略曰：鼂君成，君子人也。吾與之游三年，知其爲君子，而不知其能文與詩，而君亦未嘗一語及此者。其後君既没，其子補之出君之詩三百六十篇，讀之而驚曰：嗟乎！詩之指雖微，然其美惡高下，猶有可以言傳而指見者；至於人之賢不肖，其深遠茫昧難知，蓋甚於詩。今吾尚不能知君之能詩，則其所謂知君之爲君子者，果能盡知之乎？君以進士得官，所至民安樂之，惟恐其去，然未嘗以一言求於他人，凡從事二十三年而後改官以没。由此觀之，非獨吾不知，舉世莫知之也。君之詩清厚静深，如其爲人，而每篇輒出新意奇語，宜爲人所共愛，其勢非君深自覆匿，人必知之。而其子補之，於文無所不能，博辨俊偉，絶人遠甚，將必顯於世。吾是以知有其實而辭其名者之必有後也。

杜師雄詩一卷

鼂氏曰：宋朝杜默字師雄。徂徠人石介作三豪篇，所謂歌之豪者。蘇子瞻頗陋之。

鄭成之集十卷

鼂氏曰：宋朝鄭褒字成之，閩人。登進士第。慕韓愈爲文。陳詁爲編次其集，張景爲之序。

將歸集一卷

鼂氏曰：未詳何人。有題林逋隱居詩，當是昭陵時人也。

徐仲車詩一卷

鼂氏曰：宋朝徐積字仲車，東莞人。

黄虞部詩一卷

鼂氏曰：宋朝黄觀。昭陵時，嘗將漕成都。

邵堯夫擊壤集二十卷

鼂氏曰：宋朝邵雍堯夫，隱居洛陽。熙寧中，與常秩同召，力辭不起。邃於易數，始爲學，至二十年不施枕榻睡，其精思如此。歌詩蓋其餘事，亦頗切理，盛行於時。卒，謚康節。集自爲序。

朱子語録：康節之學，其骨髓在皇極經世書，其花草便是詩。

韓持國詩三卷

鼂氏曰：韓維字持國。億之子也。與其兄子華、玉汝俱位宰相。持國最能詩，世傳其酴醾絶句，他多稱是。

注荆公詩十五卷〔八〕

陳氏曰：參政眉山李壁季章撰。謫居臨川時所作。助之者曾極景建。魏鶴山作序。

石林詩話曰：荆公少以意氣自許，故詩語惟其所向，不復更爲涵蓄。如「天下蒼生待霖雨，不知龍向此中蟠」；又「濃緑萬枝紅一點，動人春色不須多」；又「平治險穢非無力，潤澤焦枯是有才」之類，皆直道其胸中事。後爲群牧判官，從宋次道盡假唐人詩集，博觀而約取，晚年始盡深婉不迫之趣。乃知文字雖工拙有定限，然必視其幼壯，雖公方其未至，亦不能力强而遽至也。

又曰：荆公晚年詩律尤精嚴，造語用字，間不容髮，然意與言會，言隨意遣，渾然天成，殆不見有牽率排比處。如「含風鴨緑鱗鱗起，弄日鵝黄裊裊垂」，讀之初不覺有對偶，至「細數落花因坐久，緩尋芳草得歸遲」，但見舒閑容與之態耳。而字字細考之，皆經檃括權衡者，其用意亦深刻矣。嘗與葉致遠諸人和「頭」字韵詩，往返數四，其末篇云：「名譽子真居谷口，事功新息困壺頭。」以谷口對壺頭，其精切如此，後數月，取本追改云：「豈愛京師傳谷口，但知鄉里勝壺頭。」今集中兩本並存。

漫叟詩話：荆公定林後詩，精深華妙，非少作之比，嘗作歲晚詩云：「月映林塘静，風涵笑語凉。俯窺憐净緑，小立佇幽香。攜幼尋新葯，扶衰上野航。延緣久未已，歲晚惜流光。」自以比謝靈運，議者亦以爲然。

後山詩話：魯直謂荆公之詩，莫年方妙，然格高而體下，如云：「自聞青秧底，復作龜兆坼。」乃前人所未道。又云：「扶輿度陽焰，窈窕一川花。」謂包含數个意，雖前人亦未道，然學三謝失於巧耳。

又云：荆公詩云：「力去陳言誇末俗，可憐無益費精神。」而公平生文體數變，莫年詩益工，用意益苦，故言不可不謹也。

張浮休評王介甫詩如空中之音，相中之色，欲有執着而曾不可得。

臨川詩選一卷

陳氏曰：汪藻彦章得半山別集，皆罷相山居時老筆。過江失之，遂於臨川集録出，又言有表啓十餘篇，不存一字。

注東坡詩四十二卷　年譜目録各一卷

陳氏曰〔九〕：司諫吴興施元之德初，與吴郡顧景蕃共爲之。元之子宿從而推廣，且爲年譜，以傳於世。陸放翁作序，頗言注之難，蓋其一時事實，既非親見，又無故老傳聞，有不能盡知者。噫！豈獨坡詩哉！注杜詩者非不多，往往穿鑿附會，皆臆决之過也。

張浮休評子瞻詩如武庫初開，戈矛森然，觀者不覺神懾，若一一尋之，不無利鈍。

放翁陸氏序略曰：唐詩人最盛，名家者以百數，惟杜詩注者數家，然概不爲識者所取。近世有蜀人任淵，嘗注宋子京、黄魯直、陳無己三家詩，頗稱詳贍。若東坡先生之詩，則援據閎博，指趣深遠，淵獨不敢爲之説。某頃與范公至能會於蜀，因相與論東坡詩，慨然謂余：「足下當作一書，發明東坡之意，以遺學者。」某謝不能。後二十五年，某告老居山陰，吴興施宿武子出其先人司諫公所注數十大篇，屬某作序。司諫公以絶識博學名天下，且用功深，歷歲久，又助之以顧君景蕃之該洽，則於東坡之意，蓋幾可以無憾矣。

山谷集十一卷　外集十一卷　別集二卷

陳氏曰：黄庭堅魯直撰。江西所刻詩派即豫章前後集中詩也。別集者，慶元中莆田黄汝嘉增刻。

山谷編年詩集三十卷　年譜二卷

陳氏曰：山谷詩文，其甥洪氏兄弟所編，斷自進德堂以後，今外集所載數卷，有晚年删去者，故任子淵所注，亦惟取前集而已。監丞黄㽦子耕者〔一〇〕，其諸孫也。即會稡別集，復盡取其平生詩，以歲月次第編録，且爲之譜，今刊板括蒼。

後山集六卷　外集五卷

陳氏曰：陳師道無己撰。亦於正集中録出，入詩派。江西宗派之説，出於吕本中居仁，前輩固有議其不然者矣。後山雖曰見豫章之詩，盡棄其學而學焉，然其造詣平澹，真趣自然，實豫章之所闕也。

注黄山谷詩二十卷　注後山詩六卷

陳氏曰：新津任淵子淵注，鄱陽許尹爲序。大抵不獨注事而兼注意，用工爲深。二集皆取前集。陳詩以魏衍集記冠焉。

後村劉氏曰：國初詩人如潘閬、魏野規規晚唐格調，寸步不敢走作，楊、劉則又專爲「崑體」，故優人有「撏扯義山」之誚。蘇、梅二子，稍變以平淡豪俊，而和之者尚寡。至六一、坡公巍然爲大家數，學者宗焉。然二公亦各極其天才筆力之所至而已，非必鍛鍊勤苦而成也。豫章稍後出，會粹百家句律之長，究極歷代體製之變，蒐獵奇書，穿穴異聞，作爲古律，自成一家，雖隻字半句不輕出，遂爲本朝詩家宗祖，在禪學中，比得達磨不易之論也。其内集詩尤善，信乎其自編者。頃見趙履常極宗師之，近時詩人，惟趙得豫章之意，有絶似之者。

又曰：後山樹立甚高，其議論不以一字假借人，然自言其詩師豫章公。或曰黄、陳齊名，何師之有？余曰：射較一鏃，弈角一着，惟詩亦然。後山地位去豫章不遠，故能師之，若同秦、鼂諸人〔一二〕，則不能爲此言矣。此惟深於詩者知之。文師南豐，詩師豫章，二師皆極天下之本色，故後山詩文高妙一世。然題太白畫像云：「江西勝士與長吟，後來不憂身陸沉。」勝士謂饒德操也。按德操此詩去「手污吾足」之作，大争地位，太白非德操，遂陸沉邪？似非篤論。

盧載雜歌詩一卷

陳氏曰：盧載厚元撰。集中有與胡則、錢惟演往來詩。

琴軒集一卷

陳氏曰：題南榮浪翁李有慶撰。與石昌言、任師中同時。卷末贈答十二絶，闕其六。其曰癸巳歲者，殆皇祐中邪？

元章簡詩集十卷

陳氏曰：參政元絳厚之撰。

劉景文集十卷

陳氏曰：左藏庫使知隰州劉季孫景文撰。環慶死事將平之子也。東坡嘗薦之。坡在杭，季孫寄詩，有「四海共知霜鬢滿，重陽曾插菊花無」之句，其詩慷慨有氣，如其爲人。

廣諷味集五卷

陳氏曰：吏部侍郎南京王欽臣仲至撰。

海門集八卷

陳氏曰：渤海張重撰。有上蘇子瞻内翰詩，又有張伯玉遊鑑湖晚歸詩〔三〕。伯玉知越州當嘉祐末，而東坡爲翰苑在元祐間，重皆與同時，特未詳其人。

王岐公宫詞一卷

陳氏曰：王珪禹玉撰。

逸民鳴一卷

陳氏曰：盱江李樵撰。泰伯之侄孫。

湛推官集一卷

陳氏曰：長樂湛鴻季潛撰。紹聖初，韓昌國序。

青山集三十卷

陳氏曰：朝奉郎當塗郭祥正功父撰。初見賞於梅聖俞，後見知於王介甫，仕不達而卒。李端叔晚寓其鄉，祥正與之爭名，未嘗同堂〔一三〕，至爲俚語以譏誚之，則其爲人不足道也。

張浮休評郭祥正詩如大排筵席二十四味，終日揖讓，而適口者少。

方祕校集十卷

陳氏曰：莆田方惟深子通撰。其父屯田龜年葬吴，遂爲吴人。與朱伯原善，以女嫁伯原之子。嘗舉進士，冠其鄉，不第。晚得興化軍助教，年八十三以卒。王荆公最愛其詩精詣警絶。始，余得其詩二卷，乃其侄孫蕭山宰翺所編。後乃知莆中嘗刊板，爲十卷，且載程俱致道所作墓誌於末。曾慥詩選，直以爲姑蘇人者，誤也。詩選又言荆公愛其「春江渺渺」一絶，手書之，遂載臨川集。曾紆南游記舊亦云，而其詩則「客帆收浦」者也。二詩皆不在今集中，豈以臨川集已收故邪？二本大略同，亦微有出入。

慶湖遺老集九卷　拾遺二卷

陳氏曰：朝奉郎共城賀鑄方回撰。自序言外監知章之後，且推本其初，出王子慶忌，以慶爲姓，居越之湖澤，今所謂鏡湖者，本慶湖也。避漢安帝父清河王諱，改爲賀氏，慶湖亦轉爲鏡。未知其説何所據也。其東山樂府，張文潛序之。鑄後居吴下，葉少藴爲作傳，詳其出處，且言與米芾齊名。然鑄生皇祐壬辰，視米芾猶爲前輩也。

操縵集五卷

陳氏曰：周邦彦撰。亦有全集中所無者。

司馬才仲夏陽集兩卷

晁氏曰：司馬槱字才仲，温公之侄孫。元祐初，與王當輩同中賢良科，調官錢塘。喜賦宫體詩，故世傳其爲鬼物所祟而卒。

司馬才叔逸堂集十卷

晁氏曰：司馬棫字才叔，才仲之弟也。登進士第。亦嘗應賢良，以黨錮不召。詩雖纖艷，比其兄稍莊雅。

得全居士集三卷

陳氏曰：趙鼎元鎮撰。全集號忠正德文，其曾孫璧别刊其詩〔一四〕，附以樂府。陸游曰：「忠簡謫朱崖，臨終自書銘旌曰：『身騎箕尾歸天上，氣作山河壯本朝。』嗚呼！可不謂偉人乎？」

高隱集七卷

陳氏曰：高隱處士蘄春林敏功子仁撰。嘗以春秋預鄉薦〔一五〕，不第。以詩文百卷，號蒙山集，兵火後不存。

無思集四卷

陳氏曰：林敏修子來撰。敏功之弟。

後村劉氏曰：二林詩極少〔一六〕，曾端伯作高隱小傳，云有詩文百二十卷，今所存十無一二。兄弟皆隱君子，不獨以詩重。

柯山集二卷

陳氏曰：齊安潘大臨邠老撰。所謂「滿城風雨近重陽」者也。

後村劉氏曰：東坡、文潛先後謫黄州，皆與邠老游。其詩自云師老杜，然有空意無實力。余舊讀之，病其深蕪，後見夏均父讀邠老詩，亦有深蕪之評。

溪堂集五卷　補遺二卷

陳氏曰：臨川謝逸無逸撰。

漫叟詩話：謝無逸學古高傑，文詞煅煉，篇篇有古意，尤工於詩。

冷齋夜話：無逸工詩能文，黄魯直讀其詩曰：「鼂、張流也，恨未識之耳。」無逸詩曰：「老鳳垂頭噤不語，枯木槎牙噪春鳥。」又曰：「貪夫蟻旋磨，冷官魚上竿。」又曰：「山寒石髮瘦，水落溪毛彫。」皆爲魯直所稱賞。

竹友集七卷

陳氏曰：謝薖幼槃撰〔一七〕。逸之弟。

後村劉氏曰：呂紫微評無逸詩似康樂，幼槃詩似玄暉。按康樂一字百鍊乃出冶，玄暉尤麗密；無逸輕快有餘而欠工緻，幼槃差苦思，其合玄暉者亦少。然弟兄在政、宣間，科舉之外，有岐路可進身，韓子蒼諸人或自鬻其技至貴顯，二謝乃老死布衣，其高節亦不可及。

日涉園集十卷

陳氏曰：廬山李彭商老撰。公擇之從孫〔一八〕。

後村劉氏曰：商老，公擇尚書家子弟也。東坡、山谷、文潛諸公皆與往還，頗博覽强記，然詩體拘狹少變化。

清非集一卷〔一九〕

陳氏曰：豫章洪朋龜父撰。

老圃集一卷

陳氏曰：諫議大夫洪芻駒父撰。

西渡集一卷

陳氏曰：中書舍人洪炎玉父撰。洪氏弟兄四人，其母黄魯直之妹，不淑早世，所爲賦「毁壁」者也。龜父舉進士不第，其季羽鴻父坐上書，元符入籍終其身。芻、炎皆貴，而芻靖康失節，貶廢。羽，詩不傳。

後村劉氏曰：三洪與徐師川皆豫章之甥。龜父警句，往往前人所未道，然早卒，惜不多見。駒父詩尤工，初與龜父遊梅仙觀，龜父有詩，卒章云：「願爲龍鱗嬰，勿學蟬骨蜕。」是以直節期乃弟矣。駒父後居上坡，晚節不終，不特有愧於舅氏，亦有愧於長君也。玉父南渡後爲少蓬，聞師川召，有懷駒父詩云：「欣逢白鶴歸華表，更想黄龍出羽淵。」然師川卒不能返駒父於鯨波之外，玉父愛兄之道至矣！余讀而悲之。

岷山百境詩二卷

鼂氏曰：王寀字道輔。少有能詩名，世謂其詩初若不經意，然遣辭屬意，清麗絶人。自號南陔居士。宣和中以狂譎被譖，伏誅。

楊天隱詩十卷

鼂氏曰：皇朝楊恬字天隱，潼川人。

校勘記

〔一〕寇準字平叔　「叔」，宋史卷二八一寇準傳、直齋書録解題卷二〇詩集類下作「仲」。

〔二〕喦蓋蜀人也耶　「耶」字原脱，據元本、慎本、馮本及直齋書録解題卷二〇詩集類下補。

〔三〕知制誥上蔡孫僅鄰幾撰　「撰」字原脱，據直齋書録解題卷二〇詩集類下補。

〔四〕錢希白歌詩二卷　「希」原作「氏」，據宋史卷三一七錢易傳、直齋書録解題卷二〇詩集類下改。

〔五〕可惜不見其全集　「可」、「其」二字原脱，據元本、慎本、馮本及朱子語類卷一四〇論文下補。

〔六〕恥居湯武干戈域　「居」，後村詩話續集卷一作「生」。

〔七〕國子博士廣陵李問舜愈撰　「舜愈」，元本、慎本、馮本及直齋書録解題卷一九詩集類上作「舜俞」。

〔八〕注荆公詩十五卷　「十五」，直齋書録解題卷二〇詩集類下及今存李壁注荆公詩均作「五十」。

〔九〕陳氏曰　按「陳氏曰」三字原脱，據本書体例及直齋書録解題卷二〇詩集類下補。

〔一〇〕監丞黄𥄳子耕者　「𥄳」原作「罍」，據宋史卷四二三黄𥄳傳及直齋書録解題卷二〇詩集類下改。

〔一一〕若同秦亀諸人　「同」原作「問」，據元本、慎本、馮本改。按後村先生大全集卷九五江西詩派後山作「同時」。

〔一二〕又有張伯玉遊鑑湖晚歸詩　直齋書録解題卷二〇詩集類下「有」字下有「與」字。

〔一三〕未嘗同堂　直齋書録解題卷二〇詩集類下「堂」字下有「語」字。

〔一四〕其曾孫壁別刊其詩　「壁」，直齋書録解題卷二〇詩集類下作「璧」。

〔一五〕嘗以春秋預鄉薦　「預」字原脱，據直齋書録解題卷二〇詩集類下補。

〔一六〕二林詩極少　「二」原作「三」，據後村先生大全集卷九五江西詩派二林改。按二林，指林敏功、林敏修二人。

〔一七〕謝邁幼槃撰　「謝邁」原作「謝邁」，據直齋書録解題卷二〇詩集類下及今存竹友集改。

〔一八〕公擇之從孫　「公擇」原作「公祥」，據宋史卷三四四李常傳、後村先生大全集卷九五江西詩派及直齋書録解題卷二〇詩集類下改。

〔一九〕清非集一卷　「一」原作「二」，據元本、慎本、馮本及直齋書録解題卷二〇詩集類下改。

卷二百四十五　經籍考七十二

集詩集

韓子蒼集三卷

鼂氏曰：皇朝韓駒字子蒼，仙井人。政和初，詣闕上書，特命以官，累擢中書舍人、權直學士院。王甫嘗命子蒼咏其家藏太乙真人圖，詩盛傳一世。宣和間獨以能詩稱云。

後村劉氏曰：子蒼，蜀人。學出蘇氏，與豫章不相接，呂公强之入派，子蒼殊不樂。其詩有磨淬剪截之功〔一〕，終身改竄不已，有已寫寄人數年而追取更易一兩字者，故所作雖少而善。

許表民詩十卷

鼂氏曰：許彦國字表民，青社人。周邦彦稱其寬平優游，中極物情。惜乎流落不偶，故世人知之者或寡也。

還還集二卷

陳氏曰：直龍圖閣江陵高荷子勉撰。

山谷跋：高子勉作詩，以杜子美爲標準，用一事如軍中之令，置一字如關門之鍵，而充之以博學，行之以温恭，天下士也。

又跋歐陽元老詩：此詩入陶淵明，格律頗雍容，使高子勉追之或未能。然子勉作唐律五言數十韵，用事穩貼，置字有力，元老亦未能也。

後村劉氏曰：子勉親見山谷，經指授，記覽多，如麥城詩押險韵，略無窘態。集中健語層出，紫微公詩派乃以殿諸人，何邪？可升。

東湖集二卷

陳氏曰：樞密豫章徐俯師川撰。禧之子，魯直諸甥。思陵以魯直故召用之，丞相吕頤浩作書，具道上旨，而一時或言其由中人以進。其初除大坡也，程俱在西掖，繳奏不行，奉祠去。其然乎？否邪？然俯在位，亦不聞有所建明也。

山谷跋：前曰洪龜父攜師川上藍莊詩來，詞氣甚壯，筆力絶不類年少書生。意其行已讀書，皆當老成解事，熟讀數過，爲之喜而不寐。老舅年衰才劣不足學，師川有意日新之功，當於古人中求之耳。

後村劉氏曰：師川，豫章之甥，然自爲一家，不似渭陽〔一〕，高自標樹，藐視一世，同時諸人多推下之，然集中不能皆善。舊傳豫章見師川雙廟詩，勉諸洪進步，今雙廟詩不存，則其詩零落多矣。師川在靖康中以名節自任，呼婢曰昌奴事。故其詩云：「直道庶幾師柳下，不應四海獨詩名。」可謂實録。諸人所以推下之者，蓋不獨以其詩也。

東萊集二十卷　外集二卷〔三〕

鼂氏曰：吕本中字居仁。好問右丞之長子。靖康初，權尚書郎。紹興中，賜進士第。除右史，遷中書舍人，已而落職奉祠。少學山谷爲詩，嘗作江西宗派圖，行於世。

陳氏曰：希哲之孫，好問之子，祖謙之祖。撰江西詩派〔四〕，後人以其詩入派中。

後村劉氏曰：紫微公作夏均父集序云：「學詩當識活法。所謂活法者，規矩備具而能出於規矩之外，變化不測而亦不背於規矩也。是道也，蓋有定法而無定法，無定法而有定法；知是者，則可以與語活法矣。謝玄暉有言：『好詩流轉圜美如彈丸。』此真活法也。近世惟豫章黄公首變前作之弊，而後學者知所趣向，畢精盡知，左規右矩，庶幾至於變化不測。然予區區淺末之論，皆漢、魏以來，有意於文者之法，而非無意於文者之法也。子曰：『興於詩。』又曰：『詩可以興，可以觀，可以群，可以怨，邇之事父，遠之事君，多識於鳥獸草木之名。』今之爲詩者，讀之果可以使人興起其爲善之心乎？果可以使人興、觀、群、怨乎？果可以使人知事父、事君，而能識鳥獸草木之名之理乎？爲之而不能使人如是，則如勿作。吾友夏均父賢而有文章，其於詩，蓋得所謂規矩備具，而出於規矩之外變化不測者，後更多從先生長者遊，聞聖人之所以言詩者而得其要妙，所謂無意於文之文，而非有意於文之文也。」余嘗以爲此序天下之至言也。然均父所作似未能然，往往紫微公自道耳。所引謝宣城「好詩流轉圜美如彈丸」之語，余以宣城詩考之，如錦工機錦，玉人琢玉，極天下巧妙，窮巧極妙，然後能「流轉圜美」。近時學者往往誤認「彈丸」之喻而趨於易，故放翁詩云「彈丸之論方誤人」。又朱文公云：「紫微論詩，欲字字響，其晚年詩多啞了。」然則欲知紫微詩者，以均父集序觀之，則知「彈丸」之語非主於易。又以文公之語驗之，則所謂字字響者，果不可以退惰矣。

黽氏具茨集三卷

黽氏曰：先君子詩集也。吕本中以爲江西宗派，曾慥亦稱公早受知於陳無己。從兄以道嘗謂公宗族中最才華。喻汝礪序其詩云：「予嘗從叔用商近朝人物，嘉言善行，朝章國典，禮文損益，靡不貫洽。由叔用之學而達諸廊廟，温厚足以代言，淵博足以顧問，則以詩鳴者，是豈叔用之志也哉？雖然，叔用既已油然棲志於林澗曠遠之中，遇事寫物，形於興屬，淵雅疏亮，未嘗爲悽怨危憤之音。予於是有以見叔用於消長用舍之際，未嘗不安而樂之者也。嗟乎！所謂含章内奥而深於道者，非邪？秦、漢以來，士有抱奇懷能，流落不遇，往往躁心汗筆，有怨誹沈抑之思，氣候急刻，不能閑遠，古之詞人皆是也，所以往往無所建立於天下。唯深於道者，遺於世而不怨，發於詞而不怒，君子是以知其必能有爲於世者也。嗟乎！吾於叔用，豈直以詩人命之哉！」

陳氏曰：黽冲之叔用撰。冲之在群從中亦有才華，而獨不第。紹聖以來，黨禍既作，超然獨往。侍郎公武子止，蓋其子也。

後村劉氏曰：喻汝礪所作序，筆力浩大，與叔用之詩相稱。余讀叔用詩，見其意度宏闊，氣力寬餘，一洗詩人窮餓酸辛之態。其律詩云：「不擬伊優陪殿下，相隨于蔿過樓前。」亂離後追書承平事，未有悲哀警策於此句者。黽氏家世顯貴，而叔用不肯於此時陪伊優之列，而甘隨于蔿之後，可謂賢矣。他作皆激烈慷慨，南渡後放翁可以繼之〔五〕。

青溪集一卷

陳氏曰：臨川汪革信民撰。吕居仁序之。

後村劉氏曰：吕滎陽居符離，信民爲教官，從滎陽學，故紫微公尤推尊信民。其詩云：「富貴空中花，文章木上癭；要知真實地，惟有華嚴境。」蓋吕氏家世本喜談禪，而紫微與信民皆尚禪學。

遠遊堂集二卷

陳氏曰：知江州蘄春夏倪均父撰。

後村劉氏曰：均父，竦之諸孫。集中如擬陶、韋五言，亹亹逼真，律詩用事琢句，超出繩墨，言近旨遠，可以諷味。蓋用功於詩，而非所謂無意於文之文也。

歸叟集一卷

陳氏曰：開封王直方立之撰。其高祖顯事晉邸，至樞密使。直方喜從蘇、黄諸名卿遊，家有園池，娶宗女，爲假承奉郎。自號歸叟，年甫四十而死。

李希聲集一卷

陳氏曰：祕書丞李錞希聲撰。與徐師川、潘邠老同時。

楊信祖集一卷

陳氏曰：楊符信祖撰。未詳出處。

後村劉氏曰：「吏道官官惡，田家事事賢。」唐人得意語也。

陳氏曰：開封江端本子之撰。以上至林子仁，皆入詩派。

後村劉氏曰：子我弟也。子我詩多而工，江西派乃舍兄而取弟，亦不可曉。豈子我自爲家，不肯入社如韓子蒼邪？

陳留集一卷

邵茂誠詩集

邵迎茂誠撰。東坡序略曰：茂誠出其詩數百篇，余讀之彌月不厭。其文清和妙麗，如晉、宋間人，而詩尤可愛，咀嚼有味，雜以江左、唐人之風。

王定國詩集

王鞏定國撰。東坡序略曰：古今詩人衆矣，而杜子美爲首，豈非以其流落饑寒，終身不用而一飯未嘗忘君也歟！今定國以余故，得罪貶海上三年，一子死貶所，一子死於家，定國亦病幾死。余意其怨我甚，不敢以書相聞，而定國歸至江西，以其嶺外所作詩數百首寄余，皆清平豐融藹有治世之音，其言與志得道行者無異。幽憂憤嘆之作，蓋亦有之矣。特恐死嶺外，而天子之恩不及報，以忝其父祖耳。孔子曰：「不怨天，不尤人。」定國且不我怨，而肯怨天乎？余然後廢卷而嘆，自恨知其人之淺也。又念昔者，定國與顏復長道遊泗水，登桓山〔六〕，吹笛飲酒，乘月而歸，余亦置酒黄樓上以待之，曰：「李太白死，世無此樂三百年矣！」今余老不復作詩，又以病止酒，閉門不出，門外數步即大江，經月不至江上。眊眊焉真一老農夫也！而定國詩益工，飲酒不衰，所至窮山水之勝，不以厄窮衰老改其度。今而後，余之所畏服於定國者，不獨其詩也。

山谷序略曰：定國生長富貴，其嗜好皆老書生事而不寒乞，諸公多下之。其爲文章，初不自貴珍，如落涕唾，時出奇壯語驚天下士。及流落嶺南，更折節自刻苦讀諸經，頗立訓傳以示意得。其作詩及他文章，不守近世師儒繩尺，規模遠大，必有爲而後作，欲以長雄一時。雖未盡如意，要不隨人後，至其合處，便不減古人。

胡宗元詩集

清江胡宗元撰。山谷序略曰：君自結髮至白首，未嘗廢書，其胸次所藏，未肯下一世事也[七]。前莫輓，後莫推，是以窮於丘壑。然以其耆老於翰墨，故後生晚出，無不讀書而好文。其卒也，子弟門人次其詩爲若干卷。觀宗元之詩，好賢而樂善，安土而俟時，寡怨之言也。可以追次其平生，見其少長不倦，忠信之士也。至於遇變而出奇，因難而見巧，則又似予所論詩人之態也。其興託高遠，則附於國風，其憤世疾邪，則附於楚辭，後之觀宗元詩者，亦以是求之。

畢憲父詩集三卷

河南畢憲父撰。山谷序略曰：公貫穿六藝[八]，下至安成、虞初之記，射匿、候歲、種魚、相蠶之篇，鼻嚏、耳鳴之占，劾召鬼物之書，無不口講指畫，使疑者冰開，虛心者滿懷。其詩筆語皆有所從來，不虛道，非博極群書，不能讀之昭然也。

吴處士靈谷詩

王介甫序略曰：君浩然有以自養，遨遊於山川之間，嘯歌謳吟，以寓其所好，終身樂之不厭，而有詩數百篇，傳誦於閭里。他日，出其靈谷三十二篇，以屬其甥曰：「爲我讀而序之。」惟君之所得，蓋有伏而不見者，豈特盡於此詩而已。雖然，觀其鑱刻萬物，而按之以藻繢，非夫人之巧，亦孰能至於此？

李少卿詩二十卷

太常少卿李簡夫撰。潁濱序略曰：君所爲詩，曠然閑放，往往脱略繩墨，有遺我忘物之思。問其所與遊，多慶曆名卿，而元獻晏公深知之。求其平生之志，則曰：「樂天，吾師也。吾慕其爲人而學其詩，患莫能及耳。」晚歲詩益高，信乎其似樂天也。

七里先生自然集七卷

陳氏曰：江端友子我撰。端本兄也，休復鄰幾之孫。其父懋相有遺澤，子我以遜端本。靖康初，吴敏元中薦子我，召見，賜出身，爲京官，後至太常少卿。

澗上丈人詩二十卷

鼂氏曰：陳恬字叔易，堯叟裔孫也。博學有高志，不從選舉，躬耕於陽翟，與鮮于綽、崔鶠齊名，號「陽城三士」，又與鼂以道同卜隱居於嵩山。大觀中，召赴闕，除校書郎。以道寄詩戲之曰：「處士何人爲作牙，暫攜猿鶴到京華。故山巖壑應惆悵，六六峰前只一家。」未幾，致仕還山。

建炎初再召，避地桂嶺，卒，年七十四。秩朝奉郎，直祕閣。澗上丈人者，其自號也。詩句豪健，嘗作古別離，紀靖康之難，一時傳誦之。筆札清勁，與人尺牘，主皆藏弆以爲寶云。

臨漢居士集七卷

陳氏曰：南豐曾紘伯容撰。其父阜子山，於子固爲從兄弟。

懷峴居士集六卷

陳氏曰：曾思顯道撰。紘之子也。阜嘗將漕湖南，後家襄陽。紘父子皆有官，而皆高亢不仕。楊誠齋序其詩，以附詩派之後。

序略曰：伯容詩源委山谷先生，顯道得其父句法。伯容放浪江湖間，與夏均父諸詩人游從唱和，其題壁與韵見於均父集中者三十有二篇。予每誦均父之詩云「曾侯第一」，又云「五言類玄度」，又云「秀句無一塵」，想見其詩而恨不見也。行天下五十年，每見士大夫，必問伯容父子詩，無能傳之者。今日忽得故人尚書郎江西漕雷公朝宗寄余以二曾詩集二編，屬序之，披誦三過，蔚乎若玉井之蓮，敷月露之下也；沛乎若雪山之水，寫灩澦而東也；琅乎若岐山之鳳，鳴梧竹之風也。望山谷之宫庭，蓋排闥而入，歷階而升者歟！

見南山集二十卷

陳氏曰：祕閣修撰吴興劉燾無言撰〔九〕。

灊山集三卷

陳氏曰：中書舍人龍舒朱翌新仲撰。

周平園序略曰：藝之至者不兩能，故唐之詩人，或略於文，兼之者杜牧之乎？苦心爲詩，自其所長，至於議論，切當世之務，制誥得王言之體，賦序碑記，未嘗苟作，予每讀其書愛之，恨不同時，今吾先友桐鄉朱公似之。公世文儒，少年登政和進士第。時人諱言詩，公獨沉涵六義，思繼作者。南渡後，登館閣，掌書命，文章寖顯於朝中。忤時宰，謫居曲江十有四年。昌其詩，放厥詞，蓋斥久窮極，益自刻苦於山水間，迨北歸則詩益老，文益奇，遂以名家。其子輒等類公遺藁，凡四十四卷，屬余序之。

曾文清集十五卷

陳氏曰：禮部侍郎章貢曾幾吉父撰。本朝曾氏三望，最初溫陵宣靖公公亮明仲，次南豐舍人鞏子固兄弟，然其祖致堯起家，又在溫陵之先矣。其後則幾之族也。自贛徙河南，與其兄楙叔夏、開天游皆嘗貳春官。楙至尚書，開沮和議得罪，並有名於世。又有長兄弼，爲湖北提舉學事，渡江溺死。幾以其遺澤補官，銓試第一，賜上舍出身。清江三孔之甥也。紹興末，幾已老，始擢用，乾道中，年八十三以死，號茶山先生。其子逢、逮，皆顯於時。

天台集十卷　外集四卷　長短句三卷附

陳氏曰：臨海陳克子高撰。李庚子長跋其後云〔一〇〕：刪定鄉人也，少小侍運判公貽序，宦學四方。曾慥詩選叙爲金陵人，蓋失其實。今考集中首末多在建康，且嘗就試焉，當是僑寓也。詩選又言不事科舉，以呂安老薦，入幕府得官。按集有聞榜二絕，則嘗應舉矣。又有甲午歲所作詩云三十四，則其生當在元豐辛酉，得官入幕蓋已老矣。詩多情致，詞尤工。

西溪居士集五卷

陳氏曰：剡川姚寬令威撰。待制舜明廷輝之子。兄宏令聲爲删定官，得罪秦檜，死大理獄。寬爲六部監門，逆亮入寇，寬言木德所照，必無虞。言驗，將除郎，召對，得疾，仆殿上卒。遂用其弟憲令則，後至執政。

集句詩三卷

陳氏曰：江陰葛次仲亞卿撰。勝仲之兄。兄弟皆爲大司成。

盧溪集七卷

陳氏曰：直敷文閣廬陵王庭珪民瞻撰。政和八年進士，仕不合，棄去。隱居數十年，坐作詩送胡邦衡除名，徙辰州，年已七十矣。阜陵初政，召爲國子監主簿，九十餘乃終。寄禄纔承奉郎，澤竟不及後。周益公在位，欲委曲成就之，卒不可。

楊誠齋序略曰：先生少嘗見曹子方詩法〔一〕，蓋其詩自少陵出，其文自昌黎出，大要主於雄剛渾大云。清江劉清之子澄詳先生之文，謂廬陵自六一之後，惟先生可繼，聞者韙焉。

韋齋小集一卷

陳氏曰：朱松喬年撰。

玉瀾集一卷

陳氏曰：朱槔逢年撰。韋齋之弟，晦庵之叔父也。嘗夢爲玉瀾堂之游，甚異，有詩紀之。

雲壑隱居集三卷

陳氏曰：南城蔡柟堅老撰。宣和以前人，没於乾道庚寅。曾公卷、吕居仁輩皆與之唱和。

陳正獻集十卷

陳氏曰：丞相福正獻公莆田陳俊卿應求撰。紹興八年進士第二人。乾、淳間名相，與虞并甫異論，去國。

静泰堂集十卷

陳氏曰：參政莆田龔茂良實之撰。黄公度以莆人魁天下，陳正獻次之。故事，拜黄甲，推最老者一人，最少者一人。是歲，茂良年最少，莆人以爲盛事。後參大政，相位久虚，實行相事。坐撻曾覿直省官，忤阜陵意，用謝廓然賜出身入臺擊罷之，遂謫英州以没。其風節凛凛，爲世名臣。

寓山集三十卷

陳氏曰：吴興沈仲喆明遠撰。丞相該之侄。紹興五年進士。改官爲江西運管。嘗爲悲扇工詩，忤魏良臣，陷以深文，奪三官，不得志以卒。

劍南詩藁二十卷　續藁六十七卷

陳氏曰：陸游務觀撰。初爲嚴州，刻所藁〔二〕，止淳熙丁未。自戊申以及其終，當嘉定庚午，二十餘年，爲詩益多，其幼子子遹〔三〕，後守嚴州，續刻之，篇什富以萬計，古所無也。

後村劉氏曰：近歲詩人雜博者堆隊仗，空疏者窘材料，出奇者費搜索，縛律者少變化。惟放翁記問足以貫通，力量足以驅使，才思足以發越，氣魄足以陵暴〔一四〕，南渡而下，故當爲一大宗。末年云：「客從謝事歸時散，詩到無人愛處工。」又云：「外物不移方是學，俗人猶愛未爲詩。」則皮毛落盡矣。

雪巢小集二卷

陳氏曰：東魯林憲景思撰。初寓吴興，從徐度敦立游。後爲參政賀允中子忱孫婿，寓臨海。其人高尚，詩清澹，五言四韵古句尤佳，殆逼陶、謝。梁谿尤延之、誠齋楊廷秀皆爲之序〔一五〕，且爲雪巢賦及記。余爲南城，其子遊謁至邑，以家集見示，愛而録之，及守天台，則板行久矣。視所録本稍多，然其暮年詩似不逮其初，往往以貧爲累，不能不衰索也。

誠齋序略曰：延之謂景思詩似唐人，信矣。然至如「桃花飛後楊花飛，楊花飛後無可飛」。「天空霜無影」等句，超出詩人準繩之外，其遐不可追，其卓不可跂矣。使李太白在，必笑領此句也，似唐人而已乎？

王季夷北海集二卷

陳氏曰：北海王嵎季夷撰。紹淳間名士，寓居吴興，陸務觀與之厚善。三子甲、田、申，皆登科。

易足居士自鳴集十五卷

陳氏曰：鄱陽章甫冠之撰。居吴下，自號轉庵。作易足堂，韓無咎爲之記。

屏山七者翁十卷

陳氏曰：從事郎崇安劉珵平父撰。子翬彦冲之子也。

玉雪小集六卷　外集七卷

陳氏曰：太常博士龍泉何偁德揚撰。隆興初，在朝言和議，觸時相去。後不復召，歷麾節而卒。

雪山集三卷

陳氏曰：富川王質景文撰。質游太學，治詩有聲，仕爲樞屬。嘗著詩解三十卷，未之見也。

景物類要詩十卷

陳氏曰：東陽曹冠宗臣撰。隨物爲題，類事成詩凡二百餘篇〔一六〕。冠爲秦檜客，與其孫塤同登甲科。未幾秦亡，奪前名恩數，再赴廷試，仕至知郴州。

同庵集一卷

陳氏曰：吴興施士衡德求撰。嘗試中教官，爲宣州簽幕，坐廢，雖牽復，仕竟不進。

柟山老人集八卷

陳氏曰：龍泉季相文成撰。

三逕老人硫砆集十三卷

陳氏曰：福建提舉常平昭武杜圯受言撰。胡憲原仲爲之序。其上世龍圖閣直學士鎬，本常州無錫人，其孫天章閣待制杞，於圯爲曾祖。

穀成集五卷

陳氏曰：建安黄銖子厚撰。晦庵作序，極稱之。

松坡集七卷　樂府一卷

陳氏曰：丞相豫章京鏜仲遠撰。鏜使虜執節，驟用。其在相位，當韓侂胄用事，無所立。

白石道人集三卷

陳氏曰：鄱陽姜夔堯章撰。千巖蕭東夫識之於年少客游，以其兄之子妻之。石湖范至能尤愛其詩，楊誠齋亦愛之，賞其歲除舟行十絶〔一七〕，以爲有裁雲縫月之妙思，敲金戛玉之奇聲。夔頗解音律，進樂書，免解，不第而卒。詞亦工。

轉庵集一卷

陳氏曰：閤門舍人永嘉潘檉德久撰。

王祕監集四卷

陳氏曰：永嘉王柟木叔撰。

頤庵詩藁〔一八〕

四明劉應時良佐撰。楊誠齋序略曰：君之詩，放翁陸務觀既摘其佳句序之，余尚何言。偶披卷讀至云「寂寞黄昏愁弔影，雪窗怕上短檠燈」，又「獨與梅花共過冬，淡月故移疎影去」，又「睡魔正與詩魔戰，窗外一聲婆餅焦」，又早行云：「鷄犬未鳴潮半落，草蟲聲在豆花村」，使晚唐諸子與半山老人見之，當一笑曰：「不虞君之涉吾地也，何故？」

歐陽伯威詩

廬陵歐陽伯威，少與周益公同場屋，連戰不利，篤意於詩。誠齋嘗摘其警句抄之，如：「西風五更雨，南鴈數行書。」「詩成夔子國，人在仲宣樓。」「細雨雙飛鷺，寒蓑獨釣舡。」「夢回千里外，燈轉一窗深。」「誰知花過半，纔與酒相尋。」「故人驚會面，新恨説從頭。」「天上張公子，雲間陸士龍。」「月白玄猿哭，更殘絡緯悲。」「語離遽如許，話舊復何時。」「巷南巷北人招飲，一雨一晴花耐看。」「有客過門湖海士，隔籬呼酒咄嗟間。」「夢回金馬玉堂上，文在冰甌雪椀中。」「青山如故情非故，芳草唤愁詩遣愁。」「擾擾征人相顧語，蕭蕭落木不勝秋。」「風色似傳花信到，夕陽微放柳梢晴。」「千里歸來人事改，十年猶幸此身存。」絶句四首：「戀樹殘紅濕不飛，楊花雪落水生衣。年來百念成灰冷，無語送春春自歸。」「桑麻得雨更蒨葱，芍藥留春結晚紅。怪得鳥聲如許好，此身還在亂山中。」「爲憐紅杏亞枝斜，看到斜陽送亂鴉。又是一春窮不死，天教留眼看鶯花。」「蓬窗卧聽疏疏雨，却似芭蕉夜半聲。烟浪蔽天天倚蓋，略容一點白鷗明。」公跋云：「鳥啼花落，悠然會心處〔一九〕，酌大白，咽伯威詩，欲馭風騎氣也。」

醒庵遺珠集十卷

陳氏曰：臨川俞國寶撰〔二〇〕。淳熙前人。

白石丁藁一卷

陳氏曰：三山黄景説巖老撰。淳熙辛丑進士。

復齋漫藁二卷

陳氏曰：知台州黄𥊑子耕撰。

梅山詩藁六卷　續藁十五卷〔二一〕

陳氏曰：括蒼姜特立邦傑撰。以父死事得西班，累舉不第。晚爲閤職，春坊攀附，己酉龍飛，恩至節度使，周益公、劉衛公皆爲其所間。特立詩亦粗佳，韓無咎、陸務觀皆愛之。本亦士人也，塗轍一異，儼然𧶘御之態，豈其居使之然邪？

泠然齋集二十卷〔二二〕

陳氏曰：山陰蘇泂召叟撰。丞相子容四世孫，師德仁仲之孫。

曾紘父詩詞一卷

陳氏曰：知台州曾惇紘父撰。紆之子也。皆在台時所作。

瓦全居士詩詞二卷

陳氏曰：太常博士寧海王澡身甫撰。初名津，字子知。

疏寮集三卷

陳氏曰：四明高似孫續古撰。少有俊聲，登甲辰科。不自愛重，爲館職，上韓侂胄生日詩九首，皆暗用「錫」字，爲清議所不齒。晚知處州，貪酷尤甚。其讀書以隱僻爲博，其作文以怪澀爲奇，至有甚可笑者，就中詩猶可觀也。

徐照集三卷

陳氏曰：永嘉徐照道暉撰。自號山民〔二三〕。

徐璣集二卷

陳氏曰：徐璣致中撰。

翁卷集一卷

陳氏曰：翁卷靈舒撰。

趙師秀集二卷　別本天樂堂集一卷

陳氏曰：趙師秀紫芝撰。四人者，號「永嘉四靈」，皆晚唐體者也。惟師秀嘗登科、改官，亦不顯。

水心徐道暉墓誌略曰：道暉有詩數百，斵思尤奇，皆横絶欻起，冰懸雪跨，使讀者變踔憀慄，肯首吟嘆不自已，然無異語，皆人所知也，人不能道耳。蓋魏晉名家多發興高遠之言，少騷物切近之實〔二四〕。及沈約、謝朓「永明體」出，士争效之，初猶甚艱，或僅得一偶句，便已名世矣。夫束字十餘，五色彰施，而律吕相命，豈易工哉！故善爲是者，取成於心，寄妍於物，融會一法，涵受萬象，豨苓、桔梗，時而爲帝，無不按節赴之，君尊臣卑，賓頤主穆，如丸投區，矢破的，此唐人之精也。然厭之者，謂其纖碎而害道，淫肆而亂雅，至於廷設九奏，廣袖大舞〔二五〕，而反以浮響疑宮商，布縷謬組繡，則失其所以爲詩矣。然則發今人未悟之機，興四百年已廢之學〔二六〕，使後復言唐詩者自君始〔二七〕，不亦詞人墨客之一快也！惜其不尚以年，不及臻乎開元、元和之盛。而君既死，同爲唐詩者，徐璣字文淵、翁卷字靈舒、趙師秀字紫芝。紫芝集常友朋殯且葬之。

李孟達集一卷

陳氏曰：宗正丞宣城李兼孟達撰。唐末李咸用披沙集者，即其遠祖也。嘗知台州，時稱善士。

柯東海集十五卷

陳氏曰：莆田柯夢得東海撰。嘗試春官，不第。

山中集一卷

陳氏曰：莆田趙庚夫仲白撰。兩上春官不第，以取應得右選，不得志而没。劉潛夫誌其墓，擇其詩百篇，屬趙南塘序而傳之。

後村劉氏墓誌略曰：仲白平生志業無所洩，一寓之詩，叢藁如山。和平冲澹之語，可咀而味；憤悱悲壯之詞，可愕而怒；流離顛沛之作，可怨而泣也。遇貴公張宴，廣座命題，衆賓方嚬呻營度，仲白已飛筆滿軸，神色自得。蓋其所挾高，未嘗蘄壓人，而每出人上，故愛仲白者少，嚴而忌之者衆矣。其詩最多，自删取五百首。

磬沼集一卷

陳氏曰：崇仁羅鑑正仲撰。樞密春伯之從弟，「磬沼」者爲池，因地曲折如磬然。

茅齋集二卷

陳氏曰：南城鄧繼祖撰。

梔林集十卷

陳氏曰：吳郡沈繼祖撰。慶元初，有爲察官者，家富川，豈即其人？人固不足道〔二八〕，詩亦無可觀者。

花翁集一卷

陳氏曰：開封孫惟信季蕃撰〔二九〕。在江湖中頗有標致，多見前輩，多聞舊事，善雅談，長短句尤工。嘗有官，棄去不仕。

惠崇集十卷

陳氏曰：淮南僧惠崇撰。與潘閬同時。在九僧之數，亦善畫。

天竺靈苑集三卷　採遺一卷

陳氏曰：錢塘僧遵式撰。所謂「式懺主」者也。

渚宮集三卷

陳氏曰：錢塘僧文瑩道温撰。及識蘇子美，嘗題其詩後，欲挽致於歐陽永叔，而瑩辭不往，老於荆州之金鑾。鄭毅爲作序〔三〇〕。

揀金集一卷

陳氏曰：螺江僧可尚撰。有送徐鉉詩，蓋國初人。

螺江集一卷

陳氏曰：僧有朋撰。號困山禪師。族陳氏，閩帥巖六世孫〔三一〕。

祕演詩集

釋祕演撰。歐陽公序略曰：祕演與石曼卿交最久，亦能遺外世俗，以氣節相高，二人懽然無所間，曼卿隱於酒，祕演隱於浮圖，皆奇男子也。然喜爲歌詩以自娱，當其極飲大醉，歌吟笑呼，以適天下之樂，何其壯也。一時賢士，皆願從其游，予亦時至其室。十年之間，祕演北渡河，東之濟、鄆，無所合，困而歸。曼卿已死，祕演已老病，嗟夫！二人者，予乃見其盛衰，則余亦將老矣！夫曼卿詩辭清絶，尤稱祕演之作，以爲雅健有詩人之意。祕演狀貌雄傑，其中浩然，既習於佛，無所用，獨其詩可行於世，而懶不自惜。已老，胠其橐，尚得三四百篇，皆可喜者。曼卿死，祕演漠然無所向，聞東南多山水，其巔崖崛峍，江濤洶涌，甚可壯也，遂欲遠遊焉。足以知其老而志在也。

惟儼集

釋惟儼撰。杭州人，姓魏氏。歐陽公序其詩曰：與亡友石曼卿最善。居京師相國浮圖，不出其户十五年，士嘗遊其室者，禮之惟恐不至，及去爲公卿貴人，未始一往干之。然嘗竊怪平生所交皆當世賢傑，未見卓卓著功業如古人可記者，因謂世所稱賢材，若不持兵走萬里，立功海外，則當佐天子號令賞罰於明堂，苟皆不用，則絶寵辱，遺世俗，自高而不屈，尚安能酣豢於富貴而無爲哉！醉則以此誚其坐人，人亦復之，以謂遺世自守，古人之所易，若奮身逢時，欲必就功業，此雖聖賢難之，周、孔所以窮達異也。今子老於浮圖，不見用於世，而幸不踐窮亨之塗，乃以古事之已然，而責今人之必然邪？雖然，惟儼傲乎退偃於一室，天下之務，當世之利病，聽其言終日不厭，惜其將老也已！曼卿死，惟儼亦買地京城之東，以謀其終，乃歛平生所爲文數百篇示予，曰：「曼卿之死，既已表其墓，願爲我序其文，然及我之見也。」嗟夫！惟儼既不用於世，其材莫見於時，若考其筆墨馳騁，文章贍逸之能，可以見其志矣。

參寥集十二卷

鼂氏曰：皇朝僧道潛，自號參寥子，與蘇子瞻、秦少游爲詩友。其詩清麗，不類浮圖語，世稱其東園、贈歌者兩絶句，餘多類此。

陳氏曰：唐人舊有號參寥子者，用莊子語也。

後山序曰：妙總師參寥，大覺老之嗣，眉山公之客，而少游氏之友也。釋門之表，士林之秀，而詩苑之英也。游卿大夫之間，名於四海三十年餘矣。其議古今張弛，人情貌肖否，言之從違，詩之精粗，若水赴壑，阪走丸，倒囊出物，鷙鳥舉而風迫之也。若升高視下，爬痒而鑑貌也。元符之冬，去魯還吳，道徐而來見，余與之別餘二十年，復見於此。愛其詩，讀不捨手；屬其談，挽不聽去。夜相語及唐詩僧，參寥子曰：「貫休、齊己，世薄其語，然以曠蕩逸群之氣，高世之志，天下之譽，王侯將相之奉，而爲石霜老師之役，終其身不去，此豈用意於詩者，工拙不足病也。」由是而知余之所貴，乃其棄遺，所謂淺爲丈夫者乎？於其行，叙以謝之。

希白詩三卷

鼂氏曰：僧希白撰。張逸序之曰：希白能詩，與宋白、梁周翰、張咏而下十數公友善，其格律不減齊己云。

物外集三卷

陳氏曰：僧德洪覺範撰。

瀑泉集十三卷〔三二〕

陳氏曰：僧祖可正平撰。蘇養直之弟，有惡疾，號癩可。

真隱集三卷

陳氏曰：僧善權巽中撰。靖安人。落魄耆酒。

化庵湖海集二卷

陳氏曰：僧法具圓復撰。吴興人。

浯溪集二十一卷

陳氏曰：僧顯萬撰。洪景盧作序。前二卷爲賦，餘皆詩也。

女郎謝希孟集二卷

陳氏曰：閩人謝景山之妹，嫁陳安國，年三十三而死。其詩甚可觀。歐陽公爲之序，言「有古淑女幽閒之風雅，非特婦人之能言者也」。景山者，按歐陽詩話：「謝伯初字景山，天聖、景祐間，以詩知名。余謫夷陵，景山方爲許州法曹，以長韵見寄，頗多佳句。仕不偶，困窮以卒，詩亦不見於世。」此序又言景山少以進士一舉甲科。考登科記，天聖二年甲科，但有謝伯景，而謝伯初者，乃在寶元元年。公謫夷陵當景祐三年，景山已爲法曹，則非寶元登第者。名字差錯如此，未可考也。

歐陽氏序略曰：希孟之言尤隱約深厚，守禮而不自放，有古幽閒淑女之風，非特婦人之能言者也。然景山嘗從今世賢豪者游，故得聞於當世，而希孟不幸爲女子，莫自章顯於世。昔衛莊姜許穆夫人，録於仲尼而列之國風，今有傑然巨人，能輕重時人而取信後世者，一爲希孟重之，其不泯没矣。

處女王安之集一卷〔三〕

陳氏曰：簡池王亢子倉之女尚恭，字安之，年二十，未嫁而死，乾道戊子也。亢自誌其墓，有任公鼒者爲作集序，援歐公所序謝希孟爲比，而稱其詩不傳，今余家有之，任蓋未之見也。

英華集三卷

陳氏曰：李季萼死後爲鬼仙，事見夷堅志縉雲人傳。其集亦怪矣。

校勘記

〔一〕其詩有磨淬剪截之功　「其詩有」三字原脱，據後村先生大全集卷九五江西詩派韓子蒼補。

〔二〕不似渭陽　「似」原作「以」，據元本、慎本、馮本及後村先生大全集卷九五江西詩派徐師川改。

〔三〕外集二卷　按今存宋慶元刊本東萊先生詩集作「外集三卷」，傅增湘指出「二」實爲「三」字訛。參見傅增湘藏園群書題記卷一四集部四宋別集類二宋江西詩派本東萊先生詩集三卷外集三卷書後。

〔四〕撰江西詩派　直齋書録解題卷二〇詩集類下作「撰江西宗派者」。

〔五〕南渡後放翁可以繼之　「後」字原脱，據後村先生大全集卷九五江西詩派黽叔用補。

〔六〕登桓山　「桓山」原作「柏山」，據慎本、馮本及蘇軾東坡全集卷三四王定國詩集序改。

〔七〕未肯下一世事也　「世事」，黄庭堅山谷集卷一六胡宗元詩集序作「世之士」。

〔八〕公貫穿六藝　黄庭堅山谷集卷一六畢憲父詩集序「藝」下有「百家」二字。

〔九〕祕閣修撰吴興劉燾無言撰　「劉燾」原作「劉壽」，據元本、慎本、馮本及直齋書録解題卷二〇詩集類下改。

〔一〇〕李庚子長跋其後云　「李庚」原作「李更」，據直齋書録解題卷二〇詩集類下及嘉定赤城志卷三三改。

〔一一〕先生少嘗見曹子方詩法　楊萬里誠齋集卷八〇盧溪先生文集序「方」下有「得」字。

〔一二〕刻所藁　「所」，直齋書録解題卷二〇詩集類下作「前集」。

〔一三〕其幼子子遹　「子遹」原作「子通」，據元本、慎本、馮本及直齋書録解題卷二〇詩集類下改。

〔一四〕氣魄足以陵暴　「足」原作「是」，據後村詩話前集卷二改。

〔一五〕誠齋楊廷秀皆爲之序　「楊廷秀」原作「楊延秀」，據宋史卷四三三楊萬里傳及直齋書録解題卷二〇詩集類下改。

〔一六〕類事成詩凡二百餘篇　「成」字原缺，據直齋書録解題卷二〇詩集類下補。

〔一七〕賞其歲除舟行十絶　「賞」，直齋書録解題卷二〇詩集類下作「嘗稱」。

〔一八〕頤庵詩藁　「頤」原作「熙」，據元本、慎本、馮本及楊萬里誠齋集卷八三頤庵詩稿序改。

〔一九〕悠然會心處　「悠然」，元本、慎本、馮本作「欣然」。

〔二〇〕臨川俞國寶撰　「俞國寶」原作「余國寶」，據直齋書録解題卷二〇詩集類下改。

〔二一〕續藁十五卷　「十五」，直齋書録解題卷二〇詩集類下作「五」。

〔二二〕泠然齋集二十卷　「泠」原作「冷」，據今存蘇泂泠然齋集及直齋書録解題卷二〇詩集類下改。

〔二三〕自號山民　「山」原作「天」，據葉適水心集卷一七徐道暉墓誌銘及直齋書録解題卷二〇詩集類下改。

〔二四〕少騒物切近之實　「騒」，葉適水心集卷一七徐道暉墓誌銘作「驗」。

〔二五〕廣袖大舞　「舞」原作「幅」，據葉適水心集卷一七徐道暉墓誌銘改。

〔二六〕興四百年已廢之學　「興四」，弘本及葉適水心集卷一七徐道暉墓誌銘作「回」。

〔二七〕使後復言唐詩者自君始　「後」字原脱，據元本、慎本、馮本及葉適水心集卷一七徐道暉墓誌銘補。

〔二八〕人固不足道　「人」字原脱，據直齋書録解題卷二〇詩集類下補。

〔二九〕開封孫惟信季蕃撰　「季蕃」原作「季繁」，據本書卷七三花翁詞條、直齋書録解題卷二〇詩集類下及後村先生大全集卷一五〇孫花翁墓誌銘改。

〔三〇〕鄭毅爲作序　按鄭獬鄖溪集卷一四有文瑩師詩集序。鄭獬字毅夫，宋史卷三二一有傳。原文「毅」字下疑脱「夫」字。

〔三一〕閩帥巖六世孫　「巖」原作「嚴」，據元本、慎本、馮本及直齋書録解題卷二〇詩集類下改。

〔三二〕瀑泉集十三卷　「三」，直齋書録解題卷二〇詩集類下作「二」。

〔三三〕處女王安之集一卷　「處女」，元本、慎本、馮本作「處士」，直齋書録解題卷二〇詩集類下作「處士女」。

卷二百四十六　經籍考七十三

集歌詞

花間集十卷

陳氏曰：蜀歐陽炯作序，稱衛尉少卿字弘基者所集，未詳何人。其詞自温飛卿而下十八人，凡五百首，此近世倚聲填詞之祖也。詩至晚唐五季，氣格卑陋，千人一律，而長短句獨精巧高麗，後世莫及，此事之不可曉者。放翁陸務觀之言云爾。

南唐二主詞一卷

陳氏曰：中主李璟、後主李煜撰。卷首四闋，應天、長望、遠行各一，浣溪沙二，中主所作，重光嘗書之，墨迹在盱江鼂氏，題云〔一〕：先皇御製歌詞。余嘗見之，於麥光紙上作撥鐙書，有鼂景迂題字，今不知何在矣。餘詞皆重光作。

陽春録一卷

陳氏曰：南唐馮延巳撰。高郵崔公度伯易題其後，稱其家所藏最爲詳確，而尊前、花間諸集往往謬其姓氏，近傳歐陽永叔詞，亦多有之，皆失其真也。世言「風乍起」爲延巳作，或云成幼文也。

今此集無有，當是幼文作，長沙本以寘此集中，殆非也。

家宴集五卷

陳氏曰：序稱子起，失其姓名。雍熙丙戌歲也。所集皆唐末五代人樂府，視花間不及也。末有清和樂十八章，爲其可以侑觴，故名家宴也。

珠玉集一卷

陳氏曰：晏元獻公殊撰。其子幾道嘗言，先公爲詞，未嘗作婦人語，以今考之，信然。

張子野詞一卷

陳氏曰：都官郎中吳興張先子野撰。李常公擇爲六客堂，子野與焉。所賦詞卒章云「也應傍有老人星」，蓋以自謂，是時年八十餘矣。東坡倅杭，數與唱酬，聞其買妾，爲之賦詩，首末皆用張姓事。吳興志稱其晚年漁釣自適，至今號張釣魚灣，死葬弁山下，在今多寶寺。按歐陽集有張子野墓誌，死於寶元中者，乃博州人，名姓字偶皆同，非吳中之子野也。

古今詩話云：客有謂張子野曰：「人皆謂公爲張三中，即心中事、眼中淚、意中人也。」公曰：「何不目爲張三影？」客不曉，公曰：「『雲破月來花弄影』，『嬌柔懶起，簾櫳捲花影』，『柳徑無人，墜飛絮無影』，此余平生所得意也。」又高齋詩話云〔二〕：子野嘗有詩云「浮萍斷處見山影」，又長短句「雲破月來花弄影」，又云「隔墻送過鞦韆影」，並膾炙人口，世謂張三影。苕溪漁隱云：細味二說，當以古今詩話所載「三影」爲勝。

東坡曰：子野詩筆老健，歌詞乃其餘波耳。湖州西溪詩云：「浮萍斷處見山影，野艇歸時聞草聲。」與予和詩云：「愁似鰥魚知夜永，懶同蝴蝶爲春忙。」若此之類，亦可追配古人，而世俗但稱其歌詞，昔周昉畫人物皆入神品，而世但知有周昉士女，蓋所謂未見好德如好色者也。

杜壽域詞一卷

陳氏曰：京兆杜安世壽域撰。未詳其人。詞亦不工。

六一詞一卷

陳氏曰：歐陽文忠公修撰。其間多有與花間、陽春相混者，亦有鄙褻之語一二厠其中，當是仇人無名子所爲也。

樂章集九卷

陳氏曰：柳三變耆卿撰。景祐元年進士。官至屯田員外郎，世號柳屯田。初，磨勘及格，昭陵以其浮薄罷之。後乃更名永。其詞格固不高，而音律諧婉，語意妥帖，承平氣象形容曲盡，尤工於羈旅行役。若其人，則不足道也。

藝苑雌黄：柳之樂章，人多稱之，然大概非羈旅窮愁之詞，則閨門淫媟之語。若以歐陽永叔、蘇子瞻、黄魯直、張子野、秦少游輩較之，萬萬相遼。彼其所以傳名者，直以言多近俗，俗子易曉故也。

東坡詞二卷

陳氏曰：蘇文忠公軾撰。集中戚氏叙穆天子、西王母事，世不知所謂，李端叔跋詳之。蓋在山中燕席間，有歌此闋者，坐客言調美而詞不典，以請於公。公方觀山海經，即叙其事爲題，使妓再歌之，隨其聲填寫，歌竟篇就，纔點定五六字而已。李端叔時在幕府目擊，必不誣。或言非坡作，豈不見此跋邪？

山谷黄氏曰：東坡居士曲，世所見者幾百首，或謂於音律小不諧；居士詞横放傑出，自是曲子内縛不住者。

後山詩話：東坡以詩爲詞，如教坊雷大使之舞，雖極天下之工，要非本色。

山谷詞一卷

陳氏曰：黄太史庭堅撰。

鼂無咎言魯直間作小詞固高妙，然不是當家語，自是著腔子唱好詩。

淮海集一卷

陳氏曰：秦觀撰。

鼂無咎言少游詞如「斜陽外，寒鴉數點，流水遶孤村」。雖不識字人，亦知是天生好言語。

鼂無咎詞一卷

陳氏曰：鼂補之撰。鼂嘗云今代詞手，惟秦七、黄九，他人不能及也。然二公之詞，亦自有不同者，若鼂無咎佳者，固未多遜也。

後山詞一卷

陳氏曰：陳師道撰。

閑適集一卷

陳氏曰：黽端禮次膺撰。熙寧六年進士。兩爲縣令，忤上官，坐保甲事，中以危法廢徙，晚乃以承事郎爲大晟府協律，三閱月而卒。其從侄説之志其墓。

黽叔用詞一卷

陳氏曰：黽冲之撰。壓卷漢宫春梅詞行於世，或云李漢老作，非也。

小山集一卷

陳氏曰：晏幾道叔原撰。其詞在諸名勝中，獨可追逼花間，高處或過之。其人雖縱弛不羈，而不苟求進，尚氣磊落，未可貶也。

山谷黄氏小山集序曰：晏叔原，臨淄公之莫子也。磊隗權奇，疏於顧忌，文章翰墨，自立規模，常欲軒輊人而不受世之輕重，諸公雖愛之，而又以小謹望之，遂陸沉於下位。平生潛心六藝，玩思百家，持論甚高，未嘗以治世〔三〕。余嘗怪而問焉，曰：「我槃跚教窣〔四〕，猶獲罪於諸公，憤而吐之，是唾人面也。」乃獨嬉弄於樂府之餘，而寓以詩人句法，精壯頓挫，能動摇人心，士大夫傳之，以爲有臨淄之風爾，罕能味其言也。余嘗論叔原固人英也，其癡亦自絶人。愛叔原者愠而問其目，曰：「仕宦連蹇，而不能一傍貴人之門，是一癡也；論文自有體，不肯一作新進士語，此又一癡也；費資千百萬，家人饑寒而面有孺子之色，此又一癡也；人百負之而不恨，已信人終不疑其欺己，此又一癡也。」乃共以爲然，雖若此，至其樂府，可謂俠邪之大雅，豪士之鼓吹，其合者高唐、洛神之流，其下者豈減桃葉、團扇哉！余少時，間作樂府以使酒玩世，道人法秀獨罪余以筆墨勸淫，於我法中當下犁舌之獄〔五〕，特未見叔原之作邪？雖然，彼富貴得意，室有倩盼慧女，而主人好文，必當市購千金，家求善本，曰：「獨不得與叔原同時邪？」若乃妙年美士，近知酒色之娛，苦節臞儒，晚悟裙裾之樂，鼓之舞之，使宴安酖毒而不悔，是則叔原之罪也哉！

清真集二卷〔六〕　後集一卷

陳氏曰：周邦彥美成撰。多用唐人詩語，檃括入律，混然天成。長調尤善鋪叙，富艷精工，詞人之甲乙也。

東山寓聲樂府三卷

陳氏曰：賀鑄方回撰。以舊譜填新詞，而別爲名以易之，故曰寓聲。

宛丘張氏序略曰：余友賀方回博學業文，而樂府之詞妙絶一世，携一編示予，大抵倚聲而爲之詞，皆可歌也。其盛麗如游金、張之堂，而妖冶如攬嬙、施之袪，幽索如屈、宋，悲壯如蘇、李，覽者自知之。

東堂詞一卷

陳氏曰：毛滂澤民撰。本以「斷魂分付潮回去」見賞東坡得名，而他詞雖工，未有能及此者。

百家詩序云：元祐中，東坡守杭，澤民爲法曹掾，公以衆人遇之，秩滿辭去。是夕宴客，有籍妓歌贈別小詞，卒章云：「今夜山深處，斷魂分付潮回去。」坡問誰所作，妓以毛法曹對。公語坐客曰：「郡僚有詞人不及知，某之罪也。」翼日，折簡追還，留連數月，澤民由此知名。

溪堂詞一卷

陳氏曰：謝逸無逸撰。

竹友詞一卷

陳氏曰：謝薖幼槃撰。

冠柳集一卷

陳氏曰：王觀通叟撰〔七〕。號王逐客，世傳「霜瓦鴛鴦」，其作也。詞格不高，以冠柳自名，則可見矣。

姑溪集一卷

陳氏曰：李之儀端叔撰。

聊復集一卷

陳氏曰：安定郡王趙令時德麟撰。

後湖詞一卷

陳氏曰：蘇庠養直撰。

大聲集五卷

陳氏曰：万俟雅言撰〔八〕。嘗遊上庠不第。後爲大晟府製撰。周美成、田不伐皆爲作序。

石林詞一卷

陳氏曰：葉夢得少藴撰。

蘆川詞一卷

陳氏曰：三山張元幹仲宗撰。坐送胡邦衡詞得罪秦相者也。

赤城詞一卷

陳氏曰：陳克子高撰。詞格頗高麗，晏、周之流亞也。

簡齋詞一卷

陳氏曰：陳與義撰。

劉行簡詞一卷

陳氏曰：劉一止撰。嘗爲曉行詞，盛傳於京師，號劉曉行。

順庵樂府五卷

陳氏曰：康與之伯可撰。與之父倬惟章，詭誕不檢，事見揮麈録，與之又甚焉。嘗挾吴下妓趙芷以遁，與蘇師德仁仲有隙，遂興蘇玭訓直之獄。玭，仁仲之子，而常同子正之婿也。與之受知於子正，一朝背之，士論不齒。周南仲嘗爲作傳，道其實如此。所傳康伯可詞，鄙褻之甚。此集頗多佳語，陶定安世爲之序，王性之、蘇養直皆稱之，而其人不自愛如此，不足道也。

樵歌一卷

陳氏曰：朱敦儒希真撰。

初寮詞一卷

陳氏曰：王安中撰。

丹陽詞一卷

陳氏曰：葛勝仲撰。

酒邊集一卷

陳氏曰：户部侍郎向子諲伯恭撰。自號薌林。

致堂胡氏序曰：詩出於離騷、楚詞。而離騷者，變風變雅之意，怨而哀傷者也。其發乎情則同，而止乎禮義則異，名之曰「曲」，以其曲盡人情耳。方之曲藝，猶不逮焉。其去曲禮則益遠矣。然文章豪放之士，鮮不寄意於此者，隨亦自掃其迹，曰謔浪遊戲而已，唐人爲之最工者。柳耆卿後出，掩衆製而盡其妙，好者以爲不可復加。及眉山蘇氏一洗綺羅香澤之態，擺脱綢繆宛轉之度，使人登高望遠，舉首高歌，而逸懷浩氣，超乎塵垢之外，於是花間爲皂隸，而柳氏爲輿臺矣。薌林居士步趨蘇堂而嚌其胾者也。觀其退江北所作於後，而進江南所作於前，以枯木之心，幻出葩華；酌玄酒之樽，棄置醇味，非染而不色，安能及此。

漱玉集一卷

陳氏曰：易安居士李氏清照撰。元祐名士李格非文叔之女，嫁東武趙明誠德甫，晚歲頗失節。別本分五卷。

得全詞一卷

陳氏曰：趙忠簡鼎元鎮撰。

焦尾集一卷

陳氏曰：韓元吉撰。

放翁詞一卷

陳氏曰：陸游撰。

石湖詞一卷

陳氏曰：范成大撰。

友古詞一卷

陳氏曰：左中大夫莆田蔡伸伸道撰。自號友古居士。君謨之孫。

相山詞一卷

陳氏曰：王之道彥猷撰。

浩歌集一卷

陳氏曰：蔡柟堅老撰。

于湖詞一卷

陳氏曰：張孝祥安國撰。

稼軒詞四卷

陳氏曰：寶謨閣待制辛棄疾幼安撰。信州本十二卷，視長沙爲多。

可軒曲林一卷

陳氏曰：盱江黄人傑叔萬撰〔九〕。

王武子詞一卷

陳氏曰：未詳其名字。

樂齋詞一卷

陳氏曰：向滈豐之撰。

鳳城詞一卷

陳氏曰：三山黄定泰之撰。乾道壬辰榜首。

竹坡詞一卷

陳氏曰：周紫芝撰。

介庵詞一卷

陳氏曰：趙彦端撰。

竹齋詞一卷

陳氏曰：吴興沈瀛子壽撰。

書舟詞一卷〔一〇〕

陳氏曰：眉山程垓正伯撰。王稱季平爲作序。

燕喜集一卷

陳氏曰：曹冠宗臣撰。

退圃詞一卷

陳氏曰：鎮洮馬寧祖奉先撰。

省齋詩餘一卷

陳氏曰：衡陽廖行之天民撰。

克齋詞一卷

陳氏曰：苕溪沈端節約之撰。

敬齋詞一卷

陳氏曰：臨川吴鎰仲權撰。

逃禪集一卷

陳氏曰：清江楊無咎補之撰。世所傳「江西墨梅」〔一一〕，即其人也。

袁去華詞一卷

陳氏曰：豫章袁去華宣卿撰。

樵隱詞一卷

陳氏曰：毛幵平仲撰。

盧溪詞一卷

陳氏曰：王庭珪民瞻撰。

知稼翁集一卷

陳氏曰：考功郎官莆田黄公度師憲撰。紹興戊午大魁。坐與趙忠簡往來，得罪秦檜，流落嶺表。更化召對爲郎，未幾死，年纔四十八。

吕聖求詞一卷

陳氏曰：檇李吕渭老聖求撰。宣和末人，嘗爲朝士。

退齋詞一卷

陳氏曰：長沙侯延慶季長撰。壓卷爲天寧節萬年歡，又有庚寅京師作水調，則大觀元年。

金谷遺音一卷

陳氏曰：石孝友次仲撰。

歸愚詞一卷

陳氏曰：葛立方常之撰。

信齋詞一卷

陳氏曰：葛郯謙問撰。

澗壑詞一卷

陳氏曰：雙井黄談子默撰。

懶窟詞一卷

陳氏曰：東武侯寘彦周撰。其曰母舅鼂留守者，謙之也。紹興中，以直學士知建康。

王周士詞一卷

陳氏曰：長沙王以寧周士撰。

哄堂集一卷

陳氏曰：盧炳叔易撰。

定齋詩餘一卷

陳氏曰：三山林淳太冲撰。

漫堂集一卷

陳氏曰：豐城鄧元南秀撰。

養拙堂詞集一卷

陳氏曰：董鑑明仲撰。

坦庵長短句一卷

陳氏曰：趙師俠介之撰。

晦庵詞一卷

陳氏曰：李處全粹伯撰。淳熙中侍御史。

近情集一卷

陳氏曰：鄱陽王大受仲可撰。

野逸堂詞一卷

陳氏曰：歷陽張孝忠正臣撰。

松坡詞一卷

陳氏曰：京鏜仲遠撰。

默軒詞一卷

陳氏曰：豫章劉德秀仲洪撰。慶元中爲僉樞。

岫雲詞一卷

陳氏曰：長沙鍾將之仲山撰。嘗爲編修官。

西樵語業一卷

陳氏曰：廬陵楊炎正濟翁撰〔一三〕。

雲溪樂府四卷

陳氏曰：魏子敬撰。未詳何處人。

西園鼓吹二卷

陳氏曰：徐得之思叔撰。

李東老詞一卷

陳氏曰：李叔獻東老撰。

東浦詞一卷

陳氏曰：韓玉温甫撰。

李氏花萼集五卷

陳氏曰：廬陵李氏兄弟五人，洪子大、漳子清、泳子永、淦子召、澥子秀，皆有官閥。

好庵遊戲一卷

陳氏曰：莆田方信孺孚若撰。開禧中，使入虜廷，後至廣西漕。

鶴林詞一卷

陳氏曰：簡池劉光祖德修撰。紹熙名臣，爲御史、起居郎。晚以雜學士終。蜀之耆德。有文集，未見。

笑笑詞集一卷

陳氏曰：臨江郭應祥承禧撰。嘉定間人。自南唐二主詞而下，皆長沙書坊所刻，號百家詞。其前數十家皆名公之作，其末亦多有濫吹者。市人射利，欲富其部帙，不暇擇也。

蕭閑集六卷

陳氏曰：蔡伯堅撰。靖之子，陷虜者。

吴彦高詞一卷

陳氏曰：吴激彦高撰。米元章之婿，亦陷虜，二人皆貴顯。

白石詞五卷

陳氏曰：姜夔堯章撰。

西溪樂府一卷

陳氏曰：姚寬令威撰。

洮湖詞一卷

陳氏曰：金壇陳從古晞顔撰〔一三〕。

審齋詞一卷

陳氏曰：東平王千秋錫老撰。

海野詞一卷

陳氏曰：曾覿撰。孝宗潛邸人，怙寵依勢，世號「曾龍」者也。龍名大淵。

蓮社詞一卷

陳氏曰：張掄才甫撰。

梅溪詞一卷

陳氏曰：汴人史達祖邦卿撰。張約齋鎡爲作序。不詳何人。

竹屋詞一卷

陳氏曰：高觀國賓王撰。亦不詳何人。高郵陳造併與史二家序之。

劉改之詞一卷

陳氏曰：襄陽劉過改之撰。

泠然齋詩餘一卷〔一四〕

陳氏曰：蘇泂召叟撰〔一五〕。

蒲江集一卷

陳氏曰：永嘉盧祖皋申之撰。

欸乃集八卷

陳氏曰：昭武嚴次山撰。「欸」音「曖」，「乃」如字，余嘗辨之甚詳。

花翁詞一卷

陳氏曰：孫惟信季蕃撰。

蕭閑詞一卷

陳氏曰：韓嘐子耕撰〔一六〕。

注坡詞二卷

陳氏曰：僊溪傅幹。

注琴趣外篇三卷

陳氏曰：江陰曹鴻注葉石林詞。

注清真詞二卷

陳氏曰：曹杓季中注。自稱一壺居士。

復雅歌詞五十卷

陳氏曰：題鮦陽居士序，不著姓名。末卷言宫詞音律頗詳，然多有調而無曲。

樂府雅詞十二卷　拾遺二卷

陳氏曰：曾慥編。

曾氏自序略曰：予所藏名公長短句，裒合成編，或後或先，非有銓次，多是一家，難分優劣，涉諧謔則去之，名曰樂府雅詞調笑集句。歐公一代儒宗，風流自命，詞章窈眇，世所矜式，當時小人，或作艷曲，繆爲公詞，今删除。凡三十有四家，雖女流亦不廢。此外有百餘闋，平日膾炙人口，或不知姓名，則類於卷末，以俟詢訪，標曰拾遺云。

草堂詩餘二卷　類分樂章二十卷　群公詩餘前後編二十二卷〔一七〕　五十大曲十六卷　萬曲類編十卷

陳氏曰：皆書坊編集者。

陽春白雪五卷

陳氏曰：趙粹夫編。取草堂詩餘所遺，以及近人之作。

校勘記

〔一〕題云　「題」原作「趙」，據直齋書録解題卷二一歌詞類改。

〔二〕又高齋詩話云　「齋」原作「齊」，據苕溪漁隱叢話前集卷三七張子野條改。

〔三〕未嘗以治世　「治」，黄庭堅山谷集卷一六小山集序作「沽」。

〔四〕我槃跚教窣　「跚」原作「姍」，據元本、慎本、馮本及黄庭堅山谷集卷一六小山集序改。

〔五〕於我法中當下犁舌之獄　「下」字原脱，據黄庭堅山谷集卷一六小山集序補。

〔六〕清真集二卷　「清」原作「靖」，據今存清真集及直齋書録解題卷二一歌詞類改。

〔七〕王觀通叟撰　「王觀」原作「王冠」，據今存王觀冠柳集及直齋書録解題卷二一歌詞類改。

〔八〕万俟雅言撰　「万俟雅言」原作「万俟雅言」，據元本、慎本及直齋書録解題卷二一歌詞類改。

〔九〕盱江黄人傑叔萬撰　「盱江」原作「盰江」，據盧文弨校本直齋書録解題卷二一歌詞類改。

〔一〇〕書舟詞一卷　「舟」原作「丹」，據今存程垓書舟集改。

〔一一〕世所傳江西墨梅　「梅」，直齋書録解題卷二一歌詞類作「楊」。

〔一二〕廬陵楊炎正濟翁撰　「楊炎正」原作「楊炎止」，據今存西樵語業改。

〔一三〕金壇陳從古晞顔撰　「晞顔」原作「睎顔」，據周文忠公集卷三四直祕閣陳公墓誌銘及直齋書録解題卷二一歌詞類改。

〔一四〕泠然齋詩餘一卷　「泠」原作「冷」，據泠然齋集及直齋書録解題卷二一歌詞類改。

〔一五〕蘇洞召叟撰　「蘇洞」原作「蘇洞」，據元本、慎本、馮本、局本及直齋書録解題卷二一歌詞類改。

〔一六〕韓𤏡子耕撰　「韓」字原脱，據今存蕭閑集及直齋書録解題卷二一歌詞類補。

〔一七〕群公詩餘前後編二十二卷　「前」字原脱，據直齋書録解題卷二一歌詞類補。

卷二百四十七　經籍考七十四

集章奏

陳氏曰：凡無他文而獨有章奏，及雖有他文而章奏復獨行者，亦别爲一類。

漢名臣奏一卷

陳氏曰：按隋志刑法類有漢名臣奏事三十卷，唐志已亡其一，中興書目僅存其二：一爲孔光，一爲唐林，今惟唐林而已。所言皆莽朝事，無足論者，姑以存古云爾。

唐魏鄭公諫録五卷

陳氏曰：唐尚書吏部郎中瑯琊王綝集。綝字方慶，以字行。相武后。其爲吏部，當在高宗時。館閣書目作王琳〔一〕，誤也。所録魏公進諫奏對之語。又名魏文貞公故事。

陸宣公奏議二十卷

陳氏曰：唐宰相嘉興陸贄敬輿撰。又名牓子集。議論並見别集類。

李司空論諫集七卷

鼂氏曰：唐李絳深之，贊皇人。貞元八年進士，中宏詞，補渭南尉。六年，進中書侍郎平章事。

太和初，爲山南西道節度使。四年，南蠻入寇，爲亂兵所害。絳偉儀質，以直道進退，望冠一時，賢不肖太分，屢爲讒邪所中。平生論諫數十百事，其甥夏侯孜所編，史官蔣偕爲序。

令狐公表奏十卷

鼂氏曰：唐令狐楚字殼士撰。楚相憲宗，爲文善於牋奏。自爲序云：「登科後，爲桂、并四府從事，掌牋奏者十三年，始還御史，綴其藁，得一百六十三篇〔二〕。」自號曰白雲孺子。

陳氏曰：楚長於應用，嘗以授李商隱。

包孝肅奏議十卷

鼂氏曰：包拯字希仁，合淝人。天聖五年進士。爲御史中丞、知開封府。爲人剛嚴無私，聞者皆憚之。

汪玉山序：公奏議分門編類，其事之首尾，時之先後，不可考也。如請那移河北兵馬凡三章，其二在第八卷議兵門，其一迺在第九卷議邊門，其不相貫穿如此。今考其歲月，繫於每章之下，而記其履歷於後。若其歲月可見於章中者，不復重出，與夫不可得而考者，不容於不闕也。庶幾讀者尚可以尋其大概云。如劾罷張方平、宋祁三司使，而奏議不載，豈包氏子孫所不欲以示人者邪？

范文正公奏議二卷

陳氏曰：范仲淹撰。

諫垣存藁三卷

陳氏曰：韓琦撰。

富文忠公劄子十六卷

陳氏曰：富弼撰。平生歷官辭免陳情之文也。

從諫集八卷

陳氏曰：歐陽修撰。

南臺諫垣集二卷

陳氏曰：參政信安趙抃閱道撰。

范貫之奏議十卷

直龍圖閣范師道貫之撰。曾南豐序曰：自至和以後十餘年間，公常以言事任職。自天子大臣至於群下，自掖庭至於四方幽隱，一有得失善惡關於政理，公無不極意反復，爲上力言。或矯拂情欲，或切劘計慮，或辨別忠佞，而處其進退，章有一再或至於十餘上。事有陰争獨陳，或悉引諫官、御史合議肆言。仁宗常虚心采納，爲之變命令，更廢舉，近或立從，遠或越月踰時，或至於其後，卒皆聽用。蓋當是時，仁宗在位歲久，熟於人事之情僞，與群臣之能否，方以仁厚清凈休養元元，至於是非與奪，則一歸之公議，而不自用也。其所引拔，以言爲職者如公，皆一時之選，而公與同時之士，亦皆樂得其言〔三〕，不曲從苟止。故天下之情，因得畢聞於上，而事之害理者，常不果行。至於奇衺恣睢，有爲之者，亦輒敗悔。故當此之時，常委事七八大臣，而朝政無大闕失，群公奉法遵職，海内乂安。夫因人而不自用者，天也。仁宗之所以其仁如天，至於享國四十餘年，能承太平之業者，繇是而已。後世得公之遺文，而論其世，見其上下之際，相成如此，必將低回感慕，有不可及之嘆，然後知其時之難得，則公言之不没，豈獨見其志，所以明先帝之盛德於無窮也！

吕獻可奏章二十卷〔四〕

鼂氏曰：吕誨字獻可。熙寧中爲御史中丞，坐攻王安石，知鄧州。司馬温公服其知人，且序其章奏集云〔五〕。其草存者二百八十有九，歷觀古人有能得其一二者，已可載之史籍，在獻可蓋不足道也。

陳氏曰：獻可，丞相正惠公端之孫也。

孫莘老奏議十卷

鼂氏曰：孫覺字莘老。元豐末，自祕書少監除右諫議大夫。元祐初，遷給事中，吏部侍郎。莘老素與王介甫善，後爲諫官論新法，遂絶。

李公擇廬山奏議十七卷

鼂氏曰〔六〕：李常字公擇。早年讀書於廬山。熙寧間爲諫官，論青苗法而罷。元祐初，爲御史中丞。

范蜀公奏議二卷

鼂氏曰：范鎮字景仁，成都人。舉進士，爲禮部第一。仁宗朝知諫院，後言王安石新法不便，乞致仕，歸潁昌。元祐初，詔召不赴。封蜀郡公。年八十一。謚忠文。

經緯集十四卷

陳氏曰：樞密副使會稽孫抃元規撰。

傳獻簡奏議四卷〔七〕

陳氏曰：傅堯俞撰。

汪玉山跋略曰：范忠宣公誌公墓曰：司馬温公言傅欽之清且勇。邵康節謂欽之清而不耀，直而不訐，勇而能温云。

范忠宣彈事五卷　國論五卷

陳氏曰：范純仁撰。

范德孺奏議二十五卷

陳氏曰：龍圖閣直學士范純粹德孺撰。文正公三子。中子純禮彝叟至尚書右丞。純粹守邊，有將才。文正嘗謂仁得其忠，禮得其静，粹得其略。其長子純祐天成尤英悟，不幸病廢蚤世。富文忠深惜之，爲作墓誌。

盡言集十三卷

陳氏曰：諫議大夫元城劉安世器之撰。

王明叟奏議二卷

陳氏曰：翰林學士海陵王覿明叟撰。坐黨籍謫臨江而卒。其在朝，專論蘇、程朋黨之弊，以爲深患。

丁隲奏議一卷

陳氏曰：右正言毘陵丁隲撰。元祐中在諫垣。嘉祐二年進士也。

諫垣集二卷

陳氏曰：陳瓘撰。

閑樂奏議一卷

陳氏曰：殿中侍御史建陽陳師錫伯修撰。熙寧九年第進士，裕陵素知其文行，擢爲第三人。蘇軾知湖州，師錫掌書記。軾下御史獄，師錫篤賓友之義，安輯其家。軾入西掖，薦自代，明著其事。師錫在元豐已爲察官，坐論進士習律，罷出。建中靖國再入，未幾又罷。

河間公奏議十卷

鼂氏曰：朱光庭，元祐中爲諫官時所論事也。

得得居士讜草一卷

陳氏曰：正言眉山任伯雨德翁撰。其論蔡卞、章惇欲廢宣仁尤切，故卞深恨之，獨貶嶺外。

龔彥和奏疏一卷

陳氏曰：殿中侍御史河間龔夬彥和撰。二陳、任、龔皆建中靖國言事官，極論蔡京者也。

石林奏議十五卷

陳氏曰：葉夢得撰。

石林自序志愧集曰：進對以來，奏藁藏於家者若干篇，不忍盡棄，乃序次爲十卷，目之曰志愧集。夫天下豈無大安危，生民豈無大休戚，矧戎狄亂華，中原分裂，上方櫛沐風雨，旰食圖功，而身遭不世之主，横被非常之知，所言僅如是而已。心非木石，安得不愧？姑自識之，留以遺子孫，庶後世悼其意之不終，或有感勵奮發，慨然少能著見者，猶足雪其無功之恥，而償其未報之恩也。

虞雍公奏議

丞相虞允文撰。後溪劉氏序略曰：余讀雍國忠肅虞公奏議二百二十有七篇而慨然有感。世但知采石之戰以七千卒却虜兵四十萬，其功甚偉，然忌者猶曰「適然」。豈知公於紹興辛巳之前，已因論對，面奏虜必叛盟，兵必分五道，正兵必出淮西，奇兵必出海道，宜令良將勁卒備此二境，其先事之識，已絶出乎衆人之表矣。及虜叛盟，上令從臣集議，公獨言虜兵必出兩淮。丞相善其言而未果行，及遣公勞師采石，事已大壞。公以書生收合亡卒，激厲諸將，施置於倉卒之際，而破虜於俄頃之間。嗚呼！非胸中素有蓄積忠誠，足以動天地，感人心，而作士氣，未易成此偉績也。而曰「適然」可乎？自昔狃勝者，必忽其餘憂，公又令設備於瓜洲，其他區畫，悉各精密而不苟，虜遂遁去，乃徐請車駕還行都，皆歷歷見於奏疏也。余竊妄論本朝多議論，少成功，雖盛時猶然也。況積習消靡之餘，夫人皆喜逸而惡勞，圖安而懼危。中興以來，前有張魏公，後有虞雍公，爲國家任其勞，當其危者也。彼不少愧焉而又忍短毁之乎？

連寶學奏議二卷

陳氏曰：寶文閣學士安陸連南夫鵬舉撰。紹興初知饒州，捍禦有功。及和議成，南夫知泉州，上表略曰：「不信亦信，其然豈然？」又曰：「雖虞舜之十二州，昔皆吾有；然商於之六百里，當念爾欺！」由是得罪。

若溪奏議一卷

陳氏曰：資政長城劉珏希范撰。嘗以同知三省樞密院扈從隆祐南幸。

毘陵公奏議二十五卷

陳氏曰：張守撰。

陳國佐奏議十二卷

陳氏曰：禮部侍郎赤城陳公輔國佐撰〔八〕。政和三年，上舍釋褐首選。紹興初爲諫官。

胡忠簡奏議四卷

陳氏曰：胡銓撰。

玉山表奏一卷

陳氏曰：汪應辰撰。

陳正獻奏議二十卷　表劄二十卷

陳氏曰：陳俊卿撰。

龔實之奏藁六卷

陳氏曰：龔茂良撰。

南軒奏議十卷

陳氏曰：張栻撰〔九〕。

胡獻簡奏議八卷　臺評二卷

陳氏曰：禮部尚書會稽胡沂撰。

梅溪奏議三卷

陳氏曰：太子詹事樂清王十朋龜齡撰。

省齋歷官表奏十二卷

陳氏曰：周必大撰。

軒山奏議二卷

陳氏曰：王藺撰。

北山讜議一卷

陳氏曰：户部侍郎濡須王遷少愚撰。藺之兄。開禧中諫用兵。

李祭酒奏議一卷

陳氏曰：國子祭酒錫山李祥元德撰。慶元初，論救趙忠定得罪者。

齊齋奏議三十卷　掖垣繳論四卷　銀臺章奏五卷　臺諫論二卷　昆命元龜説一卷

陳氏曰：倪思撰。

校勘記

〔一〕館閣書目作王琳　「王琳」原作「王綝」，據直齋書録解題卷五典故類改。

〔二〕得一百六十三篇　「六」，郡齋讀書志卷一八别集類中作「九」。

〔三〕亦皆樂得其言　「得」原作「行」，據元本、慎本、馮本及曾鞏集卷一二范貫之奏議集序改。

〔四〕吕獻可奏章二十卷　「奏章」，郡齋讀書志卷一九别集類下本條解題作「章奏」。

〔五〕且序其章奏集云　郡齋讀書志袁本前志卷四下别集類下「且」字前有「志其墓」三字。

〔六〕鼂氏曰　「鼂」原作「陳」，據郡齋讀書志卷一九别集類下改。

〔七〕傅獻簡奏議四卷　「傅獻簡」原作「傅顯簡」，據直齋書録解題卷二二章奏類及宋史卷三四一傅堯俞傳改。

〔八〕禮部侍郎赤城陳公輔國佐撰　「陳」字原脱，據直齋書録解題卷二二章奏類及宋史卷三七九陳公輔傳補。

〔九〕張栻撰　「張栻」原作「張拭」，據直齋書録解題卷二二章奏類及宋史卷四二九張栻傳改。

卷二百四十八　經籍考七十五

集 總集各門總　總集

隋經籍志曰：總集者，以建安之後，詞賦轉繁，衆家之集，日以滋廣。晉代摯虞，苦覽者之勞倦，於是採摘孔翠，芟翦繁蕪，自詩賦以下，各爲條貫，合而編之〔一〕，謂之流別。是後文集、總鈔，作者繼軌。屬辭之士，以爲覃奧而取則焉。

隋志：一百七部，二千二百一十三卷。通計亡書合二百四十九部〔二〕，五千二百二十四卷。

唐志：七十五家，九十九部，四百二十三卷。李淳風以下不著録七十八家，八百一十三卷。

宋三朝志：一百一十七部，四千一百八卷。

宋兩朝志：二十九部，四百一十三卷。

宋四朝志：六十二部，五百一十四卷。

宋中興志：二百九十三家，三百一十五部，六千五百九十二卷〔三〕。

右總集。

宋三朝藝文志：晉李充始著翰林論〔四〕。梁劉勰又著文心雕龍，言文章體製。又鍾嶸爲詩評，其後述略例者多矣。至於揚榷史法，著爲類例者，亦各名家焉。前代志録，散在雜家或總集，然皆所未安。惟吴兢西齋有文史之别，今取其名而條次之。

中興藝文志：文史者，譏評文人之得失也。通志叙論評史，韵語陽秋評詩，藝苑雌黄則併子、史、集之誤皆評之。

唐志：四部，四家，一十八卷。劉子玄以下皆不著録二十二家，二十三部〔五〕，一百七十九卷。

宋三朝志：三十八部，一百二十五卷。

宋兩朝志：八部，五十九卷。

宋四朝志：一十八部，一百四十卷。

宋中興志：六十二家，六十五部，四百八十七卷。

右文史。

李善注文選六十卷

鼂氏曰：梁昭明太子蕭統纂。前有序具述所以作之意，蓋選漢迄梁諸家所著賦〔六〕、詩、騷、七、詔、册、令、教、策秀才文、表、上書、啓、彈事、牋、記、書、移檄、難、對問、議論、序、頌、贊、符命、史論、連珠、銘、箴、誄、哀策、碑誌、行狀、弔祭文，類之爲三十卷。竇常謂統著文選，以何遜在世，不録其文。蓋其人既往，而後其文克定。然則所録皆前人作也。唐李善集注，析爲六十卷。善，高宗時爲弘文學士，博學，經史百家，無不備覽而無文，時人謂之「書簏」。初爲輯注，博引經史，釋事而忘其義。書成上進，問其子邕，邕無言。善曰：「非邪？爾當正之。」於是邕更加以義釋，解精於五臣。今釋事加義者兩存焉。蘇子瞻嘗讀善注而嘉之，故近世復行〔七〕。

東坡蘇氏答劉沔書曰：「梁蕭統文選，世以爲工，以軾觀之，拙於文而陋於識者莫統若也。宋玉賦高唐、神女，其初略陳所夢之因，如子虛、亡是公相與問答，皆『賦』矣，而統謂之『叙』，此與兒童之見何異？李陵、蘇武贈別長安，而詩有江漢之語，及陵與武書，辭句儇淺，正齊、梁間小兒所擬作，決非西漢文，而統不悟，劉子玄獨知之。」「識真者少，蓋從古所病」也。

五臣注文選三十卷

鼂氏曰：唐呂延祚集注。延祚以李善止引經史，不釋述作意義，集呂延濟、劉良、張銑、呂向、李周翰五人注，延祚不與焉，復爲三十卷。開元六年，延祚上之，名曰五臣注。

陳氏曰：後人并李善元注合爲一書，名六臣注，凡六十卷。東坡謂五臣乃俚儒之荒陋者，反不及善。如謝瞻詩「苛慝暴三殤」，引「苛政猛於虎」，以父與夫爲殤〔八〕，非是。然此說乃本於善也。

玉臺新詠十卷

陳氏曰：陳徐陵孝穆集，且爲作序。

後村劉氏曰：徐陵所序玉臺新詠十卷，皆文選所棄餘也。六朝人少全集，雖賴此書略見一二，然賞好不出月露〔九〕，氣骨不脫脂粉，雅人莊士見之廢卷。昔坡公笑蕭統之陋，以陵觀之，愈陋於統。如沈休文六憶之類，其褻慢有甚於香奩、花間者，然則自國風、楚辭而後，固當繼以選詩，不易之論也。

楚漢逸書八十二篇

豫章洪芻編。宋玉、司馬相如、司馬遷、董仲舒、賈誼、枚乘、路喬如、公孫詭、鄒陽、公孫乘、羊勝、中山王勝、淮南王安、班婕妤、王褒、劉向、劉歆、揚雄、班固凡十九家，叙其可考而讀者，共八十二篇。

野處洪氏題後曰：此書傳於道山，又有漢賢遺集，所載略同，凡所脱字，皆據以衍入，猶有疑不可知者，他日當以諸書互出者參校之。

雜文章一卷

鼂氏曰：孫巨源得之於祕閣，載宋玉等賦、頌五十八篇。景迂生元豐甲子以李公擇本校正。後有劉大經、田爲、王雲、李端、唐君益諸人題跋。

古文苑九卷

陳氏曰：不知何人集。皆漢以來遺文，史傳及文選所無者。世傳孫洙巨源於佛寺經龕中得之。唐人所藏。韓無咎類次爲九卷，刻之婺州。中興書目有孔逭文苑〔一〇〕，非此書。孔逭，晉人。本書百卷，惟存十九卷耳。

古文章十六卷

陳氏曰：會稽石公輔編。與前書相出入而稍多，亦有史傳中抄出者，首卷爲武王丹書，其末蔡琰胡笳十八拍也。館閣書目又有漢魏文章二卷，集宋玉以下文八十八首，未見。

晉代名臣文集

容齋洪氏隨筆曰：故簏中得舊書一帙，題爲晉代名臣文集，凡十四家，所載多不能全，真泰山一毫芒耳。有張敏者，太原人，仕歷平南參軍、太子舍人、濟北長史。其一篇曰頭責子羽文，極爲尖新，古來文士皆無此作，恐藝文類聚、文苑英華或有之，惜其泯没不傳，謾采以遺博雅君子。文見五筆第四卷。其文九百餘言，頗有東方朔客難、劉孝標絶交論之體。集仙傳所載神女成公智瓊傳，見於太平廣記，蓋敏之作也。鄒湛姓名，因羊叔子而傳，而字曰潤甫，蓋見於此。

文粹一百卷

鼂氏曰：宋朝姚鉉字寶臣編。鉉，廬州人，太平興國中進士。文辭敏麗，善書札，藏書至多，頗有異本。累遷兩浙漕，課吏寫書，采唐世文章，分門編類，初爲五十卷，後復增廣之。坐事斥連州，卒。其子以其書上獻，詔藏内府，命以一官。

陳氏曰：鉉爲兩浙轉運使，在杭州與知州薛映不協。映摭其罪狀數條，密以聞，當奪一官，特除名貶連州文學。其自爲序，稱吴興姚鉉，蓋本郡望。鉉實合肥人。

塵史：姚鉉集唐人所爲古賦、樂章、歌詩、贊、頌、碑、銘、文、論、箴、表、傳、録、書、序凡百卷，名文粹。予在開封時，得唐潭州刺史張登文集一策三卷〔二〕，權文公爲序。其略曰：如求居、寄別、懷人三賦，與證相一篇，意有所激，鏘然玉振，倘有繼昭明之爲者，斯不可遺也。然觀文粹，並不編載，由是知姚亦有未見者。鉉謫居連州，嘗寫所著文粹一百卷，好事者於縣建樓貯之。官屬多遣吏寫録，吏以爲苦，以鹽水噀之，冀其速壞，後以火焚其樓。

續古今詩苑英華集十卷〔一二〕

鼂氏曰：唐僧惠净撰。輯梁武帝大同中會三教篇至唐劉孝孫成皋、望河之作，凡一百五十四人，歌詩五百四十八篇，孝孫爲之序。

珠英學士集五卷

鼂氏曰：唐武后朝，嘗詔武三思等修三教珠英一千三百卷，預修書者凡四十七人〔一三〕，崔融編集其所賦詩，各題爵里，以官班爲次，融爲之序。

麗則集五卷

鼂氏曰：唐李氏撰，不著名。集文選以後至唐開元詞人詩，凡三百二十首，分門編類。貞元中，鄭餘慶爲序。

梁詞人麗句一卷

陳氏曰：唐李商隱集梁明帝而下十五人詩，并鬼詩、童謡。

玉臺後集十卷

陳氏曰：唐李康成集〔一四〕。

後村劉氏曰：鄭左司子敬家有玉臺後集，天寶間李康成所選。自陳後主、隋煬帝、江總、庾信、沈、宋、王、楊、盧、駱而下二百九人，詩六百七十首，彙爲十卷，與前集等，皆徐陵所遺落者，往往其時諸人之集尚存。天寶間，大詩人如李、杜、高適、岑參輩迭出，康成同時，乃不爲世所稱。若非子敬家偶存此編，則許多佳句失傳矣。中間自載其詩八首，如「自君之出矣，絃吹絶無聲；思君如百草，撩亂逐春生」，似六朝人語。如「河陽店家女」長編一首，押五十二韵，若欲與木蘭及孔雀東南飛之作方駕者。末云：「因緣苟會合，萬里猶同鄉；運命倘不諧，隔壁無津梁。」亦佳。

篋中集一卷

陳氏曰：唐元結次山録沈千運、趙微明、孟雲卿、張彪、元季川、于逖、王季友七人詩二十四首，盡篋中所有次之。荆公詩選，盡取不遺。唐中世詩高古如此，今人乃專尚季末，亦異矣。館閣書目以爲結自作，入別集門，非是。

國秀集三卷

陳氏曰：唐國子進士芮挺章集李嶠至祖咏九十人詩二百二十首。天寶三載國子進士樓穎爲序。

搜玉小集一卷

陳氏曰：自崔湜至崔融三十七人詩六十一首。

竇氏聯珠集五卷

陳氏曰：唐褚藏言所序竇氏兄弟五人詩，各有小序，曰：「國子祭酒常中行、國子司業牟貽周、容管經略群丹列〔一五〕、婺州刺史庠冑卿、武昌節度使鞏友封，皆拾遺叔向子也。五人惟群以處士薦入諫省，庠以辟舉，餘皆進士科。

容齋洪氏隨筆曰：竇氏聯珠序云，五竇之父叔向，當代宗朝，善五言詩，名冠流輩。時屬貞懿皇后山陵，上注意哀挽，即時進三章，内考首出，傳諸人口。有「命婦羞蘋葉，都人插奈花」，「禁兵環素帟，宫女哭寒雲」之句，可謂佳唱，而略無一首存於今。荆公百家詩選亦無之，是可惜也。予嘗得故吴良嗣家所抄唐詩，僅有叔向六篇，皆奇作。念其不傳於世，今悉録之。詩見四筆第六卷。叔向字遺直，仕至左拾遺，出爲溧水令，唐書亦稱其以詩自名云。

唐御覽詩一卷

陳氏曰：唐翰林學士令狐楚纂劉方平而下迄於梁鍠凡三十人詩二百八十九首。一名唐新詩，又名曰選進集，又名元和御覽。

河嶽英靈集二卷

陳氏曰：唐進士殷璠集常建等詩二百三十四首。

極玄集一卷

陳氏曰：唐姚合集王維至戴叔倫二十一人詩一百首，曰：「此詩家射鵰手也。」

中興間氣集三卷〔一六〕

鼂氏曰：唐高仲武輯至德迄大曆中錢起以下二十六人詩，自爲序。以天寶叛涣，述作中廢，至德中興，風雅復振，故以名。仍品藻衆作，著之於前云。或又題孟彦深纂。

陳氏曰：所選詩一百三十二首，各有小傳，叙其大略，且拈提其警句，而議論文辭皆凡鄙。

南薰集三卷

鼂氏曰：唐竇常撰〔一七〕。集韓翃至皎然三十人〔一八〕，約三百六十篇，凡三卷。其序云：欲勒上中下，則近於褒貶；題一二三，則有等差〔一九〕。故以西掖、南宫、外臺爲目，人各係名、係贊。

本事詩一卷

鼂氏曰：唐孟棨撰。纂歷代詞人緣情感事之詩，叙其本事，凡七類。

斷金集一卷

鼂氏曰：唐令狐楚、韓琪與李逢吉自爲進士以至宦達所與酬唱詩什〔二〇〕。開成初，裴夷直序之。

唐詩類選二十卷

陳氏曰：唐太子校書郎顧陶集。凡一千二百三十二首，自爲序。大中丙子歲也〔二一〕。陶，會昌四年進士。

漢上題襟集三卷

陳氏曰：唐段成式、温庭筠、庭皓〔二二〕、余知古、韋蟾、徐商等唱和詩什，往來簡牘，蓋在襄陽時也。

松陵集十卷

鼂氏曰：唐皮日休與陸龜蒙酬唱詩，凡六百五十八首〔二三〕，龜蒙編次之，日休爲序。松陵者，平江地名也。

唐賦二十卷

鼂氏曰：唐科舉之文也。蕭穎士〔二四〕、裴度、白居易、薛逢、陸龜蒙之作皆在焉。

奇章集四卷

中興藝文志：集唐李林甫至崔湜百餘家詩奇警者，集者不知名。

咸通初表奏集一卷

中興藝文志：唐夏侯孜、令狐綯、于琮、白敏中等作，集者不知名。

西漢文類二十卷

鼂氏曰：唐柳宗直撰。其兄宗元嘗爲之序。至皇朝，其書亡，陶氏者重編纂成也。

陳氏曰：宗直此書四十卷，唐藝文志有之，其書不傳。今書陶叔獻元之所編次，未詳何人，梅堯臣爲之序。

子厚序略曰：文之近古而尤壯麗，莫若漢之西京。班固書傳之，吾嘗病其畔散不屬，無以考其變，欲采比義，會年長病作，駑墮愈甚，未能勝也。幸吾弟宗直愛古書，樂而成之。搜討磔裂，攟摭融結，離而同之，與類推移，不易時月，而咸得從其條貫，森然炳然〔二五〕，若開群玉之府，指揮聯累圭璋琮璜之狀，各有列位，不失其叙，雖第其價可也。以文觀之，則賦、頌、詩、歌、書、奏、詔、策、辯、論之辭畢具；以語觀之，則右史紀言，尚書、戰國策，成敗興壞之説大備，無不苞也。噫！是可以爲學者之端邪？始吾少時，有路子者，自贊爲是書，吾嘉而叙其意，而其書終莫能具，卒俟宗直也。故删取其叙係於左，以爲西漢文類首紀。

東漢文類三十卷

鼂氏曰：五代竇儼編。

三國文類四十卷

陳氏曰：不知何人集。

唐文類三十卷

鼂氏曰：皇朝陶叔獻編。

唐類表二十卷

陳氏曰：館閣書目有李吉甫所集唐類表五十卷〔二六〕。未之見也。

漢唐策要十卷

鼂氏曰：陶叔獻編。

續本事詩二卷

鼂氏曰：僞吴處常子撰。未詳其人。自有序云：比覽孟初中本事詩，輒搜篋中所有，依前題七章，類而編之。皆唐人詩也。

才調集十卷

陳氏曰：後蜀韋縠集唐人詩〔二七〕。

洞天集五卷

陳氏曰：漢王貞範集道家、神仙、隱逸詩篇。漢乾祐中也。

烟花集五卷

陳氏曰：蜀後主王衍集艷詩二百篇，且爲之序。

文苑英華一千卷

陳氏曰：太平興國七年，命學士李昉、扈蒙、徐鉉、宋白等閱前代文學，撮其精要，以類分之。續又命蘇易簡、王祐等〔二八〕。至雍熙三年書成。

王氏揮麈録曰〔二九〕：太平興國中〔三〇〕，諸降王死，其舊臣或宣怨言〔三一〕，太宗盡收用之，寘之館閣，使修群書。如册府元龜、文苑英華、太平廣記之類。廣其卷帙，厚其廩禄贍給，以役其心，多卒老於文字之間云。

平園周氏跋文苑英華後曰：臣伏睹太宗皇帝，丁時太平，以文化成天下，既得諸國圖籍，聚名士於朝，詔修三大書，曰太平御覽、曰册府元龜、曰文苑英華，各一千卷。今二書閩、蜀已刊，惟文苑英華士大夫間絶無而僅有。蓋所集止唐文章，如南北朝間存一二。是時印本絶少，雖韓、柳、元、白之文，尚未甚傳，其他如陳子昂、張説、張九齡、李翺諸名士文籍〔三二〕，世猶罕見。故修書官於宗元、居易、權德輿、李商隱、顧雲、羅隱〔三三〕，或全卷收入。當真宗朝，姚鉉銓擇十一，號唐文粹，由簡故精，所以盛行。近歲唐文摹印浸多，不假英華而傳。況卷帙浩繁，人力難及，其不行於世則宜。臣事孝宗皇帝，間聞聖諭，欲刻江鈿文海，臣奏其去取差謬不足觀，帝乃詔館閣裒集皇朝文鑑。臣因及英華，雖祕閣有本，然舛誤不可讀。俄聞傳旨取入，遂經乙覽。時御前置校正書籍一二十員，皆書生稍習文墨者，月給餐錢，滿數歲補進武校尉，既得此爲課程，往往妄加塗注，繕寫裝飾，付之祕閣，後世將遂爲定本。臣過計有三不可：國初文籍雖寫本〔三四〕，然校讎頗精，後來淺學改易，浸失本旨，今乃盡以印本易舊書，是非相亂，一也；凡廟諱未祧，止當闕筆，而校正者於賦中以商易殷〔三五〕，以洪易弘，或值押韻，全韻隨之。至於唐諱及本朝諱，存改不定，二也；元缺一句或二句，或頗用古語，乃以不知爲知，擅自增損，使前代遺文幸存者，轉增疵纇，三也。頃嘗屬荆帥范仲藝均倅丁介，稍加校正。晚幸退休，徧求別本，與士友詳議，疑則缺之。凡經、史、子、集、傳注、通典、通鑑及藝文類聚、初學記，下至樂府、釋老、小説之類，無不參用。惟是元脩書歷年頗多〔三六〕，非出一手，叢脞重複，首尾衡決，一詩或析爲三，二詩或合爲一，姓名差互〔三七〕，先後顛倒，不可勝計。其間賦多用「員」字，非讀泰誓正義，安知今日之「云」字乃「員」之省文？以「堯韭」對「舜榮」，非讀本草注，安知其爲「菖蒲」？又如切磋之「磋」〔三八〕、馳驅之「驅」、掛帆之「帆」、仙裝之「裝」，廣韵各有側音，而流俗改「切磋」爲「效課」，以「駐」易「驅」，以「席」易「帆」，以「仗」易「裝」，今皆正之，詳注逐篇之下，不復偏舉。始雕於嘉泰改元春〔三九〕，至四年秋訖工。蓋欲流傳斯世，廣熙陵右文之盛，彰阜陵好善之優。老臣發端之志，深懼求者之莫知其由，故列興國至雍熙成書歲月，而述證誤本末如此，缺疑尚多，謹俟來哲。

群書麗藻六十五卷

陳氏曰：按三朝藝文志一千卷，崔遵度編。中興館閣書目但有目録五十卷，云南唐司門員外郎崔遵度撰。以六例總括古今之文：一曰「六籍瓊華」，二曰「信史瑶英」，三曰「玉海九流」，四曰「集苑金鑾」，五曰「絳闕蘂珠」，六曰「鳳首龍編」，爲二百六十七門，總一萬三千八百首。今無目録，合三本，共存此卷數，斷續訛缺，不復成書，當其傳寫時固已如此矣。其目止有四種，無「金鑾」、「蘂珠」二類，姑存之，以備缺文。按江南餘録載：遵度，青州人。居金陵，高尚不仕。中興書目云司門郎，未知何據也。

文選目録二卷〔四〇〕

陳氏曰：丞相元獻公晏殊集。中興館閣書目以爲不知名，誤也。大略欲續文選，故亦及於庾信、何遜、陰鏗諸人，而云唐人文者亦非。莆田李氏有此書，凡一百卷，力不暇傳，姑存其目。

唐百家詩選二十卷

鼂氏曰：皇朝宋敏求次道編。次道爲三司判官，嘗取其家所藏唐人一百八家詩，選擇其佳者凡一千二百四十六首爲一編，王介甫觀之，因再有所去取，且題云：「欲觀唐詩者，觀此足矣。」世遂以爲介甫所纂。

陳氏曰：世言李、杜、韓詩不與，爲有深意，其實不然。按此集非特不及此三家，而唐名人如王右丞、韋蘇州、元、白、劉、柳、孟東野、張文昌之倫，皆不在選。意荆公所選，特世所罕見，其顯然在人者，固不待選邪？抑宋氏獨有此一百五集，據而擇之，他不復及邪？未可以臆斷也。

四家詩選十卷

陳氏曰：王安石所選杜、韓、歐、李詩。其置李於末，而歐反在其上，或亦謂有抑揚云。

唐宋類詩二十卷

鼂氏曰：皇朝僧仁贊序稱羅、唐兩士所編，而不載其名。分類編次唐及宋朝祥符以前名人詩。

西崑酬唱集二卷

鼂氏曰：楊億、劉筠、李宗諤、鼂某、錢惟演及當時同館十五人唱和詩，凡二百四十七章。前有楊億序。

陳氏曰：所謂「崑體」者，於此可見。

歐公詩話曰：楊大年與錢、劉諸公唱和，自西崑集出，時人争效之，詩體一變。而先生老輩患其多用故事，至於語僻難曉，殊不知自是學者之敝，如子儀一作大年。新蟬云：「風來玉宇烏先轉，露下金莖鶴未知〔四一〕。」雖用故事，何害爲佳句也。又如大年詩：「峭帆横渡官橋柳，疊鼓驚飛海岸鷗。」其不用故事，又豈不佳乎？蓋其雄文博學，筆力有餘，故無施而不可，非如前世號詩人者，區區於風雲草木之類，爲許洞所困也。

寶刻叢章三十卷

鼂氏曰：皇朝宋敏求次道編。次道聚天下古今詩歌石刻一千一百三十篇〔四二〕，多有別集中所逸者，以其相附近者相從，又次以歲月先後。王益柔爲之序云：「文章難能者莫如詩，凡刻之金石者，則必其自以爲得，或作於人所愛重者，故多有清新瓌麗之語，覽者其深究焉。」

三謝詩一卷

陳氏曰：集謝靈運、惠連、玄暉詩。不知何人集。中興書目云：唐庚子西。

謝氏蘭玉集十卷

陳氏曰：吴興汪聞集謝安而下子孫十六人詩三百餘篇。聞，熙寧六年進士。序稱新天子即位之歲，元祐元年也。

樂府集十卷　解題一卷

陳氏曰：題劉次莊。中興書目直云次莊撰。取前代樂府，分類爲十九門，而各釋其命題之意。按唐志樂類有樂府歌詩十卷者二，有吴兢樂府古題要解一卷。今此集所載止於陳、隋人，則當是唐集之舊。而序文及其中頗及杜甫、韓愈、元、白諸人，意者次莊因舊而增廣之歟？然館閣書目又自有吴兢題解，及别出古樂府十卷，解題一卷，未可考也。

樂府詩集一百卷

陳氏曰：太原郭茂倩集。凡古今號稱樂府者皆在焉。其爲門十有二，首尾皆無序文。中興書目亦不言其人本末。按茂倩，侍讀學士郭仲褒之孫，昭陵名臣也。本鄆州須城人，有子曰源中、源明。茂倩，源中之子也，但未詳其官位所至。

歲時雜咏二十卷

鼂氏曰：皇朝宋綬編。宣獻公昔在中書第三閣，手編古詩及魏、晉迄唐人歲時章什一千五百有六，釐爲十八卷，今益爲二十卷云。

唐僧詩三卷

陳氏曰：吴僧法欽集唐僧三十四人詩二百餘篇。楊傑次公爲之序。

後村劉氏曰：唐僧見於韓氏者七人，唯大顛、潁師免嘲侮，高閑草書，頗見貶抑，如惠如靈，如文暢如澄觀，直以爲戲笑之具而已。靈尤跌蕩，至於醉花月而羅嬋娟，豈佳僧乎？韓公方欲冠其顛，始聞澄觀能詩，欲加冠巾，及觀來謁，見其已老，則又潸然惜其無及，所謂「善戲謔不爲虐」者邪？

九僧詩集一卷

鼂氏曰：皇朝僧希晝、保暹、文兆、行肇、簡長、惟鳳、惠崇〔四三〕、宇昭〔四四〕、懷古也。陳充爲序，凡一百十篇。歐公曰：進士許洞因會九僧分題，出一紙，約曰：「不得犯一字。」其字乃山水、風雲、竹石、花草、雪霜、星日、禽鳥之類〔四五〕，於是諸僧皆閣筆。此本出李夷中家，其詩可稱者甚多，惜乎歐公不盡見之。許洞之約雖足以困諸僧，然論詩者正不當爾。蓋詩多識鳥獸草木之名，而楚辭亦寓意於「飆風」、「雲霓」。如「池塘生春草」，「窗間列遠岫」，「天際識歸舟，雲中辨江樹」，「蟬噪林逾靜，鳥鳴山更幽」，「庭草無人隨意緑」，「宮漏出花遲」，「楓落吴江冷」，「空梁落燕泥」，「微雲淡河漢，疏雨滴梧桐」，「殘星幾點鴈横塞，長笛一聲人倚樓」，「鷄聲茅店月，人迹板橋霜」之類，莫不犯之。若使此諸公與許洞分題，亦須閣筆，矧其下者哉？

陳氏曰：凡一百七首。景德初，直昭文館陳充序，目之曰「瑑玉工」，以對姚合「射鵰手」。九人，惟惠崇有別集。歐公詩話乃云：「其集已亡，惟記惠崇一人，今不復知有九僧，未知何也？」

歐陽公詩話曰：國初浮屠，以詩名於世者九人，故時有集，號九僧詩，今不復傳矣。余少時聞人多稱其一，曰惠崇，餘八人者，忘其名字。余亦略記其詩。有云：「馬放降來地，鵰盤戰後雲。」又云：「春生桂嶺外，人在海門西。」其佳句多類此。

瑶池新集一卷

鼂氏曰：唐蔡省風集唐世能詩婦人李季蘭至程長文二十三人詩什一百十五首〔四六〕，各爲小序，以冠其前，且總爲序。其略云：「世叔之婦，修史屬文；皇甫之妻，抱忠善隸。蘇氏雅於迴文，蘭英擅於宫掖，晉紀道韞之辨，漢尚文姬之辭，況今文明之盛乎？」

名臣贊种隱君書啓一卷

陳氏曰：祥符諸賢所與种放明逸書牘也。首篇張司空齊賢書，自叙平生出處甚詳，可以見國初名臣氣象。

仕塗必用集二十一卷

鼂氏曰：宋朝祝熙載編本朝楊、劉以後諸公表、啓爲一編。

陳氏曰：吴郡祝熙載序云：陳君材夫所編。皆未詳何人。録景德以來人表、牋、雜文，亦有熙載所作者，題爲「祝著作」，當是未改官制前人也。

三家宫詞三卷

陳氏曰：唐王建、蜀花蘂夫人、宋朝丞相王珪三人所著。

五家宫詞五卷

陳氏曰：石晉宰相和凝、本朝學士宋白、中大夫張公庠、直祕閣周彦質及王仲修，共五人，各百首。仲修當是珪之子。

丹陽類藁十卷

鼂氏曰：宋朝曾旼編。元豐中，旼守官潤州，因采諸家之集，始自東漢，終於南唐，凡得歌詩賦贊五百餘篇。

雲臺編六卷

鼂氏曰：宋朝耿思柔纂華州雲臺觀古今君臣所題詩什。

清才集十卷

鼂氏曰：宋朝劉禹卿編輯古今題劍門詩什銘賦。蒲逢爲序。

和陶集十卷

陳氏曰：蘇氏兄弟追和。傅共注。

汝陰唱和集一卷

陳氏曰：元祐中，蘇軾子瞻守潁，與簽判趙令畤德麟、教授陳師道無己唱和。鼂説之以道爲之序，李廌方叔後序，二序皆爲德麟作。

綸言集一百卷

鼂氏曰：或編國朝制册、詔誥成此書，以爲皆王言也，故以爲名。

太平盛典二十三卷

鼂氏曰：或編政和間制誥、表章，多有可觀者。

續中興制草三十卷

丞相益公周必大集。自爲序曰：嘉祐中，歐陽修建言，學士所作文書，皆繫朝廷大事。示於後世，則爲王者之謨訓；藏之有司，乃是本朝之故實。而景祐以後，漸成散失，於是以門類、年次編爲卷帙，號學士院草録。中經兵火，文人故家僅傳所謂玉堂集及大詔令者〔四七〕，其全書不可得而見矣。近歲承旨洪遵，起建炎中興，迄紹興内禪，三紀之間，得制草六十四卷，序而藏之。復十年於兹，今乃命院吏裒隆興以來舊藁〔四八〕，繼遵所編，而以上太上皇帝尊號表文爲之首，其餘制詔各從其類，復增召試館職策問，合三十卷。繼今隨事附益，則卷帙未止，在後人續之而已。

高麗詩三卷

鼂氏曰：元豐中，高麗遣崔思齊、李子威、高琥〔四九〕、康壽平、李穗入貢，上元宴之於東闕下。神宗製詩，賜館伴畢仲行，仲行與五人者及兩府皆和進，其後使人金梯、朴寅亮〔五〇〕、裴□、李絳孫、盧柳、金化珍等，途中唱和七十餘篇，自編之，爲西上雜咏。絳孫爲之序。

聖宋文粹三十卷

鼂氏曰：不題撰人。輯慶曆間群公詩文，劉牧、黄通之徒，皆在其選。

宋文海一百二十卷

鼂氏曰：江鈿編集本朝諸公所著賦、詩、表、啓、書、論、説、述、議、記、序、傳、文、贊、頌、銘、碑、制、詔、疏、詞、誌、挽、祭、禱文凡三十八門，雖頗該博，而去取無法。

皇宋詩選五十七卷

鼂氏曰：皇朝曾慥編。慥，魯公裔孫，守贛川，帥荆渚日，選本朝自寇萊公以次至僧璉二百餘家詩。序云：「博采旁搜，拔尤取穎，悉表而出焉。」

陳氏曰：慥字端伯，官至太府卿。編此所以續荆公之詩選，而鑒識不高，去取無法，爲小傳略無義類，議論亦凡鄙。陸放翁以比中興間氣集，謂相甲乙，非虚語也。其言歐、王、蘇不入選〔五一〕，以擬荆公不及李、杜、韓之意，荆公前選不然，余固言之矣。

唐三百家文粹四百卷

眉山成叔陽編。後溪劉氏序略曰〔五二〕：往時有唐文粹百卷，姚鉉之所銓纂，已倍於古。今眉山成君乃增益之至三百家，爲四百卷。嗚呼！何其多也！文之多者，可以察治；言之富者，可以觀德。眉山鄉多藏書，叔陽所以盡力乎其間，豈徒然哉！叔陽薦於鄉，既成此書，丐余序之。

皇朝文鑑一百五十卷

陳氏曰：呂祖謙編。周益公爲序，既成，封以遺呂，一讀，命藏之，蓋亦未當乎呂之意也。張南軒以爲無補治道，何益後學。而朱晦庵晚年嘗語學者曰：此書編次，篇篇有意，每卷首必取一大文字作壓卷。如賦取五鳳樓之類。其所載奏議，亦係一時政治大節，祖宗二百年規模與後來中變之意，盡在其間，非選粹比也。

建炎以來朝野雜記：文鑑者，呂祖謙被旨所編也。先是，臨安書坊有所謂聖宋文海者，近歲江鈿所編。孝宗得之，命本府校正刻板，時淳熙四年十一月也。周益公以學士輪當內直，因奏言：「此編去取差謬，殊無倫理，莫若委館閣官銓擇本朝文章，成一代之書。」上大以爲然，曰：「卿可理會。」益公奏乞委館職。後二日，伯恭以祕書郎轉對，上遂令伯恭校正，本府開雕。始趙丞相以西府奏事，上問：「伯恭文采及爲人如何？」趙力薦之，故有是命。伯恭言：「文海元係書坊一時刊行，名賢高文大册尚多遺落，乞一就增損，仍斷自中興以前銓次，庶可行遠。」許之。又命知臨安府趙磻老并本府教官二員，同伯恭校正。磻老言：「臣府事繁委，慮妨本職；兼策府書籍亦難令教官携出，乞專令祖謙校正。」從之。於是伯恭盡取祕府及士大夫所藏本朝諸家文集，旁采傳記他書〔五三〕，悉行編類，凡六十一門，爲百五十卷。既而伯恭再遷著作郎，兼禮部郎官。五年十二月，得中風病。六年正月，引疾求去，有旨予郡，後十三日，乃以書進。二月，上諭輔臣曰：「祖謙編類文海，採摭精詳，可除直祕閣。」又宣諭賜銀帛三百疋兩。時方嚴非有功不除職之令，舍人陳叔進駮之。輔臣奏事，上曰：「謂祖謙平日好名則有之，今此編次文海，採取精詳，且如奏議之類，有益治道，故以寵之，可即命詞。」叔進不得已，草制曰〔五四〕：「館閣之職，文史爲先，爾編類文海，用意甚深，採取精詳，有益治道，寓直中祕，酬寵良多，爾當知恩之有自，省行之不誣，用竭報焉，人斯無議。」時益公爲禮部尚書兼學士，得旨撰文海序。奏乞名皇朝文鑑，從之。時序既成，將刻板，會有近臣密啓云：「所載臣僚奏議，有詆及祖宗政事者，不可示後世。」乃命直院崔大雅更定增損去留凡數十篇，然訖不果刻也。張南軒時在江陵，移書晦庵曰：「伯恭好弊精神於閑文字中，徒自損何益？如編文海，何補於治道，何補於後學？徒使精神困於繙閲，亦可憐耳！承當編此等文字，亦非所以承君德也。」今孝宗實録書此事頗詳，未知何人當筆。其詞云：「初，祖謙得旨校正，蓋上意令校讎差誤而已。祖謙乃奏以爲去取未當，欲乞一就增損。三省取旨，許之。甫數日，上仍命磻老與臨安教官二員同校正，則上意猶如初也。時祖謙已誦言皆當大去取，其實欲自爲一書，非復如上命，議者不以爲可。磻老及教官畏之，不敢與共事，故辭不敢預〔五五〕，而祖謙方自謂得計。及書成，前輩名人之文蒐獮殆盡，有通經而不能文辭者，亦以表奏厠其間，以自矜黨同伐異之功，薦紳公論皆疾之。及推恩，除直祕閣，中書舍人陳騤繳還，比再下，騤雖奉命，然頗詆薄之，祖謙不敢辯也。其書上，不復降出云。」史臣所謂通經而不能文詞，蓋指伊川也。時侂胄方以道學爲禁，故詆伯恭如此，而牽聯及於伊川云。然余謂伯恭既爲詞臣醜詆，自當力辭職名〔五六〕，受之非矣。黄直卿亦以余言爲然。

朱子語録：伯恭文鑑，有止編其文理佳者；有其文且如此，而衆人以爲佳者；有其文雖不甚佳，而其人賢名微，恐其泯没，亦編其一二篇者；有文雖不佳，而理可取者。凡五例，已忘其一。熹與伯恭書云：「文鑑條例甚當，今想已有次第，但一種文勝而義理乖僻者，恐不可取。其只爲虚文而不説義理者，却不妨耳。佛、老文字，恐須如歐陽公登真觀記、曾子固仙都觀菜園寺記之屬，乃可入。其他贊邪害正者，文詞雖工，恐皆不可取也。」熹讀文鑑曰：「伯恭去取之文，如某平時不熟者，也不敢斷他。有數般皆某熟看底，今揀得無杷鼻。如詩，好底都不在上面，却載那衰颯底。把作好句法，又無把作好意思，又無把作好勸戒。亦無康節詩，如『天向一中分造化，人從心上起經綸』却不編入。」

又曰：文鑑後來爲人所譖，復令崔敦詩刪定，奏議多刪改之。如蜀人吕陶有一文〔五七〕，論制師服，此意甚佳，吕止收此一篇。崔云：「陶多少好文，何獨收此？」遂去之，更無入他文。

又曰：如編得沈存中律曆一篇，説渾天儀亦好。

水心葉氏曰：自古類書，未有善於此者。按上世以道爲治，而文出於其中。戰國至秦，道統放滅，自無可論。後世可論，惟漢、唐，然既不知以道爲治，當時見於文者，往往訛雜乖戾，各恣私情，極其所到，便爲雄長。類次者復不能歸一，以爲文正當耳。華忘實，巧傷正，蕩流不反，於義理愈害而治道愈遠矣。此書刊落浩穰，百存一二，苟其義無所考，雖甚文不録〔五八〕，或於事有所該，雖稍質不廢；鉅家鴻筆，以浮淺受黜，稀名短句，以幽遠見收。合而論之，大抵欲約一代治體，歸之於道，而不以區區虛文爲主。余以舊所聞於呂氏，又推言之，學者可以覽焉。然則謂莊周、相如爲文章宗者，司馬遷、韓愈之過也。周必大承詔爲序，稱「建隆、雍熙之間〔五九〕，其文偉；咸平、景德之際，其文博；天聖、明道之辭古；熙寧、元祐之辭達。」按呂氏所次二千餘篇，天聖、明道以前在者，不能十一，其工拙可驗矣。文字之興，萌芽於柳開、穆修，而歐陽修最有力。曾鞏、王安石、蘇洵父子繼之，始大振。故蘇氏謂天聖、景祐斯文終有媿於古。此論世所共知，不可改，安得均年析號，各擅其美乎？及王氏用事，以周、孔自比，掩絶前作。程氏兄弟，發明道學，從者十八九，文字遂復淪壞。則所謂「熙寧、元祐其辭達」，亦豈的論哉〔六〇〕？且人主之職，以道出治，形而爲文，堯、舜、禹、湯是也。若所好者文，由文合道，則必深明統紀，洞見本末，使淺知狹好無所行於其間，然後能有助於治，乃侍從之臣，相與論思之力也。而此序無一字不諂，尚何望其開廣德意哉！蓋此書以序而晦，不以序而顯，學者宜審觀也。

又曰：文字總集，各爲流別，始於摯虞〔六一〕，以簡代繁，而已未必有意，然聚之既多，則勢亦不能久傳。今其遠者獨一文選尚存，以其少也。近世多者至百千卷，今雖尚存，後必淪逸，獨呂氏文鑑，去取最爲有意，止百五十卷，得繁簡之中，鮮遺落之患。所可惜者，前代文字源流不能相接，若自本朝至渡江，則粲然矣。

歷代確論一百一卷

陳氏曰：不知何人集。自三皇、五帝以及五代，凡有論述者，隨世代編次。

右總集。

校勘記

〔一〕合而編之　「編」原作「論」，據隋書卷三五經籍志四及玉海卷五四晉文章流別改。

〔二〕通計亡書合二百四十九部　「亡」原作「士」，據元本、慎本、馮本及隋書卷三五經籍志四改。

〔三〕六千五百九十二卷　「九十二」三字原脱，據元本、慎本、馮本補。

〔四〕晉李充始著翰林論　「李充」原作「李光」，據晉書卷九二李充傳、新唐書卷六〇藝文四及玉海卷五四唐七十五家總集改。

〔五〕二十三部　「二」原作「三」，據新唐書卷六〇藝文四及玉海卷五四唐七十五家總集改。

〔六〕前有序具述所以作之意蓋選漢迄梁諸家所著賦　「前有序具述所以作之意蓋」及「漢迄梁諸家所著」等十八字原脱，據元本、慎本、馮本、郡齋讀書志卷二〇總集類補。

〔七〕故近世復行　「行」原作「存」，據郡齋讀書志卷二〇總集類改。

〔八〕以父與夫爲殤　「父」原作「舅」，據元本、慎本、馮本、直齋書録解題卷一五總集類改。

〔九〕然賞好不出月露　「賞」原作「尚」，據元本、慎本、馮本及後村詩話前集卷一改。

〔一〇〕中興書目有孔逌文苑　「孔」字原脱，據元本、慎本、馮本及直齋書録解題卷一五總集類補。

〔一一〕得唐潭州刺史張登文集一策三卷　「潭州」，新唐書卷六〇藝文四、麈史卷中論文作「漳州」。「一策三卷」，新唐書卷六〇藝文四作「六卷」；麈史卷中論文作「一册六卷」。

〔一二〕續古今詩苑英華集十卷　「今」原作「文」，據玉海卷五四唐續古今詩苑英華及郡齋讀書志卷二〇總集類改。

〔一三〕預修書者凡四十七人　「四十七人」，唐會要卷三五作「二十七人」。

〔一四〕唐李康成集　「集」原作「撰」，據下文及直齋書録解題卷一五總集類改。

〔一五〕容管經略群丹列　「丹列」原作「州列」，據新唐書卷一七五竇群傳及直齋書録解題卷一五總集類改。

〔一六〕中興間氣集三卷　新唐書卷六〇藝文四、玉海卷五九引中興書目、直齋書録解題卷一五總集類、宋史卷二〇九藝文八，及今通行之中興間氣集汲古閣本、武進費氏仿宋本皆作「二卷」，仲武序亦謂「分爲兩卷」，疑「三」乃二之誤。參見郡齋讀書志校證卷二〇總集類該條校記。

〔一七〕唐竇常撰　郡齋讀書志卷二〇總集類「常」下無「撰」字。

〔一八〕集韓翃至皎然三十人　「韓翃」原作「韓翊」，據局本、新唐書卷二〇三韓翃傳、郡齋讀書志卷二〇總集類改。

〔一九〕則有等差　「差」，元本、慎本及郡齋讀書志卷二〇總集類作「衰」。

〔二〇〕韓琪與李逢吉自爲進士以至宦達所與酬唱詩什　「韓琪」，郡齋讀書志卷二〇總集類作「輯其」，新唐書藝文志、直齋書録解題卷一五總集類亦無「韓琪」二字，尋文義疑當作「輯其」。孫猛郡齋讀書志校證卷二〇斷金集一卷校證二可參考。

〔二一〕大中丙子歲也 「丙」原作「景」，據直齋書録解題卷一五總集類改。

〔二二〕庭皓 原作「崔皎」，直齋書録解題卷一五總集類作「逢皓」，夏承燾温飛卿系年（見唐宋詞人年譜）指出均爲「庭皓」之誤，據改。參見傅璇琮等唐五代人物傳記資料綜合索引第三五三頁注②。

〔二三〕凡六百五十八首 按汲古閣本松陵集皮日休序稱收詩六百八十五首，參見郡齋讀書志校證卷二〇總集類該條校記。

〔二四〕蕭穎士 「蕭穎士」原作「裴穎士」，據新唐書卷一九〇下蕭穎士傳及郡齋讀書志卷二〇總集類改。

〔二五〕森然炳然 「炳然」二字原脱，據柳宗元集卷二一西漢文類序補。

〔二六〕館閣書目有李吉甫所集唐類表五十卷 「目」字原脱，據直齋書録解題卷一五總集類補。

〔二七〕後蜀韋縠集唐人詩 「韋縠」原作「韋轂」，據全唐文卷八九一韋縠條及直齋書録解題卷一五總集類改。

〔二八〕王祜等 「王祜」原作「王祐」，據直齋書録解題卷一五總集類改。

〔二九〕王氏揮塵録曰 「揮塵録」三字原脱，據元本、慎本及揮塵後録卷一補。

〔三〇〕太平興國中 「興國」二字原脱，據元本、慎本、馮本及揮塵後録卷一補。

〔三一〕諸降王死其舊臣或宣怨言 「死其」二字原脱，據元本、慎本、馮本及揮塵後録卷一補。

〔三二〕李翱諸名士文籍 「籍」，周必大文忠集卷五五文苑英華序作「集」。

〔三三〕羅隱 周必大文忠集卷五五文苑英華序「隱」下有「輩」字。

〔三四〕國初文籍雖寫本 「籍」，周必大文忠集卷五五文苑英華序作「集」。

〔三五〕以商易殷 「易」原作「爲」，據周必大文忠集卷五五文苑英華序改。

〔三六〕惟是元脩書歷年頗多　「頗」字原脱，據周必大文忠集卷五五文苑英華序補。

〔三七〕姓名差互　「互」，周必大文忠集卷五五文苑英華序作「誤」。

〔三八〕又如切磋之磋　「磋」原作「瑳」，據周必大文忠集卷五五文苑英華序改。

〔三九〕始雕於嘉泰改元春　「雕」原作「雠」，據周必大文忠集卷五五文苑英華序改。

〔四〇〕文選目録二卷　「文」，直齋書録解題卷一五總集類作「集」。

〔四一〕露下金莖鶴未知　「鶴」原作「鵲」，據西崑酬唱集卷上館中新蟬及歐陽修六一詩話改。

〔四二〕次道聚天下古今詩歌石刻一千一百三十篇　「今」，元本、慎本、馮本作「人」。

〔四三〕惠崇　原作「惠業」，據郡齋讀書志卷二〇總集類及直齋書録解題卷一五總集類改。

〔四四〕宇昭　原作「牢昭」，據郡齋讀書志卷二〇總集類及直齋書録解題卷一五總集類改。

〔四五〕星日禽鳥之類　「星日禽鳥」原作「禽日星鳥」，據歐陽修六一詩話及郡齋讀書志卷二〇總集類乙正。

〔四六〕李季蘭至程長文二十三人詩什一百十五首　「李季蘭」原作「李秀蘭」，據中興間氣集卷下、郡齋讀書志卷二〇總集類、尤袤全唐詩話卷六李季蘭、全唐詩卷八〇五李冶條改。

〔四七〕所謂玉堂集及大詔令者　「謂」原作「課」，據周必大文忠集卷二〇續中興制草序改。

〔四八〕今乃命院吏裒隆興以來舊藁　「院吏」原作「史院」，據元本、慎本、馮本及周必大文忠集卷二〇續中興制草序改。

〔四九〕高琥　原作「高號」，據元本、慎本、馮本及郡齋讀書志卷二〇總集類改。

〔五〇〕朴寅亮　元本、慎本、馮本及郡齋讀書志卷二〇總集類作「朴夤亮」。

〔五一〕其言歐王蘇不入選　「歐王蘇」，直齋書録解題卷一五總集類作「歐王蘇黄」。
〔五二〕後溪劉氏序略曰　「溪」原作「村」，據元本、慎本、馮本改。
〔五三〕旁采傳記他書　「采」，李心傳建炎以來朝野雜記乙集卷五文鑑作「求」。
〔五四〕草制曰　李心傳建炎以來朝野雜記乙集卷五文鑑作「草制制曰」。
〔五五〕故辭不敢預　「敢」，李心傳建炎以來朝野雜記乙集卷五文鑑作「肯」。
〔五六〕自當力辭職名　「辭」，李心傳建炎以來朝野雜記乙集卷五文鑑作「遜」。
〔五七〕吕陶有一文　「吕陶」原作「吕絢」，據朱子語類卷一二二吕伯恭條改。下徑改。
〔五八〕雖甚文不録　「甚」原作「其」，據元本、慎本、馮本及葉適習學記言卷四七皇朝文鑑一改。
〔五九〕建隆雍熙之間　「雍熙」原作「淳熙」，據葉適習學記言卷四七皇朝文鑑一改。
〔六〇〕亦豈的論哉　「論」原作「諭」，據元本、慎本、馮本、局本及葉適習學記言卷四七皇朝文鑑一改。
〔六一〕始於摯虞　「摯虞」原作「贄虞」，據馮本、晉書卷五一摯虞傳改。

卷二百四十九　經籍考七十六

集總集　文史

江西詩派一百三十七卷　續派十三卷

陳氏曰：黄山谷而下三十五家，又曾紘、曾思父子詩。詳見詩集類。詩派之説，本於吕居仁，前輩多有異論，觀者當自得之。

漁隱叢話：吕居仁近世以詩得名〔一〕，自言傳衣江西，常作宗派圖。自豫章以降，列陳師道、潘大臨、謝無逸、洪芻、饒節、僧祖可、徐俯、洪朋、林敏修、洪炎、汪革、李錞、韓駒、李彭、晁冲之、江端本、楊符、謝薖、夏倪〔二〕、林敏功、潘大觀、何顒、王直方、僧善權、高荷，合二十五人，以爲法嗣，謂其源流皆出豫章也。其宗派圖序數百言，大略云：「唐自李、杜之出，焜燿一世，後之言詩者，皆莫能及。至韓、柳、孟郊、張籍諸人，激昂奮厲，終不能與前作者並。元和以後至國朝，歌詩之作或傳者，多依效舊文〔三〕，未盡所趣。惟豫章始大出而力振之，抑揚反覆，盡兼衆體，而後學者同作並和，雖體制或異，要皆所傳者一，予故録其名字，以遺來者。」余竊謂山谷自出機杼，别成一家，清新奇巧，是其所長，若言「抑揚反覆，盡兼衆體」，則非也。元和至今，騷翁墨客，代不乏人，觀其英辭傑句，真能發明古人不到處，卓然成立者甚衆。若言「多依效舊文，未盡所趣」，又非也。所列二十五人，其間知名之士，有詩卷傳於世〔四〕，爲時所稱者，止數人而已，其餘無聞焉，亦濫登其列。居仁此圖之作，選擇弗精，議論不公，余是以辯之。

後村劉氏總序曰：呂紫微作江西宗派，自山谷而下凡二十六人。内何人表顒、潘仲達大觀，有姓名而無詩。詩存者凡二十四家，王直方詩絶少，無可采，餘二十三家部帙稍多。今取其全篇佳者，或一聯一句可諷咏者，或對偶工者，各著於編，以便觀覽。派中如陳后山，彭城人；韓子蒼，陵陽人；潘邠老，黄州人；夏均父、二林，蘄人；晁叔用、江子之，開封人；李商老，南康人；祖可，京口人；高子勉，京西人；非皆江西人也。同時如曾文清乃贛人，又與紫微公以詩往還，而不入派。不知紫微去取之意云何？惜當日無人以此叩之。後來誠齋出，誠得所謂「活法〔五〕」，所謂「流轉圓美如彈丸」者，恨紫微公不及見耳。派詩舊本，以東萊居后山上，非是，今以繼宗派，庶不失紫微公初意。

輶軒集一卷

陳氏曰〔六〕：鄱陽洪皓、歷陽張邵、新安朱弁，使虜得歸，道間唱酬，邵爲之序。

古今絶句三卷

陳氏曰：吳説傅朋所書杜子美、王介甫詩。師禮之子，王令逢原之外孫也。

玄真子漁歌碑傳集録一卷

陳氏曰：玄真子漁歌，世止傳誦其西塞山前一章而已。嘗得其一時唱和諸賢之辭各五章，及南卓、柳宗元所賦，通爲若干章，因以顔魯公碑述、唐書本傳，以至近世用其詞入樂府者，集爲一編，以備吴興故事。

艇齋師友尺牘二卷

陳氏曰：南豐曾季貍裘父之師友往復書簡，其子濰輯而刻之。自吕居仁、徐師川以降，下至淳熙、乾道諸賢咸在焉〔七〕。裘父蕭然布衣，而名流敬愛之若此，足以知其人之賢，且見當時風俗之美也。

膾炙集一卷

陳氏曰：朝請郎嚴焕刻於江陰。韓吏部而下雜文二十餘篇。

唐人絶句詩集一百卷

陳氏曰：洪邁景盧編。七言七十五卷，五言、六言二十五卷，卷各百首，凡萬首，上之重華宫，可謂博矣。而多有本朝人詩在其中，如李九齡、郭震、滕白、王喦、王初之屬。其尤不深考者，梁何仲言也。

後村劉氏曰：野處洪公編唐人絶句僅萬首，有一家數百首並取不遺者，亦有複出者，疑其但取唐人文集雜説，令人抄類而成書，非必有所去取也。

唐絶句選五卷

陳氏曰：莆田柯夢得東海編。所選僅一百六十六首，去取甚嚴，然人之好惡，亦隨所見耳。

唐絶句選四卷

陳氏曰：倉部郎中福清林清之直父，以洪氏絶句抄取其佳者〔八〕。七言一千二百八十，五言百五十六，六言十五首。

考德集三卷

陳氏曰：强至所集。韓魏公薨後，時賢祭文、挽詩。

四家胡笳詞一卷

陳氏曰：蔡琰、劉商、王安石、李元白也。

選詩七卷

陳氏曰：文選中録出别行，以人之時代爲次。

宏辭總類四十一卷　後集三十五卷　第三集十卷　第四集九卷

陳氏曰：起紹聖乙亥，迄嘉定戊辰，皆刻於建昌軍學。相傳紹興中，太守陸時雍所刻前集也，餘皆後人續之。戊辰以後，時相不喜此科，主司務以艱僻之題困試者，縱有記憶不遺，文采可觀，輒復推求小疵，以故久無中選者。初，紹聖設科，但曰宏詞，不試制、誥，止於表、檄、露布、戒諭、箴、銘、頌、記、序九種，亦不用古題。及大觀，改曰詞學兼茂，去戒諭及檄，而益以制、誥，亦爲九種四題，而二題以歷代故事。及紹興，始名以博學宏詞，復益以誥、贊、檄，爲十一種。三日試六題，各一今一古，遂爲定制。

古文關鍵二卷

陳氏曰：吕祖謙所取韓、柳、歐、蘇、曾諸家文，標抹注釋，以教初學。

迂齋古文標注五卷

陳氏曰：宗正寺簿四明樓昉暘叔撰。大略如吕氏關鍵，而所取自史、漢而下至於本朝，篇目增多，發明尤精，學者便之。

歷代奏議十卷

陳氏曰：吕祖謙集。

國朝名臣奏議十卷

陳氏曰：吕祖謙集，凡二百篇。

皇朝名臣奏議一百五十卷

陳氏曰：丞相沂國忠定公趙汝愚編進。時爲蜀帥。

自序曰：恭惟我宋，藝祖開基，累聖嗣業，深仁厚澤，相傳一道。若夫崇建三館，增置諫員，許給舍以封還，責侍從以獻納，復唐轉對之制，設漢方正之科，凡以開廣聰明〔九〕，容受讜直，海涵天覆，日新月益，得人之盛，高掩前古。逮至王安石爲相，務行新法，違衆自用，而患人之莫己從也。於是指老成爲流俗，謂公論爲浮言，屏棄忠良，一時殆盡。自是而後，諂諛之風盛，而朋黨之禍起矣。臣伏睹建隆以來諸臣章奏，考尋歲月，蓋最盛於慶曆、元祐之際，而莫弊於熙寧〔一〇〕、紹聖之時。方其盛也，朝廷庶事，微有過差，則上自公卿大夫，下及郡縣小吏，皆得盡言極諫，無所違忌，其議論不已，則至於舉國之士，咸出死力而爭之。當是時也，豈無不利於言者，謂其强聒取名，植黨干利〔一一〕，期以摇動上心。然而聖君賢相，率善遇而優容之，故其治效卓然，士以增氣。及其敝也，朝廷有大黜陟、大政令，至無一人敢議論者。縱或有之，其言委曲畏避，終無以感悟人主之意。而獻諛者，遂以爲内外安静，若無一事可言者矣。殊不知禍亂之機發於所伏，今尚忍言哉！臣仰惟陛下嘗命館閣儒臣編類國朝文鑑，奏疏百五十六篇，猶病其太略，兹不以臣既愚且陋，復許之盡獻其言，萬幾餘間，特賜紬繹。推觀慶曆、元祐諸臣，其詞直，其計從，而見效如此。熙寧、紹聖諸臣，其言切，其人放逐，而致禍如彼。然則國家之治亂，言路之通塞，蓋可以鑒矣。

續百家詩選二十卷

陳氏曰：三衢鄭景龍伯允集，以續曾慥前選。凡慥所遺，及在慥後者，皆取之，然其率略尤甚。

江湖集九卷

陳氏曰：臨安書坊所刻本。取中興以來江湖之士以詩馳譽者。而方惟深子通，承平人物，鼂公武子止嘗爲從官，乃亦在其中。其餘亦未免玉石蘭艾，混殽雜遝。然而士之不能自暴白於世者，賴此以有傳。書坊巧爲射利，未可以責備也。

回文類聚三卷

陳氏曰：桑世昌澤卿集。以璇璣圖爲本初，而並及近世詩詞，且以至道御製冠於篇首。

送朱壽昌詩三卷

中興藝文志：皇朝司農少卿朱壽昌，生數歲而母嫁，五十年不相知。熙寧初，棄官，於同州求得之，乃屈資求爲蒲中倅，士大夫作詩送之。

江湖堂詩集一卷

中興藝文志：皇朝知洪州元積中咏其居，和者數十人。

世綵集三卷

中興藝文志：政和中，廖剛曾祖母與祖母享年最高，皆及見五世孫，剛作堂名世綵以奉之，士大夫爲作詩。

滁陽慶曆集十卷　後集十卷

陳氏曰：朝散郎滁人徐徽仲元集。斷自慶曆以來。曾肇子開，紹聖中謫守，爲之序。其後集則吴鋌〔一三〕、張康朝、王彦恭所續。宣和四年，唐恪欽叟序之。末及紹興，蓋又後人續入之爾。

吴興詩一卷

陳氏曰：熙寧中知湖州孫氏集，而不著名。以其時考之，孫覺莘老也。

吴興分類詩集三十卷

陳氏曰：霅川倪祖義子由編。大抵以孫氏所集太略而增廣之，且並及近時諸公之作。然亦病於太詳。祖義，齊齋之子，少俊該洽，仕未達，年五十以死。

會稽掇英集二十卷　續集四十五卷

陳氏曰：熙寧中，郡守孔延之、程師孟相繼纂集。其續集，則嘉定中汪綱俾郡人丁燧爲之。

潤州類集十卷

陳氏曰：監潤州倉曹曾旼彦和纂。始東漢，終南唐。

京口詩集十卷　續二卷

陳氏曰：鎮江教授熊克集開寶以來詩文。本二十卷，止刻其詩。又得二卷，自南唐而上曾所遺者，補八十餘篇。

永嘉集三卷　嘉禾詩一卷

陳氏曰：並不知集者。

天台集二卷　別編一卷　續集三卷

陳氏曰：初，李庚子長集本朝人詩爲二卷，未行，太守李兼孟達得之，又得郡士林師箴所集前代之作，爲賦二、詩二百，乃以本朝人詩爲續集而併刻焉。別編則師箴之子表民所補也〔一三〕。

括蒼集三卷　後集五卷　別集四卷〔一四〕

陳氏曰：郡人吴飛英、陳百朋相繼纂輯。

釣臺新集六卷　續集十卷

陳氏曰：郡人王𡩋集。續者，郡守謝得輿子上也。

長樂集十四卷

陳氏曰：福建提刑吴興俞向集〔一五〕，宣和三年序。

清漳集三十卷

陳氏曰：通判漳州趙不敵編。

揚州詩集二卷

陳氏曰：教授馬希孟編。元豐四年，秦觀作序。

少遊序略曰：鮮于公領州事之二年，命教授馬君採諸家之集而次之，又搜訪於境内簡編碑板亡缺之餘，凡得古律詩洎箴賦合二百二篇，勒爲三卷，號揚州集。按禹貢：「淮海惟揚州。」則江湖之間盡其地。自漢以來，既置刺史，於是稱揚州者，往往指其刺史所治而已。漢以來，刺史無常治，或歷陽、壽春、曲阿、合肥、建業，而江左復以會稽爲東揚州。自隋以後，始治廣陵。此集之作，自魏文帝詩而下，在當時雖非揚州，而實今之廣陵者，皆取之。其非廣陵，而當時爲揚州者，皆不復取云。

宣城集三卷

陳氏曰：知宣州安平劉涇〔一六〕。元符三年序。

南州集十卷

陳氏曰：太平州教授林桷子長集。

南紀集五卷　後集三卷

陳氏曰：知漢陽軍于霆、教授施士衡編。其後集則教授鞏豐也。

湘江集三卷

陳氏曰：不知何人集。湘江者，韶州曲江别名。

艮嶽集一卷

陳氏曰：不知集者。其首則御製記文也。

桃花源集二卷　又二卷

陳氏曰：紹聖丙子四明田䕫序。淳熙庚子，縣令趙彦琇重編，合爲一卷。下卷則淳熙以後所續。

庾樓紀述三卷　琵琶亭詩一卷　東陽紀咏四卷

陳氏曰：俱不知集者。

盤洲編二卷

陳氏曰：洪丞相适兄弟子侄所賦園池詩也。

瓊野録一卷

陳氏曰：學士洪邁園池記述題詠。其曰「瓊野」者，從維揚得瓊花，植之而生，遂以名圃。

清暉閣詩一卷

陳氏曰：史正志創閣於金陵，僚屬皆賦詩。

會稽紀咏六卷

陳氏曰：汪綱仲舉帥越，多所修創。嚴陵洪璞每事爲一絶〔一七〕，賡者四人，曰張淏、王㭿、程震龍、馮大章。又有諸葛興爲古詩二十篇。

蕭秋詩集一卷

陳氏曰：玉山徐文卿斯遠作蕭秋詩，四言九章，章四句。趙蕃昌甫而下，和者十三人，紹熙辛亥也。趙汝談履常亦與焉。後三十三年，嘉定癸未，乃序而刻之。文卿晚第進士，未注官而死。有詩見江湖集。

唐山集一卷　後集三卷

陳氏曰：卞圜宋飲編。唐山者，臨安昌化縣也。

後典麗賦四十卷

陳氏曰：金華唐仲友與政編。仲友以詞賦稱於時。此集自唐末以及本朝盛時，名公所作皆在焉，止於紹興間。有王戊集典麗賦九十三卷，故此名後典麗賦。王氏集未見。

指南賦箋五十五卷　指南賦經八卷

陳氏曰：皆書坊編集時文。止於紹熙以前。

指南論十六卷　又本前後二集四十六卷

陳氏曰：淳熙以前時文。

擢犀策一百九十六卷　擢象策一百六十八卷

陳氏曰：擢犀者，元祐、宣、政以及建、紹初年時文也，擢象，則紹興末。大抵科舉場屋之文，愈降愈下〔一八〕，後生亦不復知前輩之舊作，姑存之以觀世事。

文章正宗二十卷

陳氏曰：參知政事真德秀希元撰。自序：「正宗」云者，以後世文詞之多變，欲學者識其源流之正也。自昔集録文章，若杜預、摯虞諸家，往往湮没不傳，今行於世者，惟梁昭明文選、姚鉉文粹而已。繇今視之，二書所録，果得源流之正乎？故今所集，以明義理、切世用爲主。其體本乎古而指近乎經者，然後取焉；否則，辭雖工亦不録。其目凡四：曰辭命、曰議論、曰叙事、曰詩賦。去取甚嚴。

序辭命曰：書之諸篇，聖人筆之爲經〔一九〕，不當與後世文辭同録，獨取春秋内外傳所載周天子諭告諸侯之辭，列國往來應對之辭，下至兩漢詔册而止。蓋魏、晉以降，文辭猥下，無復深淳温厚之指，至偶儷之作興，而去古益遠矣。學者欲知王言之體，當以書之誥、誓、命爲之主，而參之以此篇，則所謂「正宗」者，庶可識矣。

序議論曰：六經、語、孟，聖賢大訓，不當與後之作者同録。今獨取春秋内外傳所載諫争論説之辭〔二〇〕，先漢以後諸臣所上書、疏、封事之屬，以爲議論之首。他所纂述，或發明義理，或敷析治道，或褒貶人物，以次而列焉。

序叙事曰：今於書之諸篇，與史之紀傳，皆不復録。獨取左氏、史、漢叙事之可喜者，與後世記、序、傳、誌之典則簡嚴者，以爲作文之式。若夫有志於史筆者，自當深求春秋大義，而參之遷、固諸書，非此所能該也。

序詩歌曰：朱文公嘗言，「古今之詩凡三變：蓋自書傳所記，虞、夏以來，下及漢、魏，自爲一等。自晉、宋間顔、謝以後，下及唐初，自爲一等。自沈、宋以後，定著律詩，下及今日，又爲一等。然自唐初以前，其爲詩者固有高下，而法猶未變；至律詩出，而後詩之古法始爲大變矣。故嘗欲抄取經史諸書所載韵語，下及文選古詩，以盡乎郭景純、陶淵明之作，自爲一編，而附於三百篇、楚辭之後，以爲詩之根本準則。又於其下，二等之中，擇其近於古者各爲一編，以爲之羽翼輿衛，其不合者則悉去之，不使其接於胸次，要使方寸之中，無一字世俗語言意思，則其爲詩，不期於高遠而自高遠矣」。今惟虞、夏二歌與三百五篇不録外，自餘皆以文公之言爲準，而拔其尤者，列之此篇。律詩雖工亦不得與。若箴銘、頌贊、郊廟樂歌、琴操，皆詩之屬，間亦采摘一二，以附其間。至於詞賦，則有文公集注楚辭、後語，今亦不録。或曰此編以明義理爲主，後世之詩其有之乎？曰三百五篇之詩，其正言義理者無幾，而諷咏之間，悠然得其性情之正，即所謂義理也。後世之作，雖未可同日而語，然其間寄興高遠，讀之使人忘寵辱，去鄙吝，翛然有自得之趣，而於君親臣子大義，亦時有發焉，其爲性情心術之助，反有過於他文者，蓋不必顓言性命，而後爲關於義理也。讀者以是求之，斯過半矣〔二一〕。

後村劉氏曰：文章正宗，初蒙西山先生以詩歌一門屬余編類，且約以世教民彝爲主，如仙釋、閨情、宮怨之類，皆勿取。予取漢武帝秋風辭，西山曰：「文中子亦以此詞爲悔心之萌，豈其然乎？」意不欲收，其嚴如此。然所謂「携佳人兮不能忘」之語，蓋指公卿扈從者，似非爲後宮設。凡余所取，而西山去之者太半，又增入陶詩甚多，如三謝之類多不收。

右總集。

文心雕龍十卷

鼂氏曰：晉劉勰撰〔二二〕。評自古文章得失，別其體製，凡五十篇，各係之以贊云。余嘗題其後曰：「世之詞人，刻意文藻，讀書多滅裂，杜牧之以龍星爲真龍，王摩詰以去病爲衛青，昔人譏之，然亦不足怪，蓋詩賦或率爾之作故也。今勰著書垂世，自謂嘗夢執丹漆器，隨仲尼南行，其自負亦不淺矣。觀其論説篇，『論語以前，經無論字，六韜三論〔二三〕，後人追題』。是殊不知書有『論道經邦』之言也，其疏略殊過於王、杜矣。」

陳氏曰：勰後爲沙門，名慧地。

文章緣起一卷

陳氏曰：梁太常卿樂安任昉彦昇撰。但取秦、漢以來，不及六經。

詩品三卷

陳氏曰：梁記室參軍潁川鍾嶸仲偉撰。以古今作者爲三品而評之，上品十一人、中品三十九人、下品六十九人。

金鍼詩格三卷

晁氏曰：唐白居易撰。居易自謂與劉禹錫、元稹皆以詩知名，撮詩之體要爲一格。病得鍼而愈，詩亦猶是也，故曰金鍼集。

詩格一卷

陳氏曰：稱魏文帝，而所述詩或在沈約後，其爲假託明矣。

詩格一卷　詩中密旨一卷

陳氏曰：唐王昌齡撰。

評詩格一卷

陳氏曰：唐李嶠撰。嶠在昌齡之前，而引昌齡詩格八病，亦未然也。

二南密旨一篇

陳氏曰：唐賈島撰。凡十五門，恐亦依託。

文苑詩格一卷

陳氏曰：稱白氏，尤非也。

詩式五卷　詩議一卷

陳氏曰：唐僧皎然撰。以十九字括詩之體。

風騷指格一卷

陳氏曰：唐僧齊己撰。

詩格一卷

陳氏曰：沙門神彧撰。

處囊訣一卷

陳氏曰：金華僧保暹撰。

流類手鑑一卷

陳氏曰：僧虛中撰。

詩評一卷

陳氏曰：桂林僧□淳撰〔二四〕。

擬皎然十九字一卷〔二五〕

陳氏曰：稱正字王玄撰。不知何人。

炙轂子詩格一卷

陳氏曰：唐王叡撰。

句圖一卷

陳氏曰：唐李洞撰。

唐詩主客圖一卷

陳氏曰：唐張爲撰。所謂主者，白居易、孟雲卿、李益、鮑溶、孟郊、武元衡，各有標目。餘有升堂、及門、入室之殊，皆所謂客也。近世詩派之説〔二六〕，殆出於此，要皆有未然者。

文章玄妙一卷

陳氏曰：唐任藩撰〔二七〕。言作詩聲病、對偶之類。凡世所傳詩格，大率相似。余嘗書其末云：「論詩而若此，豈復有詩矣。唐末詩格汙下，其一時名人，著論傳後乃爾，欲求高尚，豈可得哉。」

修文要訣一卷

鼂氏曰：僞蜀馮鑑撰。雜論爲文體式，評其誤謬，以訓初學云。

緣情手鑑詩格一卷

陳氏曰：題樵人李弘宣撰。未詳何人，當在五代前。

詩格要律一卷

陳氏曰：進士王夢簡撰。

風騷要式一卷

陳氏曰：徐衍述。亦未詳何人。

琉璃堂墨家圖一卷〔二八〕

陳氏曰：不著名氏。

雅道機要二卷

陳氏曰：前卷不知何人，後卷稱徐寅撰。

詩評一卷

陳氏曰：不知何人。

御選句圖一卷〔二九〕

陳氏曰：太宗皇帝所選楊徽之詩十聯，真宗皇帝所選送劉琮詩八篇〔三〇〕。

楊氏筆苑句圖一卷　續一卷

陳氏曰：黄鑑編。蓋楊億大年之所嘗舉者，皆時賢佳句。續者不知何人，亦大年所書唐人句也。所録李義山、唐彦謙之句爲多，「崑體」蓋出二家。

惠崇句圖一卷

陳氏曰：僧惠崇所作。

孔中丞句圖一卷

陳氏曰：中丞者，或是孔道輔邪？

雜句圖一卷

陳氏曰：不知何人所集，皆本朝人詩也。自魏文帝詩格而下二十七家，皆已見吟窗雜咏。

續金鍼詩格一卷

鼂氏曰：梅堯臣聖俞撰。聖俞遊廬山，宿西林，與僧希白談詩，因廣樂天所述云。

陳氏曰：二金鍼，大抵皆假託也。

吟窗雜咏三十卷

陳氏曰：莆田蔡傳撰。君謨之孫也。取諸家詩格、詩評之類集成之。又爲吟譜，凡魏、晉而下能詩之人，皆略具本末，總爲此書。麻沙嘗有刻本，節略不全。

李公詩苑類格三卷

鼂氏曰：李淑撰。寶元三年，豫王出閣，淑爲王子傅，因纂成此書上之。述古賢作詩體格，總九十目。

林和靖摘句圖一卷

陳氏曰：林逋詩句。

詩三話一卷

陳氏曰：無名氏。

詩話一卷

鼂氏曰：歐陽修永叔撰。修退居汝陰，戲作此，以資談笑。

續詩話一卷

鼂氏曰：司馬光君實撰。序云：「詩話尚有遺者，歐公文章聲名雖不可及，然記事一也，故敢續之。」

中山詩話三卷

鼂氏曰：劉攽貢父撰。多及蘇、梅、歐、石。攽以博學名世，如言「蕭何未嘗掾工曹」，亦有誤謬。

東坡詩話二卷

鼂氏曰：蘇軾號東坡居士，雜書有及詩者，好事者因集之，成二卷。

后山詩話二卷

鼂氏曰：陳師道無己撰。論詩七十餘條。

潛溪詩眼一卷

鼂氏曰：范温元實撰。温，祖禹之子。學詩於黄庭堅。

歸叟詩話六卷

鼂氏曰：王直方立之撰。直方自號歸叟。元祐中，蘇子瞻及其門下士，以盛名居北門東觀。

直方世居浚儀，有別墅在城南，殊好事，以故諸公亟會其家，由是得聞緒言餘論，因輯成此書。然其間多以己意有所抑揚，頗失是非之實。宣和末，京師書肆刊刻鬻之，群從中以其多記從父詹事公語言，得之以呈公。公覽之，不懌曰：「皆非我語也。」

苕溪漁隱曰：王直方詩話載鼂以道云：「說之初見東坡咏梅、西江月詞，便知道此老須過海，只爲古今人不曾道，到此須罰教去。」此言鄙俚，近於忌人之長，幸人之禍，直方無識，載之詩話，寧不畏人之譏誚乎？

杜詩刊誤一卷

鼂氏曰：皇朝王仲至撰。

韓文辨證八卷

鼂氏曰：洪興祖討論韓愈詩文，推考其根源，以訂正其訛謬，頗爲該博云〔三一〕。

韓柳文章譜三卷

鼂氏曰：皇朝黄大輿撰。大輿之意，以爲文章有莊老之異〔三二〕，故取韓愈、柳宗元文章爲三譜。其一，取其詩文中官次、年月可考者，次第先後，著其初晚之異也；其一，悉取其詩文比叙之；其一，列當時君相於上，以見二人之出處。極爲詳悉。

天厨禁臠三卷

鼂氏曰：釋惠洪撰。論諸家詩格。

石林詩話二卷

陳氏曰：葉夢得撰。

續詩話一卷

陳氏曰：無名氏。

許彦周詩話一卷

陳氏曰：襄邑許顗撰。

四六談塵一卷

陳氏曰：謝伋景思撰。

四六話一卷

陳氏曰：王銍性之撰。

四六餘話一卷

陳氏曰：楊囦撰。未詳何人。視前二家爲汎雜。

艇齋詩話一卷

陳氏曰：曾季貍裘父撰。

賦門魚鑰十五卷

陳氏曰：進士馬偁撰〔三〕。集唐蔣防而下，至本朝宋祁諸家律賦格訣。

賓朋宴語三卷〔三四〕

陳氏曰：太子中舍致仕貴溪邱昶孟陽撰。南唐進士。歸朝，宰數邑。著此書十五篇，叙唐以來詩賦源流。天禧辛酉，鄧賀爲序。

西清詩話三卷

陳氏曰：題無名子撰〔三五〕。或曰蔡絛使其客爲之也。

環溪詩話一卷

陳氏曰：臨川吴沆集。

韵語陽秋二十卷

陳氏曰：葛立方撰。

漁隱叢話六十卷　後集四十卷

陳氏曰：新安胡仔元任撰。待制舜陟之子，居湖州，自號苕溪漁隱。

砦溪詩話十卷

陳氏曰：莆田黄徹常明撰。

續廣本事詩五卷

陳氏曰：聶奉先撰。雖曰廣孟啓之舊，其實集詩話耳。

山陰詩話一卷

陳氏曰：李兼孟達撰。

諸家老杜詩評五卷　續一卷

陳氏曰：莆田方深道集。

選詩句圖一卷

陳氏曰：高似孫編。

杜詩發揮一卷

陳氏曰：金華杜旃仲高撰。

觀林詩話一卷

陳氏曰：楚東吴律子書撰。未詳何人。

文説一卷

陳氏曰：南城包揚顯道録朱侍講論文之語。

右文史。

校勘記

〔一〕近世以詩得名　「世」，苕溪漁隱叢話前集卷四八山谷中作「時」。

〔二〕夏侃　原作「夏隗」，據苕溪漁隱叢話前集卷四八山谷中、雲麓漫鈔卷一四、後村詩話後集卷二、小學紺珠卷四改。

〔三〕多依效舊文　「文」原作「聞」，據下文及苕溪漁隱叢話前集卷四八山谷中改。

〔四〕有詩卷傳於世　「卷」，苕溪漁隱叢話前集卷四八山谷中作「句」。

〔五〕誠得所謂活法　劉克莊後村大全集卷九五江西詩派總序作「真德秀所謂活潑」。

〔六〕陳氏曰　「陳」原作「張」，據直齋書録解題卷一五總集類改。

〔七〕乾道諸賢咸在焉　「咸」原作「或」，據直齋書録解題卷一五總集類改。

〔八〕以洪氏絶句抄取其佳者　「絶」原作「雜」，據直齋書録解題卷一五總集類改。

〔九〕凡以開廣聰明　「開」字原脱，據宋名臣奏議進宋名臣奏議序及文義補。

〔一〇〕而莫弊於熙寧　「莫」原作「漸」，據宋名臣奏議進宋名臣奏議序改。

〔一一〕植黨干利　「干利」原作「於朝」，據元本、慎本、馮本及宋名臣奏議進宋名臣奏議序改。

〔一二〕吴玶　「玶」，馮本作「鉟」，直齋書録解題卷一五總集類作「珏」。

〔一三〕别編則師箴之子表民所補也　「編則」二字原脱，據元本、慎本、馮本及直齋書録解題卷一五總集類補。

〔一四〕别集四卷　直齋書録解題卷一五總集類「卷」下有「續一卷」三字。

〔一五〕福建提刑吴興俞向集　「吴向」原作「吴尚」，據直齋書録解題卷一五總集類及京口耆舊傳卷二俞康直條改。

〔一六〕知宣州安平劉涇　「涇」字下疑有脱文。

〔一七〕嚴陵洪璞每事爲一絶　「洪璞」原作「洪渼」，據元本、慎本、馮本及直齋書録解題卷一五總集類改。

〔一八〕愈降愈下　「愈降」，直齋書録解題卷一五總集類作「每降」。

〔一九〕聖人筆之爲經　「爲」原作「於」，據文章正宗綱目辭命序改。

〔二〇〕今獨取春秋内外傳所載諫争論説之辭　「今」原作「而」，據文章正宗綱目議論序改。

〔二一〕斯過半矣　「半矣」二字，文章正宗綱目詩歌序作「得之」。

〔二二〕晉劉勰撰　按劉勰生於南朝宋時，歷齊、梁時亡，宋書卷五一、梁書卷五〇、南史卷七二有傳，故曰「晉」人不符史實。直齋書録解題卷二二文史類「梁劉勰」。

〔二三〕六韜三論　「三」當作「二」，文心雕龍卷四論説篇「二論」，指霸典文論、文師武論。

〔二四〕桂林僧□淳撰　「僧」字下原空格，慎本、馮本爲「德」字。

〔二五〕擬皎然十九字一卷　「九」原作「七」，據上文及直齋書録解題卷二二文史類改。

〔二六〕近世詩派之説　「説」原作「詩」，據直齋書録解題卷二二文史類改。

〔二七〕唐任藩撰　「撰」字原脱，據直齋書録解題卷二二文史類補。

〔二八〕琉璃堂墨家圖一卷　「家」，直齋書録解題卷二二文史類作「客」。

〔二九〕御選句圖一卷　「選」原作「製」，據直齋書録解題卷二二文史類改。

〔三〇〕真宗皇帝所選送劉琮詩八篇　「篇」，直齋書録解題卷二二文史類作「聯」。

〔三一〕頗爲該博云　「博」，郡齋讀書志卷二〇文説類作「洽」。

〔三二〕以爲文章有莊老之異　按「莊老之異」不可解，下文有「著其初晚之異」句，知「莊」爲「壯」之誤。參閲郡齋讀書志校證卷二〇該條校記。

〔三三〕進士馬偁撰　「馬偁」，直齋書録解題卷二二文史類作「馬稱」。

〔三四〕賓朋宴語三卷　「語」，直齋書録解題卷二二文史類作「話」。

〔三五〕題無名子撰　「名」，直齋書録解題卷二二文史類作「爲」。